B. Eriksson, T. Mellstrand, L. Peterson,
P. Renström und N. Svedmyr

Sport, Krankheit und Medikament

B. Eriksson, T. Mellstrand, L. Peterson,
P. Renström und N. Svedmyr

Sport, Krankheit und Medikament

Ein Handbuch für
Ärzte, Übungsleiter und Sportlehrer

Deutsche Übersetzung von
Gertrud und Richard Rost
unter Mitarbeit von
Brigitta Winn und Per Hognestad

2. völlig neu bearbeitete Auflage

Deutscher Ärzte-Verlag Köln 1989

Deutsche Übersetzung und Bearbeitung:
Gertrud Rost, Köln
Prof. Dr. med. Richard Rost, Universität Dortmund,
Fachbereich 16 — Sportmedizin
unter Mitarbeit von
Brigitta Winn und
Per Hognestad, Arendal, Norwegen

ISBN 3-7691-0156-1

Die Dosierungsangaben sind Empfehlungen. Sie müssen dem einzelnen Patienten und seinem Zustand angepaßt werden. Die angegebenen Dosierungen wurden sorgfältig überprüft. Da wir jedoch für die Richtigkeit dieser Angaben keine Gewähr übernehmen können, bitten wir dringend, insbesondere bei seltener verordneten Arzneimitteln, die Dosierungsempfehlungen des Herstellers zu beachten.

Titel der schwedischen Originalausgabe:
Sjukdomar, läkemedel och idrott
Tidens förlag, Stockholm
Copyright © by Bengt O. Eriksson, Tore Mellstrand, Lars Peterson, Per Renström, Nils Svedmyr 1985

Deutsche Lizenzausgabe:
Copyright © by Deutscher Ärzte-Verlag GmbH, Köln 1989

Umschlaggestaltung: Hanswerner Klein BDG/BFF, Leverkusen 3

Gesamtherstellung: Deutscher Ärzte-Verlag GmbH, Köln

Inhalt

9

SEIKO SEIKO SEIKO
PKBANKEN LIGGER BRA TILL
SKF
EXPRESSEN
SKANDIA
LUXOR

Vorwort

Sport erfaßt immer weitere Bevölkerungskreise. Sicher sind es sehr viele, die im Sport vor allem Freude an der Bewegung, Entspannung und Motivation suchen. In den letzten 10 bis 20 Jahren sind aber auch zunehmend die gesundheitlichen Aspekte körperlicher Aktivität in den Vordergrund des Interesses getreten. Mehr und mehr findet man heute auch Menschen im mittleren und höheren Lebensalter auf Sportplätzen, in Turnhallen und Schwimmbädern. Der Sport ist zu einer großen Volksbewegung geworden, die nicht mehr nur den gesunden und aktiven Menschen erfaßt, zunehmend versuchen auch chronisch Kranke und Behinderte durch körperliches Training ihre Leistungsfähigkeit zu verbessern. Hieraus ergeben sich zahlreiche neue Fragestellungen:

— Welcher Sport ist bei welcher Krankheit oder bei welcher Behinderung günstig?
— Was muß man berücksichtigen, wenn man sich unter Medikamenten belastet?
— Wie hoch sollten Belastungsintensität und Belastungsdauer sein?
— Sind möglicherweise negative Auswirkungen des Sports auf den Krankheitsverlauf zu erwarten?
— Welcher Sport sollte in welchem Einzelfall empfohlen werden?

Ein Buch, das diese Fragen zusammenfassend beantwortet, liegt bisher noch nicht vor. Diese Lücke soll mit dem vorliegenden Band geschlossen werden. Dabei wenden wir uns nicht nur an den Leistungssportler, sondern auch an Breitensportler aller Altersklassen, an Sportlehrer, Übungsleiter, Sportfunktionäre sowie an Ärzte und medizinische Hilfsberufe, wie Krankengymnasten und Physiotherapeuten, soweit sie mit dem Sport in Berührung kommen.

Wie aus dem Geleitwort hervorgeht, entstand dieses Buch aufgrund einer Initiative des schwedischen Reichssportverbandes und seines Vorsitzenden, Bengt Sevelius, gemeinsam mit der schwedischen Dopingkommission. Zu Beginn war daher der Band vorwiegend als eine Art Handbuch der Pharmakologie des Sports gedacht. Im Verlauf der Arbeit wurde uns aber mehr und mehr bewußt, daß es schwierig ist, ein Buch über Arzneimittel und Sport zu schreiben, ohne gleichzeitig auf die Krankheiten einzugehen, gegen die die Medikamente eingesetzt werden. Den Umfang dieses Buches hatten wir uns zu Beginn viel kleiner vorgestellt als das Ergebnis, das schließlich herausgekommen ist. Besonders schwer war es, eine Grenze hinsichtlich der Krankheiten zu ziehen, die noch besprochen oder weggelassen werden sollten. Wir hoffen, daß es gelungen ist, diejenigen Krankheitszustände, die für den Athleten von Bedeutung sind, und ihre sportbezogenen Konsequenzen ausführlich genug darzustellen. Es wurden auch einige seltenere Krankheitsbilder angesprochen, die im Zusammenhang mit körperlicher Aktivität Bedeutung haben können, eine lexikalische Vollständigkeit konnte und sollte aber nicht angestrebt werden.

Der vorliegende Band ist als allgemeinmedizinisches und internistisches Gegenstück zu der Darstellung der Sportverletzungen gedacht, die von zwei der Autoren ebenfalls in Zusammenarbeit mit dem schwedischen Reichssportverband veröffentlicht worden ist (Petersson/ Renström: Verletzungen im Sport; deutsche Ausgabe: Deutscher Ärzte-Verlag, Köln 1987). Obwohl es zwischen beiden Büchern hinsichtlich der Darstellung Unterschiede gibt, hoffen wir doch, daß sich beide Bände in idealer Weise zu einem vollständigen Überblick unseres derzeitigen Wissens im sportmedizinischen Bereich ergänzen.

Die fünf Autoren des vorliegenden Buches sind alle mit sportmedizinischen Fragen vertraut, die sie aus ihren jeweils verschiedenen Fachrichtungen her beleuchten. Aus unserem Interesse am Sport heraus war es für uns alle anregend und bereichernd, unser unterschiedliches Spezialwissen zu einer gemeinsamen Arbeit zusammenzutragen. Zur Verwirklichung dieses Bandes mußten wir zahlreiche technische Hilfe in Anspruch nehmen. Hierfür möchten wir uns herzlich bedanken, ganz besonders bei Elly Kihl, ohne dessen Hilfe dieses Buch nicht entstanden wäre. Die Zeichnungen und das Layout wurden von Tommy Berglund auf besonders verdienstvolle Art und Weise gestaltet. Wir können Dir, lieber Tommy, gar nicht genug für Deine schöne Arbeit danken.

Wenn man ein Buch über Krankheiten und ihre Behandlung für Laien, also Sportler, Funktionäre und Trainer schreibt, ist es notwendig, die medizinische Fachterminologie in eine Alltagssprache umzusetzen. Wir sind sehr beeindruckt von der Arbeit von Frau Kerstin M. Stålbrand, die dies auf hervorragende Art und Weise geleistet hat.

Das Buch hätte nicht entstehen können ohne die vertrauensvolle Zusammenarbeit mit dem Tidensverlag und dessen Leiter Lars Hjalmarsson sowie seinem Vorgänger Ebbe Carlsson, mit der Versicherungsgesellschaft Folksam und nicht zuletzt dem schwedischen Reichssportverband und seinem Vorsitzenden Bengt Sevelius. Herrn Sevelius möchten wir für seinen unerschütterlichen Optimismus und seinen Glauben danken, daß der Band doch fertig gestellt werden könne. Wie oft hatten wir ihm versprochen, daß das Buch jetzt „fast fertig" sei! Danken möchten wir ferner Sven von Holst, Eva Olofsson, Johan Sagner und Bengt Wallin, die sich zusammen mit Bengt Sevelius Zeit genommen haben, das Buch besonders hinsichtlich seiner sportbezogenen Aspekte durchzusehen. Herzlichen Dank allen für ihre wertvollen Ratschläge und Hinweise! Zu danken gilt es weiterhin den Dozenten Håkan Mobacken und Ann-Sofie Saltin für ihre kritische Durchsicht der Kapitel 18 und 20.

Unser Dank gilt Prof. Anders Bjelle, Dozent Svante Edshage, Dozent Ejnar Eriksson, Dozentin Gunilla Lidin-Jansson, Dozent Håkan Mobacken und Dr. Gunnar Nordberg für ihre Unterstützung bei der Beschaffung von Bildmaterial. Auch die Firmen Boehringer Ingelheim, Hässle GmbH, Fison GmbH, Glaxo und Pharmacia haben uns hierbei unterstützt. Vielen Dank auch ihnen. Ein ganz besonderer Dank gilt in diesem Zusammenhang auch dem Krankenhausfotografen Ole Roos, Sahlgrenska Krankenhaus, für seine ausgezeichnete Arbeit.

Es gibt noch vieles an Dank auszudrücken, wenn ein solcher Band endlich abgeschlossen ist. Wir hoffen, daß wir alle diejenigen erwähnt haben, die entscheidend hierzu beigetragen haben.

Unser größter Wunsch zum Schluß ist es, daß Ihnen, lieber Leser, das Buch bei Ihrer sportlichen Tätigkeit hilfreich sein möge. Es war unser Ziel, Athleten, Übungsleiter, Trainer, Ärzte, Krankengymnasten, Physiotherapeuten und andere, die sich im medizinischen Umfeld um den Sportler bemühen, in ihrer Arbeit zu unterstützen[2].

Göteborg, im März 1985

Bengt O. Eriksson
Tore Mellstrand
Lars Peterson
Per Renström
Nils Svedmyr

Anmerkungen der Übersetzer

Bei der Übersetzung wurde versucht, das Werk den deutschen Verhältnissen anzupassen. Dies machte einige Änderungen dort erforderlich, wo schwedische Strukturen und Vorschriften nicht auf Deutschland übertragen werden können. So gibt es beispielsweise in Schweden anders als in Deutschland ein Gesetz über den Vertrieb von Naturheilmitteln, das nicht übernommen wurde. Das Schwergewicht des Buches liegt im medikamentösen Bereich. Soweit von den Autoren für Arzneimittel schwedische Handelsnamen gebraucht wurden, wurden diese durch entsprechende in Deutschland registrierte Warenbezeichnungen ersetzt unter Verwendung der „Roten Liste" 1987. Die Schreibweise der deutschen Bezeichnungen von Pharmaka, Vitaminen etc. wurden dieser Liste angepaßt. Da hier teilweise sehr viele gleichwertige Präparate angeboten werden, war eine vollständige Aufführung nicht möglich. Die genannten Markenpräparate können nur als Beispiele verstanden werden. Da, wie die Autoren selbst erwähnen, die Dopinglisten stets im Fluß sind und nationale Unterschiede bestehen, wurde, um den bei Drucklegung neuesten Stand wiederzugeben, auf Seite 348 die von den Autoren angegebene Liste durch das aktuelle Verzeichnis des Internationalen Olympischen Komitees (IOC) ersetzt (siehe Donike, M., und S. Rauth, 1987).

Da sich der Band vorwiegend an den Nichtmediziner richtet, haben wir so weit als möglich versucht, auch für medizinische Inhalte umgangssprachliche Ausdrucksweisen zu benutzen. Wir haben aber gleichzeitig die medizinischen Fachausdrücke mit angegeben, da auch der Laie nach der Lektüre dieses Buches in der Lage sein sollte, Arztberichte und weiterführende Literatur für sich zu „übersetzen", und da darüber hinaus dieses Buch auch zur Information des Sportarztes gedacht ist.

Geleitwort

Krankheit erscheint dem gesunden Sportler und Sportlehrer als etwas Bedrohliches, von dem er nicht viel weiß, das er aber um so mehr fürchtet. Wenn er einmal krank wird, so hofft er, läßt sich dies mit einigen Arzneimitteln rasch wieder kurieren.

Aber auch der Sportler, der nichts sieht als nur seinen Sport und sonst von nichts wissen will, muß sich darüber im klaren sein, daß jede Krankheit einen vorgezeichneten Verlauf hat und zu bestimmten Konsequenzen führen kann. Auch der Athlet, der nichts anderes will, als so rasch wie möglich zu Training und Wettkampf zurückzukehren, muß lernen, krankhafte Zustände zu respektieren.

Im Bereich des Sports findet man daher ein großes Informationsbedürfnis über eine Reihe von Krankheiten, die für den Sporttreibenden in Betracht kommen, ihre Symptome, ihre Behandlung und die Arzneimittel, die zur Anwendung kommen. Dieser Aspekt ist nicht zuletzt schon mit Rücksicht auf die Liste der verbotenen Dopingpräparate von Bedeutung.

Dies war für mich ein wichtiger Grund, 1981 eine Gruppe erfahrener und bekannter Ärzte und Pharmakologen in Göteborg zu beauftragen, das erste Handbuch über Krankheiten und ihre Therapie im Sport zu schreiben. Nachdem jetzt das Ergebnis vorliegt, bin ich davon überzeugt, daß es ebenso wie sein Vorgänger „Verletzungen im Sport" ein weites Anwendungsfeld erwarten darf, ganz besonders im Bereich der Sportlehrer- und Übungsleiterausbildung, aber auch als Informationsquelle für Krankenpflegepersonal, Krankengymnasten und Ärzte. Wir hoffen, daß der Band einen festen Platz in öffentlichen Bibliotheken finden wird, beispielsweise in Gesundheitsämtern oder Schulen, vielleicht sogar in mancher Hausbibliothek. Dieses Buch kann sicher auch dem einzelnen zur Bewältigung unterschiedlicher medizinischer Probleme eine wertvolle Hilfe sein.

Ich darf daher den Autoren für ihr bahnbrechendes, ausgezeichnetes Werk danken, das zur weiteren Entwicklung des Sports beitragen wird. Dank gilt es auch der Versicherungsgesellschaft Folksam und dem Tidensverlag abzustatten, die durch wirtschaftliches Engagement und Fachwissen entscheidend zur Verwirklichung des Buchvorhabens beigetragen haben.

Ich bin sicher, daß der vorliegende Band unser Wissen über die Erkrankungen des Athleten vergrößern und zur Verbesserung der Behandlungsmöglichkeiten beitragen wird.

Bengt Sevelius
Vorsitzender des schwedischen Reichssportverbandes

1 Ist Sport gesund?

Der menschliche Organismus ist auf Bewegung angelegt. Der Mensch mußte sich zu allen Zeiten bewegen, um zu überleben, um sich seinen Nahrungsbedarf zu beschaffen. Durch die Errungenschaft der modernen Technik ist diese Abhängigkeit vom körperlichen Leistungsvermögen im letzten Jahrhundert verlorengegangen. Das Verhalten des modernen Menschen ist in seinem Berufsleben ebenso wie in weiten Bereichen der Freizeit von Bewegungsmangel geprägt. Zur Erfüllung des nach wie vor vorhandenen Grundbedürfnisses nach körperlicher Aktivität kommt daher dem Sport eine kaum zu überschätzende Bedeutung zu. Ganz besonders gilt dies für Kinder und Jugendliche, für die körperliche Aktivität eine wichtige Voraussetzung für eine harmonische körperliche und geistige Entwicklung darstellt. Jugendliche bilden daher den größten Prozentsatz der Mitglieder von Sportvereinen. Sport ist zur größten Massenbewegung unserer Tage geworden, immer größere Anteile der Bevölkerung werden in den Sport integriert.

Obwohl jeder zu wissen glaubt, was Sport ist, kann dieser Begriff nur sehr schwer einheitlich gefaßt werden. Sport kann lediglich mit dem Ziel des Bewegungsausgleichs oder mit Wettkampfcharakter betrieben werden. Es gibt körperlich ungeheuer belastende Sportarten wie beispielsweise Marathonlauf oder Skilanglauf, es gibt andererseits Sportarten, die vorwiegend die Koordination beanspruchen wie Schießen oder Golf. Die Vielfalt des Sports ist fast unerschöpflich, jeder

Sport als Spiel. *Photo: Dan Ljungsvik*

kann sich den Sport aussuchen, der seinen individuellen Anlagen und Bedürfnissen entspricht. Keineswegs alle körperlichen Aktivitäten sind an organisierte Sportvereine gebunden. Das Bewegungsbedürfnis des Menschen kann auch durch körperliche Aktivitäten befriedigt werden, die in der Regel nicht dem Sport zugerechnet werden, wie beispielsweise Spaziergänge, Gartenarbeit, Gesellschaftstanz etc.

Andererseits bringt der Sport keineswegs nur gesundheitliche Vorteile, nicht selten ist er die Ursache von Verletzungen und Sportschäden, die ambulante ärztliche Behandlung oder sogar Krankenhausaufenthalte erforderlich machen und die Ursache langanhaltender Arbeitsunfähigkeit darstellen können. Ökonomisch gesehen stellt somit der Sport für die Gesellschaft eine nicht unerhebliche Belastung dar. Nicht selten wird daher die Forderung nach dem Verbot besonders verletzungsträchtiger Sportarten wie beispielsweise Boxen erhoben.

Eine solche Diskussion darf nicht einseitig geführt werden. Konsequenterweise müßte man dann auch das Verbot vieler anderer Faktoren fordern, die in unserer Gesellschaft zu Krankheiten und Behinderungen führen. Die Zahl der schweren Verletzungen und der Todesopfer im Sport dürfte wohl in keiner Weise vergleichbar sein mit der Zahl der Verkehrsopfer oder mit den Folgen von Arbeitsunfällen. Der Mißbrauch von Alkohol und Nikotin führt in unserer Gesellschaft sicher zu unvergleichlich höheren Kosten als alle Sportschäden zusammen.

Nachdem der Sport einen gesundheitlichen Risikofaktor darstellen kann, muß es Aufgabe der sportmedizinischen Forschung sein, nach Wegen zu suchen, um die Häufigkeit und Schwere solcher Verletzungen zu vermindern. Durch intensive wissenschaftliche Untersuchungen

Sport ist nicht immer ohne Risiko. *Photo: Pressens bild/EPU*

Sieg und Niederlage. *Photo: Pressens bild/EPU (oben), Joachim Flodin (unten)*

sind hier bereits zahlreiche Fortschritte erzielt worden, wenn auch der Wunsch nach einem völlig risikofreien Sport auf Dauer sicher nicht realisierbar sein wird.

Andererseits muß demgegenüber berücksichtigt werden, daß die Folgen körperlicher Inaktivität aller Wahrscheinlichkeit nach sehr viel ernster sind als das Risiko, das durch Sport eingegangen wird. Bewegungsmangel und fehlende muskuläre Belastung führen zu einer Verminderung der Kalkeinlagerung im Skelettsystem, die Folgen sind Knochenentkalkung (Osteoporose) und erhöhte Knochenbrüchigkeit. Knochenbrüche, besonders Oberschenkelhalsbrüche, betreffen daher vorwiegend ältere Menschen und körperlich Inaktive. Bewegungsmangel führt zu einem Funktionsverlust der Muskeln und ihrer Sehnen, der Gelenke und ihrer Bänder. Mögliche Folgen kleinerer Unfälle werden hierdurch verstärkt. Bewegungsmangel resultiert nicht zuletzt in Über-

Sport spielt sich auf den unterschiedlichsten Ebenen ab. *Photo (von links oben nach unten): Joachim Flodin, Pressens bild/EPU, Joachim Flodin, Dan Ljungsvik, Stig A. Nilsson/Pressens bild*

gewicht und Herz-Kreislauf-Schäden. Dies wurde beispielsweise in wissenschaftlichen Untersuchungen nachgewiesen, in denen gezeigt wurde, daß eine zweiwöchige Bettruhe bei gesunden Studenten zu einer erheblichen Verschlechterung der allgemeinen Ausdauer, der Muskelkraft und der Herz-Kreislauf-Funktion führt. Es bedurfte eines sechswöchigen intensiven Trainings für diese Versuchspersonen, um ihr ursprüngliches Konditionsniveau wieder zu erreichen.

Weitere Untersuchungen zeigten, daß körperlich inaktive Personen eine erniedrigte Toleranz gegenüber körperlichem und psychischem Streß aufweisen. Bewegungsmangel vermindert die Resistenz gegen Krankheit, Verletzungen und altersbedingte Veränderungen. Ein hinreichendes Maß an körperlicher Aktivität ist daher eine wichtige Voraussetzung für körperliches und geistiges Wohlbefinden.

> Die gesundheitlichen Schäden durch Bewegungsmangel sind wesentlich größer als die gesundheitlich negativen Folgen des Sports.

Gegen die möglichen negativen Folgen des Sports müßten seine positiven Auswirkungen abgewogen werden. Körperliche Aktivität führt zu einer Kräftigung des Bewegungsapparates. Knochen, Muskeln, Sehnen, Bänder und Knorpel werden verstärkt, der Ablauf altersbedingter Veränderungen wird verzögert. Sport ist ein wichtiges Heilmittel bei zivilisationsbedingten Bewegungsmangelschäden. Hier gibt es noch viel zu tun.

Weitere positive Auswirkungen körperlicher Aktivität sind vor allem im Stoffwechselbereich zu finden. Der gesteigerte Energieumsatz reduziert Übergewicht und vermindert das Risiko von Stoffwechselerkrankungen, speziell der Zuckerkrankheit (Diabetes mellitus). Gesteigerte körperliche Aktivität bei verminderter Nahrungszufuhr führte beispielsweise im zweiten Weltkrieg zu einer dramatischen Abnahme der Zahl von Neuerkrankungen an Diabetes. Diese Krankheit gibt es in den Entwicklungsländern so gut wie gar nicht. Positive Auswirkungen körperlicher Aktivität finden sich weiterhin besonders auf dem Gebiet der arteriosklerotischen Herz-Kreislauf-Erkrankungen („Gefäßverkalkung") und ihrer Risikofaktoren wie Hochdruck. Genannt seien zum Beispiel die Durchblutungsstörungen der Beine, die sogenannte arterielle Verschlußkrankheit (Claudicatio intermittens). Als wichtiger Mechanismus gegenüber den arteriosklerotischen Prozessen wurde die Steigerung des HDL/LDL-Quotienten als Folge regelmäßiger körperlicher Aktivität nachgewiesen (s. S. 306). In zahlreichen wissenschaftlichen Untersuchungen wurde eine Ökonomisierung der Herz-Kreislauf-Funktion durch Senkung der Herzfrequenz aufgezeigt. Nicht zuletzt wird die Lebensqualität auch des Kranken erhöht. Bei Erkrankungen des Bewegungsapparates wie Gelenkrheumatismus wirkt sich körperliche Aktivität positiv gegenüber der Muskelatrophie aus, die sekundär als Krankheitsfolge entsteht.

In einer Reihe von Studien konnte nachgewiesen werden, daß körperlich aktive und leistungsfähige Menschen Krankheiten und Schädigungen besser überstehen als körperlich inaktive. Dies gilt für Bagatellerkrankungen ebenso wie für lebensbedrohliche Krankheitszustände, etwa den Herzinfarkt. Auch schwierige, streßbetonte Situationen des alltäglichen Lebens in Arbeit und Freizeit werden von körperlich aktiven Menschen besser bewältigt. Als Ursache des gesteigerten Wohlbefindens unter körperlicher Belastung wurde die Freisetzung morphinähnlicher Substanzen, der sogenannten Endorphine, nachgewie-

Regelmäßiges körperliches Training hält auch geistig fit.

sen. Es liegen demnach heute zahlreiche und überzeugende Beweise für den Nutzen des Sports vor, vorausgesetzt, er wird zielgerichtet und vernünftig betrieben.

Eine solche Aussage ist keineswegs neu. Das Wissen, daß körperliche Aktivität zum menschlichen Wohlbefinden beiträgt, läßt sich über die Jahrtausende zurückverfolgen. Erst heute ist es allerdings möglich geworden, diesen Erfahrungsschatz wissenschaftlich zu beweisen.

Fragt man nach der Motivation zum Sport, so muß man davon ausgehen, daß in den seltensten Gründen eine solche Kosten-Nutzen-Analyse der Grund für seine Aufnahme darstellt. Die meisten Menschen betreiben Sport einfach aus Freude an der Bewegung. Es gibt viele Dinge im Leben, die wir nicht tun, obwohl wir wissen, daß sie nützlich sind, andererseits nehmen wir bewußt viele gesundheitliche Risiken in Kauf. Jeder, der Zigaretten raucht oder Alkohol trinkt, weiß letztlich, daß er hierdurch eine gesundheitliche Gefährdung eingeht. Nur mit gesundheitlichen Argumenten für den Sport zu werben, würde also nicht viel nützen. Sport muß Spaß machen.

Abschließend kann gesagt werden, daß Sport nicht immer nur gesund ist. Die möglichen Schäden lassen sich jedoch durch vernünftigen Sport einschränken, die eingegangenen Risiken werden durch den gesundheitlichen Nutzen und durch die Freude an der Bewegung mehr als aufgewogen.

2 Sportmedizin

Die Medizin hat sich in zahlreiche Spezialdiszplinen aufgeteilt. Die Einteilung erfolgt dabei entweder nach den jeweils betroffenen Organsystemen oder nach dem Lebensalter der Patienten. Genannt seien Hals-Nasen-Ohren-Heilkunde, Endokrinologie (hormonale Erkrankungen), Gynäkologie (Frauenheilkunde), Dermatologie (Hauterkrankungen), Nephrologie (Nierenerkrankungen), Kardiologie (Herzerkrankungen), Gastroenterologie (Magen-Darm-Erkrankungen) und andere. Der Pädiater beschäftigt sich mit den Erkrankungen im Kindesalter, der Internist mit den Erkrankungen des Erwachsenen und der Gerontologe speziell mit den Erkrankungen des älteren Menschen. Eine weitere Einteilungsmöglichkeit besteht nach operativen und konservativen Fächern. Auch in den operativen Fächern hat inzwischen eine weitgehende Spezialisierung stattgefunden. Es gibt Neurochirurgen, Herzchirurgen, plastische und orthopädische Chirurgen und andere mehr. Weiterhin kann man gewissermaßen typische Dienstleistungsbereiche innerhalb der Medizin abgrenzen wie Anästhesiologie, Physiologie, Pharmakologie, klinische Chemie, Neurophysiologie, Radiologie etc. Viele dieser medizinischen Disziplinen haben sich in einem jahrzehnte- und jahrhundertelangen Entwicklungsprozeß ausdifferenziert, manche mögen den heutigen Bedürfnissen des modernen Menschen nicht mehr völlig entsprechen. Innerhalb dieser großen Gebiete läßt sich der Trend zu einer immer weiteren Aufgliederung erkennen, die sogenannte Subspezialisierung. Die klassische Chirurgie hat sich heute beispielsweise in so zahlreiche Einzelbereiche aufgegliedert, daß für den traditionellen Chirurgen eigentlich nur noch die Bauchoperationen übrig bleiben.

Andererseits kann der Mensch aber nicht nur als eine Sammlung von Einzelorganen betrachtet werden, er stellt ein ganzheitliches Wesen dar, in dem viele sehr unterschiedliche Funktionen zusammenspielen. Viele Krankheiten und Schädigungen betreffen das Individuum als Ganzes. Sie verursachen Schädigungen an verschiedenen Organen, die die Behandlung durch eine Reihe unterschiedlicher Spezialisten erfordert und es wird immer schwieriger, hier wieder zu einer ganzheitlichen Therapie des Menschen zurückzufinden. Die traditionelle Einteilung der Medizin ist daher heute in Frage gestellt, möglicherweise werden sich hier völlig neue Kategorien entwickeln.

Die Sportmedizin beschäftigt sich dagegen mit Problemen, die ganz allgemein den sporttreibenden Menschen betreffen. Sportmedizinische Probleme finden sich daher in fast allen medizinischen Teilbereichen, so daß es sich bei der Sportmedizin somit um ein interdisziplinäres Fach im eigentlichen Sinn handelt.

Bisher sind es nur wenige Länder, in denen die Sportmedizin als Teilbereich offiziell anerkannt ist: die Niederlande und speziell eine Reihe von Ostblockstaaten, z. B. die Sowjetunion, die DDR und Polen, hier werden spezifische Ausbildungsgänge angeboten. In der Bundesrepublik Deutschland ist Sportmedizin lediglich ein Teil der Weiterbildung, die nach dem Studium absolviert wird. Innerhalb des Studiums hört der künftige Arzt bisher nur am Rande von sportmedizinischen Problemen.

Welche Forderungen sind aus der Sicht der Sportmedizin an Ärzte und medizinisches Hilfspersonal zu stellen? Neben einer gründlichen medizinischen Ausbildung, nicht nur im eigenen Spezialbereich, sondern auch in Nachbargebieten, sind spezielle Kenntnisse über die Durchführung des Sports sowie gesundheitliche Risiken und sportmedizinische Probleme in verschiedenen Sportarten Voraussetzung. Wer im sportmedizinischen Bereich tätig ist, muß um die ganz spezielle Bedeutung von Erkrankungen für den Sportler wissen, der auf eine besonders rasche und gute Wiederherstellung seiner Leistungsfähigkeit angewiesen ist. Es sind gerade die Sportler, die besonders hohe Anforderungen an die sportmedizinische Betreuung stellen. Beim „normalen" Arzt begegnet der Athlet immer wieder der Philosophie des „Ruhigstellens". Der Ratschlag, bei Erkrankungen oder Verletzungen einfach mit dem Sport aufzuhören, wird seinen Bedürfnissen in keiner Weise gerecht.

Im Rahmen der Sportmedizin lassen sich heute drei besonders wichtige Teilbereiche abgrenzen: Traumatologie (die Lehre von den Verletzungen), innere Medizin und Physiologie. Wenn diese drei Gebiete im folgenden besonders beleuchtet werden, soll dies nicht bedeuten, daß nicht auch zahlreiche andere medizinische Bereiche eine Rolle spielen, z. B. die Gynäkologie. Die Bewältigung sportmedizinischer Probleme ist darüber hinaus oft nur über eine Zusammenarbeit mit anderen Bereichen wie Psychologie, Biomechanik, Soziologie, Verhaltenswissenschaften und anderen möglich.

Verletzungen können beim Sportler vorkommen, ebenso wie sich auch der Nichtsportler im alltäglichen Leben schädigen kann. Die Sportschäden lassen sich in zwei Gruppen einteilen: akute Verletzungen und Überlastungsschäden. Obwohl die Folgen von Sportunfällen grundsätzlich denen anderer Unfälle, beispielsweise Verkehrs- oder Arbeitsunfälle, entsprechen, ergeben sich hier doch gewisse Unterschiede

Der Sportarzt bei der Arbeit. *Photo: Joachim Flodin*

durch den Verletzungsmechanismus. Sportschäden betreffen vorwiegend jüngere Menschen mit großer Muskelkraft. Sie treten unter körperlicher Belastung bei hohem Krafteinsatz oder bei großer Bewegungsgeschwindigkeit auf. Sportverletzungen sind daher häufig besonders kompliziert. Andererseits garantiert im allgemeinen die Jugend des Sportlers eine gute Regenerationstendenz, rasche Heilung und schnelle Wiederherstellung der normalen Funktion. Demgegenüber muß aber auch berücksichtigt werden, daß die Anforderungen des Sportlers an das zu erreichende medizinische Behandlungsziel besonders hoch sind, höher als beim Nichtsportler. Letzterer gibt sich im Regelfall mit der Wiederherstellung seiner Arbeitsfähigkeit zufrieden, der Athlet möchte darüber hinaus aber auch in vollem Umfang wieder sportfähig werden. Die Sporttraumatologie wird durch diese Herausforderung zu einer ständigen Weiterentwicklung ihres diagnostischen und therapeutischen Arsenals gezwungen. Dies betrifft ebenso die Diagnostik wie operative Techniken und rehabilitative Maßnahmen. Die so gewonnenen Erkenntnisse kommen nicht zuletzt auch wiederum der klassischen Orthopädie und Traumatologie zugute.

Ziel der Sporttraumatologie kann aber nicht nur die Reparatur sein. Aus der Analyse der Schädigungsmechanismen wurden wertvolle Hinweise für vorbeugende Maßnahmen gewonnen. So wurden Sportgeräte verbessert und Schutzkleidungen entwickelt, mit dem Ziel, das Verletzungsrisiko und gegebenenfalls das Verletzungsausmaß zu verringern. Genannt seien als Beispiel der Kopfschutz des Eishockeyspielers, der besonders die früher häufigen Augen- und Zahnverletzungen verringert hat, die Sicherheitsbindung im alpinen Skilauf, das regelmäßige „Tapen" von Fuß- und Kniegelenken etc. Auch diese Erfahrungen sind der traditionellen Orthopädie und Traumatologie, teilweise auch der Arbeitsmedizin zugute gekommen.

Neben den akuten Verletzungen spielen in der Traumatologie besonders auch die chronischen Überlastungsschäden eine wichtige Rolle. Bei ihrer Entstehung ist einmal das Ausmaß der Belastung, zum anderen die Belastungsfrequenz von entscheidender Bedeutung. Überlastungsschäden entstehen entweder durch zu hohe Belastungen mit regulärer Häufigkeit, durch reguläre Belastung mit zu hoher Wiederholungsfrequenz oder im schlimmsten Fall durch zu hohe Belastung bei zu häufiger Wiederholung. Wichtig ist aber auch, daß Überlastungsschäden selbst durch verhältnismäßig geringe Belastungen entstehen können, wenn diese sehr häufig wiederholt werden. Natürlich können solche Schädigungen unter ähnlichen Bedingungen auch bei Nichtsportlern auftreten. Typisch für Überlastungsschäden ist die häufige Verkennung ihrer Symptome, die Stellung von Fehldiagnosen und die Durchführung falscher therapeutischer Maßnahmen durch Ärzte, die mit solchen Schadensbildern nicht vertraut sind. Nicht selten fehlt auch dem Sportler selbst das hinreichende Verständnis für seine Beschwerden und ihre Entstehungsmechanismen. Unser Wissen über die Reaktionsweise des Menschen auf unterschiedliche Belastungen gründet sich zu einem erheblichen Teil auf die Untersuchung von Sportschäden. Auch hier führte die Analyse von Faktoren, die die Entstehung von Überlastungsschäden begünstigen, zur Entwicklung präventiver Maßnahmen. Wie bereits für die akuten Verletzungen festgestellt, gilt auch hier, daß die so gewonnenen Erfahrungen für die traditionelle Orthopädie und Traumatologie von Nutzen sind.

Der internistische Teil der Sportmedizin beschäftigt sich mit Fragen des Sports bei inneren Erkrankungen. Diese werden im allgemei-

Wer gesund Sport treibt, schützt sich. *Photo: Per Renström*

nen nicht durch den Sport hervorgerufen, ihre Symptome können aber nicht selten erstmals unter körperlicher Belastung auftreten. Durch die Höhe der Belastungsintensität beim Sport kann eine Erkrankung, die für das tägliche Leben und die tägliche Arbeit keine größere Einschränkung darstellt, eine weitere sportliche Aktivität unmöglich machen. Deshalb ist eine Kenntnis der Belastungen erforderlich, die verschiedene Sportarten mit sich bringen, um entscheiden zu können, inwieweit im Einzelfall von der Fortführung des Sports abgeraten werden muß. Andererseits stellt körperliches Training bei vielen Erkrankungen eine wichtige therapeutische und rehabilitative Maßnahme dar, z. B. bei Diabetes mellitus (Zuckerkrankheit), Adipositas (Übergewicht), rheumatischen Erkrankungen, arterieller Verschlußkrankheit (Durchblutungsstörungen der Beine), Hochdruck und koronarer Herzkrankheit (Durchblutungsstörungen der Herzkranzgefäße). Neben dem direkten therapeutischen Effekt kommt dem Sport bei einer Reihe von Erkrankungen eine wichtige Bedeutung für die Eingliederung des Betroffenen in das Alltagsleben zu, wie etwa bei psychischen Erkrankungen oder bei Bronchialasthma. Um hier den Sport optimal nutzen zu können, ist es erforderlich, die Erkrankungen und ihre Beziehung zum Sport ebenso zu kennen wie die jeweiligen Belastungen und die speziellen Aspekte einzelner Sportarten.

Das dritte Hauptgebiet der Sportmedizin, eigentlich das erste allgemein anerkannte Teilgebiet dieses Bereichs, die Leistungsphysiologie, beschäftigt sich mit den Reaktionsweisen des Menschen unter intensiver körperlicher Belastung. Die Untersuchung der Frage nach einer möglichen Leistungsverbesserung verschiedener Organsysteme unter körperlicher Belastung ist eine Grundvoraussetzung für die Verbesserung von Trainingsmethoden im Sport. Die Leistungsphysiologie hat wichtige Erkenntnisse zu Problemen von Kondition, Ausdauer, Kraft,

Muskelzusammensetzung und -funktion gesammelt. Das Wissen ist hier jedoch keineswegs vollständig, die Leistungsphysiologie ist nach wie vor ein expansives, intensives Forschungsgebiet, ihr wird auch in Zukunft große Bedeutung zukommen. Diese Erkenntnisse betreffen natürlich zunächst die Funktionen des gesunden Menschen, speziell des Leistungssportlers. Die Erfahrungen der Leistungsphysiologie kommen aber nicht zuletzt auch der Rehabilitation des Menschen nach Krankheiten oder Verletzungen zugute.

Trotz aller Unterschiedlichkeit der Teilbereiche wird die Sportmedizin erst dann ihr Ziel voll erreichen, wenn diese Gebiete interdisziplinär zusammenarbeiten. Selbstverständlich wird der Einzelne nicht alle Disziplinen gleichermaßen perfekt beherrschen können, auch in Zukunft wird es ärztliche und nichtärztliche Spezialisten für Sporttraumatologie, innere Sportmedizin und Leistungsphysiologie geben. Aber auch dann ist es wichtig, daß diese Spezialisten im Team den Sportler gemeinsam betreuen.

Wie bereits mehrfach betont, beschäftigt sich die Sportmedizin keineswegs ausschließlich mit dem Leistungssportler. Wenn man berücksichtigt, daß der Deutsche Sportbund heute fast 20 Millionen Mitglieder hat, wird deutlich, daß die Zielgruppe der Sportmedizin ganz überwiegend außerhalb des Leistungssports liegt. Die Darstellung in den öffentlichen Medien vermittelt hier häufig den falschen Eindruck einer Gleichsetzung von Sportmedizin mit Leistungsmedizin. Die überwiegende Zahl sportmedizinischer Probleme betreffen nicht den Leistungs-, sondern den Breitensportler. Zunehmend ist die Sportmedizin auch im rehabilitativen Bereich von großer Bedeutung. Die Zielvorstellung kann in dem Satz formuliert werden: Sportmedizin für alle, die Sport treiben.

3 Trainingslehre

Der moderne Hochleistungssport ist heute ohne einen systematischen Trainingsaufbau undenkbar. Das Ziel dieses Trainings liegt in der Leistungssteigerung, im Streben nach Wettkampferfolg. Für die meisten Sporttreibenden liegt das Trainingsziel jedoch in einer ganz anderen Richtung. Für sie ist das Ziel des Sports die Befriedigung, die sie dabei empfinden, sie trainieren für mehr Gesundheit und höhere Lebensqualität. Ein Training aus dieser Sicht muß weniger auf Erfolg ausgerichtet sein, es muß stimulieren und Freude machen.

Durch Training wird eine Verbesserung derjenigen organischen Funktionen erreicht, die Voraussetzung einer Leistungssteigerung sind. Das Training wird je nach Trainingsziel in unterschiedliche motorische Beanspruchungsformen differenziert: Kondition und Ausdauer, Schnellkraft, Schnelligkeit, Kraft, Technik und Koordination. Obwohl während des Trainings in unterschiedlicher Art und Weise sämtliche der genannten motorischen Funktionen angesprochen werden, wird doch je nach Sportart der Schwerpunkt variieren.

Bei einem Training der allgemeinen Ausdauer wird jedes Glied in der Kette des sauerstofftransportierenden Apparates auf dem Weg von der eingeatmeten Luft bis hin zum energiefreisetzenden Muskel einbezogen. Die Steigerungsfähigkeit der Atmung ist enorm. Während ein erwachsener Mensch in Ruhe etwa 5—10 l Luft pro Minute ein- und ausatmet, steigt dieser Wert unter Belastung bis auf 100—150 l an, trainierte Sportler bringen es sogar auf 200 l. Im allgemeinen ist die Reserve der Atmung wesentlich größer als die der anderen Kettenglieder des sauerstofftransportierenden Apparates, nur sehr selten ist daher die Atmung der leistungsbeschränkende Faktor. Trotzdem kommt es auch hier zu Trainingseffekten: Leistungssportler im Ausdauerbereich haben größere Lungen- und Atemvolumina als untrainierte Personen.

Der eingeatmete Sauerstoff wird an den Blutfarbstoff (Hämoglobin) in den roten Blutkörperchen (Erythrozyten) gebunden. Sowohl die Zahl der Erythrozyten wie die Menge des Hämoglobins werden durch Training beeinflußt. Obwohl im allgemeinen durch Training die Erythrozytenzahl ansteigt, verändert sich die Hämoglobinkonzentration im Blut nur wenig. Gelegentlich beobachtet man sogar eine Abnahme dadurch, daß die Menge an Blutflüssigkeit (Blutplasma) stärker ansteigt als die Erythrozytenzahl. Trotzdem führt jede Form des Ausdauertrainings zu einer Steigerung der Erythrozyten-Gesamtzahl, wodurch die Transportkapazität für Sauerstoff von den Lungen hin zur Muskulatur gesteigert wird.

Dieser Transport wird vom Herz bewerkstelligt. Das Herz stellt eine Pumpe dar, die normalerweise etwa 5 l Blut pro Minute fördert. Unter Belastung kann diese Menge beim Untrainierten bis auf 20—25 l erhöht werden. Hochausdauertrainierte Leistungssportler bringen es bis auf 30—40 l pro Minute. Die Steigerung dieses Herzminutenvolumens als Trainingsfolge wird dabei lediglich über eine Erhöhung der Fördermenge pro Schlag (Herzschlagvolumen) erreicht. Der Ausdauertrainierte kann sich aufgrund seines erhöhten Schlagvolumens in Ruhe eine niedrigere Herzfrequenz leisten. Dies bedeutet eine Ökonomisierung der Herzkreislauffunktion: der „Kreislaufverschleiß" im normalen Alltagsleben ist reduziert.

Vom Herzen wird das Blut in das Gefäßsystem hineingepumpt, das in der Lage ist, sich an die jeweiligen Funktionsbedingungen anzupassen. Unter Belastung nimmt es ein größeres Pumpvolumen auf als in Ruhe. Durch Training wird daher auch die Funktion des Gefäßsystems verbessert, die Zahl der Gefäße, besonders der Kapillaren nimmt zu. Die Durchblutungssteigerung wird dabei ausschließlich im trainierten Körperbereich beobachtet, es handelt sich also um eine spezifische Trainingswirkung. Die Kenntnis dieser Tatsache wirkt sich auch auf den rehabilitativen Bereich aus. Hier ist es beispielsweise möglich, eine verbesserte Blutzirkulation in durchblutungsgestörten Bereichen zu erzielen, etwa bei arterieller Verschlußkrankheit im Bein („Raucherbein").

Aufgabe der Muskulatur ist die Ausführung von Bewegungen. Hierzu benötigt sie Energie aus Sauerstoff und Brennstoffen. Die Muskeln sind daher auf eine gute Blutversorgung angewiesen. In Ruhe werden etwa 15% des Herzminutenvolumens zur Muskulatur transportiert, unter maximaler Belastung kann dieser Anteil bis auf 85% steigen. Da das Herz des Trainierten größere Blutmengen zur Muskulatur pumpen kann, ist es ihm möglich, eine höhere Leistung über längere Zeit zu erbringen. Darüber hinaus kommt es auch zu einer Verbesserung der Muskelqualität; bei Sportlern, die Ausdauersport betreiben, verbessert sich die Muskelfunktion ohne erkennbare Zunahme der Muskelmasse.

Auch andere Organe werden durch Training beeinflußt. Wie bereits erwähnt, steigt die Widerstandsfähigkeit des Bewegungsapparates, also die Festigkeit von Knochen, Muskeln, Sehnen und Bändern. Kör-

Das Training mit Gewichten ist ein gutes Hilfsmittel für den Muskelaufbau. *Photo: Joachim Flodin*

Beispiel unterschiedlicher Trainingsgeräte.
Photo: Ole Roos

perliches Training wirkt daher der Reduktion dieser Widerstandsfähigkeit durch Alter oder Bewegungsmangel entgegen. Training nimmt weiterhin Einfluß auf Stoffwechselorgane, der Umsatz von Kohlenhydraten und Fetten steigt an. Auch dieser Aspekt kommt in der Therapie von Krankheiten zum Tragen wie etwa bei der Zuckerkrankheit (Diabetes mellitus), dem Übergewicht und anderen.

Die optimale Methode des Ausdauertrainings wird häufig kontrovers diskutiert. Man kann hierzu feststellen, daß die Vielfalt des Sports viele unterschiedliche Möglichkeiten des Ausdauertrainings anbietet. Zur Aufrechterhaltung der allgemeinen Ausdauer sollte man wenigstens dreimal pro Woche mindestens etwa 20—30 min bei einer Belastungsintensität von ca. 40—60% der maximalen Leistungsfähigkeit trainieren. Auch ein Training mit niedrigerer Intensität führt zu einem Trainingseffekt, wenn es entsprechend häufiger ausgeführt wird. Leistungssportler absolvieren bis zu zwei Trainingseinheiten pro Tag mit hoher Intensität. Das Training des Breitensportlers wird im allgemeinen wesentlich seltener und mit deutlich niedrigerer Intensität ausgeführt. Dabei ist es wichtig, auf die notwendige Kontinuität eines solchen Trainings hinzuweisen. Bei Trainingsunterbrechung geht der einmal erreichte Leistungsstand sehr rasch wieder verloren.

Zum Training von Schnelligkeit und Stehvermögen muß eine andere Form der Energiefreisetzung im Organismus verbessert werden. Um ein solches Training durchzuhalten, ist zunächst eine allgemeine gute Fitneß erforderlich. Während für den durchschnittlichen Breitensportler diese Trainingsform ohne große Bedeutung ist, sind Schnelligkeit und Stehvermögen für den Leistungssportler in bestimmten Bereichen entscheidend. Die hierzu erforderliche rasche Energiefreisetzung in der Muskulatur wird in kurzen, explosiven Belastungsphasen trainiert. Die Herzfunktionen spielen dabei keine große Rolle, da für das Herz die Belastungszeit zu kurz ist, um seine Leistung dem Energiebedarf anzupassen. Für einen Athleten, der auf eine Spitzenleistung zu einem ganz bestimmten Zeitpunkt hinarbeitet, ist es erforderlich, im Rahmen seiner langfristigen Trainingsgestaltung das Training von Ausdauer, Schnelligkeit und Stehvermögen optimal zu koordinieren. An dieser

Stelle ist es allerdings nicht möglich, die bestehenden unterschiedlichen Trainingssysteme näher zu erläutern.

Ein weiteres Trainingsziel kann in der Verbesserung der muskulären Funktion bestehen, in der Steigerung der maximalen Muskelkraft, der Schnellkraft oder der Muskelausdauer. Dies wird durch unterschiedliche Belastungsformen erreicht, entweder durch zahlreiche Belastungswiederholungen mit niedriger Belastungsintensität oder umgekehrt, mit niedriger Wiederholungsfrequenz bei hohem Krafteinsatz. Unabhängig vom jeweiligen Trainingsziel setzt die Steigerung der Maximalkraft eine Zunahme der Muskelmasse voraus. Ein Krafttraining gehört in vielen Bereichen des Sports zu den Grundvoraussetzungen von Schnelligkeit und Stehvermögen. Eine geeignete Muskelentwicklung ist aber auch aus präventiver Sicht von entscheidender Bedeutung, als Vorbeugung gegenüber Sportschäden. Die hierbei gewonnenen Erfahrungen kommen wiederum der optimalen Durchführung von Rehabilitationsmaßnahmen nach Krankheiten oder Verletzungen zugute. Jedes Krafttraining muß dabei mit Dehnungsübungen verbunden werden, deren Bedeutung kaum überschätzt werden kann.

Grundvoraussetzung jeder sportlichen Aktivität ist eine optimale neuromuskuläre Funktion. Ein wesentlicher Teil des Trainings besteht im Erlernen richtiger Bewegungstechniken zur Optimierung des Resultates, aber auch zur Minimierung des möglichen Schädigungsrisikos. Dem koordinativen Training sollte daher in jedem Sportprogramm, unabhängig von der jeweiligen Altersgruppe, ein hoher Stellenwert eingeräumt werden. Techniktraining setzt eine optimale muskuläre Koordination voraus. Erfahrungen aus diesem Bereich werden ebenso wiederum für den therapeutischen Sektor bedeutsam, in dem Bewegungsübungen für Patienten aller Altersklassen durchgeführt werden.

Grundsätzlich ist ein sportliches Training in jedem Alter möglich, aber selbstverständlich müssen natürlich die individuellen Voraussetzungen, ganz besonders Reifegrad und Alter, berücksichtigt werden. Der Organismus muß für ein intensives Training erst langsam vorbereitet werden. Kinder und Jugendliche sollten ein möglichst vielseitiges Training betreiben, eine allzu frühe Spezialisierung in bestimmten Sportarten wäre falsch. Einseitiges Training ist mit einem erhöhten Schadensrisiko verbunden, oft kann es zu Dauerschäden für das spätere Leben führen. Beim älteren Menschen muß das Training auf die individuelle Beweglichkeit und auf das jeweilige Leistungsvermögen abgestimmt sein.

Von ganz besonderer Bedeutung ist es, darauf hinzuweisen, daß jede Trainingseinheit durch ein sinnvolles Aufwärmen eingeleitet werden soll. Dadurch wird der Blutumlauf im Organismus gesteigert, die arbeitende Muskulatur wird besser mit Blut versorgt, die Körpertemperatur steigt an und die Voraussetzungen für die Energiefreisetzung werden begünstigt. Auch die Funktion von Muskeln, Sehnen und Bändern wird durch geeignetes Aufwärmen verbessert, wie dies in entsprechenden Untersuchungen nachgewiesen werden konnte. Es sollte eigentlich eine Selbstverständlichkeit sein, daß jede Trainingseinheit mit dem Aufwärmen großer Muskelgruppen begonnen wird — was leider keineswegs immer der Fall ist. Man kann bei vielen Verletzungen und Schädigungen zeigen, daß sie durch geeignete Aufwärmprogramme hätten verhindert werden können. Umgekehrt ist es ebenfalls wichtig, bei Beendigung einer intensiven sportlichen Aktivität das Training langsam abzubauen, damit sich der Organismus wiederum an die neue Situation gewöhnen kann. Es hat sich gezeigt, daß die plötzliche Be-

Aufwärmen ist wichtig! *Photo: Joachim Flodin*

endigung einer intensiven Trainingsperiode für den Organismus mit Risiken verbunden sein kann. Ebenso ist es wesentlich, daß am Ende jeder einzelnen Trainingseinheit die Belastung langsam ausklingt, beispielsweise durch Joggen. In dieser Entspannungsperiode kommt es zu einer aktiven Erholung, Stoffwechselprodukte wie Milchsäure werden schneller abgebaut. Das Phänomen des Muskelkaters wird seltener. Auch im Rahmen von Entspannungsübungen sollten Dehnungsbelastungen nicht vergessen werden.

Training kann sehr unterschiedlich ausgeführt werden. Ein zu früh begonnenes, intensives oder allzu einseitiges Training kann die Ursache von Verletzungen und Dauerschäden sein. Man sollte auf gar keinen Fall den Fehler begehen, Trainingsgrundsätze und -programme, die für Erwachsene entwickelt wurden, einfach unangepaßt auf Kinder und Jugendliche zu übertragen. Die besten Resultate wird man immer dann erzielen, wenn man ein variantenreiches Training durch Beanspruchung der unterschiedlichen Organsysteme ausführt, so werden unnötige Schädigungen vermieden. Nach einer durch Krankheit oder Verletzung bedingten Trainingspause ist es erforderlich, die Belastung wiederum auf einem niedrigeren Niveau zu beginnen und sich erst langsam wieder aufzubauen. Ein häufig zu beobachtender schwerer Fehler besteht darin, daß viele Leute glauben, sie könnten sich nach 10 bis 15 Jahren sportlicher Untätigkeit wieder so hoch belasten wie in ihrer Jugend.

Körperliches Training bedeutet für die meisten Menschen Freude an Bewegung und positive gesundheitliche Auswirkungen. Für sie steht das Training selbst im Vordergrund, nicht der Erfolg im Wettkampf!

4 Krankheit — Gesundheit, Versuch einer Definition

Die Grenzen zwischen gesund und krank lassen sich nicht klar abstecken, hier gibt es eine große Grauzone. Unter Krankheit versteht man eine Veränderung im Zustandsbild und Verhalten des Menschen, die mit den üblichen Normen nicht übereinstimmt. Dabei kann jedoch im Einzelfall der „Normalzustand" eines Individuums für ein anderes bereits Krankheit bedeuten. Außerhalb dieser Grauzone ist es in den meisten Fällen jedoch einfach, Krankheiten als solche festzulegen, beispielsweise eine Lungenentzündung, schwere Schmerzzustände, ein Beinbruch etc.

Man ist immer so gesund, wie man sich fühlt.

Krankheit wird nicht nur objektiv bestimmt, sondern auch subjektiv. Das Gefühl, krank zu sein, spielt eine entscheidende Rolle. Nicht immer müssen beide Aspekte übereinstimmen. Es kann vorkommen, daß sich Menschen ohne objektiv nachweisbaren Krankheitszustand krank fühlen. Umgekehrt können sich Menschen völlig gesund fühlen, obwohl sie in Wirklichkeit unter lebensbedrohlichen Erkrankungen leiden wie beispielsweise unter einer Krebserkrankung. Die größten Probleme entstehen bei der Abgrenzung psychischer Erkrankungen angesichts der großen Variationsbreiten des „normalen" psychischen Verhaltens. Die Auffassung der Gesellschaft von dem, was noch normal ist oder bereits als psychisch krank bezeichnet wird, hat sich vor dem kulturellen und religiösen Hintergrund im Laufe der Jahrtausende ständig verschoben.

Auch Behinderte können Sport treiben. *Photo: Pressens bild/EPU*

Aus praktischer Sicht kann man einen gesunden Menschen als ein Individuum definieren, das nicht offensichtlich krank ist und dessen körperliche und geistige Leistungsfähigkeit mindestens derjenigen eines durchschnittlichen Menschen der gleichen Altersgruppe entspricht. Hieraus geht hervor, daß sich der Begriff Gesundheit nicht am Optimum aller körperlichen und geistigen Funktionen orientiert, daß er weiterhin vom jeweiligen Lebensalter bestimmt wird. Blutdruck, Nieren- oder Lungenfunktionswerte eines offensichtlich völlig gesunden 70jährigen würden bei einem 20jährigen als krankhaft angesehen werden. Das chronologische und biologische Lebensalter kann erheblich voneinander abweichen. Zwei 70jährige können sich in ihrer geistigen und körperlichen Fitneß deutlich unterscheiden, ohne daß einer von ihnen als krank angesehen werden müßte. Durch systematische körperliche und geistige Aktivität und Motivation können sich Menschen ihre Vitalität bis ins hohe Lebensalter hinein bewahren.

Das Augenmerk der heutigen Medizin liegt in großem Ausmaß im präventiven Bereich. Man bemüht sich intensiv, bestimmte Krankheiten frühzeitig zu entdecken und zu behandeln. Auch eine negativ ausgefallene, gründliche Untersuchung beweist letztlich nicht, daß der Betreffende gesund ist, das Untersuchungsergebnis besagt lediglich, daß bestimmte Erkrankungen nicht gefunden wurden. Ein positiver Beweis der Gesundheit ist also nicht möglich.

Gesundheit ist weiterhin ein relativer Begriff. Auch wenn man sich gesund fühlt und Krankheiten nicht nachweisbar sind, bedeutet dies nicht, daß es nicht möglich wäre, noch eine weitere Steigerung an Vitalität, ein höheres Leistungsvermögen und ein noch größeres Gefühl des gesundheitlichen Wohlbefindens zu erreichen. Körperliche, geistige Aktivität und Motivation besitzen in der modernen Gesellschaft einen hohen Stellenwert.

5 Wichtige Allgemeinsymptome

Im nachfolgenden Kapitel werden einige wichtige Allgemeinsymptome in ihrer allgemeinen Wertung erörtert. Bezüglich ihrer Bedeutung bei speziellen Erkrankungen wird auf die jeweiligen Abschnitte bzw. auf das Stichwortverzeichnis verwiesen.

Fieber

Die Temperatur des Organismus wird normalerweise innerhalb enger vorgegebener Grenzen zwischen 36,5—37,5° C geregelt. Sie folgt einem bestimmten Tagesrhythmus, und zwar ist sie morgens am niedrigsten und am späten Nachmittag am höchsten, wahrscheinlich bedingt durch die erhöhte körperliche und metabolische Aktivität während des Tages. Die Temperatur variiert weiterhin in verschiedenen Körperbereichen. Man unterscheidet die sogenannte Körperkerntemperatur, die im Inneren des Körpers (im allgemeinen im Enddarm) mit 37,5° C gemessen wird, von der Temperatur der Körperperipherie. Die Hauttemperatur liegt am niedrigsten. In der Mundhöhle wird die Temperatur meistens um 0,5° C niedriger gemessen als im Darm. Bei Frauen ist die Körperkerntemperatur zusätzlich vom Menstruationszyklus abhängig, sie steigt während des Eisprungs an und ist weiterhin innerhalb der ersten drei Schwangerschaftsmonate erhöht. Unter muskulärer Arbeit kann die Temperatur bei Frauen und Männern gleichermaßen auf Werte von 39—40° C ansteigen.

Die Körpertemperatur wird von speziellen Gehirnzentren exakt geregelt. Bei erniedrigter Temperatur wird die Wärmeproduktion durch automatische Muskelkontraktionen, das sogenannte Kältezittern, erhöht. Gleichzeitig wird die Wärmeabgabe aus der Haut durch Gefäßverengung reduziert, die Hautfarbe wird blaß, es bildet sich eine sogenannte „Gänsehaut" aus. Bei erhöhter Körpertemperatur finden sich die umgekehrten Mechanismen. Die Blutzufuhr zur Haut wird gesteigert, die Haut erscheint dadurch gerötet, als Voraussetzung zur vermehrten Wärmeabgabe durch Strahlung, Leitung, Konvektion (Abgabe durch aktiven Transport, beispielsweise durch Luftbewegung) und Schweiß. Während die meisten Stoffwechselvorgänge in ihrem Optimum mit der Körpertemperatur von 36,5—37,5° C übereinstimmen, findet sich für die Skelettmuskulatur ein Funktionsoptimum bei mäßig erhöhter Temperatur im Bereich von 38,5° C. Hier zeigt sich einer der positiven Effekte des „Aufwärmens" vor Training und Wettkampf.

Bei einer Reihe von Erkrankungen, speziell bei Infektionen, steigt die Temperatur an, man spricht in diesem Fall von Fieber. Ausgelöst wird dieser Zustand durch die Stimulation spezieller Temperaturzentren im Gehirn. Den Sinn dieses Mechanismus kann man in einer schnelleren Überwindung der Infektionskrankheit sehen. Andererseits bildet Fieber ein Symptom, das das gesundheitliche Wohlbefinden beeinträchtigt, man wird in diesem Falle eine fiebersenkende Behandlung durchführen.

Behandlung   Fieber ist zunächst nur ein Symptom, es ist stets wichtig, die zugrundeliegende Ursache zu finden und zu beseitigen. Bei hohen Tem-

Wer Fieber hat, gehört nicht auf den Sportplatz. *Photo: Joachim Flodin*

peraturen ist es zweckmäßig, die Wärmeabgabebedingungen des Patienten zu verbessern, beispielsweise durch Entfernung von beeinträchtigenden Kleidungsstücken, Absenken der Raumtemperatur, kalte Umschläge, kaltes Duschen etc. Auch fiebersenkende Medikamente sind hier sinnvoll, die im allgemeinen auch schmerzstillend wirken, wie Acetylsalizylsäure (Aspirin) oder Paracetamol (s. S. 232 ff.). Hohe Körpertemperatur ist darüber hinaus mit einem starken Flüssigkeitsverlust verbunden, man sollte daher dem Betroffenen reichliche Mengen gekühlter Getränke anbieten.

Konsequenzen für Training und Wettkampf   In Tierversuchen konnte nachgewiesen werden, daß körperliche Aktivität die Ausbreitungsmöglichkeit von Infektionsprozessen verbessert und die gewebszerstörende Wirkung von Infektionserregern steigert. Diese Ergebnisse lassen sich wahrscheinlich auch auf den Menschen übertragen. Es sind immer wieder Fälle bekannt geworden, bei denen sich unter sportlicher Aktivität ernsthafte Infektionskrankheiten ausgebreitet haben. Wer Fieber hat, darf sich nicht körperlich belasten!

Auch das künstliche medikamentöse Absenken der Temperatur beseitigt das gesundheitliche Risiko nicht. So lange der Infekt besteht, ist die Gefahr seiner Ausbreitung unter körperlicher Belastung unverändert hoch.

Schnupfen

Unter Schnupfen versteht man eine erhöhte Sekretion von Flüssigkeit aus der Nasenschleimhaut, meistens in Verbindung mit Erkältungskrankheiten, ausgelöst entweder durch Viren oder Bakterien. Ein bakteriell ausgelöster Schnupfen hält meistens länger an. Die weitere Möglichkeit für einen Schnupfen besteht in einer Überempfindlichkeit der Schleimhaut, entweder in Form einer unspezifischen Hyperreaktivität

— man spricht dann von vasomotorischer Rhinitis — oder einer spezifischen Allergie, dem Heuschnupfen. Charakteristisch hierfür ist ein wasserklares Sekret der Nasenschleimhäute. Die Tendenz zur vermehrten Sekretabsonderung wird oft durch körperliche Belastung gefördert.

Schnupfen muß darüber hinaus kein eigenständiges Krankheitsbild sein, er kommt häufig bei Virusinfektionen als Teil eines Symptomkomplexes vor, wie etwa im Rahmen harmloser Erkältungsinfekte oder auch bei spezifischen Infektionskrankheiten wie Masern. Neben dem verstärkten Nasensekret kommt es zu einer Anschwellung der Nasenschleimhäute, was mit Atembehinderung durch eine „verstopfte Nase" einhergehen kann. Für weitere Einzelheiten wird auf Seite 95 ff. verwiesen.

Husten

Husten ist ein Schutzreflex, um die Luftröhre von Fremdstoffen freizuhalten und von vermehrten Schleimsekreten zu reinigen. Er kann im Rahmen von Erkrankungen der Luftröhre auftreten, beispielsweise bei Infekten, Allergien oder Krebserkrankungen. In Verbindung mit Fieber stellt sich Husten bei Erkältungsinfekten ein. Auch Husten ist zunächst nur ein Symptom, bei chronischem Husten sollte man nach den Ursachen fahnden und sie gegebenenfalls spezifisch behandeln (s. auch S. 109 f.).

Übelkeit

Unter Übelkeit versteht man im allgemeinen einen Zustand von Appetitlosigkeit, Krankheitsgefühl und Brechreiz, der das Wohlbefinden erheblich beeinträchtigen kann. Die Ursachen können sehr vielfältig sein, beispielsweise lokale Magenschleimhautreizungen als Folge von verdorbenen Nahrungsmitteln, besonders in Zusammenhang mit akuten Magen-Darm-Infektionen (Gastroenteritis), abdominellen Erkrankungen, Migräne oder Hirnschäden. Übelkeit ist ein normaler Zustand zu Beginn jeder Schwangerschaft. Sie kann auch bei psychischer Anspannung und körperlicher Erschöpfung auftreten. Eine besondere Form der Übelkeit stellt die Seekrankheit dar (s. S. 271).

Auch hier gilt, daß Übelkeit sehr viele Ursachen haben kann, im einzelnen ist nach dem jeweiligen Grund zu fahnden.

Erbrechen

Erbrechen ist ein häufiges Symptom bei Magen-Darm-Infekten (Gastroenteritis) und bei anderen abdominellen Erkrankungen wie unspezifischer Gastritis, Magengeschwür (Ulcus) oder Darmverschluß (Ileus). Das Symptom muß aber nicht unbedingt auf Baucherkrankungen bezogen werden, auch Vergiftungen oder Gehirnerschütterungen können es beispielsweise auslösen. Bei wiederholtem morgendlichen Erbrechen sollte man unter anderem auch an einen Hirntumor denken.

Im physiologischen Bereich findet sich Erbrechen typischerweise im ersten Teil der Schwangerschaft, nicht selten ist es das erste Anzeichen einer Schwangerschaft.

Ständig wiederholtes Erbrechen über einen längeren Zeitraum sollte stets Anlaß für eine sorgfältige Suche nach der Ursache sein. Soweit es symptomatisch bei verschiedenen Krankheitszuständen auftritt, wird im jeweiligen Abschnitt darauf Bezug genommen.

Durchfall

Durchfall (Diarrhöe) wird im folgenden unter dem Abschnitt „Krankheiten des Magen-Darm-Traktes" ausführlich erörtert (s. S. 144 ff.). Durchfall findet sich häufig als Symptom von Darminfektionen, die Ursache kann allerdings auch in Funktionsstörungen des Magen-Darm-Trakts zu suchen sein, beispielsweise im Fehlen bestimmter Enzyme oder sonstiger Stoffe, die für die reguläre Darmtätigkeit von Bedeutung sind. Neben anderen abdominellen Erkrankungen kann dem Durchfall auch Überanstrengung und Erschöpfung zugrunde liegen. Als wichtigste Folge der Diarrhöe besteht die Gefahr eines Flüssigkeits- und Salzverlustes sowie die fehlende Resorption wichtiger Nahrungsanteile. Man spricht dann von einem Malabsorptionssyndrom (s. S. 150 ff.).

Unabhängig von der jeweiligen Ursache ist eine Diarrhöe daher für den Sportler stets mit negativen Folgen verbunden. Flüssigkeits- und Salzverlust beeinträchtigen das Leistungsvermögen des Organismus und erhöhen die Bereitschaft für Muskelkrämpfe. Die Behandlung der Diarrhöe ist daher beim Sportler besonders wichtig.

Müdigkeit

Bei der Müdigkeit handelt es sich zunächst um einen absolut physiologischen Zustand, beispielsweise als Folge eines Schlafdefizits. Auch Biorhythmen spielen hier eine Rolle, viele Menschen fühlen sich beispielsweise am Wochenanfang besonders müde, manche sind ausgesprochene Morgenmuffel, andere trifft die Müdigkeit mehr am Abend. Auch psychische Anspannung kann zu dem Gefühl der Müdigkeit führen. Unter krankhaften Bedingungen stellt Müdigkeit ein unspezifisches Symptom vieler psychischer und physischer Erkrankungen dar, wie z. B. bei Blutarmut (Anämie), infektiöser Gelbsucht (Hepatitis) und vielen anderen Infektionskrankheiten, depressiven Verstimmungen etc. Man wird bei solchen Angaben auch hier jeweils eine Untersuchung veranlassen und nach der Ursache suchen. Der „normalen Müdigkeit" kann man durch Einhalten regelmäßiger Schlafgewohnheiten und durch Sport entgegenwirken. Soweit also Menschen über ständige Müdigkeit klagen, sollte man ihnen Sport empfehlen, falls keine Ursache gefunden wird.

Schwindel (Vertigo)

Schwindel kommt unspezifisch bei einer Reihe verschiedener Erkrankungen vor, etwa bei zu niedrigem Blutdruck oder Blutarmut (Anämie). Spezifisch weist der Schwindel auf Störungen im Innenohr, speziell im Gleichgewichtsorgan, hin, dann meist als sogenannter Drehschwindel. Ausführlich wird dieses Symptom auf Seite 270 f. besprochen.

Schmerz und Entzündung

Schmerz und Entzündung werden auf Seite 221 ff. näher erläutert.

Ohnmacht

Unter einer Ohnmacht (Synkope) versteht man einen kurzzeitigen Bewußtseinsverlust, im Gegensatz zu Zuständen langer Bewußtlosigkeit (Koma) oder Zuständen mit Bewußtseinsverlust und Krämpfen (epileptische Anfälle). Die Ursache ist stets eine Funktionsstörung des Gehirns. Es kann sich dabei entweder um eine Störung in der Hirndurchblutung oder um eine stoffwechselbedingte Funktionsstörung handeln.

Die Ohnmacht kann weiterhin traumatisch ausgelöst werden, im Rahmen einer Gehirnerschütterung (Commotio). Als häufigste Ursache der Ohnmacht dürfte eine kurzfristige Störung der Blutzufuhr in die Bewußtseinszentren des Hirns anzunehmen sein. Typisches Symptom ist der Bewußtseinsverlust: Der Betroffene ist nicht ansprechbar, im allgemeinen liegt er unbeweglich, in einigen Fällen kommt es aber auch zu Zuckungen der Extremitäten im Anfall. Gelegentlich gehen Blasen- und Darmkontrolle verloren, unfreiwilliges Einnässen und Einkoten sind die Folge.

Bewußtseinsverlust durch zu niedrigen Blutdruck

Blutdruckabfall als Ursache von Bewußtlosigkeit kann auf zwei Wegen entstehen. Beim ersten Typ kommt es zu einer Weitstellung der kleinen Arterien in der Körperperipherie, speziell in der Muskulatur. Dadurch „versackt" eine große Blutmenge in diesem Bereich, der Druck in den großen Arterien, speziell in den Arterien, die das Hirn versorgen, sinkt ab: Der Betroffene wird bewußtlos. Ursächlich hierfür sind häufig Schmerz oder hohe emotionale Belastung. Nicht selten kündigt sich die Ohnmacht durch Blässe, kalten Schweiß, Herzklopfen, später auch Pulsverlangsamung an. Bemerkt der Betroffene diese Anzeichen, so kann er im allgemeinen die Ohnmacht dadurch verhindern, daß er sich rechtzeitig hinlegt oder hinsetzt und den Kopf zwischen die Knie legt.

Eine besondere Form des Druckabfalls stellt der sogenannte orthostatische Kollaps dar, der im Rahmen der orthostatischen Dysregulation auftritt. Charakteristisch hierfür sind Schwindelerscheinungen und Ohnmachtszustände beim Wechsel der Körperlage, ausgelöst durch schnelles Aufstehen, vor allem aus einer liegenden in die stehende Position. Der Druckabfall beruht darauf, daß das Blut nicht in hinreichendem Maße zum Herzen zurückkehrt, sondern in den großen Venen der unteren Körperhälfte „versackt".

Ohnmacht durch Störungen der Hirndurchblutung

Bei Menschen mit Durchblutungsstörungen im Gehirn auf der Grundlage von Gefäßverkalkungen (Arteriosklerose) kann es unter ungünstigen Bedingungen zu einer so schlechten Blutversorgung des Gehirns kommen, daß Ohnmachtszustände auftreten. Charakteristisch hierfür ist das Vorkommen vor allem bei älteren Menschen, die auch sonst eine Reihe von zerebralsklerotischen Symptomen, wie vorübergehende Lähmungen oder Sprachstörungen, zeigen.

Kardiale Synkopen (Ohnmachtszustände auf der Grundlage von Störungen der Herzfunktion)

Von kardialen Synkopen spricht man, wenn Ohnmachtszustände ihre Ursache in Herzrhythmusstörungen haben oder wenn das Herz aufgrund organischer Erkrankungen eine hinreichende Blutversorgung des Gehirns nicht gewährleisten kann. Typisch hierfür ist der sogenannte Adams-Stokes-Anfall, Bewußtlosigkeit als Folge einer Herzrhythmusstörung. Die Ursache kann entweder ein extremes Absinken der Herzfrequenz sein oder ein völliges vorübergehendes Aussetzen der Herzkammererregung. Gelegentlich können auch sehr schnelle und unregelmäßige Herzmuskelkontraktionen zugrunde liegen, das sogenannte Kammerflimmern. Solche Zustände sind sehr bedrohlich, sie können tödlich enden.

Bewußtlosigkeit aus kardialen Ursachen heraus können auch bei sehr schneller Herzschlagfolge auftreten, dem anfallsweisen Herzjagen bzw. der paroxysmalen Tachykardie. Bei hohen Herzfrequenzen von 250 Schlägen pro Minute und mehr ist eine hinreichende Füllung der Herzkammern nicht mehr gewährleistet. Das Schlagvolumen sinkt entsprechend ab.

Weitere Möglichkeiten einer Ohnmacht mit kardialer Ursache bestehen in einer Einengung der Aortenklappen, also der Klappen am Eingang zur Hauptschlagader (Aortenstenose), einem erhöhten Druck in den Lungenschlagadern (pulmonaler Hochdruck), oder besonders in einem Linksherzversagen. Die Ursache der Synkope liegt unter diesen Bedingungen in der Unfähigkeit des Herzens, ein ausreichendes Minutenvolumen zur Versorgung der Körperperipherie aufrechtzuerhalten. Nicht selten werden diese Zustände durch körperliche Belastung ausgelöst, auch hier kann es zu Todesfällen kommen.

Behandlung der Synkopen

Unabhängig von der jeweiligen Ursache der Bewußtlosigkeit sollte der Betroffene liegen. Am günstigsten ist es, die Beine anzuheben und den Kopf tief zu lagern. Hierdurch kommt es zu einer besseren Blutversorgung des Hirns, der Bewußtlose erwacht. Anschließend sollte er so lange liegen bleiben, bis er sich wieder völlig hergestellt fühlt. Hält eine Bewußtlosigkeit länger als 30—60 sec an, liegt ein Koma vor. Selbstverständlich sollte natürlich auch die jeweilige Ursache, etwa eine Herzrhythmusstörung oder eine organische Herzerkrankung, behandelt werden (s. S. 119 ff.)

Konsequenzen für Training und Wettkampf

Treten bei Sportlern im Training oder Wettkampf Synkopen auf, so ist eine Wiederaufnahme der körperlichen Aktivität erst nach völliger Wiederherstellung möglich. Soweit die Tendenz zu solchen Zuständen vorliegt, ist dies bei der Auswahl entsprechender Sportarten zu berücksichtigen. Ohnmachtszustände sind unbedingt ernst zu nehmen. Bei der kleinsten Unsicherheit hinsichtlich ihrer Ursache sollte man auf jeden Fall einen Arzt aufsuchen.

Länger andauernder Bewußtseinsverlust (Koma)

Längerfristige Zustände von Bewußtseinsverlust können sehr unterschiedliche Ursachen haben, beispielsweise Hirnblutungen, Durchblutungsstörungen im Gehirn aufgrund eines Blutgerinnsels in den Gefäßen, traumatische Hirnschädigungen, Herzinfarkt mit Kreislaufkollaps, Diabetes, Niereninsuffizienz, Leberversagen, Epilepsie, hormonale Störungen und andere. Selbstverständlich ist es eine wichtige ärztliche Aufgabe, die Ursache eines solchen Komas festzustellen. Der Grad der Bewußtseinseintrübung kann dabei sehr unterschiedlich ausgeprägt sein. In schweren Fällen liegt eine tiefe Bewußtlosigkeit mit völligem Reflexverlust vor, in leichteren Fällen sind die Reflexe erhalten, ebenso die Reaktion auf Schmerzreize.

Bei der Notfallbehandlung eines Komas sollte man sich zunächst davon überzeugen, daß die Atemwege frei sind und der Kreislauf funktioniert. Sind diese Bedingungen nicht gegeben, sind beispielsweise die Atemwege verlegt oder ist die Ursache des Komas in einer größeren Blutung bzw. einem Kreislaufzusammenbruch zu suchen, so ist sofortiges Handeln erforderlich.

Auf keinen Fall sollte man versuchen, einem Bewußtlosen Flüssigkeit einzuflößen oder dem kurz aus der Bewußtlosigkeit wieder Erwachten zu trinken zu geben. Auch nach dem Ende der Bewußtlosigkeit sollte der Betroffene stets so lange überwacht werden, bis eine ärztliche Untersuchung erfolgt ist und die notwendigen Konsequenzen festgelegt sind.

Konsequenzen für Training und Wettkampf

Nach einem Koma darf sportliche Aktivität erst dann wieder aufgenommen werden, wenn die Ursache abgeklärt ist und die erforderlichen therapeutischen Maßnahmen durchgeführt wurden. Auf jeden Fall ist eine ärztliche Untersuchung notwendig.

Kollaps

Unter einem Kollaps versteht man einen weniger bedrohlichen Zustand als die Ohnmacht. Bei dem Betroffenen liegt eine geringergradige Bewußtseinstrübung vor, kein vollständiger Bewußtseinsverlust. Nicht selten hat der Kollaps seine Ursache in körperlicher Überlastung und Erschöpfung, besonders dann, wenn der Sportler sein Leistungsvermögen überschätzt. Kollapszustände unter Ausdauerbelastung sind nicht selten die Ursache einer Kombination zwischen unzureichender Energieversorgung (Unterzuckerung) mit nicht ausreichender Blutversorgung des Gehirns.

Bei einem Kollapszustand sollte man den Betroffenen hinlegen und seine Beine durch einen Helfer anheben lassen. Gleichzeitig sollte man zuckerhaltige Getränke verabreichen. Voraussetzung hierfür

Totale Erschöpfung nach dem Wettkampf. *Photo: Pressens bild/EPU*

ist allerdings, daß keine vollständige Bewußtlosigkeit besteht. Der Betroffene sollte so lange ausruhen, bis er sich wieder völlig wohl fühlt. Dies kann eine halbe bis eine Stunde dauern. In dieser Zeit sollte man besonders darauf achten, daß in Abhängigkeit von der Außentemperatur weder Überwärmungen noch Unterkühlungen auftreten. Gelegentlich kann es schwer werden, einen Kollaps von einer Ohnmacht oder einem Koma zu unterscheiden, im Zweifelsfall ist der Arzt zu Rate zu ziehen.

Konsequenzen für Training und Wettkampf Bei einem Kollaps in Zusammenhang mit Training oder Wettkampf ist die sportliche Aktivität selbstverständlich sofort zu unterbrechen. Sie darf erst dann wieder aufgenommen werden, wenn der Betroffene völlig wiederhergestellt ist. Liegen die Ursachen für den Zusammenbruch in einer völligen Erschöpfung der Energiereserven, beispielsweise im Rahmen von Ausdauerbelastung, so ist für die weitere Trainings- und Wettkampfgestaltung nach dem Kollaps zu berücksichtigen, daß der Wiederaufbau dieser Reserven bis zu zwei Tagen benötigen kann.

Starker Schweißverlust (Hyperhidrose)

Die Schweißbildung stellt einen normalen Vorgang im Rahmen der Wärmeregulation des Organismus dar. Verstärkte Wärmeproduktion unter körperlicher Aktivität führt zum Schwitzen als Teil der Wärmeabgabe. Zum Schwitzen kommt es auch in einem heißen Außenmilieu, beispielsweise in der Sauna oder bei Behinderung der Wärmeabgabe durch zu warme Kleidung. Vermehrte Wärmeabgabe durch Schweiß kann erforderlich werden bei erhöhter Körpertemperatur, durch Fieber oder bei bestimmten Erkrankungen wie Schilddrüsenüberfunktion oder anderen endokrinen Krankheiten, bei der Parkinson-Krankheit (s. S. 264 f.) oder auch bei unspezifischen Erhöhungen der Aktivität des adrenergen Systems (s. S. 353 ff.) als Folge von Erregung, Unruhe, Angst und nervöser Überstimulation.

Konsequenzen für Training und Wettkampf Starke Schweißbildung ist, soweit keine krankhaften Ursachen zugrunde liegen, kein Hindernis für Training oder Wettkampf. Unter bestimmten Bedingungen kann sie zum Problem werden, wenn hierdurch der Reibungswiderstand vermindert und die Griffestigkeit an Sportgeräten verschlechtert wird. Mit diesem Problem wird man jedoch im Regelfall durch entsprechende Hilfsmittel fertig.

Muskelkrämpfe

Unter Muskelkrämpfen versteht man spontane und schmerzhafte Muskelkontraktionen, deren Ursachen nur teilweise verstanden werden. Die Krämpfe treten oft nach sehr langen und intensiven körperlichen Belastungen auf, nicht selten nach Laufen auf weichem Boden. Im Experiment gelingt es, Muskelkrämpfe vor allem durch Änderung der Nahrungszufuhr, ganz speziell durch Störungen in der Kalziumbilanz, auszulösen. Daneben sind sicher auch noch andere Faktoren wie Unterkühlung, Überwärmung und Flüssigkeitsverlust von Bedeutung. Vorgeschädigte Muskeln zeigen eine verstärkte Krampfbereitschaft.

Zur Vorbeugung von Muskelkrämpfen sollte man vor jedem Training und Wettkampf Aufwärmübungen durchführen, im Einzelfall ein spezielles Training der besonders häufig betroffenen Muskeln. Tritt ein Muskelkrampf ein, so sollte der Muskel durch passive Dehnung gestreckt werden. Auch vorsichtig ausgeführte Massage und Wärmeanwendung kann hilfreich sein.

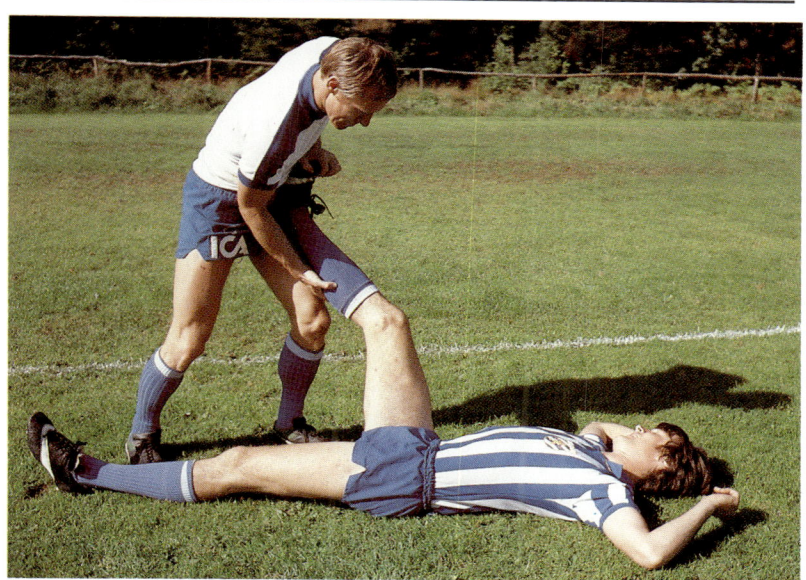

Behandlung eines Wadenkrampfs. *Photo: Per Renström*

Konsequenzen für Training und Wettkampf

Ein Muskelkrampf unter körperlicher Belastung ist als Zeichen einer Überlastung des betroffenen Muskels aufzufassen. Nach Beendigung des Muskelkrampfes kann im allgemeinen mit dem Sport fortgefahren werden. Zeigt sich aber eine fortdauernde Krampfbereitschaft, so ist dies ein Hinweis auf muskuläre Erschöpfung und energetische Unterversorgung. Dann sollte man am besten mit dem Sport bis zur völligen Erholung aussetzen.

6 Allgemeines über Arzneimittel

Zu allen Zeiten und in allen Kulturen wurden Arzneimittel zur Behandlung kranker Menschen eingesetzt. Ihre Auswahl richtete sich dabei nach der jeweiligen Auffassung von Herkunft und Wesen der Krankheit. In groben Zügen kann man drei grundsätzliche mögliche medizinische Denkrichtungen voneinander unterscheiden:

— Die erste Denkmöglichkeit wird durch das Schlagwort umrissen: „Böses soll mit Bösem vertrieben werden". Dies bedeutete, daß jeder Arzneimittelwirkung letztlich die Bedeutung einer Giftwirkung zukommt. In diesem Gedanken hat die wissenschaftliche Lehre der Arzneimittelwirkung, die moderne Pharmakologie, also die gesamte moderne Arzneimitteltherapie, ihren Ursprung. Die Pharmakologie beobachtet negative Auswirkungen bestimmter Substanzen im gesunden Bereich und definiert hieraus therapeutische Wirkungen in der Behandlung von Krankheiten. Logische Folgerung hieraus ist, daß jede falsche Verwendung beziehungsweise jede Überdosierung einer pharmakologisch aktiven Substanz zu einer negativen Auswirkung führt.

— Im Rahmen der Volksmedizin wird häufig von Analogien ausgegangen, etwa von der Überlegung: „Suche in der Natur Produkte, die in Beziehung zum kranken Organ stehen". Beispielsweise werden Nierenerkrankungen durch Pflanzen mit nierenförmigen Blättern behandelt.

— Besonders im Rahmen der chinesischen Therapie findet sich die Überlegung, daß man durch Heilmittel die allgemeine Abwehrkraft erhöhen und dadurch der Krankheit vorbeugen soll. Dies führt zur Anwendung von mild wirkenden Heilmitteln, die sich von Lebensmitteln nur graduell unterscheiden.

Diese unterschiedlichen Einstellungen zu Arzneimitteln finden sich verschieden ausgeprägt auch noch heute. Voraussetzung für eine Optimierung der medikamentösen Therapie (s. S. 330f.) war die moderne wissenschaftliche Lehre von der Entstehung der Krankheiten. Obwohl die Erfolge der modernen medikamentösen Therapie in den wissenschaftlichen Untersuchungsmethoden der Pharmakologie begründet liegen, haben doch zahlreiche dieser therapeutischen Verfahren ihre Wurzeln in uralten Erkenntnissen der Volksmedizin. Die Schmerzbehandlung durch Morphium, einem Bestandteil des Opiums, ist seit mehr als 6 000 Jahren in der Therapie bekannt. In China fand schon im vierten vorchristlichen Jahrtausend Ephedrin in der Behandlung von Atemwegserkrankungen Anwendung. Das Wissen über diese therapeutischen Möglichkeiten wurde im Mittelalter nach Europa gebracht, es wird seither konsequent in der Medizin angewendet.

Viele der modernen Arzneimittel haben ihre Vorbilder in den Behandlungsverfahren der Antike. Als Beispiel sei das Lokalanästhetikum Lidocain genannt, das aus Kokain, einem Bestandteil der Blätter des Cocabusches, entwickelt wurde. Häufig wurden diese ursprünglichen Naturheilmittel durch chemische Verfahren modifiziert und damit in ihrer Wirkung verbessert. Ein klassisches Beispiel hierfür ist das Penicillin, eine Substanz aus Schimmelpilzen, die zur Entwicklung

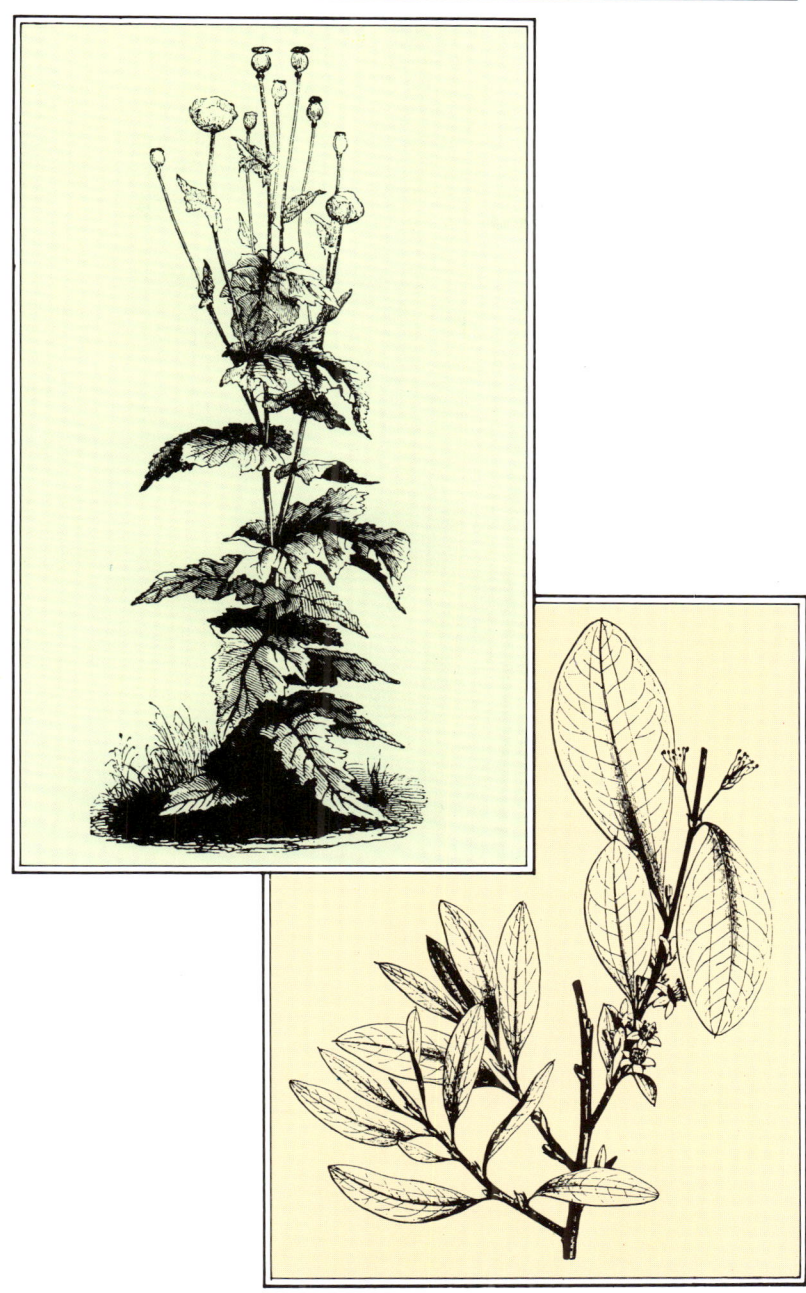

Oben links: Schlafmohn, aus dem viele wichtige Medikamente hergestellt werden, beispielsweise das stark schmerzstillende Morphium, die Hustendämpfer Kodein und Noskapin sowie das krampflösende Papaverin. Morphium und Kodein stehen auf der Dopingliste.

Unten rechts: Blätter des Kokabusches, aus denen Kokain hergestellt wird. Die berauschende Wirkung des Kokains ist den Indianern des südamerikanischen Hochlandes schon seit Jahrtausenden bekannt.

einer langen Reihe von Folgeprodukten mit unterschiedlichen antibiotischen Eigenschaften führte (s. S. 78 ff.).

Die moderne Forschung hat den seit Alters her bekannten Wirkstoffen zahlreiche neue Substanzen hinzugefügt. Darüber hinaus wurden neue Wirkprinzipien entwickelt, basierend auf den Kenntnissen von pathophysiologischen Mechanismen, beispielsweise rezeptorblockierende oder -stimulierende Medikamente zur Behandlung von Hochdruck und Asthma bronchiale (s. S. 353 ff.).

Arzneimittelgesetzgebung

Handel, Herstellung und Anwendung von Arzneimitteln ist gesetzlich streng geregelt, um die Öffentlichkeit vor schädlichen Auswirkungen zu bewahren.

Apotheke des 16. Jahrhunderts

Arzneimittel-
verordnung
In der Arzneimittelverordnung werden Medikamente als Produkte in gebrauchsfertigem Zustand zur inneren oder äußeren Anwendung definiert, die zum Nachweis, zur Linderung oder Heilung von Krankheiten oder Krankheitssymptomen vorgesehen sind.

Substanzen, die nicht zu den Arzneimitteln gerechnet werden, die somit nicht unter das Arzneimittelgesetz fallen, sind:
— Blut für Transfusionen,
— Präparate zum Zahnersatz (Zahnfüllungen etc.),
— chirurgisch-technische Präparate (Gips etc.),
— homöopathische Mittel, d. h. Produkte, deren aktive Wirksubstanzen in einer Konzentration von weniger als 1:1 000 000 vorliegen,
— eine Reihe von Naturprodukten (s. Kap. 34, S. 333 ff.),
— eine Reihe von Wundpflegemitteln und Einreibemitteln.

Herstellung
von
Arzneimitteln
Die Herstellung von Arzneimitteln darf nur in Apotheken erfolgen, oder von Personen und Betrieben, die eine besondere Erlaubnis besitzen. Ihre Erteilung hängt vom Ausbildungsstand der Verantwortlichen und von speziellen Einrichtungen der Produktionsstätten ab. Auch für die Verpackung von Arzneimitteln bestehen gesetzliche Vorschriften.

Handel mit
Arzneimitteln
Der Handel mit Arzneimitteln darf nur durch besonders ermächtigte Personen erfolgen, im Regelfall darf der Vertrieb nur über Apotheken geschehen. Auch der Großhandel, also der Vertrieb an Wiederverkäufer, erfordert eine offizielle Genehmigung.

Import von Medikamenten Die Genehmigung zur Herstellung von und zum Handel mit Arzneimitteln ist im allgemeinen auch mit der Erlaubnis zum Import verbunden. Leiter wissenschaftlicher Institutionen sind zum Zwecke der Forschung aus wissenschaftlichen Gründen, nicht jedoch zum Zwecke der Krankenpflege, ermächtigt, Medikamente zu importieren. Privatpersonen dürfen für den Eigenbedarf Medikamente importieren.

Rezeptpflicht von Arzneimitteln Bestimmte Medikamente, die bei falscher Anwendung zu gefährlichen Nebenwirkungen führen können, dürfen nur auf Rezept in Apotheken abgegeben werden. Dies bedeutet allerdings nicht, daß rezeptfreie Arzneimittel ungefährlich seien. Die rezeptfreien Substanzen, Acetylsalicylsäure (Aspirin) oder auch Eisenpräparate, gehören beispielsweise zu den Medikamenten, die häufig Vergiftungsfälle verursachen können, obwohl sie rezeptfrei sind und bei Krankheiten eingenommen werden, die nicht unbedingt einer ärztlichen Behandlung bedürfen.

Betäubungsmittel Der Umgang mit einer Reihe von rezeptpflichtigen Medikamenten wird durch das Betäubungsmittelgesetz geregelt. Hierzu bestehen internationale Übereinkommen. In diesem Bereich gelten ganz besonders strenge Regeln für Herstellung, Import und Vertrieb.
Die Betäubungsmittel werden in fünf Gruppen eingeteilt:
— Gruppe I: Substanzen, die keine Bedeutung in der Therapie haben wie Cannabis, Heroin, LSD, Meskalin.
— Gruppe II: suchterzeugende Medikamente, die Bedeutung in der Therapie haben wie Amphetamine, Kokain, morphinartige Substanzen (s. S. 343 f.).
— Gruppe III, IV und V: Substanzen, die therapeutische Bedeutung haben, denen aber weniger ausgeprägte suchterzeugende Wirkung zukommt, wie beispielsweise Kodein, Benzodiazepine und Barbiturate.

Alkohol Alkohol findet in der Therapie Anwendung zur Reinigung und Desinfektion. Dieser Alkohol sollte durch Zusatz bestimmter Substanzen denaturiert werden. Nicht denaturierter Alkohol darf nur mit besonderer behördlicher Genehmigung zur Anwendung kommen, Ausnahmen bilden hier wissenschaftliche Institutionen, spezielle Krankeneinrichtungen etc.

In Arzneimitteln, die eingenommen werden, darf Alkohol nicht in Konzentrationen vorkommen, die zu Rauschzuständen führen können. Ärzte und Zahnärzte können Alkohol oder alkoholhaltige Präparate, d. h. Arzneimittel mit einem Alkoholgehalt von mehr als 10 %, zu Zwecken der Desinfektion und zum äußeren Gebrauch verordnen.

Kosten von Arzneimitteln Die Kosten von Arzneimitteln sind von den Betroffenen bzw. dessen Versicherung nach der Reichsversicherungsordnung zu tragen. Die Regelung gilt für alle Inländer sowie nach speziellen Richtlinien auch für in Deutschland anwesende Ausländer.

Im Rahmen der gesetzlichen Krankenkassen sind eine Reihe von Medikamenten von der Erstattung ausgenommen. Im übrigen besteht für die Rezepte eine Selbstbeteiligung der Versicherten.

7 Arzneimittelformen

Es gibt verschiedene Arten der Anwendung von Arzneimitteln:
— Einnahme (peroral),
— durch Injektion (parenteral),
— Absorption über die Mundschleimhaut (sublingual),
— Absorption im Enddarm (rektal) oder in der Scheide (vaginal),
— Absorption über die Nasenschleimhaut (intranasal) oder die Bronchien (Inhalation),
— lokale Aufnahme über Haut oder Schleimhäute in Form von Salben, Cremes oder flüssigen Einreibemitteln (Linimente).

Unter diesen verschiedenen Zubereitungsformen kann man sich diejenige aussuchen, die das Arzneimittel am schnellsten dorthin bringt, wo es wirken soll.

Peroral einzunehmende Arzneimittel

Man versteht darunter Medikamente, die über den Mund eingenommen werden, also Tabletten, Dragées, Kapseln, Lösungen und Mixturen.

Tabletten und Dragées
Zu ihrer Herstellung wird die eigentlich aktive Wirksubstanz mit einer neutralen Trägersubstanz, etwa Stärke oder Milchzucker, vermischt. Dieses Pulver wird dann in einer Gelatinelösung gebunden und maschinell zu Tabletten gepreßt. Auch hier gibt es wiederum verschiedene Formen. Kautabletten zeichnen sich beispielsweise dadurch aus, daß sie unter niedrigerem Druck gepreßt werden. Brausetabletten, die sich in Wasser auflösen sollen, enthalten Bikarbonat, eine Substanz, die zu einer schnelleren Lösung der Tablette und in wäßriger Lösung zur Abgabe von Kohlensäureblasen führt.

Von Dragées spricht man, wenn die Tablette mit einer zuckerhaltigen Deckschicht umgeben wird. Auf diese Weise läßt sich ein unangenehmer oder bitterer Geschmack der Wirksubstanz verbergen. Mit der modernen Technik gelingt es, die Dragéehülle so dünn zu gestalten, daß sich diese sogenannten Filmdragées trotz ihrer festen Oberfläche von konventionellen Tabletten nicht mehr unterscheiden. Bei Substanzen, die zu Reizerscheinungen im Bereich der Magenschleimhaut führen können, verwendet man Dragéehüllen, die sich erst im Darm auflösen.

Kapseln
Die Wirksubstanz wird in Gelatinekapseln verpackt, die sich innerhalb von 2—10 min im Magen auflösen.

Depot-Präparate
Bei einer Reihe von Medikamenten ist es wichtig, eine langandauernde Wirkung zu erzielen. Dies wird durch eine langsame Abgabe der Wirksubstanz im Magen-Darm-Trakt erreicht. Der Patient kommt dann auch bei Substanzen, die an und für sich nur eine kurze Wirkung haben, mit wenigen Tagesdosen aus. Eine abends eingenommene Dosis reicht die ganze Nacht hindurch. Hierzu kann man sich verschiedener technischer Verfahrensweisen bedienen. Man kann beispielsweise kleine Körnchen der Wirksubstanz mit einer schwer löslichen Schicht umhüllen und diese „Mikrodragées" in Gelatinekapseln verpacken. Die Mikrodragées werden im Magen relativ rasch freigesetzt und geben ihren Inhalt während der Passage durch den Darm verzögert ab. Eine andere Möglichkeit besteht in der Verwendung von porösen Pla-

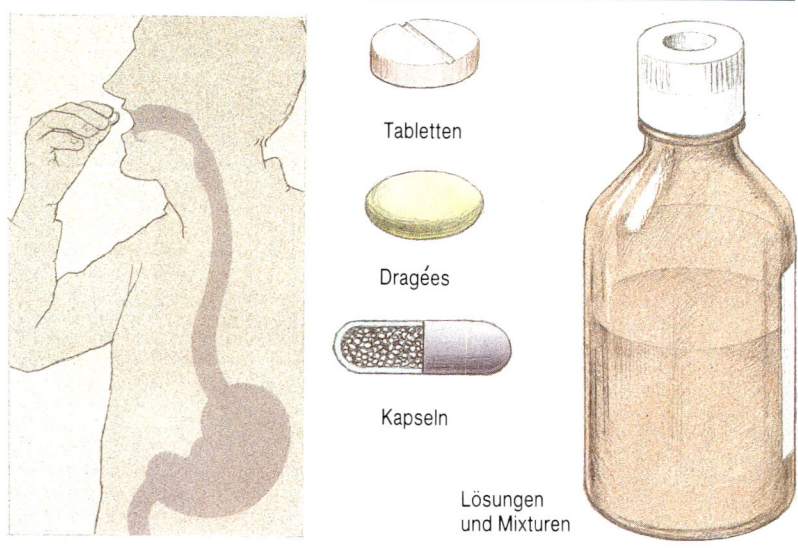

Tabletten

Dragées

Kapseln

Lösungen
und Mixturen

Medikamente, die als Tabletten, Kapseln oder Dragées geschluckt werden, sollten mit reichlich Flüssigkeit und im Sitzen oder Stehen, nicht im Liegen eingenommen werden.

stikskeletten als Tablettengrundlage, in die man die eigentliche Wirksubstanz einlagert. Während der Magen-Darm-Passage wird die wirksame Substanz langsam herausgelöst, das entleerte Tablettenskelett wird mit dem Stuhl ausgeschieden.

Flüssige, peroral einzunehmende Medikamente

Hierunter sind Lösungen, Mixturen bzw. Suspensionen zu verstehen. Eine Anwendung in dieser Form empfiehlt sich besonders, wenn Schwierigkeiten bei der Einnahme von Tabletten bestehen, etwa bei Kindern oder auch bei älteren Menschen. Angesichts des häufig ziemlich schlechten Geschmacks von Arzneimitteln fügt man meistens geschmackskorrigierende Essenzen, beispielsweise Fruchtgeschmack, bei. Leider verwendet man hierzu oft auch Zucker, nicht gerade zur Freude des Zahnarztes. Die Haltbarkeit solcher Lösungen ist allerdings meist nur kurz.

Parenteral zu verabreichende Arzneimittel

Es handelt sich bei dieser Arzneiform um Injektions- und Infusionslösungen.

Injektionslösungen

Injektionslösungen werden dem Patienten durch Spritzen in den Muskel (intramuskulär), in eine Vene (intravenös) oder unter (subkutan) bzw. in die Haut (intrakutan) verabreicht. Als Lösungsmittel kommen Wasser, Öle, Mischungen von Alkohol und Wasser, Glyzerin und Glykol zur Anwendung. Injektionslösungen sollten möglichst den gleichen osmotischen Druck haben wie die Körperflüssigkeit, d. h. also den gleichen Salzgehalt. Normalerweise sind sie zum einmaligen Gebrauch in Ampullen abgefüllt, d. h. in völlig verschlossenen, kleinen Glasbehältern. Gelegentlich erfolgt auch die Abfüllung mehrerer Dosen in Flaschen, die mit Gummikorken verschlossen sind. In diesem Fall enthalten solche Lösungen dann meist auch ein Konservierungsmittel. Den Inhalt solcher zum mehrmaligen Gebrauch vorgesehenen Injektionslösungen darf man höchstens bis zu einer Woche nach Öffnung der Packung verwenden, da sonst das Infektionsrisiko durch das

Eindringen von Mikroorganismen in die Flasche zu groß wird. Selbstverständlich dürfen alle für die Injektion vorgesehenen Arzneimittel nur streng aseptisch behandelt werden. Spritzen, Kanülen und andere technische Hilfsmittel müssen steril sein.

Die verschiedenen Injektionsformen haben unterschiedliche Vorteile. Durch die intravenöse Injektion wird eine sehr rasche Verteilung des Medikaments erreicht und somit eine sehr schnelle Wirkung. Diese Applikationsform ist vor allem in der Akutbehandlung üblich.

Die intramuskuläre Injektion bevorzugt man besonders dann, wenn Medikamente, z. B. Gammaglobuline, verhältnismäßig langsam ans Blut abgegeben werden sollen. Besonders bei der Injektion größerer Volumina und bestimmter Substanzen kann es zu schmerzhaften Reizungen kommen, die über mehrere Tage anhalten. Dies gilt z. B. für Eisenpräparate, die daher ganz überwiegend intravenös gespritzt werden.

Die subkutane Injektionsform kommt sehr häufig zur Anwendung, beispielsweise bei den meisten Impfungen oder auch bei der Insulinspritze. Die Resorption des Medikamentes geschieht im Vergleich zur intravenösen Zufuhr nur langsam. Solche Spritzen sind, solange keine größeren Volumina injiziert werden, meist nicht schmerzhaft.

Infusionslösungen Infusionslösungen enthalten Salze oder energiereiche Substanzen wie Traubenzucker. Sie kommen zur Anwendung in akuten Notfallsituationen, etwa beim Ersatz großer Blutverluste oder auch in der Behandlung schwerkranker Patienten, die intravenös ernährt werden müssen.

Rektale Anwendungsformen

Die Zufuhr von Arzneimitteln über den Enddarm (Rectum) geschieht in Form von Zäpfchen (Suppositorien) oder Lösungen zum Einlauf (Klysma). In Zäpfchen werden Arzneimittel in eine fetthaltige Grundsubstanz eingelagert, die bei Körpertemperatur schmilzt, das freiwer-

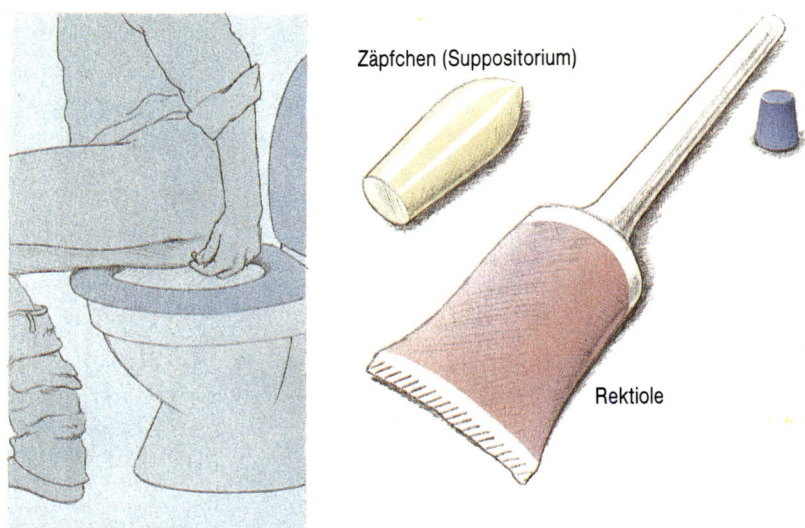

Zäpfchen (Suppositorium)

Rektiole

Zäpfchen und kleine, in Plastikbehälter abgefüllte Einläufe (Rektiolen) zur Einführung in den Enddarm

dende Medikament wird dann über die Darmschleimhaut resorbiert. Das Klysma ist eine wäßrige Lösung des Arzneimittels, die heute im allgemeinen in Plastikabfüllungen mit Einführungsröhrchen zur Verfügung stehen. Beider Anwendungsformen bedient man sich besonders dann, wenn eine perorale Einnahme nicht möglich ist, etwa bei Übelkeit, Bewußtlosigkeit oder Krampfanfällen. Im Gegensatz zur Injektion ist diese Darreichungsform auch durch nicht medizinisch ausgebildetes Personal anwendbar.

Vaginale Anwendungsformen

Der Einbringung von Medikamenten in die Scheide (Vagina) bedient man sich zur Lokalbehandlung, beispielsweise bei Scheidenentzündungen. Wie bei den Suppositorien ist hier das Arzneimittel in einer Fettbasis enthalten, die bei Körpertemperatur schmilzt. Die Einbringung von Arzneimitteln in die Scheide ist auch in Salbenform möglich, sie erfolgt dann im allgemeinen über einen speziellen Applikator, der in die Scheide eingeführt wird.

Lokale Anwendungsformen

Inhalations-mittel

Diese Anwendungsform bietet sich naturgemäß zur Behandlung von Erkrankungen der Atemwege an, z. B. bei Bronchialasthma. Meistens verwendet man hier Sprays, die Inhalationsaerosole enthalten. Nur 10% der wirkamen Substanzen erreichen auch tatsächlich die tieferen Atemwege, d. h. die Lungenbläschen (Alveolen) und Bronchien. Der Rest verbleibt in der Mundhöhle und im Rachenraum, er wird dann mit dem Speichel verschluckt und gelangt in den Magen-Darm-Kanal.

Nasentropfen und Nasenspray

Nasentropfen und Nasensprays kommen bei entzündlichen Schwellungen der Nasenschleimhaut zur Anwendung.

Augentropfen und Augensalbe

Augentropfen und Augensalben, also Medikamente, die lokal bei Augenerkrankungen verwendet werden, müssen steril sein, den gleichen osmotischen Druck, also den gleichen Salzgehalt aufweisen wie die Körperflüssigkeit und sollten im pH-Wert der Tränenflüssigkeit entsprechen. Die vom Auge bei einmaliger Gabe aufgenommene Flüssigkeitsmenge entspricht etwa nur der in einem Tropfen enthaltenen.

Die richtige Anwendungstechnik ist entscheidend für ihre Wirkung.

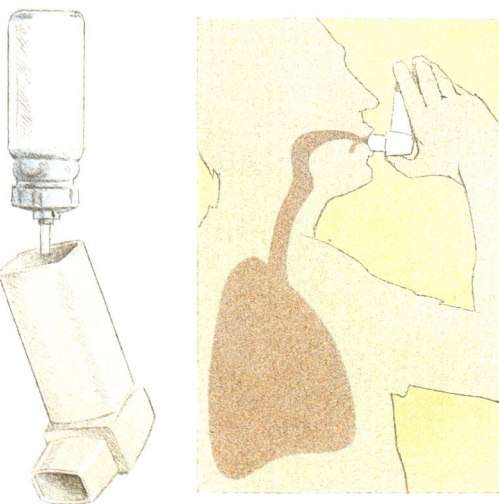

Inhalationsspray zur direkten Einbringung von Medikamenten in die Lunge

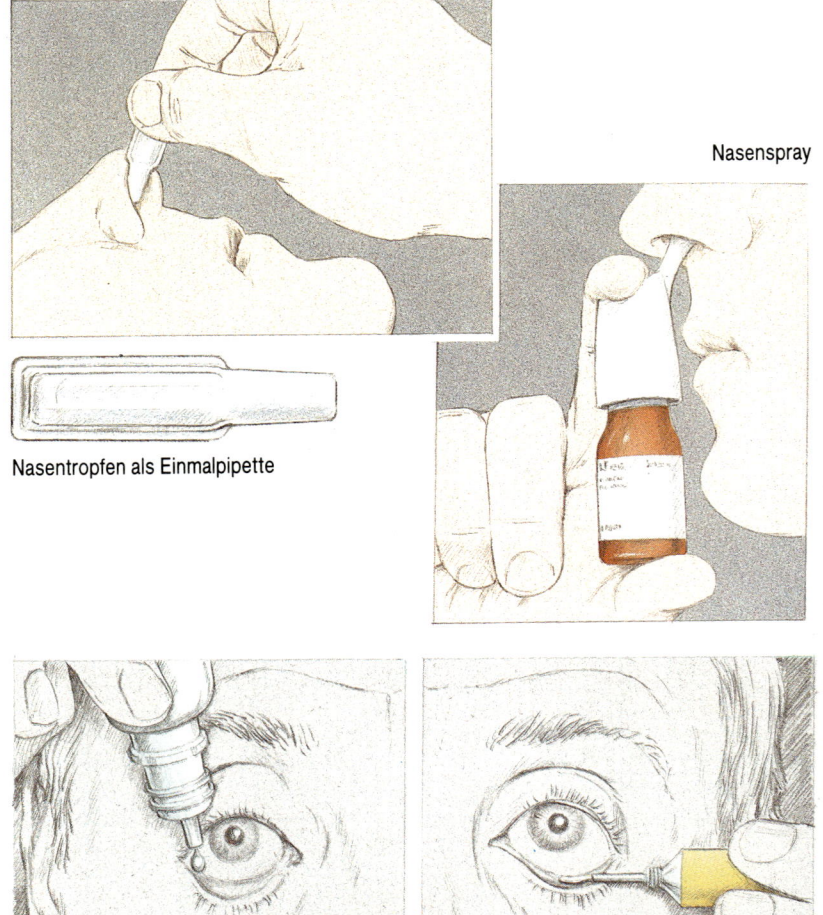

Nasenspray

Nasentropfen als Einmalpipette

Richtige Technik der Einbringung von Augentropfen **(links)** und Augensalben **(rechts)**

Will man größere Dosen zuführen, muß man in entsprechenden Zeitintervallen mehrfach Tropfen einbringen.

Salben sind vorzugsweise für die Behandlung der Lidränder bestimmt.

Medikamente zur örtlichen Behandlung von Hautkrankheiten

Hierunter fallen Salben, Cremes und Einreibemittel (Linimente). Bei Salben und Cremes ist das Arzneimittel in einer Emulsion aus Fett und Wasser gelöst. Der Unterschied besteht im Fettgehalt, der bei Salben höher ist. Cremes sind weicher und weniger konsistent. Sind solche Zubereitungen flüssig, spricht man von Einreibemitteln oder Linimenten.

Die in Salben, Cremes oder Einreibemitteln enthaltenen Wirksubstanzen können in unterschiedlichem Umfang durch die Haut aufgenommen werden. Über die Resorption in den Kreislauf werden teilweise sogar allgemeine Wirkungen erreicht, die therapeutisch ausgenützt werden können. Dieses Verfahren hat sich in neuerer Zeit beispielsweise bei der Behandlung von Erkrankungen der Herzkranzgefäße durchgesetzt, hier werden nitroglyzerinhaltige Pflaster aufgebracht, um Schmerzzustände (s. S. 123 ff.) zu beheben.

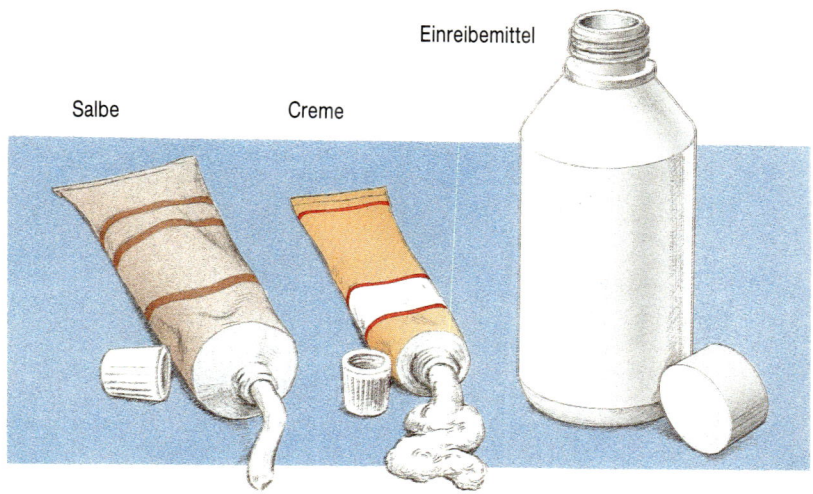

Salbe   Creme   Einreibemittel

Dosierung von Arzneimitteln

Die Wirkung von Medikamenten hängt von der gegebenen Dosis ab. Bei zu niedriger Dosierung bleibt die angestrebte Wirkung aus, zu hohe Dosen führen zu Nebenwirkungen. Hinsichtlich der jeweils zweckmäßigen Dosierung kann man sich bei den eingeführten Medikamenten auf die Erfahrungen der ausführlichen Voruntersuchungen durch den Hersteller stützen. Die Wirkung kann jedoch interindividuell erheblich variieren, so daß in jedem Einzelfall eine Kontrolle nötig ist und gegebenenfalls eine Dosiskorrektur erforderlich werden kann. Bei Kindern gelten ganz spezielle Dosierungsrichtlinien.

Die Verteilung eines Arzneimittels und seine Ausscheidung aus dem Organismus erfolgt für jede Substanz spezifisch. Unterschiedliche Arzneimittel haben verschieden lange Wirkungszeiten, die Intervalle zwischen den einzelnen verabreichten Dosen müssen entsprechend variiert werden. Kurz wirksame Arzneimittel, also Medikamente, die rasch aus dem Organismus eliminiert werden, müssen in kurzen Intervallen verabreicht werden, wenn eine ausreichende Konzentration und damit eine gleichbleibende Wirkung aufrechterhalten werden soll. Medikamente, die langsamer ausgeschieden werden, brauchen nicht so oft eingenommen werden. Um die Wirksamkeit eines Medikaments sicherzustellen, ist es erforderlich, die richtige Dosis in den richtigen Zeitabständen zu verabreichen.

Es empfiehlt sich, Tabletten stets mit Wasser zu schlucken, um die Passage durch die Speiseröhre zu verbessern. Eine Reihe von Medikamenten können in konzentrierter Form zu Schleimhautschädigungen der Speiseröhre führen, wenn sie dort hängenbleiben. Die meisten Tabletten werden nicht im Magen, sondern erst im Darm resorbiert. Dies sollte man besonders bei Zuständen von Übelkeit und Brechreiz berücksichtigen. Die Passage vom Magen zum Darm ist dann oft reflektorisch behindert. Das Medikament bleibt im Magen liegen, es wird dort nur sehr langsam absorbiert und entfaltet nicht die gewünschte Wirkung.

Zeitpunkt der Medikamenteneinnahme Eine Reihe von Medikamenten (z. B. Penicillin), die durch Magensäure abgebaut werden, sollten stets kurz vor den Mahlzeiten eingenommen werden, damit die Verweildauer im Magen so kurz wie möglich gehalten werden kann. Gerade beim Penicillin sind die verabreichten Dosen im allgemeinen aber so hoch, daß selbst dann, wenn ein gewisser Teil der Wirkung durch die Magensäure verloren geht, das Therapieziel nicht gefährdet wird. Auch in Tablettenform eingenommene Medikamente zur Behandlung der Zuckerkrankheit sollten vor dem Essen eingenommen werden, damit sie gerade dann wirksam werden, wenn es als Folge der erhöhten Kohlenhydratzufuhr mit der Nahrung zu einem Anstieg des Blutzuckers kommt. Bezüglich weiterer Einzelheiten wird auf Kapitel 27 (S. 288 ff.) verwiesen. Die meisten anderen Medikamente können unabhängig von der Mahlzeit eingenommen werden.

Zusammenfassung
— Die Dosierungsrichtlinien sind stets zu berücksichtigen. Falls Nebenwirkungen auftreten oder die Wirkung ausbleibt, ist der behandelnde Arzt zu konsultieren. Die individuelle Ansprechbarkeit ist bei verschiedenen Menschen unterschiedlich, die Dosierung ist diesen speziellen Gegebenheiten jeweils anzupassen.
— Eine laufende medikamentöse Behandlung sollte nur nach Absprache mit dem behandelnden Arzt unterbrochen werden.
— Bei Selbstmedikation durch rezeptfreie Arzneimittel sollte man sich in jedem Falle an die Anweisungen des Beipackzettels halten. Man sollte darüber hinaus weitere vorhandene Informationen, beispielsweise kostenloses Prospektmaterial, das in der Apotheke zur Verfügung gestellt wird, ausnutzen.
— Rezeptpflichtige Medikamente sollten nur auf ärztliche Verordnung und nur von demjenigen, für den sie verordnet worden sind, eingenommen werden.
— Medikamente, deren Verfallsdatum überschritten ist, sollten nicht mehr verwendet werden.
— Medikamente, deren Verfallsdatum überschritten wurde oder die man nicht mehr benötigt, sollten entweder in einer Apotheke abgegeben oder auf anderem Wege sorgfältig vernichtet werden.

Aufbewahrung und Haltbarkeit

Auf den meisten Arzneimittelpackungen ist ein Verfallsdatum angegeben, das von den Herstellern in Zusammenarbeit mit den zuständigen Behörden festgelegt wurde. Es gibt an, bis zu welchem Zeitpunkt eine ausreichende Wirksamkeit des Medikamentes garantiert wird. Dabei wird eine maximale Abnahme der Konzentration an wirksamer Substanz bis zu 10 % toleriert. Neben einem Wirkungsverlust durch Abbau der Wirksubstanz können weitere Änderungen wie Trübung von Lösungen oder Entmischung von Salben auftreten. Die dabei entstehenden Abbauprodukte sind im Regelfall allerdings nicht gefährlich. Bei Verwendung überalteter Medikamente sind daher zwar keine schädlichen Nebenwirkungen zu befürchten, man kann jedoch nicht mehr von einer vollen Wirksamkeit ausgehen.

Bei zahlreichen Medikamenten gilt das angegebene Haltbarkeitsdatum nur unter der Voraussetzung einer Aufbewahrung in kalter Umgebung. Bei zu warmer Lagerung kann es zu einem rascheren Abbau der Wirksubstanz kommen. Für gelöste Substanzen gilt die einfache Faustregel, daß jede Steigerung der Lagerungstemperatur um 10° C die Geschwindigkeit des Wirkungsverlustes um den Faktor 3 erhöht. Man kann sich also gut vorstellen, wie es mit der Wirkung eines Medikaments bestellt ist, das bei zu hohen Temperaturen gelagert wurde. Besondere Bedingungen gelten für die Lagerung von Impfstoffen, die bei falscher Aufbewahrung ihre Wirksamkeit sehr rasch verlieren können.

8 Das Abwehrsystem

Immunologie

Unser Organismus verfügt über ein sehr effektives Abwehrsystem (Immunsystem), das auch heute noch, in einer Zeit, in der die moderne Medizin über eine Fülle von Antibiotika und Chemotherapeutika verfügt, absolut lebensnotwendig ist. Menschen mit schweren Immundefekten haben eine erheblich eingeschränkte Lebenserwartung. Die körpereigene Abwehr schützt aber nicht nur den Organismus, sie kann ihrerseits auch zur Entstehung von Krankheiten beitragen. Das Immunsystem dient zur Auseinandersetzung mit Krankheitserregern, zur Bekämpfung von Entzündungen. Wir wissen heute aber auch, daß dieses System zur Verhinderung der Entstehung bösartiger Tumoren große Bedeutung besitzt. Bei reduzierter Abwehrlage treten Tumoren häufiger auf und verlaufen meist schwerer als bei intaktem Immunsystem.

Schon seit Jahrtausenden ist bekannt, daß Infektionskrankheiten, werden sie überlebt, selten bei dem gleichen Individuum noch ein zweites Mal auftreten und falls überhaupt, nur in abgeschwächter Form. Solche Personen haben somit eine größere Widerstandskraft gegen diese Erkrankung als Menschen, die noch nie Kontakt mit dem zugrundeliegenden Krankheitserreger hatten: sie werden gegen Ansteckungen immun. Diese Beobachtung nutzte man erstmals systematisch im 18. Jahrhundert zur Einführung der Pockenimpfung aus. Man hatte festgestellt, daß Melker, die Kontakt mit an Kuhpocken erkrankten Tieren hatten, auch gegenüber den Pocken immun waren. Kuhpocken und Pocken sind zwar nicht identisch, die Erreger sind aber miteinander verwandt. Durch die Einimpfung des Kuhpockenvirus war es möglich, nichtinfizierte Personen gegenüber den Pocken zu schützen. Seit dieser ersten Entdeckung des Impfvorgangs sind zahlreiche Impfstoffe gegen virale und bakterielle Erkrankungen entwickelt worden.

Das Abwehrsystem schützt das Individuum auf unterschiedlichen Ebenen gegen Krankheitserreger. Wichtigste Aufgabe ist zunächst die Unterscheidung zwischen körpereigenen und körperfremden Strukturen. Der eigene Organismus sollte möglichst in Ruhe gelassen, fremde Strukturen sollten attackiert werden. Nicht immer gelingt dies. Gelegentlich kommt es vor, daß sich immunologische Reaktionen auch gegen körpereigenes Gewebe richten und dieses dann zerstören, ein Phänomen, das zu Autoimmunerkrankungen führt. Hierunter fallen eine Reihe von Erkrankungen wie Nierenentzündung (Glomerulonephritis), rheumatische Krankheitsbilder sowie Erkrankungen des Nervensystems, des blutbildenden Systems und andere Krankheitszustände, bei denen Autoimmunreaktionen eine Rolle spielen.

Auch die Allergie stellt eine negative immunologisch bedingte Reaktion dar (s. S. 62 ff.). Beim Kontakt mit Stoffen, gegen die der Betroffene überempfindlich ist (Allergene), kommt es zu typischen allergischen Reaktionen wie Heuschnupfen, Asthma bronchiale, Ekzem, Nesselfieber (Urtikaria), bis hin zum schweren, allergisch bedingten Schock (Anaphylaxie).

Schon diese Störungen zeigen, daß das Immunsystem sehr komplex aufgebaut sein muß, um sicher und effektiv Fremdsubstanzen und Organismen erkennen und zerstören zu können, ohne den eigenen Organismus anzugreifen. Das System besteht aus einer Reihe von unterschiedlichen Teilkomponenten, die im Organismus zu einem Gesamtsystem zusammengefügt werden. Um die Funktionsweise dieses Systems zu verstehen, ist ein gewisses Grundwissen über seinen Aufbau erforderlich.

Aufbau des Immunsystems

Das Immunsystem stellt das Abwehrsystem des Organismus dar, in dem Zellen und in den Körperflüssigkeiten zirkulierende Stoffe (humorale Abwehrkörper) zusammenwirken. Die Spezifität der einzelnen Zellen ist dabei sehr unterschiedlich. Manche weiße Blutkörperchen, speziell die Lymphozyten, können sehr spezifisch reagieren, d. h. sie greifen nur ganz bestimmte Fremdstoffe an, während sie andere völlig unbeeinflußt lassen. Andere Typen der weißen Blutkörperchen sind unspezifischer Natur, sie werden generell von allen Immunreaktionen angelockt. Das Zusammenwirken solcher unterschiedlicher spezifischer und unspezifischer Zellsysteme setzt die körpereigene Abwehr optimal in die Lage, fremde Stoffe und feindliche Organismen anzugreifen.

Zellarten Lymphozyten sind die wichtigsten Zellen im Immunsystem. Sie sind in der Lage, mehr als eine Million unterschiedlicher Fremdstoffe zu identifizieren und zu bekämpfen. Dabei ist jeder Lymphozyt spezifisch nur auf eine Fremdsubstanz ausgerichtet. Diese hohe Spezifität bei der sehr großen Zahl in Frage kommender Fremdsubstanzen setzt natürlich eine entsprechend große Zahl von Abwehrzellen voraus. Der menschliche Organismus verfügt über ca. 10 Billionen solcher Zellen. Man findet sie vor allem in den Mandeln, im Knochenmark, im Blut, in der Thymusdrüse, der Milz, den Lymphknoten sowie im Lymphgewebe des Darms.

Fremdstoffe, die Abwehrreaktionen hervorrufen, werden als Antigene, teilweise auch als Immunogene oder Allergene bezeichnet. Die Fähigkeit der Lymphozyten, bestimmte Antigene zu identifizieren, beruht auf spezifischen Rezeptoren auf ihrer Zelloberfläche. Bei der Reaktion zwischen Lymphozyt und Antikörper entstehen Zerfallsprodukte, die ihrerseits wiederum weitere Abwehrzellen und Antikörper anziehen, um die Immunabwehr noch weiter zu verstärken.

Die Schlüsselzellen des Abwehrsystems, die antigenspezifischen Lymphozyten, werden in zwei Hauptgruppen, die B- und T-Lymphozyten, eingeteilt. Beide Zelltypen haben klar voneinander abgegrenzte Funktionen, sie können sich nicht ineinander umwandeln. B- und T-Lymphozyten kommen etwa gleich häufig vor, insgesamt machen sie bei Säugetieren etwa 5% aller kernhaltigen Zellen aus. Sie sind damit die am häufigsten vertretene Zellgruppe im Organismus.

Über die B-Lymphozyten weiß man, daß sie Antikörper vom Typ der Immunglobuline (s. S. 370) produzieren. Die menschlichen Immunglobuline werden in verschiedene Gruppen eingeteilt, bezeichnet mit den Abkürzungen IgM, IgA$_1$, IgA$_2$, IgG$_1$, IgG$_2$, IgG$_3$, IgG$_4$, IgE und IgD. Diese unterschiedlichen Immunglobulinklassen können die gleichen antigenspezifischen Eigenschaften aufweisen, sie unterscheiden sich jedoch hinsichtlich ihrer Funktion.

Die T-Lymphozyten haben im Gegensatz zu den B-Zellen eine sogenannte zellgebundene Immunität. Sie produzieren bei ihrer Aktivierung keine Antikörper, der Abwehrvorgang ist an das Vorhandensein der Zelle selbst gebunden. Beim Kontakt mit dem jeweiligen Antigen kommt es zu Wachstum und Vermehrung dieser Zellgruppe. Die Wir-

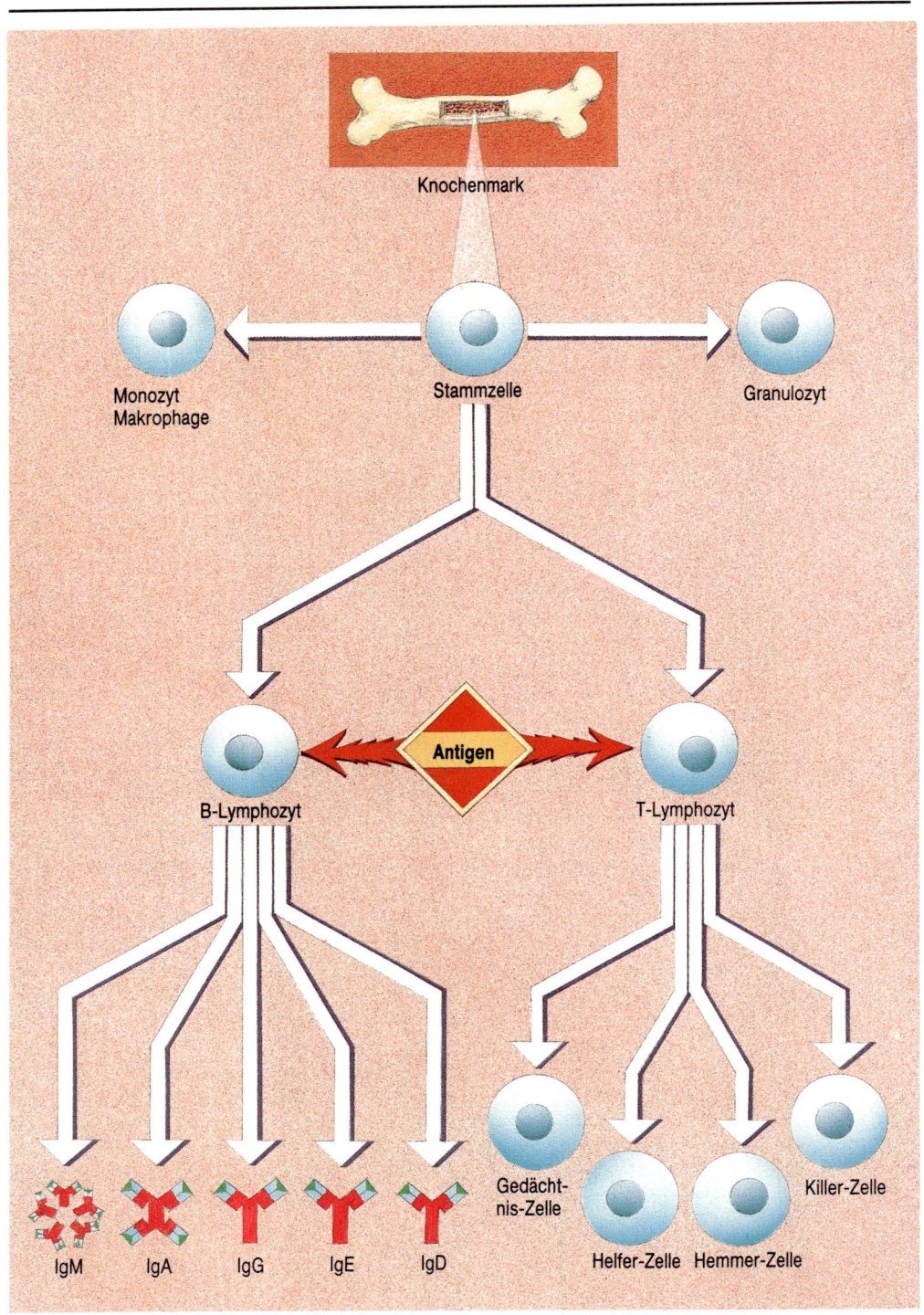

Sämtliche weiße Blutkörperchen stammen aus einer gemeinsamen Stammzelle des Knochenmarks. Die beiden Lymphozytenformen arbeiten in ihrer unterschiedlichen Funktion bei der körpereigenen Abwehr eng zusammen.

kung der T-Zellen ist unterschiedlich, es gibt solche, die Fremdzellen auflösen, andere führen zu verzögerten Überempfindlichkeitsreaktionen (siehe Typ-IV-Allergie, S. 63). B- und T-Lymphozyten wirken zur optimalen Antikörperproduktion zusammen. Bei Kontakt mit dem Antigen können die T-Lymphozyten die B-Zellen zur Antikörperbildung anregen. In dieser Kooperation funktionieren die T-Zellen gewissermaßen als spezifische Verstärkerzellen für die B-Lymphozyten (Helfer-Zellen).

Im Sinne eines Gleichgewichts existiert aber auch ein anderer Typ der T-Zellen, die Supressor- oder Hemm-Zellen, die eine genau umgekehrte Funktion haben. Ihre Aufgabe ist es, die Aktivität der Helfer-Zellen zu bremsen. Von der Funktion dieser Zellen scheint eine spezifische Eigenschaft des Abwehrsystems abhängig zu sein, körpereigene Substanzen nicht anzugreifen. Helfer-Zellen, die dies versuchen, werden von den Hemm-Zellen daran gehindert. Innerhalb dieses Gleichgewichtes kann es zu Störungen kommen. Bei manchen Menschen findet sich eine Überaktivität der Supressor-Zellen, die dann zu einer Abwehrschwäche führt. Einen weiteren Zelltyp, der sich aus den T-Lymphozyten entwickeln kann, stellen die sogenannten Killer-Zellen dar, Lymphozyten, denen offensichtlich die Fähigkeit zukommt, selektiv Tumorzellen anzugreifen.

Neben dem zentralen Nervensystem hat die Immunabwehr als einziges weiteres System des Organismus die Fähigkeit, Informationen über längere Zeiten zu speichern und sich an frühere Kontakte mit Fremdstoffen „zu erinnern". Diese Fähigkeit bildet die Grundlage der erworbenen Immunität nach durchgemachten Infektionen, auf ihr beruht das Prinzip der Impfung. Die Informationsspeicherung ist B- wie T-Zellen gleichermaßen gemeinsam. Beim Eindringen einer Substanz in den Organismus, der diese Zellen schon früher begegnet waren, kommt es zu einer Sofortreaktion einer kleineren Anzahl beider Zelltypen. Dieses immunologische „Gedächtnis" kann im Einzelfall lebenslang aufrechterhalten werden.

Neben den Lymphozyten finden sich in allen lymphatischen Organen, darüber hinaus aber auch in fast allen anderen wichtigen Körpergeweben, zwei weitere Zelltypen, die Makrophagen und die Monozyten. Diese Zellen sind in der Lage, sich als fremd erkannte Moleküle oder Mikroorganismen einzuverleiben, sie gewissermaßen aufzufressen (phagozytieren). Damit die „Freßzellen" solche Substanzen als fremd erkennen, müssen diese markiert werden, was besonders effektiv durch eine Reaktion von Antikörpern mit dieser Fremdsubstanz geschehen kann.

Einen weiteren Typ der weißen Blutkörperchen stellen neben den Lymphozyten die Leukozyten im engeren Sinn, die Granulozyten, dar. Je nach der Anfärbung dieser Zellen im Blutausstrich werden drei verschiedene Typen unterschieden: neutrophile, basophile und eosinophile. Die meisten dieser Zellen finden sich im Knochenmark, in der Milz und im Blut. Kommt es zu abwehrbedingten Entzündungsprozessen, werden sie hiervon angezogen. Im Verlaufe von infektiös bedingten Abwehrreaktionen kommt den Granulozyten eine entscheidende Bedeutung zu. Ähnlich wie die Makrophagen haben die neutrophilen Granulozyten in besonderem Maße die Eigenschaft, antikörperbesetzte Mikroorganismen zu phagozytieren. Die in diesen Granulozyten enthaltenen sehr wirksamen Enzymsysteme sind in der Lage, die meisten der aufgenommenen Organismen und Fremdstoffe abzubauen. Die hohe Leistungsfähigkeit des Immunsystems ist also durch dieses komplizier-

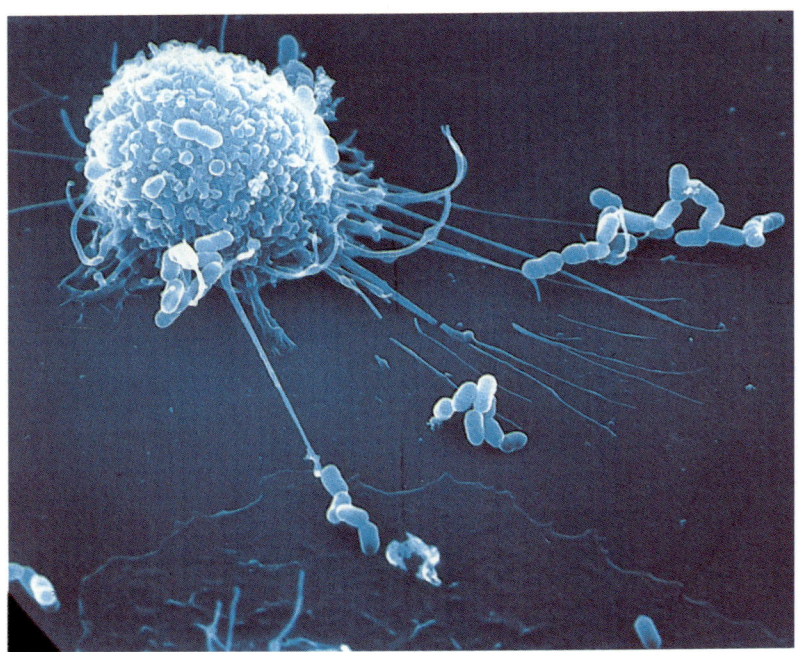

Makrophagen beim Einfangen von Bakterien. *Photo: Lennart Nilsson;*
© *Boehringer Ingelheim International*

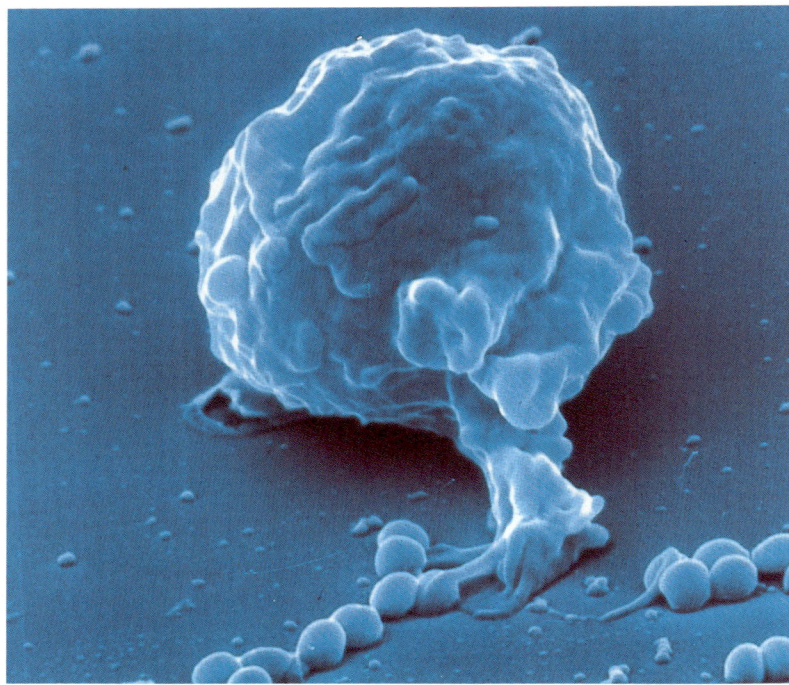

Weißes Blutkörperchen beim Angriff auf Bakterien. *Photo: Lennart Nilsson;*
© *Boehringer Ingelheim International*

te Zusammenspiel zwischen unterschiedlichen Zellgruppen und humoralen Faktoren bedingt. Entscheidende Bedeutung bei den Abwehrreaktionen kommt den spezifisch wirkenden Lymphozyten zu, die dann je nach Bedarf die Hilfe eher unspezifischer Zellgruppen in Anspruch nehmen.

Komplementsystem

Unter dem Komplementsystem versteht man einen weiteren wichtigen Anteil des humoralen Abwehrsystems, bestehend aus einer Reihe von Eiweißstoffen, die sich normalerweise im Kreislauf in inaktiver Form befinden und die im Bedarfsfall gemeinsam wirken. Die Aktivierung dieses Systems gehört unter anderem zu den Aufgaben der Immunglobuline IgG und IgM, wenn sie mit einem entsprechenden Antigen in Kontakt kommen. Die Aktivierung des Komplementsystems führt dann zu einer verstärkten Ansammlung von Leukozyten in dem entsprechenden Gewebebereich.

Krankheiten als Folge von Defekten im Immunsystem

Auf Defekte im Immunsystem zurückzuführende Krankheitsbilder sind in unterschiedlicher Form und großer Zahl bekannt. Eine Reduktion der B-Lymphozyten führt zu einer Abnahme der Konzentration an Gammaglobulinen (speziell IgG) in der Blutflüssigkeit (Blutserum). Patienten mit dieser Form der Abwehrschwäche zeichnen sich durch eine hohe Anfälligkeit gegenüber bakteriellen Infektionen aus. In solchen Fällen sind in regelmäßigen Abständen Injektionen von Immunglobulinen erforderlich, um eine halbwegs normale Abwehrlage aufrecht zu erhalten.

Bei anderen Krankheitsbildern findet sich eine mangelhafte Funktion der T-Zellen. In diesen Fällen steht eine erhöhte Empfindlichkeit gegenüber Virusinfektionen und Parasitenbefall im Vordergrund, da hier die zellgebundene Abwehr von größerer Bedeutung ist. Defekte im Immunsystem scheinen darüber hinaus auch bei der Krebsentstehung von großer Bedeutung zu sein. Auch für die verschiedenen allergischen Krankheitsbilder werden neuerdings Immundefekte verantwortlich gemacht. Nach einer zur Zeit viel diskutierten Hypothese besteht beim Allergiker ein Defekt der Hemmzellen. Dies führt dann zu einer Überproduktion von Antikörpern des Typs IgE gegen eine Vielzahl verschiedener Allergene. Ein besonders aktuelles Krankheitsbild auf der Basis der Immunabwehrschwäche stellt AIDS dar. Hier werden die Helfer-Zellen spezifisch ausgeschaltet. Das Ergebnis besteht in einer stark reduzierten Abwehrfähigkeit des Organismus gegenüber Infektionen und Tumoren.

9 Allergische Erkrankungen

Unter allergischer Reaktion versteht man eine Überempfindlichkeitsreaktion auf der Basis einer spezifischen Änderung des immunologischen Systems (s. S. 56 ff.). Die immunologischen Mechanismen, die der Ausdruck Allergie umschreibt, werden in vier Typen unterteilt.

Unter der Typ-I-Reaktion versteht man den „Soforttyp", der vorwiegend Haut und Schleimhäute betrifft. Innerhalb dieser Reaktion spielen zwei Zelltypen eine hervorragende Rolle, einerseits die sogenannten Mastzellen, andererseits eine Unterform der Granulozyten, die basophilen Leukozyten. Sie finden sich in der Haut und in den Schleimhäuten der Augen, Nase, Lungen und des Darms. Die genannten Zellen enthalten eine Reihe sehr stark biologisch aktiver Substanzen, unter anderem das Histamin. Bei der allergischen Sofortreaktion entstehen IgE-Antikörper, Eiweißsubstanzen, die sich an Mastzellen und basophile Leukozyten heften. Solche Reaktionen laufen spezifisch ab. Besteht beispielsweise bei einem Menschen eine Überempfindlichkeit gegen Hundeeiweiß, dann kommt es beim Kontakt mit kleinen Eiweißpartikeln von Hunden, die als Antigene oder Allergene wirken, zu einer Reaktion mit den vorhandenen Antikörpern. Die Mastzellen werden gewissermaßen „undicht": aus ihnen wird Histamin freigesetzt. Hierdurch werden dann immunologisch bedingte Entzündungsreaktionen ausgelöst, beispielsweise an der Bindehaut des Auges als allergische Konjunktivitis, in der Nase als Heuschnupfen (allergische Rhinitis), in Form von Asthma, Darmbeschwerden, Nesselfieber (Urtikaria) oder Ekzemen. Eine spezielle Form stellt das Quincke-Ödem dar, eine sehr rasch einsetzende ausgeprägte Schwellung vor allem im Bereich der Augen-Bindehaut oder im Mund, die häufig im Zusammenhang mit einer Urticaria auftritt. In schwersten Fällen einer Sofortreaktion kommt es zum Bild des lebensbedrohlichen anaphylaktischen Schocks, d. h. zu einem Kreislaufschock mit ausgeprägtem Blutdruckabfall. Die Tabelle und Abbildungen auf Seite 70 f. zeigen einige der häufigsten Ursachen für Heuschnupfen bzw. Bronchialasthma.

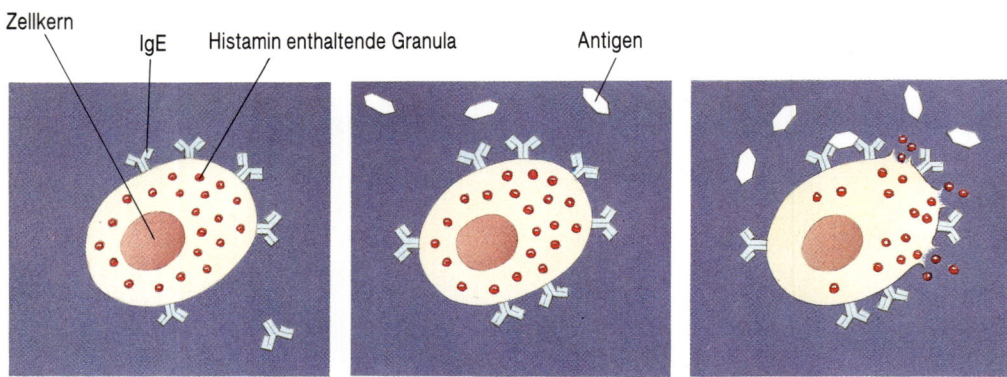

Zellkern   IgE   Histamin enthaltende Granula   Antigen

Links ist eine Mastzelle mit IgE-Antikörpern dargestellt. **Mitte:** Antigene, die spezifisch zu dem Antikörper passen. **Rechts:** Es ist zu einer Reaktion gekommen. Aus den Histamin enthaltenden Granula werden aktive Substanzen freigesetzt, die die Überreaktion auslösen.

Unter der Typ-II- bzw. Typ-III-Reaktion versteht man die Bildung von Antikörpertypen, die für schwere Blut-, Herz- und Lebererkrankungen verantwortlich sind. Sie sollen hier nicht weiter dargestellt werden.

Bei der Typ-IV-Allergie ist die allergische Reaktion nicht an humorale Antikörper gebunden, sondern an spezielle Typen der weißen Blutkörperchen, die bereits auf Seite 59 als T-Lymphozyten beschrieben wurden. Da die Symptome im allgemeinen erst 12—48 Stunden nach dem Kontakt mit dem allergen wirkenden Stoff auftreten, spricht man auch von einer Überempfindlichkeitsreaktion vom verzögerten Typ. Solche Allergieformen sind Kontaktekzeme, Überempfindlichkeitsreaktionen der Haut, die nach kürzerer oder längerer Exposition mit bestimmten Substanzen wie Nickel, manchen Salben oder Einreibemitteln auftreten (s. S. 218 f.).

Atopie

Unter der Atopie versteht man eine angeborene Neigung zur vermehrten Bildung von IgE-Antikörpern und damit zum gehäuften Vorkommen von allergischen Reaktionen vom Soforttyp im Haut- und Schleimhautbereich. Diese atopischen Formen machen den Großteil aller Allergien aus. Im allgemeinen zeigen sich die ersten Anzeichen einer solchen Konstitution sehr früh, oft schon im Säuglingsalter in Form des sogenannten Milchschorfs. Die Betroffenen haben ein erhöhtes Risiko für die Entwicklung einer Reihe allergischer Krankheitsbilder im späteren Lebensalter. Die Atopie ist in der Bevölkerung weit verbreitet, sie findet sich in etwa 15%.

Die modernen medizinischen Untersuchungsmethoden lassen die Atopie heute ebenso leicht nachweisen wie die jeweils auslösenden Allergene. Die atopiebedingten Krankheitsbilder sind für bestimmte Lebensphasen mehr oder weniger typisch. Bronchialasthma manifestiert sich üblicherweise innerhalb der ersten Lebensjahre. Der Heuschnupfen tritt im Schul-, Jugend- oder Erwachsenenalter auf. Auslösemechanismen für allergische Atemwegserkrankungen sind vor allem Pflanzenpollen oder Tierhaare. Generell reagieren Personen mit allergischen Atemwegserkrankungen auf sehr unterschiedliche Reize überempfindlich, beispielsweise auf Tabakrauch, Duftstoffe oder Kältereize. Man spricht in diesem Zusammenhang von Hyperreaktivität, auf die im folgenden näher eingegangen wird.

Bronchialasthma

Krankheitsbild   Unter Bronchialasthma oder einfach Asthma versteht man eine chronische Erkrankung, die durch anfallsweise auftretende Atemnot gekennzeichnet ist. Im Anfall hört man ein typisches pfeifendes Atemgeräusch; vor allem die Ausatmung ist erschwert. Die Anfälle sind sehr unterschiedlich ausgeprägt, schwere Anfälle können in die lebensbedrohliche Form des Status asthmaticus übergehen. In diesen Fällen ist immer eine sofortige Krankenhauseinweisung erforderlich.

Der Stellenwert der Allergene bei der Auslösung der Asthmaanfälle kann unterschiedlich sein. Bei Kindern sieht man vorzugsweise das allergische Asthma, auch als exogenes Asthma bezeichnet, in reiner Form, d. h., hier steht als Auslösemechanismus die Überempfindlichkeitsreaktion im Vordergrund. Manifestiert sich die Erkrankung erst im späteren Lebensalter beim Erwachsenen, ist dagegen eine allergische Ursache oft nicht mehr nachweisbar. Bei diesem Typ, dem sogenann-

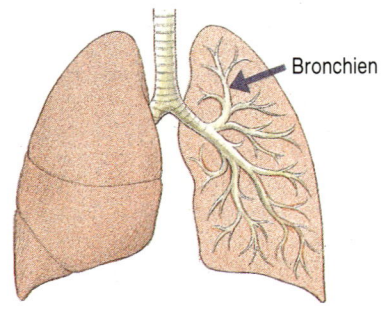

Bronchien

Darstellung der Atemwege und unterschiedlicher Formen der Bronchialeinengung.

Mitte links: Normaler Bronchus mit Schleimhaut und Ringmuskulatur.

Mitte rechts: Bronchialeinengung durch Muskelkrampf.

Unten links: Bronchus mit Muskelkrampf, Schleimhautschwellung und vermehrter Schleimbildung.

Unten rechts: Muskelkrampf, Schleimhautschwellung und fast völliger Verschluß des verbleibenden Bronchiallumens durch zähen Schleim: lebensbedrohlicher Asthmaanfall.

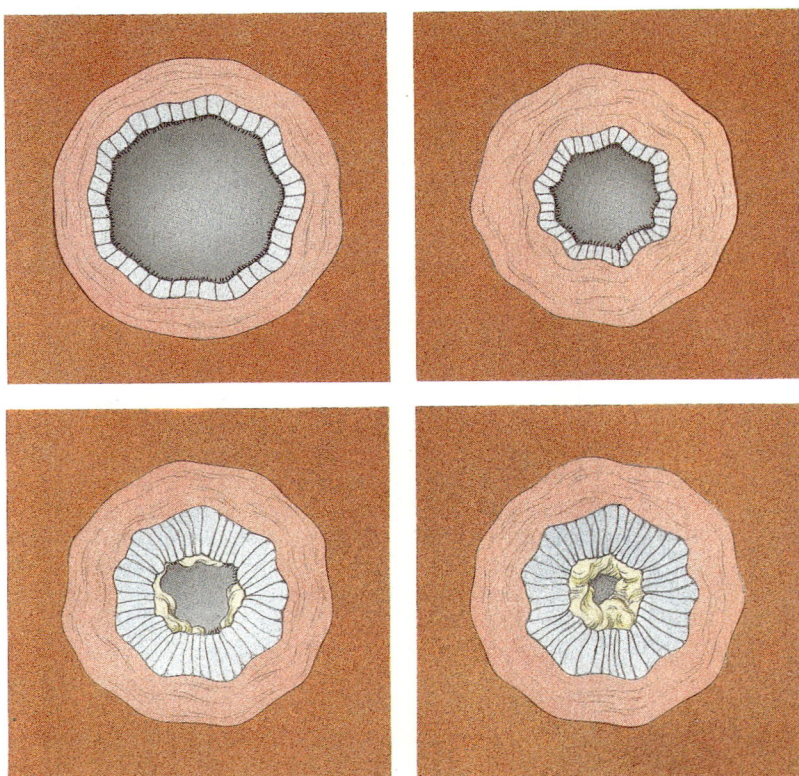

ten endogenen Asthma, werden Auslösemechanismen im Zusammenhang mit Atemwegsinfekten diskutiert. Chronische Infektionen der Bronchialschleimhaut können zu Krampfzuständen der Atemwegsmuskulatur führen (s. S. 107 f.).

Entscheidend beim Asthma ist der erhöhte Atemwiderstand (bronchiale Obstruktion), bei dessen Entstehung eine Reihe unterschiedlicher Faktoren eine Rolle spielen. In den verschiedenen Stadien der Erkrankung kann auch beim selben Individuum den jeweiligen Einzelkomponenten der Widerstandserhöhung eine unterschiedliche und wechselnde Bedeutung zukommen.

— Krampfzustände (Spasmen) der Atemwegsmuskulatur (Bronchialmuskeln). Diese Krampfzustände werden zum Teil durch Substanzen ausgelöst, die bei der allergischen Reaktion frei werden (Histamin und Lymphokine), teilweise auch durch direkte Reizung der Nervenendigungen in der Bronchialschleimhaut.
— Entzündliche Schwellung der Bronchialschleimhaut (Ödem). Ursache hierfür kann neben den bereits für den Spasmus genannten Faktoren auch ein zusätzlicher Infekt sein.
— Vermehrte Bildung eines Schleims mit erhöhter Konsistenz in der Bronchialschleimhaut. Die Zähigkeit des Schleims ist höher als üblich, der Atemwiderstand steigt weiter an.
— Ein weiterer Faktor, der zur Einengung beiträgt, ist das Dickenwachstum der Schleimhaut als Folge einer vermehrten Bildung von Schleimdrüsen. Solche Veränderungen sieht man vorzugsweise bei der chronischen Bronchitis des Rauchers.

Hyperreaktivität Der Krampfzustand der Atemwegsmuskulatur wird beim Asthmatiker nicht nur durch spezifische allergische Mechanismen ausgelöst, sondern auch durch Einatmung von Reizstoffen in niedrigen Konzentrationen, die beim Gesunden keinerlei Wirkung haben. Diese unspezifische Überempfindlichkeit wird als Hyperreaktivität bezeichnet.

In der Schleimhaut der Atemwege, also im Bereich von Nase, Luftröhre und Bronchien, finden sich Nervenendigungen, die auf eingeatmete Reizstoffe reagieren und reflektorisch eine Bronchialeinengung auslösen. Ursprünglich ist hierin ein Schutzmechanismus gegen solche Reizstoffe zu sehen, der sich als Niesen oder Husten zeigt. Fremdstoffe, die die Schleimhäute der Nase, Luftröhre oder Bronchien reizen, lösen den Nies- bzw. Hustenreflex aus, einen kräftigen Luftstoß, der die Atemwege wieder frei fegt. Die Luftgeschwindigkeit erreicht hier gewissermaßen Orkanstärke, man hat Geschwindigkeiten bis zu 40 m/sec gemessen. Schleim oder reizauslösende Fremdstoffe werden dadurch mitgerissen.

Durch die Hyperreaktivität wird dieser normale Schutzreflex pathologisch verstärkt. Geringe Reizungen der Nasenschleimhaut lösen einen ständigen Schnupfen mit Sekretabsonderung aus, die sogenannte vasomotorische Rhinitis. Reizungen der Schleimhaut in Luftröhre oder Bronchien führen zu asthmatischen Zuständen. Auslöser können auch die Einatmung von kalter Luft oder körperliche Belastung sein. Asthmatiker sind daher besonders empfindlich gegen alle Reizungen der Atemwegsschleimhaut, sei es durch Infektionen, kaltes und feuchtes Wetter, Luftverschmutzung oder Zigarettenrauch.

Anstrengungsasthma Wie bereits erwähnt, kommt es im Rahmen der Hyperreaktivität besonders auch unter körperlicher Belastung zu asthmatischen Zuständen. Typisch hierfür ist, daß zu Beginn der Belastung die Bronchien weit gestellt werden, nach einigen Minuten Belastungsdauer kommt es dann aber zu einer zunehmenden Einengung der Atemwege und damit zu Atemnot bis zum Asthmaanfall. Verschiedenartige körperliche Aktivitäten können dabei trotz vergleichbarer Belastungsintensität in unterschiedlichem Maße geeignet sein, ein solches Anstrengungsasthma auszulösen. Besonders ausgeprägt ist dies beim Laufen, weniger beim Radfahren und am geringsten beim Schwimmen zu beobachten. Schwimmen ist daher diejenige Sportart, die man dem Asthmatiker am besten empfehlen kann. Er sollte dabei auch besonders auf die Wassertemperatur achten, da kalte Luft stärker geeignet ist, Anfälle auszulösen als warme. Die Tatsache, daß Schwimmen für den Asthmapatienten besonders geeignet ist, zeigt sich schon aus der Statistik der Olympischen Spiele, in deren Verlauf im Schwimmsport acht Goldmedaillen von Asthmatikern gewonnen wurden.

Die Ursachen für das Phänomen der unterschiedlichen Bedeutung verschiedener Sportarten für die Auslösung des Anstrengungsasthmas waren lange Zeit nicht hinreichend geklärt. Neuere Untersuchungen haben hier interessante Zusammenhänge aufgezeigt. Der entscheidende Auslösemechanismus ist offensichtlich die Auskühlung der Bronchialschleimhaut. Hierdurch kommt es zu einer Reizung der Nervenendigungen, die dann reflektorisch den Bronchialspasmus und damit den Asthmaanfall auslösen. Normalerweise wird die Bronchialschleimhaut von einer feuchten Schleimschicht bedeckt, die Luft innerhalb der Bronchien ist warm und wasserdampfgesättigt. Unter körperlicher Belastung kommt es zu einer Steigerung der Ventilation und damit auch der Luftströmung innerhalb der Bronchien. Hierdurch wird die wasserdampfgesättigte Luft abtransportiert, es kommt zu einer Verdunstung von Flüssigkeit aus der Bronchialschleimhaut. Der bei der Verdunstung entstehende Wärmeverlust führt zu einer Abkühlung und löst damit den geschilderten Reflex aus.

Behandlung   Die wichtigste Grundregel ist, daß Personen mit allergischem Asthma soweit als möglich den Kontakt mit den allergieauslösenden Stoffen meiden. Dies kann im einzelnen eine Sanierung des Umfelds (Wohn- und Arbeitsbereich) bedeuten, die Entfernung von allergieauslösenden Gegenständen, beispielsweise besonders Bettfedern oder auch Tieren sowie die Vermeidung von Luftverschmutzung, speziell durch Tabakrauch. Auch ein Klimawechsel kann zur Verminderung der Beschwerden beitragen. Soweit der Kontakt mit allergieauslösenden Substanzen unvermeidbar ist, beispielsweise bei Pollenallergie, kann die Durchführung einer Desensibilisierung sinnvoll sein. Man versteht darunter die wiederholte Injektion in die Haut von kleinsten Mengen desjenigen Stoffes, gegenüber dem der Patient überempfindlich ist. Die Dosis wird langsam gesteigert, der Patient entwickelt allmählich eine Toleranz gegenüber dem auslösenden Stoff, seine Reaktionsempfindlichkeit nimmt ab. Der große Nachteil dieses Verfahrens besteht in seinem hohen zeitlichen Aufwand.

Medikamentöse Therapie in der Behandlung allergischer Krankheiten, speziell des Bronchialasthmas

Die wichtigste Bedeutung im Rahmen der medikamentösen Behandlung allergischer Erkrankungen kommt den folgenden sechs Substanzen zu:
— Antihistaminika,
— adrenerge Rezeptorstimulanzien,
— Theophyllinpräparate,
— Dinatriumcromoglicinsäure (DNCG),
— Anticholinergika,
— Glukokortikoide.
Die genannten Präparate haben jeweils ihre speziellen Wirkungsmechanismen und Indikationsbereiche. Sie können allein oder in verschiedenen Kombinationen zur Anwendung kommen.

Antihistaminika
Es wurde bereits darauf hingewiesen (s. S. 62), daß dem Histamin als körpereigenem Mediator für die allergische Symptomatik in dem Bereich von Nase, Augen und Haut (Heuschnupfen, allergische Konjunktivitis, Nesselfieber) eine große Bedeutung zukommt, im Gegensatz

zum allergischen Asthma, bei dem es keine größere Rolle spielt. Die Histaminrezeptoren werden in sogenannte H_1- und H_2-Rezeptoren eingeteilt, wobei die allergischen Beschwerden vor allem durch eine Stimulierung der H_1-Rezeptoren ausgelöst werden. Die Stimulation der H_2-Rezeptoren spielt dagegen eine wichtige Rolle im Rahmen der Magensaftproduktion. Alle üblichen Antihistaminika blockieren die H_1-Rezeptoren, sie bessern damit die Beschwerden bei Allergien im Bereich von Nase, Augen und Haut. Die Wirkung beim Asthma bronchiale ist dagegen gering. Speziell beim Heuschnupfen beobachtet man unter Antihistaminika einen sehr positiven Effekt auf das Niesen und die vermehrte wäßrige Nasensekretion, die Wirkung auf die Nasenverstopfung ist dagegen schlecht. Es wäre vorstellbar, daß ein Teil der Antihistaminika auch anticholinergisch wirkt (s. S. 358 f.). Hierdurch wird die Sekretion der Nasenschleimhautdrüsen gehemmt. Eine Verbesserung des Symptoms der verstopften Nase beim Heuschnupfen läßt sich durch eine Kombination der Antihistaminika mit adrenergen Rezeptorstimulanzien erreichen. Solche Kombinationspräparate sind als Rhinopront, Arbid oder Triaminic im Handel. Im übrigen wird hierzu auf Seite 97 verwiesen.

Als Nebenwirkungen haben die Antihistaminika einen unterschiedlich ausgeprägten sedierenden Effekt. Für die Allergiebehandlung stellt das einen Nachteil dar, man kann solche Präparate aber auch gezielt zur Behandlung von Unruhezuständen und Schlafstörungen einsetzen.

Das Ausmaß des sedierenden Effektes kann sogar als Einteilungsprinzip Verwendung finden: man kann Antihistaminika mit geringer, mäßiger und ausgeprägter sedierender Wirkung unterscheiden. Beim Grad der Sedierung ist jedoch auch die sehr unterschiedliche individuelle Reaktionsbereitschaft von großer Bedeutung. Auf der Grundlage dieser individuellen Unterschiede wird das jeweilige Präparat ausgewählt.

Die anticholinergische Nebenwirkung (s. S. 359) zahlreicher Antihistaminika zeigt sich in Mundtrockenheit, verbunden mit einem unter Langzeittherapie erhöhten Risiko für Zahn- und Schleimhautschäden im Mundbereich, Schwierigkeiten beim Wasserlassen, Verstopfung und Sehschwierigkeiten bei Naheinstellung (Akkommodationsstörungen).

Dinatriumcromoglicinsäure (DNCG)
DNCG, als Intal im Handel, verhindert die Freisetzung von Histaminen und anderen Substanzen aus der Mastzelle. Ihm kommt daher nur eine vorbeugende und keine direkte therapeutische Wirkung zu. Man muß das Präparat einnehmen, bevor der Kontakt mit der allergischen Substanz erfolgt. Die Wirkung ist nur lokal. Der Asthmatiker inhaliert das Medikament über den Mund, der Patient mit Heuschnupfen bringt es in Form von Nasentropfen auf die Schleimhaut, der Patient mit der allergischen Bindegewebsentzündung verwendet es entsprechend in Form von Augentropfen. In Tablettenform kann Intal gelegentlich bei Nahrungsmittelallergien sinnvoll sein, die zu Reizsymptomen im Bereich der Darmschleimhaut in Form von Diarrhöen führen. DNCG kommt besonders beim Anstrengungsasthma zur Anwendung, es eignet sich darüber hinaus auch speziell in der pädiatrischen Therapie. Nebenwirkungen oder gesundheitliche Risiken durch Überdosierung sind bisher nicht bekannt geworden.

Adrenerge Beta$_2$-Rezeptorstimulanzien

Adrenerge Beta$_2$-Rezeptorstimulanzien (s. S. 360 ff.) wirken direkt krampflösend auf die Bronchialmuskulatur. Darüber hinaus wirken sie schleimhautabschwellend, sie begünstigen das Abhusten des für Asthma typischen zähen Schleims. Damit wirken sie zum einen rasch im akuten Asthmaanfall, zum anderen können sie aber auch prophylaktisch vor körperlichen Belastungen eingenommen werden. Diese vorbeugende Wirkung ist stärker ausgeprägt als beispielsweise beim DNCG (s. o. z. B. Intal). Die Beta-Rezeptorstimulanzien sind günstiger als die früher bevorzugten Sympathomimetika vom Typ des Adrenalins, Ephedrins oder Alupents. Diese haben im wesentlichen zwei Nachteile: zum einen haben sie kardiale Nebenwirkungen, zum anderen gehören sie in die Gruppe der Dopingpräparate, da ihnen auch eine amphetaminähnliche, wenngleich verhältnismäßig schwache zentral stimulierende Wirkung zukommt. Aus diesem Grunde werden sie heute kaum noch verordnet.

Eine solche zentral stimulierende Wirkung läßt sich dagegen bei den Beta$_2$-Stimulatoren nur in sehr geringem Maße beobachten. Sie sind unter den Namen Berotec, Bricanyl und Sultanol im Handel. Nebenwirkungen treten unter diesen Medikamenten nur sehr selten, und nur bei Tabletteneinnahme auf. Als solche unangenehmen Effekte werden gelegentlich Herzklopfen und Muskelzittern angegeben. Daher empfiehlt sich vor allem die Anwendung in Form von Inhalationssprays. Dabei wird die größte Wirkung erreicht bei geringsten systemischen Nebenwirkungen. Wichtig ist die richtige Inhalationstechnik. Es sollte gleichzeitig mit einer tiefen Einatmung gesprüht werden, um möglichst große Lungengebiete zu erfassen. Anschließend soll die Atmung 10 sec angehalten werden. Sprühen ohne Einatmung führt zu keinerlei Effekt. Moderne Inhalatoren verhindern allerdings solche Fehler.

Theophyllin

Theophyllin (z. B. Euphyllin) ist chemisch mit dem Koffein verwandt, es wirkt krampflösend auf die Bronchien. Die Anwendung erfolgt in Form von Tabletten oder bei schweren Asthmaanfällen als Injektion. Theophyllin kann eine Reihe von Nebenwirkungen hervorrufen, insbesondere Übelkeit und Erbrechen, bei höheren Dosierungen Herzrhythmusstörungen in Form von Herzjagen (Tachykardie) und Extraschlägen. Weiterhin können Krampfanfälle ausgelöst werden.

Anticholinergika

Anticholinergika (z. B. Atropin, Atrovent s. S. 358 f.) hemmen vor allem Bronchialspasmen, bei denen der Asthmaanfall durch Nervenendigungen im Bereich der Bronchialschleimhaut ausgelöst wird. Beim Anstrengungsasthma wirken allerdings diese Substanzen wesentlich schlechter als die Beta-Stimulanzien. Nebenwirkungen sind, abgesehen von einem Trockenheitsgefühl im Mundbereich, selten.

Die bisher aufgeführten Medikamente, nämlich Beta-Rezeptorstimulanzien, Theophyllin und Anticholinergika, wirken vorwiegend krampflösend auf die Bronchien. Bei schwererem und länger andauerndem Asthma steht darüber hinaus aber die erhebliche Schwellung der Bronchialschleimhaut und die vermehrte Schleimbildung als Hauptursache der erschwerten Luftpassage im Vordergrund. Dann reichen diese Medikamente im allgemeinen nicht mehr aus. Man muß jetzt möglicherweise zu Kortisonpräparaten greifen, denen dann oft eine lebensrettende Wirkung zukommen kann.

Kortisonpräparate

Kortisonpräparate (s. auch S. 238 f.) wirken ausgeprägt entzündungshemmend und schleimhautabschwellend. Sie hemmen darüber hinaus die Freisetzung derjenigen Substanzen, die den Bronchialspasmus und die vermehrte Schleimbildung auslösen.

So wirkungsvoll das Kortison ist, so bedenklich sind allerdings seine Nebenwirkungen. Häufig muß bei schwerem Asthma eine Langzeitbehandlung mit Kortison durchgeführt werden. Dies kann dann allerdings nur in niedriger Dosierung erfolgen, beispielsweise mit 5—6 mg Prednisolon pro Tag in Tablettenform. Die Komplikationsrate steigt in Abhängigkeit von der Behandlungsdauer und der Dosis. Unter Kortison kommt es zu einem tendentiellen Abbau von Körpergeweben, zu einer sogenannten katabolen Reaktion. Diese führt zu einer Schwächung von Bindegewebe, Knochen, Muskeln und Sehnen. Die Verminderung der Knochenfestigkeit kann bis zu spontan auftretenden Brüchen führen, etwa in Form von Wirbelkörperzusammenbrüchen (Wirbelkörperkompression) oder Beinbrüchen. Sehnenschädigungen sind besonders unter Kortison auch dann zu beobachten, wenn solche Substanzen in entzündete Sehnenansätze injiziert werden (s. S. 240 f.). An weiteren Nebenwirkungen können bei niedriger Dosierung Schlafstörungen auftreten, bei höheren Dosierungen besonders auch eine Anhebung der Stimmungslage (Euphorie).

Als Alternative, die bei milderen Formen von Asthma oder Heuschnupfen daher in neuerer Zeit bevorzugt wird, bietet sich die lokale Kortisonanwendung als Inhalationsspray an (z. B. Auxiloson, Sanasthmyl). Bei sehr guter Wirkung ist hier mit allgemeinen Nebenwirkungen nicht zu rechnen. Ein gewisses Risiko besteht im Auftreten lokaler Pilzinfektionen, etwa als Mundsoor, Folge der örtlichen Abwehrschwächung. Zur Vorbeugung empfiehlt sich die regelmäßige Durchführung von Mundspülungen nach jeder Inhalation.

Konsequenzen für Training und Wettkampf

Selbstverständlich verbieten sich körperliche Belastungen im akuten Anfall. Auch beim anfallfreien Asthmatiker können Belastungen sogenanntes „Anstrengungsasthma" auslösen. Prädestiniert hierzu sind bestimmte Formen körperlicher Aktivität, insbesondere bei kaltem und feuchtem Wetter, begünstigend wirken weiterhin Luftverschmutzung und Rauch. Man kann diesen Anfällen durch die Anwendung von Inhalationssprays vorbeugen, am besten sind Beta-Rezeptorstimulanzien geeignet. Somit ist Asthma kein Hindernis für körperliche Aktivität ganz allgemein und schon gar kein Grund für die Nichtteilnahme am Schulsport.

Die Neigung zum Asthma wird durch Atemwegsinfektionen verstärkt. Der Asthmakranke hat, mehr noch als der Gesunde, daher besonderen Grund, körperliche Belastungen im Verlauf von Atemwegsinfektionen zu meiden.

Ein sportspezifischer Aspekt der Asthmatherapie ergibt sich durch Nebenwirkungen, die unter $Beta_2$-Stimulanzien beobachtet werden, vor allem in Form eines Zitterns der Hände. Sportler, die auf ein besonders hohes Koordinationsvermögen angewiesen sind, sollten daher solche Medikamente nicht in Tablettenform, sondern nur als Spray anwenden (s. S. 342 f.). Langzeitbehandlung mit Kortison in Tabletten- oder Spritzenform kann für den Sportler ein erhöhtes Risiko für Schädigungen im Bereich von Muskulatur, Sehnen, Bändern und Knochen bedeuten.

Heuschnupfen (allergische Rhinitis)

Krankheitsbild   Beim Heuschnupfen handelt es sich um eine Allergie vom Typ I (s. S. 62), die häufig in Verbindung mit anderen allergischen Reaktionen, etwa allergischer Bindehautentzündung des Auges oder Asthma bronchiale, auftritt. Die Symptome bestehen in einer verstopften Nase, reichlich wasserklarem Sekret und Niesen. Es liegt eine deutliche jahreszeitliche Abhängigkeit vor. Besonders häufig wird diese Krankheit im Frühjahr oder im Sommer durch Blütenpollen ausgelöst.

Tabelle 1:
Häufige Auslöser von Allergien

Gräser	Laubbäume	Wiesenblumen
Zahlreiche Grasarten können Allergien auslösen („Heuschnupfen").	Haselnuß	Gänseblümchen
	Birke	Löwenzahn
	Erle	Wermut
	Eiche	Hahnenfuß
	Ahorn	
	Pappel	

Nahrungsmittel	Haustiere	Staub, Schimmel
Schalentiere	Katzen	Hausstaub
Eier	Hunde	Milben
Fisch	Pferde	Schimmelpilze
Nüsse	Kaninchen	Federn
Milch		
Erdbeeren		

Behandlung   Beim Heuschnupfen sollte der Patient so weit als möglich den Kontakt mit allergieauslösenden Substanzen vermeiden. In einigen Fällen ist eine Desensibilisierung sinnvoll (s. S. 66). Die medikamentöse Behandlung kann mit folgenden Präparaten durchgeführt werden:
— Kombinationspräparate aus schleimhautabschwellenden Medikamenten zusammen mit Antihistaminika (s. S. 66 f.),
— Dinatriumcromoglicinsäure (s. S. 67),
— kortisonhaltige Nasensprays (z. B. Nasicortin, Otriven-Millicorten),
— Injektion von Depot-Kortison (s. S. 240 f.).
Soweit in der akuten Phase des Heuschnupfens eine ständige medikamentöse Therapie erforderlich ist, müssen die Nebenwirkungen bedacht werden. Besonders Personen, die unter dem Einfluß von Antihistaminika stehen, gehen das Risiko von Müdigkeit und Konzentrationsschwäche sowie der typischen unter Anticholinergika auftretenden Nebenwirkungen ein (s. S. 359).

Konsequenzen für Training und Wettkampf   Wer zu Heuschnupfen neigt, kann durch Sport Probleme bekommen, besonders durch körperliche Aktivität im Freien während der Pollensaison. Ein gesundheitliches Risiko wird dadurch nicht eingegangen, die Leistungsfähigkeit im Wettkampf kann aber empfindlich herabgesetzt werden. Wer Medikamente einnimmt, sollte berücksichtigen, daß ein Teil der hier eingesetzten Präparate auf der Dopingliste steht (s. S. 348).

Die Pollen von Gräsern lösen häufig Asthmaanfälle aus. *Photo: Tommy Berglund*

Hausmilbe in starker Vergrößerung.
Sie ist eine häufige Ursache für Asthma.

Allergische Entzündung der Augenbindehaut (allergische Konjunktivitis)

Krankheitsbild   Die allergische Bindehautentzündung gehört zu den Typ-I-Reaktionen, die auf Seite 62 beschrieben wurden. Sie geht einher mit Augenrötung, Juckreiz, Fremdkörpergefühl, Schwellung und vermehrtem Tränenfluß. Menschen, die hiervon betroffen sind, sollten keine Kontaktlinsen tragen.

Behandlung   Die Behandlung entspricht im wesentlichen der bereits für den Heuschnupfen beschriebenen (s. o.). Wenn möglich, sollte man Kontakte mit auslösenden Stoffen meiden. Auch hier kann eine Desensibilisierung sinnvoll sein (s. S. 66). Dinatriumcromoglicinsäure (Intal s. S. 67) kann in Form von Augentropfen sowohl zur Behandlung als auch zur Vorbeugung eingesetzt werden. Neben weiteren Substanzen, die in Tablettenform eingenommen werden, kann auch die Anwendung verschiedener Augentropfen sehr sinnvoll sein. Sie enthalten vorzugsweise Kombinationen aus Antihistaminika und adrenergen Stimulanzien (s. S. 358). Man sollte hierzu aber wissen, daß die letztgenannten Substanzen chemisch mit dem Ephedrin verwandt sind, das auf der Dopingliste steht.

Konsequenzen für Training und Wettkampf

Eine nicht ausreichend behandelte allergische Bindehautentzündung kann naturgemäß in den Sportarten zu Problemen führen, in denen ein gutes Sehvermögen erforderlich ist. Bei den übrigen Sportarten wird die Leistungsfähigkeit zwar nicht direkt beeinflußt, die Augenreizung kann sich jedoch indirekt auch hier negativ auswirken.

Ekzem

(s. Kapitel 20, S. 217 ff.).

Nesselfieber

Krankheitsbild

Auch das Nesselfieber gehört zu den allergischen Typ-I-Reaktionen (s. S. 62). Die Symptome bestehen in einem stark juckenden Hautausschlag, der im allgemeinen sehr plötzlich auftritt. Er zeigt sich in unregelmäßigen, größeren oder kleineren rötlichen Gebilden mit einem etwas eingesunkenen blassen Zentrum. Die Haut kann dadurch einer Landkarte ähneln, wobei das Bild innerhalb von sehr kurzer Zeit stark wechseln kann. Fieber kommt, wenn überhaupt, nur in Verbindung mit sehr ausgedehntem Hautbefall vor. Ansteckungsfähigkeit besteht nicht.

Behandlung

Bei Nesselfieber kann besonders der Juckreiz sehr quälend sein, er wird dann mit einem entsprechenden Antihistaminikum behandelt (s. S. 66 f.). Manchmal wird auch eine kurzfristige Therapie mit einem Kortisonpräparat in Tablettenform erforderlich. Auch Ephedrin kann den Juckreiz mildern, es sei aber nochmals darauf hingewiesen, daß diese Substanz auf der Dopingliste steht.

Konsequenzen für Training und Wettkampf

Ein sehr starker Juckreiz kann in Einzelfällen die Sportfähigkeit massiv einschränken. Im übrigen ergeben sich daraus keine Kontraindikationen für Training und Wettkampf.

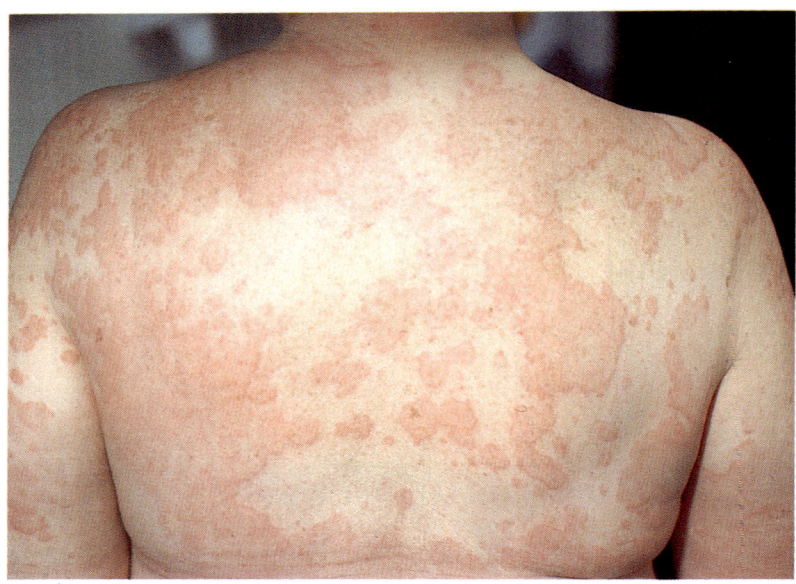

Nesselfieber. *Photo: Hakan Mobacken*

Allergischer (anaphylaktischer) Schock

Krankheitsbild Beim anaphylaktischen Schock wird kurzfristig Histamin in großen Mengen im Organismus freigesetzt. Die Ursache besteht in der Allergisierung des Betroffenen durch den Kontakt mit einem Eiweiß, mit dem er etwa in Form von Medikamenten, Nahrungsmitteln oder Insektengiften in Berührung kommt. Ein erneuter Kontakt kann jetzt diese gefährlichste aller allergischen Typ-I-Reaktionen auslösen. Es kommt zu plötzlichen Blutdruckabfällen. Im schwersten Fall kann der Schockzustand tödlich enden. Soweit solche lebensbedrohlichen Zustände medikamentös ausgelöst werden, kommt dies fast nur durch Injektion in Frage. Typisch hierfür sind Röntgenkontrastmittel, Blutersatzmittel oder Penicillininjektionen. Nur in Extremfällen kann bei überempfindlichen Personen auch eine Tabletteneinnahme zum anaphylaktischen Schock führen, beispielsweise Acetylsalicylsäure (s. S. 232 ff.).

Wegen der Bedrohlichkeit des anaphylaktischen Schocks ist Vorbeugung unbedingt erforderlich. Dies bedeutet, daß Personen, denen eine Überempfindlichkeit gegen Medikamente bekannt ist, dies dem behandelnden Arzt ausdrücklich mitteilen. Personen, bei denen Insektenstiche schwere allergische Reaktionen auslösen, sollten stets Adrenalinspray und Kortisontabletten (z. B. Urbason) bei sich führen. Im Falle eines Insektenstichs sind dann 10 Adrenalininhalationen durchzuführen, gleichzeitig sollten 10 Kortisontabletten eingenommen werden.

Behandlung Im anaphylaktischen Schock ist die gleiche Position anzuraten, die auch sonst beim Schock üblich ist: Hochlagerung der Beine und Tieflagerung des Kopfes. Eine möglichst rasche Klinikeinweisung ist selbstverständlich, dort können vom Arzt die erforderlichen Maßnahmen, insbesondere die Adrenalininjektion, durchgeführt werden.

Konsequenzen für Training und Wettkampf Sportler, die einen anaphylaktischen Schock durchgemacht haben, können erst dann wieder Training und sportliche Aktivität aufnehmen, wenn der Arzt sein Einverständnis gibt.

10 Infektionskrankheiten, Antibiotika und Chemotherapie

Infektionen werden durch Kleinstlebewesen (Mikroorganismen) hervorgerufen: Bakterien, Viren oder Pilze, die in großer Zahl und Vielfalt überall in unserer Umgebung vorkommen, in der Luft, auf Gegenständen des täglichen Lebens, aber auch auf unserer Haut oder den Schleimhäuten. Die meisten dieser Mikroorganismen sind harmlos, häufig sind sie sogar nützlich oder lebensnotwendig. So finden sich etwa im Darm Bakterien, die das Vitamin K produzieren, das dann im Darm resorbiert wird. Vitamin K ist eine Substanz, die für den Blutgerinnungsvorgang wichtig ist (s. S. 281). Auch auf der Haut finden sich zahlreiche Bakterien, die Krankheitserreger unter Kontrolle halten.

Nur ein kleiner Teil dieser Mikroorganismen ist in der Lage, bei Menschen Krankheiten hervorzurufen. Die Frage, ob die Auseinandersetzung zwischen Mikroorganismus und Mensch zu einer Krankheit führt oder nicht, hängt im Prinzip von zwei Punkten ab: zum einen von der möglichen krankheitserzeugenden Fähigkeit des Erregers, seiner Virulenz, zum anderen von der jeweiligen Abwehrlage des Individuums. Wird das Gleichgewicht zwischen unserer normalen bakteriellen Besiedlung und der Abwehrlage gestört, können auch Erreger, die sonst nicht virulent sind, zu Infektionen führen. Dies kann beispielsweise der Fall sein, wenn die Abwehr aufgrund anderer krankheitserzeugender Erreger geschwächt wird, oder wenn solchen Mikroorganismen Gelegenheit gegeben wird, in Organsysteme einzudringen, in denen sie normalerweise nicht vorkommen, etwa im Rahmen von chirurgischen Eingriffen.

Die Abwehr gegen Infektionserreger wird von der Haut, den Schleimhäuten und dem Immunsystem getragen. Der Haut kommt dabei die Bedeutung eines mechanischen Hindernisses gegen die Invasion von Krankheitserregern zu. Die Schleimhäute produzieren Flüssigkeiten, in denen bakterienabtötende Substanzen enthalten sind, sie sind darüber hinaus häufig mit Flimmerhaaren (Zilien) ausgerüstet, die in der Lage sind, Sekrete und Fremdkörper abzutransportieren (s. S. 106). Der Immunabwehr kommt die Fähigkeit zu, eingedrungene Mikroorganismen aktiv anzugreifen. Sie stellt ein komplexes System unterschiedlicher aktiver Komponenten dar, die im Blut, verschiedenen Körperflüssigkeiten und einer Reihe speziell dafür zuständiger Organe vorkommen bzw. gebildet werden. Im einzelnen wurde das Abwehrsystem bereits auf Seite 56 ff. dargestellt.

Reichen die körpereigenen Mechanismen nicht mehr aus, wird der Einsatz von Medikamenten, Antibiotika und Chemotherapeutika, erforderlich. Dabei versteht man unter *Antibiotika* Substanzen, die biologisch aus lebenden Zellen gewonnen werden. So bilden beispielsweise Pilze oder manche Bakterien Stoffe mit der Fähigkeit, andere Mikroorganismen selektiv ohne Schädigung der menschlichen Zelle abzutöten. *Chemotherapeutika* sind dagegen synthetisch hergestellte Substanzen mit bakterienabtötender Wirkung.

Kommt es zum Eindringen von Krankheitserregern, können lokale oder Allgemeininfektionen entstehen, also beispielsweise Infektionen, die sich auf die Haut beschränken, oder solche, die den Gesamtorganismus treffen, etwa eine Blutvergiftung (Sepsis) oder eine Hirnhautentzündung (Meningitis). Das Vorliegen einer Infektion zeigt sich im allgemeinen in dem typischen Abwehrmechanismus des Organismus, in der Entzündung. Die Entzündung kann man sich als eine Art kriegerische Auseinandersetzung zwischen der Invasionsarmee der Mikroorganismen auf der einen und der Verteidigungsarmee aus weißen Blutkörperchen und Abwehrkörpern auf der anderen Seite vorstellen. Als Ergebnis dieser Schlacht entsteht Eiter, eine Ansammlung toter Krankheitserreger wie Bakterien, Pilze oder Viren sowie zerfallener weißer Blutkörperchen und zerstörter Körperzellen. Bei stärker ausgeprägten Infektionen reagiert der Organismus darüber hinaus mit allgemeinen Abwehrmaßnahmen, insbesondere mit einer Temperaturerhöhung. Viele Mikroorganismen sind wärmeempfindlich, sie sterben bei einem nur geringen Anstieg der Körpertemperatur um wenige Grade ab.

Eine Reihe von Infektionen zeichnet sich dadurch aus, daß man sie im allgemeinen nur einmal bekommt: man wird gegen diese Krankheit immun. Die Ursache hierfür ist die Entwicklung spezifischer Antikörper, die ganz speziell den jeweiligen Krankheitserreger bekämpfen. Bei einem erneuten Kontakt mit diesem Erreger kommt es durch das Vorliegen solcher Antikörper nicht mehr zu Krankheitserscheinungen. Als

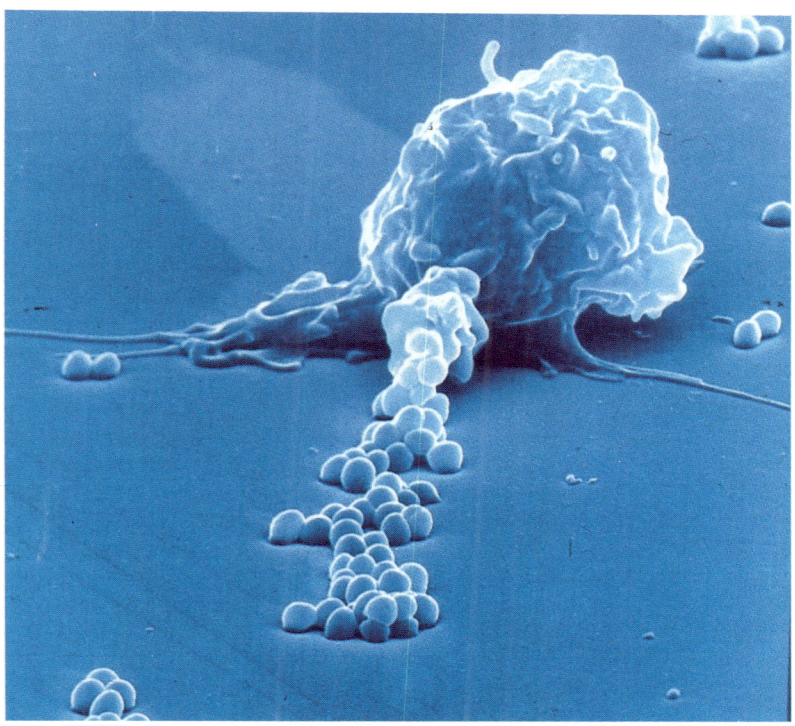

Ein weißes Blutkörperchen greift eine Gruppe von Bakterien an. *Photo: Lennart Nilsson;* © *Boehringer Ingelheim International*

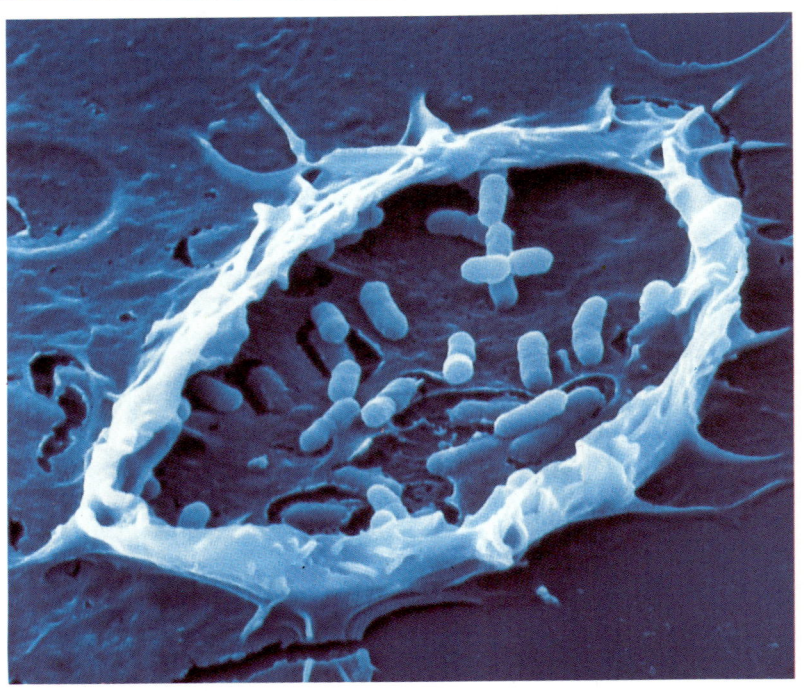

Ein weißes Blutkörperchen hat eine Gruppe von Bakterien eingeschlossen.
Photo: Lennart Nilsson; © Boehringer Ingelheim International

Beispiele sind hier besonders Viruserkrankungen zu nennen wie Masern, Röteln oder Mumps (s. S. 56 ff.).

Die Infektionskrankheiten werden entweder nach topographischen Gesichtspunkten eingeteilt, also nach den jeweiligen Körperteilen, die sie betreffen, oder nach den jeweiligen Krankheitserregern. Man spricht etwa von Hals-Nasen-Ohren-Infektionen oder von bakteriellen, viralen oder Pilzinfektionen. Hinsichtlich der Diagnose ist es häufig sehr leicht, aufgrund der spezifischen Symptome den Erreger festzustellen. In anderen Fällen kann dies sehr schwierig werden. Dann wird es notwendig, den jeweiligen Mikroorganismus aus Wundsekreten oder Eiter zu züchten. Für Bakterien geht dies meist recht gut, auch für Viren ist es möglich, im allgemeinen aber sehr zeitaufwendig. Eine weitere Möglichkeit der Diagnosestellung besteht in der Beobachtung der Abwehrreaktionen des Organismus. Zu diesem Zweck mißt man die Serumkonzentration von Antikörpern für in Frage kommende Krankheitserreger. Die plötzliche Zunahme der Konzentration eines bestimmten Antikörpers spricht dafür, daß der hierdurch bekämpfte Mikroorganismus für die Infektion verantwortlich ist.

Keineswegs jede Infektion bedarf ärztlicher Behandlung, nur bei schwereren Verläufen muß der Arzt eingreifen. Sehr viele Infektionen verlaufen harmlos. Bei Virusinfektionen steht im allgemeinen eine spezifische antibiotische Therapie nicht zur Verfügung.

Konsequenzen für Training und Wettkampf Die Auseinandersetzung des Organismus mit Infektionserregern zeigt sich in mehr oder weniger ausgeprägten Symptomen, von denen Fieber das wichtigste ist. Leider läßt sich immer wieder beobachten, daß Sportler trotz Fieber weiter trainieren. Es ist bekannt, daß körperliche Belastung unter Fieber die Ausbreitung der Infektion begünstigen und ihren Verlauf verschlimmern kann. Wenn ernsthafte Infektionen bestehen, sollte mit dem Sport völlig ausgesetzt werden. Als Grundregel sollte man auf keinen Fall trainieren oder an Wettkämpfen teilnehmen, solange man Antibiotika einnimmt. Die Notwendigkeit einer antibiotischen Behandlung zeigt, daß eine Infektion ernst ist, dann verbieten sich körperliche Belastungen. Die Bagatellisierung von Infektionen hat nicht nur negative gesundheitliche Folgen, auch die Leistungsfähigkeit wird beeinträchtigt. Dies gilt nicht nur für die Akutphase, in der die Schwächung durch die Infektion die Leistungsfähigkeit vermindert, auch auf Dauer kann es zu erheblichen Leistungsminderungen durch den Abbau von Muskeleiweiß kommen. Nach einer durchgemachten Infektion sollte man im allgemeinen nur langsam und vorsichtig wieder mit dem Training beginnen. Es ist hier sicher vernünftiger, die eine oder andere Trainingseinheit, den einen oder anderen Wettkampf auszulassen, als durch zu frühe Belastungen erhebliche negative Konsequenzen in Kauf zu nehmen.

Spezielle Infektionen

Die am häufigsten vorkommenden Infektionen betreffen die Luftwege, aber auch Infektionen der Harnwege und des Magen-Darm-Trakts sind sehr häufig. Im folgenden wird ein kurzer Überblick über diese verschiedenen Infektionen gegeben.

Atemwegsinfektionen

Die Infektionen der Atemwege werden in solche der oberen und der unteren Luftwege eingeteilt, die sich jeweils durch unterschiedliche Symptome bemerkbar machen und entsprechend auch eine unterschiedliche Behandlung erfordern.

Zu den oberen Atemwegsinfektionen gehören u. a. Entzündungen des Nasen-Rachen-Raumes, der Nasennebenhöhlen, der Mandeln, Entzündungen der Stimmbänder und der sogenannte Pseudo-Krupp (s. S. 95 ff.). Durch die enge Verbindung des Mittelohrs mit dem Nasen-Rachen-Raum treten in diesem Zusammenhang häufig auch Entzündungen des Mittelohres auf.

Zu Infektionen der unteren Atemwege rechnet man die akute Bronchitis, meist im Rahmen von Erkältungen, bzw. die chronische Bronchitis, die sich vorzugsweise bei Rauchern findet, ferner die Lungenentzündung, die meistens, aber keineswegs immer, bakteriell bedingt ist. Darüber hinaus gibt es spezifische Infektionskrankheiten der Lunge, insbesondere die Tuberkulose.

Harnwegsinfektionen

Neben den Atemwegsinfektionen finden sich die häufigsten Entzündungsprozesse im Bereich der Harnwege. Auch diese werden in obere und untere Harnwegsinfektionen eingeteilt. Die oberen Harnwegsinfektionen betreffen die Nieren (Pyelonephritis), das Nierenbecken (Pyelitis) und die Harnleiter, die Harnblase (Zystitis), die Vorsteherdrüse (Prostatitis) und die Harnröhre (Uretritis). Im allgemeinen kommen als Erreger Bakterien in Frage. Besonders Infektionen der oberen Harnwege erfordern häufig eine antibiotische oder chemotherapeutische Behandlung, nicht selten über sehr lange Zeit hinweg (weitere Einzelheiten s. S. 171 ff.).

Geschlechtskrankheiten

Unter Geschlechtskrankheiten (venerische Infektionen) versteht man Infektionen, die bei sexuellem Kontakt übertragen werden (s. S. 189 ff.). Hierbei ist es nicht nur erforderlich, den Betroffenen selbst, sondern auch die Ansteckungsquelle und eventuelle weitere Geschlechtspartner zu behandeln. Die Behandlung und Meldung von Geschlechtskrankheiten unterliegt besonderen gesetzlichen Regelungen.

Magen-Darm-Infektionen

Magen-Darm-Infektionen (Gastroenteritiden) werden im allgemeinen durch Viren hervorgerufen. Es gibt damit meist auch keine spezifische medikamentöse Behandlung gegen den Krankheitserreger selbst, sondern nur eine symptomatische Therapie. Die typischen Symptome bestehen in Erbrechen, Übelkeit, häufig gefolgt von Durchfall (Diarrhöe). Der Patient kann dabei erhebliche Mengen an Flüssigkeit und Salzen verlieren. Es kommt zu Müdigkeit, Abgeschlagenheit, in schweren Fällen zum Kreislaufschock. Hierdurch wird naturgemäß die körperliche Leistungsfähigkeit stark beeinträchtigt. Die Behandlung besteht im Ausgleich der Flüssigkeits- und Salzverluste.

Eine Reihe weiterer Infektionen im Magen-Darm-Trakt sind bakteriell bedingt, sie können damit antibiotisch behandelt werden. Zum Teil fallen diese Krankheiten unter das Bundesseuchengesetz, speziell Cholera, Typhus und andere Salmonelleninfektionen sowie die Ruhr. Auch in diesen Fällen bestehen spezielle gesetzlich geregelte Verpflichtungen hinsichtlich diagnostischer Maßnahmen und der Therapie. Eine ausführliche Beschreibung findet sich auf Seite 148 ff.

Antibiotika

Wie bereits beschrieben, sind Antibiotika Medikamente, die Bakterien oder Pilze abtöten bzw. in ihrem Wachstum hemmen. Gegen die meisten Viruskrankheiten gibt es dagegen bisher keine wirksamen Medikamente. Im allgemeinen werden die antibiotischen Substanzen durch Mikroorganismen, vorzugsweise Pilze, gebildet, die sich damit gegen konkurrierende Kleinstlebewesen wehren. Man gewinnt diese Substanzen aus den produzierenden Mikroorganismen, reinigt sie und kann teilweise durch chemische Eingriffe ihre Wirkung verändern. In diesem Fall spricht man von halbsynthetischen Antibiotika.

Penicillin

Penicillin, die am längsten bekannte antibiotische Substanz, findet vorzugsweise bei bakteriellen Infektionen im Hals-Nasen-Ohren-Bereich sowie im Bereich der unteren Atemwege Anwendung. Neben dem natürlich vorkommenden Penicillin gibt es zur Zeit noch vier halbsynthetische Penicilline mit spezifischen Eigenschaften. Auch diese Präparate werden teilweise zur Behandlung von Atem- und Harnwegsinfektionen eingesetzt, zum Teil handelt es sich um Medikamente, die nur im Rahmen von Krankenhausbehandlungen bei lebensbedrohlichen Infektionen Anwendung finden. Sie werden hier nicht weiter dargestellt.

Das „einfache" Penicillin — Penicillin V

Das einfache Penicillin, Phenoximethylpenicillin, wird unter einer Reihe von verschiedenen Firmennamen im Handel angeboten, beispielsweise Isocillin, Megacillin und Baycillin.

Das Wirkungsspektrum des einfachen Penicillins ist verhältnismäßig eng, es bezieht jedoch die meisten Bakterien ein, die für Infektionen des Hals-Nasen-Ohren-Bereichs und der Atemwege verantwortlich sind. Krankheitserreger von Harnwegsinfektionen sprechen dagegen meist nicht auf Penicillin an. Penicillin wird gut im Darm resorbiert, es wird im allgemeinen in Form von Tabletten oder Penicillinsaft verordnet.

Nebenwirkungen Als Nebenwirkungen treten meist harmlose Hautausschläge auf, weitere Nebenwirkungen sind selten. Gelegentlich werden Übelkeit und Durchfall angegeben, die oft aber mehr auf die Grunderkrankung als auf das Medikament zurückzuführen sind. Die Meinung, daß Penicillin Müdigkeit hervorruft und die Leistungsfähigkeit vermindert, ist unter Sportlern weit verbreitet. Hierfür liegt kein Beweis vor. Im allgemeinen dürfte es nicht das Penicillin sein, dem diese Wirkungen anzulasten sind, sondern die zugrundeliegende Infektionskrankheit.

Ampicillinderivate

Das Wirkungsspektrum der Ampicillinderivate ist deutlich größer als das des einfachen V-Penicillins, daher sprechen auf Ampicillin oft auch Infektionen an, bei denen das Phenoximethylpenicillin keine Wirkung zeigt. Dies trifft vor allem für Harnwegsinfektionen (s. S. 172 ff.) und Atemwegsinfektionen (s. S. 94 ff.) zu. Zu den Ampicillinderivaten gehören Amoxicillin (Amoxypen, Clamoxyl), Ampicillin (Amblosin, Binotal), Bacampicillin (Penglobe) und Pivampicillin (Maxifen).

An typischen Nebenwirkungen sind für die Ampicillinderivate Hautausschläge in spezifischer Form bekannt. Darüber hinaus treten wesentlich häufiger als unter anderen Penicillinen in bis zu 10 % der Fälle Magen-Darm-Beschwerden und Diarrhöen auf.

Penicillinasefeste Penicilline („Staphylokokken-Penicillin")

Hierunter werden Penicilline verstanden, die von Penicillinase, einem Enzym, das von speziellen Staphylokokkenarten gebildet wird, nicht abgebaut werden. Bei Erkrankungen, die durch diese spezifischen Erreger hervorgerufen werden, bleiben alle anderen Penicilline unwirksam. Penicillasefeste Penicilline sind im Handel unter den Namen Stapenor, Hydrocillin, Dichlorstapenor und Staphylex. Im allgemeinen werden sie nur bei schweren Infektionen während stationärer Behandlung und dann vorwiegend intravenös angewendet. Im ambulanten Bereich werden sie nur selten eingesetzt, vorzugsweise bei Nasenfurunkeln sowie einigen anderen Hautinfektionen, die auf penicillinasefeste Staphylokokken zurückzuführen sind.

Amidinopenicillin

Amidinopenicillin hat bei den meisten Bakterien, die Infektionen der oberen Luftwege hervorrufen, keine Wirkung, dagegen im allgemeinen einen sehr guten Effekt bei den häufigsten Erregern von Harnwegsinfektionen. Nebenwirkungen sind sehr selten. Amidinopenicillin stellt daher bei Harnwegsinfektionen das Mittel der ersten Wahl dar, solange keine Penicillinallergie besteht. Auch Kombinationspräparate von Amidinopenicillin und Pivampicillin werden mit gutem Erfolg bei schweren Harnwegsinfektionen eingesetzt.

Tetrazykline

Tetrazykline gehören gleichfalls zu den sehr lange bekannten Antibiotika. Sie haben ein sehr breites Spektrum, d. h., sie sind gegen die meisten Bakterien wirksam. Zu den am häufigsten verordneten Präparaten gehört das Doxycyclin, als Vibramycin oder Doxytard im Handel. Tetrazykline werden vorzugsweise bei Lungenentzündungen, rezidivierenden Bronchitiden, Bauchfellentzündungen sowie anderen schweren Infektionen eingesetzt. Eine spezielle Indikation ist ihre Anwendung in niedriger Dosierung zur Langzeitbehandlung der Akne.

Nebenwirkungen Wegen des großen Wirkungsspektrums können Tetrazykline auch die normale Darmflora beeinträchtigen und dann zu Diarrhöen führen. Kinder unterhalb von 10—12 Jahren sollten kein Tetrazyklin erhalten, da es in der Wachstumsphase in Knochen und Zähnen abgelagert wird und zu Störungen der Zahnschmelzbildung führen kann. Eine weitere Möglichkeit besteht in einer Photosensibilisierung, d. h., während einer Behandlung mit Tetrazyklin kann es zu Überempfindlichkeit gegen Licht kommen. Man sollte sich in dieser Zeit daher nicht gezielt der Sonne aussetzen, da es schon nach relativ kurzen Sonnenbädern zu schweren Hautverbrennungen kommen kann. Diese Wirkung hält verhältnismäßig lange nach Absetzen der Behandlung an, man sollte sich daher erst mehrere Wochen nach Therapieende wieder der Sonne aussetzen.

Erythromycin

Erythromycin ist unter verschiedenen Namen wie Erythrocyn, Erycinum etc. im Handel. Die Wirkung entspricht etwa dem Penicillin. Es ist daher das Mittel der ersten Wahl bei der Behandlung vieler Atemwegsinfektionen, bis hin zum Keuchhusten bei Patienten mit einer Penicillinallergie. Darüber hinaus wirkt es auch dann, wenn Penicillin normalerweise unwirksam wird, beispielsweise bei Infektionen mit Mycoplasmen. Auch Staphylokokken sprechen im allgemeinen gut auf Erythromycin an.

Nebenwirkungen Nebenwirkungen sind genau so selten wie beim Penicillin V.

Chloramphenicol

Chloramphenicol (Leucomycin, Paraxin) hat ein ähnliches Wirkungsspektrum wie die Tetrazykline. Da unter Chloramphenicol erhebliche Nebenwirkungen im Bereich des blutbildenden Systems bekannt geworden sind, sollte es nur in schweren Fällen und unter klinischer Kontrolle zur Anwendung kommen. Dies betrifft allerdings nicht die Anwendung in Salbenform, vor allem bei bakteriellen Augeninfektionen. Bei dieser Darreichungsform besteht kein Risiko für Blutbildungsstörungen.

Es ist darauf hinzuweisen, daß in vielen Ländern heute immer noch Chloramphenicol in Kombinationspräparaten vorkommt, die unter verschiedenen Firmennamen angeboten werden und häufig sogar rezeptfrei zu erhalten sind. Solche Präparate sollten nicht verwendet werden!

Aminoglycoside

Aminoglycoside sind gegen die meisten bakteriellen Krankheitserreger wirksam. Da sie im Darm nur schlecht resorbiert werden, ist die Anwendung als Injektion erforderlich. Sie kommen daher vorzugsweise für die klinische Behandlung in Frage. Bei ihrer Verwendung ist vor allem auf die Möglichkeit von Schädigungen des Gehörs und des Gleichgewichtsorgans zu achten. Eine Reihe von Aminoglycosiden, speziell Streptomycin, Gentamycin und Neomycin werden auch lokal angewendet. Neomycin (Nebacetin) wird überhaupt nur in Salben- oder Puderform benutzt, es ist hier bei einer Reihe von Hautinfektionen sehr wirksam. Die einzige mögliche Nebenwirkung besteht im Auftreten von lokalen Allergien. Gentamycin kann bei lokaler Anwendung in Salbenform gleichfalls gehäuft zu Allergien führen, man sollte daher mit diesen Salben zurückhaltend sein. Diese Substanz, beispielsweise als Refobacin im Handel, kommt vorzugsweise intravenös bei lebensbedrohlichen Infekten zur Anwendung. Wurde vorher durch entsprechende Salbenbehandlung eine Allergie induziert, dann kann es bei intravenöser Gabe zu lebensbedrohlichen anaphylaktischen Schockzuständen kommen (s. S. 73). Weiterhin besteht die Gefahr, daß sich auf diese Art und Weise eine bakterielle Resistenz entwickelt, so daß dann gegebenenfalls im Ernstfall keine Wirkung mehr beobachtet wird.

Cephalosporine

Cephalosporine sind chemisch dem Penicillin verwandt und haben ein breites Wirkungsspektrum. Die Anwendung erfolgt vor allem durch Injektionen, vorzugsweise bei lebensbedrohlichen Infektionen während der Krankenhausbehandlung. Einige Präparate (Bidocef, Oracef, Sefril, Panoral) können auch als Tabletten oder Emulsionen angewandt werden. Sie finden besonders bei der Behandlung schwerer Atem- und Harnwegsinfektionen Anwendung.

Nebenwirkungen
Die Nebenwirkungen der Cephalosporine bei peroraler Anwendung, bei der Einnahme von Tabletten also, sind mehr oder weniger genauso häufig wie bei Ampicillinderivaten. Wegen des breiten Wirkungsspektrums wird die normale Darmflora geschädigt. Es besteht die Gefahr von Diarrhöen. 5—10% aller Patienten mit Penicillinallergie haben auch eine Kreuzallergie gegen Cephalosporine, selbst dann, wenn sie noch nie mit einem entsprechenden Präparat behandelt wurden.

Chemotherapeutika

Unter Chemotherapeutika versteht man synthetisch hergestellte, antibakteriell wirksame Präparate. Die im folgenden besprochenen Medikamente kommen vorzugsweise bei Harnwegsinfektionen zur Anwendung, darüber hinaus aber auch bei Tuberkulose sowie bei einer Reihe von Tropenkrankheiten (s. S. 371 f.) und Wurminfektionen (s. S. 158 f.). Chemotherapeutika zur Behandlung örtlicher Pilzinfektionen werden im Abschnitt „Hautkrankheiten" besprochen (s. S. 208 ff.).

Sulfonamide

Die Sulfonamide waren unter den ersten antibakteriell wirksamen Präparaten, die zur Verfügung standen. Mitte der 30er Jahre dominierten sie in der Therapie der Infektionskrankheiten. Heute sind sie in ihrer Anwendung vor allem auf Harnwegsinfektionen beschränkt. Da unter Sulfonamiden in seltenen Fällen lebensbedrohliche Nebenwirkungen auftreten können, sollten sie allerdings auch hier nur in Ausnahmefällen zum Einsatz kommen. Breitbandpenicilline sind aufgrund ihrer geringeren Nebenwirkungsrate meist besser geeignet.

Trimethoprim

Trimethoprim, z. B. Trimanyl, ist ähnlich wie die Sulfonamide bei den meisten bakteriellen Harnwegsinfektionen wirksam. Es kommt bei akuten Infektionen der unteren Harnwege zum Einsatz, ferner auch bei chronisch rezidivierenden Harnwegsinfektionen. Nebenwirkungen sind im allgemeinen harmlos, in seltenen Fällen treten allerdings auch schwere Nebenwirkungen auf.

Kombinationspräparate aus Sulfonamiden und Trimethoprim

Bei Kombinationen verstärken sich Sulfonamide und Trimethoprim in ihrer Wirkung häufig gegenseitig. Hier kommen vor allem zwei Kombinationen zum Einsatz:
— Trimethoprim in Kombination mit Sulfametoxazol, als Bactrim oder Eusaprim im Handel. Mit dieser Kombination werden hohe Serumkonzentrationen beider Substanzen erreicht. Die Präparate kommen vorzugsweise bei Infektionen der Harn- und Luftwege zum Einsatz.
— Kombination von Trimethoprim mit Sulfadiazin, z. B. als Sterenor im Handel. Der Vorteil dieser Kombination liegt darin, daß die Sulfonamidkomponente im Serum niedrig, im Urin dagegen hoch ist. Die Anwendung erfolgt deshalb vorzugsweise bei Harnwegsinfektionen, sie ist einer Therapie mit Sulfonamiden vorzuziehen.
Für beide Kombinationen gelten die gleichen Anwendungsbereiche wie für die Sulfonamide allein. Man sollte mit der Verabreichung bei unkomplizierten Harnwegsinfektionen zurückhaltend sein.

Nitrofurantoin

Nitrofurantoin (Furadantin) ist ein seit langem bekanntes, sehr wirksames Medikament der ersten Wahl zur Behandlung von Harnwegsinfektionen. Als Nebenwirkungen sind bei Langzeitanwendung Nervenschädigungen bekannt, die zu Sensibilitätsstörungen im Bereich von Händen und Füßen führen, ferner Leber-, Lungen- und Blutbildungsschädigungen. Bei Kindern sind solche Nebenwirkungen allerdings bisher nicht beobachtet worden. Generell sollte eine Nitrofurantointherapie nur kurzzeitig durchgeführt werden.

Nalidixinsäure und Cinoxacin

Nalidixinsäure (Nogram) hat seinen Anwendungsbereich nur bei Harnwegsinfektionen, bei denen alle anderen Medikamente unwirksam bleiben. Das Präparat zeichnet sich durch eine hohe Nebenwirkungsrate aus, in Form von Übelkeit, Erbrechen, Durchfall und Hautreaktionen. Bei Kleinkindern wurde das Auftreten eines erhöhten Liquordrucks beschrieben. Nogram konnte inzwischen bei schweren Harnwegsinfektionen weitgehend durch Cinoxacin ersetzt werden, das sich bei gleich guter Wirksamkeit durch eine erheblich geringere Nebenwirkungsrate auszeichnet.

11

Spezielle Infektionskrankheiten

Kinderkrankheiten

Kinderkrankheiten sind Infektionskrankheiten mit hoher Anstekkungsfähigkeit. Dies führt dazu, daß die meisten Menschen diese Erkrankungen bereits im Kindesalter durchmachen. Sie treffen aber durchaus auch Erwachsene, sofern sie nicht bereits im Kindesalter erkrankt waren. Zu dieser Gruppe werden eine Reihe von Krankheiten gerechnet, die sich durch charakteristische Hauterscheinungen auszeichnen, nämlich Masern, Scharlach, Röteln und Windpocken, ferner Mumps und Keuchhusten, bei denen ein Hautausschlag nicht vorhanden ist.

Hauterscheinungen sind allerdings keineswegs auf diese Erkrankungen beschränkt. Grundsätzlich können sehr viele Viruserkrankungen neben Fieber und Erkältungssymptomen auch uncharakteristische, über weite Flächen oder den ganzen Körper ausgebreitete, feinfleckige Hautausschläge (Exanthem) bewirken. Falls diese Patienten mit Penicillin behandelt werden, kann es häufig zur Fehlinterpretation der Ausschläge als allergische Penicillinreaktion kommen.

Treten im Verlauf von Sportreisen solche Infektionserkrankungen auf, sind die Betroffenen zu isolieren, um bei dem Rest der Mannschaft Ansteckungen zu vermeiden. Falls möglich, sollte bei den noch Gesunden eine prophylaktische Behandlung durchgeführt werden (s. S. 367 ff.).

Scharlach (Scarlatina)

Krankheitsbild Scharlach wird durch spezielle Bakterien, die sogenannten beta-hämolysierenden Streptokokken, hervorgerufen. Die Erkrankung beginnt mit Mandelentzündung (Tonsillitis) und Fieber, Abgeschlagenheit, gelegentlich Erbrechen und Kopfschmerzen. Nach 1—3 Tagen bildet sich der charakteristische Hautausschlag aus, typischerweise zunächst in den Achselhöhlen und der Leistengegend beginnend, später breitet er sich über den ganzen Körper aus. Der Ausschlag ist feinfleckig, die Herde können aber auch zusammenfließen und intensiv rot gefärbt sein. Das Fieber dauert im allgemeinen 3—7 Tage an. Nach Ende der zweiten Woche bis zur vierten Woche nach Krankheitsbeginn stoßen sich die äußeren Hautschichten ab, es kommt in unterschiedlichem Ausmaß zu einer Hautschuppung.

Der unbehandelte Scharlach führt im Regelfall zu einer lebenslangen Immunität. Durch eine Antibiotikabehandlung wird die Ausprägung dieser Immunität verschlechtert, man kann dann auch ein zweites Mal an Scharlach erkranken.

Komplikationen Vor der Penicillinära waren Komplikationen sehr häufig, vorzugsweise in Form von Entzündungen des Herzmuskels (Myokarditis), rheumatischem Fieber mit und ohne Herzbeteiligung (Karditis) und Nierenentzündungen (Nephritis). Nicht selten führten diese Folgeerkrankungen zum Tode. Zum Ende des vergangenen Jahrhunderts starben jährlich über 2 000 Menschen an den Folgen des Scharlachs, in den

20er Jahren waren es noch einige hundert, heute gibt es keine Todesfälle mehr durch Scharlach.

Streptokokken sind häufig im Nasen-Rachen-Raum zu finden, ohne daß sie Krankheitserscheinungen auslösen müssen. Im allgemeinen wird die Krankheit durch Tröpfcheninfektion verbreitet, d. h. über kleine Tröpfchen, die sich beim Husten, Niesen oder auch beim Sprechen in der Luft verbreiten. Die Inkubationszeit beträgt normalerweise 2—4 Tage.

Scharlach wird heute mit Antibiotika behandelt, vorzugsweise mit einer 7- bis 10tägigen Penicillintherapie. Nachdem sämtliche Formen der eitrigen Mandelentzündung heute sehr frühzeitig mit wirksamen Antibiotika angegangen werden, treten die für den Scharlach charakteristischen Hauterscheinungen kaum noch auf. Aus diesem Grunde ist die Diagnose Scharlach sehr selten geworden, die beschriebenen Folgeerkrankungen sind kaum noch zu befürchten.

Im Verlauf einer Scharlacherkrankung ist Training oder Wettkampf selbstverständlich nicht möglich. Nach der Erkrankung kann das Training erst allmählich wieder aufgenommen werden.

Masern (Morbilli)

Masern werden durch ein Virus mit hoher Ansteckungsfähigkeit verursacht. Die Krankheit tritt im allgemeinen als Epidemie auf. Kinder, die verhältnismäßig isoliert aufwachsen, beispielsweise in wenig bevölkerten ländlichen Gegenden, sind daher manchmal von dieser Erkrankung nicht betroffen, sie können sich dann im Erwachsenenalter, etwa im Wehrdienst, infizieren.

Masern beginnen im allgemeinen mit schwerem Krankheitsgefühl, hohem Fieber, Schnupfen, Entzündungen des Nasen-Rachen-Raums, Bindehautentzündungen, Husten und Heiserkeit. Charakteristisch ist eine ausgesprochene Lichtscheu, der Patient zieht es vor, im dunklen Zimmer zu liegen. Die beschriebenen Symptome halten im allgemeinen 3—4 Tage an, anschließend kommt es zu einem raschen Fieberabfall. Zwei Tage später steigt das Fieber erneut an, es bildet sich der typische Ausschlag aus, der meist im Gesicht, ganz besonders hinter den Ohren und am Hals beginnt. Es handelt sich um blaßrote, runde oder ovale Flecken, die später ineinander übergehen und an Farbintensität zunehmen. Die Frühdiagnose läßt sich häufig aufgrund der Beobachtung typischer weißlicher Flecken (Koplik-Flecken) stellen, die sich im Bereich der Wangenschleimhaut finden.

Das Fieber kann bis zu einer Woche anhalten, danach bilden sich auch die Ausschläge langsam zurück. Bei unkompliziertem Verlauf ist die Krankheit normalerweise nach 2 Wochen überwunden.

Nicht selten können die Masern aber auch sehr leicht und ohne charakteristische Symptome verlaufen. Auch in diesen Fällen bildet sich eine lebenslange Immunität aus.

Infolge der verminderten Abwehrkraft im Verlauf der Infektionskrankheit können bakterielle Folgeerkrankungen auftreten, insbesondere Mittelohrentzündung (Otitis media) sowie Atemwegsentzündungen (Pneumonie, Bronchopneumonie, Bronchitis). Als gefährlichste Komplikation ist eine Gehirn- und Hirnhautentzündung (Meningoenzephalitis) anzusehen, die in einem von tausend Masernfällen auftritt. Das Risiko für diese Komplikation mit besonderer Betonung der Gehirnentzündung steigt mit zunehmendem Alter des Betroffenen an. Die Zeichen der Meningoenzephalitis können ganz akut zu Beginn der Erkrankung auftreten,

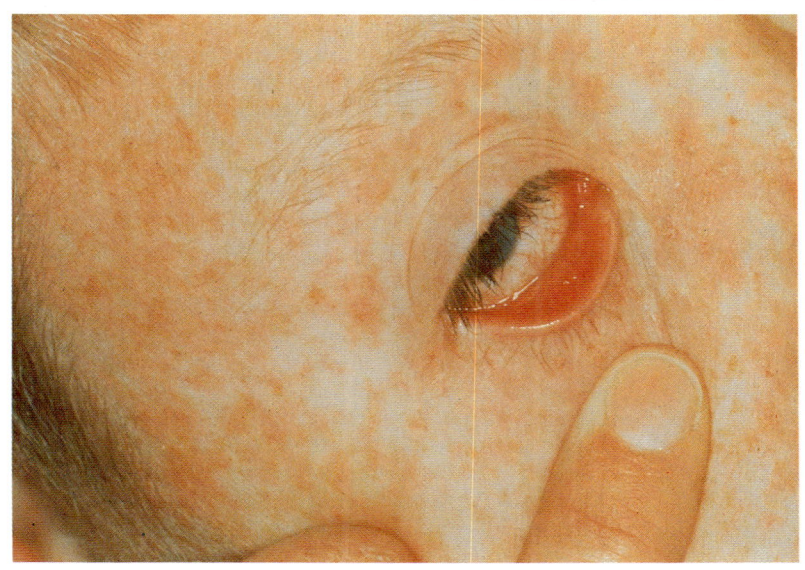

Masern mit typischer entzündlicher Beteiligung der Bindehaut

sie werden aber auch im Stadium des Hautausschlags oder später, selbst noch nach einigen fieberfreien Tagen, beobachtet.

Infektionsweg und Inkubationszeit
Masern werden gleichfalls durch Tröpfcheninfektion verbreitet. Die Infizierten sind schon einige Tage vor dem Ausbruch der eigentlichen Krankheitserscheinungen ansteckend. Die größte Ansteckungsgefahr besteht allerdings innerhalb der ersten Tage, in denen die Symptome der Atemwegsentzündungen im Vordergrund stehen, also bevor der typische Hautausschlag beobachtet wird und die Diagnose gestellt ist. Die Inkubationszeit dauert etwa 2 Wochen.

Behandlung
Eine spezifische Therapie von Viruserkrankungen und damit von Masern gibt es nicht. Der Patient sollte im Bett liegen und ist vor starker Lichteinwirkung zu schützen. Es empfiehlt sich ausreichende, leicht verdauliche Kost sowie die Zufuhr größerer Flüssigkeitsmengen. Erforderlichenfalls werden fiebersenkende und hustendämpfende Medikamente gegeben. Beim Auftreten bakterieller Folgeerkrankungen werden Antibiotika eingesetzt.

Prophylaxe
Eine Masernprophylaxe kann entweder passiv durch die Gabe von Gammaglobulin, oder durch aktive Impfung erfolgen. Gammaglobulin kann bis 5—6 Tage nach dem Infektionszeitpunkt mit Erfolg eingesetzt werden, entweder in hoher Dosierung, um den Ausbruch der Erkrankung völlig zu verhindern, oder in niedriger Dosierung mit dem Ergebnis eines abgeschwächten Krankheitsverlaufs. Zu dieser Form der Prophylaxe greift man vor allem bei Personen mit geschwächter Abwehrlage oder bei Kindern unterhalb des zweiten bis dritten Lebensjahres. Die aktive Masernimpfung führt zu lebenslanger Immunität. Sie wurde lange Zeit bei fast allen Kindern im Rahmen der Mehrfachimpfung durchgeführt, ein Verfahren, von dem man heute aber wieder etwas abgekommen ist.

Konsequenzen für Training und Wettkampf
Im Verlauf einer akuten Maserninfektion verbietet sich selbstverständlich jede Form von Training und Wettkampf. Auch im Verlaufe der Inkubationszeit sollten keine körperlichen Belastungen ausgeführt

werden, da es hierdurch zu einem besonders schweren Krankheitsverlauf kommen kann. Menschen, die noch nie Masern hatten und nicht geimpft sind, sollten nach einem Kontakt mit Masernkranken besonders vorsichtig sein. Gerät ein Sportler vor einem wichtigen Wettkampf in diese Situation, sollte man sich überlegen, ob aus Vorsichtsgründen nicht die Gabe von Gammaglobulinen sinnvoll ist.

Röteln (Rubeola)

Krankheitsbild Auch die Röteln werden von einem Virus mit hoher Ansteckungsfähigkeit übertragen. Bei Kindern beginnt das Krankheitsbild mit Schnupfen, Rachenreizung, leichter Bindehautentzündung und mäßigem Fieber, das allerdings auch fehlen kann. Bei älteren Kindern und bei Erwachsenen ist der Verlauf schwerer, häufig kommen Symptome wie Kopfschmerzen, Übelkeit, Schmerzen im gesamten Körper hinzu, auch hohes Fieber kann zumindest einen Tag oder mehrere Tage hinweg auftreten. Typisch für die Röteln sind geschwollene Lymphknoten im Nacken, hierdurch entstehen in diesem Bereich Schmerzen und Nackensteifigkeit. Nach einiger Zeit tritt ein blaßrosa Hautausschlag auf, der zuerst im Gesicht beobachtet wird und sich dann später über den gesamten Körper ausbreitet. Im Gegensatz zu den Masern bleiben die Hautveränderungen kleinfleckig, sie fließen nur selten ineinander. Typisch für die Röteln ist auch, daß die Hautausschläge an einer

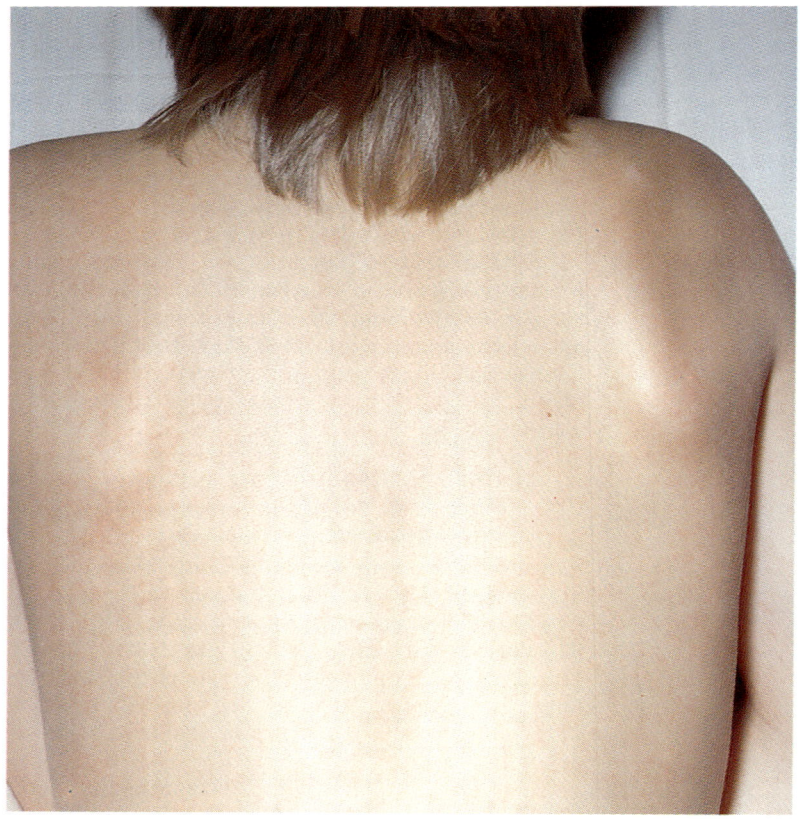

Charakteristischer Hautausschlag bei Röteln. *Photo: Kreiskrankenhaus Linköping*

86

Stelle rasch verschwinden, um sich an einer anderen Stelle wieder zu zeigen. Der Hautausschlag wird insgesamt etwa 2—3 Tage beobachtet. Er verschwindet mit den Atemwegssymptomen, Narben bleiben nicht zurück.

Der Verlauf der Röteln kann im Einzelfall sehr unterschiedlich sein. Leichte Verläufe ohne Hautausschläge sind nicht selten. Aus diesem Grund wissen viele Menschen nicht Bescheid, ob sie Röteln durchgemacht haben oder nicht. Trotzdem führt eine durchgemachte Erkrankung zu lebenslanger Immunität. Falls erforderlich, kann der frühere Kontakt mit der Erkrankung durch einen einfachen Nachweis von Antikörpern im Blut leicht bewiesen werden.

Komplikationen Komplikationen sind bei Röteln sehr selten. Eine große Ausnahme besteht allerdings bei der Infektion schwangerer Frauen. Während der ersten drei Schwangerschaftsmonate können Röteln gehäuft zu embryonalen Schädigungen führen, da das Virus von der Mutter auf das Kind übertragen wird. Diese Schäden betreffen vor allem Gehirn, Herz und Sinnesorgane, auch die Blutbildung kann geschädigt werden. Wird eine Frau innerhalb der Frühphase der Schwangerschaft von Röteln betroffen, so wird der Arzt im allgemeinen zu einem Schwangerschaftsabbruch raten.

Ansteckungsweg und Inkubationszeit Das Rötelnvirus wird durch Tröpfcheninfektion verbreitet. Die Ansteckungsfähigkeit ist am höchsten innerhalb der ersten Tage vor und nach dem Auftreten des Hautausschlags, kann aber bis zu 3 Wochen nach dem Erscheinen des Ausschlags anhalten. Die Inkubationszeit ist verhältnismäßig lang, sie beträgt 2—3 Wochen.

Behandlung Eine spezifische Therapie von Röteln gibt es wie bei allen Virusinfekten nicht. Da die Krankheit im allgemeinen sehr leicht verläuft, ist auch eine symptomatische Therapie meist nicht notwendig.

Prophylaxe Nachdem eine wirkungsvolle Impfung gegen die Röteln besteht, hat es sich heute eingebürgert, alle Mädchen ab dem 12. Lebensjahr zu impfen, ferner alle Frauen, bei denen berufsbedingt eine erhöhte Ansteckungsgefährdung besteht, also beispielsweise Krankenhauspersonal. Ebenso wie die durchgemachte Erkrankung führt die Impfung zu einer lebenslangen Immunität.

Konsequenzen für Training und Wettkampf Während der Infektion verbieten sich Training und Wettkampf in jeder Form. Auch hier kann körperliche Aktivität im Rahmen der Inkubationszeit zu einem erschwerten Krankheitsverlauf führen.

Windpocken (Varizellen)

Krankheitsbild Auch bei den Windpocken handelt es sich um eine Virusinfektion mit sehr hoher Ansteckungsfähigkeit. In einigen Fällen beginnt die Krankheit mit Allgemeinsymptomen wie leichtem Fieber, Müdigkeit und Kopfschmerzen, und erst dann folgt der Ausschlag. In den meisten Fällen wird die Krankheit jedoch erstmals durch den Hautausschlag im Gesicht bemerkt. Die typischen Hautveränderungen bei Windpocken zeigen kleine rötliche Flecken, die schnell abblassen und sich dann in kleine Bläschen mit wäßrigem Inhalt umwandeln. Charakteristisch ist, daß sich diese Veränderungen gleichzeitig in unterschiedlichen Entwicklungsstadien finden. Man beobachtet nebeneinander rote Flecken, Blasen mit wäßrigem Inhalt und aufgeplatzte bis eingetrocknete, zum Teil mit schwarzen Krusten bedeckte, ehemalige Blasen. Nach Abheilen der Hautveränderung bleiben helle Flecken, die erst langsam wieder verschwinden. Die allgemein stark juckenden Veränderungen finden sich vorzugsweise im Bereich des Rumpfes, aber auch im Bereich des behaarten Kopfes und im Nacken. Im Zusammenhang mit dem

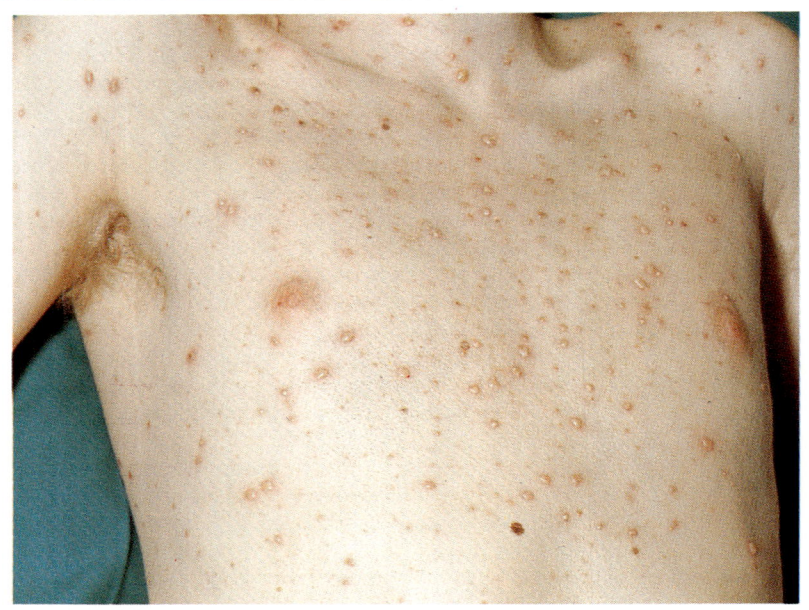

Typischer Hautausschlag bei Windpocken. *Photo: Kreiskrankenhaus Linköping*

Hautausschlag können mäßig erhöhte Temperaturen von 37,5—38,5°C beobachtet werden; falls erwachsene Menschen betroffen werden, kann es zu noch höheren Temperaturanstiegen kommen. Die Krankheit klingt im allgemeinen innerhalb von 2 Wochen ab. Sie hat normalerweise einen gutartigen Verlauf.

Komplikationen Als häufigste Komplikation der Windpocken lassen sich bakterielle Zusatzinfektionen der Blasen beobachten, besonders dann, wenn diese aufgrund des Juckreizes aufgekratzt werden. Dies führt dann zur Ausbildung kleiner Narben. In ungünstigen Fällen können sich die Erreger von den infizierten Blasen her in andere Körperbereiche ausbreiten. Es kommt zur Blutvergiftung (Sepsis) sowie Nieren- und Lungenentzündung. Glücklicherweise sind solche Komplikationen relativ selten. Interessanterweise besteht ein innerer Zusammenhang zwischen Windpocken und der Gürtelrose (Herpes zoster, s. S. 212f.). Wenn sich Erwachsene bei Kindern mit Windpocken anstecken, so entsteht häufig das Krankheitsbild der Gürtelrose.

Ansteckung und Inkubationszeit Der Erreger wird durch Tröpfcheninfektion aus Mundhöhle und Rachenraum verbreitet oder über den Kontakt mit dem flüssigen Inhalt der für diese Krankheit typischen Bläschen auf der Haut. Außerhalb des Organismus ist die Überlebenszeit des Virus nur sehr gering, eine Übertragung durch Kontakt mit Kleidern oder anderen Gegenständen ist daher nicht zu befürchten. Ansteckungsgefahr durch die Betroffenen selbst besteht so lange, wie Blasen mit noch nicht abgelöster Kruste vorhanden sind. Die Inkubationszeit beträgt normalerweise 2 Wochen, in Ausnahmefällen kann sie aber auch bis zu 3 Wochen dauern.

Behandlung Eine spezifische Behandlung der Windpocken als Virusinfektion gibt es nicht, die Therapie wird von dem jeweiligen Symptom bestimmt bzw. gegebenenfalls von einer Sekundärinfektion der Blasen. Um letztere zu vermeiden, muß der Erkrankte ausdrücklich darauf hingewiesen werden, die Blasen nicht aufzukratzen. Der oft quälende Juckreiz wird deshalb örtlich durch die Anwendung von Zinkpuder oder durch die Einnahme von Antihistaminika (s. S. 66f.), denen zusätzlich eine sedierende Wirkung zukommt, bekämpft. Kommt es zu Sekundärinfektionen, so sind diese nach den üblichen Regeln lokal zu behandeln (s. S. 204f.), eventuell wird sogar die Gabe von Antibiotika erforderlich. Die Möglichkeit einer aktiven Impfung gegen Windpocken besteht nicht.

Konsequenzen für Training und Wettkampf Wie bei allen bisher besprochenen Infektionskrankheiten sollte während des Inkubationszeitraums und der Erkrankungsphase körperliche Aktivität völlig ausgesetzt werden. Eine Wiederaufnahme ist erst nach Ablösung der Hautkrusten möglich. Besonders sekundäre bakterielle Infektionen der Hautblasen sollten auf jeden Fall ausgeheilt sein, bevor der Sport wiederaufgenommen werden kann.

Mumps (Parotitis epidemica)

Krankheitsbild Auch bei Mumps handelt es sich um eine sehr ansteckende Virusinfektion, die sich vor allem im Bereich der großen Speicheldrüsen manifestiert. Besonders betroffen ist die große Ohrspeicheldrüse (Glandula parotis). Die Krankheit beginnt im allgemeinen mit mäßig ausgeprägten Allgemeinsymptomen und leichter Temperaturerhöhung. Dann bilden sich die typischen Schwellungen der Speicheldrüsen aus, vorzugsweise vorn und unterhalb der Ohren, ein Symptom, das der Krankheit auch die Bezeichnung „Ziegenpeter" eingebracht hat. Der Kranke klagt aufgrund der gestörten Speichelsekretion über ein Trockenheitsgefühl im Mund. Das Fieber kann über einige Tage andauern. Manchmal betrifft die Krankheit nur die Ohrspeicheldrüse einer Seite, häufig kommt es einige Tage später aber auch zu einer Anschwellung auf der Gegenseite. Die Krankheitsdauer beträgt im Regelfall 1—2 Wochen. Obwohl Mumps meist einen gutartigen Verlauf nimmt, können doch verhältnismäßig häufig eine Reihe ernsthafter Komplikationen auftreten.

Komplikationen Die wichtigsten Komplikationen der Parotitis sind Entzündungen der Hoden (Orchitis), der Bauchspeicheldrüse (Pankreatitis) und der Hirnhaut (Meningitis). Hodenentzündungen werden bei Jungen in der Pubertät und bei jungen Männern in einem Drittel der Fälle beobachtet. Die Hoden schwellen ein- oder beidseitig schmerzhaft an, meist verbunden mit hohen Temperaturen bis zu 40—41°C. Als gefürchtete Folge einer solchen Hodenentzündung kann durch Zerstörung des Hodengewebes (Atrophie) eine Sterilität eintreten. Die Häufigkeit dieser Komplikation ist altersabhängig. Vor der Pubertät ist mit einer Orchitis im allgemeinen nicht zu rechnen, im Erwachsenenalter sind solche Komplikationen deutlich häufiger.

Ansteckung und Inkubationszeit Auch Mumps kann durch Tröpfcheninfektionen über den Nasen-Rachenraum verbreitet werden. Nicht selten erfolgt die Übertragung aber auch durch direkten oder indirekten Kontakt. Die Inkubationszeit beträgt normalerweise 2—3 Wochen. Die Ansteckungsfähigkeit beginnt schon in den letzten Tagen der Inkubationszeit, sie bleibt bis zum völligen Abklingen der Schwellungen erhalten.

Behandlung Eine spezifische Behandlung der Mumps gibt es nicht. Die Erkrankten sollten bis zum Abklingen des Fiebers Bettruhe einhalten. Bei Bedarf werden fiebersenkende und schmerzstillende Medikamente verordnet.

Prophylaxe Eine aktive und effektive Impfungsmöglichkeit gegenüber Mumps besteht; sie hat sich aber nicht allgemein durchgesetzt, so daß viele Jugendliche und Erwachsene nicht geimpft sind.

Während der Erkrankung sollte körperliche Aktivität in jeder Form unterbleiben. Dies gilt auch für die Inkubationszeit, da Sport in dieser Phase zu einer Verschlimmerung des Krankheitsverlaufes führen kann. Menschen, die bisher noch keine Mumps hatten und nicht geimpft sind, sollten bei Ansteckungsgefahr daher mit körperlicher Aktivität sehr zurückhaltend sein. Ob eine Gammaglobulinbehandlung angezeigt ist, sollte angesichts der geschilderten Komplikationen ernsthaft überlegt werden. Besonders gilt dies für Sportler, bei denen bei der Möglichkeit einer Infektion vor wichtigen Wettkämpfen eine Prophylaxe durch Gammaglobulininjektion zu empfehlen ist.

Keuchhusten (Pertussis)

Krankheitsbild Beim Keuchhusten handelt es sich um eine bakterielle Infektion. Die Krankheit beginnt wie eine normale Erkältung mit Husten und leichtem Fieber. Nach etwa 2 Wochen bildet sich das typische Bild des „Keuchhustens" aus. Es kommt zu sehr langanhaltenden, charakteristischen Hustenanfällen, bei denen dem Patienten kaum Zeit zur Einatmung bleibt. Daher folgt dem Hustenanfall dann eine lange, oft pfeifende Einatmung. Die Anfälle enden mit dem Abhusten von zähem Schleim, häufig wird dabei Erbrechen ausgelöst. Typischerweise dauert dieses Stadium 2—3 Wochen. In der dritten Phase nehmen dann die Hustenanfälle langsam an Häufigkeit und Schwere ab. Insgesamt muß man mit einem Erkrankungszeitraum von 6—7 Wochen rechnen, wesentlich längere Erkrankungsphasen sind aber nicht selten. Besonders bei Kindern können die Hustenanfälle bis zu 6 Monate dauern. Man sollte allerdings darauf hinweisen, daß eine Ansteckungsfähigkeit nur innerhalb der ersten Wochen besteht.

Keuchhusten ist eine Erkrankung, die besonders bei Kindern sehr ernst verlaufen kann. Todesfälle sind vorzugsweise bei abwehrgeschwächten, eventuell untergewichtigen Kleinkindern möglich. Werden Erwachsene betroffen, so ist im Regelfall der Krankheitsverlauf milder. Eine einmal durchgemachte Erkrankung verleiht lebenslang Immunität.

Komplikationen Die schweren Hustenanfälle können zum Platzen von Blutgefäßen, beispielsweise in der Haut, führen; selbst spontane Brüche besonders der Rippen werden beobachtet. Eine typische Komplikation ist die Lungenentzündung, die dann einer entsprechenden antibiotischen Behandlung bedarf.

Ansteckung und Inkubationszeit Keuchhusten wird durch Tröpfcheninfektion aus dem Nasen-Rachen-Raum verbreitet. Da die Krankheitserreger außerhalb des menschlichen Organismus rasch absterben, ist die Infektiosität nur innerhalb von Räumen hoch, im Freien ist sie gering. Die Ansteckungsfähigkeit ist zu Beginn der Erkrankung in der uncharakteristischen Phase der Symptomatik besonders hoch. Sie sinkt ab, wenn die typischen Hustenanfälle auftreten. Bei unbehandelten Fällen muß bis zu 6 Wochen nach Krankheitsbeginn mit Ansteckungsgefahr gerechnet werden. Die Inkubationszeit beträgt normalerweise 10—14 Tage.

Behandlung Die Keuchhustenerreger sind antibiotikaempfindlich, speziell gegenüber Erythromycin (s. S. 80). Unter einer solchen Behandlung entfiebert der Patient innerhalb weniger Tage, das Symptombild des Hustens bleibt allerdings noch länger bestehen. Je früher die Antibiotikabehandlung einsetzt, um so erfolgreicher wird der Krankheitsverlauf abgeschwächt.

Zur Hustendämpfung eignen sich besonders Medikamente, die die Bronchien erweitern, z. B. adrenerge Beta$_2$-Rezeptorstimulanzien (s. S. 68). Auch den zentral wirksamen hustendämpfenden Mitteln kommt eine gewisse Wirkung zu (s. S. 109 f.).

Prophylaxe

Gegen Keuchhusten besteht die Möglichkeit einer aktiven Impfung. Besonders bei den älteren, etwa bis 1981 benutzten Impfstoffen war der Impfschutz allerdings nur gering. Die neueren effektiveren Impfstoffe haben sich bisher nicht allgemein durchgesetzt.

Konsequenzen für Training und Wettkampf

Im akuten Stadium des Keuchhustens verhindern schon die typischen Hustenanfälle jede körperliche Aktivität, zumal körperliche Belastung geeignet ist, solche Anfälle auszulösen. Selbst dann, wenn nach 5—6 Wochen die Anfälle weitgehend verschwunden sind, können sie durch Sport noch stimuliert werden. Der Zeitpunkt der Wiederaufnahme des Trainings nach einem Keuchhusten muß daher von den jeweiligen Symptomen abhängig gemacht werden.

Falls bei dem Mitglied einer Sportmannschaft Keuchhusten auftritt, sollten seine Mannschaftskameraden prophylaktisch mit Antibiotika behandelt werden, falls eine Ansteckung bei ihnen wahrscheinlich erscheint und sie früher diese Krankheit nicht durchgemacht hatten.

Weitere Infektionskrankheiten

Im folgenden werden noch einige spezielle Infektionskrankheiten besprochen, die vor allem Jugendliche treffen können. Falls ein Mitglied eines sportlichen Teams von einer dieser Krankheiten betroffen ist, sollte es unmittelbar isoliert werden. Die übrigen sollten so weit als möglich prophylaktisch behandelt werden.

Hirnhautentzündung (Meningitis)

Unter der Hirnhautentzündung versteht man Entzündungen der beiden Hirnhäute durch Bakterien oder Viren. Die allen Hirnhautentzündungen gemeinsame Symptomatik besteht in allgemeinem Krankheitsgefühl, Fieber, Kopfschmerzen und Nackensteifigkeit.

Bakterielle Hirnhautentzündung

Die bakteriellen Formen sind besonders bedrohlich. Sie führen auch heute noch im Zeitalter der Antibiotika zu sehr schweren Krankheitsbildern und nicht selten zum Tode. Am bekanntesten ist die epidemische Hirnhautentzündung, eigentlich eine falsche Bezeichnung, da sie nicht durch das epidemische Auftreten charakterisiert wird, sondern durch spezifische Erreger, die Meningokokken.

Krankheitsbild

Die Krankheit beginnt meistens mit unspezifischen Infektionszeichen im Nasen-Rachen-Raum. Der Zustand verschlimmert sich rasch, oft binnen weniger Stunden. Es treten massive Kopfschmerzen, Erbrechen, hohes Fieber, Rückenschmerzen und Nackensteifigkeit ein. Bei sogenannten septischen Verläufen kommt es als typisches Zeichen für eine allgemeine Ausschwemmung der Erreger in die Blutbahn zu kleinen Hautblutungen (Petechien). Über diese septische Ausbreitung kann es zu Komplikationen in verschiedenen Organen kommen. Die Krankheit kann tödlich enden, wenn nicht früh eine spezifische antibiotische Behandlung einsetzt.

Ansteckung und Inkubationszeit

Die Übertragung der Meningokokken erfolgt durch Tröpfcheninfektion. Begünstigt wird dies durch enges Zusammenleben. Besonders hoch ist daher das Ansteckungsrisiko in engen Wohnräumen, Kasernen,

Schulen und Sportlagern. Die individuell unterschiedliche Empfindlichkeit gegenüber dem Krankheitserreger kann erheblich variieren. Viele Menschen sind symptomfreie Keimträger. Zu den Faktoren, die den Ausbruch der Erkrankung begünstigen, gehört auch Erschöpfung der körpereigenen Abwehr durch körperliche Belastungen. Die Inkubationszeit ist sehr kurz. Sie beträgt im allgemeinen nur 1—3 Tage.

Behandlung Bei einer bakteriellen Hirnhautentzündung sollte der Patient sofort in eine Klinik eingewiesen werden. Dort erfolgt eine antibiotische Behandlung, und zwar intravenös, d. h. über die Blutbahn. Bei richtig durchgeführter und vor allem rechtzeitig einsetzender Behandlung sind die Aussichten für eine völlige Wiedergesundung sehr günstig.

Konsequenzen für Training und Wettkampf Selbstverständlich ist körperliche Belastung bei einer bakteriellen Meningitis in jeder Form unmöglich. Das Training darf erst nach völliger Wiederherstellung und mit Einverständnis des behandelnden Arztes aufgenommen werden.

Sonstige bakterielle Hirnhautentzündungen

Auch eine Reihe anderer Bakterien können Meningitiden hervorrufen. Die Symptome unterscheiden sich nicht grundsätzlich von der Meningokokkenmeningitis. Das gleiche gilt hinsichtlich der Richtlinien für Behandlung und körperliche Aktivität (s. o.).

Virusbedingte Hirnhautentzündungen (seröse Meningitis)

Hirnhautentzündungen können auch durch eine Reihe unterschiedlicher Viren verursacht werden. Häufig beteiligt sind dabei Viren aus dem Magen-Darm-Trakt. Die Symptomatik unterscheidet sich zwar nicht prinzipiell von der bei bakteriellen Infektionen, sie ist im allgemeinen aber schwächer ausgeprägt. Trotzdem ist es auch hier wichtig, daß der Patient in eine Klinik eingewiesen wird.

Behandlung Bei virusbedingten Meningitiden ist eine spezifische Behandlung nicht möglich, trotzdem ist die Prognose hinsichtlich einer völligen Wiedergesundung sehr günstig. Die Konsequenzen für Training und Wettkampf unterscheiden sich nicht grundsätzlich von denen bei bakteriellen Meningitiden.

Pfeiffer-Drüsenfieber (infektiöse Mononukleose)

Krankheitsbild Das Pfeiffer-Drüsenfieber wird durch Viren verursacht. Die Symptomatik zeigt sich in Fieber, mäßig ausgeprägtem allgemeinen Krankheitsgefühl, Kopfschmerzen, Übelkeit, Müdigkeit und einer Schwellung der Mandeln. Charakteristisch sind die erheblich schmerzhaft vergrößerten Lymphknoten. Im Gegensatz zur „gewöhnlichen Mandelentzündung" treten die Lymphknotenvergrößerungen nicht nur regional im Bereich des Halses auf; sie können auch in allen anderen Körperregionen gefunden werden. Im allgemeinen besteht auch eine Milzvergrößerung.

Der Krankheitsverlauf ist häufig recht langwierig, das Fieber kann bis zu mehreren Wochen anhalten. Die Diagnose kann verhältnismäßig einfach durch Laboruntersuchungen gesichert werden.

Ansteckung und Inkubationszeit Das Pfeiffer-Drüsenfieber wird zwar auch durch Tröpfcheninfektion übertragen, im allgemeinen ist die Ansteckungsfähigkeit aber nur gering. Aus diesem Grund ist meist ein intensiver körperlicher Kontakt erforderlich. Die Krankheit wird daher beispielsweise oft durch Küssen übertragen; daraus resultiert auch die etwas respektlose Bezeichnung „Knutschkrankheit". Die Inkubationszeit liegt normalerweise zwischen 4—10 Tagen, sie kann durchaus aber auch länger dauern.

Behandlung Eine spezifische Behandlung des Pfeiffer-Drüsenfiebers existiert nicht. Wegen der Ähnlichkeit der Krankheit mit gewöhnlichen Mandelentzündungen kommen häufig Antibiotika zum Einsatz, beim Pfeiffer-Drüsenfieber allerdings mit wenig Erfolg. Sie haben aber zumindest die Wirkung, daß zusätzliche bakterielle Infektionen verhindert werden.

Konsequenzen für Training und Wettkampf Im Verlauf der Erkrankung verbieten sich körperliche Belastungen. Aufgrund der Krankheitsdauer bedeutet dies meist einen erheblichen Trainingsverlust. Die Wiederaufnahme des Trainings darf erst nach völliger Wiederherstellung und im Einverständnis mit dem Arzt erfolgen.

12

Erkrankungen der Atemwege

Die Atemwege werden in obere und untere Luftwege eingeteilt. Die oberen Luftwege bestehen aus Nasenhöhle, Mundhöhle, Rachen und Kehlkopf, die unteren Luftwege aus der Luftröhre (Trachea), den Bronchien sowie dem eigentlichen Lungengewebe, den Lungenbläschen (Alveolen).

Die Nase hat neben ihrer Aufgabe als Sinnesorgan auch die Funktion, die eingeatmete Luft gewissermaßen aufzubereiten, sie zu reinigen, anzufeuchten und aufzuwärmen. Hierdurch soll das empfindliche Lungengewebe geschützt werden. Man kann die Nase mit einer Art wirksamer Klimaanlage vergleichen. Um dieser Aufgabe gerecht zu werden, enthält die Nasenschleimhaut zahlreiche Blutgefäße, die vor allem der Erwärmung der eingeatmeten Luft dienen. Die gute Blutversorgung macht sich bei den erheblichen Blutungen, die aus der Nase erfolgen können, negativ bemerkbar (s. S. 99). Die Schleimhaut der Nase ist ebenso wie die von Trachea und Bronchien mit schleimproduzierenden

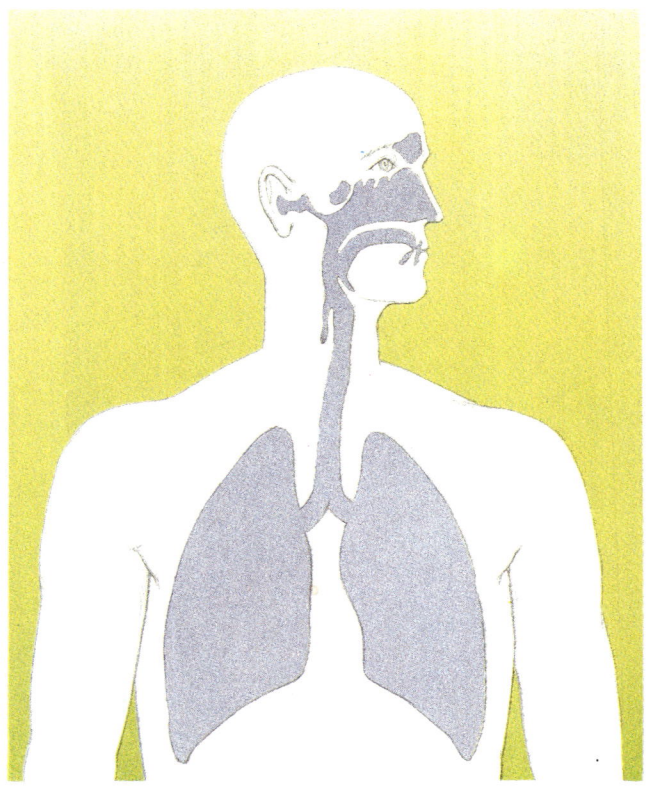

Darstellung der oberen und unteren Luftwege

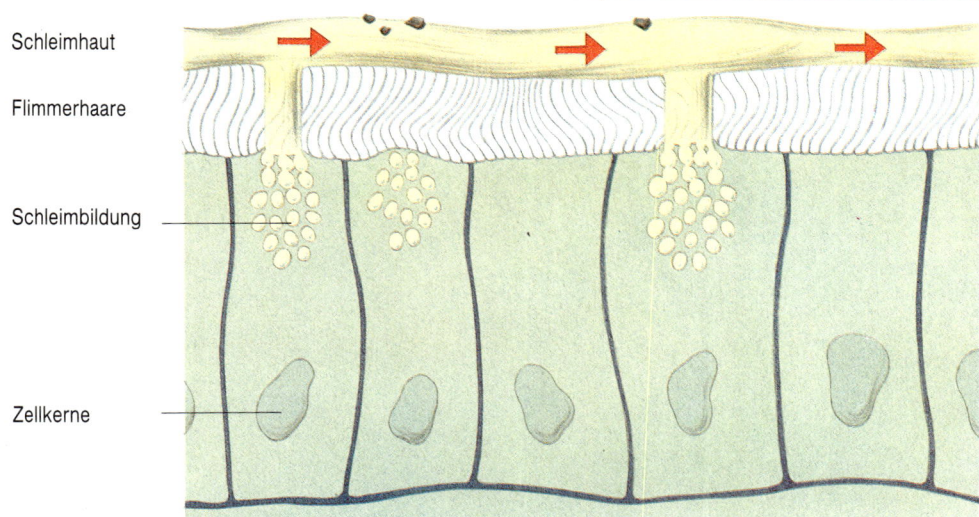

Schleimhaut

Flimmerhaare

Schleimbildung

Zellkerne

Die im Schleim gebundenen Fremdkörperpartikel werden durch die Bewegung der Flimmerhaare abtransportiert.

Drüsen ausgestattet, die für die Luftbefeuchtung sorgen. Die Reinigung geschieht über spezielle, mit Flimmerhaaren ausgestattete Zellen.

Die Hauptfunktion der Lunge besteht in der Aufnahme von Sauerstoff in das Blut und der Abgabe von Kohlendioxid aus dem Blut an die Luft.

Die oberen Atemwege

Schnupfen (Rhinitis) und Behinderung der Nasenatmung

Krankheitsbild Bei Funktionsstörungen der Nase entstehen Schnupfen und Behinderungen der Nasenatmung. Der Schnupfen beruht auf einer erhöhten Schleimbildung der entsprechenden Drüsen in der Nasenschleimhaut. Die Behinderung der Nasenatmung ist die Folge einer Schwellung der Nasenschleimhaut durch verstärkte Durchblutung zusammen mit gesteigerter Schleimbildung. Die Ursachen für diese Symptome sind unterschiedlich. Es kann sich um eine Infektion mit Viren oder Bakterien handeln, häufig bei abgeschwächter Abwehrlage im Rahmen von Erkältungen. Nicht infektiös bedingte Nasenschleimhautreizungen treten als spezifische Allergie der Nasenschleimhaut in Form des Heuschnupfens auf oder als unspezifische Überempfindlichkeit (Hyperreaktivität) in Form der vasomotorischen Rhinitis. Bei dieser ist neben der Behinderung der Nasenatmung besonders das reichliche wasserklare Nasensekret charakteristisch, die Beschwerden werden vorwiegend durch Anstrengungen ausgelöst. Der Ausfall von Reinigung, Befeuchtung und Erwärmung der Luft in der Nase kann sekundär auch zu einer Beeinträchtigung der Schleimhäute in den tieferen Atemwegen führen. Die Schleimhaut im Bereich von Hals, Luftröhre, Bronchien und Lunge wird gereizt, sie trocknet aus. Die vermehrte Schleimbildung und die Schwellung der Nasenschleimhaut können weiterhin zu einem Ver-

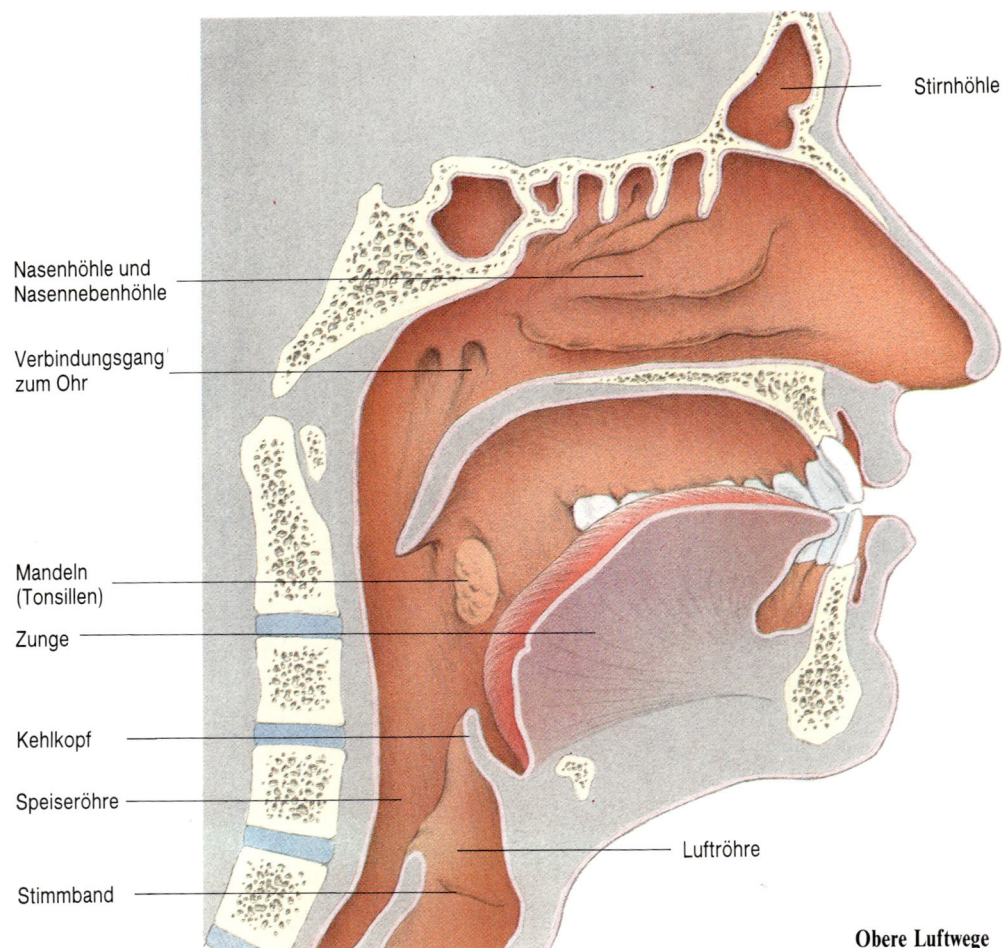

Stirnhöhle

Nasenhöhle und
Nasennebenhöhle

Verbindungsgang
zum Ohr

Mandeln
(Tonsillen)

Zunge

Kehlkopf

Speiseröhre

Stimmband

Luftröhre

Obere Luftwege

schluß der Verbindungen zwischen Nase und Nasennebenhöhlen führen. Die Folge sind Entzündungen in diesem Bereich.

Unkomplizierte Erkältungen heilen bekanntlich in wenigen Tagen
aus. Kommt es zu Komplikationen wie langwierigem Schnupfen, Na-
sennebenhöhlen-, Mittelohrentzündung oder gar den Zeichen einer
Lungenentzündung, so muß eine spezifische Behandlung erfolgen (auf
die entsprechenden Krankheitsbilder wird verwiesen).

Behandlung Die Behandlung der Nasenschleimhautentzündung und der behin-
derten Nasenatmung hat folgende Ziele:
— Die Nasenatmung soll verbessert und die Luftklimatisierung wieder hergestellt werden.
— Die Verbindungen zu den Nasennebenhöhlen und zum Mittelohr
  sollen wieder eröffnet werden.
Je früher ein Schnupfen behandelt wird, um so geringer wird das Risiko einer Komplikation durch Nasennebenhöhlen- oder Mittelohrentzündung.

Der Betroffene sollte nicht im Bett liegen, da hierdurch die Blutmenge in der Nasenschleimhaut vermehrt und der Sekretabfluß verschlechtert wird. Aufrechte Körperhaltung verbessert dagegen Blut-

und Sekretabfluß aus der Nase. Es empfiehlt sich beispielsweise, tagsüber im Sessel zu sitzen, nachts sollten Kopf und Oberkörper hoch gelagert werden. Hierzu kann man entweder das Kopfende des Bettes höher stellen oder mehrere Kopfkissen benutzen.

Eine Verbesserung der Symptome der Nasenschleimhautentzündung läßt sich auch durch schleimhautabschwellende Medikamente erreichen. Hierzu werden meist Substanzen benutzt, die die erweiterten Blutgefäße der Nasenschleimhaut veranlassen, sich zusammenzuziehen. Solche Medikamente enthalten im allgemeinen sogenannte adrenerge, die Alpha-Rezeptoren stimulierende Substanzen (s. S. 357), die chemisch mit dem körpereigenen Adrenalin verwandt sind. Man kann sie lokal als Nasentropfen oder Nasenspray anwenden, (z. B. Nasivin, Otriven), auch Einzeldosispipetten sind rezeptfrei erhältlich. Vor dem Einbringen sollte die Nasenschleimhaut möglichst schleimfrei sein. Es empfiehlt sich also, erst die Nase kräftig zu putzen und dann die Tropfen oder den Spray einzubringen. Besonders effektiv und wichtig ist die abendliche Anwendung vor dem Schlafengehen. Jeder Verpackung liegt ein Beipackzettel mit einer Gebrauchsanweisung für die optimale Anwendung bei. Der Gebrauch von Nasentropfen mit gefäßaktiven Inhaltsstoffen über einen Zeitraum von 10—14 Tagen hinaus ist nicht unbedenklich, da dann das Risiko einer Schleimhautschädigung besteht. Falls die Symptome länger als 2 Wochen anhalten, sollte man einen Arzt aufsuchen und mit ihm die weitere Behandlung besprechen.

Neben der lokalen Anwendungsform stehen schleimhautabschwellende Mittel auch in Form von Tabletten oder als Saft zur Verfügung. Solche Zubereitungen wirken zwar schwächer als Nasentropfen, sie wirken aber auch auf Schleimhautbereiche, die von Tropfen nicht erreicht werden, besonders die Nasennebenhöhlen und den Ausgang der Verbindung zwischen Mittelohr und Rachenraum (Tuba Eustachii). Die abschwellende Wirkung dieser Präparate beruht ebenso wie die der Tropfen auf einer adrenergen Alpha-Rezeptorenstimulation, hierdurch wird die Kontraktion der Blutgefäße in der Schleimhaut bewirkt. Fast alle diese Präparate enthalten Ephedrin oder chemisch verwandte Substanzen. Sie gehören deshalb auf die Dopingliste.

Die am häufigsten verwandten, als Tabletten oder Saft eingenommenen schleimhautabschwellenden Präparate enthalten Ephedrin oder verwandte Substanzen in Kombination mit Antihistaminika. Die antihistaminwirksame Komponente ist nur bei allergischer oder vasomotorischer Rhinitis sinnvoll, nicht aber bei infektiös bedingtem bzw. bei Erkältungsschnupfen. Antihistaminika können zu Müdigkeit führen, dies ist sicher nicht von Vorteil bei körperlichen Aktivitäten, die hohes Konzentrationsvermögen über längere Zeit erfordern. Es empfiehlt sich daher, auf solche Präparate zurückzugreifen, die keine Antihistaminika enthalten, soweit dies nicht unbedingt erforderlich erscheint. In jedem Fall sollte auf die Möglichkeit geachtet werden, daß Inhaltsstoffe von Schnupfenmitteln auf der Dopingliste stehen. Dies gilt auch für Monosubstanzen. In einigen neueren Präparaten wird beispielsweise Phenylpropanolamin verwandt. Diese Substanz hat ebenso wie Ephedrin eine zentral stimulierende Wirkung. Besonders bei Kindern kann sie zu erhöhter Aggressivität führen. Aus diesem Grund wurden auch Phenylpropanolaminpräparate in die Dopingliste aufgenommen. Im Gegensatz zur Nasenschleimhaut wird die Mundschleimhaut durch die Einnahme in Tropfenform nicht geschädigt. Oral einzunehmende Schnupfenmittel können bei allergischer oder vasomotorischer Rhinitis daher auch über längere Zeit genommen werden.

Beim Heuschnupfen kommt man dagegen häufig mit einer Antihistaminika-Monotherapie aus. Falls dies nicht ausreicht, stehen eine Reihe weiterer antiallergisch wirksamer Substanzen zur Verfügung, die bereits für die Behandlung des Asthmas beschrieben wurden, z. B. DNCG und Kortison (s. S. 62 ff.).

Allgemeine Hinweise bei infektiös verursachter Nasenschleimhautentzündung

— Verwendung von Papiertaschentüchern, die nach einmaligem Gebrauch weggeworfen werden sollten.
— Nach jedem Naseputzen sollte man sich die Hände waschen.
— Vermeidung enger Kontakte zu anderen Menschen, besonders zu solchen mit erhöhtem Ansteckungsrisiko (Kinder, Kranke, alte Menschen).
— Erkältete Sportler sollten sich soweit als möglich auf Reisen oder bei Gemeinschaftsunterbringung von dem Rest der Gruppe fernhalten.
— Bei schwerem Verlauf ist es besser, nicht zu arbeiten. Man sollte den Tag im Haus verbringen und in der Nacht mit erhöhtem Oberkörper schlafen.
— Körperliche Belastungen sind zu vermeiden.
— Frische Luft schadet nicht.

Andere Ursachen des Schnupfens

Hält ein Schnupfen bzw. eine Behinderung der Nasenatmung länger als einige Wochen an, so sollte man nicht einfach weiter unüberlegt Nasentropfen anwenden, sondern der Ursache nachgehen. An folgende Gründe ist zu denken:

— Anatomische Veränderung wie eine Seitabweichung der Nasenscheidewand oder Nasenpolypen. Eine Verschiebung der Nasenscheidewand kann beispielsweise als Folge eines Schlages auf die Nase entstehen. Unter Nasenpolypen versteht man sogenannte

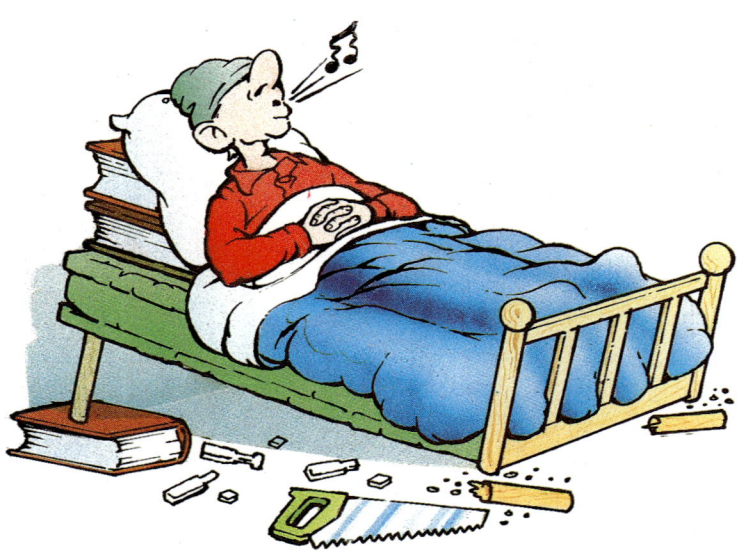

Zur raschen Abschwellung der Nasenschleimhaut, besonders wenn gleichzeitig eine Nasennebenhöhlenentzündung und/oder eine Mittelohrentzündung vorliegen, sollte man eine halbsitzende Position einnehmen.

adenoide Vegetationen, also Wucherungen von Lymphgewebe im Nasen-Rachen-Raum.
— Chronische, allergisch bedingte Nasenschleimhautentzündung.
— Fremdkörper, die besonders von Kindern im Spiel in die Nase eingeführt werden.
— Tumoren im Bereich der Nase oder der Nasennebenhöhle.

Nasenfurunkel

Krankheitsbild Unter einem Nasenfurunkel versteht man eine örtlich beschränkte, bakteriell verursachte eitrige Infektion der Nasenschleimhaut und der darunter liegenden Gewebe. Die häufigsten Erreger sind Staphylo- oder Streptokokken. Die Entzündung verläuft stark schmerzhaft. Unbehandelt können gerade Nasenfurunkel durch ihre Gefäßverbindung mit den Hirnhäuten zu erheblichen Komplikationen, im schlimmsten Fall zur eitrigen Hirnhautentzündung und Blutvergiftung (Sepsis) führen.

Behandlung Eine häufige Unsitte besteht in dem Versuch, Furunkel auszudrücken. Hierdurch wird das Risiko einer Ausbreitung der Infektion erheblich erhöht, dies sollte unbedingt unterbleiben. Wegen der beschriebenen möglichen Komplikationen sollten Nasenfurunkel im allgemeinen immer antibiotisch behandelt werden. Hinsichtlich der Auswahl des geeigneten Antibiotikums sollte an die Möglichkeit einer Infektion mit penicillinasefesten Staphylokokken gedacht werden (s. S. 78 ff.). Bei größeren Einschmelzungen wird eine chirurgische Öffnung des Furunkels zur Eiterentleerung erforderlich.

Konsequenzen für Training und Wettkampf Bei Nasenfurunkeln verbietet sich körperliche Aktivität, so lange eine antibiotische Behandlung durchgeführt wird bzw. so lange Allgemeinsymptome und/oder Fieber bestehen.

Nasenbluten (Epistaxis)

Krankheitsbild Nasenbluten hat seinen Ursprung vorzugsweise in dem reichlich mit Blutgefäßen versorgten vorderen Teil der Nasenscheidewand. Ausgelöst werden kann es durch eine mechanische Schädigung, durch Infektionen oder sonstige Schleimhautreizungen. Dem Blut stehen zwei Abflußwege zur Verfügung: nach vorn aus der Nase heraus, aber auch nach hinten, in den Rachenraum hinein.

Behandlung Der Betroffene sollte aufrecht sitzen. Der Nasenflügel wird mit dem Daumen für ca. 10 min gegen die Nasenscheidewand gedrückt. In den meisten Fällen läßt sich eine Blutung auf diese Art stoppen. Anschließend kann man ein Stück mit Adrenalinlösung getränkter Baumwolle oder eine blutstillende Kompresse vorsichtig in das Nasenloch einführen.

Falls die Blutung trotzdem fortbesteht, sollte der Betroffene den Arzt aufsuchen, der dann die blutende Stelle verätzen oder eine Nasentamponade einlegen kann. Bewußtlose Patienten mit Blutungen aus der Nase sollten in die stabile Seitenlage mit dem Gesicht nach unten gelegt werden, damit das Blut nach vorn abfließen kann.

Konsequenzen für Training und Wettkampf Sportler mit Neigung zum Nasenbluten sollten entsprechend vorsichtig sein und verletzungsträchtige Situationen meiden. Nach stärkerem Nasenbluten sollte man mit der Wiederaufnahme des Sports einige Stunden warten.

Nasennebenhöhlenentzündung (Sinusitis)

Krankheitsbild Unter den Nasennebenhöhlen versteht man luftgefüllte, mit Schleimhaut ausgekleidete Hohlräume im Bereich des Gesichtsschädels. Sie finden sich im Stirnbein, im Oberkieferknochen sowie im Sieb- und Keilbein. Sämtliche Nebenhöhlen haben eine Verbindung zur Nasenhöhle, so daß ein ständiger Luftaustausch gewährleistet ist. Wird diese Verbindung verstopft, so ist das Ergebnis über kurz oder lang eine bakterielle Infektion der betroffenen Nebenhöhle. Es bildet sich Eiter, der hierdurch erhöhte Druck macht sich durch unangenehme Schmerzen bemerkbar. Weitere Symptome bestehen in lokaler Klopfempfindlichkeit über der Nebenhöhle, Fieber und Abgeschlagenheit. Relativ häufig findet sich nächtliches Abhusten von eitrigem Schleim, der in Rükkenlage aus der Nebenhöhle in die Luftröhre abfließt. In einzelnen Fällen können sich die Bakterien auch in andere Organsysteme ausbreiten, vorzugsweise in die Hirnhäute. Letzteres ist eine spezifische Komplikation der Entzündung der Siebbeinhöhle (Ethmoiditis).

Manche Menschen haben eine ausgesprochene Neigung zu Nebenhöhlenentzündungen, wahrscheinlich bedingt durch spezielle anatomische Veränderungen wie Polypen (adenoide Vegetationen) im hinteren Nasen-Rachen-Raum, Fehlstellung der Nasenscheidewand, Zustand nach Nasenbeinbruch oder zu enge Verbindungen zwischen Nebenhöhlen und Nasenhöhle.

Die Diagnose einer Nebenhöhlenentzündung ist nicht immer einfach, gelegentlich sind Röntgenaufnahmen erforderlich, manchmal muß die Diagnose sogar durch eine Probepunktion gesichert werden.

Behandlung Das Ziel der Behandlung einer Nasennebenhöhlenentzündung besteht in einer Verminderung der Schleimhautschwellung, dem Eiter muß eine Abflußmöglichkeit geschaffen werden, die Zirkulation der Gewebsflüssigkeit in der Schleimhaut muß wieder hergestellt werden. Hierzu werden lokal schleimhautabschwellende Medikamente (s. S. 97) sowie Antibiotika (s. S. 78 ff.) verordnet. Die meisten für Nebenhöhleninfektionen verantwortlichen Bakterien sind penicillinempfindlich, so daß das normale V-Penicillin zur Anwendung kommen kann. Bei Resi-

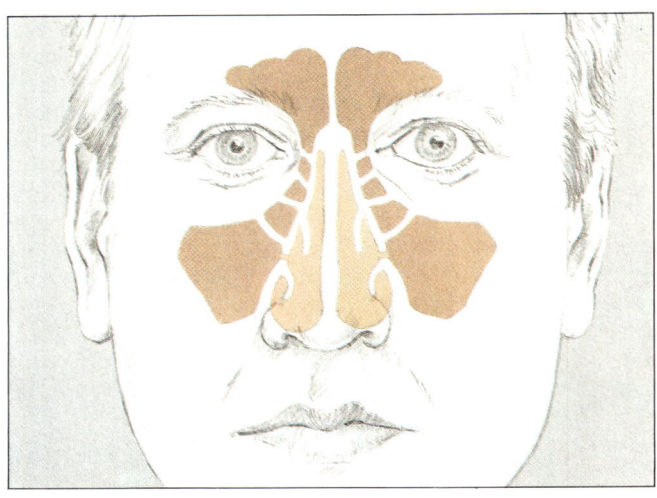

Nasennebenhöhlen

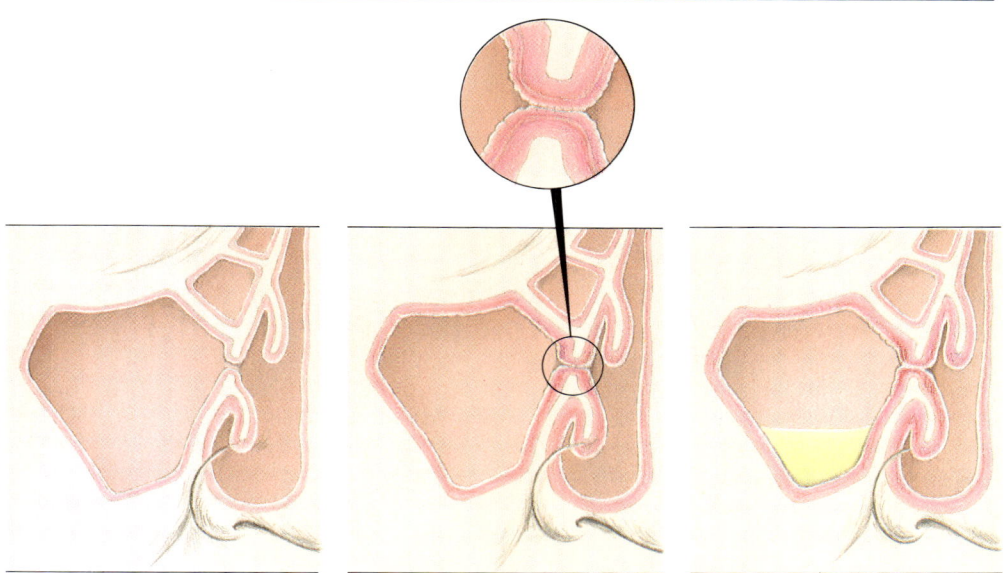

Links: Entzündungen des Ausgangs der Nasennebenhöhlen durch Infektionen oder Allergie können den Sekretabfluß verhindern.
Rechts: In der Nasennebenhöhle sammelt sich dann Flüssigkeit an.

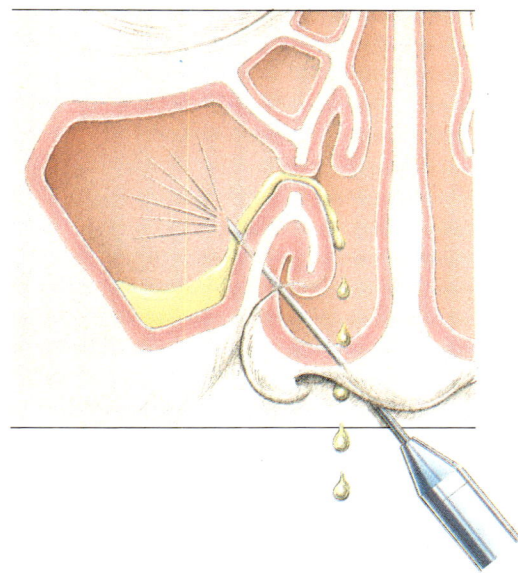

Behandlung einer Nasennebenhöhlenentzündung durch Spülungen

stenz gegenüber dem einfachen Penicillin können Ampicillinderivate, Erythromycin, Tetrazyklin oder Cephalosporinpräparate als Tabletten oder Kapseln eingenommen werden. Der Patient sollte tagsüber nicht liegen, sondern eher im Sessel sitzen und nachts das Kopfende seines Bettes hochstellen oder mit mehreren Kopfkissen schlafen. Besonders bei längeren Verläufen werden manchmal Spülungen der Nebenhöhlen erforderlich, um den Eiter zu entfernen. Wird eine Antibiotikabehandlung zu niedrig dosiert oder zu früh beendet, besteht das Risiko von Rezidiven.

Konsequenzen für Training und Wettkampf Im Verlauf einer Nebenhöhleninfektion sollte körperliche Aktivität völlig ausgesetzt werden, die Wiederaufnahme des Sports ist erst nach völliger Ausheilung möglich. Bei zu frühem Trainingsbeginn kann es zu einem Rückfall (Rezidiv) kommen. Besonders gelten diese Warnungen für Schwimmer und Sportler, die im Freien, vor allem bei kalter Witterung, aktiv sind. Schwimmer mit Neigung zu Nebenhöhlenentzündungen sollten im Training und Wettkampf eine Nasenklammer tragen.

Infektion der Mundhöhle (Stomatitis)

Krankheitsbild Die meisten Infektionen der Mundhöhle werden durch Viren hervorgerufen, vorzugsweise durch das Herpesvirus. An zweiter Stelle stehen Pilzinfektionen, vor allem der Mundsoor, eine Infektion durch Candida-Pilze. Zu solchen Pilzinfektionen kann es besonders bei der Anwendung von Kortisoninhalationspräparaten in der Asthmabehandlung kommen, Folge der hierdurch verringerten Abwehrkraft. Eine weitere spezifische Mundhöhleninfektion ist die Stomatitis aphthosa, deren Erreger wahrscheinlich Viren sind. Es handelt sich um kleine Bläschen, bei deren Ablösung ein flaches, sehr schmerzhaftes Geschwür (Aphthe) entsteht.

Behandlung Ihre Therapie wird im folgenden Abschnitt erläutert.

Rachenkatarrh (Pharyngitis)

Krankheitsbild Der Rachenkatarrh stellt eine Rachenentzündung dar, die im allgemeinen durch Viren hervorgerufen wird, nicht selten im Rahmen banaler Erkältungen, dann häufig auch im Zusammenhang mit Schnupfen (Rhinitis). Die Symptome zeigen sich vorwiegend in Schmerzen im Halsbereich, die zu den Ohren hin ausstrahlen können, und in Schluckbeschwerden. Fieber kann auftreten, vor allem bei Kindern, ist aber keineswegs obligat. Auch Halslymphknotenschwellungen können vorkommen.

Der objektive Befund ist im allgemeinen viel weniger ausgeprägt als das deutliche Krankheitsgefühl des Betroffenen. Man erkennt eine Rötung der Rachenschleimhaut. Auch die Mandeln sind gerötet, zeigen aber keine Eiterauflagerungen. Im allgemeinen heilt die Pharyngitis ohne antibiotische Behandlung innerhalb einer Woche aus.

Komplikationen Gelegentlich halten die Beschwerden länger als eine Woche an, manchmal kommt es zu Rezidiven mit erneutem Fieber und Halsschmerzen. In solchen Fällen ist meist eine sekundäre bakterielle Infektion anzunehmen.

Behandlung Nachdem als Ursache meist eine Virusinfektion in Frage kommt, ist eine antibiotische Therapie nicht sinnvoll. Bei Pilzbefall (Soor) zeigt gelegentlich eine lokale Behandlung mit Bikarbonattabletten eine gute Wirkung. Im übrigen erfolgt die Therapie nur symptomatisch. Warme Getränke wirken oft schmerzlindernd. Bei schmerzhaften Schluckbeschwerden werden Lutschtabletten mit lokal betäubender Wirkung gegeben, die man 3—6 mal täglich lutschen sollte. Ein Teil dieser Medikamente enthält zusätzlich auch bakterienabtötende Stoffe, wobei allerdings die Wirkung beim Rachenkatarrh nicht bewiesen ist. Bei ganz erheblichen Schluckbeschwerden, die den Patienten völlig daran hindern, Nahrungsmittel und Getränke zu sich zu nehmen, kann der Arzt das örtliche Betäubungsmittel Lidocain (als Xylocain im Handel) in

Form von Mundspülungen verordnen. Der Betroffene sollte etwa mit einem Eßlöffel (ca. 15 ml) dieser Flüssigkeit gurgeln und sie anschließend langsam schlucken. Auch schmerzstillende und fiebersenkende Tabletten können gegeben werden, beispielsweise in Form von Acetylsalicylsäure (Aspirin) oder Paracetamol (s. S. 232 ff.). Diese Therapie sollte mit einer Tablette 3—4 mal pro Tag durchgeführt werden.

Beim Auftreten von Komplikationen durch bakterielle Zusatzinfektionen sollte der Patient antibiotisch behandelt werden, wobei im allgemeinen Penicillinpräparate ausreichend sind (s. S. 78 f.).

Konsequenzen für Training und Wettkampf So lange stärkere Allgemeinsymptome und/oder Fieber bestehen, beziehungsweise so lange eine Antibiotikabehandlung durchgeführt wird, muß mit Training und Wettkampf ausgesetzt werden. Erst nach völliger Wiederherstellung sollte man anschließend wieder den Sport aufnehmen, da sonst der Heilungsverlauf verlängert werden kann bzw. das Risiko von Komplikationen eingegangen wird.

Mandelentzündung (Tonsillitis, Angina tonsillaris), Peritonsillitis und Tonsillarabszeß

Krankheitsbild Die Rachenmandeln (Tonsillen) bestehen aus Lymphgewebe, sie haben den Sinn einer Abwehrstation gegenüber Krankheitserregern, die durch den Mund eintreten. Im Verlaufe dieser Auseinandersetzung kann es zu Entzündungen der Mandeln kommen, die im allgemeinen durch Bakterien verursacht werden. Die Mandeln sind gerötet, vergrößert und zeigen Eiterauflagerungen, die örtlichen Lymphknoten im Halsbereich schwellen schmerzhaft an. Hinzu kommen Fieber, Schluckbeschwerden, Müdigkeit und Abgeschlagenheit. Im allgemeinen heilt eine Mandelentzündung spontan ohne weitere Behandlung aus, die Eiterung kann sich allerdings auch in das umgebende Gewebe hinein ausdehnen (Peritonsillitis) und zu Gewebseinschmelzungen (Tonsillarabszeß) führen.

Komplikationen Vor der Penicillin-Ära war die Mandelentzündung keineswegs eine harmlose Erkrankung, da die verursachenden Bakterien nicht selten zu schweren sekundären Erkrankungen führten. Genannt seien Nierenentzündungen (Glomerulonephritis), Herzinnenhaut- und Herzmuskelentzündung (Endomyokarditis), rheumatisches Fieber und Scharlach (Scarlatina). Durch die rechtzeitige Penicillinbehandlung sind diese Komplikationen heute selten geworden. Ihre Ursache ist die Infektion mit den sogenannten beta-hämolysierenden Streptokokken, Bakterien, die immer penicillinempfindlich sind.

Breitet sich die Infektion über die Mandeln aus zur Peritonsillitis und zum Tonsillarabszeß, kommt es zu erheblichen Schluckbeschwerden. Der Mund kann kaum noch geöffnet werden. Im Bereich des Kieferwinkels kann sich eine Schwellung an der Außenseite des Halses tasten lassen. Neben den bereits für die einfache Tonsillitis beschriebenen Komplikationen kann es bei dieser Infektion zu einer Ausbreitung der Bakterien in das Blut in Form einer Blutvergiftung (Sepsis) kommen. Der Tonsillarabszeß, eine örtliche Gewebseinschmelzung mit Eiterbildung, kann dazu führen, daß sich dieser Eiter dann in die Mundhöhle oder in das umgebende Gewebe hinein entleert.

Behandlung Tonsillitis und Peritonsillitis werden antibiotisch behandelt, im allgemeinen mit Penicillin. Beim Auftreten von Tonsillarabszessen wird eine chirurgische Eröffnung erforderlich.

Die eitrige Mandelentzündung und insbesondere natürlich der Tonsillarabszeß bedeutet für jeden Sportler absolutes Trainings- und Wettkampfverbot bis zur völligen Ausheilung der Krankheit und bis zur Beendigung einer eventuellen antibiotischen Behandlung. Eine zu frühe Wiederaufnahme der körperlichen Aktivität kann einen Rückfall und ein erhöhtes Komplikationsrisiko bedeuten.

Zahnschmerzen und Zahninfektionen

Krankheitsbild
Zahnschmerzen haben ihre häufigste Ursache in der Karies, die Bakterien eindringen läßt und zu Zahninfektionen führt. Häufig wird eine schmerzstillende Behandlung erforderlich (s. S. 232 ff.). Eine Zahninfektion macht sich durch Schwellung und Eiterbildung (Abszeß) bemerkbar, gelegentlich können auch Fieber und Allgemeininfektionen auftreten. Selbst die Ausbreitung der Infektion in die Umgebung hinein bis hin zur Blutvergiftung (Sepsis) ist möglich. Bilden sich Zahnabszesse aus, so kann sich der Eiter in die umgebenden Hohlräume, beispielsweise in die Kieferhöhle, entleeren.

Behandlung
Jede Zahninfektion sollte vom Zahnarzt örtlich behandelt werden. Gelegentlich ist die Gabe von Antibiotika und schmerzstillenden Medikamenten erforderlich.

Konsequenzen für Training und Wettkampf
Liegt bei einem Sportler eine ernsthafte Infektion im Zahnbereich vor, so sollte er mit dem Training und Wettkampf aussetzen, bis die akute Infektion völlig abgeheilt bzw. die Antibiotikatherapie beendigt ist.

Kehlkopfentzündung (Laryngitis)

Krankheitsbild
Der Kehlkopfentzündung kommt eine besondere Bedeutung zu, da der Raum zwischen den Stimmbändern die engste Passage innerhalb der Atemwege darstellt. Zu Entzündungen dieses Bereichs kommt es bei der banalen, virusbedingten Erkältung, als Folge von allzuviel Tabakgenuß, Überforderung der Stimme oder Arbeit in staubigem Milieu. Die Kehlkopfentzündung zeigt sich in Heiserkeit und erschwerter Atmung. Auch Reizhusten kann auftreten.

Behandlung
Bei einem Stimmbandkatarrh sollte die Stimme geschont werden. Man sollte beachten, daß auch Flüstern nichts nützt, da hierdurch die Stimmbänder sogar stärker belastet werden können als durch normales Sprechen. Nicht selten wird die Anwendung schleimhautabschwellender Medikamente, z. B. Adrenalinspray, erforderlich (s. S. 97). Inhalationen lindern häufig die Beschwerden. Hierzu wird warmer Wasserdampf, angereichert mit ätherischen Ölen, verwendet. Der Betroffene sollte nicht rauchen und auch den Aufenthalt in Räumen, in denen geraucht wird, meiden. Bei Bedarf können hustenstillende Medikamente eingenommen werden (s. S. 109 f.).

Konsequenzen für Training und Wettkampf
Beim Auftreten von Kehlkopfentzündungen sollte man stärkere körperliche Belastungen vermeiden, da hierdurch die Atembeschwerden verstärkt werden und der Heilungsprozeß verlangsamt wird.

Pseudokrupp und Kehldeckelentzündung (Epiglottitis)

Krankheitsbild
Kommt es in dem lockeren Gewebe um die Stimmbänder herum oder im Bereich des Kehldeckels zu entzündlichen Schwellungen, kann hierdurch eine erhebliche Behinderung der Atmung entstehen. Die Kehldeckelentzündung wird normalerweise durch Bakterien verursacht, der Pseudokrupp dagegen meistens durch Viren. Der Pseudokrupp, also

wörtlich eigentlich der „falsche Krupp", hat seinen Namen daher, daß das Bild der Atemnot dem des eigentlichen „echten" Krupp als Folge der Diphtherie sehr ähnlich ist. Letztere ist heute allerdings selten geworden im Gegensatz zum Pseudokrupp. Diese Erkrankung betrifft vor allem Kinder unterhalb des 10. Lebensjahres. Die Beschwerden können sich nicht selten sehr schnell dramatisch verschlimmern. Es kommt zu einem bellenden Husten und erheblicher Atemnot. In extremen Fällen mit völliger Verlegung der Atemwege kann, falls sofortige Hilfe ausbleibt, der Tod eintreten.

Behandlung Das Ziel der Behandlung liegt vorrangig in der Erhaltung der Atemfunktion, erst an zweiter Stelle folgt die Behandlung der verursachenden Infektion.

Beim Pseudokrupp soll der Betroffene aufrecht sitzen und warmen Wasserdampf inhalieren. Die medikamentöse Behandlung erfolgt mit schleimhautabschwellenden Medikamenten in Form von adrenergen alpha-stimulierenden Substanzen, also Adrenalinsprays oder Ephedrin- und Phenolpropanolaminhaltigen Medikamenten als Tabletten oder Saft (s. S. 95ff. und Kap. 38 S. 353ff.). Im Bedarfsfall können wasserlösliche Kortisonpräparate zur Anwendung kommen, beispielsweise Urbason solubile.

Da sich der Zustand beim Pseudokrupp häufig sehr rasch verschlimmern kann, sollte die Behandlung grundsätzlich von einem Arzt durchgeführt werden. In den meisten Fällen wird eine Krankenhauseinweisung sinnvoll sein. Bei völliger Verlegung der Atemwege kann dann im Notfall ein Luftröhrenschnitt (Tracheotomie) vorgenommen werden.

Eine Krankenhauseinweisung beim Pseudokrupp erscheint schon deshalb notwendig, da das klinische Bild im allgemeinen nur sehr schwer von der Kehldeckelentzündung abgegrenzt werden kann. Bei der Kehldeckelinfektion ist auf jeden Fall die absolute Notwendigkeit einer Krankenhauseinweisung gegeben, dort muß eine antibiotische Behandlung durchgeführt werden.

Konsequenzen für Training und Wettkampf Selbstverständlich verbietet sich bei den bedrohlichen Krankheitsbildern des Pseudokrupps und der Kehldeckelentzündung körperliche Aktivität in jeder Form. Erst nach völliger Ausheilung ist eine Wiederaufnahme des Sports möglich. Bei manchen Menschen, insbesondere bei Kindern, besteht die Neigung zum wiederholten Auftreten des Pseudokrupps. Dies ist bei der Planung der sportlichen Aktivität zu berücksichtigen.

Die unteren Atemwege

Die unteren Atemwege umfassen die Luftröhre (Trachea) mit ihren Verästelungen (Bronchien), die Lungen (Pulmones) sowie Lungen- und Rippenfell (Pleura). Die Atemwege bilden eine freie Verbindung zwischen der Außenluft und dem eigentlichen Austauschgewebe, den Lungenbläschen (Alveolen). Mit der Atmung wird dem Blut der Sauerstoff zugeführt, das entstandene Kohlendioxid wird abtransportiert. Von den zahlreichen Erkrankungen der unteren Atemwege werden hier vorwiegend die Infektionskrankheiten erörtert.

Entzündungen der Luftröhre und der Bronchien

Entzündungen im Bereich der Luftröhre und der Bronchien kommen sowohl in akuter als auch in chronischer Form vor.

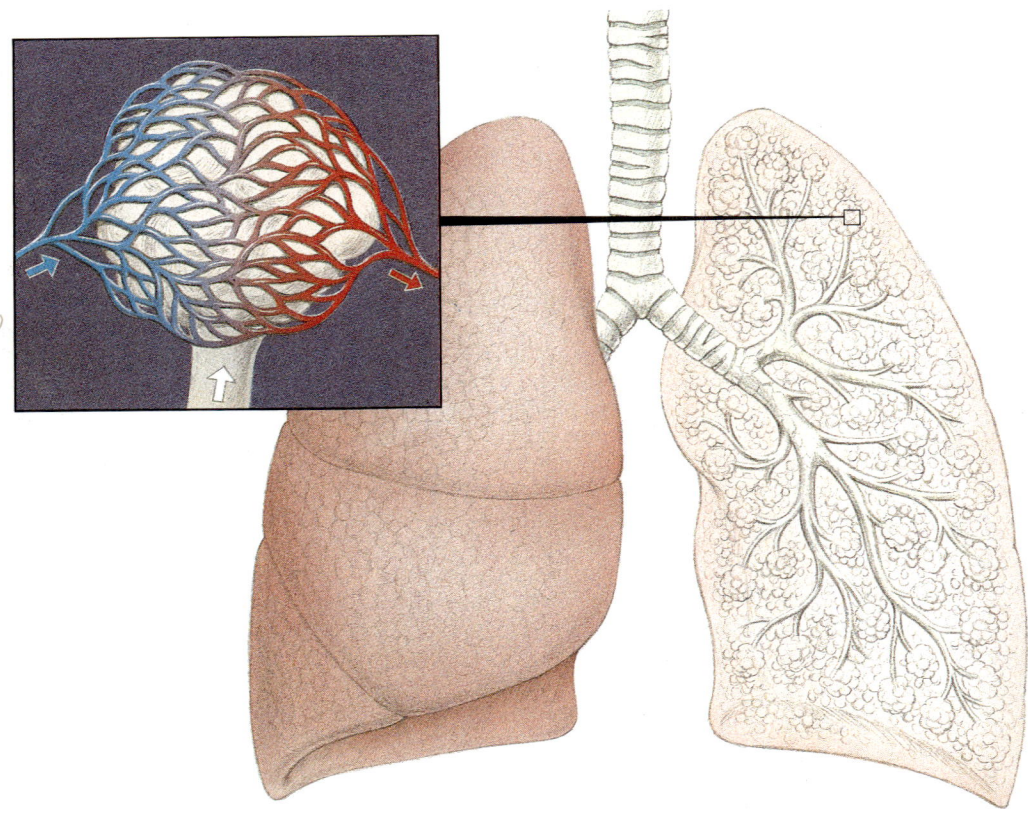

Der Sauerstoffaustausch bzw. die Kohlensäureabgabe erfolgt in den kleinen Lungenbläschen, die von einem Netz feinster Gefäße (Kapillaren) umgeben sind.

Akute Entzündungen der Luftröhre und der Bronchien (akute Tracheobronchitis)

Krankheitsbild Die akute Tracheobronchitis wird im Regelfall durch Viren, gelegentlich aber auch durch Bakterien verursacht. Die Entstehung von Atemwegsinfektionen hängt mit der charakteristischen Schleimhautfunktion zusammen. Die Schleimhaut der Atemwege ist mit feinen Flimmerhaaren ausgestattet, über denen eine dünne Sekretschicht liegt. In diesem Sekret haftet eingeatmeter Schmutz. Die Flimmerhaare bewegen sich rasch in Richtung des Ausgangs der Luftröhre, sie transportieren damit den Schleim und eventuelle Fremdkörper ab. Bei der akuten Entzündung der unteren Atemwege wird die Funktion dieser Flimmerhaare beeinträchtigt, der Schleim wird nicht mehr abtransportiert, er bleibt liegen und muß jetzt abgehustet werden. Der Husten, der normalerweise zum Abtransport von Verunreinigungen nicht erforderlich ist, stellt also einen Reflex zur Reinigung der Atemwege dar. Eine ausführlichere Beschreibung des Hustenreflexes sowie der Behandlung des infektiös bedingten Hustens wird auf Seite 109 f. gegeben. Auch die Schleimbildung innerhalb der Atemwege kann in Abhängigkeit von der jeweiligen Infektion in unterschiedlicher Art und Weise beeinflußt werden. Bei manchen Entzündungen kommt es zu einem völligen Stillstand der

Schleimproduktion, die Schleimhäute trocknen aus, ein Reizhusten entsteht. In anderen Fällen findet sich eine stark vermehrte Produktion von meist sehr dickflüssigem Schleim.

Eine akute Tracheobronchitis heilt normalerweise, so lange keine Lungenerkrankung zugrunde liegt, von allein aus. Es besteht allerdings immer die Gefahr einer zusätzlichen bakteriellen Infektion, die dann eine antibiotische Behandlung erforderlich macht. Bei einer solchen Entzündung der Atemwege ist der Patient sehr empfindlich gegen Tabakrauch und andere Atemreize. In kalter Luft oder bei verstärkter Atmung unter körperlicher Belastung nehmen die Beschwerden zu.

Behandlung Die Behandlung der akuten Tracheobronchitis zielt auf die Abnahme der Schleimhautschwellung sowie die Verminderung des Hustenreizes. Die Schleimhautschwellung wird mit sogenannten adrenergen beta$_2$-stimulierenden Medikamenten erzielt (s. S. 68). Dies führt letztlich dazu, daß der Husten seltener und effektiver wird (s. auch S. 109 f.). Wie bereits erwähnt, wird bei einer zusätzlichen bakteriellen Infektion eine antibiotische Behandlung erforderlich.

Die akute Tracheobronchitis heilt normalerweise bei komplikationslosem Verlauf in 1—2 Wochen aus.

Konsequenzen für Training und Wettkampf Die Wiederaufnahme körperlicher Belastungen in Sportarten, die mit verstärkter Atemarbeit einhergehen, ist erst nach völliger Ausheilung einer akuten Tracheobronchitis möglich. Wie oben beschrieben, kommt es bei Infektionen der Atemwege zu einer erhöhten Empfindlichkeit gegenüber Reizfaktoren wie Tabakrauch und Luftverschmutzung, aber auch gegenüber der Abkühlung der Atemwege durch die erhöhte Ventilation unter Belastung (s. S. 65). Die hierdurch ausgelöste Kontraktion der Bronchialmuskulatur erschwert die Atmung zusätzlich. Eine zu frühe Wiederaufnahme des Trainings kann den Krankheitsverlauf verlängern und birgt das Risiko von Komplikationen.

Chronische Atemwegsentzündung (chronische Bronchitis) und Lungenüberblähung (Emphysem)

Krankheitsbild Die chronische Bronchitis findet sich vorzugsweise bei Rauchern. Sie kommt in zwei Formen vor. Bei der ersten Form steht die erhöhte Schleimproduktion im Vordergrund, die Reinigungsfunktion der Flimmerzellen in der Bronchialschleimhaut reicht nicht mehr aus, es kommt zum Hustenreiz. Typisch ist der morgendliche Raucherhusten, der die Atemwege von dem Schleim reinigen soll, der sich in der Nacht angesammelt hat. Folge dieser Form der chronischen Bronchitis ist eine erhöhte Neigung zu Lungenentzündungen (s. S. 108 f.). Im Verlauf einiger Jahre kann diese erstgenannte Bronchitisform in die zweite Form übergehen, die chronische obstruktive Bronchitis. Der Name Obstruktion besagt in diesem Zusammenhang, daß es zu einer zusätzlichen Einengung der Bronchien als Folge eines Krampfes der Bronchialmuskulatur kommt. Hierdurch wird die Lungenfunktion eingeschränkt, es kommt zu Schwierigkeiten in der Ein- und Ausatmung. Kalte Luft bzw. Abkühlung der Atemwege unter der verstärkten Atmung bei körperlicher Belastung wirken als zusätzliche Reize. Im Verlauf der Erkrankung kommt es zu einer allmählichen Zerstörung von Lungengewebe, es entsteht eine Lungenüberblähung (Emphysem). Weiten sich die Bronchien sackartig aus, so spricht man von Bronchiektasen. Ein ausgeprägtes Emphysem geht mit erheblicher Atemnot und starker Einschränkung der körperlichen Leistungsfähigkeit einher.

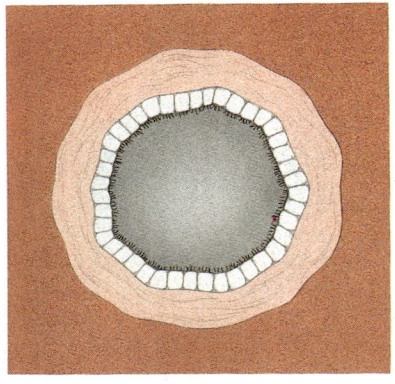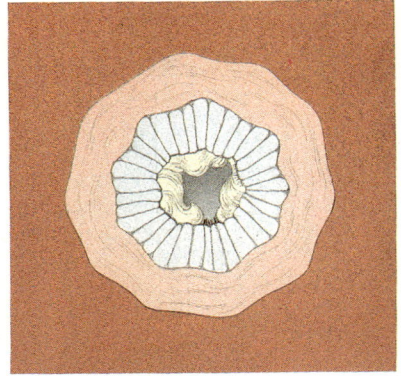

Links: Querschnitt durch einen gesunden Bronchus. **Rechts:** Bei einer chronischen Bronchitis schwillt die Bronchialschleimhaut an. Es kommt zu verstärkter Schleimbildung.

Behandlung

Das Auftreten einer chronischen Bronchitis sollte für den Raucher ein allerletztes Signal für die Beendigung des Nikotinmißbrauchs sein. Er sollte sogar Räume meiden, in denen andere Personen rauchen. Hinsichtlich der Gefährlichkeit des Rauchens wird zusätzlich auf Seite 324 ff. verwiesen. Um der Krampfneigung der Bronchien entgegenzuwirken, kann man adrenerge Beta$_2$-Rezeptorenstimulanzien (s. S. 68) einnehmen. Im akuten Schub, d. h., bei einer vorübergehenden Verschlimmerung des chronischen Krankheitszustandes mit verstärktem Hustenreiz und Auswurf, ist eine antibiotische Behandlung sinnvoll. Zur Auflösung des zähen Schleims wird Acetylcystein verwandt, im Handel beispielsweise als Fluimucil oder Mucolyticum Lappe. Hierdurch wird die Häufigkeit akuter infektiöser Schübe im Verlauf der chronischen Bronchitis deutlich herabgesetzt. Zur Verbesserung der Lungenfunktion und zum besseren Abhusten des Schleims sollten die Patienten Atemgymnastik betreiben.

Konsequenzen für Training und Wettkampf

Patienten mit chronischer Emphysembronchitis sind kaum in der Lage, Leistungssport zu betreiben. Breitensportliche Aktivitäten bzw. Sport im Rahmen einer Bewegungstherapie erweist sich dagegen als sehr sinnvoll. Die Leistungsfähigkeit läßt sich im allgemeinen beim Raucher schon durch die Einstellung des Rauchens steigern, obwohl sich natürlich hierdurch das einmal zerstörte Lungengewebe nicht regenerieren läßt. Auf jeden Fall wird durch Beendigung des Nikotinmißbrauchs die weitere Verschlechterung der Lungenfunktion gebremst, gleichzeitig wird das Risiko für Herz-Kreislauf-Erkrankungen reduziert.

Lungenentzündung (Bronchopneumonie, Pneumonie)

Krankheitsbild

Entzündungen des Lungengewebes können unterschiedlich ausgedehnt sein. Von Bronchopneumonie spricht man bei eher herdförmigen, um einzelne Bronchien herum gelegene Entzündungsherde, von Pneumonie bei einem diffusen Befall des Lungengewebes. Erreger sind Viren, Bakterien oder in selteneren Fällen auch Pilze. Die Lungenentzündung äußert sich in mehr oder weniger ausgeprägten Allgemeinsymptomen wie Fieber, Husten und Abgeschlagenheit. Bei Befall der unteren Lungenanteile können auch Bauchbeschwerden hinzukommen. In der vorantibiotischen Ära war eine Lungenentzündung immer eine sehr ernste Erkrankung. Unbehandelt kann sich die Infektion des Lungengewebes leicht über die Lungengrenzen hinaus ausbreiten. Werden die umgebenden bindegewebigen Häute, Brustfell oder auch Pleura genannt, betroffen, so kommt es zur Pleuritis, die sich durch stechende, atemabhängige Schmerzen und Atemnot bemerkbar macht. Zwischen Brustfell und Rippenfell kann sich Flüssigkeit ansammeln (exsudative Pleuritis). Die Infektion kann sich ferner in die Blutbahn hinein ausbreiten, es entsteht eine Blutvergiftung (Sepsis). Das Einschmelzen von Lungengewebe führt zu Eiterungen (Lungenabszesse).

Behandlung   Lungenentzündungen werden im allgemeinen mit Antibiotika behandelt, da die Wahrscheinlichkeit einer bakteriellen Infektion größer ist als die einer Virusinfektion. Auch wenn ursprünglich ein Virus der Erreger war, werden durch Antibiotika bakterielle Zusatzinfektionen vermieden. Zur Hustendämpfung werden die hier üblichen Medikamente gegeben (siehe unten). Beim Entstehen eines Pleuraergusses muß die Flüssigkeit abpunktiert werden. Stärkere Schmerzen und hohes Fieber machen die Verordnung schmerzstillender bzw. fiebersenkender Medikamente erforderlich, also beispielsweise Acetylsalicylsäure (Aspirin) oder Paracetamol. Angesichts der schweren Allgemeinsymptome ist Bettruhe selbstverständlich. Der Krankheitsverlauf wird durch Röntgenaufnahmen kontrolliert, besonders dann, wenn im Rahmen einer chronischen Bronchitis Bronchopneumonien auftreten.

Konsequenzen für Training und Wettkampf   Während einer Lungenentzündung verbietet sich körperliche Belastung in jeder Form. Eine Wiederaufnahme des Trainings ist erst nach völliger Ausheilung möglich. Sie sollte vorsichtig und allmählich durchgeführt werden, da das Leistungsvermögen durch den vorausgegangenen Infekt erheblich eingeschränkt wird. Es kann mehrere Monate dauern, bis der alte Leistungsstandard wieder erreicht wird.

Husten

Dem Husten kommen zwei Aufgaben zu. Zum einen handelt es sich um einen normalen Schutzreflex zur Reinhaltung der Atemwege. Vermehrt gebildeter Schleim wird aus den Atemwegen abtransportiert. Husten hat darüber hinaus aber auch die Funktion eines Alarmsignals. Chronischer Husten weist im allgemeinen auf irgendeine Störung hin. Es kann sich dabei um eine chronische Entzündung, eine Allergie oder einen Tumor handeln. Hieran sollte man bei jedem länger anhaltenden Husten denken, da Husten, der nur auf einer banalen Erkältung beruht (sicherlich die häufigste Ursache) im Regelfall nach einigen Tagen bis zu einer Woche verschwunden sein muß.

Behandlung   Bei gesunden Atemwegen bedarf der Husten normalerweise überhaupt keiner Behandlung, der verursachende Schleim kann einfach abgehustet werden. Bei sehr starkem Husten und dadurch bedingtem großen Flüssigkeitsverlust sollte man auf ausreichende Flüssigkeitszufuhr achten, besonders dann, wenn gleichzeitig stark erhöhte Temperatur besteht. Die Zufuhr warmer Getränke hat dabei den Vorteil, daß hierdurch häufig auch ein quälender Reizhusten, nicht selten durch einen Rachenkatarrh ausgelöst, gedämpft wird. Manche Hustensäfte haben darüber hinaus eine schleimlösende Wirkung. Bisher konnte aber noch nicht bewiesen werden, daß dies bei dem sogenannten Erkältungshusten von Nutzen ist. Anders sieht es bei einer chronischen Bronchitis mit eingeschränkter Lungenfunktion aus. Hier kann die Lösung des zähen Schleims, beispielsweise durch Bromhexin, z. B. Bisolvon, das Abhusten erleichtern.

Häufig geht aber der Hustenreiz über das zum Abtransport des Schleims erforderliche Maß weit hinaus. Oft besteht sogar nur ein trockener Reizhusten ohne wesentliche Schleimbildung. Zur Dämpfung dieses quälenden Hustenreizes werden Medikamente vom Typ des Noscapin verordnet, als Capval oder Lyobex retard im Handel. Bei Überdosierung können allerdings Nebenwirkungen auftreten. Als Alternative stehen Dextrometorphan oder andere Substanzen zur Verfügung. Reichen diese verhältnismäßig harmlosen und teilweise rezeptfrei erhältlichen Medikamente nicht aus, so wird die Verordnung von Kodein oder anderen Morphinderivaten erforderlich. Hierbei sollte jedoch unbedingt berücksichtigt werden, daß diese Medikamente auf der Dopingliste stehen, sie sollten keinesfalls vor einem Wettkampf eingenommen werden. Im übrigen steht auch das Dextrometorphan auf der Dopingliste, nicht aber das Noscapin.

Da der Husten nicht selten auch bei Krampfzuständen der Bronchialmuskulatur, etwa bei einer chronischen spastischen Bronchitis, einer akuten Erkältung oder bei Asthma auftritt, besteht auch eine Möglichkeit in der Verordnung von adrenergen $Beta_2$-Rezeptorstimulanzien oder bis zu einem gewissen Grade auch von Ephedrin, das in vielen Hustensäften vorkommt (s. S. 62 ff.).

Die durch diese Medikamente erzielte Erweiterung der Bronchien wirkt hustendämpfend. Auch hier ist aber anzumerken, daß Ephedrin auf der Dopingliste steht.

In folgenden Fällen sollte Husten den Betroffenen zum Arzt führen:
— Bei erheblichen Beschwerden.
— Bei Husten, der länger als 2—3 Wochen anhält. Man sollte dabei allerdings berücksichtigen, daß nach einer durchgemachten Bronchitis die Atemwege überempfindlich sind. Körperliche Belastung oder die Einatmung kalter Luft kann dann leicht erneut Husten auslösen. Dies gehört zum normalen Ablauf und ist nicht ungewöhnlich besorgniserregend.
— Wenn im Zusammenhang mit Husten hohes Fieber länger als 3—4 Tage anhält. Zusammen mit Atemnot und Schmerzen im Brustkorbbereich kann dies ein Hinweis auf eine beginnende Lungenentzündung sein.
— Beim Vorkommen von Blut und Schleim oder gelbgrün verfärbtem Auswurf. Letzteres ist ein Hinweis auf eine behandlungsbedürftige bakterielle Infektion.
— Wenn sich ein chronischer Husten, beispielsweise ein Raucherhusten, ohne erkennbare Ursache in seinem Charakter oder seiner Intensität ändert.

Allgemeine Hinweise bei Husten
— Aktives Rauchen oder Aufenthalt in Räumen, in denen geraucht wird, sollte vermieden werden.
— Warme Getränke können hustendämpfend wirken.
— Der Hustenreiz kann durch eine Reihe von teilweise rezeptfreien Medikamenten, beispielsweise Noscapin, gedämpft werden. Schleimlösende Medikamente haben beim Erkältungshusten keine Wirkung.
— Hustenreiz kann ein wichtiges Symptom für eine ernsthafte Erkrankung darstellen. Man sollte daher den Arzt aufsuchen, wenn ein Husten nach 2—3 Wochen nicht spontan verschwindet.

Mittelohrentzündung (Otitis media)

Krankheitsbild Das Mittelohr, auch Paukenhöhle genannt, bildet einen luftgefüllten Hohlraum zwischen Trommelfell und Innenohr. Die einzige Belüftungsmöglichkeit für das Mittelohr ist über die Ohrtrompete (Tuba Eustachii) gegeben, die vom Mittelohr zum rückwärtigen Teil des Nasen-Rachen-Raums verläuft und in der Nähe der sogenannten Polypen (Adenoide) einmündet.

Die Luftfüllung des Mittelohrs ist die Voraussetzung dafür, daß das Trommelfell frei schwingen und auf diese Art und Weise den Schall vom äußeren Gehörgang aufnehmen und zum Innenohr weiterleiten kann. Bei Verstopfung der Ohrtrompete entwickelt sich im allgemeinen eine Infektion des Mittelohrs. Als Reaktion des Organismus auf die bakterielle Invasion kommt es zur Eiterbildung. Der Druck des Eiters im Mittelohr führt zu einer Vorwölbung des Trommelfells, zu er-

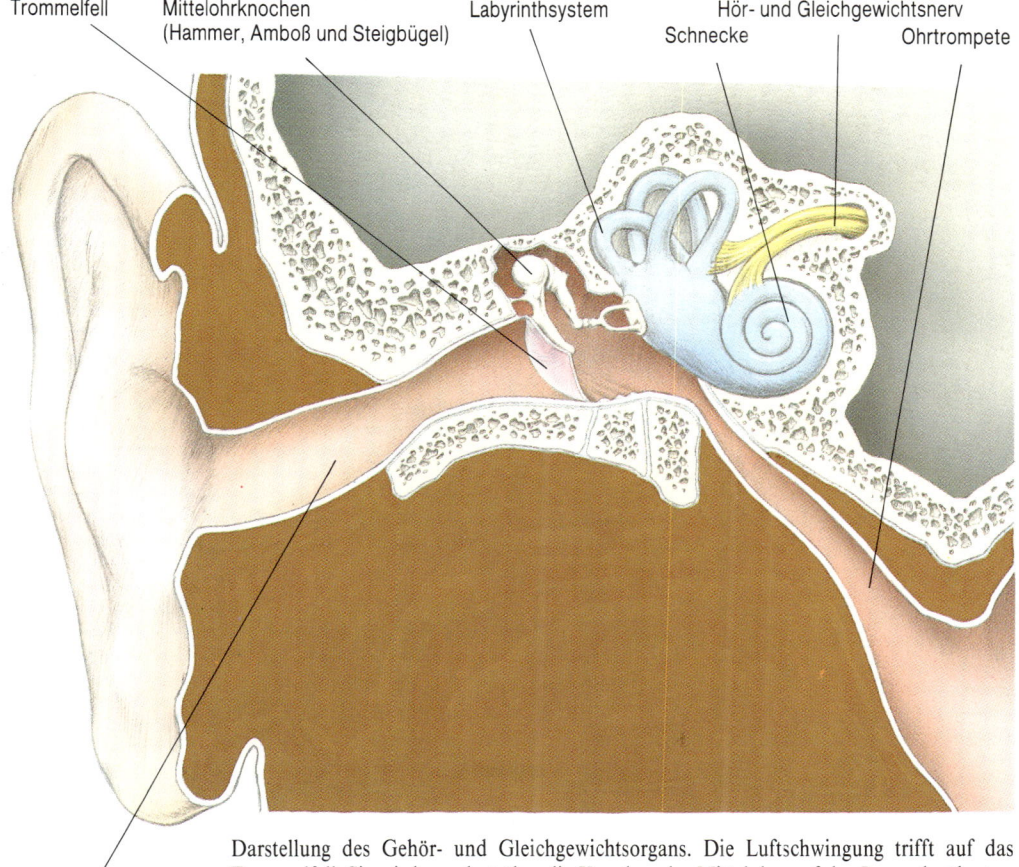

Trommelfell Mittelohrknochen (Hammer, Amboß und Steigbügel) Labyrinthsystem Hör- und Gleichgewichtsnerv Schnecke Ohrtrompete

Äußerer Gehörgang

Darstellung des Gehör- und Gleichgewichtsorgans. Die Luftschwingung trifft auf das Trommelfell. Sie wird von dort über die Knochen des Mittelohrs auf das Innenohr übertragen und von den Sinneszellen in der Schnecke wahrgenommen. Das Gleichgewichtsorgan liegt im Labyrinthsystem.

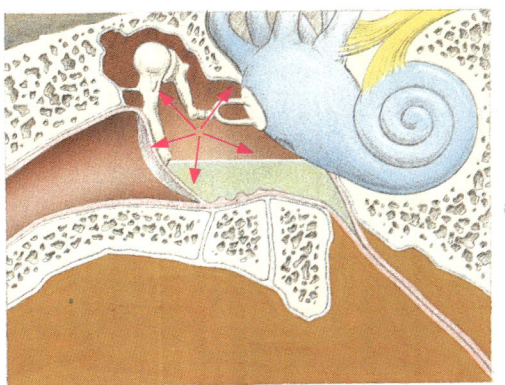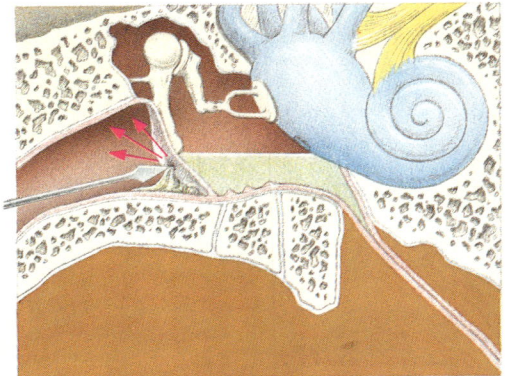

Links: Bei einer akuten Mittelohrentzündung kommt es zur Eiterbildung. Der Druck steigt und drückt das Trommelfell nach außen. Dieser Zustand ist sehr schmerzhaft. **Rechts:** Bei einer Parazentese wird ein Loch in das Trommelfell gebohrt, um dem Eiter Abfluß zu verschaffen und den Druck zu entlasten.

heblichen Schmerzen und zu einer Einschränkung des Hörvermögens. Als Allgemeinsymptome treten Fieber und deutliches Krankheitsgefühl auf. Diese Beschwerden verschwinden erst dann, wenn dem Eiter Abflußmöglichkeit aus dem Mittelohr geschaffen wird. Dies kann dadurch geschehen, daß das Trommelfell platzt oder vom Arzt durchbohrt wird. Eine weitere Möglichkeit besteht in der Eiterentleerung über die Ohrtrompete zum Rachenraum. Die Mittelohrentzündung kann zwar auch ohne weitere Behandlung abheilen, es besteht allerdings das Risiko von Komplikationen, insbesondere einer dauernden Hörschädigung oder einer Ausbreitung der Infektion in die hinter dem Ohr gelegenen kleinen Knochenzellen. Von dort aus kann sie sich dann weiter in die Hirnhäute ausbreiten.

Behandlung Das Ziel der Behandlung besteht in der Wiederbelüftung des Mittelohrs, der Entleerung des Eiters und in der Infektionsbekämpfung. Werden diese Ziele erreicht, normalisiert sich auch das Hörvermögen. Zu diesem Zweck werden schleimhautabschwellende Medikamente in Form von Nasentropfen verordnet (s. S. 97), um eine Abschwellung der Ohrtrompete zu erreichen, ferner Antibiotika, vorzugsweise Penicillin (s. S. 78 ff.). Sollte sich herausstellen, daß es sich um penicillinresistente Bakterien handelt, können Ampicillinderivate, Erythromycin oder Cephalosporine Anwendung finden. Bei Bedarf können schmerzstillende Präparate wie Acetylsalicylsäure (Aspirin) oder Paracetamol verordnet werden (s. S. 232 ff.). Der Patient sollte das Kopfende seines Bettes hochstellen. Erforderlichenfalls wird der Arzt das Trommelfell spalten (Parazentese), um dem Eiter Abfluß zu schaffen. Hierdurch wird eine sofortige Schmerzlinderung erreicht.

Bei einer Mittelohrentzündung muß der Heilungsvorgang vom Arzt durch Trommelfellinspektion mittels Ohrspiegelung und Funktionsprüfung des Gehörs (Audiometrie) überwacht werden. Bei fortbestehenden Defekten im Trommelfell oder bleibenden Funktionseinschränkungen des Gehörs müssen operative Behandlungsmaßnahmen ergriffen werden.

Konsequenzen für Training und Wettkampf Bei einer Mittelohrentzündung ist jede Form körperlicher Aktivität bis zum völligen Ausheilen der Erkrankung zu unterlassen. Dies trifft im besonderen Maße für Schwimmer und Taucher zu. Beim Eindringen von Wasser in das Mittelohr kann es zu erheblichen Schädigungen der Gehörknöchelchen kommen mit bleibenden Hörschädigungen.

Trommelfellriß (Perforation)

In allen Sportarten mit zahlreichen Körperkontakten besteht das Risiko von Trommelfellrissen nach Schlägen gegen das Ohr. Ein Trommelfellriß macht sich durch akute Schmerzen, Blutungen aus dem Gehörgang und Einschränkung des Hörvermögens bemerkbar. Der Betroffene sollte sofort mit dem Sport aufhören und einen Arzt aufsuchen. Bei Blutungen aus dem Gehörgang muß man ferner aber auch an einen Bruch der umliegenden Knochen, also an einen Schädelbasisbruch, denken. Dies gilt besonders auch, wenn wasserklare Gehirnflüssigkeit (Liquor cerebrospinalis) nach einer Verletzung aus dem Ohr abfließt. Auch in diesem Fall ist eine sofortige Krankenhauseinweisung erforderlich.

Gehörgangsentzündung (Otitis externa)

Krankheitsbild Die Entzündung des Gehörgangs tritt im allgemeinen als Gehörgangsekzem auf. Die Neigung hierzu wird bei vielen Menschen gefunden, häufig als Folge einer toxischen Reizung, nicht selten aber auch nach einer mechanischen Irritation, beispielsweise durch zu häufiges Reinigen des Gehörgangs.

Die auftretenden Symptome bestehen in Juckreiz und vermehrter Flüssigkeitssekretion. Kommt es zu einer Sekundärinfektion des Ekzems, können die Symptome sehr lästig werden. Der Gehörgang schwillt an, wird enger, die Folge sind Einschränkung des Hörvermögens und teilweise sehr starke Schmerzen. Dies muß aber keineswegs

In Kontaktsportarten kann es zu Verletzungen des Ohres kommen. *Photo: Hasse Persson/ Pressens bild*

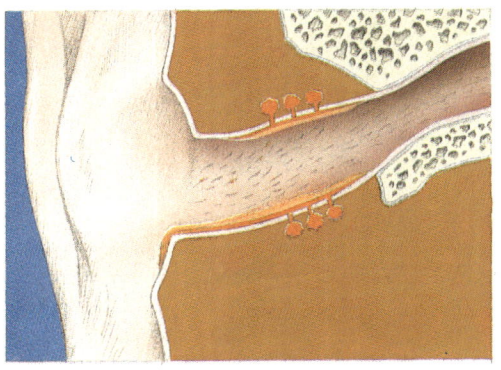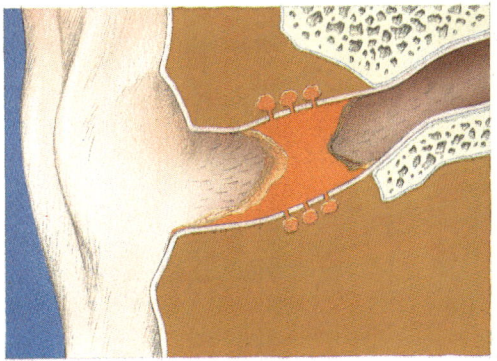

Links: Äußerer Gehörgang mit Talgdrüsen. **Rechts:** Bei Reizungen des Gehörgangs kann es zu einer starken Zunahme der normalerweise nur dünnen Talgschicht kommen. Es bildet sich Ohrschmalz (Cerumen), das den äußeren Gehörgang völlig verstopfen kann.

so sein, viele Betroffene bemerken das Vorliegen des Gehörgangsekzems überhaupt nicht. Bei den meisten aktiven Schwimmern findet man entsprechende Veränderungen, hervorgerufen durch das stark chlorhaltige Wasser der Schwimmbäder.

Unbehandelte Gehörgangsekzeme können durch Reizung des darunter liegenden Knochens zu Knochenwucherungen (Exostosen) führen, die den Gehörgang weiter einengen und die völlige Verstopfung durch Ohrschmalz (Cerumen) begünstigen.

Behandlung   Bei der Otitis externa sollten Reizungen des Gehörgangs vermieden werden, insbesondere die mechanische Reinigung mit Baumwolle, Haarnadeln etc. und der Kontakt mit Reizstoffen. Betroffene Schwimmer sollten sich die Ohren verstopfen. So lange keine Sekundärinfektion besteht, kann bei der Otitis externa kurzfristig eine örtliche Behandlung mit kortisonhaltiger Salbe oder mit Kortisontropfen durchgeführt werden (s. S. 238 ff.). Wenn das Gehörgangsekzem zu nässen beginnt oder beim Auftreten zusätzlicher bakterieller Infektionen muß ein Hals-Nasen-Ohren-Arzt aufgesucht werden. Dieser wird dann eine lokale, in seltenen Fällen auch eine generalisierte antibiotische Behandlung durchführen. Auch die Anwendung schmerzstillender Medikamente kann notwendig werden (s. S. 232 ff.).

In der Behandlung der Otitis externa sollten Medikamente vermieden werden, die Neomycin oder andere Stoffe enthalten, da sie das Gehör schädigen können. Besonders große Vorsicht ist bei der Verwendung von örtlich wirksamen Medikamenten erforderlich, wenn ein Trommelfelldefekt besteht.

Ein Gehörgangsekzem sollte konsequent so lange behandelt werden, bis es völlig ausgeheilt ist. Dies kann im Einzelfall sehr lange dauern.

Konsequenzen   Ein Gehörgangsekzem stellt normalerweise keinerlei Hindernis für
für Training   die Fortführung sportlicher Aktivitäten dar. Schwimmer sollten aber
und Wettkampf   spezielle Vorsorgemaßnahmen ergreifen.

In den nachfolgenden Abschnitten werden vor allem die äußeren Augenerkrankungen, ausgelöst durch Infektionen, allergische Reaktionen und toxische oder mechanische Reizungen besprochen. Betroffen sind Augenlid, Bindehaut, Hornhaut, Tränensack und Tränenkanäle. In der Regel werden die entsprechenden Beschwerden durch Zug, Kälte, Nässe und Lichteinwirkung verschlimmert. Diesen Faktoren kann durch das Tragen von Schutzbrillen entgegengewirkt werden.

Bindehautentzündung (Konjunktivitis)

Krankheitsbild Die Bindehautentzündung kann durch Bakterien oder durch Viren verursacht werden. Bakterielle Bindehautentzündungen zeichnen sich durch die Bildung von Eiter aus. Der Betroffene klagt über ein Fremdkörpergefühl im Auge, manchmal auch über Schmerzen. Eine solche eitrige Bindehautentzündung ist in jedem Fall vom Arzt zu behandeln, da sich die Infektion sonst in die Umgebung ausbreiten kann. Dies

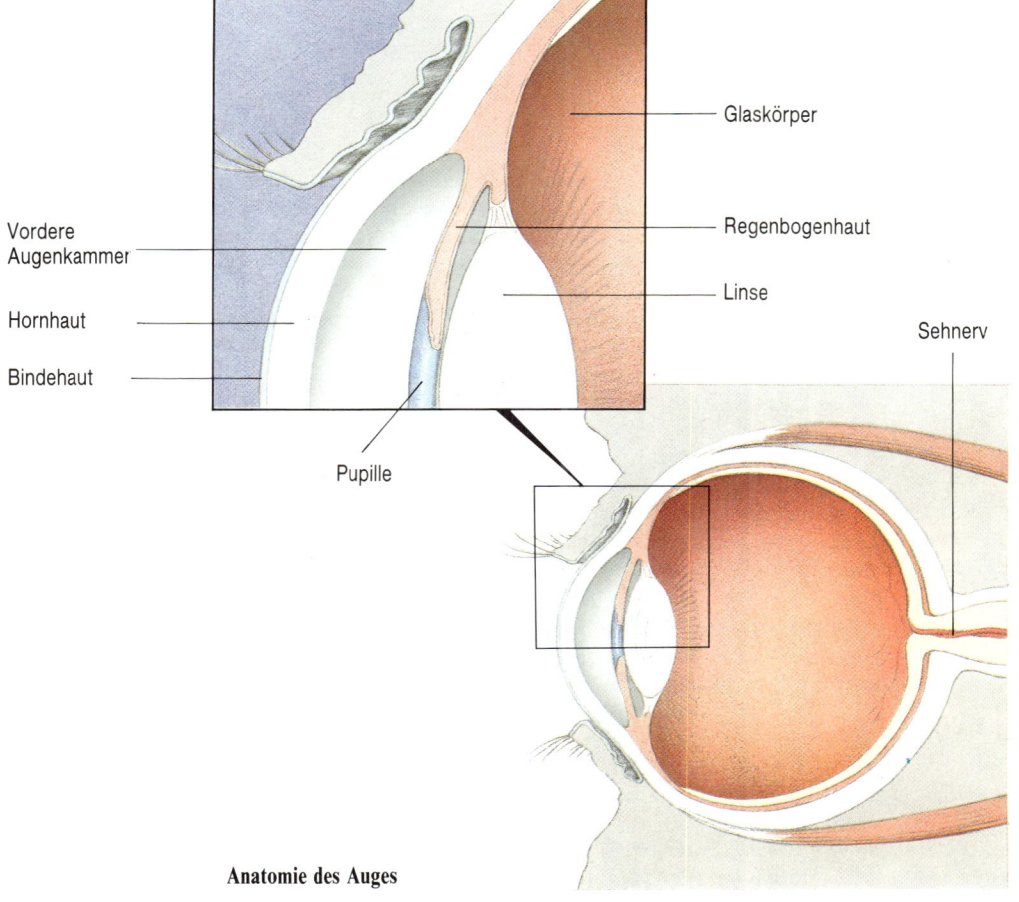

Glaskörper

Regenbogenhaut

Linse

Sehnerv

Vordere
Augenkammer

Hornhaut

Bindehaut

Pupille

Anatomie des Auges

115

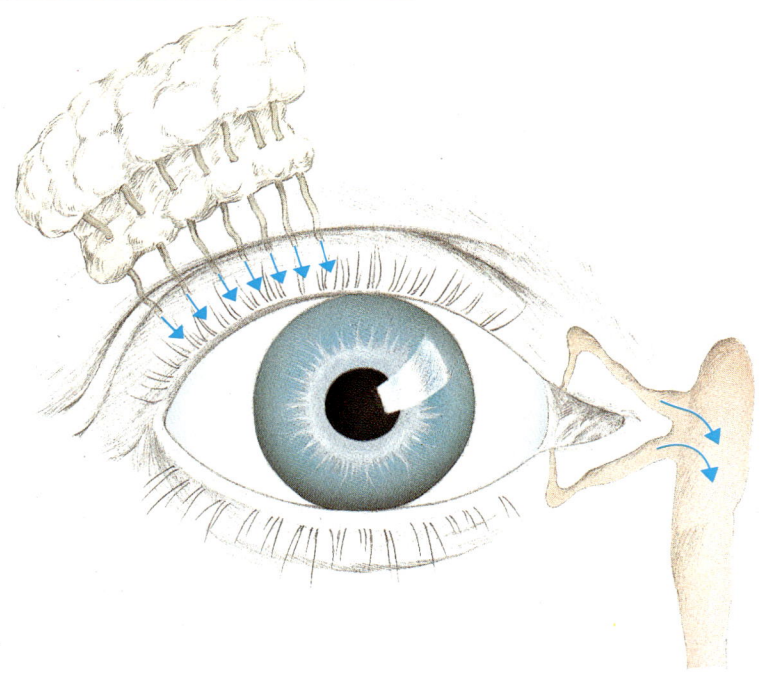

Die Tränen werden in der Tränendrüse produziert und fließen über den Tränennasenkanal in die Nase ab.

führt dann zu Komplikationen im Bereich der Atemwege, der Hirnhäute oder auch am Auge selbst, mit der Konsequenz einer dauernden Verschlechterung des Sehvermögens. Eitrige Bindehautentzündungen sind ansteckend, sie können sich beispielsweise innerhalb einer Sportmannschaft ausbreiten. Zwischen dem Infektionszeitpunkt und der Manifestation der Erkrankung kann, wie bei allen Infektionen, ein mehr oder weniger langer Zeitraum (Inkubationszeit) liegen.

Behandlung Die akute eitrige Konjunktivitis wird vorzugsweise mit Chloramphenicolsalbe (Chloromycetin, Paraxin, s. S. 80) behandelt. Die Therapie muß bis zur völligen Abheilung fortgeführt werden. Bei hartnäckigen, wiederholt auftretenden Infektionen wird manchmal auch eine Tablettenbehandlung mit Antibiotika erforderlich (s. S. 78 ff.).

Konsequenzen für Training und Wettkampf Die eitrige Bindehautentzündung kann durch körperliche Aktivität verschlimmert werden. So lange sie besteht, müssen daher Training und Wettkampf eingestellt werden.

Toxische Bindehautreizungen

Krankheitsbild Eine Reihe von Stoffen in Luft und Wasser kann die Bindehaut toxisch reizen, darunter Tabakrauch, Schwefelverunreinigungen der Luft oder chlorhaltiges Wasser in Schwimmbädern. Die Symptome entsprechen den bei der eitrigen Konjunktivitis beschriebenen, mit Ausnahme der Eiterbildung. Der Betroffene klagt über Fremdkörpergefühl im Auge, die Bindehaut erscheint rot und gereizt, es besteht eine erhöhte Tränensekretion.

Behandlung Bei einer toxisch bedingten Bindehautreizung sollte der Betroffene zunächst den Kontakt mit dem auslösenden Reizstoff meiden, beispielsweise durch die Benutzung von Schutzbrillen in Schwimmhallen oder das Vermeiden von Räumen mit erheblicher Luftverschmutzung. Spülungen mit physiologischer Kochsalzlösung vermindern die Beschwerden. In schweren Fällen können kortisonhaltige Augentropfen oder -salben zur Anwendung kommen. Hiermit muß man allerdings vorsichtig sein. Kortison sollte auch lokal am Auge nur auf die Verordnung eines Augenarztes hin Anwendung finden, da eine toxisch verursachte von einer infektiösen Konjunktivitis oft schwierig abzugrenzen ist. Die Anwendung von Kortison bei einer infektiösen Konjunktivitis kann das Krankheitsbild erheblich verschlimmern.

Allergische Bindehautentzündung

Die allergisch bedingte Bindehautentzündung wird auf Seite 71 f. besprochen.

Kontaktlinsen

In einer Reihe von Sportarten, vor allem in solchen, die von Körperkontakt geprägt sind, ist das Tragen von Brillen problematisch. Viele Sportler weichen daher auf Kontaktlinsen aus. Hierdurch können Beschwerden im Bereich der Bindehaut und Hornhaut entstehen. Selbstverständlich sollte man in solchen Fällen den Augenarzt um Rat fragen. Lassen sich mechanische Reize beim Tragen von Kontaktlinsen nicht vermeiden, so ist zu überlegen, ob nicht doch besser andere Formen der Sehhilfen zur Anwendung kommen.

Fremdkörper im Auge

Schon kleine Fremdkörper können zu erheblichen Reizungen von Bindehaut und/oder Hornhaut führen. Der Betroffene klagt über Bindehautreizungen und Fremdkörpergefühl. In diesem Fall, besonders

Schwimmer tragen Schutzbrillen auch im Wettkampf. *Photo: Jan Collsiöö/Pressens bild*

Auch durch Kälte kann es zu Hornhautschädigungen kommen. *Photo: Dan Ljungsvik*

beim einseitigen Auftreten solcher Beschwerden, sollte man an einen Fremdkörper als Ursache denken. Wenn solche Beschwerden nicht relativ rasch spontan wieder verschwinden, ist ein Arzt aufzusuchen. Bei Reizungen des Auges durch Säuren oder Basen muß sofort mit reichlich Wasser gepült werden, am besten direkt unter dem Wasserhahn. Anschließend ist auch hier sofort ein Arzt zu Rate zu ziehen.

Eitrige Lidrandentzündung (eitrige Blepharitis) und Gerstenkorn (Hordeolum)

Unter einem Gerstenkorn versteht man eine bakterielle Entzündung der Talg- oder Schweißdrüsen am Lidrand. Die Infektion kann generalisiert oder örtlich beschränkt sein. Geht sie von einer Wimper aus, so handelt es sich um einen Furunkel. Die Entzündung führt zu Fremdkörpergefühl und Schmerzen. Die Behandlung wird mit Antibiotika in Salbenform durchgeführt, vorzugsweise mit Chloramphenicol (s. S. 80). Ein Furunkel erfordert gelegentlich chirurgische Eröffnung.

Kälteschädigungen des Auges, Schneeblindheit

Die Hornhaut des Auges ist gegen Kälte sehr empfindlich, besonders bei Abkühlung durch Wind oder Fahrtwind kann eine Hornhautentzündung (Keratitis) entstehen. Auch starke Lichteinstrahlung führt zu einer Bindehaut- und Hornhautentzündung in Form der Schneeblindheit (s. S. 200f.). Zur Behandlung der Keratitis sollten dunkle Sonnenbrillen getragen werden. Das Behandlungsergebnis muß ärztlich kontrolliert werden, da die Hornhautentzündung zu dauernden Schäden führen kann.

15 Herz-Kreislauf-Erkrankungen

Das Herz ist ein Muskel mit der Funktion, Blut durch den Kreislauf zu pumpen. Die rechte Hälfte des Herzens pumpt sauerstoffarmes Blut in den Lungenkreislauf. Dort nimmt es neuen Sauerstoff auf, das Kohlendioxid (CO_2) wird abgegeben. Das Blut kehrt dann zur linken Herzhälfte zurück. Es wird von dort in den Körperkreislauf gepumpt, in dem es Sauerstoff abgibt und Kohlendioxid als Verbrennungsprodukt aufnimmt.

Die vom Herz pro Minute gepumpte Blutmenge (ca. 5 l) wird als Herzminutenvolumen bezeichnet. Es ergibt sich als Produkt aus der

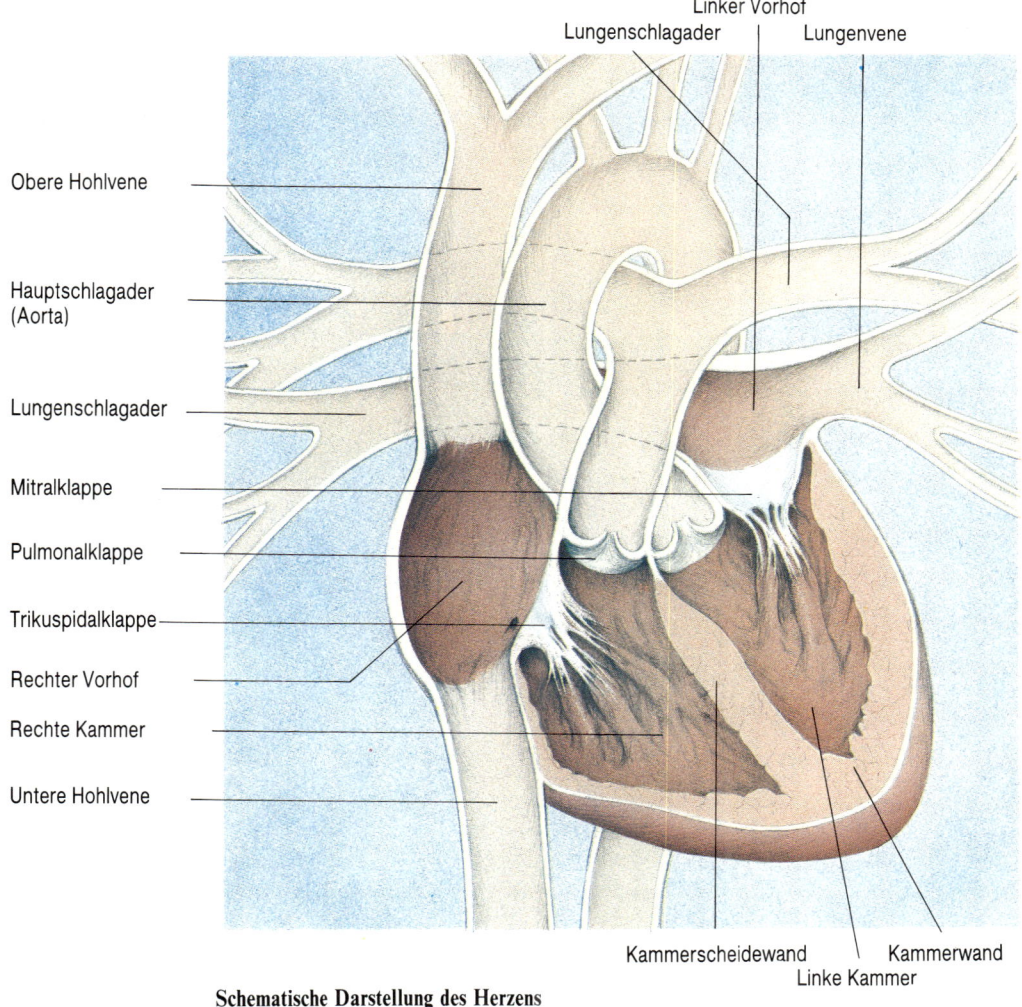

Schematische Darstellung des Herzens

Zahl der Herzschläge in der Minute (Herzfrequenz, ca. 70/min) und der Auswurfmenge pro Schlag (Herzschlagvolumen, ca. 70 ml). Unter körperlicher Belastung erhöht sich der Sauerstoffbedarf des Organismus. Um diesem Rechnung zu tragen, werden beide Komponenten des Herzminutenvolumens gesteigert. Das Herzschlagvolumen steigt beim Erwachsenen auf etwa 100 ml an, und zwar schon bei geringer Belastung. Eine weitere Steigerung des Schlagvolumens ist nicht möglich, da dies von der Größe der Herzkammer begrenzt wird. Die entscheidende Größe zur Steigerung der Herzarbeit stellt daher die Schlagzahl dar, die bei maximaler Belastung auf 200 ansteigen kann. Diese soge-

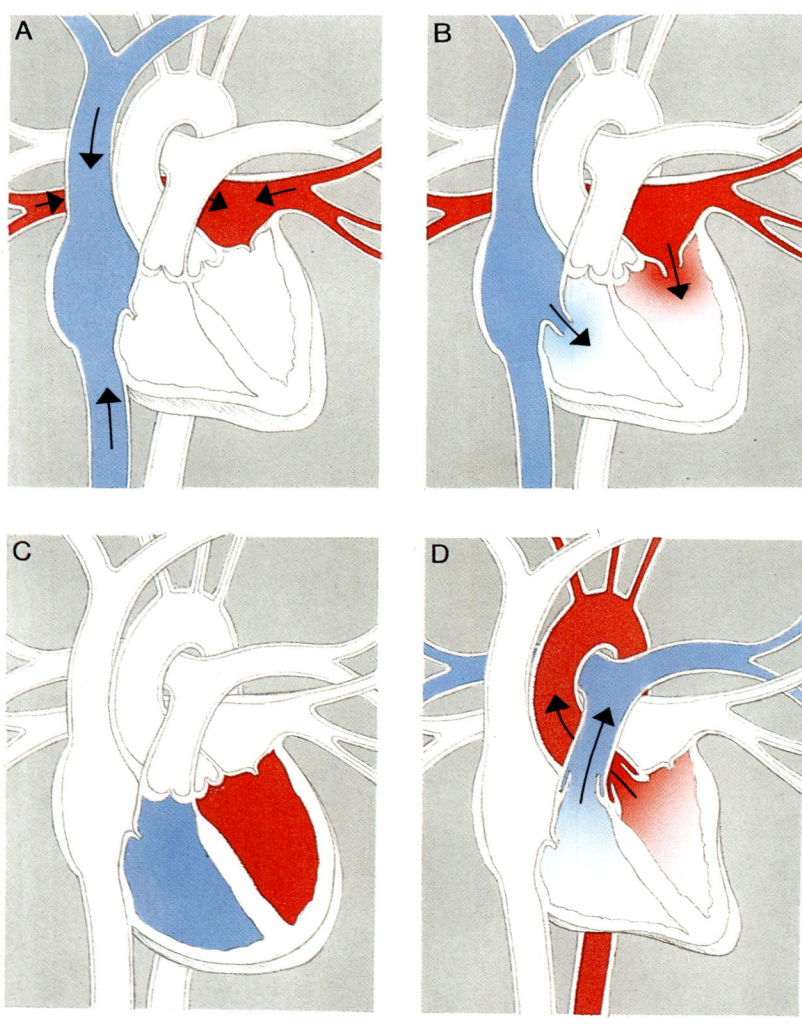

Die verschiedenen Arbeitsphasen des Herzens: **a)** Das Blut fließt in den rechten bzw. linken Vorhof. **b)** Die Klappen zwischen Vorhöfen und Kammern öffnen sich, das Blut strömt in die Kammern ein. **c)** Die Kammern sind mit Blut gefüllt. Die Klappen zum Vorhof werden mit Beginn der Kontraktion der linken Kammer durch den Druck geschlossen. **d)** Bei weiter ansteigendem Druck in den Herzkammern öffnen sich jetzt die Klappen zur Lungenschlagader bzw. zur Hauptschlagader.

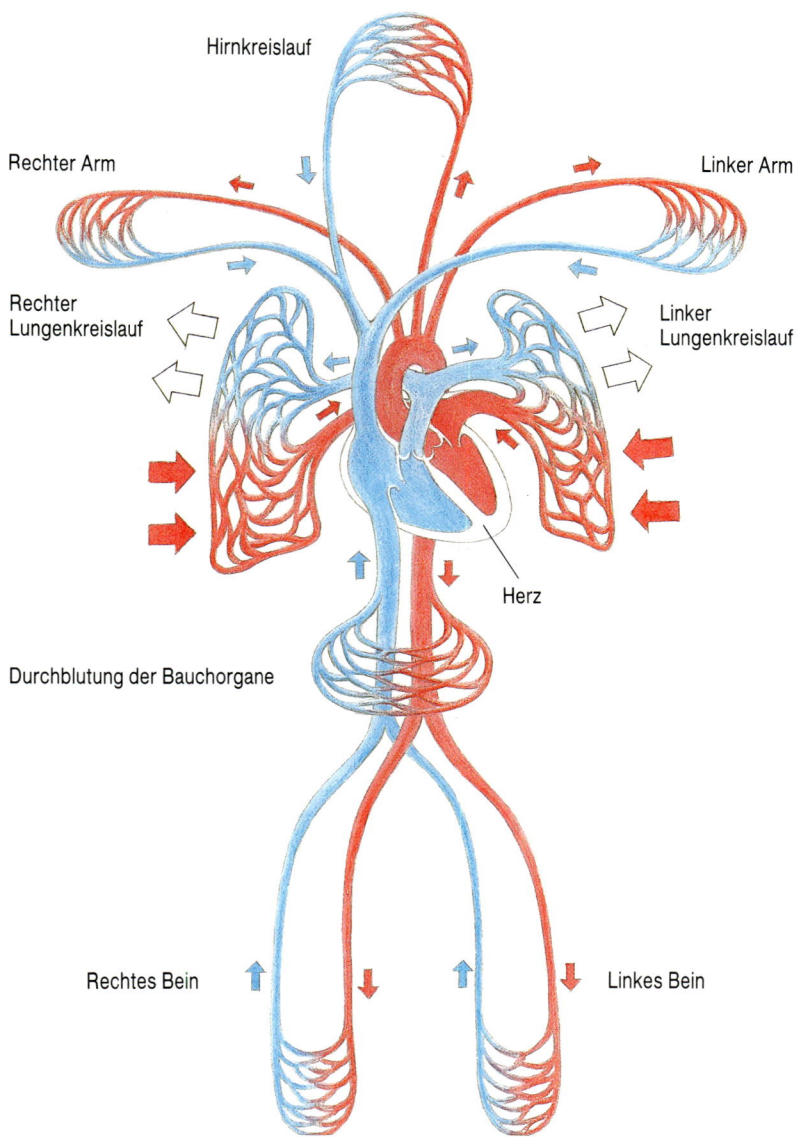

Schematische Darstellung des Blutkreislaufs. Der arterielle Kreislauf ist rot, der venöse blau dargestellt.

nannte maximale Herzfrequenz ist stark altersabhängig. Kinder und Jugendliche erreichen Frequenzen von 200—230, während ältere Menschen über 150—170 nicht mehr hinauskommen. Hieraus errechnet sich das maximale Herzminutenvolumen beim Untrainierten mit 20—25 l/min. Beim Sportler führt die trainingsbedingte Herzvergrößerung und die damit einhergehende Steigerung der Herzschlagvolumina zu Leistungen bis zu 40 Litern in der Minute.

Eine weitere entscheidende Größe für die Herzarbeit stellt der Blutdruck dar. Dieser wird durch die Kraft erzeugt, mit dem das Blut vom Herz in die Gefäße hineingedrückt wird. Zwischen zwei Herzschlägen fällt dabei der Druck nicht auf Null ab, da während der Herzkontraktion (Systole) die elastischen Blutgefäße aufgedehnt werden. Während der Phase der Herzerschlaffung (Diastole) ziehen sie sich dann wieder zusammen und treiben dadurch das Blut weiter. Der höchste während der Systole erreichte Druck wird als systolischer Blutdruck bezeichnet. Der tiefste Wert, auf den der Druck zwischen zwei Herzaktionen abfällt, ergibt den diastolischen Druck. Die Höhe des Drucks wird in mmHg gemessen, entsprechend der Höhe der Quecksilbersäule, die von diesem Druck gehalten werden kann. Normalerweise liegt bei jugendlichen Menschen der obere oder systolische Druck bei 120 mmHg, der untere oder diastolische Druck bei 70 mmHg. Entscheidend für die Höhe des Drucks ist einmal die vom Herzen ausgepumpte Blutmenge und zum anderen der Widerstand in den Blutgefäßen (peripherer Gefäßwiderstand). Die Gefäßweite und damit der in den Gefäßen herrschende Widerstand wird zum einen vom sympathischen Nervensystem geregelt (s. S. 353 ff.), er wird zum anderen aber auch von lokalen Stoffwechselprodukten beeinflußt. Die Steigerung des Herzminutenvolumens unter Belastung um den Faktor 4 bis 5 bedeutet daher nicht, daß auch der Blutdruck entsprechend ansteigen muß, da gleichzeitig der Gefäßwiderstand durch eine Weitstellung der Blutgefäße im arbeitenden Bereich erheblich abnimmt. Hierdurch kommt es auch zu einer Umverteilung des Herzminutenvolumens zu den arbeitenden Bereichen, da in den nicht arbeitenden Organen, besonders im Bereich der Bauchorgane, die Gefäße enger gestellt werden. Konstant bleibt dagegen auch bei schwerer körperlicher Belastung die Hirndurchblutung.

Die Hautdurchblutung variiert in Abhängigkeit von den Bedürfnissen der Wärmeregulation. Bei intensiver körperlicher Belastung steigt die Körpertemperatur an, in der Folge wird auch die Hautdurchblutung gesteigert, um vermehrt Wärme abgeben zu können. Unter Belastung steigt vor allem der systolische Blutdruck, bei maximaler Belastung über 200 mmHg. Hochtrainierte Sportler erreichen höhere Belastungsintensitäten und damit auch höhere Druckanstiege. Der diastolische Wert bleibt hingegen weitgehend konstant.

Körperliche Belastung führt somit für das Herz-Kreislauf-System zu einer erheblichen Mehrarbeit. Das Herz muß pro Schlag mehr pumpen, seine Schlagzahl erhöhen und einen höheren Druck aufbringen. Die Leistungsfähigkeit des Menschen, besonders in Ausdauersportarten, wird vor allem durch die Kreislaufkapazität begrenzt. Trotz dieser hohen Belastung stellt für das gesunde Herz auch maximale körperliche Arbeit kein Risiko dar.

Nach den bisherigen Ausführungen wird die Blutversorgung der arbeitenden Muskulatur vor allem von der Steigerung des Herzminutenvolumens und der Erniedrigung des peripheren Gefäßwiderstandes bestimmt. Diese Anpassungsmechanismen können durch eine Reihe von Herz-Kreislauf-Erkrankungen beeinträchtigt werden. Zu einer Verminderung der Pumpleistung des Herzens kann es bei verschiedenen Herzkrankheiten kommen. Genannt seien Entzündungen des Herzmuskels (Myokarditis), Herzmuskelerkrankungen (Kardiomyopathie), Herzklappenfehler, Störungen des Herzrhythmus (Arrhythmien) oder Durchblutungsstörungen des Herzmuskels, die zur koronaren Herzkrankheit führen. Letztere zeigt sich in Brustbeschwerden in Form der Angina pectoris (s. u.), das Resultat kann ein Herzinfarkt sein. Alle bisher genannten Erkrankungen können im Herzversagen (Herzinsuffi-

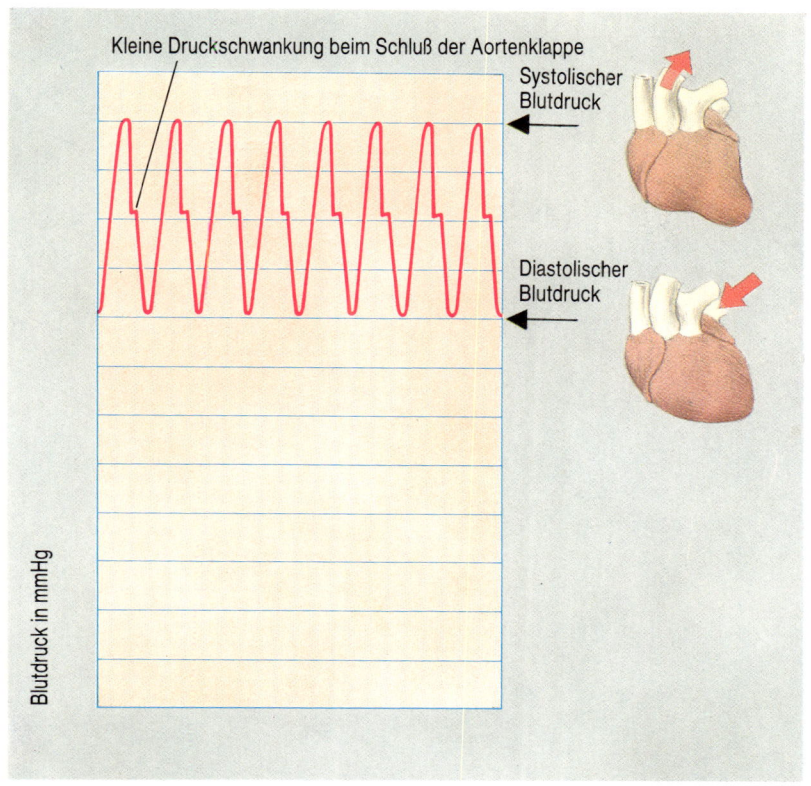

Verhalten des Blutdrucks in den Arterien während der verschiedenen Phasen der Herzaktion

zienz) enden. Zu einer Erhöhung des peripheren Gefäßwiderstandes kann es bei Hochdruck (Hypertonie) und Gefäßverkalkung (Arteriosklerose) kommen.

Herzerkrankungen

Koronare Herzkrankheit (Angina pectoris)

Krankheitsbild Die koronare Herzkrankheit beruht auf einer Minderdurchblutung und damit einem Sauerstoffmangel des Herzmuskels. Die Ursache besteht in Gefäßveränderungen, die vom Nichtmediziner als „Gefäßverkalkung", vom Arzt als Arteriosklerose bezeichnet werden. Neben der Gefäßverengung spielen auch Krampfzustände der Herzkranzarterien (Gefäßspasmen) eine Rolle. Die Durchblutungsstörung des Herzmuskels zeigt sich in charakteristischen Beschwerden, die vom Patienten als Engegefühl angegeben werden. Typischerweise treten die Schmerzen hinter dem Brustbein auf, strahlen von dort zur linken Schulter und zum linken Arm hin, aber auch zum Kiefer und Oberbauch aus. Ausgelöst werden sie anfangs häufig durch körperliche oder psychische Belastungen. Sie bilden sich rasch nach einigen Minuten wieder zurück. Die Beschwerden können sehr unterschiedlich ausgeprägt sein, in schweren Fällen gehen sie mit Todesangst und Vernichtungsgefühl einher. Auch andere auslösende Faktoren kommen in Frage, insbeson-

123

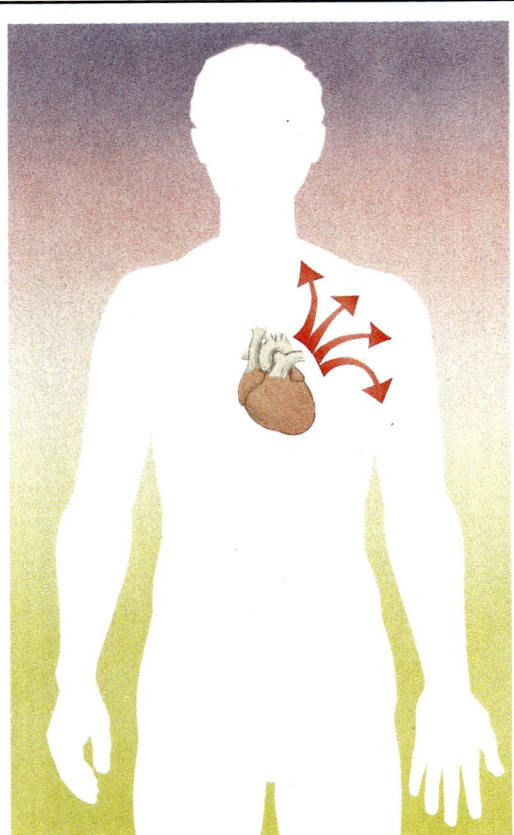

dere Kälte, Tabakrauch, vorausgegangene Mahlzeiten. Unter diesen Bedingungen kann die Schwelle, bei der unter körperlicher Belastung ein Anfall ausgelöst wird, gesenkt sein.

Das Auftreten einer Angina pectoris stellt immer ein ernsthaftes Krankheitszeichen dar. Der Betroffene sollte auf jeden Fall einen Arzt aufsuchen. Bei Nichtbeachtung entsprechender Warnsymptome kann es zu einem Herzinfarkt (s. S. 125f.) kommen.

Häufig können ähnliche, dann nur schwer von der Angina pectoris abgrenzbare Beschwerden durch andere Ursachen hervorgerufen werden. In Frage kommen Wurzelreizsyndrome bei Veränderungen im Hals- und Brustwirbelsäulenbereich, Speiseröhrenentzündung (Ösophagitis), Oberbaucherkrankungen wie Bauchspeicheldrüsenentzündung (Pankreatitis) oder Gallenkoliken. Nicht selten können Herzschmerzen auch psychisch ausgelöst werden, Herzneurose.

Behandlung Die Behandlung der Angina pectoris zielt auf eine Verbesserung der Sauerstoffbilanz des Herzens. Dies wird entweder durch eine Verminderung des Sauerstoffbedarfs oder eine Erhöhung des Angebots erreicht. Bei einem akuten Angina-pectoris-Anfall sollte sich der Betroffene ruhig verhalten und ein schnell wirkendes Nitropräparat anwenden. Nitroglyzerinsprays wirken über die Aufnahme durch die Mundschleimhaut innerhalb weniger Minuten. Länger wirkende Nitrate werden auch zur Vorbeugung eingenommen, hier sind eine Fülle von Medikamenten auf dem Markt (z. B. Isoket, Elantan, Sorbidilat etc.). Als

Nebenwirkungen treten unter Nitrat typischerweise Kopfschmerzen auf, die aber nach Gewöhnung rasch verschwinden. Ein weiteres wichtiges Behandlungsprinzip ist die Gabe von Betarezeptorenblockern (s. S. 360ff.), die den Sauerstoffbedarf des Herzens vermindern. Auch diese Präparate werden vorbeugend eingenommen. Die Kombination beider Präparate verbessert die Wirkung jeder einzelnen Komponente.

Als neues medikamentöses Prinzip in der Behandlung der koronaren Herzkrankheit sind die Kalziumantagonisten hinzugekommen. Auch sie vermindern den Sauerstoffbedarf des Herzens. Die wichtigsten Substanzen sind Nifedipin (Adalat), Verapamil (Isoptin, s. S. 137) und Diltiazem (Dilzem).

Zunehmende Bedeutung in der Behandlung der koronaren Herzkrankheit gewinnt die operative Therapie. Durch Umgehungskreisläufe (Bypassoperation) lassen sich örtliche Verengungen beheben. Das Ergebnis besteht in einer weitgehenden Beschwerdefreiheit und Steigerung der Leistungsfähigkeit.

Neben den bisher genannten medizinischen Maßnahmen ist dem Patienten dringend eine Änderung der Lebensführung anzuraten. Das bedeutet die Einstellung des Rauchens, die Vermeidung von unnötigem Streß, Beseitigung von Übergewicht und konsequente Behandlung eines überhöhten Blutdrucks. Werden diese Hinweise beachtet, so ist die Prognose hinsichtlich der Lebenserwartung relativ gut.

Konsequenzen für Training und Wettkampf Gerade für die koronare Herzkrankheit wird körperliches Training unter ärztlicher Aufsicht empfohlen. Wichtig ist dabei die individuelle Dosierung der körperlichen Belastung. Dies setzt voraus, daß die Belastbarkeit durch einen Belastungstest auf dem Fahrradergometer oder Laufband ärztlich kontrolliert wird. Der Patient sollte sich entsprechend beraten lassen und bei seinem eigenen Training die vorher vom Arzt festgelegten Grenzen nicht überschreiten. Da bei vielen Patienten Angina-pectoris-Beschwerden durch Kälte ausgelöst werden, sollten sie hinsichtlich der körperlichen Belastung bei kaltem Wetter vorsichtig sein und entsprechend die Belastungsintensität reduzieren. Zu vermeiden sind Belastungsformen, die für das Herz eine erhebliche Mehrarbeit bedeuten und damit ein erhöhtes Risiko darstellen, wie etwa Schnelligkeitsbelastungen (Intervalläufe, Gewichtheben, streßbetonter Wettkampfsport etc.).

Herzinfarkt

Krankheitsbild Unter einem Herzinfarkt versteht man den Untergang von Herzmuskelgewebe als Folge einer Durchblutungsstörung. Dies führt zu einem bleibenden Herzschaden, da das Muskelgewebe durch eine Narbe ersetzt wird. Ursache der Durchblutungsstörung und des hierdurch bedingten Sauerstoffmangels ist im allgemeinen eine Arteriosklerose der das Herz versorgenden Kranzarterien. Dabei können auch Krampfzustände dieser Arterien eine Rolle spielen (Koronarspasmus).

Der Herzinfarkt kann unter körperlicher Belastung auftreten, dies ist aber keineswegs obligat. Zahlreiche Herzinfarkte ereignen sich nachts während des Schlafs. Die typischen Symptome bestehen in einem erheblichen Schmerzzustand, der im Brustbereich auftritt und häufig in den linken, aber auch in beide Arme, zum Nacken hin und in den Oberkiefer hinein ausstrahlt. Der Betroffene erfährt weder durch Änderung der Körperhaltung oder der Atemtechnik Erleichterung. Häufig führen auch gefäßerweiternde Medikamente nicht zu einer Besserung. Hinzu kommen Übelkeit, Erbrechen, Schweißausbruch und Herzrhythmusstörungen. Jeder Herzinfarkt stellt einen akut lebensbe-

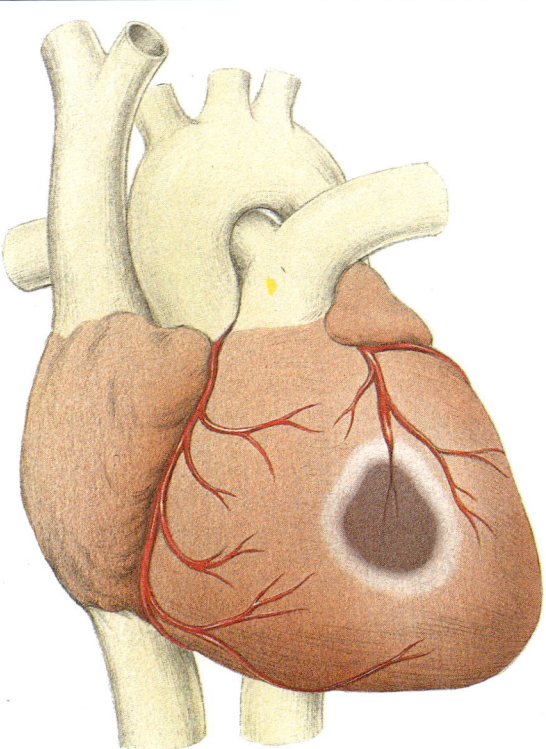

Beim Herzinfarkt geht ein Teil der Herzmuskulatur durch Sauerstoffmangel zugrunde.

drohlichen Zustand dar. Bei Verdacht ist eine sofortige Krankenhauseinweisung erforderlich.

Konsequenzen für Training und Wettkampf Die Bewegungstherapie hat sich heute nach durchgemachtem Herzinfarkt weitgehend durchgesetzt. Der Patient beginnt meist schon relativ früh unter ärztlicher Aufsicht mit einem kontrollierten Training. Noch konsequenter als bei der koronaren Herzkrankheit ohne Herzinfarkt sollte die empfehlenswerte Belastungsintensität durch einen ärztlich kontrollierten Belastungstest auf dem Fahrradergometer oder Laufband festgelegt werden. Überbelastungen, insbesondere im Rahmen von Wettkampfsituationen, können gefährlich werden. Zu berücksichtigen ist ferner bei der körperlichen Belastung, daß diese Patienten häufig unter Medikamenteneinwirkung stehen. Insbesondere adrenerge Betarezeptorenblocker (s. S. 360 ff.) sind hier von Bedeutung, da sie das Pulsfrequenzverhalten verändern. Diese Medikamente werden zur Vorbeugung eines neuen Infarktes eingesetzt.

Herzmuskelentzündung (Myokarditis)

Krankheitsbild Die Herzmuskelentzündung kann durch eine Virusinfektion oder von Bakterien produzierte Giftstoffe (bakterielle Toxine) verursacht werden. Nicht selten tritt sie ferner im Rahmen anderer Erkrankungen auf, wie z. B. beim rheumatischen Fieber. Auch hinter einer scheinbar harmlosen Grippe kann sich eine Herzmuskelentzündung verbergen. Die Symptome sind uncharakteristisch, sie zeigen sich in Müdigkeit, Abgeschlagenheit, Druckgefühl und Schmerzen hinter dem Brustbein, teilweise ausgelöst durch körperliche Belastung. Die Schmerzen können sehr unterschiedlich stark ausgeprägt sein, nicht selten sind sie

126

atemabhängig. Aufgrund dieses uncharakteristischen Krankheitsbildes ist die Diagnose oft schwer zu stellen. Sie wird durch spezielle Untersuchungen gesichert, wie EKG, Röntgenuntersuchung, Echokardiographie sowie die Bestimmung der Konzentration bestimmter, aus dem Herzmuskel stammender Enzyme im Blut.

Behandlung

Die Behandlung der Myokarditis zielt auf die zugrundeliegende Erkankung. Bei richtiger Therapie heilt sie im allgemeinen innerhalb einiger Wochen aus. Im Falle einer virusbedingten Herzmuskelentzündung bleibt als Behandlungsmöglichkeit lediglich die Ruhigstellung, da eine spezifische Therapie nicht möglich ist. Bei bakteriellen Infektionen werden Antibiotika gegeben (s. S. 78 ff.).

Konsequenzen für Training und Wettkampf

Die Wiederaufnahme körperlicher Aktivität nach einer Herzmuskelentzündung ist erst nach völliger Wiederausheilung schrittweise unter ärztlicher Anleitung möglich. Es dauert im allgemeinen lange, bis der alte Leistungsstand wieder erreicht wird. Bei Spitzensportlern kann dieser Zeitraum 2—3 Monate oder länger dauern.

Herzbeutelentzündung (Perikarditis)

Krankheitsbild

Die Herzbeutelentzündung wird durch Viren oder Bakterien bzw. durch Bakteriengifte (bakterielle Toxine) hervorgerufen, sie kann aber auch im Rahmen von allgemein-entzündlichen Erkrankungen auftreten, wie beispielsweise im Verlauf eines rheumatischen Fiebers. Kommt es im Rahmen der Herzbeutelentzündung zum Austritt von mit Entzündungszellen durchsetzter Flüssigkeit in den Herzbeutel, so spricht man von einem Herzbeutelerguß. Dieser Erguß drückt auf das Herz, das Herz wird komprimiert, sein Fassungsvermögen wird vermindert und damit die Pumpfunktion beeinträchtigt. Der Kranke klagt über Schmerzen und Druckgefühl im Brustbereich, die so intensiv sein können, daß man an einen Herzinfarkt denkt. Hinzu kommen Unruhe, Angst sowie Zeichen des Kreislaufversagens wie Blässe, beschleunigter, flacher Puls etc.

Behandlung

Bei der Herzbeutelentzündung besteht das Therapieziel zunächst in einer Behandlung der zugrundeliegenden Infektion. Sind bakterielle Erreger für die Erkrankung verantwortlich, gibt man Antibiotika im allgemeinen intravenös, d. h. über die Blutbahn. Eine spezifische Therapie bei einer viralen Infektion existiert nicht. Tritt die Perikarditis im Rahmen einer Grundkrankheit, etwa einer rheumatischen Erkrankung, auf, so richtet sich die Behandlung nach den jeweiligen Erfordernissen. Bei großen Perikardergüssen muß die Flüssigkeit durch Punktion abgesaugt werden, um für das Herz eine Druckentlastung zu schaffen. Als Folge der Herzbeutelentzündung kann es gelegentlich zu einer Verkalkung des Herzbeutels kommen, zur Entwicklung eines sogenannten Panzerherzens. In diesem Fall muß dann der Herzbeutel operativ entfernt werden.

Konsequenzen für Training und Wettkampf

Die Herzbeutelentzündung stellt eine ernsthafte Erkrankung dar, die selbstverständlich erst völlig ausgeheilt sein muß, bevor der Kranke wieder mit Training und Wettkampf beginnen kann. Dies darf nur allmählich und unter ärztlicher Kontrolle geschehen.

Herzklappenentzündung (Endokarditis)

Im Rahmen einer Entzündung der Herzinnenhaut (des Endokards) werden vor allem die Herzklappen angegriffen, die von dieser Innenhaut überzogen sind. Die häufigste Ursache hierfür ist das rheumatische Fieber. Eine weitere Infektionsmöglichkeit besteht in der Besiedlung mit Bakterien, die die Herzklappen meistens von Zahn- und Mandelinfektionen, aber auch von anderen Infektionsorten aus auf dem Blutwege erreichen. Diese bakterielle Besiedlung erfolgt allerdings vorzugsweise bei schon vorgeschädigten, vernarbten, nur sehr selten bei gesunden Klappen. Eine bakterielle Endokarditis stellt stets eine lebensbedrohliche Erkrankung dar. Sie erfordert eine intensiv über Wochen hinweg, intravenös, also auf dem Blutwege durchgeführte, antibiotische Behandlung. In einigen Fällen ist eine Operation im akuten Stadium erforderlich. Auch nach optimaler Behandlung bleiben im allgemeinen immer Restschäden zurück, die Leistungsfähigkeit des Betroffenen bleibt eingeschränkt.

Konsequenzen für Training und Wettkampf Nach einer Endokarditis ist selbst bei bestmöglichem Verlauf die Wiederaufnahme von Training und Wettkampf nur nach gründlicher Beratung mit dem Arzt möglich. Die Wiederaufnahme von Leistungssport dürfte in den seltensten Fällen möglich sein.

Herzmuskelerkrankung (Kardiomyopathie)

Krankheitsbild Unter der Kardiomyopathie werden eine Reihe unterschiedlicher Erkrankungen verstanden, die eines gemeinsam haben, die Tatsache nämlich, daß die Ursache bisher noch nicht hinreichend verstanden ist. Bestimmte, familiär auftretende Formen dieser Erkrankung treten besonders auch beim jüngeren Menschen und damit beim Sportler auf. Durch die Herzmuskelerkrankung kommt es zu einer Verschlechterung der Herzfunktion, trotzdem kann aber der Betroffene häufig völlig beschwerdefrei bleiben. Nicht selten ist eine dramatische, lebensbedrohliche Herzrhythmusstörung oder gar der Tod des Betroffenen das erste Symptom. Die hypertrophe Kardiomyopathie ist eine der wichtigsten Ursachen des plötzlichen Todes bei Sportlern. Die Diagnose ist schwierig zu stellen, oft wird die Erkrankung mit einer Herzmuskelentzündung verwechselt.

Behandlung Über die optimale Behandlung der Kardiomyopathie ist bisher noch wenig bekannt. Bei jüngeren Menschen mit hypertropher Kardiomyopathie, die mit einem verstärkten Muskelwachstum des Herzens einhergeht, werden mit relativ gutem Erfolg Betarezeptorenblocker (s. S. 360 ff.) oder Kalziumantagonisten eingesetzt.

Konsequenzen für Training und Wettkampf Bei einer schwereren Kardiomyopathie ist die Leistungsfähigkeit des Patienten meist so stark eingeschränkt, daß sich körperliche Belastungen von vornherein verbieten. Bei leichteren Formen muß das zulässige Maß von Bewegung jeweils mit dem Arzt abgestimmt werden.

Herzfehler

Krankheitsbilder Unter Herzfehlern versteht man Veränderungen der Herzklappen oder Verbindungen zwischen der linken und der rechten Herzhälfte, die normalerweise nicht vorkommen („Loch im Herzen"). Während diese Defekte immer angeboren sind, können Klappenveränderungen angeboren oder als Folge einer Entzündung der Herzinnenhaut (Endokarditis) erworben sein. Die normale Funktion der Herzklappen, nämlich die Regulierung der Flußrichtung des Blutes, ist dann gestört.

Herzfehler führen zu einer Verschlechterung der Herzfunktion und damit der Belastbarkeit. Besonders deutlich wird dies bei den sogenannten zyanotischen Herzfehlern, also bei angeborenen Defekten in der Herzscheidewand, bei denen sauerstoffuntersättigtes Blut aus der rechten in die linke Herzhälfte gelangt. Die genaue Diagnose des vorliegenden Herzfehlers muß durch eine kardiologische Untersuchung gestellt werden.

Behandlung	Die Behandlung des Herzfehlers ist von Fall zu Fall unterschiedlich. Die Therapieziele bestehen, falls möglich, in einer operativen Beseitigung der strukturellen Anomalie und/oder in einer medikamentösen Besserung der Funktionseinschränkung des Herzens (s. u.).
Konsequenzen für Training und Wettkampf	Bei leichteren Herzfehlern ist körperliche Aktivität in eingeschränktem Rahmen durchaus möglich, sie sollte jedoch stets nur nach Absprache mit dem behandelnden Arzt erfolgen. Besonders problematisch ist die Verengung der Klappe am Beginn der Hauptschlagader, der Aorta (Aortenklappenstenose). Da hier im Zusammenhang mit Sport nicht selten Todesfälle auftreten, sollten stärkere körperliche Belastungen vermieden werden.

Herzinsuffizienz

Definition	Unter Herzinsuffizienz versteht man eine ungenügende Funktion des Herzens, bei der sich das Blut vor der jeweiligen Herzhälfte staut. Dieses Versagen kann akut oder chronisch auftreten. Ursachen hierfür sind die verschiedenen Herzkrankheiten, die bereits besprochen wurden, beispielsweise Herzmuskelentzündung, koronare Herzkrankheit, Herzfehler, Bluthochdruck oder auch Herzrhythmusstörungen. Die verminderte Pumpleistung des Herzens führt zu einer Einschränkung der Durchblutung der inneren Organe mit entsprechenden Symptomen. Zunächst tritt Atemnot nur unter körperlicher Belastung auf, später auch in Ruhe. In den Beinen und der Leber kann sich Flüssigkeit ansammeln, in schwersten Fällen kommt es zu einem Blutrückstau in die Lunge und damit zu einem Austritt von Blutflüssigkeit in die Lungenbläschen, zu einem Lungenödem. Ein solcher lebensbedrohlicher Zustand zeigt sich in rasselnder Atmung. Der Betroffene kann blutigen Schaum vor dem Mund haben und leidet unter schwerster Atemnot und Todesangst.
Behandlung	Die Behandlung der Herzinsuffizienz besteht einmal in einer Verbesserung der Kontraktionsfähigkeit des Herzmuskels und zum anderen in einer Entlastung des Herzens. Medikamente der ersten Wahl sind Digitalis (beispielsweise Lanitop, Novodigal, Digimerck) sowie harntreibende Medikamente (Diuretika) (s. S. 364 f.). Digitalis, ein Medikament, das aus den Blättern des Fingerhuts gewonnen wird, verbessert die Pumpleistung des insuffizienten Herzmuskels, gleichzeitig senkt es die Herzfrequenz und führt damit zu einer Ökonomisierung der Herzarbeit. Bei Überdosierung kommt es allerdings häufig zu Nebenwirkungen in Form von Übelkeit, Erbrechen, Sehstörungen und Rhythmusstörungen, Digitalis muß daher sehr genau individuell dosiert werden. Der Kranke sollte auf keinen Fall ohne ärztliches Einverständnis die Dosis ändern.

Selbstverständlich muß auch die zugrundeliegende Erkrankung behandelt werden, beispielsweise ein Hochdruck, Herzrhythmusstörungen oder Klappenfehler.

Beim Lungenödem als Folge eines akuten schweren Herzversagens ist eine massive Sofortbehandlung lebensnotwendig. Der Patient sollte aufrecht im Bett sitzen und Sauerstoff atmen. Medikamentös werden Morphin, Diuretika und gefäßerweiternde Medikamente verordnet (s. S. 136 f.). Die Digitalisgabe im akuten Notfall ist heute unüblich geworden. Um das Herz zu entlasten, wird ein unblutiger Aderlaß durch die Anlage von Stauungen an den Beinen durchgeführt. Letzteres darf allerdings nur zeitlich befristet erfolgen. In halbstündigen Perioden ist die Durchblutung der Beine freizugeben, um Schädigungen zu vermeiden.

Aus den Blättern des Fingerhuts (Digitalis purpurea) werden die Digitalispräparate herge-stellt. *Photo: Tommy Berglund*

Der Patient mit medikamentös gut eingestellter chronischer Herz-insuffizienz kann häufig noch jahrzehntelang weitgehend beschwerde-frei leben.

Konsequenzen für Training und Wettkampf Unter einer entsprechenden medikamentösen Einstellung kann der Patient mit Herzinsuffizienz körperliche Aktivität in Form von Bewe-gungstherapie durchführen. Das vertretbare Ausmaß muß jeweils mit dem Arzt abgesprochen werden.

Herzrhythmusstörungen

Das Herz besitzt zur Steuerung seines Rhythmus ein eigenes Reizbil-dungssystem. Die große Bandbreite der Herzfunktion zwischen Ruhe und maximaler körperlicher Belastung oder psychischem Streß macht es erforderlich, diesen Eigenrhythmus den Bedingungen des Organis-mus anzupassen. Dies geschieht durch das autonome Nervensystem (s. S. 353 ff.). Veränderungen im Herzrhythmus kommen häufig vor. So er-niedrigt beispielsweise körperliches Training die Pulsfrequenz in Ruhe und unter Belastung mit dem Ergebnis einer ökonomischeren Herztä-tigkeit.

Nervös bedingte Herzbeschwerden

Krankheitsbild Nervös bedingte Herzbeschwerden in Form von Herzklopfen und -jagen in Verbindung mit Unruhe und Angst, oft auch als Herzneurose bezeich-net, kommen häufig vor. Die Symptome werden durch die Angst vor ei-ner möglichen Herzkrankheit noch weiter verstärkt. Sie können so stark werden, daß sie von dem Betroffenen als lebensbedrohlich empfunden werden. Die Abgrenzung gegenüber einer organisch bedingten Herzer-krankung ist häufig nur durch weiterführende Untersuchungen wie EKG, Ultraschall und Röntgenaufnahmen möglich.

Behandlung

Die wichtigste Behandlungsmaßnahme bei der Herzneurose besteht zunächst darin, daß der Arzt dem Patienten, der meist mit immer den gleichen Klagen zu ihm kommt, von der Harmlosigkeit seiner Beschwerden überzeugt. Der Patient muß glauben, daß bei ihm wirklich keine organische Erkrankung vorliegt. Hierzu trägt nicht selten körperliches Training bei. Im medikamentösen Bereich werden vorzugsweise Betarezeptorenblocker angewandt.

Konsequenzen für Training und Wettkampf

Nervöse Herzbeschwerden stellen keinerlei Grund gegen körperliche Belastungen dar, im Gegenteil, gerade hier hat sich Bewegungstherapie sehr bewährt. Soweit Sportler Betarezeptorenblocker einnehmen, sollten sie berücksichtigen, daß hierdurch ihre körperliche Leistungsfähigkeit eingeschränkt werden kann. Andererseits werden in bestimmten Sportarten, wie z. B. Schießen, die Betablocker zur Leistungssteigerung eingenommen. In diesen Sportarten stehen sie daher auf der Dopingliste.

Extraschläge (Extrasystolen)

Definition

Unter einer Extrasystole versteht man einen Herzschlag, der früher einsetzt, als dies nach dem regulären Grundrhythmus zu erwarten wäre. Der nachfolgende Schlag erfolgt im allgemeinen entsprechend verzögert, es kommt zu einer kompensatorischen Pause. Wenn der Patient dies bemerkt, hat er das Gefühl, als ob das Herz kurz still stände oder „stolpere". Extrasystolen sind häufig, auch bei völlig gesunden Menschen, vor allem, wenn ein langsamerer Grundrhythmus vorhanden ist. In solchen Fällen sind sie keinerlei Grund zur Beunruhigung, besonders dann nicht, wenn sie zwar in Ruhe vorhanden sind, unter körperlicher Belastung aber verschwinden. Faktoren, die das Auftreten von Extrasystolen begünstigen, sind psychischer Streß, Kaffee- und Tabakgenuß. Umgekehrt müssen dagegen Extraschläge, die unter körperlicher Belastung auftreten, meist als Zeichen einer gestörten Herzfunktion angesehen werden. In diesen Fällen sollte man eine weitere ärztliche Abklärung durchführen lassen.

Konsequenzen für Training und Wettkampf

Wenn Extrasystolen unter körperlicher Belastung auftreten, sollte man sich hinsichtlich der Möglichkeit Sport zu treiben, von einem Arzt beraten lassen. Im allgemeinen sollte die Belastungsintensität unterhalb des Anstrengungsgrades gewählt werden, ab dem ernsthafte Rhythmusstörungen auftreten.

Anfallsweises Herzjagen (paroxysmale Tachykardie)

Unter einem anfallsweisen Herzjagen bzw. „Herzrasen" versteht man sehr schnelle Herzrhythmen im Bereich von 100 bis über 200 Schlägen pro Minute. Sie treten im allgemeinen ohne Vorwarnung auf, nicht selten ausgelöst durch körperliche Belastungen, opulente Mahlzeiten, Rauchen oder psychischen Streß.

Symptome

Bei sehr hohen Herzfrequenzen kann es zu den Zeichen eines Kreislaufversagens in Form von Blutdruckabfall, Blässe, kaltem Schweiß und Schwindelgefühlen kommen. Ebenso plötzlich wie die Rhythmusstörung auftritt, verschwindet sie auch wieder. Die Dauer der Anfälle liegt zwischen wenigen Sekunden und Tagen. Solche Anfälle können sowohl bei völlig Gesunden wie auch bei Herzkranken vorkommen. Begünstigend wirken Anomalien im Reizleitungssystem des Herzens, beispielsweise das WPW-Syndrom.

Die Anfälle sind bei einem gesunden Herzen meist harmlos, bei hohen Frequenzen, die über längere Zeit bestehen, können sie jedoch zu einer Überbelastung der Herzmuskulatur und zu einem Herzversagen führen.

Behandlung Häufig gelingt es, durch eine mechanische Reizung des parasympathischen Nervensystems (s. S. 353 ff.) die Tachykardie zu unterbrechen. Der Betroffene kann dies selbst durch Pressen, Trinken von eiskaltem Wasser oder das Auslösen eines Brechreizes erreichen. Der Arzt wird zusätzlich einen Versuch durch Druck auf die Augäpfel oder die Halsschlagader durchführen. Reicht dies nicht aus, so wird er versuchen, medikamentös den Anfall zu unterbrechen. Dies geschieht durch die intravenöse Anwendung von geeigneten Medikamenten, wie Digitalis (s. S. 129) oder Betablockern (s. S. 360 ff.). Bleibt auch dies erfolglos, so wird bei lebensbedrohlichen Rhythmusstörungen eine elektrische Kardioversion notwendig, d. h., die Anwendung eines kurzen Stromstoßes mit Hilfe entsprechender Geräte.

Konsequenzen für Training und Wettkampf Generell bedeutet das anfallsweise Herzjagen keine Einschränkung der Sportfähigkeit. Man muß jedoch berücksichtigen, daß ein solcher Anfall in ungünstigen Situationen zu einem erhöhten Unfallrisiko führen kann, beispielsweise beim Turnen am Hochreck, beim Skispringen und bei ähnlichen Gelegenheiten. Während der Tachykardie selbst muß natürlich jede Art der körperlichen Aktivität unterbrochen werden.

Vorhofflimmern

Beim Vorhofflimmern flimmert die Vorkammer in sich. Hierdurch werden völlig unregelmäßige Impulse auf die Herzkammern übergeleitet. Es entsteht eine absolute Arrhythmie, d. h., eine völlige Unregelmäßigkeit der Herzschlagfolge. Das Vorhofflimmern kann dauernd vorhanden sein oder auch nur zeitweise auftreten. Häufig kommt diese Form der Rhythmusstörung bei einer vorbestehenden Herzerkrankung, wie beispielsweise bei der Mitralklappenstenose, vor. Eine organische Herzkrankheit muß aber nicht zugrunde liegen. Der gestörte Herzrhythmus kann die Leistungsfähigkeit einschränken.

Behandlung Bei der Behandlung des Vorhofflimmerns wird zuerst versucht, die Ursache zu beseitigen, falls sie erkennbar ist. So wird also ein etwaiger Mitralklappenfehler oder eine Schilddrüsenüberfunktion behandelt. Symptomatisch erfolgt eine medikamentöse Behandlung mit Chinidin oder Disopyramid (Rytmodul) bzw. Digitalis. Gelegentlich wird auch eine elektrische Umstellung des Herzrhythmus, eine Elektrokardioversion, erforderlich. Zur Stabilisierung des Rhythmus werden anschließend die oben genannten Medikamente verordnet.

Konsequenzen für Training und Wettkampf Vorhofflimmern setzt zwar die körperliche Leistungsfähigkeit herab, es verbietet jedoch nicht grundsätzlich jede Form der körperlichen Aktivität. Nach der Beseitigung eines Vorhofflimmerns besteht unter Belastung eine gewisse Rückfallgefährdung. Im Einzelfall ist der behandelnde Arzt um Rat zu fragen.

Vorhofflattern

Im Gegensatz zum Vorhofflimmern besteht beim Vorhofflattern ein zwar regelmäßiger, aber sehr schneller Grundrhythmus des Vorhofs. Nur ein kleiner Teil der schnellen Vorhofkontraktionen wird auf die Herzkammern übergeleitet. Geschieht die Überleitung regelmäßig, kommt auch ein regelmäßiger Herzrhythmus zustande, bei unregelmäßiger Überleitung besteht eine absolute Arrhythmie. Wenn die Schlagfrequenz der Kammer nicht sehr hoch ist, wird durch das Vorhofflattern die Pumpleistung des Herzens erstaunlich wenig beeinflußt.

Wer unter ernsthaften Herzrhythmusstörungen leidet, sollte Sportarten wie Skispringen, die ihn in Gefahr bringen können, nicht ausüben. *Photo: Pressens bild/EPU*

Behandlung   Vorhofflattern wird mit Digitalis behandelt (s. S. 129), erforderlichenfalls durch eine elektrische Kardioversion. Nach einmal erzielter Rhythmisierung wird im allgemeinen die Digitalisierung zur Vorbeugung gegenüber neuen Anfällen fortgeführt.

Konsequenzen für Training und Wettkampf   Ein auf Dauer bestehendes Vorhofflattern beeinträchtigt die körperliche Leistungsfähigkeit, es verbietet jedoch keineswegs grundsätzlich Sport im vernünftigen Rahmen. Im Einzelfall sollte eine Absprache mit dem behandelnden Arzt erfolgen.

Bluthochdruck (Hypertonie)

Von einem erhöhten Blutdruck spricht man, wenn entweder der systolische Druck über 150 mmHg und/oder der diastolische Druck über 90 mmHg erhöht ist. Ca. 20% der erwachsenen Bevölkerung weisen einen erhöhten Blutdruck auf, damit ist die Hypertonie eine der am weitesten verbreiteten Erkrankungen und einer der wichtigsten Risikofaktoren für die Entstehung der Arteriosklerose. Die Ursache für die Druckerhöhung bleibt in 95% der Fälle unbekannt, man spricht von einer essentiellen oder auch primären Hypertonie. Nur in den restlichen 5% kann die Ursache gefunden werden. Solche sekundären Hochdruckformen sind durch Veränderungen des Gefäßsystems, Nierenerkrankungen oder hormonelle Störungen bedingt.

Krankheitsbild   In den Frühstadien der Hochdruckerkrankung liegt meist eine Steigerung des Herzminutenvolumens vor, während der Gefäßwiderstand im Normbereich liegt. Allmählich, oft erst nach mehreren Jahren, kommt es dann sekundär zu einem Anstieg des Gefäßwiderstandes.

133

Das Herzminutenvolumen sinkt auf normale Werte ab. Die zunehmende Herzbelastung kann dann mit der Zeit zu einem Herzversagen, einer Herzinsuffizienz führen. Die diesem pathogenetischen Ablauf zugrundeliegenden Ursachen sind bisher noch nicht geklärt.

Das Heimtückische am Hochdruck besteht darin, daß der Betroffene im allgemeinen über Jahre hinweg von seinem erhöhten Blutdruck nichts bemerkt. Wenn Symptome wie Kopfschmerzen, Schwindel, Reizbarkeit, Konzentrationsschwächen etc. auftreten, liegen meist schon sekundäre Gefäßveränderungen in Form der Arteriosklerose vor. Hierdurch entstehen dann die Komplikationen der Hochdruckkrankheit. Durch das Einreißen von arteriosklerotisch veränderten Hirngefäßen kann es zur lebensbedrohlichen Hirnblutung, dem Schlaganfall, kommen. Die Einengung der Herzkranzarterien führt zur koronaren Herzkrankheit, zum Herzinfarkt und zur Herzinsuffizienz. Weitere Folgen sind Nierenschädigungen und Gefäßveränderungen am Augenhintergrund.

Behandlung Nur in den wenigen Fällen der sekundären Hochdruckformen läßt sich die Ursache therapeutisch angeben. Da die Ursache der primären Hypertonie nicht bekannt ist, kann hier nur eine symptomatische Behandlung erfolgen. Anfangs sollten zunächst Allgemeinmaßnahmen zur Anwendung kommen. In vielen Fällen läßt sich der Blutdruck durch die Reduktion eines eventuellen Übergewichts, durch regelmäßige körperliche Aktivität und Kochsalzeinschränkung normalisieren. Selbstverständlich sollte auch das Rauchen als zusätzliches Gefäßrisiko eingestellt werden. Falls diese Maßnahmen nicht ausreichen, müssen Medikamente zum Einsatz kommen.

Die Regulierung des Blutdrucks geschieht über das sympathische Nervensystem, das sowohl die Größe des Herzminutenvolumens als auch den Gefäßwiderstand beeinflußt. Zahlreiche Hochdruckmittel (Antihypertensiva) bewirken über die Dämpfung des Sympathikus eine Gefäßweitstellung (Vasodilatation).

Hochdruckmittel (Antihypertensiva)

Medikamente zur Senkung des erhöhten Blutdrucks lassen sich in folgende Gruppen einteilen:
— Medikamente, die das sympathische Nervensystem (s. S. 353 ff.) oder die Rezeptoren sympathischer Überträgerstoffe hemmen,
— harntreibende Medikamente (Saluretika oder auch Diuretika genannt),
— gefäßerweiternde Medikamente,
— ACE-Hemmer.

Medikamente, die das sympathische Nervensystem hemmen (Sympathikolytika)

Medikamente können an verschiedenen Stellen des sympathischen Nervensystems hemmend eingreifen. Zentral wirksame Sympathikolytika sind beispielsweise Clonidin (Catapresan), Methyldopa (Presinol, Sembrina) und andere. Peripher wirksam sind Nepresol, Hypertonalum etc. Zentral wirksame Substanzen werden heute nicht mehr häufig verwendet, da sie zu einer Reihe von sehr lästigen Nebenwirkungen führen, wie Müdigkeit, Konzentrationsschwäche, die vor allem die geistige Leistungsfähigkeit einschränken. Hier tritt auch kein Gewöhnungseffekt ein. Die Nebenwirkungen verschwinden erst nach Absetzen der Therapie. Die peripher wirksamen Substanzen führen zu einer ausgeprägten Drucksenkung, leider sind auch sie mit erheblichen Ne-

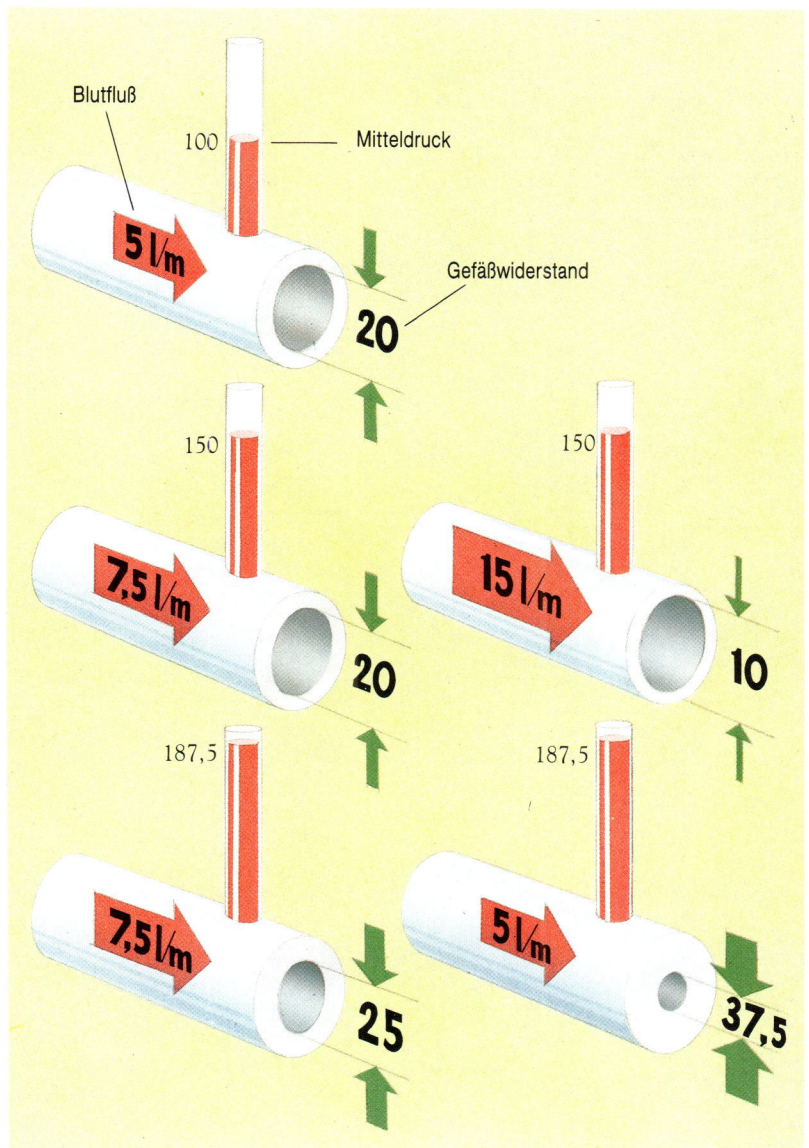

Zusammenhang zwischen Blutdruck, Blutfluß und Gefäßwiderstand

benwirkungen, wie Schwindel, Schwächegefühl und Störungen der Sexualfunktion, verbunden.

Sympathische Rezeptorenblocker

Die Wirkung des sympathischen Nervensystems wird durch Transmittersubstanzen vermittelt, die aus den entsprechenden Nervenendigungen freigesetzt werden. Blockiert man die Rezeptoren für diese Substanzen durch Pharmaka, so bremst man damit die blutdrucksteigernde Wirkung des sympathischen Systems. Entsprechend den unterschiedlichen Rezeptortypen gibt es auch verschiedene Rezeptorenblocker.

Man unterscheidet Betarezeptorenblocker, die vor allem am Herzmuskel wirksam werden, und Alpharezeptorenblocker, die vor allem die Gefäßmuskulatur beeinflussen.

Die adrenergen Rezeptoren im Herzmuskel gehören zum sogenannten Beta$_1$-Typ. Ihre Blockierung führt dazu, daß ein erhöhter Reiz mit einer verminderten Steigerung des Herzminutenvolumens beantwortet wird. Hierdurch kommt es zu einem reduzierten Blutdruckanstieg. Betarezeptorenblocker gehören heute zu den am häufigsten benutzten Medikamenten im Rahmen der Hochdruckbehandlung. Bezüglich Wirkungen und Nebenwirkungen dieser Präparate wird auf Seite 360 ff. verwiesen.

Adrenerge Alpharezeptoren, beispielsweise Prazosin (als Minipress im Handel), verhindern die Gefäßverengung durch einen Nervenimpuls. Die hierdurch bewirkte faktische Gefäßweitstellung führt zu einer kräftigen Blutdrucksenkung. Hierdurch können, besonders im Stehen, bei vermehrter Hautdurchblutung in warmer Umgebung und unter körperlicher Aktivität Schwindelerscheinungen ausgelöst werden. Weitere Nebenwirkungen sind Kopfschmerzen, Herzklopfen, Müdigkeit und eine Trockenheit der Schleimhäute, die sich in einer verstopften Nase bemerkbar machen. Ein Medikament mit sowohl alpha- wie auch betarezeptorenblockierenden Eigenschaften ist das Trandate.

Harntreibende Medikamente (Saluretika = Diuretika)

Diuretika erhöhen die Salzausscheidung im Harn und damit auch die Wasserausscheidung. Neben Natrium geht auch Kalium verloren. Die drucksenkende Wirkung wird einmal über die Abnahme der zirkulierenden Blutmenge erzielt, zum anderen aber auch durch die Verminderung des Gefäßwiderstandes, der von der Kochsalzkonzentration beeinflußt wird. Als Beispiele für solche Präparate seien genannt: Esidrix, Hygroton und Lasix. Diuretika werden nicht nur in der Hochdruckbehandlung, sondern auch zur Therapie der Herzinsuffizienz eingesetzt. Bezüglich der Wirkungen und Nebenwirkungen dieser Präparate wird auf Seite 364 ff. verwiesen.

Aldosteronantagonisten

Aldosteron, ein Hormon der Nebennieren, ist wichtig für die Regelung des Natrium-Kalium-Haushaltes. Es fördert die Natriumrückresorption aus dem Urin auf Kosten einer erhöhten Kaliumausscheidung. Bei einer Reihe von Nierenerkrankungen wird der Hochdruck durch eine sekundär erhöhte Aldosteronproduktion verursacht. Auch unter einer Behandlung mit Saluretika kann es zu einer erhöhten Konzentration dieses Hormons im Blut kommen. In solchen Fällen hat sich ein spezieller Aldosteronhemmer, das Spironolacton, als Aldactone oder Osyrol im Handel, zur Drucksenkung bewährt. Im Gegensatz zu den oben genannten Diuretika führt Spironolacton nicht zu einem Kaliumverlust. Nebenwirkungen werden bei Männern in Form einer Brustdrüsenentwicklung (Gynäkomastie) und Impotenz, bei Frauen als Menstruationsstörung beobachtet. Weiterhin können Diarrhöe und Leistungsschwäche auftreten.

Gefäßerweiternde Medikamente (Vasodilatanzien)

Neben den Alpharezeptorenblockern, die über den Sympathikus indirekt die Blutgefäße weit stellen, gibt es auch solche, die direkt die Widerstandsgefäße, die sogenannten Arteriolen, erweitern. Genannt seien hier insbesondere die Kalziumantagonisten wie Nifedipin (Adalat) und Verapamil (Isoptin) (s. S. 132). Nifedipin kann über die Gefäßerweiterung und den dadurch bedingten Blutdruckabfall zu einer reaktiven Pulsbeschleunigung führen. Aus diesem Grund wird es gern mit Betarezeptorenblockern kombiniert. Beim Verapamil wird dagegen eher eine Frequenzsenkung beobachtet. Zu den häufigsten Nebenwirkungen von Nifedipin zählt das Auftreten von Kopfschmerzen und Herzklopfen, Beinschwellungen und Gesichtsrötung. Unter Verapamil werden vor allem Übelkeit und Stuhlverstopfung (Obstipation) beobachtet. Das ebenfalls vasodilatatorisch wirksame Nepresol kann zu rheumatoiden Gelenkbeschwerden führen, die allerdings nach Beendigung der Therapie wieder verschwinden.

Angiotensin-Conversions-Enzymhemmer (ACE-Hemmer)

Der erste Vertreter dieser neuen Gruppe von Hochdruckmedikamenten war das Captopril (als Lopirin bzw. Tensobon im Handel). ACE-Hemmer hemmen, wie der Name sagt, das Enzym, das die Umwandlung der körpereigenen Substanz Angiotensin I in Angiotensin II bewirkt. Angiotensin II ist eine sehr stark vasokontriktorisch wirksame Substanz. Bei diesem Umwandlungsvorgang steigt gleichzeitig die Aldosteronkonzentration im Blut an, dies wird umgekehrt durch Captopril gehemmt. Beide Vorgänge führen zu einer Blutdrucksenkung. Captopril wird nicht nur in der Hochdruckbehandlung, sondern auch in der Therapie der Herzinsuffizienz eingesetzt, als Ergänzung zur Behandlung mit Digitalis oder Diuretika. Unter Captopril sind eine Reihe von Nebenwirkungen bekannt, die aber meist vorübergehender Natur sind: Appetitlosigkeit und Störungen der Magen-Darm-Funktion, Geschmacksstörungen, Hautausschläge und in seltenen Fällen Nierenentzündungen und ernste Blutbildveränderungen.

Konsequenzen für Training und Wettkampf — Dem körperlichen Training kommt in der Hochdruckbehandlung im Rahmen der Allgemeinmaßnahmen eine wichtige Bedeutung bei der Blutdrucksenkung zu. Auch während einer medikamentösen Behandlung ergänzt körperliches Training die Therapie. Es muß allerdings berücksichtigt werden, daß eine Reihe von Medikamenten in der Hochdruckbehandlung das körperliche Leistungsvermögen negativ beeinträchtigen können. Dies gilt ganz besonders für die Betarezeptorenblocker (s. S. 360 ff.). Bei länger bestehendem Hochdruck kann es zu sekundären Gefäßveränderungen kommen, die unter körperlicher Belastung ein erhöhtes Risiko bedeuten. In solchen Fällen sollten besonders Belastungsformen, die zu erheblichen Blutdruckanstiegen führen, wie Gewichtheben und andere Arten des Krafttrainings, unterbleiben.

Zu niedriger Blutdruck (Hypotonie)

Beschwerdebild — Auch ein zu niedriger Blutdruck kann zu Beschwerden führen. Das menschliche Gehirn braucht eine hinreichende Blutversorgung, um zu funktionieren. Sinkt der Blutdruck unter ein Minimum ab, kann es zu Beschwerden kommen. Personen mit zu niedrigem Blutdruck klagen häufig über Müdigkeit, Antriebslosigkeit und Leistungsschwäche. Kurzfristig kann es besonders beim Übergang vom Liegen zum Sitzen oder Stehen, bei langem Stehen oder nach schweren körperlichen Belastungen bei entsprechender Disposition zu Schwindelerscheinungen, Sehstörungen, Schwarzwerden vor den Augen bis hin zur Ohnmacht oder zum Kollaps kommen. Begünstigt werden solche Zustände durch körperliche Inaktivität und längere Bettlägerigkeit. Vorzugsweise betroffen sind meist hochaufgeschossene Jugendliche. Meistens verschwinden die Probleme mit dem Älterwerden. Wenngleich die Beschwerden als Folge des zu niedrigen Blutdrucks sehr lästig sein können, besonders wenn man an die Verletzungsmöglichkeiten bei unvorhergesehenen Kollapszuständen denkt, kann doch der zu niedrige Blutdruck als prinzipiell harmlos angesehen werden.

Behandlung Im Gegensatz zum hohen Blutdruck führt der zu niedrige Druck auf die Dauer gesehen zu keiner Gefäßschädigung. Nur in seltenen Fällen wird eine medikamentöse Behandlung mit alpha$_1$-rezeptorstimulierenden Medikamenten (z. B. Effortil) erforderlich. Meist kommt man mit allgemeinen Empfehlungen wie körperlichem Training, kaltem Duschen, Saunabesuch etc. zurecht.

Konsequenzen für Training und Wettkampf Der zu niedrige Blutdruck ist grundsätzlich kein Hindernis für den Sport, das Gegenteil ist der Fall. Sportarten, die bei einer eventuellen Ohnmacht mit erhöhtem Verletzungsrisiko verbunden sind, sollten allerdings vermieden werden.

Arterielle Verschlußkrankheit (Claudicatio intermittens)

Krankheitsbild Der arteriellen Verschlußkrankheit liegt eine Durchblutungsstörung im Bereich der Schlagadern zugrunde, die die Beine versorgen. Deren Ursache liegt in einer Arteriosklerose, hinzu kommt gelegentlich eine funktionelle Komponente in Form von Gefäßkrämpfen (Gefäßspasmen). Die Beschwerden werden beim Gehen im Wadenbereich angegeben, besonders beim Bergaufgehen. Bei stärkeren Schmerzen muß der Betroffene anhalten, wenn sich die Beschwerden dann nach einigen Minuten zurückbilden, kann er weitergehen. Dieser Rhythmus hat der Krankheit auch den Namen „Schaufensterkrankheit" eingebracht, da der Betroffene oft versucht, die eigentliche Ursache seines Stehenbleibens dadurch zu verschleiern, daß er so tut, als würde er sich das nächste Schaufenster betrachten. Im durchblutungsgestörten Bereich ist die Haut kalt, es besteht verstärkte Kälteempfindlichkeit, in schweren Fällen kommt es als Folge von Versorgungsstörungen zur Ausbildung von Geschwüren. Ursache für die arterielle Verschlußkrankheit ist sehr häufig das Rauchen („Raucherbein") oder die Zuckerkrankheit (Diabetes mellitus). Im Endstadium, kommt es zum völligen Absterben von Teilen der unteren Extremitäten, auch als „Brand" oder Gangrän bezeichnet, das dann eine Amputation erforderlich macht.

Behandlung Da eine Beseitigung der Gefäßveränderung nicht möglich ist, sollte mindestens versucht werden, die zugrundeliegenden Ursachen aus der Welt zu schaffen. Der Patient sollte aufhören zu rauchen, eine Entlastung durch Beseitigung eines eventuellen Übergewichts ist anzustreben, gegebenenfalls müssen Zuckerkrankheit oder erhöhter Blutdruck behandelt werden.

Besondere Bedeutung kommt in diesem Zusammenhang dem körperlichen Training zu. Durch ein Gehtraining wird versucht, die Ausbildung von Umgehungskreisläufen um die Engstelle herum zu stimulieren. Im allgemeinen kommt es unter einer solchen Bewegungstherapie zu einer deutlichen Verminderung der Symptome und zu einer Verlängerung der Gehstrecke. Besonderer Wert ist auf entsprechende Fußhygiene und Nagelpflege zu legen, da es in dem ernährungsgestörten Bereich leicht zu Infektionen kommt. Klagt der Patient über nächtliche Beschwerden im Bereich der Beine, so sollte das Kopfende erhöht werden, um den Beinen vermehrt Blut zuzuführen. Bei der medikamentösen Behandlung ist zu berücksichtigen, daß die allzu starke Senkung eines eventuellen Hochdrucks ungünstige Auswirkungen auf die Durchblutung der Beine haben kann. Gefäßerweiternde Medikamente wie Duvadilan oder Trental haben meist keinen positiven Effekt, da sie nicht in der Lage sind, arteriosklerotisch verengte Gefäße zu erweitern. In manchen Fällen, besonders dann, wenn nur regionale Gefäßveränderungen vorhanden sind, kann eine operative Gefäßplastik durchgeführt werden.

Die oben beschriebenen Beschwerden, auch bezeichnet als intermittierendes Hinken (Claudicatio intermittens), sollten stets an arterielle Durchblutungsstörungen denken lassen. Sie sollten immer Anlaß sein, einen Arzt aufzusuchen.

Konsequenzen für Training und Wettkampf Im Rahmen der arteriellen Verschlußkrankheit kommt der Bewegungstherapie in Form eines Gehtrainings oder auch eines Fahrradergometertrainings besondere Bedeutung zu. Hierdurch wird die Durchblutung im Bereich der Beine verbessert, die Beschwerden werden reduziert. Ein solches Training sollte immer nur nach Absprache mit dem behandelnden Arzt durchgeführt werden.

Thrombose und Embolie

Krankheitsbilder Zu besonders dramatischen Krankheitsbildern führt der plötzliche Verschluß einer Schlagader durch ein Blutgerinnsel. Solche Blutgerinnsel können an Ort und Stelle entstehen, man spricht dann von einer Thrombose. Sie können auch an einer anderen Stelle, meist im Herzen, entstehen und von dort mit dem Blutstrom als Embolus fortgeschwemmt werden, in diesem Fall liegt eine Embolie vor. Die Ursache für eine örtliche Thrombose besteht meist in einer arteriosklerotischen Gefäßwandveränderung. Zur Entstehung von Blutgerinnseln im Herzen führen beispielsweise Vorhofflimmern (s. S. 132) sowie zahlreiche Herzerkrankungen, wie etwa der Herzinfarkt. Kommt es dann zum plötzlichen Gefäßverschluß, so besteht die Gefahr, daß das dahinter liegende Gewebe aufgrund der Mangelversorgung abstirbt. Das Ergebnis ist wiederum ein Gewebstod, als „Brand" oder Gangrän bezeichnet.

Prinzipiell können Thrombosen oder Embolien jede Arterie betreffen. Besonders schwer verlaufen Hirnembolien, da die Hirnzellen nach wenigen Minuten des Durchblutungsstillstandes absterben. Auch Embolien in Nieren-, Darm- oder Milzarterien können dramatische Symptome hervorrufen. Die häufigsten Embolien treten jedoch im Bereich der unteren Extemitäten auf.

Symptome Das Leitsymptom der arteriellen Embolie im Bereich der Beine besteht in dem plötzlich einsetzenden, heftigen Schmerz. Als Folge des Durchblutungsstops ist die Haut weiß, kalt und kälteempfindlich, die Fußpulse lassen sich nicht mehr tasten.

Jede arterielle Embolie ist selbstverständlich ein lebensbedrohliches Krankheitsbild, das eine sofortige Krankenhauseinweisung erforderlich macht. Das Behandlungsziel besteht im Versuch einer Steigerung der arteriellen Blutzufuhr. Bei größeren Gefäßverschlüssen wird man, falls möglich, versuchen, eine operative Beseitigung des Durchblutungshemmnisses zu erreichen. Selbstverständlich sollte auch die zugrundeliegende Erkrankung, beispielsweise ein Vorhofflimmern, behandelt werden.

Konsequenzen für Training und Wettkampf Nach einer arteriellen Embolie kann es zu einer bleibenden Verschlechterung der Blutzirkulation kommen, die sich in Form einer Claudicatio intermittens (s. o.) bemerkbar macht. In solchen Fällen kommt dem körperlichen Training eine sehr positive Wirkung auf die Durchblutungssteigerung zu.

Venöse Thrombose

Krankheitsbild Kommt es zur Bildung von Blutgerinnseln in den Gefäßen, die das Blut zum Herz zurückführen (Venen), so spricht man von venösen Thrombosen. Sie treten sowohl in den oberflächlich unter der Haut gelegenen Venen wie auch in den tiefer gelegenen Gefäßen auf. Am häufigsten sind sie im Bereich der Beine zu beobachten. Ursache für die Bildung solcher Gerinnsel ist im Regelfall eine Behinderung der Blutzirkulation oder eine örtliche Veränderung der Gefäßwand. Auch nach Verletzungen kann es zur Thrombose kommen. Begünstigend wirken sitzende Tätigkeit, lang andauernde Bettlägerigkeit, nicht selten operative Eingriffe, Ruhigstellung von Extremitäten durch Gips, Schwangerschaft und die Einnahme der Antibaby-Pille (Antikonzeptiva).

Symptome Eine oberflächliche Venenthrombose tritt im allgemeinen gemeinsam mit einer Entzündung der Venenwand auf (s. S. 141). Sie ist meist harmlos und bedarf nicht unbedingt einer Behandlung. Tiefliegende Thrombosen führen im Regelfall zu Schmerzen, Anschwellung des abhängigen Körperteils, Schweregefühl, vermehrter Schmerzempfindlichkeit und erhöhter Körpertemperatur. Solche tiefliegenden Thromben können sich ablösen und werden dann mit dem Blut in die Lungenschlagadern geschwemmt, es kommt zur Lungenembolie. Diese gefürchtete Komplikation kann zum Tode führen. Falls das Gerinnsel an Ort und Stelle bleibt, wächst Bindegewebe aus der Gefäßwand ein. Das Gerinnsel wird organisiert und teilweise rekanalisiert. Trotzdem kann es auf Dauer zu einer Behinderung der Blutzirkulation kommen.

Behandlung Die Behandlung tiefer Thrombosen erfordert im Regelfall eine Klinikeinweisung. Das Behandlungsziel besteht in dem Bestreben, die Vergrößerung des Gerinnsels, die Bildung neuer Gerinnsel sowie eine Loslösung und damit eine Lungenembolie zu verhindern. Bei Thrombosen im Bereich der Oberschenkel oder der großen Bauchvenen wird man versuchen, durch Medikamente (Streptokinase) das Strömungshindernis aufzulösen. Eine weniger stark eingreifende Behandlungsform besteht in der Anwendung von Medikamenten, die die Blutgerinnung herabsetzen, insbesondere von Heparin, das gespritzt werden muß, oder von Cumarin (Marcumar). In einigen Fällen kann auch eine chirurgische Behandlung erforderlich werden.

Konsequenzen für Training und Wettkampf Bei einer akuten Thrombose ist selbstverständlich jede Form von körperlicher Aktivität ausgeschlossen, da sie mit einem erhöhten Risiko für die Loslösung des Gerinnsels verbunden ist. Nach Ausheilung kann körperlichem Training ein positiver Effekt zur Wiederherstellung des venösen Blutflusses zukommen. Es sollte im Einverständnis mit dem behandelnden Arzt durchgeführt werden. Unter Belastung kann es durch die Strömungsbehinderung zur Anschwellung der Beine kommen, dem wird durch entsprechende Bandagen entgegengewirkt.

Krampfadern (Varizen)

Krankheitsbild Krampfadern sind ein sehr häufiges Leiden. Es handelt sich um sackartig erweiterte, meist oberflächlich gelegene Venen. Vorzugsweise finden sie sich an den Beinen. Sie können aber auch als Hämorrhoiden (s. S. 156 f.) am After vorkommen sowie besonders im Rahmen von Lebererkrankungen im unteren Teil der Speiseröhre. Die häufigste Ursache besteht in einer angeborenen Schwäche der Venenwand, man kann dann von primären Krampfadern sprechen. Die Entstehung von Krampfadern wird ferner durch Strömungshindernisse begünstigt, die den Blutabstrom zum Herzen verlangsamen, z. B. nach tief gelegenen venösen Thrombosen oder Schwangerschaft (sekundäre Krampfadern).

Symptome Krampfadern finden sich bei vielen Menschen als stark erweiterte und geschlängelte Blutgefäße, vorwiegend im Bereich der Unterschenkel. Sie verursachen oft keine Beschwerden. Soweit Symptome auftreten, klagen die Betroffenen über krampfartige Schmerzen, Schweregefühl und Muskelschwäche. Häufig schwellen die Beine an (Ödeme). Aufgrund der schlechten Ernährungslage kommt es nicht selten zu Ekzemen (variköses Ekzem), Unterschenkelgeschwüren (Ulcus cruris) und Entzündungen der Venenwand (Thrombophlebitis). Diese Veränderungen können erhebliche Beschwerden hervorrufen, sie sind aufgrund der schlechten Ernährungslage nur sehr schwer zu behandeln.

Behandlung Die Behandlung der Krampfadern hat eine Verbesserung des Blutrückflusses zum Herzen zum Ziel. Hierzu werden elastische Stützstrümpfe oder Wadenwickel empfohlen. Zur Beseitigung der Krampfadern kann man diese durch Injektion einer hochprozentigen Traubenzuckerlösung veröden oder operativ entfernen. Nach einer solchen Behandlung heilen Unterschenkelgeschwüre und Ekzeme im allgemeinen problemlos ab. Beim Auftreten von Thrombophlebitiden behandelt man durch lokale Wärmeanwendung sowie Salben, die blutgerinnungs- und entzündungshemmende Substanzen enthalten (Hirudoid; Phenylbutazon = Butazolidin).

Konsequenzen für Training und Wettkampf Soweit Krampfadern keine Beschwerden hervorrufen, stellen sie für die körperliche Aktivität keinerlei Probleme dar. Bewegung verbessert im Gegenteil durch die hiermit verbundene Muskelpumpe den Blutrückfluß. Falls Unterschenkelgeschwüre und Beinödeme vorhanden sind, muß zunächst die Grunderkrankung zufriedenstellend behandelt werden.

16 Erkrankungen des Magen-Darm-Trakts

Aufbau und Funktion des Magen-Darm-Trakts

Der Magen-Darm-Trakt umfaßt folgende Abschnitte
— Mundhöhle mit Speicheldrüsen,
— Speiseröhre (Ösophagus),
— Magen (Ventriculus), bestehend aus dem Mageneingang (Cardia), dem Magenkörper und dem Magenausgang (Pylorus),
— Dünndarm, der in drei Abschnitte aufgeteilt wird, nämlich Zwölffingerdarm (Duodenum), Leerdarm (Jejunum) und Krummdarm (Ileum),
— Dickdarm (Colon) mit Blinddarm (Caecum) und Wurmfortsatz (Appendix),
— Mastdarm (Rectum) und
— After (Anus).

Dem Magen-Darm-Trakt angegliedert sind ferner die Leber (Hepar) und die Bauchspeicheldrüse (Pankreas). Die Funktion des Magen-Darm-Kanals besteht in der Aufnahme und Verarbeitung von fester und flüssiger Nahrung. Die Nährstoffe, Eiweiß, Fette und Kohlenhydrate, werden abgebaut und zusammen mit Mineralien, Vitaminen und Flüssigkeit über die Darmschleimhaut in die Blutbahn aufgenommen. Die verbleibenden Ballaststoffe werden dann mit dem Stuhl abgegeben. Dem Magen-Darm-Trakt kommt auf diese Art und Weise eine wichtige Bedeutung in der Regulierung des Eiweiß- und Flüssigkeitshaushalts im Körper zu.

Im einzelnen wird zunächst durch den Kauakt beim Essen die Nahrung mechanisch zerkleinert und mit Speichel vermischt. Dieser enthält das kohlenhydratabbauende Enzym Amylase, ferner begünstigt die Befeuchtung durch den Speichel das Gleiten der Nahrung durch die Speiseröhre in den Magen. Im Magen wird die Nahrung dann mit dem Magensaft durchmischt, der Salzsäure und eiweißspaltende Enzyme (Pepsin) enthält. Die Salzsäure hat mehrere Funktionen. Zum einen dient sie der Abwehr, da Mikroorganismen abgetötet werden, die mit der Nahrung in den Magen gelangen. Zum anderen schafft sie das ideale Milieu für die Wirksamkeit des Pepsins. Die Anpassung der erforderlichen Menge an Magensaft regelt zum Teil das parasympathische Nervensystem (s. S. 353 ff.). Um zu verhindern, daß die Salzsäure die Magenschleimhaut selbst angreift, produziert diese einen besonderen Schleim (Muzin). Die Nahrung bleibt so lange im Magen (oft bis zu mehreren Stunden), bis sie zu einem halbflüssigen Brei abgebaut ist. Eine nennenswerte Aufnahme von Nahrungsbestandteilen im Magen selbst geschieht nicht. Weniger konzentrierte Lösungen wie Getränke passieren den Magen im allgemeinen rasch, feste Nahrung und hochkonzentrierte Lösungen, beispielsweise konzentrierte Zuckerlösungen, verweilen dagegen verhältnismäßig lange.

Nachdem der Mageninhalt in den Zwölffingerdarm entleert wurde, vermischt er sich mit der aus der Leber stammenden Gallenflüssigkeit

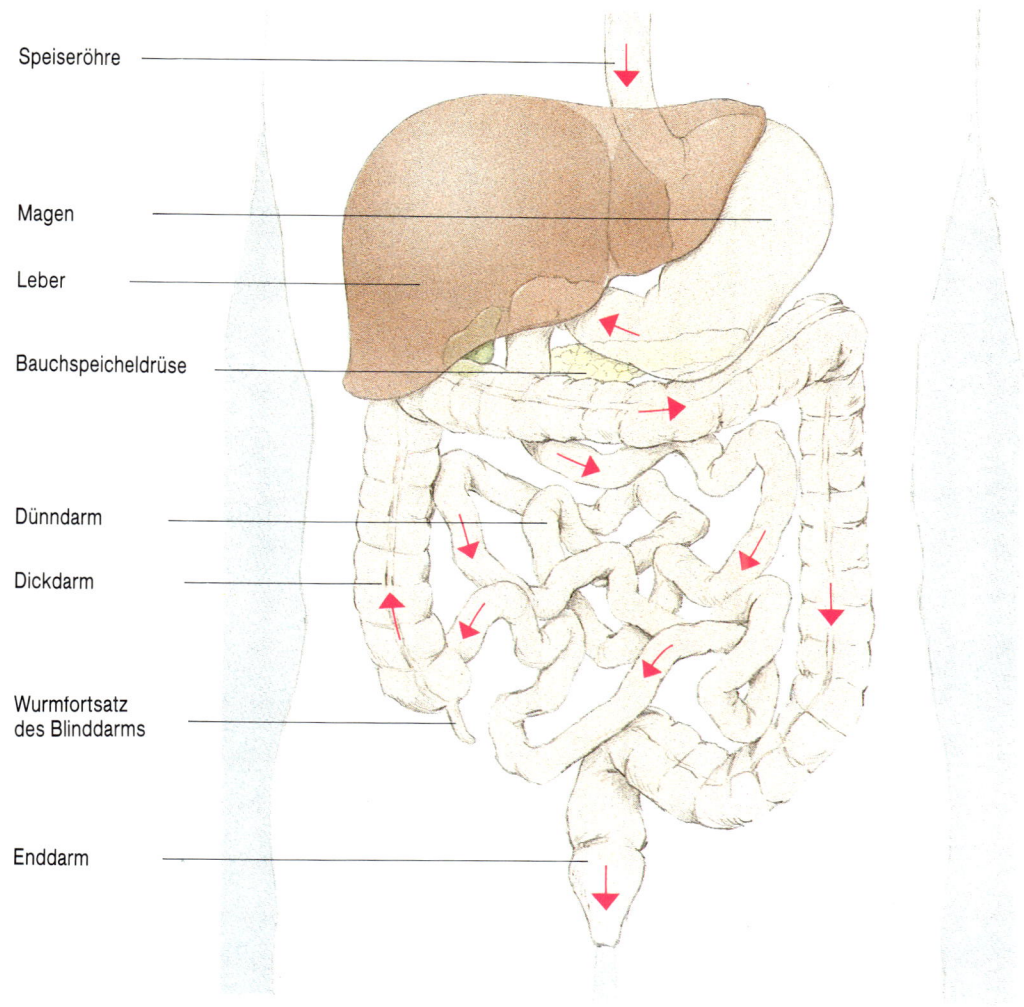

Speiseröhre

Magen

Leber

Bauchspeicheldrüse

Dünndarm

Dickdarm

Wurmfortsatz
des Blinddarms

Enddarm

Magen-Darm-Kanal

und dem Sekret der Bauchspeicheldrüse. Hierdurch wird die Salzsäure
neutralisiert, eine Voraussetzung dafür, daß diejenigen Enzyme wirksam werden können, die Eiweiße, Fette und Kohlenhydrate abbauen.
Die Gallenflüssigkeit hat darüber hinaus noch eine weitere Funktion,
die den Darm auch zu einem Ausscheidungsorgan macht, sie enthält
nämlich Stoffwechselprodukte von Substanzen, die über die Leber ausgeschieden werden.

Den folgenden Dünndarmabschnitten kommt dann vorzugsweise
die Bedeutung zu, aus der so aufbereiteten Nahrung die brauchbaren
Nährstoffe in die Blutbahn aufzunehmen (Resorption). Die nicht mehr
weiter verwertbaren Ballaststoffe und Wasser bleiben im Darm zurück.
Sie gelangen jetzt in den Dickdarm. Dort wird ein großer Teil der Flüssigkeit resorbiert.

Ferner leben im Dickdarm eine große Menge von Bakterien, vor allem Colibakterien, die in der Lage sind, eine weitere Aufbereitung der

verbliebenen Nahrungsstoffe durchzuführen. Dabei bilden sie das wichtige Vitamin K. Eine weitere Bedeutung kommt den Bakterien in der Abwehr von Krankheitserregern zu. Der Stuhl, der dann den Körper verläßt, besteht nur noch aus wenigen Nahrungsresten und vorzugsweise aus Ballaststoffen, die der Körper nicht mehr weiter abbauen kann. Die Menge an Stuhl kann man vergrößern, wenn man in der Nahrung auf pflanzenfaserreiche Ballaststoffe achtet (s. S. 301 f.). Ernährungsformen, die arm an Ballaststoffen sind, führen zu einer Verkleinerung des Fördervolumens durch den Darm. Dadurch wird die Passage verzögert, es entsteht Stuhlverstopfung (Obstipation). Die bei der Verdauung gebildeten Gase sind auf Bakterien im Dickdarm zurückzuführen. Sie entstehen besonders dann, wenn viel kohlenhydratreiche Nahrung aufgenommen wird. Die mittlere Zeitdauer der Nahrungspassage vom Mund zum After liegt bei 24 Stunden, variiert jedoch individuell sehr stark. Der Transport im Magen-Darm-Kanal geschieht durch langsame, rhythmische Kontraktionen der Muskulatur von Magen und Darm (Peristaltik). Die Nervenimpulse hierfür stammen aus dem parasympathischen System. Gereizt werden diese Nervenendigungen durch die Darmerweiterung in Folge der Nahrungsaufnahme (s. S. 353 ff.). Während der Parasympathikus dem Willen nicht unterworfen ist, erfolgt die Darmentleerung willkürlich.

Erkrankungen des Magen-Darm-Trakts

Erkrankungen der Mundhöhle und des Rachens

Die Erkrankungen der Mundhöhle und des Rachens werden ab Seite 102 beschrieben.

Speiseröhrenentzündung (Ösophagitis)

Krankheitsbild Im Gegensatz zur Magenschleimhaut ist die Innenhaut der Speiseröhre gegen den salzsäurehaltigen Magensaft nicht geschützt. Beim Rückfluß von Magensaft in die Speiseröhre kommt es daher zu entzündlichen Reaktionen. Ursache hierfür kann ein undichter Mageneingang (Cardia) oder ein Bruch (Hernie) des Zwerchfells (Diaphragma) sein. Bei einer Zwerchfellhernie (Hernia diaphragmatica) liegt ein Teil des Magens oberhalb des Zwerchfells im Brustraum. Die Ösophagitis ist eine häufige Ursache für Oberbauchbeschwerden.

Symptome Die Symptome der Ösophagitis bestehen in saurem Aufstoßen, Sodbrennen sowie Reizerscheinungen in der Speiseröhre und im hinteren Rachenraum. Die Beschwerden können gelegentlich von denen bei einer koronaren Herzkrankheit kaum zu unterscheiden sein. Bei Asthmatikern können hierdurch nächtliche Anfälle ausgelöst werden. Da die Beschwerden auch im hinteren Rachenraum auftreten, können sie als Rachenentzündung fehlgedeutet werden.

Die Diagnose wird am einfachsten durch den Behandlungserfolg gestellt. Verschwinden die Beschwerden unter der Anwendung von säureneutralisierenden Medikamenten (Antazida), so ist das Vorliegen einer Ösophagitis wahrscheinlich. Der Nachweis einer Zwerchfellhernie erfordert eine Röntgenuntersuchung. In Zweifelsfällen kann die Diagnose einer Ösophagitis durch eine direkte Betrachtung der Speiseröhrenschleimhaut gestellt werden. Hierzu muß ein spezielles Sichtgerät, ein Ösophagoskop, eingeführt werden.

Nicht selten verläuft die Krankheit chronisch und in periodischen Schüben. Sie führt zu Blutungen, die bei starker Ausprägung als Bluterbrechen oder Blutstuhl (Melaena) sichtbar werden. Entstehen Geschwüre, die später vernarben, kommt es im Endstadium zu einer erheblichen Verengung des Ausgangs der Speiseröhre.

Behandlung Falls möglich, sollte man eine eventuelle Ursache, etwa eine Zwerchfellhernie, therapeutisch angehen. Der Patient sollte Diät halten. Hierzu empfiehlt man vor allem reichlich Fett zur Neutralisierung der Magensäure. Nikotin, Kaffee, Alkohol und andere Säurelocker sind dagegen zu vermeiden. Ungünstig können sich ferner anticholinerg wirksame Medikamente (s. S. 358 f.) auswirken, die die Spannung der Darmwand herabsetzen. Aber auch Theophyllinpräparate können ungünstige Wirkungen haben (s. S. 68). Positiv wirken sich dagegen Medikamente aus, die die Magensäure neutralisieren (Antazida, s. S. 146). Ein Teil dieser Magentabletten enthält darüber hinaus Quellsubstanzen, die sich im oberen Teil des Magens ablagern und damit den Rückfluß in die Speiseröhre verhindern. Kurzfristig können auch Medikamente Anwendung finden, die die Wandspannung im oberen Magenbereich erhöhen und damit den Abtransport begünstigen. In schweren Fällen können mit sehr gutem Erfolg Histamin-2-Rezeptorblocker zur Anwendung kommen (Cimetidin, Ranitidin), die die Salzsäureproduktion blockieren.

Konsequenzen für Training und Wettkampf Die Ösophagitis stellt nicht unbedingt ein Hindernis für körperliche Aktivitäten dar. Sie ist es nur dann, wenn hierdurch bei bestimmten Belastungsformen vermehrt Beschwerden auftreten. Dies gilt vor allem für Übungen, die in liegender, nach vorn gebeugter Körperstellung durchgeführt werden bzw. bei denen die Bauchpresse eingesetzt wird. Unter psychischer Belastung kann es vor Wettkämpfen zu Schleimhautreizungen im Speiseröhrenbereich kommen, die dann, wie beschrieben, gelegentlich als Rachenkatarrh fehlgedeutet werden. Daran sollte man denken.

Magenschleimhautentzündung (Gastritis)

Krankheitsbild Die Gastritis stellt einen entzündlichen Reizzustand der Magenschleimhaut dar. Der Ausdruck wird als Sammelbegriff für zahlreiche Beschwerden im Magenbereich benutzt, die nicht auf ein Magengeschwür oder auf andere definierte Magen-Darm-Leiden zurückzuführen sind.

Das Entstehen einer solchen Gastritis kann verschiedene Ursachen haben. Eine Möglichkeit besteht im Abbau des normalen Schleimhautschutzes durch das Muzin in Folge des Eindringens von gallensauren Salzen bei Verschlußstörungen des Magenausgangs. Die Schleimhaut ist jetzt direkt der Wirkung der Magensäure ausgesetzt, eine Entzündung entsteht. Die Beschwerden bestehen in Übelkeit und Erbrechen, möglicherweise mit Blutbeimengungen, Schmerzen in der Magengegend, die typischerweise sofort oder 30 Minuten nach den Mahlzeiten auftreten, oft in Verbindung mit saurem Aufstoßen. Die Beschwerden werden durch Alkoholgenuß ausgelöst oder verschlimmert. Ungünstig wirken sich ferner unregelmäßige Lebensgewohnheiten und Mahlzeiten, psychischer Streß, Unruhe, reichlicher Genuß von Kaffee und schwerverdauliches Essen aus. Auch bei einigen Arzneimitteln kann als Nebenwirkung eine Gastritis auftreten, beispielsweise unter Schmerzmitteln mit entzündungshemmender Wirkung (s. S. 232 ff.).

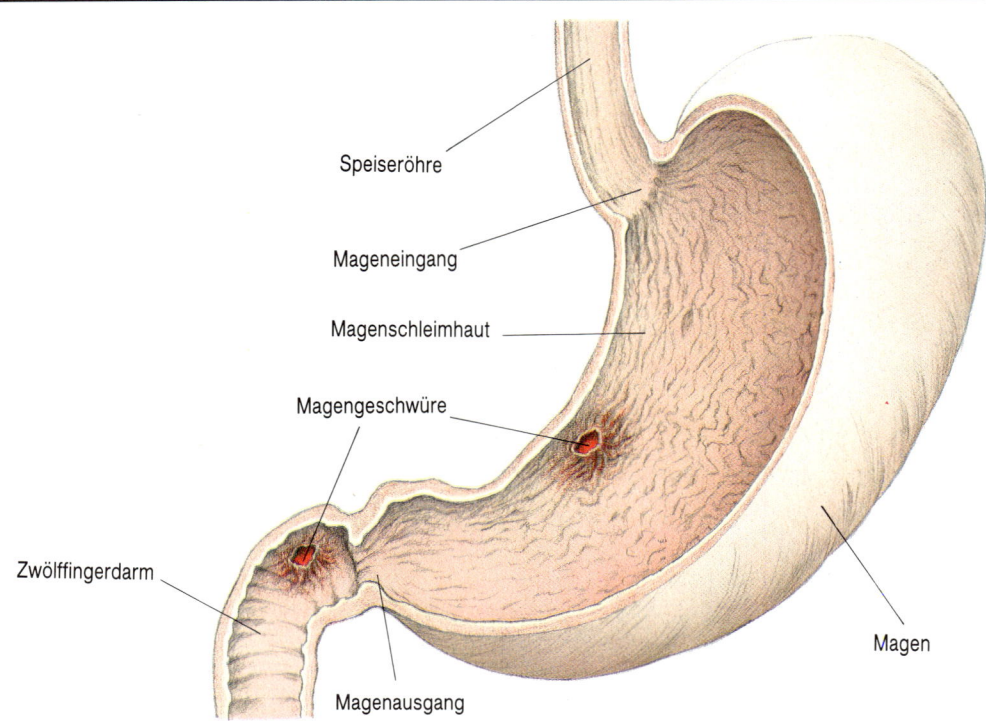

Speiseröhre

Mageneingang

Magenschleimhaut

Magengeschwüre

Zwölffingerdarm

Magen

Magenausgang

Typische Lage von Magengeschwüren

Hiervon ausgenommen sind insbesondere Präparate, die Paracetamol enthalten (z. B. Anaflon, Ben-u-ron, Tylenol und andere Präparate). Auch eine Reihe von Medikamenten gegen Hochdruck sowie Theophyllinpräparate (s. S. 68) können entsprechende Beschwerden auslösen.

Im Regelfall heilt eine akute Magenschleimhautentzündung von allein aus, wenn die auslösenden und verschlimmernden Faktoren beseitig werden. Gelegentlich kann es aber auch zur Ausbildung eines Magengeschwürs kommen (s. u.).

Behandlung   Ziel der Behandlung ist zunächst die Beseitigung der Krankheitsursache. Der Betroffene sollte regelmäßig essen, Alkohol, Kaffee, schwer verdauliches Essen und nach Möglichkeit Streßsituationen meiden. Soweit ein Medikament als Ursache oder verschlimmernder Faktor für die Gastritis in Frage kommt, sollte man nach Rücksprache mit dem Arzt das Präparat wechseln. Mit gutem Erfolg werden Medikamente eingesetzt, die die Magensäure neutralisieren (Antazida). Ungünstig ist dabei jedoch die Verwendung des Natriumbikarbonats, ein häufiger Bestandteil von Fruchtsalzen, da dieses Präparat über die Darmschleimhaut in die Blutbahn aufgenommen wird und dann das Säuregleichgewicht des Körpers beeinflußt. Die erhöhte Natriumzufuhr wirkt sich darüber hinaus manchmal ungünstig bei Herz-Kreislauf- und Nierenerkrankungen aus, insbesondere bei Bluthochdruck. Geeignet sind dagegen solche säureneutralisierende Medikamente, die die Magensäure für längere Zeit blockieren, aber nicht in die Blutbahn aufgenommen werden oder die Darmfunktion beeinträchtigen. Hier gibt es eine Fülle von meist rezeptfreien Präparaten, wie beispielsweise Aludrox, Gelusil, Kompensan, Masigel, Phosphalugel, Talcid, um nur einige zu nennen. Sie kommen sowohl in flüssiger Form, mit verschiedenen Geschmackskorrigenzien als auch in Tablettenform zur Anwendung. Das Risiko einer Überdosierung besteht nicht, da sie nicht über den Darm aufgenommen werden. Zubereitungsform und Geschmacksrichtung können individuell entschieden werden.

Normalerweise heilt unter einer geeigneten Behandlung bei gleichzeitiger Ausschaltung der ursächlichen Faktoren eine Magenschleimhautentzündung rasch ab. Rückfälle kommen jedoch häufig vor, mit dem Risiko, daß sich dann doch irgendwann einmal ein Magengeschwür (Ulcus pepticum) entwickelt.

Konsequenzen für Training und Wettkampf Die Gastritis stellt nicht notwendigerweise ein Hindernis für körperliche Belastungen dar, kann allerdings das Leistungsvermögen deutlich herabsetzen. Sie kann als unspezifisches Warnsystem dafür aufgefaßt werden, daß irgendwo im körperlichen oder psychischen Bereich etwas nicht stimmt.

Magen- und Zwölffingerdarmgeschwür (Ulcus pepticum)

Krankheitsbild Unter einem Ulcus pepticum versteht man einen örtlichen Defekt im Bereich der Schleimhaut des Magens oder des Zwölffingerdarms (Duodenum). Meistens liegen die gleichen Ursachen zugrunde, die bereits für die Gastritis (s. o.) beschrieben wurden. Als Leitsymptom findet sich ein meist nicht allzu heftiger, häufig als brennend angegebener Schmerzzustand im Bereich der Magengrube. Aufgrund der Schmerzschilderung kann oft schon auf die Lage des Geschwürs geschlossen werden. Beim Magengeschwür werden die Beschwerden durch Nahrungsaufnahme ausgelöst, sie treten etwa 15—60 Minuten nach der Mahlzeit auf. Beim Zwölffingerdarmgeschwür ist es umgekehrt, hier verschwinden die Beschwerden im allgemeinen nach dem Essen. Übelkeit und Erbrechen sind eher typisch für das Magengeschwür. Im Zusammenhang mit letzterem treten durch die häufige Beteiligung der Schleimhaut in Form einer Gastritis und Ösophagitis nicht selten auch Aufstoßen und Sodbrennen auf (s. S. 144 f.). Das Magengeschwür ist darüber hinaus ausgesprochen jahreszeitabhängig. Es tritt bei Menschen, die dazu neigen, vorzugsweise im Frühjahr und im Herbst auf.

Magengeschwüre können spontan ausheilen, allerdings dauert dies meist recht lange. Das Risiko eines Rückfalles ist groß. Als Komplikation können lebensgefährliche Blutungen aus dem Geschwür auftreten. Diese zeigen sich in Bluterbrechen und Teerstuhl (Melaena). Bei solchen Blutungen ist sofort ein Arzt aufzusuchen. Eine dramatische Komplikation ist die Magenperforation, d. h. der Magen kann im Geschwürbereich platzen. Der Mageninhalt entleert sich dann samt Magensäure in die Bauchhöhle. Die Folge ist eine akute Bauchfellentzündung mit schwersten Schmerzen, Schockzustand und brettharter Abwehrspannung der Bauchmuskulatur. In diesem Fall ist eine sofortige Krankenhauseinweisung lebensnotwendig. Der Ersthelfer sollte wissen, daß auf keinen Fall irgendetwas über den Mund eingenommen werden sollte, weder Flüssigkeiten noch schmerzstillende Tabletten.

Bei wiederholt auftretenden Geschwüren im Zwölffingerdarmbereich kann es zu narbigen Schrumpfungen mit Verengung des Magenausgangs kommen. Es entsteht ein Abflußhindernis, der Magen weitet sich auf.

Die Diagnose eines Magengeschwürs wird aufgrund der geschilderten Symptome gestellt und durch eine Röntgenuntersuchung bzw.

die Inspektion des Mageninneren nach Einführung eines speziellen Instruments (Gastroskop) gesichert.

Zur Behandlung des Magengeschwürs gibt man in kurzen Zeitabständen große Mengen von Medikamenten, die die Magensäure neutralisieren und die im einzelnen bereits aufgeführt wurden. Diese Therapie sollte mindestens 4—6 Wochen, häufig länger, durchgeführt werden. Sie sollte erst bei völliger Beschwerdefreiheit ausgesetzt und wieder aufgenommen werden, wenn erneut Symptome auftreten. Anticholinergika, also krampflösende Medikamente wie beispielsweise Atropin, Buscopan, Baralgin (s. S. 358 f.), können die Wirkung der Antazida verstärken.

Ein weiteres Behandlungsprinzip besteht in der Reduktion der Magensäureproduktion durch die Anwendung spezifisch wirksamer Medikamente, den Histamin-2-Rezeptorenblockern: Cimetidin, im Handel als Tagamet und Ranitidin, im Handel als Sostril oder Zantic. Letzteres ist noch schneller wirksam als Cimetidin. Hierunter treten allerdings häufig Nebenwirkungen auf wie Schwindel, Müdigkeit, Kopfschmerzen, Durchfall und Hautausschläge. Unter Cimetidin werden in seltenen Fällen bei älteren Menschen Verwirrtheitszustände sowie Impotenz beobachtet.

Vorteilhaft wirken sich auch Medikamente wie Aludrox aus, die Aluminium in kolloidaler Form enthalten. Dieses bildet eine mechanische Schutzschicht über dem Magengeschwür und wirkt fast ebenso gut wie die genannten Histamin-2-Rezeptorenblocker.

Reicht die medikamentöse Behandlung nicht aus, so kann in einzelnen Fällen eine operative Behandlung erforderlich werden. Dies gilt natürlich besonders bei starken Magenblutungen sowie bei Magenperforation.

Im allgemeinen ist für den Sportler bei der Diagnose eines Magengeschwürs Vorsicht angezeigt, von körperlicher Aktivität ist meist abzuraten. Bevor die sportliche Tätigkeit wieder aufgenommen wird, sollte das Geschwür völlig ausgeheilt sein. Bei Neigung zu Magengeschwüren sollte man in der Ernährung vorsichtig sein. Besonders bei Auslandsreisen, die häufig mit Ernährungsumstellung verbunden sind, empfiehlt sich möglicherweise die prophylaktische Einnahme von Medikamenten.

Bei der medikamentösen Behandlung mit Anticholinergika, beispielsweise Buscopan-Dragées, kann die Akkomodationsfähigkeit des Auges, d. h., die Fähigkeit nahe gelegene Gegenstände scharf zu erkennen, herabgesetzt sein. Hierdurch kann auch die Entfernungsabschätzung beeinträchtigt werden, ein Aspekt, dem in bestimmten Sportarten Bedeutung zukommt. Weitere Nebenwirkungen der Anticholinergika bestehen in einer verminderten Flüssigkeitsproduktion der Schleimdrüsen. Hierdurch entstehen Austrocknungserscheinungen im Bereich der Bindehaut des Auges und damit eventuell Probleme für Kontaktlinsenträger. Eine häufige Nebenwirkung ist deshalb auch ein Trockenheitsgefühl im Mund, ein Problem, das sich in vielen Sportarten nachteilig auswirken kann.

Infektiös-toxische Lebensmittelvergiftung (akute Gastroenteritis)

Die Lebensmittelvergiftung wird am häufigsten durch Viren verursacht, in Frage kommen aber auch Bakterien, Pilze sowie Toxine, d. h. von Bakterien, meist von Staphylokokken, produzierte Giftstoffe. Eine besondere Form der Gastroenteritis stellt die Reisediarrhöe dar (s. u.).

Die Infektion geschieht im allgemeinen über Lebensmittel, in seltenen Fällen aber auch über die Tröpfcheninfektion. Die häufigste Ursache ist mangelnde Hygiene. Die Krankheit beginnt meist mit Übelkeit, Bauchschmerzen und Magenkrämpfen. Im weiteren Verlauf stellen sich Erbrechen und Durchfälle ein. Dies können auch die einzigen Symptome bleiben.

In schweren Fällen kommt es zu Fieber und erheblicher Allgemeinbeeinträchtigung. Wenn mit dem Brechdurchfall große Flüssigkeitsmengen verlorengehen, entsteht durch das Flüssigkeitsdefizit das Bild eines eventuell sogar lebensbedrohlichen Kreislaufschocks.

Behandlung Die akute Lebensmittelvergiftung verläuft im allgemeinen harmlos. Sie klingt spontan ab und ist in wenigen Tagen überstanden. Zu größeren Problemen kommt es nur bei erheblichen Flüssigkeits- und Salzverlusten. In solchen Fällen muß durch regelmäßige Zufuhr, beispielsweise durch die Gabe von kleinen Trinkmengen alle 5 min, ein entsprechender Ersatz durchgeführt werden. Voraussetzung hierfür ist allerdings, daß der Magen die Flüssigkeit bei sich behält. Die zugeführte Flüssigkeit sollte Kohlenhydrate und Kochsalz enthalten. Man kann sie sich so zubereiten, daß man auf einen Liter Wasser je einen Teelöffel Kochsalz und sechs Teelöffel Traubenzucker gibt. In Ländern mit unzureichender Wasserhygiene sollte man besser in Flaschen abgefülltes Mineralwasser verwenden. Die Kohlenhydrat- und Kochsalzzufuhr kann auch durch Fertignahrungen durchgeführt werden, die im Handel erhältlich sind, beispielsweise durch die Firma Pfrimmer, notfalls auch als Sondenernährung. Die Regelung der notwendigen Flüssigkeitsmenge geschieht nach dem Durstgefühl des Betroffenen. Bei hochgradigen Flüssigkeitsverlusten wird eine intravenöse Ernährung erforderlich. Die notwendigen Mengen an Flüssigkeit und Nährstoffen müssen dabei über die Blutbahn zugeführt werden. Zur Behandlung von Brechreiz und Durchfall werden entsprechende Medikamente gegeben, die den Magen-Darm-Trakt ruhig stellen. Hierbei muß allerdings der Nachteil inkaufgenommen werden, daß der biologische Sinn von Erbrechen und Durchfall, nämlich das Bemühen des Körpers, Schad- und Giftstoffe loszuwerden, beeinträchtigt wird. Solche Medikamente sollten daher nur bei speziellen Indikationen und am besten nur unter ärztlicher Kontrolle, zur Anwendung kommen, beispielsweise bei sehr schweren Krankheitsbildern oder dann, wenn die äußeren Umstände es wünschenswert erscheinen lassen, etwa vor einer längeren Reise.

Medikamente gegen Übelkeit (Antiemetika) hemmen das Brechzentrum im Gehirn. Übliche Arzneimittel sind Bonamine, Dramamine, Psyquill, Vomex und andere. Wenn kein schweres Erbrechen vorliegt, können sie als Tabletten und Tropfen gegeben werden. Bei stärkerem Brechreiz, aber nur gering ausgeprägtem Durchfall, empfiehlt sich die Anwendung als Zäpfchen. Bei schweren Brechdurchfällen müssen sie injiziert werden.

Zur Abschwächung des Durchfalls verwendet man weiterhin Medikamente, die die Beweglichkeit des Darms herabsetzen. Früher war das Mittel der Wahl Opium. Nachdem es dadurch aber zu erheblichen Nebenwirkungen kommen kann, insbesondere zu Gewöhnung und Suchterzeugung durch das opiumverwandte Morphin, verwendet man heute lieber schwächere Morphinabkömmlinge wie Kodein oder Imodium. Aus der Sicht des Sports muß in diesem Zusammenhang erneut darauf hingewiesen werden, daß Opium ebenso wie Kodein auf der Dopingliste stehen.

Zu den seit jeher verwendeten Behandlungsprinzipien gehört die Gabe von hochgereinigter medizinischer Kohle, wenngleich eine Wirkung bisher noch nicht sicher bewiesen werden konnte. Entsprechende Präparate sind im Handel (Kohle-Compretten, teilweise in Kombination mit Sulfonamiden als Sulfa-Kohle-Compretten u. a.).

Nachdem die akute Lebensmittelvergiftung im allgemeinen höchst selten durch eine bakterielle Infektion bedingt ist und rasch abklingt, wird eine antibiotische Behandlung meist nicht erforderlich sein. Ein Medikament, das als wirklich effektives Darmantiseptikum wirkt, steht nicht zur Verfügung.

Konsequenzen für Training und Wettkampf

Im Verlauf einer infektiösen Lebensmittelvergiftung sollte man sich nicht körperlich belasten. Vor der Wiederaufnahme von Training und Wettkampf muß der Flüssigkeits- und Salzhaushalt des Organismus ausgeglichen werden. Dies benötigt normalerweise etwa 2—3 Tage nach Abklingen des Brechdurchfalls. Ein fortbestehendes Flüssigkeitsdefizit muß sich naturgemäß negativ auf das Leistungsvermögen auswirken.

Reisedurchfall

Reisedurchfall, auch als „Montezumas Rache" bezeichnet, trifft Touristen im Ausland, die ihr normales Milieu verlassen und deren Organismus sich mit einer fremden Bakterienflora auseinandersetzen muß. Natürlich kann ein solcher Reisedurchfall auch durch spezifische Infektionen mit Bakterien, Viren, Pilzen, Würmern und anderen Parasiten bedingt sein. Das Krankheitsbild entspricht der oben geschilderten infektiösen Lebensmittelvergiftung, es ist jedoch sehr häufig durch einen längeren und oft auch schwereren Verlauf gekennzeichnet. Falls die Beschwerden nicht rasch abklingen, wird ärztliche Behandlung, gegebenenfalls auch die Einnahme von Antibiotika, erforderlich. Da die Ursachen sehr vielfältig sein können, ist es nicht sinnvoll, hier die einzelnen Behandlungsmaßnahmen detailliert darzustellen. Besonders wichtig in diesem Zusammenhang ist die Vorbeugung gegenüber „Montezumas Rache", ganz besonders die sorgfältige persönliche Hygiene. In diesem Zusammenhang wird auf Seite 372 f. verwiesen, bezüglich der Behandlungsmaßnahmen auf Seite 149.

Eine Reihe von Infektionen, an denen man im Ausland erkranken kann, wie Typhus, Paratyphus und andere Salmonellosen, Cholera etc., fallen unter die Vorschriften des Bundesseuchengesetzes. Wer sich im Ausland eine solche Infektion geholt hat, sollte daher nach der Rückkehr in die Bundesrepublik einen Arzt aufsuchen.

Nicht infektiös bedingter Durchfall

Durchfall ist ein unspezifisches Symptom, er kann bei einer ganzen Reihe von unterschiedlichen Erkrankungen des Magen-Darm-Trakts vorkommen, die im folgenden Teil beschrieben werden. Grundsätzlich sollte jeder, bei dem Durchfall neu auftritt und über längere Zeit anhält, einen Arzt aufsuchen.

Störung der Nahrungsaufnahme im Darm (Malabsorptionssyndrom)

Die mit dem Essen aufgenommene Nahrung muß zunächst mechanisch zerkleinert und mit einer Reihe von biochemischen Wirkstoffen (Enzymen) durchsetzt werden, bevor sie über die Blutbahn in den Organismus aufgenommen werden kann (s. S. 142 ff.). Zahlreiche Dünndarmerkrankungen können die Resorption verschlechtern (Malabsorptionssyndrome). Dies kann entweder generell alle Nahrungsbestandteile betreffen, oder nur selektiv einzelne Nährstoffe.

Selektive Malabsorptionssyndrome

Hierunter versteht man die selektive Störung der Resorption einzelner Nahrungsstoffe wie Kohlenhydrate oder Fette im Magen-Darm-Kanal.

Krankheitsbild

Resorptionsstörung von Kohlenhydraten

Den Resorptionsstörungen von Kohlenhydraten liegt ein Enzymdefekt zugrunde. Es fehlen Enzyme, die im Magen-Darm-Kanal komplexe Zucker zu Einfachzuckern abbauen, die dann resorbiert werden können. Die Mehrfachzucker bleiben im Darm liegen, sie binden Wasser, dies führt zum Durchfall. Nach dem Weitertransport in den Dickdarm werden die Mehrfachzucker dann von den dort vorhandenen Bakterien abgebaut, es kommt zur vermehrten Gasbildung mit Blähungen und Bauchschmerzen. Dabei gehen nicht nur Kohlenhydrate verloren, sondern durch den Durchfall auch weitere wichtige Nährstoffe wie Fette, Vitamine und Mineralstoffe.

Behandlung

Bei einer solchen Resorptionsstörung sollte der Patient denjenigen Kohlenhydrattyp meiden, der nicht hinreichend abgebaut werden kann.

Konsequenzen für Training und Wettkampf

Die Resorptionsstörung von Kohlenhydraten führt dazu, daß dem Körper wichtige Substanzen fehlen, die die Voraussetzung für eine normale Leistungsfähigkeit bilden. Die Folgen sind Müdigkeit und reduziertes Leistungsvermögen. Durch eine entsprechende Behandlung kann eine völlige Normalisierung der Leistungsfähigkeit erreicht werden.

Krankheitsbild

Störungen der Fettresorption

Sie beruhen im allgemeinen auf einem Mangel an Gallenflüssigkeit oder auf einer Funktionsstörung der Bauchspeicheldrüse. Hierdurch können die Nahrungsfette nicht hinreichend abgegeben werden. Der vermehrte Fettanteil im Nahrungsrückstand führt zu einer Steigerung des Darmvolumens. Der Fettgehalt im Stuhl nimmt zu. Ein einfacher Test besteht in der Einbringung von Stuhl in Wasser: der Stuhl schwimmt dann auf der Wasseroberfläche. Die Störung der Fettresorption führt nicht nur zu einem Verlust an wichtigen Nahrungsfetten, sondern vor allem auch zu einem Mangel an fettlöslichen Vitaminen (A, D, E, K).

Behandlung

Die Behandlung richtet sich nach der jeweiligen Ursache. Einem Mangel an Gallenflüssigkeit liegt im allgemeinen eine Erkrankung der Gallenwege zugrunde, die entsprechend therapiert werden muß. Bei einer unzureichenden Funktion der Bauchspeicheldrüse werden entsprechende Enzyme verordnet. Fehlende fettlösliche Vitamine können durch Injektionen ersetzt werden.

Konsequenzen für Training und Wettkampf

Grundsätzlich bildet eine Resorptionsstörung von Fett keine Kontraindikation gegen körperliches Training. Allerdings kann die körperliche Leistungsfähigkeit durch die verschlechterte Resorption an Nährstoffen und Vitaminen eingeschränkt sein. Durch eine entsprechende Behandlung läßt sich die normale Leistungsfähigkeit im allgemeinen wiederherstellen.

Allgemeines Malabsorptionssyndrom (Zöliakie)

Für diese Krankheit werden auch eine Reihe anderer Bezeichnungen benutzt, besonders bei Erwachsenen spricht man häufig auch von Sprue. Ursache ist eine Überempfindlichkeit gegen ein bestimmtes Getreideeiweiß, das Gluten (Gliadin), das in Weizen, Gerste, Roggen und wahrscheinlich auch im Hafer vorkommt. Kommen Patienten mit dieser Überempfindlichkeit mit Gluten in Kontakt, schwellen die Darmzellen an, die Darmzotten bilden sich allmählich zurück, die Nahrungsmittelresorption verschlechtert sich.

Krankheitsbild   Je nach Schweregrad der Darmveränderung beobachtet man bei der Zöliakie eine große Variationsbreite der Symptomatik. Sie reicht von kaum merkbaren Beschwerdebildern bis hin zu lebensbedrohlichen Krankheitszuständen mit ausgeprägter Gewichtsabnahme durch den Mangel an Nährstoffen und Vitaminen sowie schwersten Durchfällen. Leitsymptome können auch leichte Erschöpfbarkeit und Blutarmut (Anämie) sein. Im Stuhl des Kranken läßt sich im allgemeinen ein hoher Fettgehalt nachweisen.

Behandlung   Das wichtigste Prinzip besteht in der Vermeidung von Nahrungsstoffen, die Gluten enthalten. Nicht selten besteht auch eine Überempfindlichkeit gegen Milchzucker, der entsprechend vermieden werden muß. Eine solche Diät muß lebenslang konsequent eingehalten werden. Im günstigsten Fall kann es zu einem Wiederaufbau der Dünndarmschleimhaut kommen. Andererseits bestehen aber meist einmal eingetretene Veränderungen der Darmschleimhaut und damit die Störung der Resorption von wichtigen Nahrungsbestandteilen fort.

Konsequenzen für Training und Wettkampf   Die Resorptionsstörung wichtiger Nahrungsbestandteile führt bei einer Zöliakie zu einer erheblichen Beeinträchtigung des körperlichen Leistungsvermögens. Durch den Mineralmangel kann es unter Belastung zu Muskelkrämpfen kommen. Bei gut behandelter Zöliakie besteht hinsichtlich Training und Wettkampf keine Einschränkung.

Chronisch entzündliche Darmerkrankungen

Bei den chronisch entzündlichen Darmerkrankungen sind vor allem die Crohn-Krankheit und die Colitis ulcerosa zu nennen. Die Crohn-Krankheit kann den Dünndarm und den Dickdarm betreffen, die Veränderungen der Colitis ulcerosa finden sich dagegen nur im Dickdarm.

Crohn-Krankheit (Morbus Crohn = M. Crohn = Enteritis regionalis)

Krankheitsbild   Es handelt sich dabei um eine lokalisiert in bestimmten Bereichen des Darms auftretende entzündliche Erkrankung. Die Entzündungsvorgänge betreffen alle Schichten der Darmwand, sie sind im feingeweblichen Bild durch charakteristische Veränderungen (Granulomatose) gekennzeichnet. Am häufigsten finden sich diese Entzündungsvorgänge im unteren Teil des Dünndarms (Ileitis terminalis), aber auch im Dickdarm. Bevorzugt tritt die Erkrankung zwischen dem 15. und 30. Lebensjahr auf. Sie beginnt schleichend, die Symptomatik kann eine erhebliche Variationsbreite aufweisen. Typische Symptome bestehen in Durchfall mit Blutbeimengungen, Bauchbeschwerden, Fieber und Gewichtsverlust durch die Störung der Nahrungsaufnahme (Malabsorption). Die Beschwerden werden typischerweise im Bereich der Blinddarmgegend angegeben, sie treten häufig nach Mahlzeiten sowie der Stuhlentleerung auf. Bei schweren Formen kommt es zu einer erheblichen Beeinträchtigung des Allgemeinzustandes bis hin zu Fistelbildungen vom Darm in die Haut.

Die Diagnose des M. Crohn wird bei einer Lokalisation im Dünndarm mit Hilfe der Röntgendiagnostik gestellt, gelegentlich aber auch erst im Zusammenhang mit Operationen, die wegen unklarer Darmbeschwerden erforderlich werden. Bei einer Lokalisation im Dickdarmbereich können die charakteristischen Schleimhautveränderungen mit Hilfe einer Darmspiegelung, einer Rektoskopie oder einer Koloskopie, festgestellt werden.

Behandlung Die Behandlung des M. Crohn erfolgt konservativ oder chirurgisch. Zur konservativen Therapie wird vorwiegend Azulfidine verordnet, ein Medikament, das im Darm entzündungshemmend wirkt. In speziellen Fällen kann auch die Gabe von Kortison indiziert sein, das eine noch stärkere entzündungshemmende Wirkung hat. Bei schwereren Verlaufsformen wird früher oder später stets eine Operation erforderlich. Dabei werden besonders stark veränderte Darmabschnitte entfernt, die zu erheblich beeinträchtigenden Durchfällen oder zu Passagehindernissen führen.

Konsequenzen für Training und Wettkampf Die Störung der Resorption von wichtigen Nährstoffen und Vitaminen sowie die Allgemeinsymptome führen beim M. Crohn zu einer erheblichen Beeinträchtigung des Leistungsvermögens. Patienten, bei denen eine Behandlung erfolgreich verläuft, können in günstigen Fällen jedoch auch uneingeschränkt Sport betreiben.

Colitis ulcerosa

Krankheitsbild Der Colitis ulcerosa liegt wahrscheinlich eine Autoimmunerkrankung (s. S. 56) zugrunde, die sich als Entzündung im Bereich des Mastdarms sowie in unterschiedlich großen Abschnitten des übrigen Dickdarms abspielt. Es kommt zu Durchfällen mit Blutbeimengungen, in schweren Fällen zu Allgemeinsymptomen mit Fieber, Gelenkbeschwerden, Gewichtsverlust, Blutarmut und Störungen im Wasser- und Salzhaushalt des Organismus. Die Erkrankung verläuft häufig schubweise, wobei Perioden mit schwereren Symptomen und Zustände spontaner Besserung miteinander abwechseln.

Die Diagnose wird röntgenologisch oder durch eine Darmspiegelung gestellt. Bei der letzteren wird ein Rekto- oder Koloskop in den Darm eingeführt. Die Inspektion der Schleimhaut zeigt entzündliche Abschnitte und manchmal Geschwüre mit vermehrter Sekretbildung. Zur weiteren Diagnostik trägt die Entnahme von Gewebsproben aus der Schleimhaut bei.

Behandlung Da die Ursache der Colitis ulcerosa nicht hinreichend bekannt ist, kann eine Behandlung nur symptomatisch erfolgen. Der Patient muß Diät einhalten, insbesondere ist die Aufnahme von Milchprodukten zu vermeiden. Medikamentös wird mit Azulfidine behandelt, das im Darm entzündungshemmend wirkt. In schweren Fällen wird die Anwendung von Kortison als Tabletten oder Zäpfchen erforderlich. In besonders schweren Fällen müssen Teile des Dickdarms oder der Dickdarm insgesamt chirurgisch entfernt werden. Nach einer solchen Operation verschwinden zwar die Symptome im Darm, aber nicht die Autoimmunerkrankung, die sich in anderen Körperbereichen manifestiert. Im Verlaufe der Operation wird in vielen Fällen die zeitweise oder ständige Anlage eines künstlichen Darmausgangs in der Bauchwand (Stoma) erforderlich. Zu diesem Zweck wird der Darm in die Bauchwand eingenäht, die Stuhlentleerung erfolgt in Plastikbehälter. Trotzdem werden Patienten nach einer solchen Operation in ihrer Lebensführung im allgemeinen nur wenig beeinträchtigt.

Bei der leichteren Verlaufsform beeinflußt die Colitis ulcerosa im allgemeinen das Leistungsvermögen nicht, sie stellt keinerlei Hindernis für sportliche Aktivitäten dar. Mögliche Darminfektionen im Rahmen von Auslandsreisen können den Verlauf verschlechtern. Schwere Verläufe der Colitis ulcerosa verbieten meist sportliche Aktivitäten. Patienten mit einem künstlichen Darmausgang können problemlos an den meisten Sportarten teilnehmen.

Verstopfung (Obstipation)

Im Regelfall erfolgt bei den meisten Menschen täglich mindestens eine Stuhlentleerung. Von einer Verstopfung spricht man, wenn sich dieser Zeitraum auf mehr als drei Tage ausdehnt, verbunden im allgemeinen mit Darmbeschwerden. Dieser Zustand kann vorübergehend sein oder chronisch bestehen.

Vorübergehende Verstopfung

Krankheitsbild Zu einer vorübergehenden Darmträgheit kommt es häufig bei Milieuwechsel, etwa auf Reisen oder bei Diätfehlern. Meist handelt es sich dabei um eine sogenannte Mastdarmobstipation, d. h. der Darminhalt bleibt im letzten unteren Teil des Dickdarms liegen. Durch den dabei vermehrten Wasserentzug wird der Stuhl zunehmend härter. Beschwerden zeigen sich als Blähungen und Bauchschmerzen bis hin zu Koliken.

Behandlung Bei einer vorübergehenden Verstopfung werden Medikamente eingenommen, die den Darminhalt erweichen (z. B. Microlax) oder Zäpfchen, die in den After eingeführt werden. Das Prinzip zahlreicher dieser Zäpfchen besteht darin, daß sie Kohlendioxid freisetzen. Das Gas bläht dann den Mastdarm auf und führt zur Auslösung des Stuhlreflexes. Kurzfristig über Perioden von 1—2 Wochen können auch Medikamente eingenommen werden, die die Darmmotorik anregen. Von einer längeren Einnahme ist abzuraten, da eine Abhängigkeit entstehen kann. Die Darmmotorik funktioniert dann nur noch, wenn eine entsprechende medikamentöse Stimulation erfolgt. Zu dieser Gruppe von Arzneimitteln gehören beispielsweise Abführmittel wie Dulcolax, Eulaxan, Bisacodyl, die lokal im Darm wirksam werden. Eine andere Gruppe stellen pflanzliche Arzneimittel, sogenannte Antrachinonpräparate, dar (Senna, Aloe, Cascara) oder auch Rhizinusöl, die über die Darmschleimhaut aufgenommen werden und dann auf dem Weg über die Blutbahn auf die gesamte Darmmotorik einwirken. Das Risiko einer Abhängigkeit ist bei den Antrachinonpräparaten größer als bei den anderen.

Konsequenzen für Training und Wettkampf Eine vorübergehende Verstopfung hat bei entsprechender Behandlung keinerlei Auswirkungen auf die körperliche Aktivität. Bei der Einnahme eines Abführmittels sollte man allerdings berücksichtigen, daß dies zu Bauchschmerzen führen kann. Man sollte es also nicht gerade vor Beginn eines Wettkampfs einnehmen.

Chronische Verstopfung (chronische Obstipation)

Krankheitsbild Die chronische Verstopfung hat ihre Ursache in einer Abschwächung des normalen Stuhlentleerungsreflexes, eines angeborenen Eingeweidereflexes, oder in einer verzögerten Passage des Darminhalts durch den Dickdarm. Theoretisch kann man zwischen der Dickdarm- und Mastdarmverstopfung (Kolon- bzw. Rektumobstipation) unterscheiden. In der Praxis ist es jedoch schwer, beide Formen, die meist auch noch gemischt auftreten, auseinander zu halten.

Die Ursachen der chronischen Darmträgheit sind vielfältig. Eine der häufigsten Ursachen für die Verzögerung der Passage des Darminhalts durch den Dickdarm besteht in einem Mangel an Ballaststoffen in der Nahrung, vor allem bei einem unzureichenden Anteil an Pflanzenfasern. Auch wer ständig den Stuhlreflex unterdrückt, sei es, weil er sich nicht die Zeit für das Aufsuchen einer Toilette gönnen will oder weil er fremde Toiletten grundsätzlich meidet und nur die häusliche Toilette benutzt, geht das Risiko ein, daß sich mit der Zeit bei ihm eine Darmträgheit ausbildet. Weitere mögliche Ursachen bestehen in kleineren Einrissen im Bereich des Afters oder in Änderungen des Lebensrhythmus. Krankheitsbedingte Bettlägerigkeit führt zur Darmträgheit, körperliche Aktivität regt umgekehrt die Darmtätigkeit an. Auch der ständige Gebrauch von Medikamenten zur Anregung der Darmmotorik (s. o.) resultiert auf die Dauer gesehen in einer Abschwächung oder gar Aufhebung des normalen Stuhlentleerungsreflexes und führt zu einer Abhängigkeit von der ständigen Einnahme solcher Präparate. Neben Abführmitteln können auch andere Medikamente wie Anticholinergika (s. S. 358 f.), Kodein und chemisch verwandte Substanzen zur Darmträgheit führen.

Symptome Die Symptomatik der chronischen Verstopfung entspricht der einer akuten Verstopfung, hinzu kommt im allgemeinen aber auch noch vermehrte Gasbildung. Spontane Besserung kann nicht erwartet werden, dazu ist eine entsprechende Behandlung oder eine Änderung der Nahrungsgewohnheiten des Betroffenen Voraussetzung. Auf die Dauer gesehen beinhaltet eine chronische Darmträgheit die Möglichkeit der Ausbildung von sackförmigen Ausbuchtungen der Darmwand, vor allem im Dickdarm (Divertikel). Solche Divertikel können sich entzünden und zu mehr oder weniger schweren Krankheitsbildern führen. Bei ausgeprägter Störung der Darmfunktion kann es schließlich zu einer völligen Behinderung der Darmpassage mit der Entwicklung eines Darmverschlusses (Ileus) kommen, gekennzeichnet durch kolikartige Bauchbeschwerden. Eine weitere häufige Komplikation besteht im Auftreten von Hämorrhoiden (s. S. 156 f.), die sich in Form von Blutbeimengungen im Stuhl bemerkbar machen.

Behandlung Das Behandlungsziel bei der chronischen Obstipation besteht in einer Normalisierung der Passagezeit des Darminhalts durch den Dickdarm. Hierzu muß der Patient seine Ernährungsgewohnheiten ändern, ein entsprechender Anteil an Ballaststoffen in der Nahrung ist notwendig, die in Form von pflanzenfaserreicher Kost d. h. als Obst, Gemüse oder Vollkornbrot aufgenommen werden. Im medikamentösen Bereich werden Laxantien verordnet, d. h. Präparate, die Paraffinöl enthalten und den Stuhl erweichen. Medikamente, die die Darmmotorik anregen, sind dagegen ungeeignet, sie können im Gegenteil sogar ursächlich zur chronischen Obstipation beitragen (s. o.).

Faserreiche Kost und geeignete Medikamente vergrößern das Volumen des Darminhaltes. Sie tragen somit gleichermaßen zum erklärten Therapieziel einer Verkürzung der Passagezeit durch den Dickdarm bei. Dabei kommt offensichtlich den unterschiedlichen Pflanzenfasern eine verschiedene Bedeutung zu, wobei der Mechanismus im einzelnen nicht klar ist. Besonders vorteilhaft aus der Sicht des Therapieziels sind die Fasern der Weizenkleie. Man muß allerdings berücksichtigen, daß bei der Aufnahme von zu großen Mengen von Weizenkleie im Darm vermehrt Gas gebildet werden kann.

Füll- oder Quellstoffe enthalten Fasern, deren Volumen sich durch die Bildung von Gelen unter Wasseraufnahme vergrößert. Solche Präparate werden aus Leinsamen und einer Reihe von Gummigewächsen hergestellt. Sie quellen im Magen auf, verursachen dadurch ein Sättigungsgefühl und tragen zur Verbesserung der Darmfunktion bei. Derartige Präparate werden zum Teil im Handel angeboten, zum Teil wirken aber auf diesem Prinzip auch zahlreiche alte Hausmittel.

Bei der chronischen Verstopfung kann der Enddarm mit hartem Stuhl gefüllt sein, der am besten zunächst durch entsprechende Stuhlzäpfchen erweicht wird. Bei schmerzhaften Einrissen im Bereich der Darmschleimhaut, die zur Behinderung der Stuhlentleerung führen, empfiehlt sich die Anwendung von schmerzstillenden Salben (z. B. Xylocainsalbe).

Konsequenzen für Training und Wettkampf
Beschwerden durch chronische Darmträgheit können in vielerlei Hinsicht das Leistungsvermögen beeinträchtigen. Die normale Darmfunktion ist daher eine wichtige Voraussetzung für die Leistungsfähigkeit. Hierauf sollte man besonders auch bei Sportreisen ins Ausland achten.

Blähungen (Meteorismus)

Krankheitsbild
Blähungen beruhen auf einer vermehrten Gasansammlung im Darm, sie führen zu Blähungs- und Spannungsgefühlen im Bauch bis hin zu kolikartigen Schmerzen. Die Ursachen sind vielfältig. Zahlreiche organische Erkrankungen des Magen-Darm-Kanals, wie Magengeschwüre, der Mangel an Salzsäure im Magensaft oder Veränderungen der Bakterienbesiedlung des Darms können mit Blähungen einhergehen. Auch die Ernährung kann zur vermehrten Gasbildung beitragen, insbesondere ein erhöhter Anteil von Kohlenhydraten in der Nahrung, also beispielsweise die vermehrte Aufnahme von Obst und Gemüse, wie sie etwa zur Behandlung der chronischen Verstopfung empfohlen wird. Selbstverständlich begünstigen entsprechend auch Abführmittel auf pflanzlicher Basis mit erhöhtem Faseranteil das Auftreten von Blähungen. Weitere mögliche Ursachen bestehen im vermehrten Schlucken von Luft (Aerophagie), in psychischen Spannungen oder in einer zu schnellen Nahrungsaufnahme.

Behandlung
Soweit der Meteorismus auf eine entsprechende Grunderkrankung zurückzuführen ist, steht deren Behandlung im Vordergrund. Zur Verminderung der Symptome können eine Reihe von Medikamenten gegeben werden, die dem erhöhten Gasdruck durch eine Herabsetzung der Oberflächenspannung entgegenwirken, als Karminativa oder Magen-Darm-Enzyme bezeichnet, die die Gasbildung hemmen (Lefax u. a.). Beim Auftreten von Schmerzzuständen werden Anticholinergika (s. S. 358 ff.) verordnet.

Hämorrhoiden

Krankheitsbild
Unter Hämorrhoiden versteht man venöse Aufweitungen im Bereich des Mastdarms, die erhebliche Größe erreichen können und Krampfadern entsprechen. In einer Industriegesellschaft leidet jeder zweite irgendwann unter entsprechenden Beschwerden, bedingt durch sitzende Lebensweise und dadurch verursachte Darmträgheit. Ein weiterer begünstigender Faktor ist die Schwangerschaft. Beschwerden treten auf in Form von Schmerzen bei der Darmentleerung, Juckreiz und manchmal erheblichen Blutbeimengungen im Stuhl. Größere Hämorrhoiden und ausgeprägte Beschwerden können zu Behinderung beim Sitzen führen.

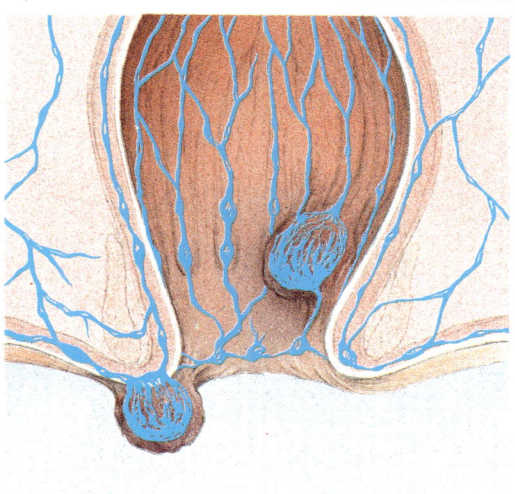

Innere und äußere Hämorrhoiden im Bereich des Darmausgangs

Im allgemeinen sind Hämorrhoiden harmlos, sie können aber im Zusammenhang mit Verstopfung zu Beschwerden bei der Darmentleerung führen, was seinerseits wiederum im Sinne eines Circulus vitiosus die Hämorrhoiden verschlimmert. Als Komplikation kommt es zu Entzündungen im Bereich der Hämorrhoiden mit Fistelbildungen und Vorfall der Darmschleimhaut aus dem After mit der möglichen Folge von Einklemmungserscheinungen.

Behandlung   Kleinere Hämorrhoiden bedürfen keiner besonderen Behandlung, hier ist lediglich auf sorgfältige Hygiene nach der Stuhlentleerung zu achten. Eventuell zugrundeliegende Ursachen, besonders Stuhlverstopfung, sollten beseitigt werden. Bei stärkeren Beschwerden wird örtliche Behandlung erforderlich. Nur in schwereren Fällen und bei langanhaltenden Beschwerden wird eine chirurgische Beseitigung notwendig. Im allgemeinen kommt man mit Salben und Zäpfchen zurecht. Diese wirken entweder
— wasserabstoßend und schleimhautschützend (Silikonsalben),
— schmerzstillend (Xylocain),
— oder im Bedarfsfall juckreizhemmend und schmerzstillend (z. B. Anusol, Scheriproct u. a.).

Konsequenzen für Training und Wettkampf   Im allgemeinen haben Hämorrhoiden keinerlei negative Konsequenzen für körperliche Belastungen. Größere Hämorrhoiden, die Beschwerden bereiten, können aber in ganz speziellen Sportarten das Leistungsvermögen beeinträchtigen, besonders bei Radfahrern oder Reitern.

Einrisse in der Analschleimhaut (Analfissuren)

Krankheitsbild   Zu Einrissen in der Schleimhaut des Darmausgangs kommt es vorzugsweise als Folge von chronischer Verstopfung. Der Riß verursacht Schmerzen bei der Stuhlentleerung, die man möglichst vermeidet. Hierdurch kommt es im Sinne eines Circulus vitiosus zu einer weiteren Verschlimmerung der Verstopfung. Juckreiz und Blutungen treten hinzu, als Komplikation kann letztendlich eine eiternde Fistel entstehen.

Behandlung   Die Behandlung der Analfissur kann sich nicht nur auf die örtliche Anwendung von entzündungshemmenden, schmerzstillenden Salben und Zäpfchen wie Anusol, Scheriproct und Xylocain etc. beschränken, man sollte auch die zugrundeliegende Ursache beseitigen. In schweren Fällen werden chirurgische Maßnahmen erforderlich.

Die Analfissur stellt für den Sportler, von speziellen Sportarten wie Radfahren und Reiten abgesehen, keinerlei Hindernis dar.

Juckreiz am After (Pruritus ani)

Krankheitsbild Hinter einem Juckreiz im Bereich des Afters verbergen sich häufig Hämorrhoiden oder Einrisse der Analschleimhaut. Weitere Ursachen oder Faktoren, die solchen Juckreiz verstärken können, sind erhöhte Schweißbildung, mangelnde Hygiene, ungeeignete Unterwäsche, etwa aus Wolle, und überwiegend sitzende Tätigkeit. Neben einer Reihe von weiteren Erkrankungen, die auch zu Juckreiz führen, muß man besonders an eine Infektion mit Madenwürmern denken (Oxyuriasis). Beim Athleten wirkt eine zu eng sitzende, möglicherweise feuchte Sportbekleidung begünstigend. Wegen der lokalen Reizungsmöglichkeiten kommen entsprechende Beschwerden häufig bei Reitern und Radfahrern vor.

Behandlung Die Behandlung geht von der jeweiligen Grunderkrankung aus. Besonders sollte man vermeiden, sich zu kratzen. Dies gilt ganz speziell bei einer Infektion durch Madenwürmer (s. u.). Der Toilettenhygiene kommt große Bedeutung zu. Man sollte aber wissen, daß eine allzu übertriebene Benutzung von Wasser und Seife ihrerseits wiederum zu einer Austrocknung der Haut und damit zu einer Verschlimmerung des Juckreizes führen kann. Auf ein häufiges Wechseln der Unterwäsche ist zu achten. Unterwäsche und Sportbekleidung sollten nicht zu eng sitzen. Nach dem Sport sollte man die Sportbekleidung, besonders, wenn sie feucht geworden ist, rasch wechseln. Bei Bedarf kommen schmerzstillende und juckreizhemmende Salben zur Anwendung wie Anusol, Scheriproct, Kaban-Salbe u. a.

Wurmkrankheiten

Krankheitsbilder Die häufigsten bei uns vorkommenden Darmparasiten sind die Madenwürmer *(Oxyuris vermicularis)*, der Spulwurm *(Ascaris lumbricoides)* sowie die Bandwürmer. Letztere unterteilen sich in eine Reihe verschiedener Untertypen wie der Fischbandwurm *(Diphyllobothrium latum)*, der Rinderbandwurm *(Taenia saginata)* und der Hundebandwurm *(Echinococcus)*.

Die Madenwürmer leben im Enddarm. Sie verlassen zur Eiablage den Darmausgang. Die abgelegten Eier führen zu Hautreizung und Juckreiz. Wenn sich der Betroffene dann kratzt, kommt es zu einer Verschmutzung von Fingern und Fingernägeln, dadurch werden die Würmer dann durch Kontakt auf andere übertragen. Weitere Möglichkeiten der Übertragung bestehen durch verschmutzte Unter- und Bettwäsche sowie Umkleideräume.

Voraussetzung einer erfolgreichen Behandlung bei einer Madenwurminfektion ist daher in eine sorgfältige Hygiene. Unterwäsche und Bettwäsche sind häufig zu wechseln. Man sollte auf jeden Fall vermeiden, sich zu kratzen.

Die medikamentöse Behandlung erfolgt durch Mebendazol, als Vermox im Handel. Zur Abtötung der Madenwürmer reicht eine einzige Tablette aus, bei der Behandlung des Spulwurms müssen über 3 Tage hinweg je 2 Tabletten eingenommen werden. Auf eine notwendige Behandlung auch der Umgebung, möglicherweise der ganzen Familie, ist zu achten.

Zur Behandlung des Bandwurms empfiehlt sich Niclosamid, als Yomesan im Handel. Hiervon sind 4 Tabletten morgens auf nüchternen Magen einzunehmen. Im Verlauf der Behandlung sollte kein Alkohol getrunken werden.

Konsequenzen für Training und Wettkampf Die bei uns vorkommenden Wurmerkrankungen beeinflussen im allgemeinen das körperliche Leistungsvermögen nicht. Eine sportspezifische Bedeutung kommt ihnen wegen der Übertragungsmöglichkeiten zu. Der Betroffene sollte bis zum Abschluß der Behandlung öffentliche Umkleideräume meiden. Man sollte persönliche Kleidungsstücke nicht an andere verleihen.

Akute Bauchschmerzen

Eine Reihe unterschiedlicher Erkrankungen von Organen der Bauchhöhle sowie im umgebenden Bereich können zu akuten Bauchschmerzen führen. Einige dieser Erkrankungen sind lebensbedrohlich, wenn sie nicht rechtzeitig diagnostiziert und adäquat behandelt werden. Bei akut auftretenden schweren Bauchschmerzen sollte man daher stets den Arzt aufsuchen. Man sollte keine schmerzstillenden Medikamente, Abführmittel, Speisen oder Getränke zu sich nehmen. Körperliche Belastungen sind zu vermeiden.

Zu den Ursachen zählen neben den nachfolgend aufgeführten spezifischen Erkrankungen des Bauchraums auch einige andere Erkrankungen, die in weiteren Abschnitten dieses Bandes aufgeführt werden:
— Eileiterentzündung (s. S. 188)
— Nierensteine (s. S. 172 f.) und
— akute Nierenentzündung (s. S. 172).

Erkrankungen der Gallenwege — Gallensteine (Cholelithiasis) und Gallenblasenentzündung (Cholezystitis)

Krankheitsbild Die Gallenflüssigkeit wird in der Leber produziert, durch die Gallengänge in die Gallenblase abgeleitet und dort gespeichert, bzw. konzentriert. Hier können sich Gallensteine bilden. Diese Steine kommen in zwei Hauptformen vor, zum einen die häufigeren Cholesterinsteine, zum anderen die selteneren Pigmentsteine. Immer dann, wenn fettreiche Nahrung in den Zwölffingerdarm gelangt, wird reflektorisch Gallenflüssigkeit in den Darm entleert. Kommt es jetzt zu einem Verschluß des Ausführungsganges durch einen Gallenstein, treten typische kolikartige Schmerzen auf. Diese werden im allgemeinen in der Magengrube oder unter dem rechten Rippenbogen lokalisiert. Sie strahlen zum Rücken und zum rechten Schulterwinkel hin aus. Die Schmerzattacken lassen meist nach einigen Minuten nach, um nach einem schmerzfreien Intervall erneut aufzutreten. Gelegentlich kommen aber auch andauernde Schmerzzustände vor. Der Untersucher findet eine örtliche Druckempfindlichkeit unterhalb des rechten Rippenbogens. Nach Lösung des Verschlusses bestehen bei unkompliziertem Verlauf im Anschluß Übelkeit und Brechreiz.

Werden Gallensteine nicht operativ entfernt, so können sie zu einer Reihe von Komplikationen führen. Bei der Gallenblasenentzündung (Cholezystitis) bestehen Fieber und starke Schmerzempfindlichkeit in der Gallengegend. Der Verschluß des unteren Teils des Gallengangs führt zur Gelbsucht (Ikterus) oder zur akuten Bauchspeicheldrüsenentzündung (akute Pankreatitis). Solche Komplikationen müssen nicht

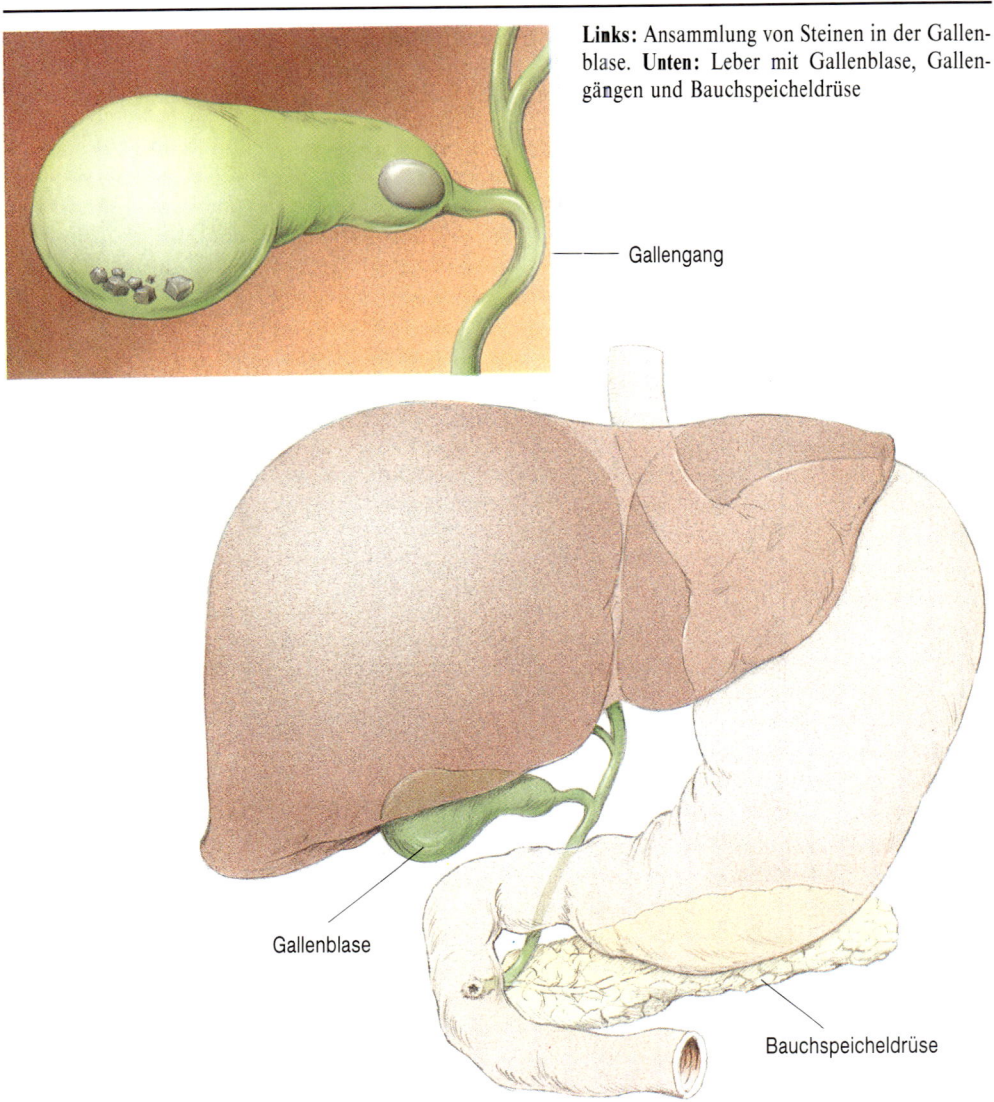

Links: Ansammlung von Steinen in der Gallen-blase. **Unten:** Leber mit Gallenblase, Gallen-gängen und Bauchspeicheldrüse

Gallengang

Gallenblase

Bauchspeicheldrüse

auftreten, das Risiko ist allerdings vergleichsweise hoch. 30—50% aller Gallensteinträger erleiden innerhalb von 10 Jahren eine der genannten Komplikationen.

Wer zu Gallenkoliken neigt, kann die Häufigkeit ihres Auftretens durch Vermeidung auslösender Faktoren vermindern. Dazu gehören Diätfehler wie fettreiche Nahrung oder Eier. Auch Medikamente können Koliken auslösen wie Kodein oder Äthylmorphin (selbst in kleinen Dosen). Diese Substanzen sind in zahlreichen Erkältungs- und Schmerzmitteln enthalten.

Behandlung Bei einer Gallenkolik werden stark wirkende Schmerzmittel ge-spritzt, beispielsweise Buscopan oder Baralgin. Neben einer guten Wirksamkeit haben diese Medikamente den Vorteil, daß sie weder Ab-hängigkeit erzeugen noch auf der Dopingliste stehen (s. S. 348). Fortral oder Dilaudid-Atropin dagegen fallen unter die Betäubungsmittelverordnung, weil sie ein erhöhtes Suchtrisiko bergen. Zusätzlich sind sie als Dopingmittel klassifiziert. Die erstgenannten Schmerzmittel können von Kranken mit häufigen Gallenkoliken auch als Zäpfchen verwandt werden.

Man sollte bei wiederholten Gallenkoliken nicht den Fehler machen, ständig nur mit Schmerzmitteln über die Runden kommen zu wollen. Wegen des erhöhten Risikos der oben erwähnten Komplikationen ist in solchen Fällen eine operative Entfernung der Gallensteine notwendig.

Konsequenzen für Training und Wettkampf Im Verlauf der akuten Gallenkolik verbietet sich selbstverständlich jede Form der körperlichen Aktivität. Im anfallsfreien Intervall ist dagegen keinerlei Einschränkung erforderlich. Ausdrücklich ist jedoch nochmals auf die Dopingproblematik hinzuweisen. Die genannten Medikamente lassen einen Dopingtest möglicherweise noch Wochen nach ihrer Anwendung positiv ausfallen.

Bauchspeicheldrüsenentzündung (Pankreatitis)

Krankheitsbild Die Bauchspeicheldrüsenentzündung kommt sowohl in chronischer wie auch in akuter Form vor. Häufig liegen Magengeschwüre, Gallensteine oder Alkoholismus zugrunde. Die Symptome zeigen sich in unterschiedlich intensiven Schmerzzuständen, die im Bereich der Magengrube lokalisiert werden, Übelkeit, Erbrechen und Fieber. Der Untersucher findet örtliche Druckempfindlichkeit im Bereich des Oberbauches, speziell unter dem linken Rippenbogen. Eine chronische Pankreatitis führt darüber hinaus zu Appetitlosigkeit, Müdigkeit, Gewichtsverlust und voluminösen, stark fetthaltigen Stuhlentleerungen. Der hohe Fettgehalt zeigt sich darin, daß der Stuhl auf dem Wasser schwimmt. Auch der Urin kann schaumig sein.

Neben diesen Symptomen, die auf die Störung der Nahrungsaufnahme zurückzuführen sind, kann es auch zu einer Einschränkung der hormonalen Funktion der Bauchspeicheldrüse kommen, also zur Zuckerkrankheit (Diabetes mellitus). Die akute Pankreatitis ist immer ein schweres Krankheitsbild, die in einem hohen Prozentsatz zum Tode führen kann. In günstigen Fällen kann sie ausheilen, wenn es möglich ist, die zugrundeliegenden Ursachen zu beseitigen. Der Übergang in eine chronische Verlaufsform ist besonders dann möglich, wenn Alkoholismus die Ursache ist und der Betroffene weiter trinkt.

Behandlung Die Behandlung der Pankreatitis zielt auf die Beseitigung der zugrundeliegenden Ursachen. Im Regelfall ist hierzu eine Klinikaufnahme erforderlich, nicht selten eine Operation. Im Bedarfsfall werden Schmerzmittel (s. S. 232 ff.) gegeben. Von entscheidender Bedeutung ist es, daß der Patient auf Dauer alkoholische Getränke meidet.

Konsequenzen für Training und Wettkampf Das Krankheitsbild der akuten Pankreatitis schließt körperliche Belastungen von vornherein aus. Die Frage, wie weit man sich bei einer chronischen Pankreatitis sportlich belasten darf, ist mit dem behandelnden Arzt zu entscheiden.

Bauchfellentzündung (Peritonitis)

Unter dem Bauchfell (Peritoneum) versteht man die Haut, die die Innenseite der Bauchhöhle mit den darin enthaltenen Organen auskleidet. Die Entzündung dieses Bauchfells, die Peritonitis, kann unterschiedliche Ursachen haben. Es kann sich um bakterielle Infektionen handeln, um toxische Reizungen oder auch um Reizerscheinungen als Folge einer Blutung im Bauchraum. Die Entzündung kann örtlich oder generalisiert ablaufen. Sie kann von Organen innerhalb der Bauchhöhle, wie dem Magen-Darm-Kanal, ausgehen, aber auch von Organen, die außerhalb des eigentlichen Bauchraums liegen, wie beispielsweise Nieren oder Geschlechtsorgane.

Die bakterielle Peritonitis entsteht durch das Platzen eines infizierten Organs, etwa des Wurmfortsatzes des Blinddarms (Appendix), der Gallenblase, des Magens oder des Darms. Auch innere oder äußere Verletzungen können die Ursache sein: Bauchwandverletzungen oder Darmverletzungen durch verschluckte Fremdkörper, Fischgräten etc. Die Verbreitung der Bakterien in der Bauchhöhle kann lokalisiert bleiben, wenn das Loch klein ist und rasch wieder verklebt. Im günstigen Fall bleibt die Entzündung an einem Ort bestehen, es entsteht eine lokale Peritonitis. Die Einkapselung geschieht dadurch, daß das im Verlauf des Entzündungsprozesses ausgefällte Fibrin die umgebenden Organe, den Darm und das Gekröse miteinander verklebt.

Unter dem Gekröse (Omentum) versteht man die Bauchfellfalte, die den Darm hält. In ihr verlaufen die Blutgefäße zur Versorgung des Darms. Eine solche örtliche Peritonitis kann völlig ausheilen oder zu einer lokalen Eiteransammlung (Abszeß) führen. Als Folge der örtlichen Peritonitis entstehen bindegewebige Verwachsungen zwischen den Eingeweideorganen. Im Falle eines größeren Lochs, aus dem ständig Bakterien in die Bauchhöhle eingeschwemmt werden, bildet sich das lebensbedrohliche Krankheitsbild der diffusen Peritonitis aus.

Eine toxische Peritonitis entsteht im Regelfall durch den Ausfluß von chemisch reizwirksamen Flüssigkeiten wie Magensaft, Gallenflüssigkeit oder Bauchspeicheldrüsensekret. Bei einer diffusen Peritonitis liegen häufig toxische Reizung und bakterielle Infektion gemeinsam vor, beispielsweise nach dem Platzen einer entzündeten Gallenblase oder bei sekundärer Keimbesiedlung nach Perforation eines Magengeschwürs.

Ausgedehnte Blutungen in die Bauchhöhle hinein, die zu einer peritonitischen Reizung führen, haben ihre Ursache in Verletzungen von Milz oder Leber durch äußere Gewalt, in spontan aufgetretenen Rissen größerer Schlagadern des Bauchraums sowie in Schwangerschaften, die außerhalb der Gebärmutter ablaufen (extrauterine Gravidität). Auch Blutungen, die eigentlich außerhalb des Bauchraums auftreten, können zu einer Peritonitis führen, beispielsweise Nierenblutungen.

Krankheitsbild Bei der diffusen Peritonitis steht zu Beginn die Symptomatik der jeweiligen Grunderkrankung im Vordergrund. Die Schmerzen werden zunächst an der Stelle des auslösenden Organs lokalisiert. Im weiteren Verlauf, mit Ausweitung der Entzündung, breitet sich auch der Schmerz diffus über den ganzen Bauchraum aus. Das Krankheitsbild ist gekennzeichnet von ausgeprägtem Schmerz, Übelkeit, Erbrechen, schwerem Krankheitsgefühl und hohem Fieber um 39—40° C. Im Verlaufe einer toxischen Darmlähmung kommt der Abgang von Luft und Stuhl zum Erliegen. Der Untersucher tastet einen diffus druck- und schmerzempfindlichen Bauch, wobei das Maximum der Schmerzangabe über dem jeweilig auslösenden Organ zu finden ist. Die Bauchmuskulatur zeigt erhebliche Abwehrspannung. Soweit eine größere Blutung die auslösende Ursache ist, steht die Symptomatik des Kreislaufschocks im Vordergrund.

Behandlung Jede Peritonitis, ob örtlich oder diffus, erfordert eine sofortige Krankenhauseinweisung. Soweit notwendig, sollte so rasch wie möglich eine operative Behandlung durchgeführt werden. Das Behandlungsziel besteht in der Beseitigung der Krankheitsursache, also beispielsweise einer akuten Blinddarmentzündung, eines perforierten Magengeschwürs oder einer akuten Gallenblasenentzündung. Im Bedarfsfall werden Antibiotika gegeben, ein Flüssigkeitsersatz wird durchgeführt. Ist eine Blutung die Ursache, kann eine Bluttransfusion notwendig werden. Der Magen-Darm-Kanal wird durch Entleerung des Mageninhalts über eine Magensonde entlastet.

Konsequenzen für Training und Wettkampf

Jede Peritonitis stellt eine ernste, meist lebensbedrohliche Erkrankung dar, die im Regelfall operativ behandelt werden muß und einen längeren Krankenhausaufenthalt erforderlich macht. Die Dauer der Nachbehandlung wird von der Schwere der Erkrankung und dem Allgemeinzustand des Patienten bestimmt. Ein betroffener Sportler kann mit Training und Wettkampf erst dann wieder beginnen, wenn die Krankheitsfolgen völlig überwunden sind. Durch die Länge des Krankheitsverlaufs muß der Sportler meist davon ausgehen, daß er einen erheblichen Trainingsverlust erfahren hat. Er muß sich weitgehend als völlig untrainiert einschätzen. Dieser Tatsache ist beim systematischen Wiederaufbau des Trainings Rechnung zu tragen. Es kann mehrere Monate dauern, bis die Intensität des Trainings wieder das Ausmaß vor der Erkrankung erreicht hat. Erst dann kann die Möglichkeit der Teilnahme an einem Wettkampf erneut in Erwägung gezogen werden.

Darmverschluß (Ileus)

Krankheitsbild

Hierunter versteht man die plötzliche Blockade des Darms, die entweder durch ein mechanisches oder ein funktionelles Hindernis bedingt sein kann. Die mechanische Darmverlegung kann entweder durch eine innere Verstopfung oder durch eine äußere Verdrängung erfolgen. Die Ursache eines mechanischen Dünndarmmileus liegt in den meisten Fällen in Eingeweideverwachsungen oder in einem Eingeweidebruch, (Hernie, s. S. 164) begründet. Ein mechanischer Dickdarmverschluß entsteht in den meisten Fällen durch eine Verdrängung von außen. Eine weitere mögliche Ursache besteht in der Verdrehung des Darms, einer Rotation, auch als Volvulus bezeichnet. Der Darm verursacht hier in gewisser Weise seinen Verschluß selbst.

Die funktionelle Behinderung der Darmfunktion, auch als paralytischer Ileus bezeichnet, hat ihre Ursache in einer partiellen oder generellen Lähmung der Darmfunktion. Gründe hierfür können beispielsweise Entzündungen wie Gallenblasen-, Wurmfortsatz-, Bauchspeicheldrüsen- oder Divertikelentzündungen sein. Weitere mögliche Ursachen bestehen in Nieren- oder Harnleitersteinen sowie in Verschlüssen der Gefäße, die den Darm versorgen (Mesenterialarterienembolie, bzw. Mesenterialvenenthrombose). Auch Brüche im Bereich der Lendenwirbel oder des Beckens können zu erheblichen Blutungen führen, die ihrerseits wiederum Bauchfellreizungen und damit funktionelle Darmlähmungen herbeiführen können. Zum paralytischen Ileus kann es ferner bei jeder Bauchfellentzündung sowie nach Bauchoperationen kommen.

Symptome

Der akute Darmverschluß zeigt sich in kolikartigen, intensiven Beschwerden. Sie sind durch anfallsweise auftretende Schmerzen mit schmerzfreien Intervallen gekennzeichnet. Die Dauer der Schmerzattacken läßt auf die Lokalisation des Verschlusses schließen. Hochsitzende Verschlüsse führen zu Schmerzattacken, die etwa 5 min dauern, tiefsitzende Verschlüsse führen zu längeren Schmerzanfällen im Bereich von durchschnittlich 10 min Dauer. Mit der Zeit können die kolikartigen Beschwerden in kontinuierliche Schmerzzustände übergehen. Bei länger anhaltendem Darmverschluß kommt es zu Übelkeit und Erbrechen, wobei typischerweise das Erbrochene nach Kot riechen kann. Da weder Stuhl noch Luft abgehen, ist der Darm und damit auch der Bauch stark aufgebläht. Liegt eine gleichzeitige Peritonitis vor, findet sich nur eine mäßige Druckempfindlichkeit des Bauches.

Behandlung Bei einem akuten Darmverschluß ist stets eine sofortige Klinikeinweisung notwendig. Bei einem mechanischen Ileus wird meistens eine operative Behandlung notwendig. Besteht ein Darmverschluß länger als 24 Stunden, so liegt im allgemeinen ein schwerer Kreislaufschock durch Flüssigkeits- und Elektrolytverlust in den Darm hinein vor. In solchen Fällen muß zunächst dieser Zustand behandelt werden, bevor operiert werden kann. Die im Magen-Darm-Kanal enthaltene Flüssigkeit wird durch eine über die Speiseröhre eingeführte Sonde abgesaugt.

Bei einem funktionellen Darmverschluß kommt nach adäquater Behandlung der Grunderkrankung die Darmfunktion im allgemeinen nach einigen Tagen wieder in Gang. Auch hier ist stets eine Krankenhausbehandlung erforderlich.

Konsequenzen für Training und Wettkampf Sie entsprechen dem oben für die Peritonitis gegebenen Richtlinien.

Eingeweidebruch (Hernie)

Unter einer Hernie versteht man die Vorwölbung von Bauchfell. Teilweise sind gleichzeitig normalerweise in der Bauchhöhle gelegene Organe im Bruchsack enthalten. Sie entsteht durch Defekte in der muskulären Begrenzung der Bauchwand. Solche Schwachstellen im Bereich der Bauchwand finden sich vorzugsweise an Orten, an denen Blutgefäße und/oder Nerven die Bauchwand passieren. Hernien finden sich ferner häufig an Stellen, an denen anlagemäßig Strukturschwächen der Bauchwand mit einer Verminderung des Widerstands gegen den Druck in der Bauchhöhle bestehen.

Hernien können angeboren oder erworben sein. Bei der Entstehung solcher Bauchwandbrüche spielt sehr oft ein erhöhter Innendruck im Bauchraum eine entscheidende Rolle, beispielsweise häufiges Husten bei chronischen Lungenerkrankungen, Verstopfung, Vergrößerung der Prostata, Übergewicht und Schwangerschaft. Auch schweres Heben kann zur Entstehung beitragen. Die Hernie wird gebildet von dem Bruchsack, einer Ausbuchtung des Bauchfells, der sich durch die Bruchpforte, einen Defekt der Bauchwandmuskulatur, und den anschließenden Bruchkanal nach außen hin vorwölbt. Im allgemeinen enthält die Hernie Gewebs- oder Organanteile aus der Bauchhöhle bzw. Darm oder Anteile des Netzes, der Bauchfellfalte, die den Dünndarm enthält. Als schwerste Komplikation kann es bei einer solchen Hernie zu einer Einklemmung kommen. Der Bruchinhalt kann dann nicht in die Bauchhöhle zurückgleiten. Die Folge einer solchen Einklemmung besteht in einem akuten Darmverschluß (s. S. 163 f.). Durch die Stauung der Blutgefäße, die den Bruchinhalt versorgen, an der Eintrittspforte wird die Blutzirkulation abgedrosselt, Gewebe stirbt ab, es kommt zur Gangrän. Eine eingeklemmte Hernie muß daher akut operiert werden. Ist der Bruchinhalt bereits stärker geschädigt, so müssen im Verlaufe dieser Operation eventuell Teile des Darms chirurgisch entfernt werden.

Ein wichtiges Kriterium von Bauchwandhernien stellt die Frage dar, ob sich der Bruchinhalt in den Bauchraum zurückverlagern läßt (reponible Hernien), oder ob dies nicht der Fall ist (irreponible Hernien).

Leistenbruch (Hernia inguinalis)

Krankheitsbild Man unterscheidet zwischen dem angeborenen (indirekten) und dem erworbenen (direkten) Leistenbruch. Die Entstehung des indirekten Leistenbruchs hängt mit der Wanderung der Hoden, die ursprünglich in der Bauchhöhle gebildet werden, durch den Leistenkanal in den Hodensack (Scrotum) hinein, zusammen. Bleibt dieser Leistenkanal offen, entsteht ein Leistenbruch. Aus diesem Grund betrifft der Leistenbruch ganz überwiegend, nämlich zu 80%, Männer. Auch bei Frauen ist der Leistenkanal angelegt, aber normalerweise verschlossen. Ein solcher Leistenbruch muß keineswegs immer vorhanden sein oder Beschwerden hervorrufen. Häufig wird er nur dann sichtbar, wenn der Bauchinnendruck erhöht wird; bei Betätigung der Bauchpresse, beim Niesen, Husten oder schweren Heben.

Der direkte Leistenbruch tritt etwa an der gleichen Stelle zutage wie der indirekte, nämlich im Bereich der äußeren Mündung des Leistenkanals. Für die Entstehung eines solchen direkten Leistenbruchs ist eine Schwächung der Bauchwand verantwortlich. Er findet sich meistens bei älteren Männern.

Symptome Bei einem Leistenbruch können Beschwerden auch dann auftreten, wenn der Bruch nicht ausgetreten ist. Die Betroffenen klagen über diffuses Schweregefühl und unklare Schmerzzustände im Leistenbereich, oft verstärkt bei Erhöhung des Bauchinnendrucks. Tritt der Bruch aus, so wird er als mehr oder minder großer runder Knoten oberhalb des Leistenbandes sichtbar. Besonders deutlich wird er, wenn der Patient aufrecht steht, manchmal erkennt man ihn erst beim Pressen oder Husten. Solche Leistenbrüche können eine erstaunliche Größe erreichen und die Hälfte des Hodensackes ausfüllen, ohne daß sie Beschwerden bereiten müssen. Kleinere Leistenbrüche erkennt man gelegentlich nur dann, wenn man mit dem Finger gegen den Bruchkanal

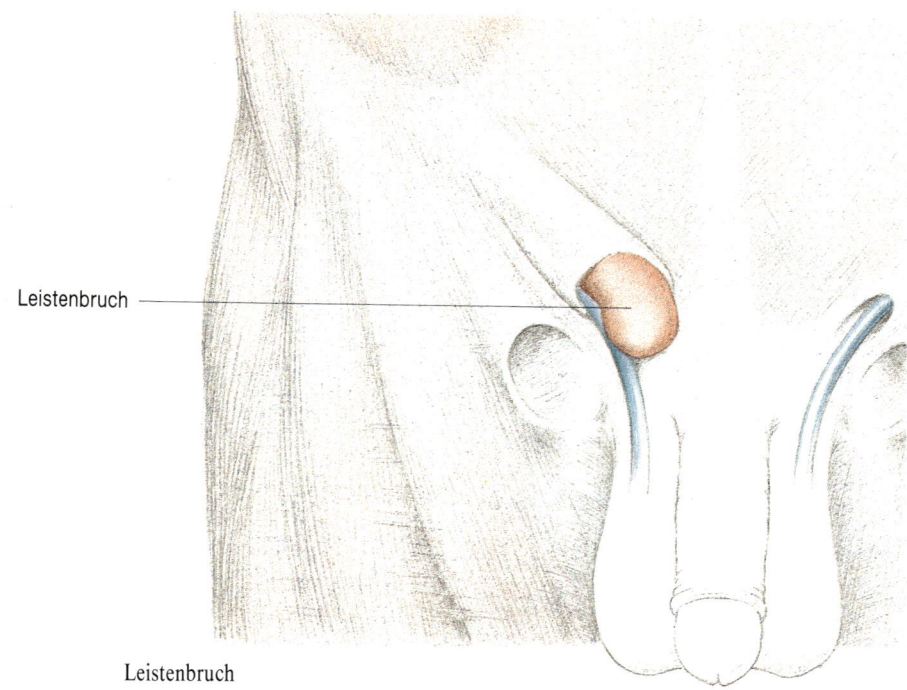

Leistenbruch

Leistenbruch

drückt. Wie vorher beschrieben, kommen reponible und irreponible Hernien vor. Ist eine Hernie nicht reponibel, so kann eine akute Einklemmung vorliegen.

Behandlung Jeder Leistenbruch, der Beschwerden bereitet, muß operiert werden. Der Bruchsack wird entfernt, der Bruchinhalt in die Bauchhöhle zurückverlagert, die Bruchpforte verschlossen und die Bauchwand an dieser Stelle verstärkt. Kann die Operation aus unterschiedlichen Gründen heraus nicht durchgeführt werden, so kommt eine Linderung der Beschwerden durch die Verordnung eines Bruchbandes in Frage. Ein solches Bruchband wird auch zur Überbrückung bis zur Operation bzw. in der Nachbehandlung zur Vermeidung von Rückfällen verwandt.

Schenkelhernie (Hernia femoralis)

Krankheitsbild Im Gegensatz zum Leistenbruch tritt die Schenkelhernie unterhalb des Leistenbandes aus und zwar zwischen dem Leistenband und dem oberen Schambeinast, in der Nische, in der auch die Blutgefäße zur Versorgung des Beins passieren. Die Hernie folgt dann dem Verlauf der Gefäße und liegt an ihrer Innenseite. 75% der Betroffenen sind Frauen.

Symptome Die Symptome der Schenkelhernie entsprechen im Prinzip denen, die beim Leistenbruch beschrieben wurden. Im Regelfall ist die Schenkelhernie eher kleiner und deshalb schwerer zu diagnostizieren. Sie wird meist durch Palpation festgestellt, wenn der Betroffene hustet. Man spürt dann das „Anschlagen" der Hernie gegen den Finger. Besonders bei übergewichtigen Personen lassen sich Leisten- von Schenkelhernien gelegentlich schwer unterscheiden.

Behandlung Die Schenkelhernie sollte frühzeitig operiert werden, da es hier relativ häufig zu Einklemmungserscheinungen mit Gangrän des Bruchinhaltes kommt.

Bauchwandhernie (Hernia epigastrica)

Krankheitsbild Die epigastrischen Hernien entstehen im Bereich der Mittellinie des Bauches oberhalb des Nabels, zwischen dem beidseitigen geraden Bauchmuskel. Sie sind meist klein, man tastet sie als kleine Kugel in der Mitte einer Bindegewebsplatte. In der Regel enthalten sie nur Fettgewebe, nur selten einen echten Bruchsack mit Darm oder Netzanteilen.

Symptome Die Symptome der epigastrischen Hernie sind uncharakteristisch. Es werden unklare Oberbauchbeschwerden und Schmerzen im Bereich der Bauchmittellinie angegeben. Die Diagnose wird durch den Tastbefund gestellt, bei dem man einen kleinen, schmerzhaften Knoten innerhalb der Mittellinie findet.

Behandlung Die epigastrische Hernie wird operativ angegangen, der Bruchsack bzw. das Fettgewebe werden entfernt, der Defekt wird mit Hilfe einer Bindegewebsplatte geschlossen.

Nabelbruch (Hernia umbilicalis)

Krankheitsbild Der Nabel wird beim Säugling normalerweise nach der Geburt geschlossen. Bleibt dies aus, wird das Kind mit einem Nabelbruch geboren. Solch ein Nabelbruch kann aber auch nach der Geburt entstehen, und zwar dann, wenn bei unvollständigem Verschluß des Nabelrings durch erhöhten Bauchinnendruck Bauchfell vorgewölbt wird. Dies kann beim Erwachsenen die Folge einer chronischen Verstopfung, von

166

chronischen Lungenerkrankungen mit ständigem Husten, von Schwangerschaft oder Übergewicht sein. Die Größe eines solchen Nabelbruchs variiert sehr stark, im allgemeinen ist er klein, er kann aber auch eine beträchtliche Größe erreichen. In den letztgenannten Fällen ist die Haut über ihm dann äußerst dünn. Der Bruchinhalt läßt sich oft nur schwer rückverlagern.

Die Betroffenen klagen meist über Druck- und Spannungsgefühl im Bereich der Hernie oder über diffuse Bauchbeschwerden. Einklemmungen sind nicht ungewöhnlich.

Behandlung Der Nabelbruch sollte relativ früh operiert werden, weil die Tendenz zur Bildung von Verwachsungen besteht. Bei der Operation wird der Bruchinhalt rückverlagert und der Defekt im Nabelring zwischen den geraden Bauchmuskeln verschlossen.

Narbenbruch (Hernia in cicatricem)

Krankheitsbild Narben als Folge von Bauchoperationen stellen eine Schwächung der Bauchwand dar. Hier können sich daher Narbenbrüche ausbilden. Häufig entstehen diese direkt im Anschluß an die Operation.

Wenn der Patient aus der Narkose erwacht, wird der Bauchinnendruck durch Husten oder Erbrechen erhöht. Die Nähte in der Bauchwand können reißen oder in das Gewebe einschneiden. Der hierdurch entstandene Riß ist zu Beginn meist recht klein, er kann sich aber allmählich vergrößern. Auch Infektionen oder Blutungen im Wundbereich verschlechtern die Heilungstendenz und begünstigen die Entstehung eines Narbenbruchs. In Abhängigkeit von der Größe der Operationsnarbe kann auch die Bruchpforte bei einem Narbenbruch beträchtliche Größen erreichen. Einklemmungserscheinungen bei einem Narbenbruch sind daher äußerst selten.

Aufgrund der großen Bruchpforte sind Narbenbrüche meistens groß, und gut zu sehen. Sie lassen sich leicht tasten. Der Bruchinhalt läßt sich im Regelfall gut zurückverlagern. Gelegentlich entstehen aber auch Beschwerden, die den oben genannten Bruchtypen entsprechen.

Behandlung Narbenbrüche werden meist früh chirurgisch angegangen, um die Entstehung von Verwachsungen zu verhindern. Die Frühoperation ist auch deshalb wünschenswert, weil sich die Hernie leichter verschließen läßt, wenn es noch nicht zu einer weitgehenden Schwächung der Muskulatur gekommen ist.

Feststellung eines Bauchwandbruchs

In unklaren Fällen kann eine Röntgenuntersuchung nach Injektion eines Röntgenkontrastmittels in die Bauchhöhle, eine sogenannte Herniographie, weiterhelfen. Das Röntgenkontrastmittel füllt einen eventuell vorhandenen Bruchsack aus. Im Sportbereich hat sich diese Untersuchungstechnik besonders bei Fußballspielern als wertvoll erwiesen, die häufig über unklare Beschwerden im Leistenbereich klagen.

Sportspezifische Gesichtspunkte

Eine Reihe von Belastungsformen, bei denen die Bauchpresse eine wichtige Rolle spielt, können zur Entstehung von Bauchwandhernien beitragen, also beispielsweise Gewichtheben, Ringen und andere Kraftsportarten. Beim Pressen kann es zum Nachgeben von möglichen Schwachstellen in der Bauchwand kommen. Auch dann, wenn eine Hernie schon angeboren war, kann sie sich bei solchen Gelegenheiten erstmals bemerkbar machen. Wenn eine Bauchwandhernie vorhanden ist, wirkt sie sich in fast allen Sportarten negativ aus. Das Risiko einer Verschlimmerung des Zustandsbildes durch sportliche Tätigkeit liegt auf der Hand. Der Sportler sollte also dann, wenn er bei sich eine Hernie entdeckt, vor allem eine solche, die häufig zu Einklemmungen führt, frühzeitig den Arzt aufsuchen und eine operative Behandlung veranlassen. Nach einer solchen Operation kann in Abhängigkeit von Sportart und Bruchtyp die körperliche Aktivität frühestens 2—4 Monate später wiederaufgenommen werden.

Manche Sportarten, wie z.B. Ringen, begünstigen die Entstehung von Bauchwandbrüchen. *Photo: Pressens bild/EPU*

Blinddarmentzündung (Appendizitis)

Krankheitsbild Die aktue Blinddarmentzündung, medizinisch richtiger Wurmfortsatzentzündung, stellt eine der häufigsten Ursachen für das Auftreten von akuten Bauchbeschwerden dar. Die Appendizitis kann in jedem Lebensalter vorkommen, vorzugsweise sind Menschen zwischen dem 10. und 30. Lebensjahr betroffen. Ursache für die Entzündung des Wurmfortsatzes ist im allgemeinen eine Verstopfung seiner engen Öffnung zum Blinddarm hin und eine Entzündung des Inhalts, der jetzt keinen Abfluß mehr hat.

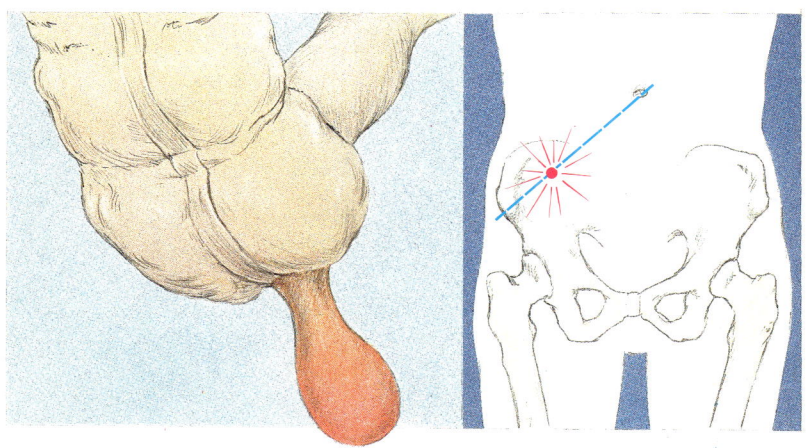

Links: Entzündung des Wurmfortsatzes am Blinddarm („Blinddarmentzündung"). **Rechts:** Bei der sog. Blinddarmentzündung findet sich im typischen Fall Druckschmerz an einem Punkt, der dem Beginn des äußeren Drittels einer gedachten Linie zwischen Nabel und Darmbeinstachel entspricht.

Symptome Bei der Appendizitis beginnen die Beschwerden im allgemeinen im Oberbauchbereich. Sie konzentrieren sich später zum rechten Unterbauch hin. Je nach Lage des Wurmfortsatzes kann die Schmerzlokalisation aber eine erhebliche Variationsbreite aufweisen. Gelegentlich liegt der Wurmfortsatz hinter dem Blinddarm (Caecum), die Schmerzen werden dann im Bereich der rechten Flanke angegeben. Als weitere Symptome finden sich meist Übelkeit und Erbrechen, gelegentlich auch Verstopfung oder Durchfall mit häufigen, flüssigen Stuhlabgängen. Die Symptomatik ist insgesamt je nach Lage des Wurmfortsatzes und Alter des Patienten sehr variabel. Besonders schwierig ist die Diagnosefindung bei Schwangeren. Die Temperatur ist meist mäßig bis auf etwa 38° C erhöht. Höhere Temperaturen erwecken den Verdacht auf Komplikationen im Verlauf, beispielsweise das Platzen des Blinddarms (Perforation einer Appendizitis), das zur Bauchfellentzündung (s. S. 161 ff.) führen kann. Der untersuchende Arzt findet Druckempfindlichkeit im rechten Unterbauch sowie bei rektaler Untersuchung (Untersuchung durch Einführung des Fingers in den Enddarm) hinten oben auf der rechten Seite. Der Verlauf ist unterschiedlich schwer, beim Kind meist ernster als beim Erwachsenen.

Behandlung Beim Verdacht auf eine Appendizitis ist der Patient sofort in ein Krankenhaus einzuweisen. Im Regelfall erfolgt hier eine operative Behandlung.

Konsequenzen für Training und Wettkampf Nach einer unkomplizierten Blinddarmoperation können Athleten im allgemeinen nach einigen Wochen wieder mit dem Training beginnen. Mit der Wiederaufnahme des Wettkampfs sollte man aber noch einige Wochen warten. Bei Komplikationen im Verlauf werden die Nachbehandlung und der dadurch verursachte Trainigsverlust entsprechend verlängert.

Meckel-Divertikel

Unter dem Meckel-Divertikel versteht man eine meist daumengroße Ausstülpung des Dünndarms, zirka einen halben Meter vor seiner Einmündung in den Dickdarm. Es kommt bei etwa 4% der Bevölkerung vor. Dieses Divertikel kann sich entzünden und dann ähnliche Symptome hervorrufen wie die Blinddarmentzündung. Solche Entzündungen können zu Blutungen, aber auch zum Platzen (Perforation) des Divertikels führen. Die Behandlung besteht in der Operation. Die Konsequenzen für Training und Wettkampf entsprechen denen, die für die akute Appendizitis geschildert wurden.

Lymphdrüsenschwellungen im Bauchraum (Lymphadenitis mesenterica)

Eine der häufigsten Ursachen für das Auftreten von Bauchbeschwerden, besonders bei Kindern, stellt die entzündliche Schwellung von Lymphknoten dar, die im Bereich des Netzes (Omentum) liegen, also der Bauchfellfalte, die den Dünndarm beinhaltet. Die Beschwerden ähneln denen bei einer Blinddarmentzündung und führen häufig zu einer Verwechselung. Nicht selten findet der Operateur bei einer solchen „Blinddarmoperation" einen völlig normalen Wurmfortsatz, aber statt dessen entzündete Lymphknoten. Ursächlich hierfür sind eine Reihe von verschiedenen Infektionen. Wurde unter dem Verdacht einer Appendizitis eine Operation durchgeführt, so sind die Konsequenzen für Training und Wettkampf die gleichen wie bei einer Blinddarmentzündung (s. S. 168 f.)

Eileiter- und Bauchhöhlenschwangerschaft (extrauterine Gravidität)

Unter einer extrauterinen Gravidität versteht man eine Schwangerschaft, bei der sich der Embryo außerhalb der Gebärmutter entwickelt. Als Folge kann es zu massiven Bauchschmerzen und lebensgefährlichen Blutungen in die Bauchhöhle hinein kommen (s. S. 161 ff.).

Divertikulitis

Krankheitsbild Unter Divertikeln versteht man sackförmige Ausstülpungen der Darmwand, die vor allem im unteren Bereich des Dickdarms (Sigmoid) vorkommen. Solche Divertikel können sich entzünden (Divertikulitis) und dann, wenn sie sehr zahlreich sind, sogar zu den Symptomen eines akuten Darmverschlusses (s. S. 163 f.) führen. Die Divertikel können darüber hinaus platzen (perforieren), mit der möglichen Konsequenz einer lokalen oder diffusen Bauchfellentzündung (s. S. 161 ff.).

Symptome Divertikel können zu kolikartigen Bauchbeschwerden, Verstopfungen und Blähungen führen. Im Verlauf einer Divertikulitis tritt Fieber auf. Weitere Symptome sind Blutungen aus dem Darm sowie ein Wechsel zwischen Durchfall und Verstopfung. Der Untersucher findet eine erhöhte Druckempfindlichkeit, vor allem im Bereich des linken Unterbauchs.

Behandlung Bei Beschwerden, die durch Divertikel bedingt sind, steht zunächst die Änderung der Ernährungsgewohnheiten im Vordergrund. Wenn es zu einer Divertikulitis kommt, wird mit Antibiotika und Anticholinergika (s. S. 358 f.) behandelt. Bei einem akuten Darmverschluß wird eine chirurgische Behandlung notwendig.

Konsequenzen für Training und Wettkampf Bei einer unkomplizierten Divertikulitis des Darms wirkt sich körperliche Aktivität im Regelfall positiv aus, da sie die Entleerung von Luft und Stuhl aus dem Darm begünstigt.

Die Harnwege umfassen die beiden Nieren (Renes) mit den zugehörigen Nierenbecken (Pelvis renalis), dem Harnleiter (Ureter), der Harnblase (Vesica urinaria) und der Harnröhre (Urethra). Zu den Harnwegen zählen auch die Anhangsdrüsen, und zwar die Vorsteherdrüse (Prostata) und die Samenblase (Vesicula seminalis). Die Hauptaufgabe

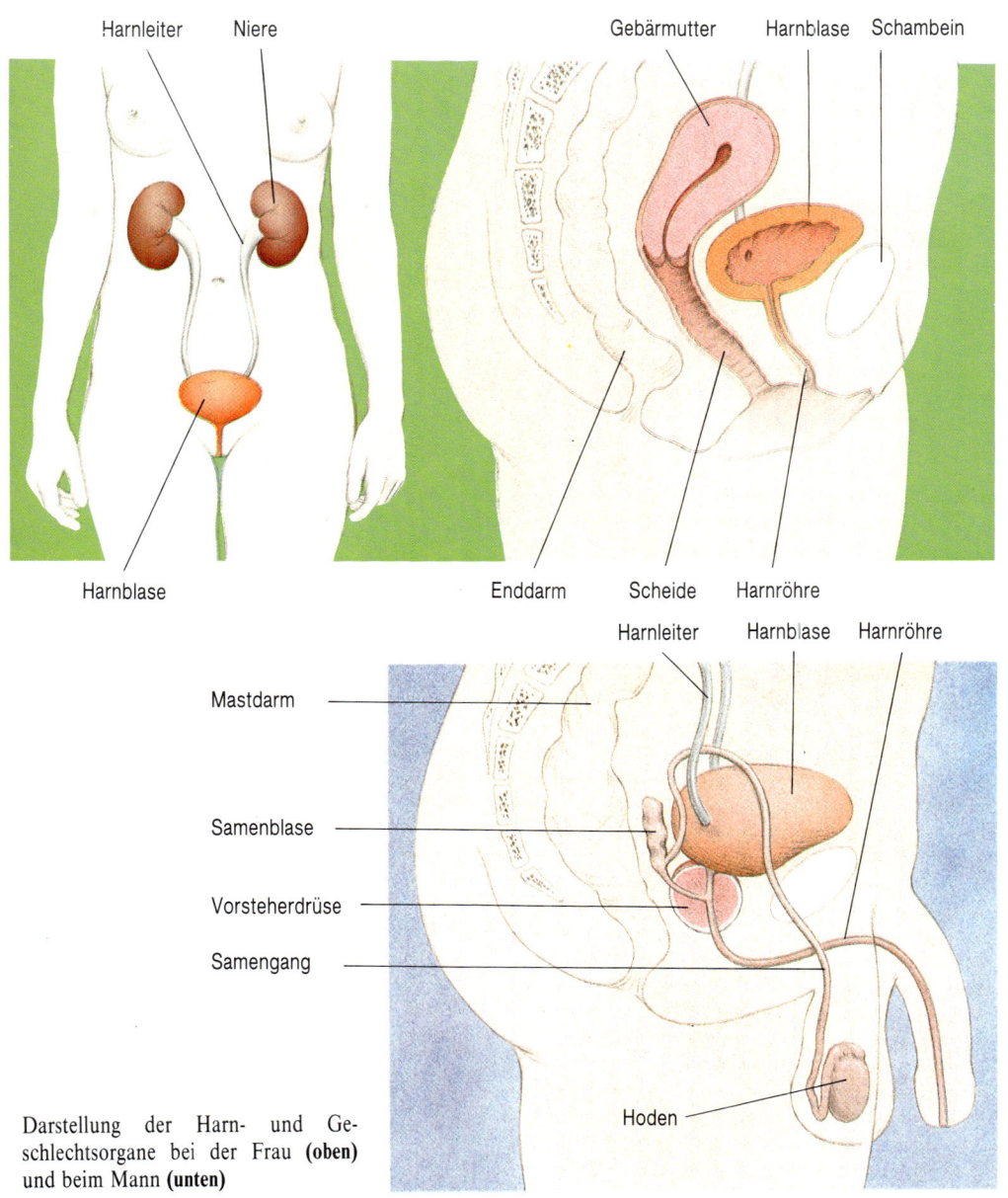

Darstellung der Harn- und Geschlechtsorgane bei der Frau **(oben)** und beim Mann **(unten)**

der Niere ist die Regulation des Wasser- und Salzgehaltes im Blut sowie die Ausscheidung von Stoffwechselprodukten. Der endgültig abgefilterte Harn sammelt sich in der Harnblase und wird von dort einige Male täglich entleert. Die durchschnittliche Ausscheidungsmenge beträgt etwa 2 Liter pro Tag. Der normale Harn enthält weder Blutkörperchen noch Zucker oder Eiweiß. Lassen sich solche Substanzen im Urin nachweisen, so stellt dies ein wichtiges Krankheitszeichen dar. Der Nachweis von Zucker im Urin weist beispielsweise auf das Vorliegen einer Zuckerkrankheit (Diabetes mellitus) hin.

Nierenerkrankungen

Die häufigste Nierenerkrankung stellt die vom Nierenbecken ausgehende Nierenentzündung (Pyelonephritis) dar, die von den Blutgefäßen ausgehende Nierenentzündung (Glomerulonephritis) ist dagegen seltener. Eine weitere, sehr häufige Nierenerkrankung ist das Nierensteinleiden (Nephrolithiasis).

Akute Nierenentzündung (akute Pyelonephritis)

Krankheitsbild Die akute Pyelonephritis wird durch Bakterien, meist Colibakterien, hervorgerufen. Sie beginnt mit hohem Fieber, oft mit Schüttelfrost, Schmerzen im Lendenbereich und häufigem Harndrang. Betroffen sind vorzugsweise Frauen, wahrscheinlich aufgrund ihrer speziellen anatomischen Verhältnisse. Die wesentlich kürzere Harnröhre der Frau, die nur ein Fünftel der Länge der männlichen Harnröhre besitzt, begünstigt das Eindringen von Bakterien. Bei Kindern und älteren Menschen verläuft die Erkrankung relativ uncharakteristisch, hier sollte man bei jedem unklaren Fieber an eine solche Pyelonephritis denken.

Bleibt eine Pyelonephritis unbehandelt, so kann es zu bleibenden Nierenschädigungen oder auch zum Eindringen von Bakterien in die Blutbahn und zur Blutvergiftung (Urosepsis) kommen.

Behandlung Die Behandlung erfolgt durch Antibiotika, meist mit Ampicillinderivaten oder Cephalosporinen. Sehr wichtig ist es, daß dabei der jeweilige Bakterientyp bekannt ist (s. S. 79). Die Behandlung sollte mindestens so lange fortgeführt werden, bis Fieber- und Symptomfreiheit vorliegen und der Urinbefund sich normalisiert hat. Da sich Kälte negativ auswirkt, sollte der Patient warme Unterwäsche tragen, kalte Bäder und das Sitzen auf kalten Unterlagen vermeiden. Die Blase sollte relativ häufig entleert werden. Der Patient sollte reichlich trinken, um einer weiteren Ausbreitung der Infektionen vorzubeugen.

Konsequenzen für Training und Wettkampf Im Verlauf einer akuten Niereninfektion verbieten sich für den Betroffenen körperliche Aktivitäten. Der Sport kann erst dann wieder aufgenommen werden, wenn die Krankheit völlig abgeklungen ist.

Nieren- und Harnleitersteine (Nephrolithiasis, Uretrolithiasis)

Krankheitsbild Unter bestimmten Voraussetzungen können aus dem Urin Salze ausfallen und unregelmäßige, oft stachelig geformte Steine bilden. Diese bleiben entweder im Nierenbecken, wo sie sich meist bilden, als Nierensteine liegen, oder sie rutschen in die Harnwege und werden zu Harnleitersteinen. Nierenbeckensteine begünstigen die Entstehung von bakteriellen Infektionen oder sie schädigen die Niere durch Aufstau-

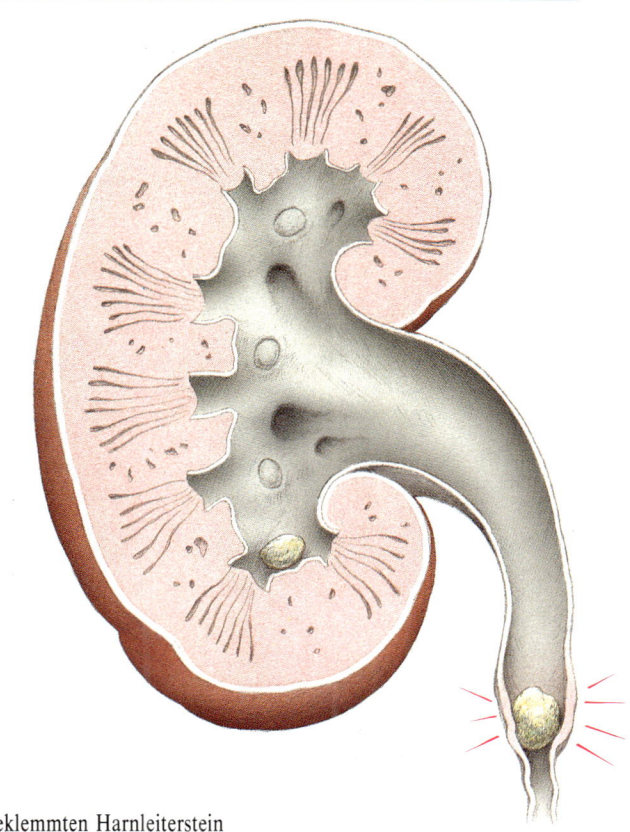

Nierenkolik durch eingeklemmten Harnleiterstein

ung des Urins. Der Harnleiter und die Nierenbecken können sich hierdurch stark aufweiten (Hydronephrose), hierdurch kann es sogar zu einem vollständigen Stillstand der Urinproduktion einer Niere kommen. Wichtige Symptome sind häufiger Harndrang und der Nachweis von Blut im Urin. Harnleitersteine können schwere, kolikartige Schmerzen hervorrufen (Nierenkolik). Typisch für diese Schmerzen ist, daß sie durch kurze, schmerzfreie Intervalle unterbrochen werden. Solche Koliken wiederholen sich bei den Betroffenen häufiger. Sie sind von erheblicher Schmerzintensität. Nach Angaben von Nierensteinträgern soll der Schmerz stärker sein als derjenige, den Frauen bei der Geburt auszuhalten haben. Kleinere Nierensteine können den Harnleiter passieren und den Körper durch die Harnröhre verlassen. Häufig wird dieser Steinabgang bemerkt. Manchmal bleibt der Nierenstein aber auch im Harnleiter stecken, oder er wandert gar zurück in das Nierenbecken. Das Abklingen einer Nierenkolik besagt also nicht, daß der Nierenstein den Körper verlassen hat. Die Diagnose eines Nierensteinleidens wird durch eine Röntgenkontrastmitteluntersuchung gestellt.

Behandlung   Wegen der massiven Schmerzen und der möglichen Komplikationen müssen Nierenkoliken immer ärztlich behandelt werden. Häufig wird eine Klinikeinweisung erforderlich. Die Schmerzen können so stark werden, daß Morphinderivate oft in Kombination mit krampflösenden Medikamenten zur Anwendung kommen müssen. Eine gute schmerzstillende Wirkung kommt auch dem Indometacin (Amuno) und dem Diclofenac (Voltaren) zu, Substanzen, die ebenfalls gespritzt werden (s. S. 235). Im Gegensatz zu den Morphinderivaten haben diese den Vorteil, daß sie weder auf der Dopingliste stehen, noch suchterzeugend wirken. Indometacin und Diclofenac können auch als Zäpfchen eingeführt werden. Die Tabletteneinnahme ist im allgemeinen aufgrund der bestehenden Übelkeit nicht möglich. Geht ein Nierenstein nicht spontan ab, oder bleibt er im Harnleiter stecken, so kann eine chirurgische Steinentfernung notwendig werden. Nach einem Nierensteinanfall sollte der Betroffene seinen Urin durch ein feines Sieb ablassen, um gegebenenfalls den Spontanabgang des Steines nachweisen zu können. Eine Nierenkolik sollte stets Anlaß sein, den Arzt zumindest zu einer Kontrolluntersuchung aufzusuchen, auch dann, wenn anschließend Beschwerdefreiheit besteht.

Konsequenzen für Training und Wettkampf Im Verlauf einer akuten Nierenkolik kann man selbstverständlich nicht Sport treiben. Auf die Möglichkeit, daß hierbei verordnete Medikamente auf der Dopingliste stehen, muß geachtet werden. Soweit Sportler eine Neigung zur Bildung von Nierensteinen haben, sollten sie besonders bei intensiven, langandauernden körperlichen Belastungen auf eine hinreichende Flüssigkeitszufuhr achten.

Harnblasen- und Harnröhrenentzündung (Zystitis und Urethritis)

Krankheitsbild Infektionen der Harnröhre und der Harnblase machen sich in häufigen Drang zum Wasserlassen und in Brennen beim Wasserlassen bemerkbar. Harnblase und Harnröhre sind nicht selten gemeinsam infiziert. Die Erreger sind meist Bakterien, vorwiegend Colibakterien.

Eine Blasenentzündung sollte keineswegs vernachlässigt werden. Oft ist sie nur Teil einer Gesamtinfektion der Harnwege, die sich sonst nicht bemerkbar macht. Eine unbehandelte Blasenentzündung kann zu einer aufsteigenden Infektion und damit zu einer Nierenentzündung führen. Wird eine Blasenentzündung durch Fieber, Rücken- und Lendenschmerzen kompliziert, so weist dies auf eine Nierenbeckenentzündung hin.

Behandlung Die Behandlung der Blasen- und Harnröhreninfektion geschieht in Abhängigkeit vom jeweiligen Erreger. Am günstigsten ist es, wenn die antibiotische Empfindlichkeit der Bakterien ausgetestet werden kann. Vorwiegend empfohlen werden die auf Seite 80 ff. genannten Medikamente Furadantin und Trimethoprim.

Werden im Urin Bakterien nachgewiesen ohne gleichzeitige Krankheitserscheinungen, so ist eine antibiotische Behandlung beim Erwachsenen nicht erforderlich. Ausnahmen bilden Schwangere, Patienten mit Zuckerkrankheit, bekannten Nierenschäden und vorausgegangenen Harnwegsinfektionen sowie Patienten, die mit Medikamenten behandelt werden, die die Immunabwehr unterdrücken. Umgekehrt sollte man auch dann behandeln, wenn zwar im Urin keine Bakterien nachweisbar sind, der Patient aber trotzdem über häufigen Drang zum Wasserlassen und Brennen bzw. Schmerzen bei der Urinentleerung klagt.

Eine einmal durchgemachte Harnwegsentzündung tritt häufig erneut auf. Menschen, die hierzu neigen, sollten sich daher entsprechend durch warme Unterwäsche schützen und auslösende Faktoren wie Baden im kalten Wasser meiden.

Konsequenzen für Training und Wettkampf Im Verlaufe einer Harnblasen- und Harnröhrenentzündung sollten körperlich anstrengende Belastungen unterbleiben. Man sollte das Training erst nach erfolgreichem Abschluß der Behandlung stufenweise wieder beginnen.

Entzündung der Vorsteherdrüse (Prostatitis)

Die Entzündung der Vorsteherdrüse kommt in akuter und chronischer Form vor.

Akute Entzündung (akute Prostatitis)

Krankheitsbild Die akute Prostatitis wird im allgemeinen durch Bakterien verursacht, meist als Komplikation einer Harnwegsinfektion. Es kommen aber auch mechanische Reizungen vor, beispielsweise bei Radfahrern. In diesem Fall muß die Prostata primär nicht infiziert sein, eine sekundäre Superinfektion ist jedoch möglich. Unterkühlungen verschlimmern die Beschwerden. Die Symptomatik besteht im häufigen Drang zum Wasserlassen, Ausfluß aus der Harnröhre und bohrenden Unterleibsschmerzen. Gelegentlich kommen Allgemeinsymptome, Fieber, Müdigkeit und Gelenkbeschwerden hinzu. Nicht immer ist das Symptombild sehr typisch, häufig werden nur wenige uncharakteristische Beschwerden angegeben. Die Diagnose richtet sich nach den Symptomen. Objektiv findet man eine deutliche Druckempfindlichkeit der Prostata bei der rektalen Untersuchung. Hierbei betastet der Arzt mit dem behandschuhten Finger vom Mastdarm aus die Rückseite der Prostata. Die akute Prostatitis heilt im allgemeinen spontan ab, sie kann in einem hohen Prozentsatz aber auch in eine chronische Entzündung übergehen.

Behandlung Die Behandlung der akuten Prostatitis entspricht im wesentlichen derjenigen, wie sie bei der Entzündung der Harnblase, bzw. der Harnröhre besprochen wurde (s. S. 174). Auch Doxycyclin (als Vibramycin im Handel) wirkt günstig. Bei Bedarf werden zusätzlich schmerzstillende und entzündungshemmende Medikamente gegeben.

Konsequenzen für Training und Wettkampf Sportler mit einer akuten Prostatitis sollten jede körperliche Belastung unterlassen. Die Wiederaufnahme des Trainings ist erst bei völliger Beschwerdefreiheit und nach Rücksprache mit dem Arzt möglich.

Chronische Entzündung (chronische Prostatitis)

Krankheitsbild Die chronische Prostatitis entsteht häufig als Folgezustand einer unzureichend behandelten akuten Form. Der Verlauf ist oft langwierig, akute Schübe mit intensiveren Beschwerden können zwischengeschaltet sein. Eine chronische Prostatitis heilt meist ohne ärztliche Behandlung nicht spontan. Komplikationen im Bereich anderer Organsysteme, speziell der Gelenke und der Augen, kommen vor. Bei allen unklaren Gelenkbeschwerden sollte man daher auch an eine chronische Prostatitis denken.

Behandlung Die Behandlung entspricht derjenigen bei einer akuten Verlaufsform. Sie muß oft über mehrere Monate fortgeführt werden. Durch wiederholte Massagen wird zusätzlich die Blutzirkulation stimuliert und die Sekretentleerung gefördert.

Konsequenzen für Training und Wettkampf Patienten mit chronischer Prostatitis dürfen sich körperlich belasten. Da sich Unterkühlungen ungünstig auswirken, sollten Sportler warme Unterwäsche tragen. Sitzen auf kalten Unterlagen, Schwimmen im kalten Wasser und Herumlaufen im nassen Badeanzug ist zu vermeiden.

Vorsteherdrüsenvergrößerung (Prostatahypertrophie)

Krankheitsbild Die Prostata nimmt mit dem Alter an Größe zu, sie kann bei älteren Männern die Harnröhre blockieren. Dies führt zu Schwierigkeiten beim Wasserlassen. Die Harnentleerung setzt nur verzögert ein, der Harnstrahl ist dünn und schwach, der Urin tropft nach. Die unvollständige Blasenentleerung führt zu häufigem Harndrang. Im Gegensatz zur Harnblasenentzündung besteht allerdings kein Brennen beim Wasserlassen. Eine spontane Besserung kann nicht erwartet werden, im Gegenteil, die Beschwerden verschlimmern sich auf die Dauer. Die Symptomatik wird weiterhin durch Medikamente akzentuiert, die alpha-adrenerge Stimulanzien wie Ephedrin oder Phenylpropanolamin enthalten. Solche Medikamente werden bei Erkältungskrankheiten gegeben. (s. S. 97). Sie können eine vollständige Harnsperre auslösen. Als weitere Komplikation kommt es durch das Aufstauen des Urins zu Entzündungen der Prostata und der Harnwege.

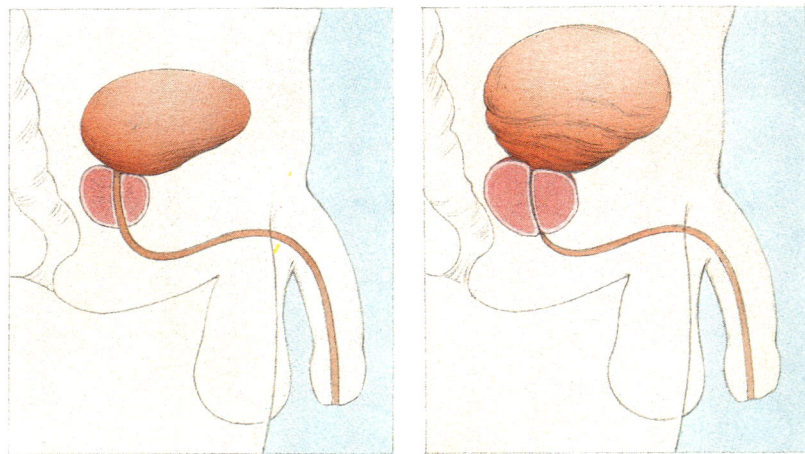

Entstehung der typischen Beschwerden bei einer Vergrößerung der Vorsteherdrüse (Prostata). **Links** wird die normale, **rechts** die vergrößerte Prostata gezeigt, die die Harnröhre einengt und den Urinabfluß behindert.

**Behandlung
Konsequenzen
für Training
und Wettkampf** Eine Vergrößerung der Prostata muß chirurgisch beseitigt werden. Durch körperliche Belastung wird die Aktivität des sympathischen Nervensystems (s. S. 353 ff.) gesteigert. Hierdurch kann das Wasserlassen, das über den Vagus geregelt wird, weiter erschwert werden. Vor körperlichen Belastungen sollte daher die Blase entleert werden. Betroffene Sportler sollten den Drang zum Wasserlassen, der während körperlicher Belastung auftritt, nicht willkürlich unterdrücken.

Gynäkologische Probleme und Erkrankungen

Die Geschlechtsorgane der Frau

Die weiblichen Geschlechtsorgane bestehen aus den Eierstöcken (Ovarien), den Eileitern (Tuben), der Gebärmutter (Uterus) mit dem Gebärmutterhals (Cervix) und der Scheide (Vagina).

Die Eierstöcke enthalten eine große Zahl von Eizellen, die sich unter der Stimulation von Hormonen der Hirnanhangsdrüse (Hypophyse) entwickeln und ausreifen. Ist ein Ei reif, wird es abgestoßen, von den Eileitern aufgenommen und zur Gebärmutter transportiert. Auf dem Wege zur Gebärmutter kann das Ei durch Samenzellen, die über die Gebärmutter zu den Eileitern vordringen, befruchtet werden.

Eine solche befruchtete Eizelle wandert dann in die Gebärmutterhöhle. Sie nistet sich in die Schleimhaut ein und entwickelt sich weiter. Die nicht befruchteten Eizellen werden vom Körper mit der Regelblu-

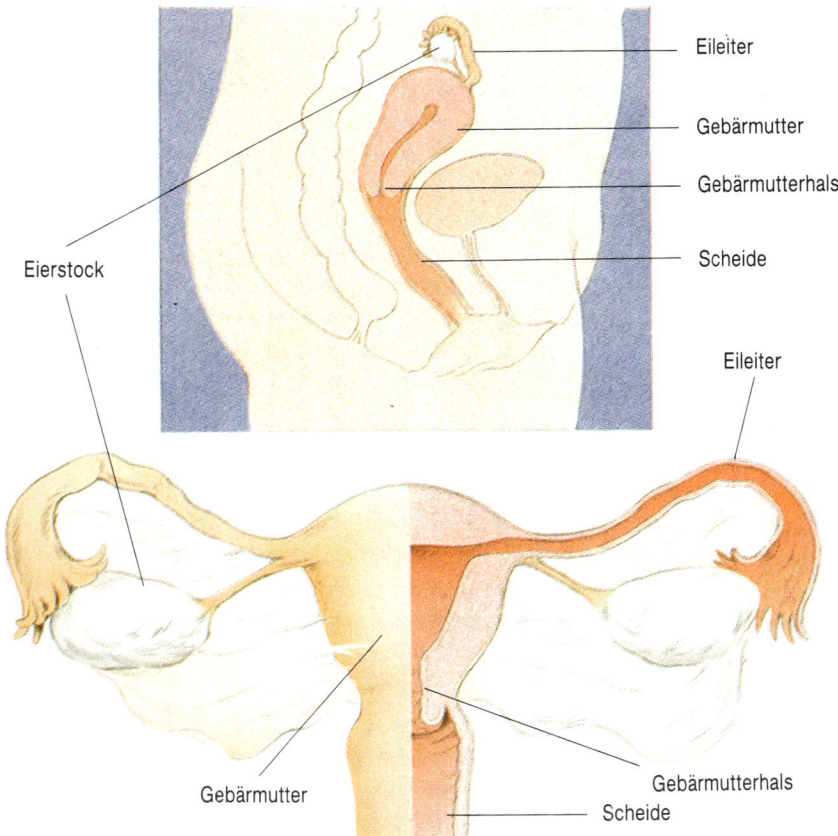

Die Fortpflanzungsorgane der Frau

177

tung abgestoßen. Normalerweise reift im Verlauf einer Periode nur ein Ei aus, so daß im allgemeinen bei der Befruchtung auch nur ein Embryo entsteht. In selteneren Fällen erreichen zufällig zwei Eizellen gleichzeitig den Reifezustand, so daß zweieiige Zwillinge entstehen können. In noch selteneren Fällen ist die Entstehung von Zwillingen aber auch aus einer Eizelle möglich, dann nämlich, wenn sich eine befruchtete Eizelle spaltet. Hieraus entwickeln sich dann zwei praktisch identische Individuen. Der Gesamtverlauf vom Beginn der Reifung der Eizelle bis zur Regelblutung wird als Menstruationszyklus bezeichnet. Er dauert normalerweise 28 Tage und kann in zwei Hälften unterteilt werden, die von den übergeordneten Hormonen der Hypophyse gesteuert werden. Während der ersten Hälfte reift die Eizelle im Eierstock aus. Gleichzeitig wird hier ein weibliches Geschlechtshormon gebildet, das als Östrogen bezeichnet wird.

Unter dem Einfluß dieses Hormons nimmt die Gebärmutterschleimhaut an Dicke und Gefäßreichtum zu. Sie bereitet sich gewissermaßen auf die Aufnahme der befruchteten Eizelle vor. Wenn dann nach 14 Tagen das ausgereifte Ei abgestoßen wird und über den Eileiter zur Gebärmutter hin wandert, bildet sich an seiner Entstehungsstelle im Eierstock eine Drüse, der Gelbkörper. Dieser Gelbkörper produziert ein weiteres Hormon, das Gelbkörperhormon (Progesteron). Unter dem Einfluß des Progesterons wächst die Gebärmutterschleimhaut weiter, der Blutreichtum steigt an, die Schleimhaut wird aufgelockert. Das Progesteron verhindert die Abstoßung einer Eizelle, die sich einmal in die Gebärmutterschleimhaut eingenistet hat.

Wenn keine Befruchtung stattfindet, kommt die Produktion des Östrogens wie des Progesterons etwa 14 Tage nach dem Eisprung zum Erliegen. Dies führt dann zur Abstoßung der Gebärmutterschleimhaut, es entsteht die Regelblutung. In den Tagen kurz vor der Regelblutung besteht bei der Frau unter der hormonalen Einflußnahme die Tendenz zu einer vermehrten Flüssigkeitsansammlung im Körper. Es kommt zu Schwellungen und Kopfschmerzen, häufig auch zu psychischen Symptomen wie Ängstlichkeit, erhöhte Reizbarkeit und Verstimmungszuständen. Die Beschwerden sind allerdings individuell überaus unterschiedlich ausgeprägt. Einige Frauen leiden erheblich, andere haben keinerlei Beschwerden. Die Abstoßung der Schleimhaut kann zu Unterbauchbeschwerden führen, die ausgesprochen stark sein können und im Einzelfall sogar Arbeitsunfähigkeit bewirken. Die Beschwerden jüngerer Frauen sind häufig stärker ausgeprägt als die älterer Frauen. Frauen, die noch keine Kinder bekommen haben, leiden darunter häufiger als Frauen, die geboren haben. Die Regelblutung dauert 2—7 Tage, auch sie kann sehr unterschiedlich ausgeprägt sein. Im Durchschnitt verliert die Frau mit jeder Menstruation etwa 100 cm^3 Blut, es kommen aber auch wesentlich stärkere Blutungen vor.

Mit dem Ende der Regelblutung beginnt der nächste Menstruationszyklus. Ein neues Ei reift heran, gleichzeitig wird Östrogen produziert. Nach 14 Tagen kommt es zum Eisprung, die Progesteronproduktion setzt ein und der Zyklus läuft erneut ab. Auch die Länge des Menstruationszyklus ist variabel. Er kann zwischen drei und sechs Wochen dauern. Eine Reihe unterschiedlicher Faktoren beeinflussen seine Länge wie Milieu- oder Klimawechsel, psychische Labilität („Nervosität") oder psychischer Streß, auch körperliche Belastungen oder Training können sich auswirken. Die Lage des Eisprungs läßt sich zeitlich durch die kontinuierliche morgendliche Messung der Körpertemperatur (Basaltemperatur) bestimmen. Nach dem Eisprung steigt im Durchschnitt die Temperatur um 0,5°C.

Bei jüngeren Mädchen ist der Menstruationszyklus oft noch nicht voll ausgeprägt. In den ersten Jahren nach Beginn der Regelblutung (Menarche) läuft der Zyklus bei Mädchen häufig ohne Eisprung ab, Beschwerden im Zusammenhang mit der Regelblutung treten dann meist nicht auf. Das Einsetzen regelmäßiger Eisprünge kann sich in mehr oder weniger ausgeprägten Menstruationsbeschwerden bemerkbar machen.

Konsequenzen für Training und Wettkampf Der normale Menstruationszyklus bedeutet keinerlei Hindernis für sportliche Aktivitäten. Probleme können im Einzelfall aber typischerweise während zweier bestimmter Zyklusphasen auftreten. Gerade die hormonale Umstellung vor der Regelblutung führt bei einigen Frauen zu Schweregefühl durch Wassereinlagerung, Gewichtszunahme und damit zu Verschlechterung der Leistungsfähigkeit. Die Periodenblutung selbst stellt im Prinzip keinerlei Hindernis für körperliche Belastungen dar, vom Schwimmen abgesehen. Die Beschwerden im Zusammenhang mit der Regelblutung sind sehr unterschiedlich, manche Frauen klagen über erhebliche Unterbauch- oder auch Magenschmerzen. Solche Beschwerden werden durch die Einnahme der „Pille" oft erheblich verbessert. Vielen Frauen ist es unangenehm, während der Menstruation Sport zu treiben, sie finden es unhygienisch und setzen in dieser Phase daher mit dem Sport aus. Notwendig ist dies nicht, da sich körperliche Aktivität im Verlauf der Menstruation nicht schädlich auswirkt. Im Bedarfsfall kann ein Menstruationszyklus hormonell verschoben werden (s. S. 183 ff.).

Befruchtung

Die Befruchtung findet durch eine Samenzelle statt, die mit einer reifen Eizelle verschmilzt. Das befruchtete Ei nistet sich in der Gebärmutterschleimhaut ein. Normalerweise hält die Befruchtungsfähigkeit der Eizelle nur einige Tage an. Damit es zu einer Schwangerschaft kommt, müssen die Samenzellen (Spermien) genau während dieser wenigen Tage über die Scheide in die Gebärmutter gelangen. Sie schwimmen dann aktiv durch den Gebärmutterhals und die Gebärmutter in den Eileiter, um mit der Eizelle zu verschmelzen. Die Samenflüssigkeit, die im Verlauf des Geschlechtsaktes in die Scheide entleert wird, enthält normalerweise eine sehr hohe Zahl von Samenzellen, ca. 200 Millionen. Hierdurch wird die Wahrscheinlichkeit der Befruchtung erhöht. Nachdem die Natur sich für die Befruchtung des Menschen einen recht komplizierten Weg ausgedacht hat, existieren eine Reihe verschiedener mechanischer und medikamentöser Möglichkeiten, um eine ungewollte Schwangerschaft zu verhindern (s. u.).

Die Befruchtung des Eis erfolgt im Eileiter, anschließend wird es in die Gebärmutter transportiert und in deren Schleimhaut implantiert. Bleibt eine befruchtete Eizelle im Eileiter liegen und entwickelt sich dort weiter, entsteht als Ergebnis eine Schwangerschaft außerhalb der Gebärmutter, eine extrauterine Gravidität. Ein solcher Zustand ist sehr gefährlich, da die sich entwickelnde Frucht den Eileiter zum Platzen bringen kann. Hierdurch geht nicht nur die Frucht verloren, es entsteht auch ein lebensbedrohlicher Zustand für die Mutter (s. S. 170).

Das in der Gebärmutterschleimhaut eingenistete Ei entwickelt sich dort weiter. Es steht zunächst unter dem Schutz des Gelbkörperhormons (Progesteron), da der Gelbkörper noch für ungefähr 8 Wochen weiterbesteht. Anschließend wird seine Funktion von der Plazenta,

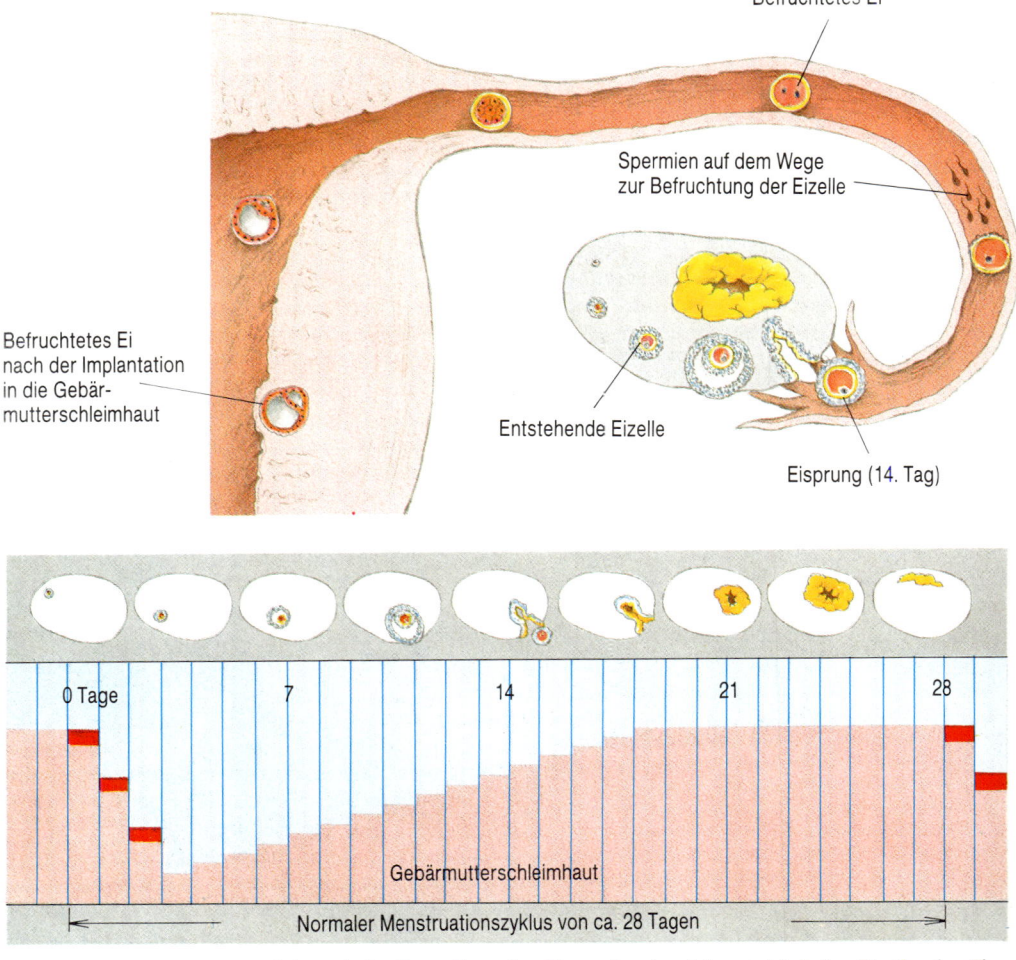

Befruchtetes Ei

Spermien auf dem Wege
zur Befruchtung der Eizelle

Befruchtetes Ei
nach der Implantation
in die Gebär-
mutterschleimhaut

Entstehende Eizelle

Eisprung (14. Tag)

0 Tage   7   14   21   28

Gebärmutterschleimhaut

Normaler Menstruationszyklus von ca. 28 Tagen

Oben: Schematische Darstellung des Eierstocks, der sich entwickelnden Eizelle, des Eisprungs und der Befruchtung. **Unten:** Menstruationszyklus. Im oberen Teil werden die verschiedenen Stadien der Eizelle und der Gelbkörperentwicklung gezeigt.

auch Mutterkuchen genannt, übernommen. Die Schwangerschaft dauert normalerweise ungefähr 280 Tage oder neun Monate. Man teilt sie
in drei Perioden (Trimester) von je drei Monaten ein. Innerhalb des ersten Trimesters werden sämtliche Organe und Körperteile des Em-
bryos gebildet (Embryogenese). Diese Phase der Schwangerschaft ist
besonders sensibel, da sich hier bei Schädigungen vorzugsweise Miß-
bildungen ausbilden können. Eine werdende Mutter sollte besonders
in dieser Phase mit der Einnahme von Medikamenten, Alkohol oder
Rauchen sehr vorsichtig sein. Zirka 10—15% aller Schwangerschaften
enden mit einer Fehlgeburt innerhalb des ersten Trimesters.

Nach Abschluß des ersten Schwangerschaftsdrittels wächst der
Embryo und mit ihm seine jetzt angelegten Organsysteme weiter. Man
sollte wissen, daß im Gegensatz hierzu die Gehirnentwicklung im Verlaufe der gesamten Schwangerschaft fortgesetzt wird, selbst bei der Geburt ist das kindliche Gehirn noch nicht voll ausgereift. Dies sollte für

die verantwortungsbewußte werdende Mutter Grund genug sein, im gesamten Verlauf der Schwangerschaft Alkohol zu meiden.

Konsequenzen für Training und Wettkampf Im Frühstadium der Schwangerschaft weiß eine Frau häufig nicht, daß sie schwanger ist. Bedenken gegenüber sportlicher Aktivität bestehen jedoch in keiner Weise. Bei einer fortgeschrittenen Schwangerschaft, im allgemeinen nach dem fünften Monat, können maximale körperliche Belastungen, speziell die Teilnahme an körperkontaktbetonten Sportarten, problematisch werden. Im letzten Teil der Schwangerschaft fühlen sich zahlreiche Frauen in ihrer Bewegungsfähigkeit erheblich eingeschränkt.

Innerhalb der ersten 6—8 Wochen nach einer Entbindung sollten Frauen kein sportliches Training durchführen. In dieser Phase sollten sie allerdings durch aktive, isometrische Übungen die Muskulatur ihres Beckenbodens (Perineum) kräftigen. Anschließend kann stufenweise die sportliche Aktivität wieder aufgenommen werden.

Das Stillen behindert im allgemeinen auch intensives körperliches Training nicht. Umgekehrt kann ein solches Training allerdings zu einer Einschränkung der Milchproduktion bis zu einem völligen Versiegen der Milch führen. Die Mutter sollte sich in dieser Phase also sehr genau überlegen, wie hoch sie sich belasten will.

Menstruationsbeschwerden

Treten die normalen Menstruationsbeschwerden in verstärkter Form auf, so spricht man von Dysmenorrhöe. Diese Beschwerden können mit einer verlängerten und verstärkten Blutung (Menorrhagie) oder mit Zyklusanomalien bei verstärkter Blutung (Metrorrhagie) verbunden sein. Das völlige Ausbleiben einer Blutung wird als Amenorrhöe bezeichnet. Alle diese Regelstörungen können nicht als normale Varianten des Menstruationszyklus betrachtet werden. Sie sollten auf jeden Fall Anlaß sein, den Arzt aufzusuchen. Im Gegensatz hierzu sind Unregelmäßigkeiten in der Periodenblutung, möglicherweise sogar das Überspringen von ein oder zwei Zyklen, bei jungen Mädchen etwas durchaus Normales. Sie sollten sich in solchen Fällen nicht unnötig Sorgen machen und zunächst einmal abwarten, bevor sie sich in ärztliche Behandlung begeben.

Schmerzhafte Regelblutung (Dysmenorrhöe)

Schmerzhafte Regelblutungen können ihre Ursache in anatomischen Veränderungen der Gebärmutter oder ihrer Umgebung haben. Frauen mit stärkeren Beschwerden im Zusammenhang mit der Monatsblutung sollten daher einen Arzt aufsuchen, um eine eventuelle Ursache abklären zu lassen. Wird eine solche Ursache nicht gefunden, dann können Schmerzmittel gegeben werden (s. S. 232 ff.), auch die „Pille" führt häufig zu einem Verschwinden der Beschwerden.

Konsequenzen für Training und Wettkampf Stärkere Beschwerden in Zusammenhang mit der Regelblutung können die Trainings- und Wettkampffähigkeit erheblich einschränken. Soweit Sportlerinnen in diesem Zusammenhang Medikamente einnehmen, sollten sie sich jedoch sehr gewissenschaft davon überzeugen, ob das Präparat nicht eventuell auf der Dopingliste aufgeführt wird. Dies trifft auf jeden Fall für alle Morphinderivate zu, beispielsweise auch für Kodein.

Verlängerte Regelblutung (Menorrhagie)

Die Verlängerung der Regelblutung an sich bedeutet für die Sportlerin, von den normalen Regelbeschwerden abgesehen, kein grundsätzliches Zusatzrisiko. Es besteht allerdings die Gefahr der Entwicklung einer Eisenmangelanämie durch den stärkeren Blutverlust (s. S. 283 ff.). Zur Behandlung wird im allgemeinen die „Pille" eingesetzt, vor allem bei älteren Frauen greift man aber auch zu blutstillenden Medikamenten wie Epsicapron oder Cyclocapron.

Eine spezielle Ursache für die Blutungsverlängerung kann auch in der Verwendung mechanischer Verhütungsmittel liegen, wie der intrauterin eingelegten Spirale. In solchen Fällen wird entweder die Spirale entfernt, oder es erfolgt, falls dies aus triftigen Gründen nicht sinnvoll erscheint, eine Behandlung mit allgemein wirksamen, blutstillenden Medikamenten.

Ausbleiben der Regelblutung (Amenorrhöe)

Das Ausbleiben der Regelblutung kann zahlreiche Gründe haben. Die häufigste Ursache ist sicher die Schwangerschaft. Wenn Frauen über längere Zeit die Pille eingenommen haben, kann es nach Beendigung der Einnahme zu längeren Phasen ohne Regelblutung kommen (sekundäre Amenorrhöe). Auch Klima- oder Milieuwechsel kann zu einem vorübergehenden Ausbleiben der Regelblutung führen. Das gleiche gilt auch für intensives Training, speziell in Ausdauersportarten. Frauen, die intensiv Langlauf betreiben und darunter deutlich an Körpergewicht verlieren, geben oft an, daß die Regelblutung schwach, seltener und unregelmäßig wird, bis hin zum Auftreten einer Amenorrhöe. Dieser Zustand normalisiert sich allerdings nach Beendigung des Leistungstrainings.

Konsequenzen für Training und Wettkampf Eine ausbleibende Regelblutung hat keinerlei negative Konsequenzen für Training und Wettkampf. Vor allem bei jüngeren Mädchen kommt es öfters vor, daß sich der Zeitraum zwischen zwei Regelblutungen über das Normalmaß hinaus verlängert. Frauen mit länger bestehender Amenorrhöe sollten aber auf jeden Fall den Arzt aufsuchen.

Vermehrte Wassereinlagerung vor der Regelblutung (prämenstruelles Syndrom)

In der Phase vor der Regelblutung kommt es bei manchen Frauen aus bisher noch nicht völlig geklärten Gründen zu einer vermehrten Wassereinlagerung. Die Betroffenen klagen über Spannungsgefühl, Anschwellen von Armen und Beinen, sie fühlen sich schwer und steif. Oft geht dies mit Kopfschmerzen, erhöhter Reizbarkeit und Verstimmungszuständen einher. Im Prinzip sind solche Beschwerden nicht als krankhaft zu werten. In ausgeprägter Form kann dieses prämenstruelle Syndrom — vor allem psychisch bedingt — die Trainings- und Wettkampffähigkeit negativ beeinflussen. In solchen Fällen kommt die Gabe von wasserausscheidenden Medikamenten (Diuretika) in Frage. Aus besonderem Anlaß kann auch an die Möglichkeit einer Verschiebung der Regelblutung gedacht werden (s. u.).

Verhütungsmittel

Die Schwangerschaftsverhütung kann auf mechanischem oder medikamentösem Weg erfolgen.

Mechanische Verhütungsmittel

Mechanische Verhütungsmittel sind beim Mann das Kondom, bei der Frau das Pessar bzw. die Spirale. Es gibt weiterhin eine Reihe chemischer Mittel, die in die Vagina eingebracht werden und in Kombination mit mechanischen Mitteln benutzt werden.

„Antibaby-Pille"

Die Antibaby-Pille, kurz Pille, medizinisch Antikonzeptivum oder Kontrazeptivum genannt, verhindert das Entstehen einer Schwangerschaft auf vielfachem Wege. Ihre Hauptwirkung besteht in der Verhinderung des Eisprungs. Sie erhöht ferner die Zähigkeit des Schleims im Gebärmutterhals und verhindert dadurch das Vordringen der Spermien in die Gebärmutter. Die Schleimhaut der Gebärmutter wird weiterhin so verändert, daß die Eizellen sich nicht mehr implantieren können, schließlich wird die Beweglichkeit der Eileiter negativ beeinflußt und damit der Transport des befruchteten Eis verhindert.

Bei der Pille existieren zwei Hauptformen, wobei die eine nur Progesteron enthält, die andere eine Mischung aus Progesteron und Östrogen. Die letztgenannte Form bietet zwar einen 100%igen Schutz, sie ist aber auch mit stärkeren Nebenwirkungen wie Übelkeit, Erbrechen, Brustspannung, Schwellungem verschiedener Körperbereiche (Ödeme) und Gewichtszunahme behaftet. Diese Nebenwirkungen werden vor allem der Östrogenkomponente zugeschrieben. Weitere unangenehme Effekte wie erhöhter Appetit, Müdigkeit und Krämpfe in den Beinen werden dagegen mehr der Progesteronkomponente zugeordnet. Sehr seltene Nebenwirkungen bestehen in einer Erhöhung der Blutgerinnbarkeit und damit der Entstehung von Thrombosen bzw. Embolien, Leberfunktionsstörungen, Hochdruck und Störungen der Regelblutung. Solche Nebenwirkungen treten bei Frauen jenseits des 40. Lebensjahres und bei Raucherinnen häufiger auf.

Die Verordnung der Pille dient nicht nur der Verhinderung einer ungewollten Schwangerschaft, sie kann zur Behandlung von Menstruationsbeschwerden, verstärkten Regelblutungen, beim prämenstruellen Syndrom und zur Verschiebung der Regelblutung eingesetzt werden.

Hinweise für die Verschiebung der Regelblutung

Unter bestimmten Umständen kann es für Frauen von Vorteil sein, die Regel zu verschieben. Unabhängig davon, ob die Pille eingenommen wird oder nicht, sollte dies rechtzeitig geplant werden. Bei frühzeitiger Planung kann ein künstlicher Zyklus ohne Eisprung durch Einnahme der Pille ausgeführt und beliebig verlängert werden. Bei später Planung kann ein natürlicher Zyklus durch Gabe von progesteronenthaltenden Medikamenten verlängert werden. Dieses Gelbkörperhormon verhindert die Blutungsauslösung durch den Abfall der Östrogen- und Progesteronkonzentration im Blut.

Grundsätzlich sollten Regelverschiebungen nicht ohne Rücksprache mit einem Frauenarzt hinsichtlich der optimalen Methode durchgeführt werden. Im folgenden werden einige Empfehlungen für unterschiedliche Fälle gegeben.

I Frauen, die keine „Pille" einnehmen

A. Bei Planung der Regelverschiebung vor Beginn des Menstruationszyklus

Die Frau beginnt am 5. Tag desjenigen Zyklus, dessen Periodenblutung verschoben werden soll, mit der täglichen Einnahme einer Tablette eines progesteronhaltigen Präparates wie Orgametril oder Primolut-Nor. Dabei wird der erste Tag der Blutung als Tag 1 gezählt. Das Intervall der nächsten Regelblutung kann dadurch entweder

a) *vorverlegt* werden, indem die Frau 2—3 Tage vor dem gewünschten Blutungstermin mit der Tabletteneinnahme aufhört; oder

b) *verzögert* werden, indem die Tabletten über den regulär zu erwartenden Blutungstermin hinaus eingenommen werden. Dabei ist allerdings zu berücksichtigen, daß ab dem Tag, an dem normalerweise die Regelblutung einsetzen würde, die Tablettendosis auf zwei pro Tag erhöht werden muß.

Normalerweise wird empfohlen, Progesteronpräparate nicht länger als drei Wochen einzunehmen. Die erstgenannte der beiden Varianten ist daher vorzuziehen.

Die Regelblutung tritt im allgemeinen als Abbruchblutung 2—3 Tage nach Beendigung der Tabletteneinnahme auf. Kommt es trotz Tabletteneinnahme zu einer nicht gewollten Blutung, so kann man diese im allgemeinen durch die Erhöhung der Dosis auf 2 Tabletten pro Tag stoppen. Anschließend sollte man dann die erhöhte Dosis noch für einige Tage beibehalten.

B. Regelverschiebung bei bereits begonnenem Menstruationszyklus

Frauen, die sich erst nach dem fünften Zyklustag zur Regelverschiebung entschließen, haben nur die Möglichkeit, die nächste Blutung hinauszuzögern und zwar bis zu maximal 10 Tagen. Zu diesem Zweck werden ab dem 15. Tag Gelbkörperhormone, also progesteronhaltige Medikamente, wie Orgametril oder Primolut-Nor nach folgendem Schema eingenommen. Gerechnet wird dabei der erste Tag der Blutung als erster Zyklustag.

— Die Einnahme erfolgt in ansteigender Dosierung und zwar in der ersten Woche eine Tablette pro Tag, in der zweiten Woche zwei und in der dritten Woche drei Tabletten pro Tag.

— Statt dessen können auch Antikonzeptiva mit Hormonkombinationen zur Anwendung kommen, die 50 μg Östrogen enthalten, wie z. B. Lyndiol. Präparate mit niedrigeren Dosen sollten nicht verwandt werden. Die Frau nimmt eine Tablette pro Tag; ab dem 22. Tag, gerechnet ab dem ersten Blutungstag, zwei Tabletten täglich. Frauen, die nicht an die Einnahme der Pille gewöhnt sind, klagen dabei allerdings häufig über Übelkeit.

II Frauen, die die Antibaby-Pille vom Kombinationstyp benutzen

Soweit Frauen regelmäßig Antibaby-Pillen einnehmen und damit eine Regelverschiebung erreichen wollen, müssen sie sehr genau den Typ der jeweiligen Hormonkombination beachten.

A. Regelverschiebung bei Planung vor Zyklusbeginn

Soweit die Regelverschiebung bereits vor Beginn des Zyklus geplant werden kann, bestehen folgende Möglichkeiten:

Die monatliche Regelblutung kann die sportliche Leistungsfähigkeit beeinflussen. *Photo: Joachim Flodin*

a) Die Vorverlegung der Regelblutung läßt sich dadurch erreichen, daß man ein oder zwei Zyklen vorher jeweils einige Tage eher mit der Tabletteneinnahme aufhört.
b) Die Vorverlegung der Regelblutung läßt sich auch erreichen, indem in ein oder zwei vorausgegangenen Zyklen die zwischengeschaltete medikamentenfreie Phase jeweils bis zur Hälfte der Tage verkürzt wird.
c) Die Verzögerung der Regelblutung kann dadurch erreicht werden, daß sofort nach Beendigung des Medikamentenzyklus mit der nächsten Medikamentenpackung begonnen wird, ohne eine pillenfreie Phase einzuschieben. In Abhängigkeit vom Typ des jeweiligen Präparates und der Zahl der Tage, um die die Regelblutung verschoben werden soll, werden in der Verlängerungsphase täglich 1—2 Tabletten eingenommen. Auf diese Art und Weise läßt sich die Regelblutung um maximal 7—10 Tage verschieben.

Folgende Beziehungen bestehen zwischen Präparatetyp und Tabletteneinnahme:

— Präparate mit 50 µg Östrogen und einem relativ hohen Progesteronanteil wie Lyndiol oder Ovanon: Will man die Blutung bis zu einem Zeitraum von höchstens einer Woche vorverlegen, so wird aus einer neuen Packung täglich eine Tablette weiter genommen. Soll die Blutung um höchstens bis zu 10 Tage hinausgezögert werden, so ist ab dem siebten Tag die Dosierung auf täglich zwei Tabletten zu erhöhen.
— Präparate mit 50 µg Östrogen und einem niedrig dosierten Progesteronanteil wie Ediwal, Neo-Stediril oder Perikursal: Von diesen

185

Präparaten müssen viele Frauen in der Verlängerungsperiode täglich zwei Tabletten pro Tag einnehmen, die individuelle Variationsbreite ist jedoch groß.

— Niedrig dosierte Antikonzeptiva mit 30—37,5 µg Östrogen wie Conceplan, Marvelon, Microgynon u. a.: Im Verlauf der Verlängerungsphase sind häufig zwei Tabletten notwendig. Die Frau muß auch darauf hingewiesen werden, daß sie jeweils die richtigen Tabletten der Packung entnimmt und zwar diejenigen Tabletten, die für die letzten 10 Tage des Zyklus vorgesehen sind.

B. Regelverschiebung im laufenden Zyklus

Frauen, die sich kurzfristig entschließen, die Regelblutung zu verschieben, und die Antikonzeptiva vom Kombinationstyp benutzen, haben nur die Möglichkeit, die Blutung zu verzögern, entsprechend den auf S. 185 unter Punkt II A. c) gegebenen Hinweisen.

III Regelverschiebung bei Verwendung der „Minipille"

Frauen, die die Minipille einnehmen, sollten sich nach den gleichen Hinweisen richten, die gelten, wenn keine empfängnisverhütenden Medikamente benutzt werden. Das Prinzip entspricht dem auf Seite 184 unter Punkt I A. b) beschriebenen, d. h., es wird eine stärker wirksame Hormonkombination, etwa entsprechend dem Lyndiol oder einem gleichwertigen Präparat, für kurze Zeit angewandt. Die Dosierung entspricht einer Tablette pro Tag. Auf dieses neue Präparat sollte man eine Woche vor dem normalen Einsetzen der Regelblutung übergehen. Das neue Präparat sollte dann bis zum Blutungsbeginn eingenommen werden. Durch den Übergang auf diese wirksameren Hormonpräparate besteht ein gewisses Risiko für das Auftreten von Nebenwirkungen wie Übelkeit.

Ethische Überlegungen

Die Verschiebung der Regelblutung sollte nicht zur Gewohnheit werden, sondern speziellen Fällen vorbehalten bleiben und unter ärztlicher Aufsicht durchgeführt werden. Hierfür gibt es eine Reihe von Gründen. Zum ersten ist ein solcher hormoneller Eingriff nicht frei von Risiken. Es können Nebenwirkungen auftreten. Probleme ergeben sich besonders bei jungen Mädchen, bei denen sich der Zyklus noch nicht stabilisiert hat. Bei ihnen sollte man soweit als möglich von Regelverschiebungen absehen. Die Entscheidung, ob sie sich zu einem solchen Vorgehen entschließt oder nicht, muß in jedem Einzelfall von der Sportlerin selbst getroffen werden und nicht vom Trainer.

Erkrankungen der weiblichen Geschlechtsorgane

Die weiblichen Geschlechtsorgane (Genitalien) werden in innere und äußere Geschlechtsorgane eingeteilt (s. Abb. auf S. 177).

Erkrankungen der äußeren Geschlechtsorgane

Die häufigsten Ursachen von Krankheitszuständen im Bereich der äußeren weiblichen Geschlechtsorgane sind infektiöser Art. Das wichtigste Symptom besteht in Ausfluß (Fluor). Ein solcher Ausfluß kann jedoch auch normalerweise vorkommen. Vermehrter Ausfluß findet sich beispielsweise durch sexuelle Stimulation, bei vermehrter Östrogenproduktion, etwa vor der ersten Regelblutung (Menarche) oder zum Zeitpunkt des Eisprungs. Einige Frauen reagieren auch auf psychische Streßsituationen mit erhöhter vaginaler Sekretion und Ausfluß. Solche Zustände bedürfen keiner medikamentösen Behandlung, erforderlichenfalls sollte jedoch der Arzt über die Zusammenhänge aufklären.

Scheidenentzündung (Kolpitis, Vaginitis)

Krankheitsbild Die Kolpitis wird von speziellen Krankheitskeimen verursacht, vorzugsweise von *Trichomonas vaginalis, Gardnerella vaginalis* und *Candida*. Sie macht sich in Ausfluß und Juckreiz bemerkbar. Zusammen mit der Scheide ist häufig auch der Gebärmutterhals entzündet (Cervicitis). Auch die äußere Mündung der Harnröhre ist oft beteiligt, dies zeigt sich in der Angabe von Brennen beim Wasserlassen.

Die unbehandelte Kolpitis kann lange bestehen und die Ursache für aufsteigende Infektionen und chronische Scheidenreizungen sein.

Behandlung Bei Trichomonadeninfektionen ist das Mittel der Wahl Metronidazol, das unter verschiedenen Handelsnamen angeboten wird, wie Arilin, Fossyol u. a. Das Präparat wird eingenommen. Auch eine lokale Anwendung in Form von Vaginalzäpfchen und Salben ist möglich. Da die Substanz spezifisch auf die Trichomonaden wirkt, muß eine häufig vorhandene Begleitinfektion zusätzlich behandelt werden. Die Trichomonadeninfektion wird durch sexuelle Kontakte übertragen. Die Behandlung sollte daher auch den Partner erfassen.

Konsequenzen für Training und Wettkampf Die Kolpitis hat selbstverständlich keine direkten negativen Auswirkungen auf die Trainings- und Wettkampffähigkeit. Indirekt kann die Sportlerin über allgemeines Unwohlsein klagen und durch die Peinlichkeit verschmutzter Kleidung beeinträchtigt sein. Manche Frauen schwimmen insbesondere ungern, so lange sie unter einer Kolpitis leiden.

Candidakolpitis

Krankheitsbild Die Candidakolpitis wird durch Pilze verursacht, vorzugsweise durch *Candida albicans*. Dieser Pilz kommt normalerweise im Körper vor, aber nicht in der Scheide. Kann er sich dort unter besonderen Bedingungen ansiedeln, kommt es zu Ausfluß und Juckreiz. Die Bedingungen hierfür sind nicht selten Schwangerschaft, Antibiotikabehandlung oder die Einnahme von Antibaby-Pillen. Gelegentlich kann die Candidakolpitis kombiniert mit einer Reizung der äußeren weiblichen Geschlechtsorgane (Vulvitis) oder des Gebärmutterhalses (Cervicitis) auftreten.

Behandlung Die Candidakolpitis wird mit örtlich angewendeten, pilzhemmenden oder abtötenden Salben und Zäpfchen behandelt, beispielsweise Ampho-Moronal, Canesten, Daktar, Pevaryl u. a. Soweit Frauen die Pille einnehmen, müssen sie gelegentlich diese Einnahme unterbrechen, um die Behandlung effektiver werden zu lassen.

Konsequenzen für Training und Wettkampf Ebenso wie die Trichomonadenkolpitis hat auch die Candidakolpitis normalerweise keine negativen Konsequenzen für die Trainings- und Wettkampffähigkeit, von den hygienischen und ästhetischen Problemen abgesehen.

Erkrankungen der inneren Geschlechtsorgane

Die häufigste Erkrankung der inneren weiblichen Geschlechtsorgane ist die Infektion der Eileiter (Tuben).

Eileiterentzündung (Salpingitis)

Krankheitsbild Die Eileiterentzündung wird meist bakteriell verursacht. Entzündung und Eiterbildung im Bereich der Eileiter führt zu Fieber und Schmerzen im Unterbauch. Oft ist es schwierig, die Eileiterentzündung von der Blinddarmentzündung abzugrenzen. Bei unzureichender Behandlung kann es zu einer Ausbreitung der Infektion mit Entwicklung einer allgemeinen Blutvergiftung (Sepsis) oder einer Bauchfellentzündung kommen. Eine mögliche Spätkomplikation stellt die Sterilität dar. Wenn es nach einer durchgemachten Eileiterentzündung zu einer Schwangerschaft kommt, steigt das Risiko für eine Bauchhöhlenschwangerschaft an.

Die Diagnose der Eileiterentzündung stellt der Arzt aufgrund der Krankengeschichte sowie der Untersuchung, bei der sich Schmerzen und Druckempfindlichkeit im Bereich des Unterbauchs finden. Durch eine Untersuchung von der Scheide aus, lassen sich die schmerzhaft vergrößerten Eileiter tasten.

Behandlung Die Eileiterentzündung wird im allgemeinen mit Antibiotika (s. S. 78 ff.) und Bettruhe behandelt.

Konsequenzen für Training und Wettkampf Solange eine Eileiterentzündung besteht, verbietet sich körperliche Belastung. Die Patientin kann den Sport erst nach Absprache mit dem Arzt wiederaufnehmen.

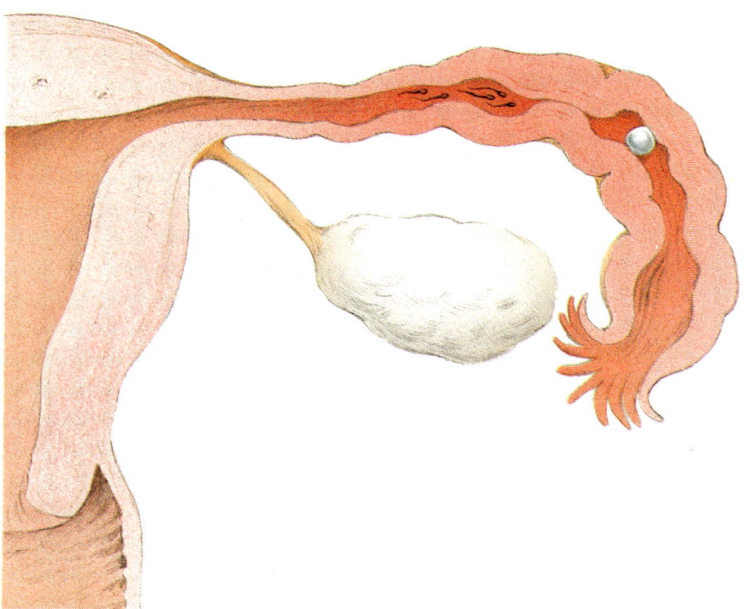

Die Eileiterentzündung (Salpingitis) kann zu Verwachsungen und Sterilität führen.

19   Geschlechtskrankheiten

Unter Geschlechtskrankheiten, auch als venerische Erkrankungen bezeichnet, versteht man Erkrankungen, die typischerweise durch den Geschlechtsakt übertragen werden. Hierunter fallen Gonorrhöe, Syphilis (Lues), weicher Schanker (Ulcus molle = Ulcus venerum), Lymphogranuloma venerum (auch als Lymphogranuloma inguinale bezeichnet). Durch sexuelle Kontakte übertragen werden ferner Infektionen durch Chlamydien, Mycoplasmen und der Herpes genitalis. Im folgenden werden von diesen Erkrankungen nur die häufigsten besprochen, nämlich Gonorrhöe, Syphilis, Chlamydieninfektionen und Herpes genitalis.

Die Behandlung der venerischen Erkrankungen ist durch das Gesetz zur Bekämpfung der Geschlechtskrankheiten geregelt. Wer an einer solchen Erkrankung leidet oder auch nur unter dem Verdacht einer solchen Erkrankung steht, ist verpflichtet, sich ärztlich behandeln zu lassen und für die Dauer der Ansteckungsgefahr auf sexuelle Kontakte zu verzichten. Sorgfältigste persönliche Hygiene ist im Erkrankungsfall eine selbstverständliche Notwendigkeit.

Ein guter Schutz gegenüber der Infektion durch Geschlechtserkrankungen stellt die Benutzung des Kondoms dar, das daher bei Kontakten mit Partnern benutzt werden sollte, die ein Risiko darstellen könnten.

Wer weitere Informationen über Geschlechtskrankheiten wünscht, kann sich diese bei den Gesundheitsämtern oder auch bei seinem Hausarzt beschaffen.

Gonorrhöe

Krankheitsbild   Gonorrhöe, umgangssprachlich auch als Tripper bezeichnet, wird durch Bakterien, die Gonokokken (*Neisseria gonorrhoeae*) verursacht. Sie macht sich in Ausfluß aus der Harnröhre und Brennen beim Wasserlassen bemerkbar. Bei diesen uncharakteristischen Beschwerden, die bei jeder unspezifischen Harnwegsinfektion vorkommen können (s. S. 174 f.) kann es manchmal bleiben. Kommt es zu einer aufsteigenden Infektion mit Befall der Eileiter (Tuben) und des Bauchfells (Peritoneum) bei Frauen bzw. der Vorsteherdrüse (Prostata) und der Hoden bei Männern, verstärken sich die Beschwerden entsprechend. Über diesen regionalen Rahmen hinaus kann es zu einer Generalisierung der Infektion auf dem Blutwege kommen mit Entzündung der Hirnhäute (Gonokokkenmeningitis) bzw. der Gelenke, vor allem des Kniegelenks (Gonokokkenarthritis). Auch bei klinisch nur leichtem Verlauf kann ein unbehandelter Tripper zu Komplikationen in Form von Sterilität oder Verwachsungen der Harnröhre führen (Urethrastriktur), mit erheblichen gesundheitlich negativen Konsequenzen.

Behandlung   Die Gonokokken sind im allgemeinen penicillinempfindlich. Heute wird meist ein Ampicillinderivat in Tablettenform gegeben, u. a. Amblosin, Binotal, Penglobe. Alternativ kommen Tetrazykline in Frage, die ebenfalls als Tabletten eingenommen werden wie Klinomycin, Vibramycin etc. Auf das Risiko der möglichen Fotosensibilisierung (s. S. 199 f.) sollte hingewiesen werden.

Die Frage der Fortsetzung körperlicher Aktivitäten im Verlauf eines Trippers hängt von der Schwere der Symptome ab. Beim Auftreten von Allgemeinsymptomen, wie Fieber, sind körperliche Belastungen zu vermeiden. Das gleiche gilt auch, so lange eine Penicillinbehandlung durchgeführt wird.

Syphilis

Krankheitsbild Auch die Syphilis wird durch ein spezielles Bakterium, eine Spirochäte mit dem Namen *Treponema pallidum* hervorgerufen. Sie verläuft in drei Stadien und kann bei nicht ausreichender Behandlung zu schweren gesundheitlichen Folgen führen. Im Primärstadium findet sich neben Ausfluß aus der Harnröhre ein flaches, gelbrotes, kleines Geschwür an der Infektionsstelle. Wird dieses Primärstadium übersehen, kann es zu Symptomen im Bereich der verschiedensten Organe kommen.

Die Diagnose wird aufgrund der typischen Symptome, des ärztlichen Untersuchungsbefundes, des Nachweises der Syphiliserreger sowie durch Blutuntersuchungen gestellt. Die Serumreaktionen wie die Wassermann-Reaktion etc. lassen feststellen, ob eine Syphilisinfektion vorliegt oder früher vorgelegen hat.

Behandlung Die Behandlung der Syphilis sollte erst eingeleitet werden, wenn die Diagnose gesichert ist. Der Syphiliserreger ist penicillinempfindlich, die Behandlung muß über längere Zeit hinweg durchgeführt werden. Im Einzelnen ist dies im Gesetz zur Bekämpfung der Geschlechtskrankheiten geregelt. Bei bekannter Penicillinallergie oder bei Verdacht auf eine solche Überempfindlichkeit können alternativ Tetrazykline oder Erythromycin zur Anwendung kommen (s. S. 80ff.). Kontrollen des Behandlungserfolgs sind im Verlauf der folgenden 12 Monate erforderlich. Die Tests müssen negativ ausfallen, bevor der Patient aus der Kontrolle entlassen werden darf.

Konsequenzen für Training und Wettkampf Ebenso wie beim Tripper ist für die Fortführung der körperlichen Aktivität die Schwere der Symptomatik entscheidend. So lange Allgemeinsymptome, wie Fieber, bestehen, verbieten sich körperliche Belastungen.

Chlamydia-Infektionen

Krankheitsbild Unter Chlamydien versteht man Mikroorganismen, die eine Zwischenstellung zwischen Bakterien und Viren einnehmen. Sie rufen eine unspezifische Genitalinfektion in Form von Ausfluß aus der Harnröhre und Brennen beim Wasserlassen hervor, die in unseren Breiten wohl die häufigste sexuell übertragene Erkrankung darstellt. Durch aufsteigende Infektion kann es zu chronischen Entzündungen der Eileiter (Tuben) oder der Vorsteherdrüse (Prostata) kommen. Chlamydia-Infektionen werden heute als häufigste Ursache der unfreiwillig bedingten Sterilität angesehen.

Die Diagnose wird durch den allerdings oft recht schwierigen Nachweis des Erregers gestellt. Gelegentlich wird eine Behandlung nur aufgrund der Symptome erforderlich. In jedem Fall ist vorher aber eine Gonorrhöe auszuschließen.

Behandlung Chlamydia-Infektionen werden normalerweise über 1—2 Wochen mit Tetrazyklintabletten wie Klinomycin, Vibramycin etc. behandelt (s. S. 80f.).

Konsequenzen für Training und Wettkampf Die Möglichkeiten der Fortführung körperlicher Aktivitäten wird von der Schwere der Symptomatik bestimmt. Wenn Allgemeinsymptome in Form von Fieber etc. auftreten, verbieten sich körperliche Belastungen. Liegen solche nicht vor, ergibt sich auch durch die Durchführung einer antibiotischen Behandlung nicht unbedingt die Notwendigkeit eines Trainingsverbotes. Eine gewisse Zurückhaltung ist allerdings anzuraten. Auf jeden Fall sollten örtliche Unterkühlungen im Genitalbereich vermieden werden.

Herpes simplex genitalis

Krankheitsbild Die genitale Herpesinfektion wird durch das gleiche Virus hervorgerufen, das auch für die Herpesinfektion im Mundbereich verantwortlich ist (s. S. 213). Die Infektion führt zu kleinen Bläschen der Haut und stark brennenden Schmerzen. Nach Platzen der Blasen kann das Virus übertragen werden. Häufig geschieht dies im Verlauf sexueller Kontakte.

Behandlung In jüngster Zeit sind eine Reihe von Substanzen auf den Arzneimittelmarkt gekommen, die das Herpesvirus spezifisch hemmen, wie Idoxuridin in Form von Virunguent und Zostrum im Handel, daneben werden allgemein entzündungshemmende und schmerzlindernde Salben empfohlen.

Konsequenzen für Training und Wettkampf Der Herpes genitalis stellt im allgemeinen keinerlei Hinderung für die Fortführung der körperlichen Aktivitäten dar.

Aufbau der Haut

Der Haut (Cutis, Derma) kommt die Aufgabe zu, den Menschen gegen äußere Einwirkungen zu schützen, und zwar vor chemischen oder mechanischen Reizen, Infektionen, Kälte, Wärme und ultravioletter Strahlung. Die Haut stellt darüber hinaus ein wichtiges Organ für die Regulation der Körpertemperatur dar, weiterhin ein ebenso wichtiges Sinnesorgan. Um all diesen unterschiedlichen Funktionen gerecht zu werden, besitzt die Haut einen spezifischen Aufbau. Die äußerste Schicht bildet die Oberhaut (Epidermis), aufgebaut aus mehreren Zellschichten. Ganz außen liegt die Hornschicht, bestehend aus abgestorbenen Zellen, die ein sehr widerstandsfähiges Eiweiß, das Keratin, enthalten. Diese Hornschuppen nutzen sich ständig ab und werden von unten aus fortlaufend erneuert.

Zwischen Ober- und Unterhaut liegt als Mittelschicht die Lederhaut (Corium), eine wenige Millimeter dicke Schicht aus lockerem Bin-

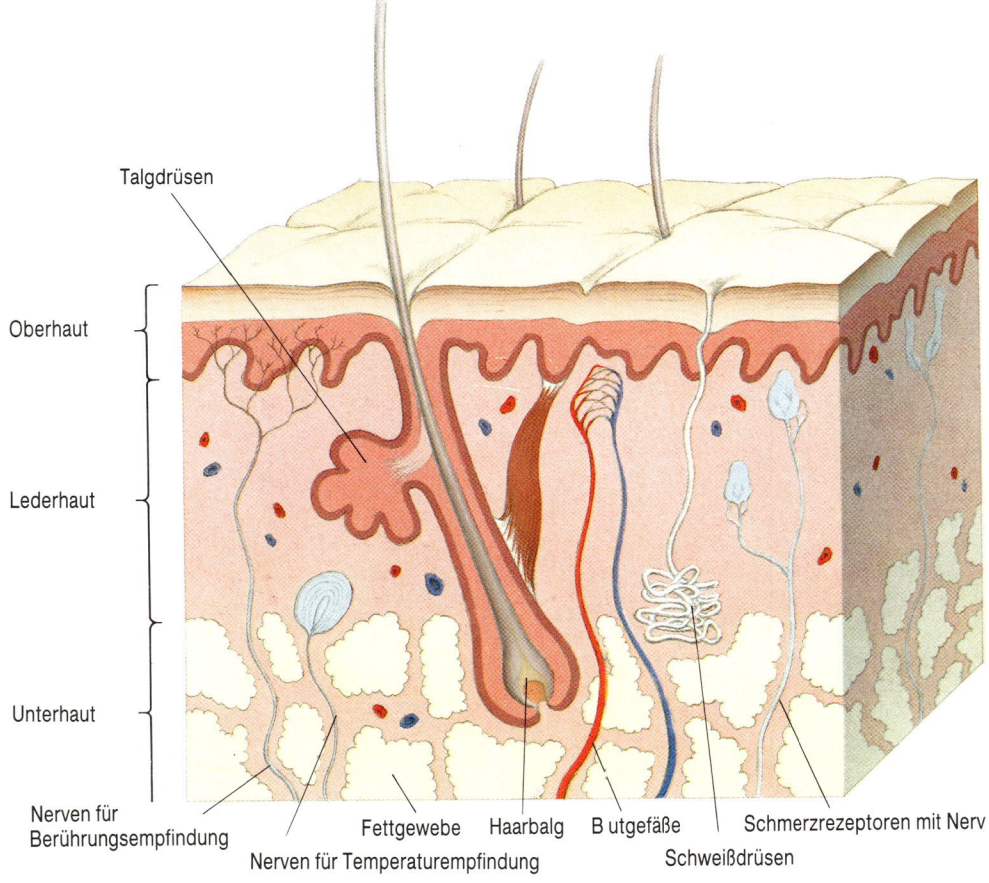

Aufbau der Haut

degewebe. In ihr finden sich Blutgefäße und Nerven, Talg- und Schweißdrüsen. Die darunter liegende Unterhaut (Subcutis) besteht aus Bindegewebe mit eingelagerten Fettzellen.

Besondere Anhangsgebilde der Oberhaut stellen die Nägel und Haare dar, die ebenso wie die Hornschicht aus abgestorbenen verhornten Zellen bestehen. In der Oberhaut finden sich ferner spezielle Zellen, die ein dunkles Pigment, das Melanin, enthalten. Hierdurch erhält die Haut ihre Färbung. Wenn diese Zellen ultraviolettem Licht ausgesetzt sind, beispielsweise durch Sonneneinstrahlung oder künstlich in einem Solarium, so wird diese Melaninmenge erhöht. Die Haut färbt sich dunkler. Durch eine Reihe von Medikamenten und Chemikalien wird die Empfindlichkeit dieser Zellen gegenüber ultraviolettem Licht erhöht, man spricht von einer Fotosensibilisierung (s. S. 199 f.).

Gelegentlich kommt es zu einem fleckförmigen Verlust der melaninhaltigen Zellen, es entstehen weiße, scharf abgegrenzte Hautbezirke (Vitiligo). Die Ursache dieser Veränderung ist bisher unbekannt, eine spezielle Behandlung ist nicht möglich.

Die in der Haut häufig zu findenden braunen Flecke, im Volksmund als Leberflecke, vom Fachmann als Nävi bezeichnet, bestehen aus einer Ansammlung von Zellen mit hohem Melaningehalt. Die Farbe kann stark wechseln, neben sehr dunkel gefärbten Nävi kommen auch solche vor, die sich von der normalen Hautfarbe kaum unterscheiden. Prinzipiell sind diese Bezirke ungefährlich, sie können jedoch gelegentlich bösartig entarten und dann zu einem besonders gefährlichen Hautkrebs führen (Melanom). Symptome, die darauf hinweisen, bestehen in Juckreiz sowie einer Zunahme der Farbe und Blutungsneigung in den entsprechenden Arealen. Solche Symptome sollten zu einem sofortigen Arztbesuch Anlaß geben.

Auch Sommersprossen stellen Zellansammlungen mit erhöhtem Pigmentgehalt dar.

Bei den verschiedenen Drüsen in der Haut sind zunächst die Talgdrüsen zu nennen, die normalerweise mit ihrem Ausführungsgang in einem Haarbalg münden. Sie produzieren den Talg, ein spezielles Fett, das sich als dünne Schicht über die Hornhaut legt. Diese Drüsen werden durch das männliche Geschlechtshormon, das Testosteron, in ihrer Funktion stimuliert. Die Produktion an Hautfetten nimmt daher mit der Pubertät zu.

Bei den Schweißdrüsen finden sich zwei verschiedene Typen. Der erste dieser beiden, ein allgemein über den ganzen Körper verbreiteter Typ, produziert Schweiß, der vor allem aus Wasser (99 %) und Salzbeimengungen besteht. Der zweite Schweißdrüsentyp wird in den Achselhöhlen gefunden. In diesem Schweiß sind u. a. auch Fettsäuren vorhanden, die dann auf der Haut von Bakterien zu unangenehm riechenden Stoffen abgebaut werden können.

Funktion der Haut

Die Aufgaben der Haut sind sehr vielfältig. Zunächst kommt ihr eine Schutzfunktion zu. Gegenüber mechanischen Einflüssen schützt die Hornschicht der Oberhaut gemeinsam mit der Elastizität der Lederhaut. Die Hornschicht schützt zusätzlich vor Wasser- und Salzverlusten. Der Haut kommt eine wichtige Aufgabe im Rahmen des Flüssigkeitshaushaltes zu. Das in die Haut eingelagerte Pigment schützt das darunterliegende Gewebe gegenüber ultravioletter Strahlung. Weiterhin finden sich auf der Haut zahlreiche, nicht krankheitserregende Bakterien. Diese körpereigene Bakterienflora schützt gegen krankheitserregende Mikroorganismen, gleichviel, ob es sich dabei um Bakterien, Pilze oder Viren handelt.

Eine weitere wichtige Aufgabe der Haut besteht in ihrem Beitrag zur Regulierung der Körpertemperatur über Durchblutung und Schweißproduktion. In kalter Umgebung werden die Hautgefäße eng gestellt, kenntlich an der blassen Hautfarbe. Die Durchblutung wird reduziert. Umgekehrt werden in warmer Umgebung die Hautgefäße weit gestellt, die Durchblutung nimmt zu, es wird vermehrt Wärme abgegeben. Im Bedarfsfall wird über die Schweißdrüsen Wasser aus der Haut freigesetzt, dessen Verdunstung Kälte erzeugt und damit die Temperatur senkt. Mit dem Schweiß werden gleichzeitig kleine Salzmengen abgegeben, der Verlust ist allerdings so gering, daß er nicht speziell ersetzt werden muß (s. S. 308 ff.).

Die Haut stellt darüber hinaus ein wichtiges Sinnesorgan dar. In ihr finden sich zahlreiche spezifische Rezeptoren für Kälte, Wärme, Druck und Schmerzregistrierung. Schließlich baut die Haut unter dem Einfluß von ultravioletter Bestrahlung aus körpereigenen Substanzen Vitamin D auf.

Reinigung der Haut

Es ist eine Selbstverständlichkeit, daß der gesamte Körper einmal täglich gereinigt werden sollte. Zusätzlich sollte nach jeder schweißtreibenden körperlichen Aktivität geduscht werden. Die reinigende Kraft von Wasser ist gering, sie wird erhöht durch den Zusatz von Substanzen, die die Oberflächenspannung herabsetzen, beispielsweise Seife. Hierdurch können Schmutz und vor allem Fette entfernt werden. Der pH-Wert der Seife ist im allgemeinen relativ hoch. Er liegt bei 10 im Vergleich zu dem recht niedrigen pH-Wert der Haut von 5 bis 6. Für die normale, gesunde Haut spielt dieser Unterschied keine Rolle, nach einem Waschvorgang mit Wasser und Seife hat sich im allgemeinen nach etwa einer halben Stunde der ursprüngliche pH-Wert wieder eingestellt, unter der Voraussetzung, daß die Seife sorgfältig abgespült wurde. Bei Personen mit empfindlicher, speziell trockener Haut oder auch bei Säuglingen kann es hier zu Problemen kommen. Hier sollten Reinigungsmittel mit niedrigeren pH-Werten ohne Zusatz von Duftstoffen oder Konservierungsmitteln, wie Satina, Dermowas etc., verwandt werden.

Unterschiedliche Hauttypen

Damit die Haut weich und geschmeidig bleibt, muß sie mindestens 10 % Wasser enthalten. Bei abnehmendem Wassergehalt wird sie trocken, spröde und rissig. Zur Vermeidung von Wasserverlusten besitzt die Haut natürlicherweise in die Hornschicht eingelagerte Schutzstoffe wie Karbamid und Kochsalz sowie fettartige Substanzen. Umgekehrt ist fettige Haut durch eine zu hohe Talgproduktion charakterisiert. Dies wird vor allem im Zusammenhang mit der Pubertät beobachtet.

Trockene Haut

Eine Abnahme der wasserbindenden Stoffe und der Fette in der Hornschicht, die dann zur trockenen Haut führt, wird vor allem in Zusammenhang mit bestimmten Hauterkrankungen beobachtet wie beispielsweise bei der Schuppenflechte (Psoriasis) oder beim atopischen Ekzem. Die Ursache für trockene Haut kann allerdings auch in einem übertriebenen Reinigungsbedürfnis liegen. Die Haut erscheint trocken, es besteht Juckreiz, Risse bilden sich, vorwiegend in den Bereichen mit verdickten Hornschichten, also an Händen und Füßen. Solche Risse treten vor allem bei niedriger Luftfeuchtigkeit auf, bei Kälte und nach längerem Baden, speziell in stark chlorhaltigem Wasser.

Behandlung Das Behandlungsziel besteht bei trockener Haut in der Normalisierung des Wassergehalts der Hornschicht. Hierdurch erreicht die Haut wieder ihre natürliche Weichheit und Geschmeidigkeit. Falls die Ursache in einer Hauterkrankung zu suchen ist, muß naturgemäß zunächst diese Grundkrankheit behandelt werden. Liegt die Ursache dagegen in falschen Reinigungsgewohnheiten, so sollte der Sportler entsprechend aufgeklärt werden. Soweit sich häufiges Waschen und längerer Aufenthalt im Wasser nicht vermeiden lassen, muß die Haut durch silikonhaltige Salben oder Plastikhandschuhe etc. geschützt werden.

Das Behandlungsziel läßt sich im Prinzip auf zwei verschiedenen Wegen erreichen. Einerseits können der Haut wasserbindende Substanzen, die bereits erwähnten Karbamide oder Kochsalz, zugeführt werden. Auf der anderen Seite kann durch Eincremen mit fetthaltigen Salben der Wasserverlust durch Verdunstung reduziert werden. Die Verwendung solcher fetthaltigen Salben bringt allerdings auch vor allem kosmetische Nachteile mit sich, da die Haut glänzend und klebrig erscheint. Man geht hier meist einen Kompromiß ein: Präparate zur Behandlung von trockener Haut enthalten im allgemeinen sowohl Fette wie wasserbindende Substanzen. Geeignete Präparate sind z. B. die üblichen Hautcremes, wie Nivea-Creme etc., in schweren Fällen spezifische Hautsalben wie Linola-Fett sowie eine Reihe von sogenannten Basissalben und Cremes, die als Träger zusätzlicher Wirkstoffe Anwendung finden und in den Apotheken erhältlich sind.

Bei längerem Aufenthalt im Wasser sollte die Haut eingefettet werden. *Photo: Pressens bild/EPU*

Bei stark rissiger Haut werden die Hornschwielen zunächst abgeschliffen, anschließend werden fetthaltige Salben aufgetragen. Die Ränder über den Rissen können mit Klebepflaster zusammengezogen werden.

Trockene Haut ist bei Sportlern ein häufiges Problem. Sie führt beim Schwitzen im Bereich von Hautrissen zu Brennen und Schmerzen. Finden sich diese Risse in der Fußhaut, kann bei Sportarten, die mit Laufen verbunden sind, die Fortführung der Belastung sogar unmöglich gemacht werden. Gerade bei Schwimmern finden sich nicht selten solche Probleme. Der Juckreiz kann so stark werden, daß hierdurch Schlafstörungen auftreten. Trockene Haut stellt weiterhin ein erhöhtes Risiko für das Auftreten von Hautschäden durch reibende Kleidung, etwa in der Leistengegend, dar.

Aus den genannten Gründen ist es für den Sportler, der zu trockener Haut neigt, besonders wichtig, entsprechende Vorbeugemaßnahmen zu treffen. Er sollte nur Seife mit niedrigem pH-Wert benutzen und nach der Reinigung wasserbindende Cremes, die Karbamid und Kochsalz enthalten, anwenden. Auch fetthaltige Salben können die Haut schützen und Hautrisse verhindern.

Fettige Haut und Akne

Fettige Haut, meist verbunden mit dem Auftreten von Mitessern und Akne, ist das Ergebnis einer erhöhten Talgproduktion. Die Zahl der Talgdrüsen ist am höchsten in der Haut des Gesichts, des Rückens und der Brust. Hier sind entsprechende Hautprobleme daher auch am stärksten ausgeprägt. Etwa 80 % aller Jugendlichen leiden in der Pubertät mehr oder weniger unter Akne. Da die Talgproduktion durch männliche Geschlechtshormone (androgene Hormone) stimuliert wird, trifft dieses Problem Jungen mehr als Mädchen.

Die Neigung zur Akne wird durch erbliche Disposition, durch besonders große und aktive Talgdrüsen, bestimmt, weitere notwendige Auslösefaktoren sind erhöhte Androgenproduktion sowie spezielle Bakterien, die den Talg zersetzen.

Mit einfachen Formen von fetter Haut, Mitessern oder Akne wird man im allgemeinen selbst fertig. Man kann rezeptfreie Präparate anwenden, wirksam ist auch UV-Strahlung, also ein Sonnenbad. Kommt es in schwereren Fällen zu eitrigen Entzündungen, muß ärztliche Hilfe in Anspruch genommen werden.

Eine der wichtigsten Voraussetzungen für die erfolgreiche Aknebehandlung besteht in einer sorgfältigen Hygiene. Mitesser können einmal wöchentlich entfernt werden. Zu diesem Zweck sollte man die Haut zunächst gründlich reinigen und dann das Gesicht über Wasserdampf halten. Die aufgeweichten Mitesser können mit sauberen Händen ausgedrückt werden. Man kann auch Medikamente anwenden, die die Mitesser auflösen. Sie sind, soweit sie Benzoylperoxid enthalten, im Handel als Aknefug, Benoxyl, Sanoxit, Scherogel u. a. rezeptfrei erhältlich.

Die Wirkung tritt meist nach 1—3 Wochen ein. Weitere ebenfalls rezeptfreie Medikamente enthalten Vitamin A (Arovit, A-Vicotrat). Sie beschleunigen die Reifung der Mitesser und verhindern eine Neubildung. Bei ihrer Anwendung ist allerdings größere Geduld erforderlich, da sie im allgemeinen erst nach 1—3 Monaten wirksam werden. Zu Beginn der Therapie kann es sogar zu Hautreizungen kommen.

In schwereren Fällen von Akne müssen Antibiotika wie Tetrazyklin und Erythromycin eingesetzt werden (s. S. 80 f.).

Akne stellt normalerweise keinerlei Hindernis für Training und Wettkampf dar. Die Leistungsfähigkeit wird nicht beeinflußt. In bestimmten Sportarten wie etwa beim Ringen können allerdings hygienische Probleme auftreten. Auch für Schwimmer, die vor dem Wettkampf ihren Körper glatt rasieren, kann die Akne zum Problem werden.

Schuppen und Seborrhöe

Die abgestorbenen Hornzellen werden von der Oberhaut abgestoßen. Bei Menschen, die sehr viele Oberhautzellen produzieren, werden diese besonders im Bereich des Haarbodens als Schuppen sichtbar. Ist die Haut durch ausgeprägte Talgbildung besonders fettig, so wird das Leiden als Seborrhöe bezeichnet. Die letzliche Ursache dieser Hautveränderung ist allerdings noch nicht bekannt.

Behandlung (margin)

Bei leichteren Formen von Kopfschuppen kommt man im allgemeinen mit mehrmaligem Haarwaschen pro Woche unter Verwendung normaler Haarwaschmittel zurecht. In speziellen Fällen kann man Präparate verwenden, die Selensulfid enthalten (Selsun, Selukos) oder auch Zinkpyridinthion (De-squama-hermal-Creme). Hierdurch wird die Produktion an Hornzellen vermindert. Das Selensulfid ist am wirksamsten bei fettigem Haar. Soweit seborrhoische Ekzeme im Bereich des Haarbodens vorliegen, werden Hydrokortisonlösungen angewendet, beispielsweise Ficortril und Betnesol-Lotio.

Konsequenzen für Training und Wettkampf (margin)

Kopfschuppen oder Seborrhöe stellen keinerlei Hindernis für sportliche Aktivitäten dar.

Verbrennungen

Verbrennungen können durch Wärme- oder Strahleneinwirkung (Sonnenbrand) entstehen. Sie werden je nach Schwere in drei Grade eingeteilt:

Verbrennungen ersten Grades

Bei einer Verbrennung ersten Grades kommt es nur zu einer Schädigung der äußeren Hautschicht der Oberhaut. Die Haut ist stark gerötet. Die Veränderungen klingen im allgemeinen nach wenigen Tagen spontan ab. Die häufigste Ursache für diesen Verbrennungstyp stellt der Sonnenbrand dar.

Verbrennungen zweiten Grades

Bei einer Verbrennung zweiten Grades kommt es zu einer thermischen Schädigung auch der Unterhaut. Charakteristisch für eine Verbrennung zweiten Grades sind blasenförmige Abhebungen der Oberhaut. Die eiweißhaltige Flüssigkeit in diesen Blasen entstammt dem Blut. Um die Blasen herum finden sich immer auch gleichzeitig Bezirke mit Veränderungen im Sinne einer Verbrennung ersten Grades.

Brandblasen sollte man im Regelfall in Ruhe lassen. Man sollte sie nicht eröffnen, da hierdurch ein erhöhtes Infektionsrisiko entsteht und die Heilung verzögert wird. Auch dann, wenn eine Brandblase spontan platzt, sollte man die Hautreste nicht entfernen, um einen Infektionsschutz zu gewährleisten. Selbstverständlich ist sorgfältige Hygiene erforderlich.

Verbrennungen zweiten Grades heilen im allgemeinen innerhalb von zwei Wochen ab, soweit keine Infektionen auftreten. Betreffen sie größere Hautflächen, wird ärztliche Behandlung erforderlich.

Verbrennungen dritten Grades

Bei der Verbrennung dritten Grades sind sämtliche Hautschichten, zum Teil auch die darunter liegenden Schichten, betroffen. Die verbrannten Hautbezirke sind teilweise abgestorben, evtl. sogar verkohlt. Solche abgestorbenen Hautbereiche müssen entfernt werden, da sie einen ausgezeichneten Nährboden für Bakterien abgeben. Von hier aus können lebensbedrohliche Infektionen ausgehen. Selbstverständlich müssen Verbrennungen dritten Grades immer von einem Arzt behandelt werden. Der Heilungsverlauf ist sehr langwierig. Oft dauert er mehrere Monate. Schwerere Verbrennungen dritten Grades sind immer potentiell lebensgefährlich.

Behandlung

Die Erste-Hilfe-Maßnahme bei allen Verbrennungen besteht in der Kühlung. Der geschädigte Bereich sollte mindestens 5 min unter kaltes Wasser gehalten werden. Dies wirkt nicht nur schmerzlindernd, hierdurch werden auch unnötige Schwellungen verhindert. Kleinere Verbrennungen bedürfen keiner weiteren Behandlung. Soweit Beschwerden bestehen, kann man kühlende Gele und Flüssigkeiten aufbringen, beispielsweise Zinkoxidemulsionen oder Kortisoncreme. Dies sollte man aber in gar keinem Fall bei Verbrennungen zweiten und dritten Grades tun. Brandblasen sollte man lediglich mit einem sterilen Verband abdecken. Die Haut über geplatzten Brandblasen sollte nicht entfernt werden.

Konsequenzen für Training und Wettkampf

Ob Verbrennungen ein Hindernis für Training und Wettkampf darstellen, hängt von ihrem Ausmaß ab. Selbstverständlich sollten Verbrennungen keiner zusätzlichen Reibung ausgesetzt werden. Soweit sich dies im Sport nicht verhindern läßt, muß mit dem Training ausgesetzt werden. Während Verbrennungen ersten Grades meist kein Hindernis für sportliche Aktivität darstellen, sollte bei Verbrennungen zweiten und dritten Grades im allgemeinen mit solchen Sportarten ausgesetzt werden, die ein erhöhtes Risiko für Sekundärinfektionen darstellen, beispielsweise Schwimmen, Ringkampf und andere Kontaktsportarten.

Sonnenbrand

Sonnenlicht enthält ultraviolette (UV) Strahlung, bei der zwei Anteile abgegrenzt werden können. Der Wellenlängenbereich zwischen 280 und 315 Nanometer (nm) wird als UV-A bezeichnet, der Wellenlängenbereich zwischen 315 und 400 nm als UV-B. Der UV-A-Anteil ist verantwortlich für die Stimulierung der Pigmentzellen zur Bildung des Farbstoffs Melanin, er ist damit der Anteil, der die braune Hautfärbung bewirkt. Gleichzeitig kommt es zu einer Verdickung der Hornschicht und damit zu einem relativen Schutz gegen die Strahleneinwirkung. Solange diese Schutzwirkung nicht ausreichend ist, kann auch die UV-B-Strahlung in die Haut eindringen und entzündliche Prozesse in Gang setzen. Es entsteht die als Sonnenbrand bekannte Hautrötung. Dabei handelt es sich im klinischen Sinn um eine Verbrennung ersten Grades. Auch Verbrennungen zweiten Grades, also Blasenbildungen, kommen vor. Als Allgemeinreaktion kann Fieber auftreten.

Die Fähigkeit, das schützende Pigment zu bilden, ist individuell sehr stark variabel. Ist sie nur gering, besteht erhöhte Empfindlichkeit gegenüber Sonnenlicht. In diesem Fall muß man sich durch geeignete Kleidung bzw. Sonnenschutzmittel entsprechend schützen.

Sonnenschutz-mittel Als Vorbeugungsmaßnahme gegenüber einem Sonnenbrand bei zu erwartender stärkerer Sonnenexposition — beispielsweise bei Reisen in südliche Länder — hat sich die Benutzung eines UV-A-Solariums bewährt. Hierdurch wird ein entsprechender Pigmentschutz aufgebaut.

Sonnenschutzmittel sollten vor allem den UV-B-Anteil aus dem Licht herausfiltern. Die Schutzwirkung einzelner Präparate ist unterschiedlich. Die Stärke der Schutzwirkung wird als sogenannter Sonnenschutzfaktor angegeben. Er besagt, wie stark der UV-B-Anteil herausgefiltert wird. Ein Sonnenschutzfaktor 10 bedeutet beispielsweise, daß nur ein Zehntel des UV-B-Anteils die Haut trifft. Man kann also seinen Aufenthalt in der Sonne bei gleicher Hautreaktion um das Zehnfache verlängern. Der Sonnenschutzfaktor sollte bei guten Markenpräparaten immer angegeben sein. Hiervon sollte man sich überzeugen, da es keineswegs immer der Fall ist. Sonnenschutzmittel werden als Cremes, Einreibemittel, Salben und Stifte angeboten.

Es gibt ferner Salben, die die Haut völlig abdecken und keinerlei ultraviolette Strahlen durchlassen (Contralum, Spectraban). Solche Präparate sind aber kosmetisch ungünstig. Sie werden nur unter Extrembedingungen, etwa bei Bergsteigern in sehr großen Höhen, angewendet.

Fotosensibilisierung

Unter Fotosensibilisierung versteht man eine erhöhte Empfindlichkeit gegen Sonnenlicht. Sie entsteht unter Einwirkung bestimmter Medikamente und chemischer Substanzen, darunter auch einige Pflanzensäfte. Im Falle einer solchen Sensibilisierung kann es bei Sonnenexposition zu Verbrennungen ersten bis dritten Grades kommen. Diese Schäden werden vor allem durch den UV-A-Anteil verursacht. Da die meisten Sonnenschutzmittel nur gegen UV-B schützen, bleiben sie bei einer Fotosensibilisierung ohne Wirkung. Solche Verbrennungen können auch innerhalb geschlossener Räume auftreten, da die UV-A-Strahlung im Gegensatz zur UV-B-Strahlung Fensterglas durchdringt. Selbstverständlich können bei einer solchen Lichtempfindlichkeit auch Bestrahlungen durch Solarien oder Höhensonnen verheerende Folgen haben.

Wichtige Medikamente, die zu einer Fotosensibilisierung führen können, sind:
— eine Reihe von Antibiotika wie Tetrazykline (z. B. Achromycin, Hostacyclin, Vibramycin),
— Nalidixinsäure (Nogram),
— Phenothiazinderivate (Fluphenazin u. a.),
— Medikamente, die gegen Depressionen wirksam sind (trizyklische Antidepressiva),
— das Antimalariamittel bzw. Antirheumatikum Chloroquin,
— Medikamente gegen Diabetes,
— Sulfonamide und viele andere.
Dabei ist zu berücksichtigen, daß die Fotosensibilisierung auch nach Absetzen der Medikamente mehrere Tage anhalten kann.

Auch die Säfte einer Reihe von Pflanzen können zur Fotosensibilisierung führen, wenn sie mit der Haut in Kontakt kommen. Dies gilt ganz besonders für das Herkuleskraut bzw. den Bärenklau. Aber auch der Saft einiger anderer Gartenpflanzen wie Sellerie, Karotten, Dill und Petersilie kann zu einer Fotosensibilisierung führen. Es kann schon ausreichend sein, an einem sonnigen Tag eine dieser Pflanzen

Herkuleskraut kann eine Photosensibilisierung bewirken. *Photo: Tommy Berglund*

abzubrechen und mit dem Saft in Kontakt zu kommen. Wäscht man sich den Saft nicht gründlich ab, kann dies Verbrennungen ersten bis zweiten Grades bewirken.

Im medizinischen Bereich kann man die fotosensibilisierende Wirkung bestimmter Pflanzensäfte zur Verstärkung der Lichtbehandlung bei Schuppenflechte (Psoriasis) ausnützen.

Behandlung Bei ausgedehntem Sonnenbrand kann zur Linderung der Symptome die rezeptfrei erhältliche Zinkpuderemulsion auf die Haut aufgetragen werden. In schweren Fällen mit starken Schmerzen kommen entzündungshemmend und schmerzstillend wirksame Medikamente zur Anwendung (s. S. 232 ff.).

Konsequenzen für Training und Wettkampf Sportler, die absehen können, daß sie sich stärkerer Sonnenstrahlung aussetzen werden, sollten dem Rechnung tragen. Eine Vorbereitung durch Bestrahlung mit ultraviolettem Licht (UV-A) empfiehlt sich. Man sollte sich entsprechend kleiden, unnötigen Aufenthalt in der Sonne meiden und erforderlichenfalls Sonnenschutzmittel verwenden. Auch eventuell eingenommene fotosensibilisierende Medikamente sind zu berücksichtigen. Ist bereits ein Sonnenbrand eingetreten, so hängt die mögliche Behinderung von der Ausbreitung und dem Schweregrad ab. Die Konsequenzen können in leichteren Fällen vernachlässigbar sein, in schwereren Fällen können sie sportliche Tätigkeit völlig verhindern.

Schnee- bzw. Sonnenblindheit

Krankheitsbild Unter Schnee- bzw. Sonnenblindheit versteht man entzündliche Veränderungen der Hornhaut (Kornea) und der Bindehäute (Konjunktiven). Der Betroffene klagt über Lichtempfindlichkeit, Schmerzen und Fremdkörpergefühl im Auge. Die Augen tränen. Die Lichtempfindlichkeit kann so stark sein, daß der Betroffene vorübergehend nicht mehr sehen kann (Schneeblindheit).

Besonders groß ist die Gefahr an Orten mit starker Reflexion des Sonnenlichtes, also im schneebedeckten Hochgebirge oder am Meer. Häufig wird dabei nicht berücksichtigt, daß selbst bei bedecktem und diesigem Wetter eine Gefährdung in dieser Richtung besteht, da das UV-Licht Wolken und nicht allzu dichten Nebel leicht durchdringt. Im

Beim Aufenthalt im Schnee kann es durch die Reflexion des ultravioletten Lichts leicht zur „Schneeblindheit" kommen. *Photo: Erling Andersson*

allgemeinen klingen die Beschwerden nach einigen Tagen ab, auf Dauer bestehende Schäden entstehen nicht. Zur Vorbeugung sollte man eine dunkle Sonnenbrille tragen, besonders auf einen seitlichen Schutz an der Brille ist zu achten.

Behandlung　　Bei der Schnee- bzw. Sonnenblindheit sollten die Augen des Betroffenen gegen Licht geschützt werden. Am einfachsten erreicht man dies durch Augenverbände bzw. durch den Aufenthalt in dunklen Räumen. Zur Schmerzstillung werden lokal betäubend wirkende Salben und Tropfen eingebracht, beispielsweise Benoxinat oder Conjuncain-Tropfen. Das Auge wird durch einen Verband abgedeckt. Bis zum Abklingen der Beschwerden sollten dunkle Sonnenbrillen mit Seitenschutz getragen werden.

Konsequenzen für Training und Wettkampf　　Nachdem eine ausgeprägte Schnee- bzw. Sonnenblindheit jede weitere sportliche Tätigkeit unmöglich machen kann, sollten bei Gefährdung von vornherein Sonnenschutzbrillen getragen werden. Bei entsprechenden Beschwerden ist bis zu ihrem Abklingen besondere Vorsicht angezeigt.

Erfrierungen

Bei der Entstehung von Hauterfrierungen spielt keineswegs nur die Umgebungstemperatur eine Rolle. Weitere Faktoren von Bedeutung sind die Expositionszeit, der Feuchtigkeitsgehalt der Luft sowie die Luftbewegung. Auch bei Temperaturen über null Grad können daher unter ungünstigen Bedingungen Erfrierungen auftreten. Die Bedeutung der Luftbewegung wird durch die Angabe verdeutlicht, daß das Risiko für eine Erfrierung bei 0°C und einer Windgeschwindigkeit von 20 m/sec genauso groß ist wie bei − 20°C und Windstille.

Krankheitsbild Solange es nicht zu einem Absterben von Gewebe kommt, wird der betroffene Bereich zunächst blaß. Die Berührungsempfindlichkeit ist aufgehoben. Zu Beginn der Erfrierung kann ein nur kurzfristig bemerkter, stechender Schmerz vorhanden sein. Kommt es zu Gewebszerstörung, wird das betroffene Gebiet gefühllos, es fühlt sich verhärtet an. Der Betroffene bemerkt im allgemeinen solche oberflächlichen Erfrierungen nicht mehr. In entsprechenden Risikosituationen sollte man sich daher innerhalb einer Gruppe genau gegenseitig beobachten.

Die Anfälligkeit für Erfrierungen steigt, wenn man einmal eine solche durchgemacht hat.

Schutz gegen Erfrierungen bietet geeignete Kleidung, die in möglichst vielen Schichten getragen werden sollte, um die Körpertemperatur aufrecht zu erhalten. Einen darüber hinausgehenden Schutz gibt es leider nicht. Fetthaltige Salben schützen in keiner Weise. Trotzdem sollte man das hauteigene Fett belassen, d. h., man sollte sich, wenn man absehen kann, daß man sich im Laufe des Tages kaltem Wetter und starkem Wind aussetzen muß, das Gesicht nicht waschen.

Behandlung Die Behandlung örtlicher Erfrierungen sollte nach folgenden Regeln durchgeführt werden:

— Der Betroffene sollte einen windstillen Platz aufsuchen; er sollte beispielsweise hinter anderen Personen oder einem Gebäude Windschutz suchen.

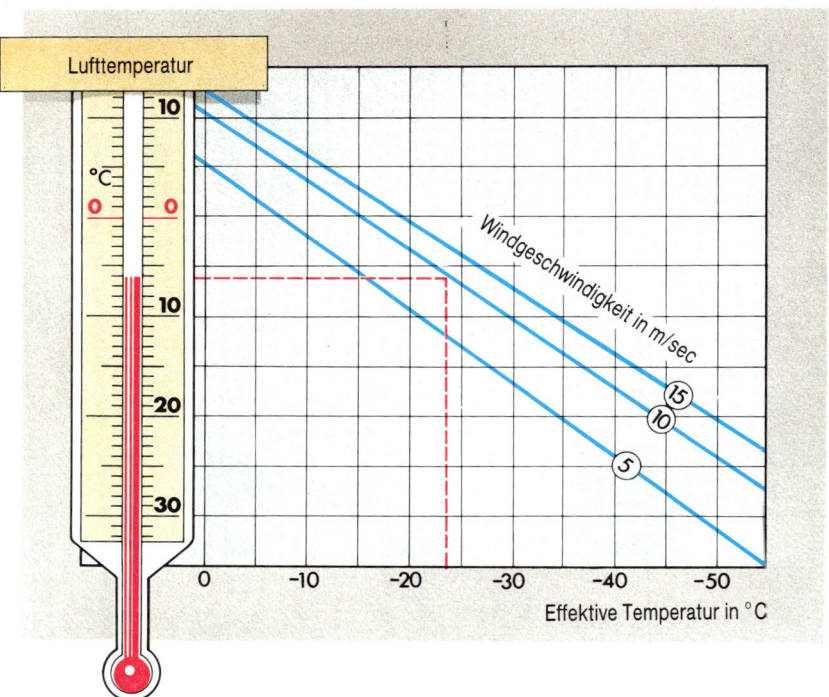

Das Diagramm soll deutlich machen, daß die Auskühlung nicht nur von der Temperatur, sondern auch von der Luftgeschwindigkeit abhängig ist. Eine Lufttemperatur von $-6°C$ bei einer Luftgeschwindigkeit von 10 m/sec entspricht einer Lufttemperatur von $-23°C$ bei Windstille.

Die auf den Körper einwirkende Kälte ist von der Windgeschwindigkeit abhängig.
Photo: Jan Collsiöö/Pressens bild

— Zur Aufwärmung des geschädigten Bereichs kann eigene Körper-
wärme oder die Körperwärme anderer Menschen genutzt werden.
Man kann beispielsweise die Hand in der Tasche aufwärmen und
dann auf eine erfrorene Nase oder Wange legen. Eine unterkühlte
Hand kann in der eigenen Achselhöhle oder auf der warmen
Bauchhaut aufgewärmt werden, ein kältegeschädigter Fuß auf der
Bauchhaut einer anderen Person.
— Erfrorene Körperteile sollten auf keinen Fall gerieben werden, vor
allem nicht mit Schnee.
— Man sollte versuchen, so rasch wie möglich aus der Kälte in eine
warme Unterkunft zu gelangen.
— Man sollte auf keinen Fall versuchen, erfrorene Körperteile an of-
fenen Flammen zu wärmen. Hierdurch können, bedingt durch die
eingetretene Gefühllosigkeit, schwere Verbrennungen entstehen.
— Man sollte nicht ruhig sitzen, sondern versuchen, durch Bewegungen vermehrt Wärme zu produzieren, trockene warme Kleidung anziehen und heiße Getränke zu sich nehmen.
— Erfrorene Körperteile sollten durch warmes Baden aufgewärmt
werden, wobei die Erwärmung durch langsame Steigerung der
Wassertemperatur bis auf 40° C erfolgt.
— Treten Stunden oder Tage nach der Kälteschädigung im betroffenen Bereich Blasen auf, so sind diese nach den gleichen Richtlinien
zu behandeln, die für die Verbrennung zweiten Grades gegeben
wurden. Man sollte solche Blasen weitgehend in Ruhe lassen, um
eine Infektion zu verhindern.

— Bei der Wiederaufwärmung von Kälteschäden treten oft erhebliche Schmerzen auf. In solchen Fällen kommen schmerzstillende Medikamente (s. S. 232 ff.) zur Anwendung.
— Bei einer allgemeinen Unterkühlung sollte die Behandlung in einem Krankenhaus erfolgen.

Konsequenzen für Training und Wettkampf Bei Training und Wettkampf in kalter Umgebung sollte die Kleidung der Außentemperatur angepaßt sein. Besonders stark der Kälte ausgesetzte und empfindliche Körperteile sind speziell gegen Wind zu schützen. Körperbereiche, die bereits früher von Erfrierungen betroffen waren, sind besonders empfindlich und müssen daher ganz besonders sorgfältig abgedeckt werden. Ist eine Erfrierung eingetreten, so sind die Konsequenzen für Training und Wettkampf vom Ausmaß abhängig. Kleinere Erfrierungen haben keinerlei Konsequenzen. Bei ausgedehnten Erfrierungen verbietet sich jede weitere körperliche Anstrengung.

Hautwunden

Hautwunden entstehen durch unterschiedliche mechanische Schädigungen als Schnitt-, Quetsch-, Hieb-, Stich-, Schuß- und Schürfwunden. Im allgemeinen sind nur die äußeren Hautschichten betroffen. Bei tieferen Verletzungen werden Sehnen, Muskeln, Blutgefäße, Nerven, Knochen oder möglicherweise sogar innere Organe geschädigt. Wunden können also je nach Verletzungsmechanismus und Ausbreitungsgrad von sehr unterschiedlichem Schweregrad sein.

Die Wundheilungstendenz des Organismus ist im allgemeinen sehr gut. Sie kann allerdings durch verschiedene Faktoren gestört werden, beispielsweise durch stärkere Bewegungen im Wundbereich, Verschmutzung, Infektion, Blutungen sowie Auseinanderklaffen der Wundränder. Die Behandlung zielt auf die Beseitigung dieser Faktoren ab.

Behandlung Die drei wichtigsten Grundelemente jeder Wundbehandlung bestehen in Reinigung, Blutstillung und Schaffung eines möglichst engen Kontaktes zwischen den Wundrändern.

Reinigung

Die häufigsten Hautschädigungen im Sport bestehen in oberflächlichen Schürfwunden. Einen speziellen Typ dieser Verletzungen stellen brandwundenartige Reibungsschäden der Haut dar, bekannt auch als „Mattenbrand". Es handelt sich dabei um Schürfwunden, die durch Reibung beim Sturz auf Matten oder synthetische Böden in Sporthallen entstehen.

Verschmutzte Wunden sind sorgfältig innerhalb von 6 Stunden zu reinigen, um Entzündungen und Infektionen vorzubeugen. Auch scheinbar äußerlich saubere Wunden können verschmutzt sein. Man sollte möglichst allen Schmutz entfernen, da sonst die Wundheilung verzögert werden kann und kosmetisch ungünstige Narben entstehen.

Äußere Wunden werden am günstigsten mit Wasser und Seife gereinigt. Bei starker Verschmutzung kann eine weiche Bürste zur Anwendung kommen. Wenn diese Prozedur sehr schmerzhaft ist, kann man vorher ein oberflächliches Anästhetikum aufbringen, z. B. Xylocain. Nach dieser groben Reinigung wird die Wunde mit steriler physiologischer Kochsalzlösung ausgespült. Anschließend deckt man sie mit einer sterilen Kompresse, eventuell auch einer sterilen Salbenkompresse, ab (z. B. Sofra-Tüll, Nebacetin-Wundgaze). Kleinere Wunden werden nur mit einem Pflaster behandelt.

Den häufig benutzten „Wunddesinfektionslösungen" ist letztlich nur eines gemeinsam: sie verzögern die Wundheilung. Man sollte auf sie verzichten. Das gleiche gilt auch für Wundsalben.

Bezüglich der Behandlung infizierter Wunden wird auf die nachfolgenden Ausführungen verwiesen.

Selbstverständlich sind auch tiefere Wunden sorgfältig zu reinigen. Abgestorbenes Gewebe ist durch den Arzt zu entfernen. Als Grundregel gilt, daß jede Wunde, die nicht innerhalb von 6 Stunden behandelt wurde, als infiziert anzusehen ist. Innerhalb dieser Zeit kann eine Wunde vom Arzt gereinigt und erforderlichenfalls genäht werden.

Bei tieferen, stärker verschmutzten Wunden besteht die Gefahr, daß der Schmutz in der Tiefe bleibt. Die Wunde heilt dann an der Oberfläche, in der Tiefe kommt es jedoch zum Ablauf entzündlicher Reaktionen. So können schwere Infektionen bis hin zum Wundstarrkrampf (Tetanus) entstehen. Bei solchen Wunden ist daher stets eine Tetanusimpfung durchzuführen (s. S. 368 f.).

Infizierte Wunden
Bei jeder Hautverletzung besteht die Gefahr einer bakteriellen Infektion. Die typischen Entzündungszeichen bestehen in Schmerz, Schwellung, Rötung und örtlicher Druckempfindlichkeit. Bei oberflächlichen Entzündungen entleert sich die häufig eitrige und übelriechende Entzündungsflüssigkeit nach außen. Bei tiefen Wunden ist eine solche Abflußmöglichkeit oft nicht gegeben, dann bilden sich geschlossene Eiteransammlungen (Abszesse).

Auch infizierte Wunden sind, soweit sie oberflächlich liegen, mit Wasser und Seife zu reinigen. Anschließend kann eine wunddesinfizierende Flüssigkeit aufgebracht werden, z. B. Merfen-Lösung. Danach wird mit antibiotikahaltigen Kompressen wie Sofra-Tüll oder Fucidine-Salbenkompressen behandelt. Diese sind bis zur Abheilung der Wunde mindestens einmal täglich zu wechseln.

Geschlossene Eiteransammlungen sind zu eröffnen, damit der Eiter sich entleeren kann. Anschließend wird sorgfältig mit steriler physiologischer Kochsalzlösung gereinigt.

Bestehen in einem infizierten Wundbereich weiterhin stärkere Beschwerden, stellen sich zusätzlich die Zeichen einer Allgemeininfektion in Form von Anschwellung der Lymphknoten, Fieber und Krankheitsgefühl ein, so ist ein Arzt aufzusuchen, der ein Antibiotikum verordnet. Der infizierte Körperteil ist ruhig zu stellen, beispielsweise mittels einer Schiene. Bestehen schwerere Allgemeinsymptome, insbesondere Fieber, so ist Bettruhe angezeigt.

Konsequenzen für Training und Wettkampf
Nicht infizierte oberflächliche Wunden stellen im allgemeinen kein Hindernis für Training und Wettkampf dar. Probleme können allerdings in Kontaktsportarten wie Ringen oder auch beim Schwimmen entstehen. Auch Wunden, die genäht werden müssen, oder mit einem Klammerpflaster versorgt werden, verbieten nicht unbedingt die Fortführung der sportlichen Aktivität. Hier kommt es auf die Lokalisation an. Befinden sich solche Wunden allerdings in Bereichen, die stärker bewegt werden, so kann hierdurch die Heilung verzögert werden. Bei Wundinfektionen, insbesondere bei stärkeren Allgemeinsymptomen, verbietet sich körperliche Aktivität.

Blutstillung
Oberflächliche oder tiefe Wunden können teilweise, vor allem direkt nach der Verletzung, erheblich bluten. Der Blutung kommt dabei ein wundreinigender Effekt zu.

Zur Blutstillung muß der verletzte Körperteil hoch gelagert werden. Kommt hierdurch die Blutung nicht zum Stillstand, so kann man die Wundränder vorsichtig von beiden Seiten her mit je einer Hand gegeneinander drücken. Eine weitere Möglichkeit besteht darin, direkt mit der Hand auf die Wunde zu drücken; dabei wird durch den direkten Kontakt der Finger mit der Wunde allerdings die Infektionsgefahr erhöht. Bei stärkeren Blutungen wird ein Druckverband angelegt. Dieser sollte die Wundränder möglichst dicht gegeneinander pressen. Dies geschieht durch eine zusammengefaltete Kompresse, die mit einer elastischen Binde an die Wunde angewickelt wird. Ein Druckverband sollte höchstens 10—20 Minuten angelegt bleiben. Wunden, die einen Druckverband erforderlich machen, sollten im allgemeinen dem Arzt vorgestellt werden.

Kommt es im Wundbereich zu einer Schlagaderblutung, so kann hierdurch Lebensgefahr entstehen. Bei Schlagaderblutungen ist daher der Verletzte so rasch als möglich zum Arzt zu bringen. Im Falle einer Blutung im Bereich der Arme oder Beine sollte oberhalb der Wunde abgebunden werden. Ein hier sinnvoll angebrachter Gürtel, eine Krawatte oder ein kräftigeres Seil kann sich als lebensrettend erweisen. Reicht die Abbindung nicht aus, so kann der Druck auf die Schlagader durch einen Knebel, d. h. durch das Einbringen eines Stockes, mit dem die Abbindung stärker zugedreht wird, erhöht werden.

Wundverschluß
Bei tiefen, stark blutenden und klaffenden Wunden haben im allgemeinen die Wundränder keinen ausreichenden Kontakt miteinander. In solchen Fällen müssen sie nach der Reinigung durch ein Klammerpflaster oder durch eine Naht aneinander gebracht werden. Guter Wundverschluß garantiert schnellere Heilung und kleinere Narben.

Reibungsschäden der Haut

Reibungsschäden der Haut beginnen im allgemeinen als Hautreizung, die dann in Hautschädigungen übergehen. Solche Reibungsschäden der Haut, auch als „wundlaufen" bezeichnet, stellen im Sport ein großes Problem dar. Sie betreffen vor allem Hände und Füße. Sie finden sich aber auch an zahlreichen anderen Lokalisationen, insbesondere dort, wo Kleidung auf der Haut reibt.

Solchen Reibungsschäden soll und kann vorgebeugt werden. Die Kleidung und besonders auch die Sportausrüstung ist vor Training und Wettkampf auf ihre Zweckmäßigkeit hin zu überprüfen. Besonders vor längerer Belastung sollte man den Körper an die Kleidung gewöhnen. Schuhe sind beispielsweise sorgfältig einzulaufen. Die Socken sollten gut passen, sie sollten keine Löcher aufweisen, trocken und sauber sein. Eine weitere wichtige Voraussetzung ist sorgfältige Körperhygiene. Die Füße können nach der täglichen Waschung mit Salben eingerieben werden, die die Haut weich und geschmeidig machen. Empfindliche Hautareale können durch Pflaster geschützt werden. Man sollte allerdings vermeiden, durch das Pflaster selbst erst Hautfalten aufzuwerfen.

Behandlung Beginnende Reibungsschäden im Bereich der Haut sollte man so früh wie möglich behandeln, um eine Verschlimmerung zu verhindern. Der gereizte Bereich, häufig an den Fersen, kann beispielsweise durch Pflaster geschützt werden. Sind bereits Hautblasen entstanden, sollte man diese möglichst in Ruhe lassen, um Infektionen zu verhindern. Größere Blasen an ungünstiger Stelle können erforderlichenfalls punktiert und entleert werden. Die Punktion erfolgt nach gründlicher Hautreinigung mit einer sterilen Nadel an der Blasenkante. Anschließend sollte über die Blase ein Stück Schaumgummi mit einer der Größe der Blase entsprechenden Aussparung aufgebracht und mittels einer elastischen Binde fixiert werden.

Ist bereits eine offene Hautschädigung entstanden, ist diese sorgfältig zu reinigen und mit einer sterilen Kompresse oder einer Salbenkompresse abzudecken. Infizierte Hautabreibungen sind entsprechend den Richtlinien für infizierte Wunden zu behandeln (s. S. 205).

Probleme an Finger- und Zehennägeln

Finger- bzw. Fußnägel werden in dem von Oberhaut bedeckten Nagelbett aus verhornten Zellen gebildet. Zwar kommen Nagelschädigungen in Form brüchiger Nägel auch bei einer Reihe von Erkrankungen vor. Die häufigste Ursache für solche Veränderungen liegt jedoch in Außenfaktoren wie der wiederholten Anwendung von Aceton zur Nagellackentfernung oder auch häufigem und langem Kontakt mit waschmittelhaltigem Wasser. Entgegen einer verbreiteten Ansicht bessern Kalk- und Vitaminpräparate brüchige Nägel nicht, im Gegenteil, sie tragen zu ihrer Entstehung bei. Zu den häufigsten Problemen im Nagelbereich gehören eingewachsene Nägel, Nagelquetschungen und Pilzinfektionen.

Der eingewachsene Nagel

Nägel können in die Haut einwachsen und dann zu Entzündungen in Form von Schwellung, Rötung und Druckempfindlichkeit führen. Von hier können Infektionen ausgehen.

Solchen Beschwerden sollte man durch entsprechende allgemeine Hygiene, Nagelpflege, sowie durch das Tragen hinreichend großer Schuhe und Strümpfe vorbeugen. Gerade abgeschnittene Nägel wachsen weniger leicht in die Haut des Nagelbettes ein als abgerundet geschnittene. Besonders bei sehr dicken Nägeln besteht die Gefahr, daß hierdurch die Außenkanten nach unten gedrückt werden und leichter einwachsen. In solchen Fällen ist es ratsam, vor allem den Mittelteil der Nägel mit einer Feile dünner zu schleifen.

Die Behandlung eingewachsener Nägel mit örtlichen Entzündungen und Infektionen besteht in einer teilweisen Entfernung des betreffenden Nagels.

Konsequenzen für Training und Wettkampf Aufgrund der durch sie entstehenden Beschwerden sind eingewachsene Nägel selbst im Leistungssport häufig die Ursachen für eine notwendige Unterbrechung sportlicher Aktivität. Bei zusätzlichen Infektionen können sich sehr langwierige Unterbrechungen ergeben.

Nagelquetschungen

Im Sport kann es häufig zu Nagelquetschungen kommen. Das Blut sammelt sich im Nagelbett an, der Nagel erscheint blauschwarz verfärbt. Da der Nagel in seinem Bett fest verankert ist und Blut nicht durchläßt, kann es zu erheblichen Schmerzen kommen. Hier gibt es ein einfaches Hilfsmittel. Man kann eine Nadel nehmen, das spitze Ende ausglühen und hiermit ein Loch in den Nagel bohren, damit sich das Blut entleeren kann. Zum gleichen Zweck kann auch ein sauberes Messer dienen. Der Vorgang ist nicht schmerzhaft. Anschließend sollte man den Nagel mit einem sauberen Pflaster abdecken, um eine Infektion zu vermeiden.

Unbehandelte Nagelquetschungen führen zum einen zu länger anhaltenden Beschwerden, zum anderen löst sich der Nagel mit der Zeit allmählich ab. Dies kann zu erheblichen Behinderungen in speziellen Sportarten führen, da das Nachwachsen eines Fingernagels 6 Wochen bis 3 Monate dauern kann. Im Bereich der Zehennägel dauert dies noch etwas länger.

Pilzinfektionen

Pilzinfektionen der Nägel werden durch spezielle Fadenpilze hervorgerufen, die vor allem die Zehennägel angreifen. Die Nägel erscheinen gelblich verfärbt, glanzlos verdickt und brüchig. Die Infektion beginnt am vorderen oder seitlichen Rand des Nagels und breitet sich dann langsam zum Zentrum hin aus. Unterhalb des Nagels bildet sich eine weiche Substanz aus zerstörtem Gewebe. Häufig kommen gleichzeitig Fußpilzinfektionen vor (s. u.).

Die Pilzinfektion des Nagels ist ansteckend. Sie erfordert sorgfältige Fußhygiene und Nagelpflege. Man sollte mit einer Nagelpfeile die Nägel dünn halten. In schweren Fällen kommen pilzabtötende Präparate (z. B. Griseofulvin) in Tablettenform zur Anwendung, die über lange Zeit, oft bis zu einem Jahr, eingenommen werden müssen.

Konsequenzen für Training und Wettkampf
Eine Pilzinfektion des Nagels erhöht das Risiko für die Entstehung eingewachsener Nägel (s. o.) mit den entsprechenden Konsequenzen. Das Infektionsrisiko ist relativ groß und sollte berücksichtigt werden. Man sollte es vermeiden, Schuhe oder Strümpfe anderer Personen zu tragen oder barfuß in Umkleide-, Duschräumen oder in der Sauna zu laufen. Nach dem Waschen sind die Füße sorgfältig abzutrocknen, da Feuchtigkeit das Ansteckungsrisiko erhöht.

Infektionen von Haut und Schleimhäuten

Hautpilzinfektionen sind sehr häufig, als Erreger spielen vor allem Faden- oder Hefepilze eine Rolle. Fadenpilze zeichnen sich dadurch aus, daß sie nur in abgestorbenes Gewebe einwachsen können, also in die Hornschicht der Haut, in Nägel oder Haare, nicht aber in lebendes Gewebe. Hefepilze (Candida) können in totem wie in lebendem Gewebe gleichermaßen existieren. Sie finden sich schon normalerweise im Bereich der Mund-, Darm- und Scheidenschleimhaut, ohne Krankheitssymptome hervorzurufen. Damit sich eine Candidainfektion entwickelt, muß die örtliche Widerstandskraft der Schleimhaut abgeschwächt sein, beispielsweise während einer Schwangerschaft, bei Diabetes oder unter Anwendung bestimmter Medikamente, speziell von Antibiotika oder Kortison. Candidainfektionen können sich auch in feuchten Hautfalten entwickeln, beispielsweie in der Leistengegend oder unterhalb der weiblichen Brust.

Fußpilz

Fußpilz ist die häufigste Fadenpilzinfektion, ein Problem vieler Sportler. Die Infektion beginnt im Regelfall zwischen den Zehen. Sie macht sich in Hautrötung, Schuppung und Juckreiz bemerkbar. Der Pilz liebt Feuchtigkeit, er wächst deshalb besonders gut auf feuchter Haut und wird daher in Duschräumen und Schwimmhallen übertragen. Fußpilzinfektionen kommen häufig gemeinsam mit Nagelpilzinfektionen vor (s. o.).

Zur Verhinderung von Fußpilzinfektionen ist eine sorgfältige Hygiene notwendig. Die Füße sind häufig zu waschen und gründlich

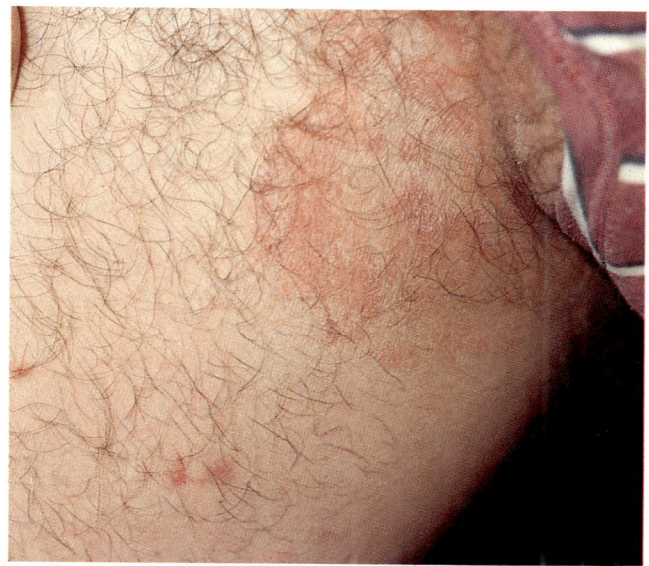

Pilzbefall der Leistenregion. *Photo: Hakan Mobacken*

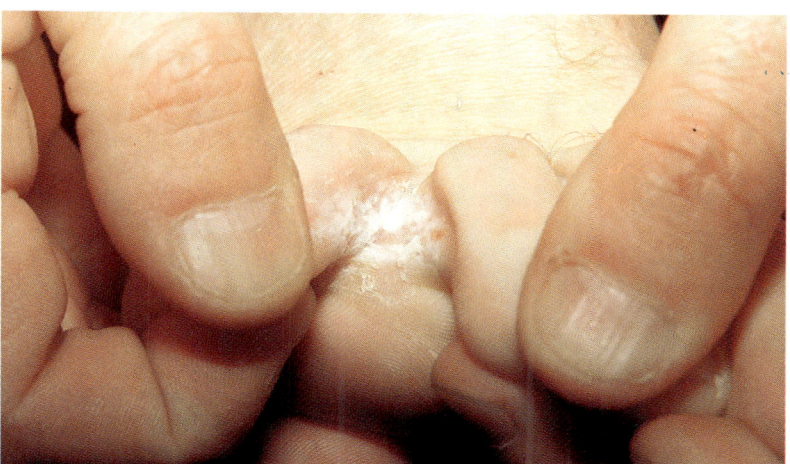

Fußpilz. *Photo: Hakan Mobacken*

abzutrocknen. Die Strümpfe sollten täglich gewechselt werden, das Schuhwerk sollte luftig sein. Zur Vermeidung von Infektionen sollte man nicht Schuhe oder Strümpfe anderer Personen tragen. Man sollte nicht in Umkleide-, Duschräumen oder Schwimmhallen barfuß laufen. Es ist wichtig, darauf hinzuweisen, daß der übliche Waschvorgang Pilze in Socken nicht abtötet.

Behandlung   Die Füße sind morgens und abends sorgfältig mit Wasser und Seife zu waschen und anschließend ebenso sorgfältig abzutrocknen, besonders zwischen und unter den Zehen. Nach jedem Waschen wird der befallene Bereich mit einem pilzabtötenden Medikament eingerieben, beispielsweise Canesten, Daktar oder Pevaryl. Die Behandlung ist min-

destens 3—4 Wochen über das Abklingen der Symptome hinaus fortzuführen, um Rückfälle zu vermeiden. Bei lästigem Juckreiz können kurzfristig Kombinationspräparate Anwendung finden, die Kortison beinhalten (beispielsweise Epipevisone, Daktar-Hydrokortison).

Behandlung sonstiger Hautpilzinfektionen

Pilzinfektionen von Kopf- oder Barthaar werden ebenso wie Nagelpilzinfektionen durch Griseofulvin in Tablettenform über lange Zeit hinweg behandelt. Fadenpilzinfektionen außerhalb der Fußregion werden
nach den gleichen Richtlinien wie Fußpilzinfektionen behandelt. Pilzinfektionen im Bereich von Hautfalten, wie der Leiste oder unterhalb
der weiblichen Brust, können gleichermaßen von Faden- wie von Hefe-
pilzen verursacht sein. Es sollten daher Präparate zur Anwendung
kommen, die gegen beide Pilzformen wirksam sind (z. B. Canesten,
Daktar oder Pevaryl).

Bezüglich von Candidainfektionen im Mundschleimhautbereich
wird auf Seite 102, im Bereich des Darms auf Seite 148ff. und bei
Scheideninfektionen auf Seite 187 verwiesen.

Bakterielle Hautinfektionen

Bakterielle Hautinfektionen kommen vor allem in Form der Impetigo
sowie der Wundrose (Erysipel) vor.

Impetigo

Krankheitsbild Unter Impetigo versteht man Hauteiterungen, die vor allem Kinder betreffen und bei direktem Kontakt stark ansteckend sind. Eitererreger
sind meist Staphylokokken, gelegentlich aber auch Streptokokken. Die
Veränderungen zeigen sich in Form kleiner, eitergefüllter Blasen, vor
allem in der Umgebung des Mundes, aber auch im Bereich von Händen und Füßen. Um diese Blasen herum finden sich Schwellung und
Rötung. Auch Allgemeinsymptome und Fieber können vorkommen. In

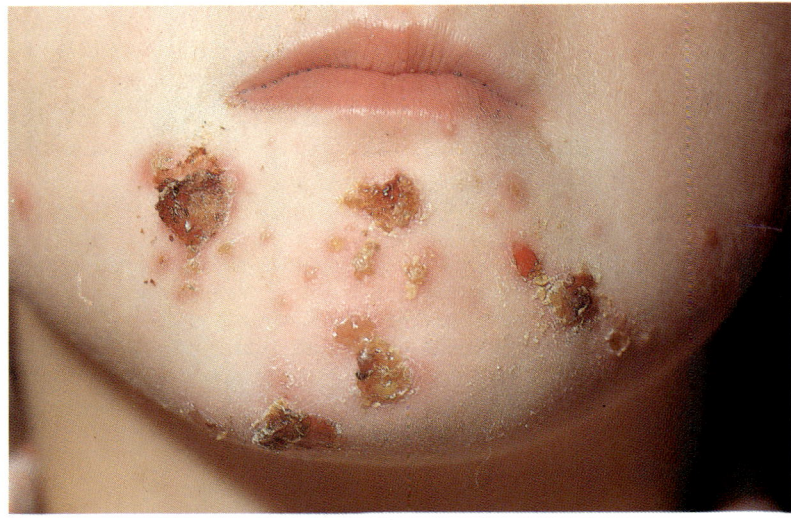

Impetigo. *Photo: Hakan Mobacken*

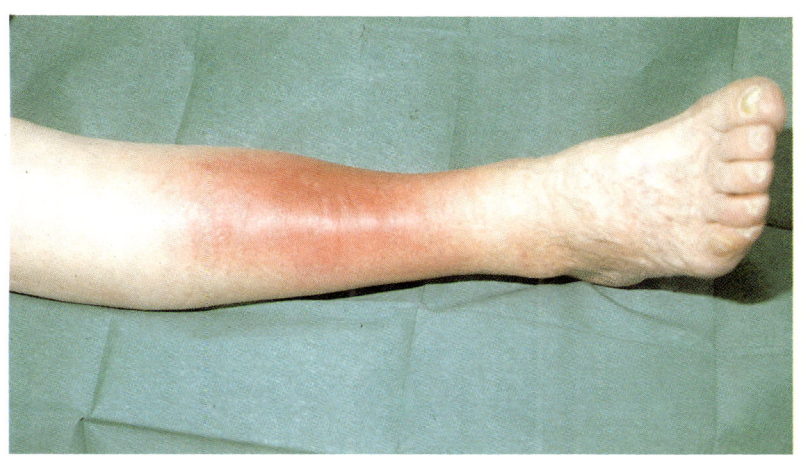

Die typische Hautrötung beim Erysipel (Wundrose). *Photo: Hakan Mobacken*

Ausnahmefällen kann sich die Infektion über das Blut in Form einer Blutvergiftung (Sepsis) verbreiten.

Die Infektion ist überaus ansteckend. Wenn die Blasen platzen, verbreitet sich der Inhalt leicht von Mensch zu Mensch. Aus diesem Grund findet sich die Impetigo häufig in Lagersituationen, dann beispielsweise, wenn Sportgruppen in Schulen, Sporthallen oder Zelten untergebracht sind.

Behandlung Zur Behandlung kommen Antibiotika lokal in Form von Salben oder Salbenkompressen zur Anwendung (z. B. Fucidine, Nebacetingaze, Sofra-Tüll). Gelegentlich wird die zusätzliche Einnahme von Penicillin in Tablettenform für 7—10 Tage erforderlich (s. S. 78ff.). Führt eine Eigenbehandlung nicht spätestens innerhalb einer Woche zum Erfolg, sollte man den Arzt aufsuchen.

Konsequenzen für Training und Wettkampf Aufgrund der starken Ansteckungsfähigkeit sollte bei entsprechenden Infektionen mit Sportarten ausgesetzt werden, bei denen ein direkter Hautkontakt unvermeidbar ist, beispielsweise Ringen. Eine ausgedehnte Impetigo sowie starke Allgemeinsymptome verbieten körperliche Aktivität.

Wundrose (Erysipel)

Krankheitsbild Unter Wundrose versteht man eine Streptokokkeninfektion der Haut mit Rötung und teilweise sehr ausgeprägter Schwellung, die mit Hauterwärmung und Druckempfindlichkeit einhergeht. Auch die örtlichen Lymphknoten können geschwollen und druckschmerzhaft erscheinen. Häufig kommen Allgemeinsymptome wie Fieber und körperliche Schwäche hinzu. Als Komplikation kann es zu einer allgemeinen Ausbreitung der Infektion in die Blutbahn (Sepsis) sowie zu Nierenbeteiligung mit einem positiven Eiweißnachweis im Urin 1—3 Wochen nach Krankheitsbeginn kommen.

Behandlung Das Erysipel stellt stets die Indikation für eine antibiotische Behandlung dar. Der Betroffene sollte Bettruhe einhalten. Der befallene Körperteil ist still zu legen. Gelegentlich wird auch eine Behandlung im Krankenhaus erforderlich. Nach Abklingen der Symptome ist eine Urinkontrolle ratsam.

Beim akuten Erysipel verbieten sich Training und Wettkampf. Nach Wiedergesundung kann das Training nur allmählich und nur mit Einverständnis des Arztes wiederaufgenommen werden.

Virusinfektionen der Haut

Virusinfektionen gehen sehr häufig mit Hautsymptomen einher. Dies trifft vor allem für die Kinderkrankheiten zu (s. S. 83 ff.). Bei einigen dieser Erkrankungen, z. B. Windpocken, spielt sich die Erkrankung sogar direkt hauptsächlich in der Haut ab. Im vorliegenden Abschnitt sollen vor allem die örtlichen Virusinfektionen der Haut- und Schleimhäute, wie Gürtelrose, Herpes und Warzen, besprochen werden.

Gürtelrose (Herpes zoster)

Krankheitsbild Trotz des ähnlichen Namens hat die Gürtelrose nichts mit der Wundrose, dem Erysipel, zu tun. Der Erreger der Gürtelrose ist das gleiche Virus, das die Windpocken verursacht (s. S. 87 ff.). Kommen Erwachsene mit an Windpocken erkrankten Kindern in Kontakt, so kann sich bei ihnen eine Gürtelrose einstellen. Sie zeigt sich in einer Gruppe kleinerer Hautbläschen, umgeben von rötlichen Hautveränderungen, die sich vorzugsweise im Gesicht oder in einem anderen Hautareal finden, stets aber im Ausbreitungsbereich eines bestimmten Nervenastes. Die Blasen enthalten einen wäßrigen Inhalt, in dem sich in den ersten Tagen das Virus nachweisen läßt.

Typischerweise finden sich die Veränderungen stets nur auf einer Körperseite. Sie sind im allgemeinen sehr schmerzhaft. Nicht selten treten die Schmerzen schon vor den Blasen auf und überdauern diese, wenn sie nach 2—3 Wochen abgeklungen sind, um einige weitere Tage. Allgemeinsymptome in Form von geschwollenen Lymphknoten, Fieber, Krankheitsgefühl und Kopfschmerzen sind im akuten Stadium nicht selten.

Behandlung Da es sich beim Herpes zoster um eine Virusinfektion handelt, sind bisher spezifische Medikamente noch nicht verfügbar. An ihrer Entwicklung wird gearbeitet. Die Schmerzen sind oft so stark, daß schmerzstillende Medikamente notwendig werden.

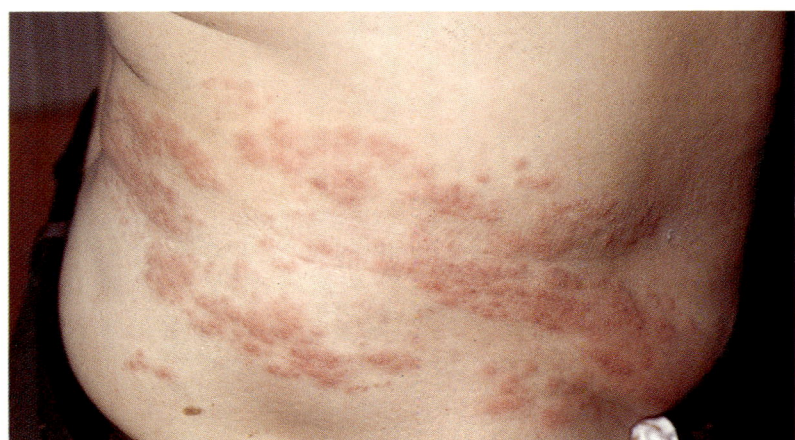

Hautveränderungen bei Gürtelrose. *Photo: Hakan Mobacken*

Wenn nicht durch die Symptome eine Pause notwendig wird, stellt die Gürtelrose keinerlei Hindernis für Training und Wettkampf dar.

Herpes simplex

Das Herpesvirus ruft eine typische Infektion in Form kleiner wassergefüllter Bläschen hervor, die sich vor allem im Bereich der Lippen, der Wangeninnenseiten und des Zahnfleisches finden. Sie gehen mit Jucken, Brennen und teilweise erheblichen Schmerzen einher. Wenn sie platzen, führen sie zu Rissen, die durch Bakterien zusätzlich infiziert werden (Herpes labialis). Solche Infektionen treten vor allem dann auf, wenn die Abwehrkraft geschwächt wird: bei allgemeinen Infektionen, speziell bei Infektionen der Atemwege, unter starker Sonneneinstrahlung, erheblicher körperlicher Belastung, allgemeiner Abwehrschwäche sowie im Verlauf der Regelblutung. Der Herpes verschwindet meistens nach 7—10 Tagen spontan. Bei starken Beschwerden wird eine Behandlung mit schmerzstillenden Medikamenten notwendig, beispielsweise Benzocain (Anaesthesin-Lutschtabletten), oder Xylocain-Lösung.

Die Herpesinfektion kann auch im Bereich der Geschlechtsorgane auftreten. Sie wird durch sexuellen Kontakt übertragen (s. auch S. 191).

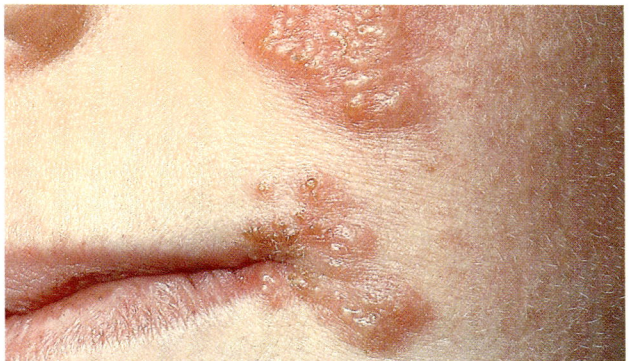

Typische Bläschen beim Herpes simplex. *Photo: Hakan Mobacken*

Warzen (Verrucae vulgares)

Warzen werden ebenfalls durch Viren hervorgerufen. Sie finden sich vor allem bei Kindern im Schulalter. Sie bereiten nur bei ungünstiger Lokalisation Beschwerden, dann etwa, wenn sie sich an der Fußsohle befinden und das umgebende Gewebe gereizt wird. Warzen können nicht zuletzt ein kosmetisches Problem darstellen.

Im allgemeinen verschwinden Warzen auch ohne Behandlung spontan ohne Narbenbildung, wobei dies allerdings einen langen Zeitraum in Anspruch nimmt. Nur zwanzig Prozent aller Warzen bilden sich vor 6 Monaten zurück, die meisten brauchen 2—4 Jahre.

Behandlung Durch Warzenmittel wie Collomack oder Verrucid werden die Warzen aufgeweicht, man kann sie dann mechanisch besser abtragen oder abfeilen. Zur Entfernung stehen verschiedene Verfahren zur Verfügung, beispielsweise Verätzung, Vereisung, Verkochung (Kautherisierung) oder chirurgische Entfernung. Wenn sich Warzen im Bereich des Gesichts oder der Geschlechtsorgane befinden, sollte man die Behandlung einem Arzt überlassen.

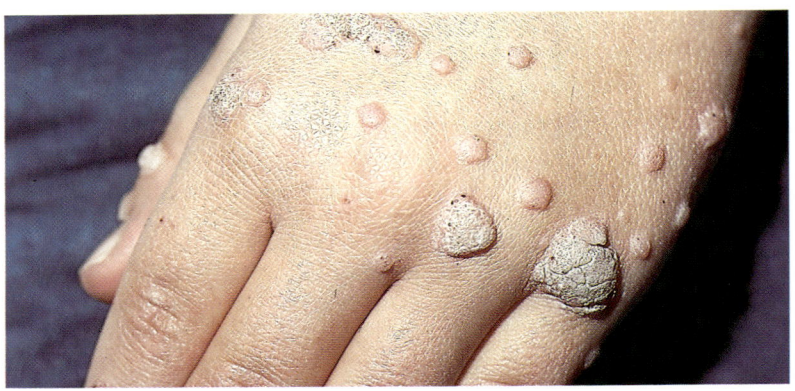

Warzen. *Photo: Hakan Mobacken*

Konsequenzen
für Training
und Wettkampf Für den Sport stellen Warzen keinerlei Probleme dar, es sei denn, sie finden sich an ungünstiger Stelle etwa an der Fußsohle. Warzen sind ansteckend, aus diesem Grunde sollte man bei Befall auf Hygiene achten und in Duschräumen, Umkleidekabinen etc. nicht barfuß laufen.

Hautparasiten

Kopfläuse

Die Kopflaus (Pediculus capitis) lebt als Parasit im Bereich des behaarten Kopfes. Sie ernährt sich vom Blut des Wirtes. Die Tiere sind etwa 3 mm groß und von grauer Farbe. Die Eier (Nissen), etwa 1 mm lang und oval, haften oberhalb der Haarwurzel am Haar. Die Larven schlüpfen nach 7—9 Tagen aus, die leeren Eierschalen bleiben zurück.

Beschwerden treten in unterschiedlicher Form auf. Manche Menschen bleiben beschwerdefrei. Bei anderen findet sich lästiger Juckreiz, es bilden sich ekzemartige Hautreaktionen aus. Kopfläuse werden durch direkten Kontakt oder durch Gegenstände, die mit dem Haar in Berührung kommen, wie Haarbürsten, Kämme, Mützen oder Sturzhelme, übertragen. Bei Infektionsgefahr sollte man darauf verzichten, solche Gegenstände von anderen Menschen zu benutzen oder an andere auszuleihen.

Obwohl dies in der Bevölkerung häufig geglaubt wird, sind Kopfläuse keinerlei Zeichen mangelnder Hygiene. Es scheint hier eine individuelle Tendenz zu solchen Parasiten zu bestehen. Möglicherweise werden Kopfläuse, wie auch andere Insekten, von manchen Menschen speziell angezogen.

Kopflaus in 10facher Vergrößerung

Behandlung Die Behandlung erfolgt örtlich, durch spezifische Einreibemittel wie Jacutin. Die Mittel werden in die Kopfhaut eingerieben und gemäß den jeweiligen Vorschriften nach einiger Zeit wieder ausgewaschen.

Treten innerhalb einer Familie, eines Kindergartens, einer Sportgruppe etc. Kopfläuse auf, sollten alle Mitglieder der jeweiligen Gruppe sorgfältig untersucht werden. Bei Befall ist eine Behandlung auch dann erforderlich, wenn keine Beschwerden bestehen. Alle Betroffenen sollten möglichst gleichzeitig behandelt werden, um die Infektionskette zu unterbrechen. Auch Bettwäsche und Kleidung sind sorgfältig zu reinigen, um zu verhindern, daß die Parasiten darin überleben. Die Läuse sterben ab, wenn sie für 3—4 Tage keine Nahrung erhalten. Es reicht also aus, verdächtige Wäsche über 3—4 Tage gut zu lüften. Auch Schulen, Kindergärten oder Sportstätten, in denen Läuse aufgetreten sind, sollten aus diesem Grund über einige Tage, etwa für ein verlängertes Wochenende, leer stehen, um die Läuse absterben zu lassen. Kissen, Matratzen und ähnliches innerhalb dieser Örtlichkeiten sollten dabei gut ausgelüftet werden.

Konsequenzen für Training und Wettkampf Kopfläuse stellen für den Sport keinerlei direktes Hindernis dar, in Kontaktsportarten wie Ringen ist jedoch die Möglichkeit einer Übertragung zu berücksichtigen.

Filzläuse

Die Filzlaus *(Pediculus pubis)* ist nur 1—2 mm lang, sie findet sich vor allem in den Haaren des Sexualbereichs, kann sich aber auch in anderen behaarten Körperteilen verbreiten. Sie wird fast nur durch Geschlechtsverkehr verbreitet und macht durch anhaltenden Juckreiz auf sich aufmerksam.

Behandlung Die Behandlung der Filzläuse geschieht durch entsprechende Einreibemittel wie Jacutin oder Cuprex, die in dem befallenen Bereich eingerieben und nach entsprechender Einwirkungszeit gemäß Vorschrift wieder ausgewaschen werden. Sind die Augenbrauen befallen, dürfen solche Einreibemittel nicht angewendet werden, hier werden quecksilberhaltige Augensalben benutzt.

Filzlaus in 10facher Vergrößerung

Krätze (Scabies)

Der Erreger der Krätze ist eine fast mikroskopisch kleine Milbe *(Sarcoptes scabiei)*. Sie gräbt sich Gänge von einigen Millimetern Länge in der Oberhaut, in denen sie ihre Eier ablegt. Bevorzugt befinden sie sich im Bereich der Finger, der Handgelenke, am Bauch und im Bereich der Geschlechtsorgane. Sie rufen ekzemähnliche Hautausschläge und allergische Reaktionen hervor.

Die Beschwerden sind sehr unterschiedlich, gelegentlich sind die Betroffenen sogar völlig beschwerdefrei. Das dominierende Symptom besteht in nächtlichem Juckreiz, dann nämlich, wenn die Milbe ihre Gänge gräbt. Kratzt sich der Betroffene, entstehen oberflächliche Wunden, die sich infizieren können. Solche Superinfektionen können dann die eigentliche Ursache maskieren. Auch mit Ekzemen anderer Ursachen wird der Milbenbefall gelegentlich verwechselt.

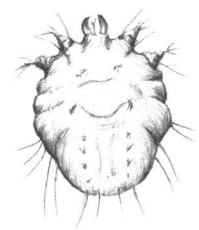

Krätzmilbe in ca. 100facher Vergrößerung

Die Krätze wird durch engen Körperkontakt übertragen. Begünstigende Faktoren sind enge Wohnverhältnisse und mangelnde Hygiene. Trotzdem ist Krätze keineswegs nur auf die unteren Gesellschaftsschichten beschränkt.

Behandlung Die Behandlung der Krätze erfolgt durch Einreibemittel wie Mitigal. Dabei wird nicht nur der betroffene Bereich sondern auch der gesamte Körper vom Hals bis zu den Zehen sorgfältig eingerieben und nach einem Tag wieder abgewaschen. Kleider und Bettwäsche müssen 3—5 Tage gelüftet oder gewaschen werden. Kontaktpersonen, beispielsweise innerhalb einer Familie oder einer Sportgruppe, sind gleichzeitig mitzubehandeln, auch dann, wenn sie symptomfrei sind. Der Juckreiz kann bis zu zwei Wochen nach Beendigung der Behandlung fortbestehen. Er kann durch Zinkemulsionen gelindert werden.

Konsequenzen für Training und Wettkampf Die Krätze an sich ist kein Hindernis für den Sport, sie kann aber in Kontaktsportarten wie Ringen übertragen werden.

Juckreiz

Der Juckreiz (Pruritus) ist einerseits ein Symptom zahlreicher Hauterkrankungen, er kommt aber auch bei einer Reihe von inneren Erkrankungen vor. Er wird über die gleichen Nervenbahnen geleitet wie der Schmerzreiz, d. h. Körperbereiche mit Sensibilitätsstörungen können auch nicht jucken. Im allgemeinen führt der Juckreiz als Reaktion zum Kratzen, dies wiederum verstärkt die Ursache und hierdurch entsteht ein Circulus vitiosus.

Der Juckreiz kann generell oder lokalisiert auftreten. Häufige Ursachen für einen generellen Juckreiz können beispielsweise trockene Haut (s. S. 194 ff.) oder Leber- bzw. Nierenerkrankungen sein. Auch in der Schwangerschaft tritt häufig erheblicher Juckreiz auf, der sofort nach der Entbindung wieder verschwindet. Starke körperliche Belastungen können durch vermehrte Schweißproduktion Juckreiz hervorrufen. Eine besonders häufige Ursache besteht in der Überempfindlichkeit gegen Stoffe, insbesondere gegen Wolle. Dies kann durch einen allergischen Mechanismus bedingt sein, es kommen aber auch unspezifische Überempfindlichkeiten vor. Menschen mit entsprechend empfindlicher Haut sollten vermeiden, Wolle direkt auf der Haut zu tragen. Auch Nesselfieber (s. S. 72) und Ekzeme (s. S. 217 ff.) können zu schwerem Juckreiz führen.

Lokalisiertes Jucken hängt im allgemeinen mit örtlichen Hauterkrankungen oder Parasitenbefall (s. S. 214 f.) zusammen. Juckreiz im Bereich des Darmausgangs (Analjucken) entsteht oft durch Hämorrhoiden (s. S. 156 f.), man muß in diesem Zusammenhang aber auch an Madenwürmer (s. S. 158 f.) denken.

Behandlung Bei generellem Hautjucken sollte man einen Arzt aufsuchen, um die zugrundeliegende Ursache feststellen und behandeln zu lassen. Bei allergisch bedingtem Juckreiz haben Antihistaminika (s. S. 66 f.) und notfalls auch Kortison (s. S. 238 ff.) guten Erfolg. In leichteren Fällen kommt man durch kühlend wirkende Lotionen, wie Zinkemulsion, zurecht.

Konsequenzen für Training und Wettkampf In den meisten Fällen stellt Hautjucken kein Hindernis beim Sport dar, in schweren Fällen kann es allerdings so stark werden, daß aktive körperliche Tätigkeit unmöglich wird.

Weitere Hauterkrankungen

Schuppenflechte (Psoriasis)

Krankheitsbild Unter der Schuppenflechte versteht man eine chronische, erblich bedingte, nicht ansteckende Hauterkrankung, die sich in intervallartig auftretenden Hautausschlägen äußert. Der Krankheit liegt eine Überproduktion von Hornhautzellen in der Oberhaut zugrunde, die dann als Schuppen abgestoßen werden. Die Veränderungen finden sich vorzugsweise im Bereich des behaarten Kopfes, an den Streckseiten von Ellenbogen, Knien und Unterschenkeln. Tritt die Schuppenflechte im Bereich von Achselhöhlen, Leistengegend und anderen Hautfalten auf, so sind die Hautveränderungen etwas anders als die typischerweise an Ellenbogen und Knie bekannten, sie sind stärker rötlich gefärbt. Auch die Nägel sind häufig mit einbezogen. Sie sind verdickt, gelblich verfärbt, an ihrer Oberfläche finden sich stecknadelkopfgroße, napfförmige Einziehungen. Die Schuppenflechte ist im allgemeinen nicht mit Juckreiz verbunden, dagegen treten bei Psoriatikern häufig

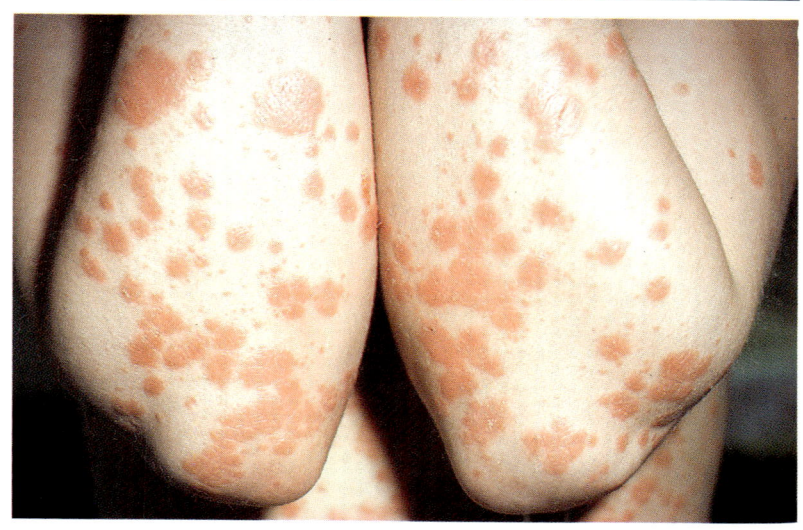

Schuppenflechte an den Armen. *Photo: Hakan Mobacken*

entzündliche Gelenkveränderungen auf (s. S. 254). Der Schweregrad der Schuppenflechte ist stark unterschiedlich, sie findet sich oft in nur leichter Ausprägung bis hin zu schwerstem Allgemeinbefall. Psychische Belastungen können Krankheitsschübe auslösen oder verschlimmern. Sonnenbestrahlung führt bei den meisten Psoriasiskranken zu einer Besserung der Symtome.

Behandlung   Wer unter einer Schuppenflechte stärkeren Grades leidet, sollte mit einem Arzt zusammen ein längerfristiges Behandlungsprogramm erstellen. Zu Beginn verwendet man im allgemeinen salicylsäurehaltige Salben auf Fettbasis, um die Schuppen und Krusten aufzulösen, anschließend werden dann spezifisch wirksame Präparate aufgebracht, die Kortison, Teer oder Dithranol enthalten. Wie bereits erwähnt, haben Sonnenlicht bzw. UV-Bestrahlung im allgemeinen einen positiven Effekt. In schweren Fällen kann man Medikamente geben, die die Wirkung der UV-Strahlung verstärken, z. B. Meladinine.

Konsequenzen   Die Schuppenflechte stellt kein direktes Hindernis für den Sport
für Training   dar. Die Hautausschläge können allerdings zu psychischen Problemen
und Wettkampf   führen. Vermehrte Schweißbildung ist dem Psoriasiskranken im allgemeinen unangenehm. Treten im Verlauf der Schuppenflechte Gelenkbeschwerden auf, so kann dies sportliche Aktivität behindern.

Ekzem

Unter Ekzem versteht man nicht ansteckende, entzündliche Hautreaktionen, die sich in Form von Rötung, Schwellung, mit Flüssigkeit gefüllten Bläschen, Bildung kleiner Knötchen, Hauttrockenheit und Schuppenbildung zeigen. Die Ausschläge können über den ganzen Körper verteilt vorkommen. Sie rufen häufig Juckreiz hervor. Einige Formen sind erblich bedingt.

Kontaktekzem

Beim Kontaktekzem unterscheidet man zwei Formen, wobei die eine allergisch, die andere nicht allergisch bedingt ist.

217

Nicht allergisch bedingtes Kontaktekzem

Das nicht allergisch bedingte Kontaktekzem entsteht durch eine örtliche Überlastung der Haut, durch länger dauernden Kontakt mit mehr oder weniger reizwirksamen chemischen Substanzen. Ursächlich hierfür ist häufig der langzeitige Kontakt mit Wasser, oft in Verbindung mit Reinigungs-, Spül- und Waschmitteln, Shampoos und organischen Lösungsmitteln. Diese führen dann zu Abnutzung und Austrocknung der Haut.

Bevorzugt sind Stellen, die häufig solchem Kontakt ausgesetzt sind und an denen die Haut verhältnismäßig dünn ist, vor allem also Hände und Finger.

Allergisches Kontaktekzem

Das allergisch bedingte Kontaktekzem entsteht als Folge einer Allergie gegenüber Stoffen, mit denen die Haut über längere Zeit hinweg Kontakt hat. Es gehört zu den allergischen Typ-IV-Reaktionen (s. S. 63), die in jedem Lebensalter auftreten und jeden Menschen betreffen können. Persönliche oder erbliche Prädispositionen spielen hier also keine Rolle. Der Allergisierungsvorgang kann dabei sehr lange Zeit, oft Jahre, benötigen. Wenn aber dann die Allergie einmal eingetreten ist, kommt es gewissermaßen über Nacht zu Überreaktionen. Eine örtlich entstandene Allergie führt zu Überreaktionen am gesamten Körper. Entsteht etwa eine Allergie gegen das Metall eines Halsbandes in der Haut des Halses, so ist die gesamte Körperhaut gegen dieses Metall überempfindlich. Es sind unzählige Stoffe, die solche allergischen Kontaktekzeme hervorrufen, besonders häufig ist dies der Fall bei:
— Metallen wie Nickel, Kobald und Chrom,
— Parfüm,
— Gummi,
— Farbstoffen,
— äußerlich anzuwendenden Medikamenten, also Salben, Puder, Einreibemittel, vorzugsweise mit den Inhaltsstoffen Neomycin, Lanolin und Konservierungsstoffen,

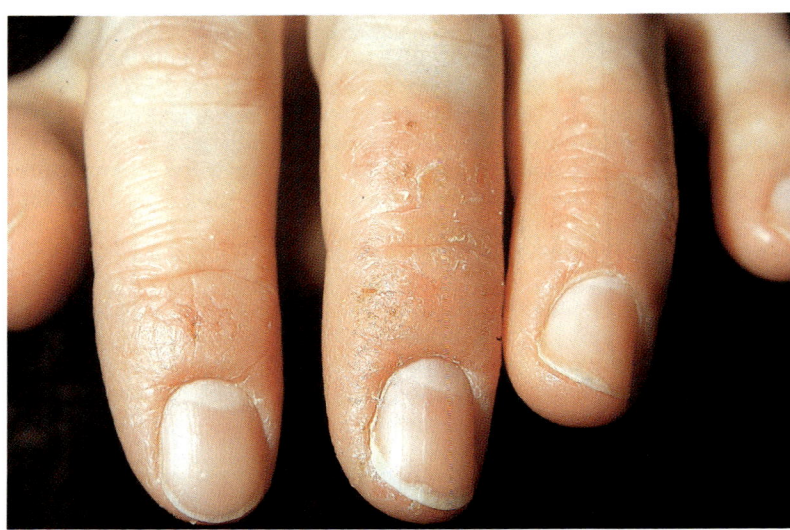

Nichtallergisches Kontaktekzem an den Händen. *Photo: Hakan Mobacken*

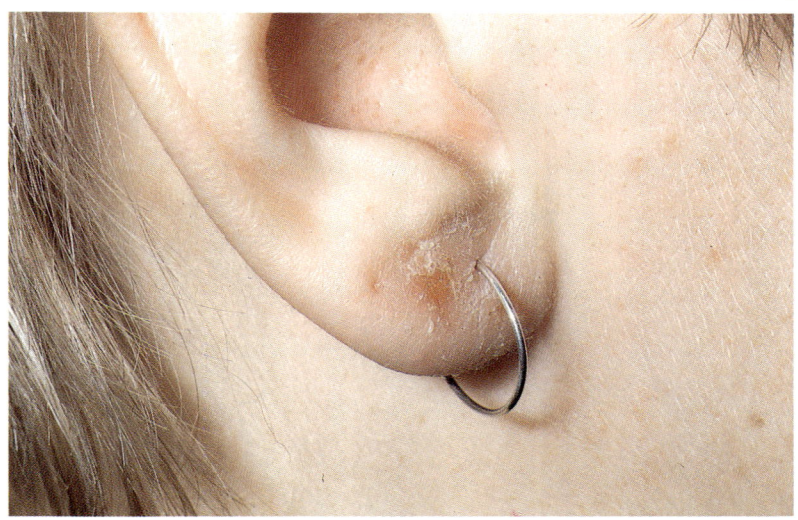

Allergisches Kontaktekzem, hier am Ohr, ausgelöst durch im Metall enthaltenes Nickel (eine häufige Ursache). *Photo: Hakan Mobacken*

— zahlreiche Pflanzen, vor allem Chrysanthemen, Lilien und Narzissen,
— Pflaster und die in den Klebestoffen enthaltenen Inhaltsstoffe wie Harze (Epoxide) und Formalin.

Endogenes Ekzem (atopisches Ekzem)

Die als endogenes Ekzem bezeichneten Hautveränderungen finden sich vor allem bei Kindern, oft auch in Verbindung mit anderen atopischen Erkrankungen wie Asthma (s. S. 63 ff.), Heuschnupfen (s. S. 70) und allergischen Bindehautentzündungen (s. S. 71 f.). Die Hautveränderungen finden sich vorzugsweise an der Beugeseite von Ellenbogen, Handgelenken und Knien. Sie können aber auch Hals-, Nacken- und die Augenregion einbeziehen. Die Haut des Ekzematikers ist im allgemeinen trocken. Das Ekzem selbst kann vor allem bei Kindern nässen, während beim Erwachsenen Hautverdickungen im Vordergrund stehen. Das führende Symptom ist quälender Juckreiz. Vermehrte Schweißbildung bei körperlicher Belastung und Steigerung der Körpertemperatur verstärken den Juckreiz und verschlimmern das Ekzem. Probleme entstehen auch durch die Kleidung. Wolle führt zu einer Hautreizung, die den Juckreiz verstärkt, umgekehrt verschlimmern Stoffe aus synthetischen Fasern die Beschwerden durch Verschlechterung der Flüssigkeitsresorption.

Im allgemeinen bessert sich das Ekzem im Sommer. Sonne und vor allem Baden in salzhaltigem Wasser wirken sich günstig aus. Negative Effekte entstehen durch zahlreiche Lösungs-, Reinigungs- und Spülmittel, synthetische Waschmittel und chlorhaltiges Wasser. Auch eine Reihe von Nahrungsstoffen verstärken die Beschwerden, vor allem Zitrusfrüchte, Nüsse, Schokolade und Paprika.

Behandlung   Bei allen Ekzemformen sollte man versuchen, die auslösenden Faktoren festzustellen und nach Möglichkeit auszuschalten. Nahrungsmittel, die ekzematische Reaktionen produzieren, oder hautreizende

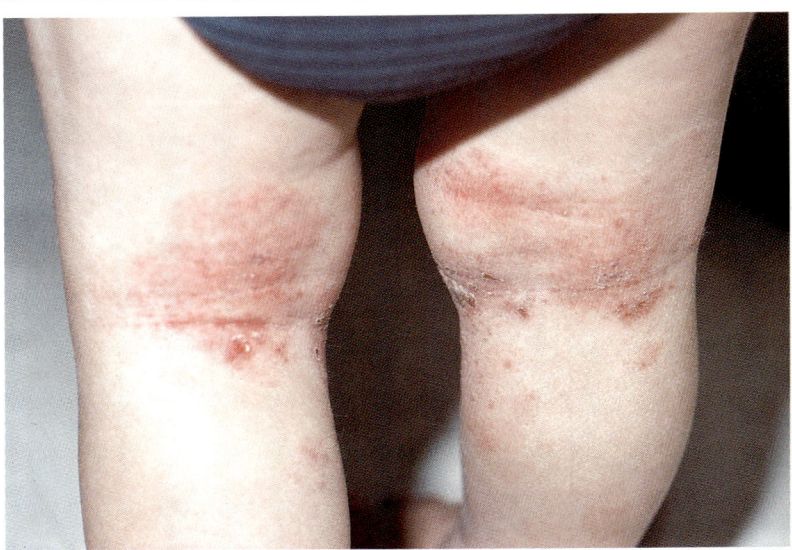

Endogenes Ekzem. *Photo: Hakan Mobacken*

Stoffe sind zu vermeiden. Örtlich werden kortisonhaltige Salben aufgetragen, tags vor allem fettfreie, nachts fetthaltige Salben (s. S. 238 ff.).

Bei nässenden Ekzemen, die überwiegend Kinder betreffen, kommen feuchte Umschläge zur Anwendung. Da bei vielen Ekzempatien-
ten die Haut sehr trocken ist, sollte hier nach den auf Seite 194 f. gegebenen Richtlinien behandelt werden.

Konsequenzen für Training und Wettkampf   Das nichtallergische Kontaktekzem hat im allgemeinen kaum
Einfluß auf sportliche Aktivitäten. Bei allergisch bedingten Kontakt-
ekzemen sind Materialien in Sportgeräten und Kleidung zu meiden,
die das Ekzem auslösen. Für Ekzematiker, besonders für solche mit
atopischem Ekzem, ist Schwimmen häufig eine ungeeignete Sportart.
Bei Kontaktsportarten besteht ein gewisses Risiko hinsichtlich von Superinfektionen des Ekzems. Viele sogenannte Sportsalben und Einreibemittel (s. S. 337 f.) enthalten hautreizende oder allergisierende Substanzen, sie sollten deshalb vom Ekzematiker nicht verwendet werden.

Besonders bei Ekzematikern mit sehr trockener Haut kann es
durch verstärkte Schweißbildung nach Dauerläufen oder sonstigen anstrengenden Sportarten zu Juckreiz und Hautbrennen kommen. Auch
zu häufiges Duschen kann eine anlagemäßig bereits trockene Haut
noch weiter austrocknen.

21 Schmerz und Entzündung

Dem Schmerz kommt eine wichtige Bedeutung als Warnsignal zu, das auf einen örtlichen Gewebsschaden aufmerksam macht. Eine solche Schädigung wird registriert und dann durch entsprechende Nervenbahnen über das Rückenmark dem Gehirn zugeleitet und in eine Schmerzempfindung umgewandelt. Hierbei besteht allerdings kein einfacher mechanischer Automatismus. Die wichtigsten Körperfunktionen werden durch ein kompliziertes Zusammenwirken stimulierender und hemmender Funktionen geregelt. Der gleiche Reiz kann zu sehr unterschiedlichen Schmerzempfindungen führen. Man weiß seit langem, daß die Reizung anderer Nervenbahnen, die z. B. Berührungsreize vermitteln, eine hemmende Wirkung auf Schmerzimpulse hat. Umgekehrt bewirken Angst und Depression eine Verstärkung der Schmerzempfindung.

Die wissenschaftlichen Untersuchungen gerade der letzten Jahre haben neue Informationen über den Schmerz erbracht. Schmerzhem-

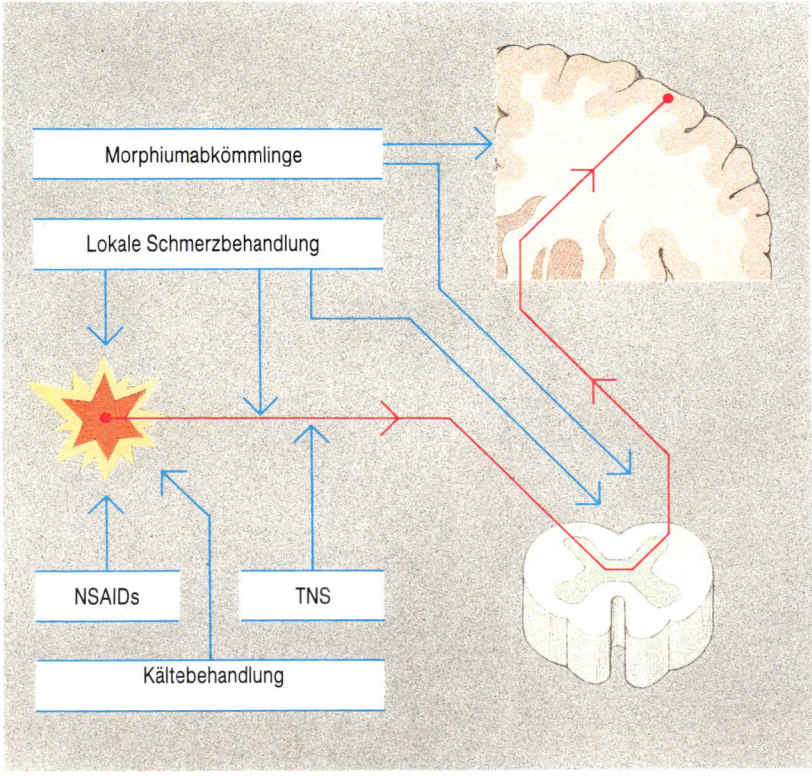

Darstellung der Auslösung eines Schmerzimpulses und seiner Fortleitung auf Nervenbahnen zum Gehirn. Dort wird er in eine Schmerzempfindung umgesetzt. Die Abbildung zeigt weiterhin die verschiedenen Methoden der Schmerzbekämpfung: Kälteanwendung, Antiphlogistika, also schmerz- und entzündungshemmende Medikamente auf nichtsteroidaler Basis (NSAID), Morphiumpräparate und TNS-Behandlung.

mende Nervenbahnen wirken über die Freisetzung von Signalsubstanzen, die die Schmerzbahnen des Rückenmarks und des Gehirns blockieren. Zu diesen Signalsubstanzen gehören körpereigene morphinartige Peptide, also Stoffe, die aus Aminosäuren aufgebaut sind, z. B. das Enzephalin und das Endorphin. Im Prinzip ist die Wirkung dieser Stoffe analog der von Morphium und anderen Opiaten. Ihre geringere Wirkung erklärt sich nur aus der niedrigeren Konzentration. Längerfristige körperliche Belastungen stimulieren die Freisetzung von Enzephalin und Endorphin. Hieraus erklärt sich wahrscheinlich das Hochgefühl, das Ausdauersportler empfinden.

Die Modifizierung der Schmerzempfindung durch solche zentralen Einflüsse ist aus zahlreichen Alltagserfahrungen geläufig. Es ist eine wohlbekannte Tatsache, daß starke Emotionen, Aufregungen oder Schreck vorübergehend den Schmerz mindern oder gar vergessen lassen können. Solche, besonders aus Kriegserlebnissen bekannte Erfahrungen werden auch beim Sport gemacht.

Der im Gehirn ankommende Schmerzreiz wird nicht nur in eine Schmerzempfindung, sondern auch in andere psychische Symptome umgesetzt. Auch die Reaktion auf den Schmerzreiz kann von höheren Hirnarealen modifiziert und im Bedarfsfall ausgeweitet werden. Als einfachste Reaktion auf einen Schmerzreiz steht eine reflektorische Muskelanspannung, ein Schutzreflex, oder auch eine allgemeine Steigerung des Muskeltonus zur Verfügung. Durch nervale Umschaltungen im Rückenmark sowie im Hirnstamm kommt es zur Steigerung des Blutdrucks, zu Herzklopfen, Übelkeit und anderen Reaktionen.

Die Kenntnis dieser Zusammenhänge wird zunehmend therapeutisch genutzt. Die nervalen Verbindungen zwischen dem schmerzauslösenden Körperteil und dem schmerzregistrierenden Gehirn können unterbrochen werden, wofür chirurgische Maßnahmen, Medikamente oder psychologische Interventionen zur Verfügung stehen. Die wech-

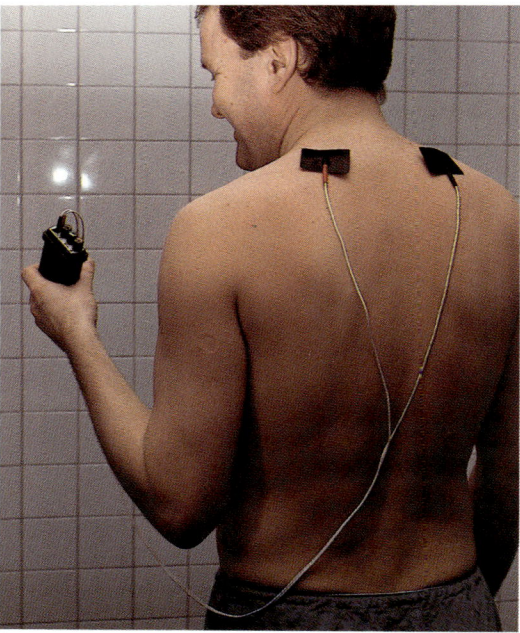

Schmerzbehandlung durch transkutane Nervenstimulation (TNS)

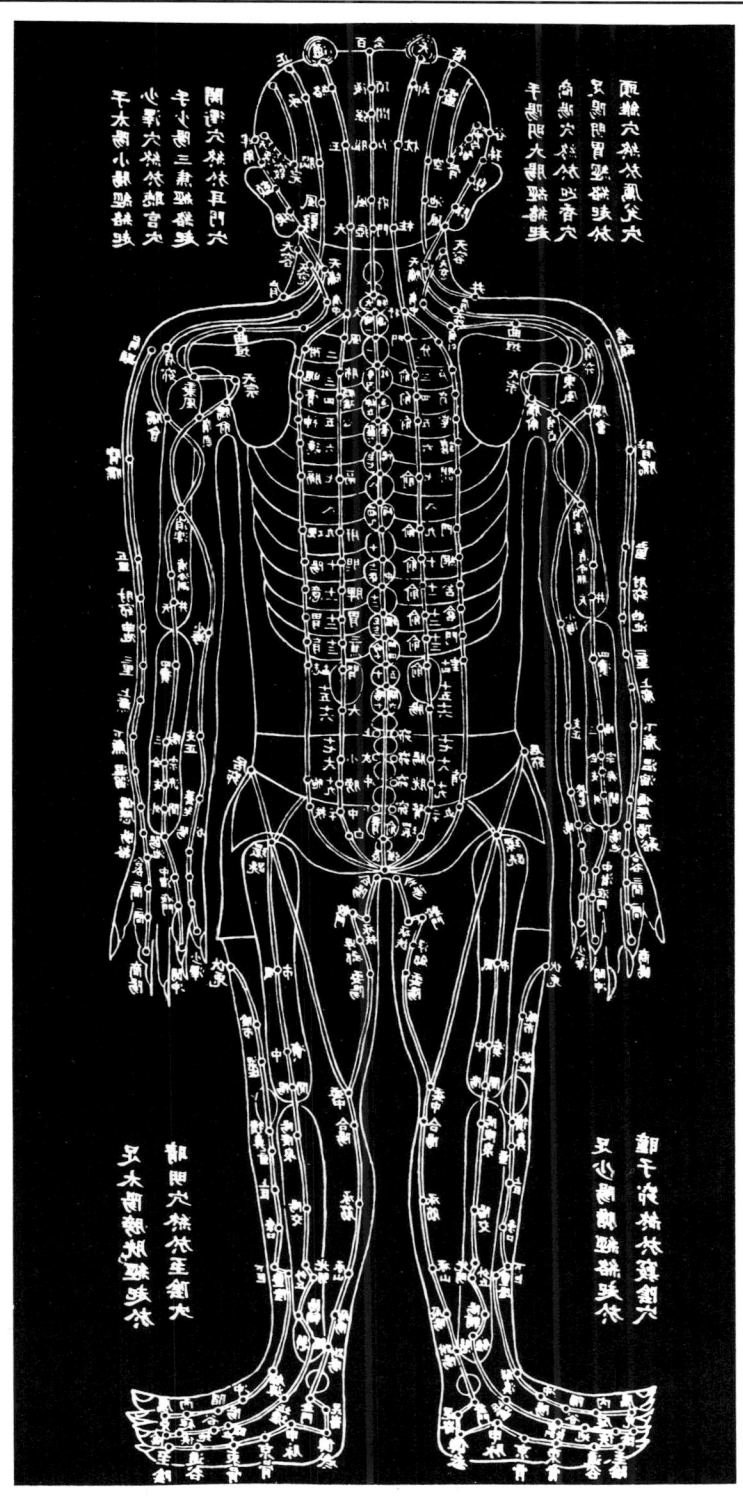

Chinesische Darstellung der klassischen Behandlung durch Akupunktur

selseitige Einflußnahme unterschiedlicher Nervenbahnen wird in der chinesischen Akupunktur ausgenutzt. Eine moderne Variante dieses Verfahrens stellt die transkutane Nervenstimulation (TNS) dar, die auch im Sport Anwendung findet. Hierbei wird die Haut durch Schwachstrom gereizt, um reflektorisch im Rückenmark die einlaufenden Schmerzinformationen zu unterdrücken. Mit diesem Verfahren wurden selbst bei erheblichen Schmerzzuständen sehr günstige Erfolge erzielt. Die Wirkung von Akupunktur und TNS kann man sich über Endorphine und Enzephaline erklären. Substanzen, die Morphium blockieren und bei Morphinvergiftungen zur Anwendung kommen, blockieren auch die Wirkung dieser beiden Verfahren.

Die Möglichkeit einer psychologischen Einflußnahme auf Schmerzzustände sind durch die schmerzlindernden Effekte von Placebotabletten (s. S. 330 f.) bekannt. Auch hier spielen offensichtlich Endorphine eine wichtige Rolle, da auch eine solche Placebowirkung durch Präparate blockiert werden kann, die Morphin hemmen. Placebos scheinen danach bei Patienten durch die Erwartung auf die schmerzlindernde Wirkung die Freisetzung von Endorphinen zu stimulieren.

Auslösemechanismen

Bei einer Gewebsschädigung kommt es zur Schmerzempfindung sowie zu entzündlichen Reaktionen. Gleichzeitig wird die Sensibilität der Schmerzrezeptoren erhöht. Als Ursache der Entstehung des Schmerzreizes nimmt man die Freisetzung einer Reihe von Stoffen aus der geschädigten Zelle an, wobei vorzugsweise Bradykinin, Histamin, Serotonin, Kalium und freie Radikale eine Rolle spielen.

Bei der Auslösung der entzündlichen Reaktion scheint dagegen einer aus der geschädigten Zelle freigesetzten Fettsäure, der Arachidonsäure, eine Schlüsselposition zuzukommen. Diese Säure wird durch zwei Enzymsysteme abgebaut, die Zyklooxygenase und die Lipoxygenase (s. Abb. S. 225). Beim Abbau der Arachidonsäure durch Zyklooxygenase entstehen eine Reihe von ungesättigten Fettsäuren mit hormonähnlicher Wirkung, die Prostaglandine. Diese führen zu einer Weitstellung der Blutgefäße und zu einer Steigerung der Durchlässigkeit der Gefäßwand für Flüssigkeit und Eiweiße. Die Prostaglandine steigern gleichzeitig die Empfindlichkeit der Schmerzrezeptoren gegenüber entsprechend reizwirksamen Substanzen. Somit sind die Prostaglandine für die typische Entzündungsreaktion verantwortlich, bestehend in Gewebsschwellung (Ödem), Schmerzhaftigkeit und Erwärmung des entzündlichen Bereichs durch gesteigerte Durchblutung. Schmerzstillende, entzündungshemmende und fiebersenkende Medikamente (Antiphlogistika, s. S. 232 ff.) wirken wahrscheinlich vor allem über eine Hemmung des Abbaus der Arachidonsäure.

Das zweite Enzymsystem, das die Arachidonsäure abbaut, die Lipoxygenase, führt zur Bildung einer Reihe von Leukotrienen. Einer dieser Faktoren, das Leukotrien B_4, ist offensichtlich der stärkste chemotaktisch wirkame Faktor des Organismus, d. h. derjenige, der am stärksten die weißen Blutkörperchen an den Ort des Gewebsschadens lockt. Diesen kommt eine Schlüsselstellung im Rahmen der Immunabwehr sowie bei den reparativen Prozessen, die als Entzündung ablaufen, zu (s. S. 281). Weitere Leukotriene, C_4, D_4 und E_4, können u. a. in den Bronchien freigesetzt werden und den Krampfzustand der Bronchialmuskeln sowie die erhöhte Schleimsekretion aus der Bronchialschleimhaut bewirken. Die Leukotriene B_4, C_4 und D_4 sind wahrscheinlich die wichtigsten körpereigenen Substanzen, die Asthmaanfälle auslösen.

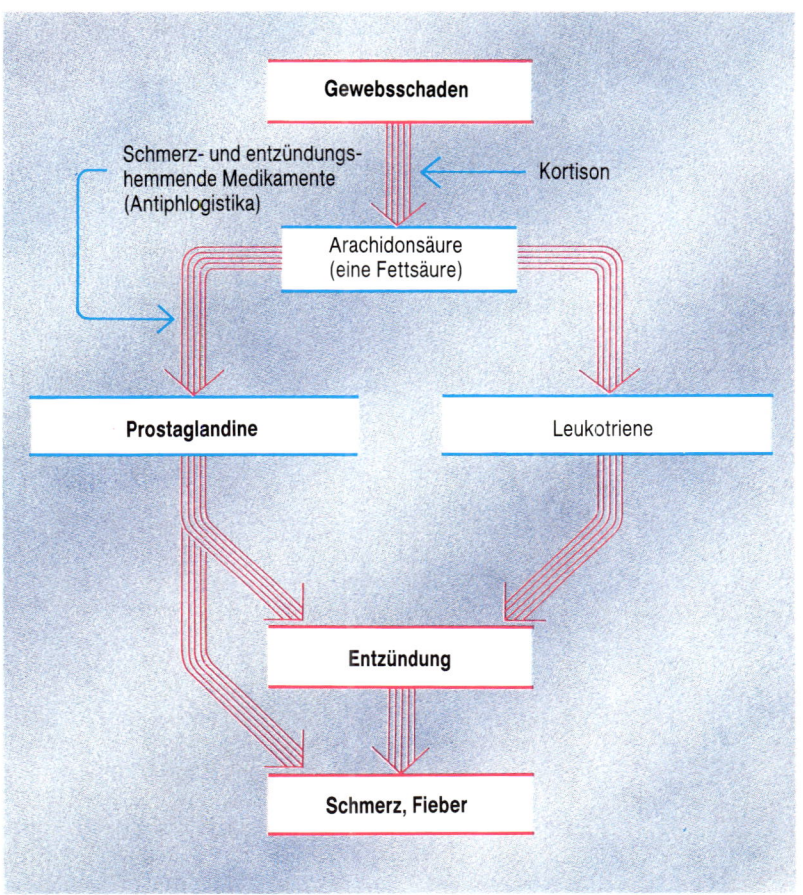

Schematische Darstellung der Entstehung von Schmerz und Entzündung und ihre therapeutische Beeinflußbarkeit durch Antiphlogistika bzw. Kortison. Beim Gewebsschaden wird Arachidonsäure aus den Zellwänden freigesetzt. Sie wird zu Prostaglandinen und Leukotrienen abgebaut. Diese Abbauprodukte vermitteln dann den Schmerz und die Entzündung.

Schon dieses Beispiel zeigt, daß die Entzündungsreaktion keineswegs immer nur von Vorteil ist. Die Entzündung stellt einen wichtigen Abwehrmechanismus des Organismus dar, den ersten Schritt zur Reparatur einer Schädigung oder zur Beseitigung eines eingedrungenen Fremdkörpers. Negative Effekte entstehen durch unnötige und zu starke Reaktionen. Im Rahmen der Entzündung kommt es stets zu einer Steigerung des Gewebsdrucks, der sich in Schmerzen bemerkbar macht. Hierdurch kann auch die Blutzirkulation beeinträchtigt werden und zwar so stark, daß es zu einer negativen Beeinflussung des Heilungsverlaufs kommt. Ein zu lange bestehendes Ödem führt darüber hinaus zu einer ungünstigen Narbenbildung. Fortgesetzte Belastungen geschädigter Körperteile können zu chronischen Entzündungen führen.

Ungünstige entzündliche Reaktionen finden sich beispielsweise bei allen allergischen Krankheitsbildern (s. S. 62 ff.). Auch chronische

Krankheitszustände können auf ungünstigen immunologischen Reaktionen basieren, beispielsweise der Gelenkrheumatismus (s. S. 247 ff.).

Bei Zuständen, bei denen sich die entzündliche Reaktion des Organismus negativ auswirkt, setzt man Medikamente ein, die sie abschwächen, die schmerzstillend und entzündungshemmend wirken. Die wirksamste Substanz unter ihnen stellt das Kortison dar. Kortison hemmt unabhängig von der jeweilig auslösenden Ursache der Entzündung den Abbau der Arachidonsäure durch beide Enzymsysteme. Als Nachteil entwickelt sich dadurch allerdings, besonders bei höherer Dosierung und längerer Behandlung, eine Abschwächung des Immunsystems. Hierdurch nimmt man eine erhöhte Infektanfälligkeit in Kauf, bestehende Infektionen können sich verschlimmern.

Schmerz und Entzündung im Sport

Gewebsschäden im Sport, die zu Schmerzen und Entzündungen führen, entstehen durch akute Verletzung, chronische Überlastung und Reibung zwischen einzelnen Gewebsschichten.

Akute Gewebsschädigung

Akute Gewebsschädigungen wie Knochenbrüche, Muskel- oder Bänderrisse, die im allgemeinen unfallbedingt im Sport auftreten, führen zu einer Gewebszerstörung, zu entzündlichen Reaktionen und zu einem mehr oder weniger ausgeprägten Bluterguß in Haut und Muskulatur. Der hierdurch gesteigerte Gewebsdruck kann seinerseits die Ursache einer sekundären Gewebsschädigung sein.

Bei solchen akuten Gewebsschädigungen unterscheidet man zwischen offenen und geschlossenen Verletzungen. Bei offenen Verletzungen besteht eine Verbindung nach außen, das Blut kann abfließen, die Schwellung bleibt kleiner. Bei einer geschlossenen Schädigung besteht eine solche Abflußmöglichkeit nicht. Ist der Muskel betroffen, ohne daß dies mit einem Muskelfaserriß einhergeht, breitet sich dieses Blut innerhalb des Muskels aus (intramuskuläres Hämatom). Bei einem Muskelriß kann sich das Blut auch zwischen einzelnen Muskelschich-

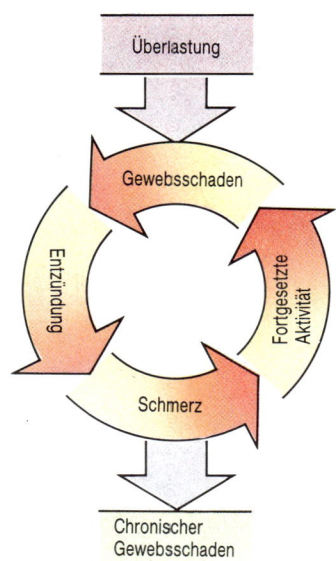

Schmerzzyklus

226

ten im umgebenden Gewebe verteilen (intermuskuläres Hämatom). Je stärker die Blutung, um so mehr wird hierdurch der Heilungsprozeß behindert. Ziel der Ersten-Hilfe-Maßnahme sollte es daher sein, die Blutung so gering wie möglich zu halten.

Überlastungsschäden

Sie entstehen durch wiederholte monotone Bewegungen, oft im Rahmen eines fehlerhaft durchgeführten Trainings. Die beginnende Schädigung macht sich durch Schmerzen bemerkbar. Das Problem besteht darin, daß häufig diese Schmerzen nach dem Aufwärmen verschwinden. Dies verführt Sportler nicht selten dazu, das Warnsignal des Schmerzes zu mißachten und mit dem Training fortzufahren, möglicherweise noch unterstützt durch schmerzstillende Medikamente. Hierdurch riskieren sie eine erhebliche Verschlimmerung und das Eintreten eines Circulus vitiosus, wie er in der Abbildung S. 226 dargestellt ist. Ein solcher Zustand ist sehr schwierig zu behandeln und bedarf einer langen Ruhepause.

Die häufigste Lokalisation für solche Überlastungsschäden stellt der Muskel-Sehnen-Apparat dar. Chronisch entzündliche Reaktionen finden sich ferner an den Apophysen, d. h. den Ansatzstellen von Sehnen oder Bändern an den Knochen (Apophysitis). Eine weitere Form des Überlastungsschadens bilden die Übermüdungsbrüche von Knochen (Streßfrakturen).

Reibungsschädigungen

Die dritte Form des Gewebsschadens entsteht durch fortgesetzte Reibung zwischen einzelnen Geweben, insbesondere zwischen den Gleitflächen der Sehnen und den Sehnenscheiden, zwischen Sehnen und Schleimbeutel (Bursa) oder durch äußere Reibung. Auch hier kommt es zu entzündlichen Reizungen und Schmerzzuständen.

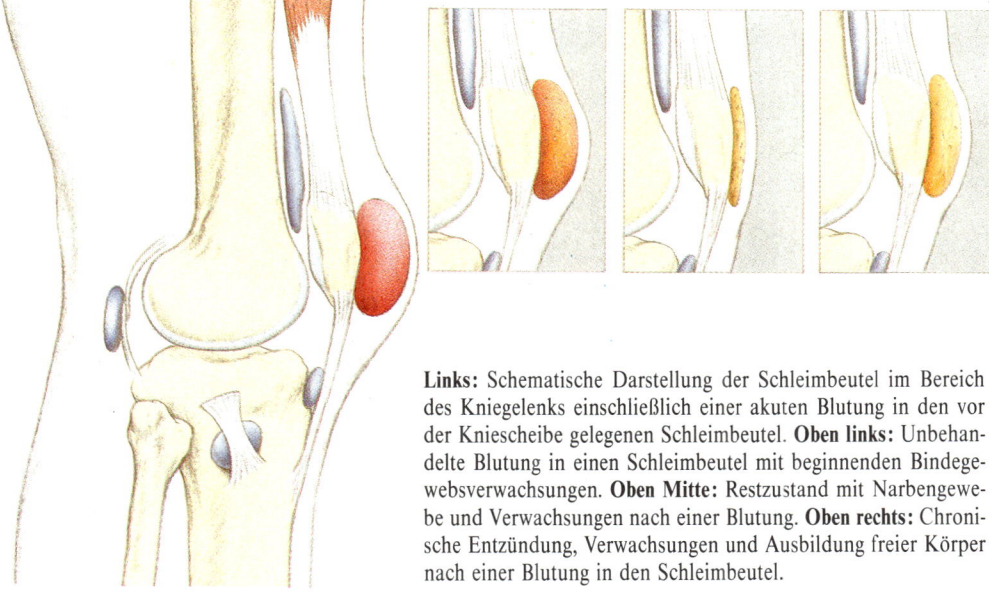

Links: Schematische Darstellung der Schleimbeutel im Bereich des Kniegelenks einschließlich einer akuten Blutung in den vor der Kniescheibe gelegenen Schleimbeutel. **Oben links:** Unbehandelte Blutung in einen Schleimbeutel mit beginnenden Bindegewebsverwachsungen. **Oben Mitte:** Restzustand mit Narbengewebe und Verwachsungen nach einer Blutung. **Oben rechts:** Chronische Entzündung, Verwachsungen und Ausbildung freier Körper nach einer Blutung in den Schleimbeutel.

Bei allen drei genannten Schädigungstypen ist die frühzeitige Diagnosestellung wichtig, um so rasch wie möglich eine effektive Behandlung einleiten zu können.

Behandlung von akuten Verletzungen

Bei der akuten Verletzung sollte zunächst das Ausmaß der Schädigung möglichst genau festgestellt werden. Anschließend sollte versucht werden, den Umfang der verletzungsbedingten Blutung durch Druckverband, Hochlagerung, Ruhe und Entlastung so gering wie möglich zu halten. Ferner können schmerzstillende und entzündungshemmende Medikamente Verwendung finden.

Eine der wichtigsten Maßnahmen bei allen akuten Verletzungen besteht in der *Kühlung,* um durch die Engstellung der Blutgefäße eine Verminderung der Schwellung zu erreichen. Dieser Effekt wird durch einen Verband verstärkt. Zusätzlich wirkt die Kühlung schmerzstillend.

Damit die angestrebte Wirkung auch wirklich erzielt wird, muß die Kälte hinreichend lang einwirken und tief genug eindringen. Kühlsprays sind hier wenig effizient, da die Kälte nur bis in eine Tiefe von 3—4 mm wirksam wird. Hinzu kommt ein weiterer Nachteil. Der Kältespray kann nur kurzfristig angewandt werden, da es sonst zu oberflächlichen Erfrierungen kommt. Nach Beendigung der Kälteeinwirkung steigt die Durchblutung reaktiv an, das Gegenteil des erwünschten Effektes. Kältesprays sind also nur zu Schmerzlinderung bei oberflächlichen Verletzungen ohne größere Blutungen oder Gewebsrisse sinnvoll. Zur Kältetherapie empfiehlt sich dagegen die Verwendung von kommerziell zum einmaligen oder mehrmaligen Gebrauch erhältlichen Kältepackungen oder auch von Eis. Diese Kältepackungen sollten mit einem Kompressionsverband sowie mit Ruhigstellung unter Hochlagerung des verletzten Körperteils kombiniert werden.

Das Therapieziel einer Verminderung der Schwellung und Blutung erfordert im allgemeinen eine Kälteanwendung über 30—60 Minuten. Damit die Temperatur gleichmäßig kühl bleibt, muß erforderlichenfalls die Kältepackung gewechselt werden. Eine längere Kühlung hat darüber hinaus nur schmerzstillende Effekte, sie kann sich sogar negativ auf den Heilungsprozeß auswirken. Nach Beendigung der Kältebehandlung wird mittels einer elastischen Binde ein Druckverband angelegt.

Behandlung von Überlastungsschäden

Das wichtigste Therapieprinzip beim Überlastungsschaden kann mit dem Begriff „aktive Ruhe" umschrieben werden. Hierunter versteht man Trainingsformen, die den geschädigten Körperbereich nicht

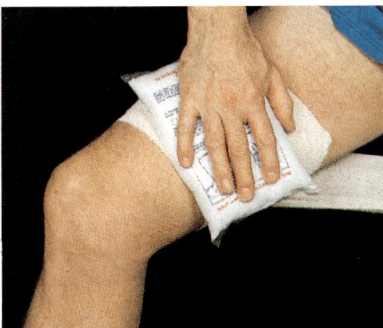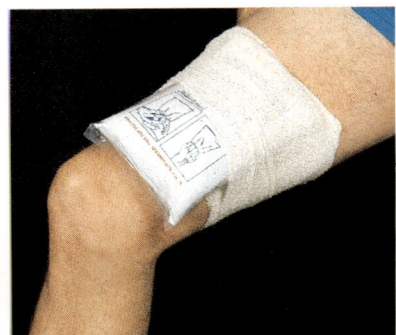

Kältebehandlung. Die Kältepackung darf nie direkt auf die Haut aufgebracht werden.
Photo: Ole Roos

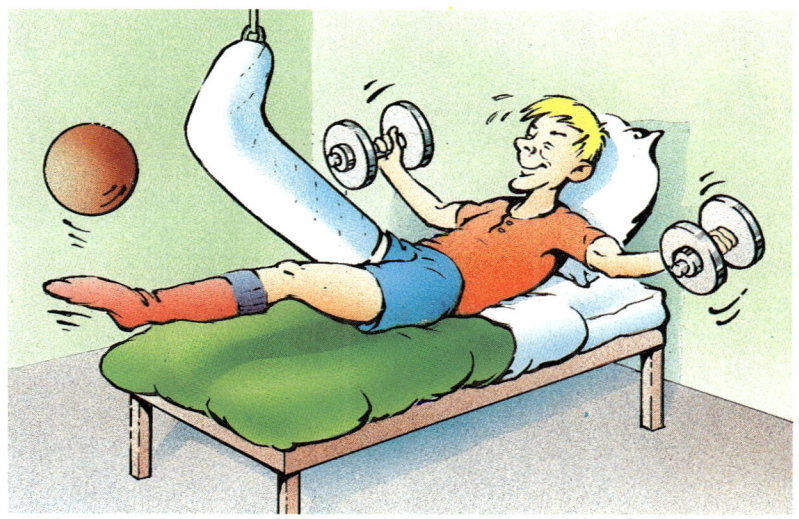

Ruhigstellung muß nicht absolute Inaktivität bedeuten.

belasten, beispielsweise Ausdauertraining auf dem Fahrrad oder Schwimmen. Im geschädigten Bereich wird zur Durchblutungssteigerung Wärme in Form von Heizkissen, Ultraschall, Tragen eines Wärmeschutzes etc. angewandt. Im Verlaufe des Rehabilitationsprozesses wird der überlastete Bereich einer gezielten Bewegungstherapie unterzogen. Diese führt zu einer schnelleren Ausheilung muskulärer Schädigungen.

Die Therapie von Überlastungsschäden kann durch Medikamente unterstützt werden. In Frage kommen hier entzündungshemmende Präparate (Antiphlogistika, s. S. 232 ff.). Sie werden vor allem in der Akutphase in Kombination mit Ruhigstellung verordnet und führen zu einer Minderung von Schmerz und Bewegungseinschränkung. Auch die venöse Anwendung von Heparin ist möglich. Heparin ist ein gerinnungshemmendes Medikament, das Verwachsungen zwischen den Sehnen und den umgebenden Geweben entgegenwirkt und die Heilung beschleunigt.

In speziellen Fällen wird Kortison in entzündete Bereiche injiziert (s. S. 238 ff.). Besonders bei sehr lang andauernden chronischen Entzündungen kann gelegentlich die chirurgische Entfernung des chronisch entzündlichen Granulationsgewebes erforderlich werden.

Allgemeine Gesichtspunkte zur Schmerz- und Entzündungsbehandlung

Eine medikamentöse Schmerz- und Entzündungsbehandlung sollte erst nach sorgfältiger ärztlicher Untersuchung erfolgen. Diese beinhaltet eine genaue Anamneseerhebung hinsichtlich des Auftretens und der Schwere der Symptome. Das Therapieziel sollte stets in einer Beseitigung der jeweiligen Ursache liegen. Eine solche Behandlung erweist sich als der sicherste und schnellste Weg zur Heilung. Erscheint eine medikamentöse Behandlung sinnvoll, so sollte man sich für dasjenige Präparat entscheiden, von dem die wenigsten Nebenwirkungen zu erwarten sind. Die Schmerzbeseitigung kann sich auch nachteilig auswir-

Beispiel für das Tragen eines Wärmeschützers am Oberschenkel

ken. Hierdurch werden die Möglichkeiten des Arztes bezüglich einer Kontrolle des Heilungsverlaufs erschwert. Schmerzfreiheit kann den Sportler unvorsichtig werden und zu früh mit dem Training beginnen lassen. Das Ergebnis besteht dann letztendlich in einer Verschlimmerung der Schädigung. Medikamente sollten also so zurückhaltend wie möglich eingesetzt werden, stets nur mit dem Ziel der Optimierung des Heilungsverlaufs und nicht mit der Vorstellung, dem Sportler möglichst rasch wieder die Aufnahme seiner sportlichen Tätigkeit zu ermöglichen.

Wie bereits im allgemeinen Teil beschrieben, ist die Entzündung aus der Sicht des Heilungsprozesses grundsätzlich ein positiver Vorgang, der sich allerdings auch durch das Auftreten von Flüssigkeitsansammlungen (Ödeme), die unnötige Bildung von Bindegewebe und das Ausfällen von Fibrin negativ auswirken kann.

Antiphlogistika, also Medikamente, die entzündungshemmend, schmerzstillend und fiebersenkend wirken, vermindern ausschließlich die Symptome einer Entzündung, sie beseitigen nicht die Ursache. Um so wichtiger ist es, daß man diese Ursache findet, bevor man die Symptome behandelt.

Neben der Anwendung von allgemein wirksamen Präparaten besteht die Möglichkeit örtlicher Maßnahmen zur Schmerzstillung in Form einer örtlichen Betäubung, der Anwendung von schmerzstillenden Salben, Kälte oder Wärme. Dies kann im Einzelfall durchaus sinnvoll sein, die Richtlinie ist aber auch hier, daß durch die Schmerzlinderung nicht das Risiko einer Verschlimmerung oder einer Heilungsverzögerung eingegangen werden darf.

Gelegentlich kann im Sport die örtliche Anwendung von Kortison zur Entzündungshemmung indiziert sein (s. S. 238 ff.).

Auswahl geeigneter schmerzstillender bzw. entzündungshemmender Medikamente

Bei leichteren Schmerzzuständen sollte der Sportler zunächst zu rezeptfreien Paracetamolpräparaten wie Anaflon, ben-u-ron, Treupeltabletten u. a. greifen. Diese haben gegenüber den Acetylsalizylsäurepräparaten den Vorteil, daß sie besser magenverträglich sind und die Blutungszeit nicht verlängern. Dies ist bei Verletzungen, die mit Blutungen einhergehen, bedeutsam. Die normale Dosierung für den gesunden Erwachsenen liegt bei 4 x 1—2 Tabletten pro Tag. Als Alternative kommt Acetylsalicylsäure (ASS) vor allem in Form von Brausetabletten in Frage. ASS ist bei entzündlich ausgelösten Schmerzzuständen vorzuziehen. Die neueren, meist allerdings rezeptpflichtigen Antiphlogistika wie Diflunisal, Diclofenac, Naproxen und Piroxicam haben eine stärkere entzündungshemmende Wirkung als das Paracetamol und sind darüber hinaus besser magenverträglich.

Bei stärkeren Schmerzen sind Präparate vorzuziehen, die verschiedene schmerzwirksame Komponenten in Form von Paracetamol, Dextropropoxiphen, ASS, Phenazon und Kodein miteinander kombinieren (z. B. Kontraneural, Dolomo, Gelonida, Lonarid etc.) Es ist jedoch zu beachten, daß diese Präparate den Dopingtest dann positiv ausfallen lassen, wenn sie zentral wirksame schmerzstillende Substanzen wie Kodein oder Dextropropoxiphen enthalten. Der Sportler sollte zu solchen Medikamenten nur dann greifen, wenn er aufgrund ausgeprägter Schmerzen sowieso nicht in der Lage ist, an Wettkämpfen teilzunehmen. Da die Ausscheidung der Substanzen einige Zeit benötigt, sollte die letzte Einnahme solcher Präparate nur einige Wochen vor dem nächsten Wettkampf erfolgen.

Bei schwersten Schmerzzutänden ist selbstverständlich auch beim Sportler die Möglichkeit der Verordnung von Morphinpräparaten gegeben. Die Zeit bis zur Teilnahme am nächsten Wettkampf sollte hier mindestens eine Woche betragen.

Bei örtlichen Reizzuständen wird auch beim Sportler gerne Kortison mit und ohne Zusatz von örtlichen Betäubungsmitteln in den Bereich von Sehnenansätzen und Gelenkkapseln lokal injiziert. Dies kann in Einzelfällen vertretbar sein. Man sollte aber wissen, daß hierdurch die örtliche Gewebsresistenz vermindert wird (s. S. 240).

Die Möglichkeit der intravenösen Injektion von Heparin zur Verhinderung der Verwachsung von Sehnen und umgebendem Gewebe, zur Schmerzlinderung und zur Beschleunigung des Heilungsverlaufs wurde bereits erwähnt. Dieses Verfahren ist selbstverständlich bei stärkeren Blutungen wegen der Möglichkeit einer weiteren Zunahme der Blutungsneigung nur mit größter Vorsicht anzuwenden.

Ethische Gesichtspunkte

Akute Sportschäden betreffen überwiegend die Weichteile. Durch Kälteeinwirkung, Kompressionsverband, Hochlagerung und Ruhigstellung wird im allgemeinen rasch Beschwerdefreiheit erzielt. Hierdurch darf sich der Betroffene nicht dazu verleiten lassen, seine sportliche Tätigkeit allzu schnell wieder aufzunehmen, da er sonst ein unkalkulierbares Risiko eingeht. Solange das Ausmaß der Schädigung nicht hinreichend sicher beurteilt werden kann, sollte mit dem Sport ausgesetzt werden.

Schmerzstillende und entzündungshemmende Medikamente mit fiebersenkender Wirkung

Allgemeine Gesichtspunkte

Die hier zu besprechenden Medikamente mit schmerzstillender (analgetischer), fiebersenkender (antipyretischer) und entzündungshemmender (antiphlogistischer) Wirkung werden zusammengefaßt als Antiphlogistika bezeichnet. International werden sie auch „non steroidal antiinflammatory drugs" (NSAID), also entzündungshemmende Medikamente, die nicht auf Kortison basieren, genannt. Der wichtigste, wenn auch nicht einzige, gemeinsame Wirkungsmechanismus besteht in der Hemmung der Zyklooxygenase und damit der Hemmung der Bildung von Prostaglandinen und verwandten Substanzen (s. S. 224 ff. und Abb. S. 225). Eine Sonderstellung kommt hier aber wohl dem Paracetamol zu, das einen anderen Wirkmechanismus aufweist. Seine Wirkung beruht wahrscheinlich auf einer Hemmung der gewebsschädigend wirkenden freien Säureradikale. Dies erklärt, warum Paracetamol zwar schmerzhemmend, aber praktisch nicht antientzündlich wirkt. Im Gegensatz zu den anderen Medikamenten dieser Gruppe bewirkt es auch kaum Magenbeschwerden, es steigert nicht die Blutungsbereitschaft. Die magenreizende Wirkung der anderen Medikamente beruht auf einer Hemmung des Prostaglandins E_2, das normalerweise einen schleimhautschützenden Effekt durch Vermehrung des Schleims auf der Magenschleimhaut bewirkt und den Bikarbonatgehalt des Magensaftes steigert. Die Verstärkung der Blutungsbereitschaft beruht auf einer Thrombozytenaggregationshemmung, d. h., auf einer Hemmung der Zusammenballungsbereitschaft der Blutplättchen (Thrombozyten). Die Hemmung der Zyklooxygenase führt zu einer vermehrten Bildung der Leukotriene B_4, C_4, D_4 und E_4 aus der Arachidonsäure. Bei Asthmaneigung können hier lebensbedrohliche Anfälle ausgelöst werden. Solche, auch als Salizylsäure-Asthmatiker bezeichneten Patienten dürfen außer Paracetamol keine Medikamente aus der NSAID-Gruppe erhalten.

Salizylsäurepräparate

Salizylsäurepräparate, die Acetylsalizylsäure (ASS) enthalten, haben eine ausgeprägt schmerzstillende, fiebersenkende und antientzündliche Wirkung. Die rezeptfrei zu erhaltenden ASS-Präparate werden daher bei Beschwerden in den verschiedensten Bereichen wie Muskel-, Gelenk- und Zahn- oder Kopfschmerzen erfolgreich eingesetzt. Sie sind Mittel der ersten Wahl bei leichteren, vorübergehenden Schmerzzuständen und sind nach wie vor die am häufigsten eingesetzten Schmerz- und Fiebermittel. Nebenwirkungen kommen vor allem in

Form von Magenschleimhautreizungen vor. Hier können sich örtliche Geschwüre mit Blutungsneigung bilden. Aufgrund der vorstehend geschilderten Mechanismen wird auch die allgemeine Blutungsbereitschaft erhöht. Unter „Salizylismus" versteht man Beschwerden in Form von Schwindel, Ohrensausen, eingeschränktem Hörvermögen, Müdigkeit und vermehrter Schweißbildung. Diese Beschwerden treten typischerweise bei höheren Dosierungen auf, meist dann, wenn man versucht, in der Behandlung chronischer entzündlicher Erkrankungen die individuell höchste tolerierte Dosierung auszutesten. Nach Verminderung der Dosis verschwinden die Symptome wieder. Auch Überempfindlichkeitsreaktionen können in Form von Hautausschlägen, Asthmaanfällen und in seltenen Fällen als anaphylaktischer Schock (s. S. 73) vorkommen.

Die normalen ASS-Tabletten, wie Acetylin, Aspirin, Solpyron oder Temagin, enthalten meist größere Mengen der schnell resorbierbaren Substanz. Aufgrund ihrer Größe können die Tabletten leicht in der Speiseröhre hängenbleiben und dann zu örtlichen Schleimhautverätzungen führen. Man sollte sie daher stets mit viel Wasser zu sich nehmen. Besonders bei älteren Menschen sollte man besser auf andere Präparate ausweichen.

Die Verwendung von wasserlöslichen ASS-Präparaten, Tabletten, die im Wasser aufgelöst und dann getrunken werden können, vermeidet das Auftreten von Schluckbeschwerden und Schleimhautschädigungen im Speiseröhrenbereich. Die Gefahr einer Magenschleimhautreizung ist jedoch nicht geringer als bei den genannten üblichen ASS-Präparaten.

ASS-Brausetabletten wie Alka-Selzer oder Aspro-500 sind wasserlösliche Präparate mit einer gleichzeitig größeren Menge an Natriumbikarbonat. Bikarbonat neutralisiert die Salzsäure im Magen und senkt dadurch die Schleimhautgefährdung durch einen zu niedrigen pH-Wert. Die Brausetabletten stellen daher die verträglichste Form der ASS-Präparate dar. Sie sollten allerdings wegen ihres großen Gehalts an Natriumbikarbonat nicht länger als zwei Wochen eingenommen werden, da sonst das Säure-Basen-Gleichgewicht des Organismus gestört werden kann. Dies wirkt sich besonders negativ bei Patienten mit Herzerkrankungen, Hochdruck oder Nierenschädigungen aus.

Zahlreiche ASS-Präparate sind auch mit einem Koffeinzusatz erhältlich. Dies geht dann meistens schon aus der Namensgebung hervor, z. B. in Präparaten wie Coffetylin oder Dorocoff. Der Koffeinzusatz kann besonders bei Kopfschmerzen einen positiven Effekt bewirken, bei anderen Schmerzformen stehen eher die Nebenwirkungen im Vordergrund. Zu häufiges Einnehmen dieser Kombinationsform kann seinerseits wiederum zu chronischen Kopfschmerzen führen. In solchen Fällen setzen im Provokationsversuch die Kopfschmerzen typischerweise 1—2 Tage nach der Tabletteneinnahme ein und verschwinden sofort wieder nach Absetzen des Präparates.

Magensaftresistente ASS-Präparate sind galenisch so zubereitet, daß sie sich erst im Dünndarm auflösen, dessen Inhalt weniger sauer ist als der Magensaft. Hierdurch wird das lokale Schleimhautrisiko reduziert. Die Aufnahme im Magen-Darm-Kanal erfolgt allerdings verzögert. ASS wird darüber hinaus in einfache Salizylsäure umgewandelt, deren analgetischer Effekt geringer ist.

Derartige Präparate kommen daher nur in der Behandlung chronischer Schmerzzustände zur Anwendung.

Tabelle 2:
Antiphlogistika (Medikamente mit schmerzstillender, fiebersenkender und entzündungshemmender Wirkung)

	Salicylsäurederivate
Stark magenschleimhautreizend	Acetylsalicylsäure
	Tabletten zum Einnehmen oder zum vorherigen Auflösen in Wasser, wie Acetylin, Aspirin, Solpyron oder Temagin
Besser magenverträglich, nur für kurze Behandlungszeiten geeignet	Brausetabletten mit Natriumbikarbonat, wie Alka-Selzer, Aspro-500
Anwendung vor allem bei chronisch entzündlichen Prozessen. Sie sind besser magenverträglich, z.T. auch als wasserlösliche Tabletten verfügbar.	Magensaftresistente Tabletten bzw. Tabletten, die sich erst im Darm auflösen, wie Colfarit
	Salicylsäure
	Natriumsalicylat in Form von magensaftresistenten Tabletten
In der Wirkungsweise entsprechend den Salicylsäurederivaten	Diflunisal (Fluniget)
	Anilide
	Paracetamol (Anaflon, ben-u-ron, Treupel-P)
	Indol- und Indenderivate
	Indometacin (Amuno, Indomet), Sulindac
	Arylkarboxylsäurederivate
	Ibuprofen (Brufen, Imbun)
	Pyrazolonderivate
	Phenazon und Propylphenazon. Sie finden sich in einer Reihe von Kombinationspräparaten. Zur gleichen Gruppe gehören auch Phenylbutazon und Oxyphenbutazon, die jedoch wegen einer Reihe von schwerwiegenden Zwischenfällen aus dem Handel gezogen wurden.
	Benzotriazinderivate
	Azapropazon (Prolixan)

Das *Diflunisal* (im Handel als Fluniget) stellt eine Weiterentwicklung der Salizylate dar. Die Wirkung entspricht der ASS, die Wirkungsdauer ist allerdings erheblich länger (10—12 Stunden). Die Nebenwirkungsrate ist geringer als die aller anderen Salizylsäurepräparate.

Paracetamol

Wie bereits im allgemeinen Teil angegeben, kommt dem Parecetamol im Bereich der nichtsteroidalen, entzündungshemmenden Medikamente eine Sonderstellung zu. Es hat die gleiche schmerzlindernde und fiebersenkende Wirkung wie die rasch absorbierbare ASS, dagegen praktisch keine entzündungshemmende Wirkung. Magenbeschwerden oder eine vermehrte Blutungsbereitschaft werden nicht beobachtet. Paracetamol ist daher besonders bei Personen mit empfindlichem Magen oder erhöhter Blutungsbereitschaft indiziert. Es wird auch von Kindern wesentlich besser vertragen als Salizylate.

Bei Sportverletzungen, bei denen ja meist auch eine Blutung besteht, ist Paracetamol daher im akuten Stadium anderen Schmerzmitteln vorzuziehen.

Nebenwirkungen sind bei normaler Dosierung überaus selten. Bei erheblichen Überdosierungen von 20—30 Tabletten wurden akute Leberschädigungen und Todesfälle beschrieben. Alkohol verstärkt diese toxische Wirkung der Substanz.

Paracetamol wird als Monosubstanz in einer großen Zahl handelsüblicher Präparate wie Anaflon, ben-u-ron, Treupel-P-Tabletten etc. angeboten. Es gibt darüber hinaus eine Reihe von Kombinationspräparaten wie Gelonidatabletten etc. (s. S. 237).

Indol- und Indenpräparate

Indol- und Indenderivate wirken nur mäßig schmerzstillend, dagegen ausgesprochen stark entzündungshemmend und fiebersenkend. Sie werden vorzugsweise bei entzündlich bedingten Schmerzzuständen eingesetzt. Eine besonders weite Verbreitung, u. a. auch im Sport, hat in der ganzen Welt das Indolderivat Indometacin erfahren (als Amuno oder Indomet im Handel). Unter Indometacin treten typische Nebenwirkungen auf: Magen-Darm-Beschwerden wie Übelkeit, Magenschmerzen und Durchfall, zentralnervöse Symptome, Kopfschmerzen, Schwindel, Verwirrung und Schleiersehen. Ihr Auftreten ist eher die Regel als die Ausnahme. Die Nebenwirkungen sind so typisch, daß man diese Substanz gewissermaßen als Vergleichspräparat zur Austestung der Nebenwirkungsrate neuer, nichtsteroidaler entzündungshemmender Medikamente benutzt. In der Praxis hat es sich häufig eingebürgert, Indometacin ansteigend zu dosieren, bis das Auftreten der beschriebenen Nebenwirkungen das Erreichen der individuellen Toleranz anzeigt, um dann mit der Dosis etwas zurückzugehen. Die Magenbeschwerden sind bei Indometacin stärker ausgeprägt als bei anderen nichtsteroidalen Entzündungshemmern. Aus diesem Grund wird Indometacin gerne auch als Kapseln oder in Form von Zäpfchen gegeben, um das Risiko solcher Beschwerden zu verringern.

Das Indenderivat Sulindac ist ein neues, dem Indometacin chemisch verwandtes Präparat. Die Substanz selbst ist unwirksam. Sie wird aber in der Leber in eine aktive Form umgewandelt, deren Wirkstärke etwa der des Indometacins gleicht. Sulindac ist weniger magenreizend als Indometacin. Die Nebenwirkungsrate entspricht hier Diflunisal, Diclofenac, Naproxen oder Piroxicam. Im übrigen sind andere Nebenwirkungen etwa gleich häufig. Es liegen allerdings Berichte vor über ein vermehrtes Vorkommen einer seltenen lebensbedrohlichen Hauterkrankung (Lyell-Erkrankung). Hier wird man erst noch weitere Erfahrungen abwarten müssen.

Arylcarboxylsäurederivate

Phenylessigsäurederivate

Ibuprofenpräparate (Brufen, Imbun) werden oft fälschlich als die nichtsteroidalen entzündungshemmenden Medikamente mit den geringsten Nebenwirkungen bezeichnet. Diese Ansicht beruht darauf, daß sie ursprünglich in viel zu niedriger Dosierung eingeführt wurden. Inzwischen liegt die empfohlene Dosierung um den Faktor 2 bis 4 höher als die früher übliche. Hierdurch hat sich auch die Nebenwirkungsrate in dem Maß erhöht, das für vergleichbare Präparate anzunehmen ist. Im Vergleich zu anderen NSAID ist die Wirkungszeit des Ibuprofens deutlich kürzer.

Auch Diclofenac gehört zur Gruppe der Phenylessigsäurederivate. Die entzündungshemmende und schmerzstillende Wirkung entspricht der des Indometacins. Die Tabletten sind daher so zubereitet, daß sie sich erst im Dünndarm auflösen. Aus diesem Grund sind Magenbeschwerden deutlich seltener als bei anderen nicht steroidalen Antiphlogistika. Mit Hinblick auf sonstige Nebenwirkungen entspricht auch Diclofenac anderen Vertretern dieser Gruppe.

Naphthylessigsäurederivate

Naproxen, als Apranax oder Proxen auf dem Markt, ist schon längere Zeit bekannt, so daß hinreichende klinische Erfahrungen über die Nebenwirkungen vorliegen. Die entzündungshemmende und schmerzstillende Potenz entspricht in etwa der des Indometacins. Auch die Nebenwirkungen sind vergleichbar, wenngleich unter Naproxen Kopfschmerzen und Verwirrtheitszustände seltener auftreten sollen. Da die Wirkung lange anhält, ist im allgemeinen eine Dosierung von zweimal einer Tablette täglich ausreichend.

Benzothiazinderivate

Piroxicam, als Felden im Handel, stellt den jüngsten Vertreter der NSAID auf dem Markt dar. Wirkung und Nebenwirkungen entsprechen denen der anderen Vertreter dieser Gruppe. Typisch für Piroxicam ist die lange Wirkungsdauer von etwa 24 Stunden. Bei den Nebenwirkungen ist das gehäufte Vorkommen von Fotosensibilisierungen zu erwähnen. Unter dem Präparat können extreme Zustände von Empfindlichkeit gegen Sonneneinstrahlung auftreten.

Pyrazolonderivate

Die Pyrazolonderivate werden in zwei Hauptgruppen eingeteilt, auf der einen Seite das Phenazon, auf der anderen Seite die Derivate des Phenylbutazons und das Oxyphenbutazon.

Dem Phenazon kommt eine relativ deutliche schmerzstillende Wirkung bei verhältnismäßig gering ausgeprägtem entzündungshemmendem und fiebersenkendem Effekt zu. Nebenwirkungen sind selten, am häufigsten in Form von Hautreaktionen. Phenazon findet sich in einer Reihe rezeptfreier Schmerztabletten, wie z. B. Spalttabletten, darüber hinaus in zahlreichen Kombinationspräparaten (s. S. 237).

Präparate, die Phenylbutazon (Butazolidin) oder Oxyphenbutazon (Tanderil) enthielten, wurden 1984 wegen seltener, aber lebensbedrohlicher Nebenwirkungen aus dem Markt genommen. Beschrieben wurden insbesondere Leberschäden sowie Störungen der Blutbildung. Butazolidin darf nur noch bei besonderen Indikationen Verwendung finden. Soweit man diese Medikamente im Ausland, teilweise sogar noch rezeptfrei, erhalten kann, sollte man auf ihre Anwendung verzichten.

Benzotriazinderivate

Azapropazon (im Handel als Prolixan) ist ein neu eingeführtes Präparat, das eine chemische Verwandtschaft zur Pyrazolongruppe aufweist.

Man sagt ihm eine etwa gleich gute Wirkung wie dem Butazolidin nach, bei geringerer Nebenwirkungsrate. Die bisher mit dieser Substanz vorliegenden therapeutischen Erfahrungen sind aber noch zu gering.

Schmerzmittel vom Morphintyp

Morphin ist etwa zu 10% im Opium, dem getrockneten Saft aus unreifen Früchten des Schlafmohns, enthalten und wird hieraus hergestellt. Wie bereits früher beschrieben (s. S. 222 ff.), wird die schmerzstillende Wirkung des Morphins durch seine Stimulierung der schmerzhemmenden Bahnen in Rückenmark und Gehirn erklärt. Zu dieser Wirkung trägt auch die starke Angstdämpfung bei, die die hervorragende Wirkung des Morphiums bei Schmerzzuständen erklärt, die mit Angst verbunden sind. Es wird also nicht nur die Qualität des Schmerzes geändert, sondern auch dessen Erfahrung. Der Patient spürt gewissermaßen noch den Schmerz, aber er leidet nicht mehr in gleichem Maße darunter. In höheren Dosierungen führt Morphium zu einer allgemeinen Dämpfung der Hirnaktivität, es kommt zu Müdigkeit, Konzentrationsschwäche, Apathie und im schlimmsten Fall zu Atemdepression, der typischen Todesursache bei einer Morphinvergiftung. Weitere Nebenwirkungen bestehen in Blutdrucksenkung, Übelkeit und Erbrechen durch Stimulation des Brechzentrums. Die Wirkung des Morphiums auf die glatte Darmmuskulatur führt zu Verstopfung, bei Patienten, die dazu neigen, können Gallenkoliken ausgelöst werden. Der wichtigste Nachteil der Opiate besteht allerdings in ihrer suchterzeugenden Wirkung. Diese Gefahr ist gering, wenn das Morphium nur über kurze Zeit bei schweren Schmerzzuständen gegeben wird. Sie ist aber besonders groß, wenn über längere Zeit Opiate verordnet werden oder wenn Morphiumpräparate bei Personen gespritzt werden, die nicht unter Schmerzzuständen leiden.

Die wichtigsten, heute zur Anwendung kommenden Opiate sind Morphin, Pethidin und Methadon. Sie unterliegen sämtlich den strengen Regeln der Betäubungsmittelverordnung. Auch das Pentazocin (als Fortral im Handel), gehört zu dieser Gruppe, sein therapeutischer Wert wird aber durch seine kürzere Wirkungszeit und die stärker ausgeprägten Nebenwirkungen eingeschränkt. Mit dem Morphin verwandt sind auch das Kodein und das Dextropropoxiphen, die nur eine schwache schmerzstillende Wirkung haben. Die Substanzen finden sich häufig in Kombinationspräparaten, zusammen mit Salizylsäure und Parecetamol. Kodein wird außerdem zur Hustendämpfung verwandt. Die suchterzeugende Potenz von Kodein und Dextropropoxyphen ist gering.

In Kombinationspräparaten ist das Kodein meist so niedrig dosiert, daß ihm im allgemeinen wahrscheinlich überhaupt kein analgetischer Effekt zukommt. So enthalten die üblichen Schmerzmittel wie Gelonida oder Lonarid nur 10 mg Kodein pro Tablette. Kombinationen dieser Art sind unnötig. Wenn dies bei schweren Schmerzzuständen indiziert ist, sollten Kombinationen mit einem höheren Kodeinanteil Verwendung finden, beispielsweise Nedolon P mit einer Dosierung von 30 mg Kodein pro Tablette. Die Kombination kann mit Paracetamol oder Acetylsalizylsäure erfolgen. Ein Erwachsener kann bei schweren Schmerzzuständen bis zu zwei Tabletten solcher Präparate einnehmen. Man sollte allerdings stets berücksichtigen, daß Kodein auf der Dopingliste steht.

Dextropropoxyphen ist ein stark wirkendes Analgetikum, das zwar nicht unter die Betäubungsmittelverordnung fällt, jedoch nur in rezeptpflichtigen Medikamenten enthalten sein darf. Als Monosubstanz ist es in Form des Develin im Handel, darüber hinaus ist es in einer Reihe von Kombinationspräparaten wie Dolo-Neurotrat, Dolo-Prolixan oder Rosimon-neu enthalten. Die schmerzstillende Wirkung entspricht etwa der des Kodeins, im Gegensatz zum Kodein wirkt es allerdings weniger stark auf die glatte Muskulatur. Beschwerden in Form von Verstopfung oder Gallenkoliken treten daher seltener auf. Ebenso wie das Kodein steht es auf der Dopingliste. In Kombination mit Alkohol oder Beruhigungsmitteln (Sedativa) kann die Substanz bei Überdosierung zu gefährlichen, gelegentlich sogar tödlichen Vergiftungszuständen führen, wobei die Atemdepression im Vordergrund steht.

Dextropropoxyphenhaltige Medikamente sollten nur kurzfristig eingenommen werden.

Muskelentspannende Medikamente

Ende der 50er Jahre kam eine Reihe muskelentspannender (muskelrelaxierender) Medikamente auf den Markt. Die Anforderungen hinsichtlich des Wirkungsnachweises waren zum damaligen Zeitpunkt noch sehr gering. Nur so ist es zu erklären, daß diese Medikamente überhaupt den Eingang in den Arzneimittelmarkt gefunden haben, denn in den empfohlenen Dosierungen läßt sich für keines dieser Präparate die muskelentspannende Wirkung auch wirklich belegen. Trotzdem haben solche Medikamente einen großen Anwendungsbereich, insbesondere in Kombination mit antiphlogistisch wirkenden Substanzen, wie Acetylsalizylsäure, Paracetamol oder auch Dextropropoxyphen. Sie kommen zur Anwendung bei akutem Hexenschuß (Lumbago) oder ähnlichen muskulären Krampfzuständen. Tatsächlich wirkt hier nur die Schmerzmittelkomponente, die Verminderung des Schmerzes führt dann auch zu einem muskelentspannenden Effekt. Wesentlich vernünftiger ist es daher, in solchen Fällen Kombinationspräparate mit Paracetamol und einer ausreichend dosierten Kodeinkomponente zu verordnen, beispielsweise Azur compositum, oder auch ein Benzodiazepinpräparat (s. S. 275 f.) wie Diazepam. Letzteres wirkt muskelentspannend und gleichzeitig aber auch sedierend, so daß es nur vorübergehend abends eingenommen werden sollte.

Kortison

Kortison gehört zu der lebensnotwendigen Gruppe der von der Nebennierenrinde produzierten Hormone. Diese spielen eine wesentliche Rolle bei der Regelung zahlreicher Funktionen des Organismus. Von besonderer Bedeutung sind sie bei der Bewältigung von Belastungsreaktionen, in der Streßanpassung, im Stoffwechsel sowie in der Immunabwehr. Dabei bestehen wichtige wechselseitige Beziehungen zum autonomen Nervensystem. Der Untergruppe der Mineralokortikoide kommt eine entscheidende Bedeutung in der Regelung des Wasser- und Salzhaushaltes zu.

Gesteuert wird die Produktion der Nebennierenrindenhormone in einem komplizierten Regelsystem von der Hirnanhangsdrüse (Hypophyse). Die Abgabe des Kortisons erfolgt nach einem bestimmten Biorhythmus, wobei die höchste Konzentration im Blut morgens, die niedrigste während der Nacht gefunden wird. Eine Unterfunktion der Hypophyse geht mit einer Verminderung der Produktion von Nebennierenrindenhormonen einher. Es kommt zur Addison-Krankheit, die ohne adäquate Behandlung tödlich verläuft. Umgekehrt entstehen auch bei Überproduktion von Kortison schwere Krankheitszustände, beispielsweise die Cushing-Krankheit. Obwohl diese Erkrankungen selten sind, zeigen sie doch die Bedeutung, die einer ausbalancierten Produktion von Kortison zukommt.

Therapeutische Anwendung von Kortison

Bei der therapeutischen Anwendung des Kortisons nützt man seine entzündungshemmende Wirkung aus, die im einzelnen auf Seite 276 beschrieben wurde. Die hierbei eingesetzten Dosen sind wesentlich höher als die physiologischerweise im Organismus vorkommenden Kortisonkonzentrationen. Die Indikationsgebiete sind vielfältig. Kortison kommt zur Anwendung bei entzündlichen Krankheitsprozessen im Muskel, in den Gelenken und den Zehen (s. S. 250 ff.), bei allen allergischen Krankheitszuständen (s. S. 62 ff.), bei einer Reihe von immunologisch bedingten Krankheitsbildern (s. S. 56 ff.) sowie bei zahlreichen Hauterkrankungen (s. S. 192 ff.). Die Verabreichung erfolgt in Form von Injektion oder Tabletten, als Inhalation oder lokal in Salben. Bezüglich der Anwendungsmöglichkeiten von Kortison im Sport wird auf Seite 240 ff. verwiesen.

Nebenwirkungen

Kortison sollte nur mit großer Vorsicht eingesetzt werden, da es hierunter zu zahlreichen Nebenwirkungen kommen kann. Prinzipiell hemmt Kortison die Neubildung von Gewebe, speziell von Binde- und Stützgewebe in Knochen, Knorpel, Sehnen und Muskulatur sowie im Bereich der Bänder. Je höher die Dosierung und je länger die Therapie durchgeführt wird, um so ausgeprägter wird diese Hemmwirkung. Auch bei lokaler Anwendung von Kortison in Muskeln, Sehnen oder Gelenken kommt es zu solchen Effekten. Die im folgenden ausgeführten generellen Nebenwirkungen werden dagegen bei der lokalen Anwendung kaum beobachtet.

Unter Kortison kommt es bei hinreichend hoher Dosierung und längerer Anwendung zu einer Hemmung der körpereigenen Hormonproduktion. Wird dann die Kortisontherapie plötzlich abgesetzt, so kann das Bild einer akuten, manchmal tödlich verlaufenden Nebennierenrindeninsuffizienz entstehen, die dem Addison-Krankheitsbild entspricht.

Eine weitere unangenehme Nebenwirkung des Kortisons besteht in einer negativen Beeinflussung der Immunabwehr des Organismus (s. S. 56 ff.). Besonders bei hohen Dosierungen beobachtet man ferner psychische Effekte. Die Stimmungslage wird oft angehoben (Euphorie). Einen solchen Effekt könnte man theoretisch zur Behandlung von depressiven Verstimmungen ausnutzen, die hier erforderlichen Dosen wären aber so hoch, daß dies aus der Sicht der Nebenwirkungen im Bereich der Stützorgane nicht vertreten werden könnte. Eine länger andauernde Behandlung mit Kortison in hohen Dosierungen führt letztlich zu einem ganz ähnlichen Bild wie bei der Cushing-Krankheit, die auf einer erhöhten körpereigenen Kortisonproduktion beruht. Charakteristisch hierfür ist Übergewicht mit einer ganz typischen Fettverteilung. Es kommt zu Überdehnungen und Rissen in der Unterhaut, die zu narbigen Hautstreifen führen, wie man sie sonst nur an der Bauchhaut von Schwangeren kennt. Sämtliche Bindegewebsstrukturen und Knochen zeigen erhöhte Brüchigkeit.

Präparate

Kortisonpräparate können als Spritzen, Tabletten oder örtlich angewendet werden. Die Injektionen können in die Blutbahn (intravenös) oder örtlich erfolgen. Präparate zur intravenösen Allgemeinbehandlung stellen beispielsweise Solu-Decortin-H, Ultracorten oder Urbason solubile dar. Zur örtlichen Behandlung werden Präparate wie Decortin-H, Hostacortin, Prednisolon u. a. injiziert. Als Tabletten sind zahlreiche Präparate auf dem Markt, beispielsweise Decortin, Urbason, Medrate u. a. Kortisonpräparate zur Inhalation sind Auxiloson, Bronalide, Pulmicort, Sanasthmyl und Viarox.

Kortisonpräparate zur örtlichen Therapie von Hauterkrankungen werden nach Wirkungsstärke in vier Gruppen eingeteilt, wobei die entzündungshemmende Wirkung in der Gruppe I die schwächste, in der Gruppe IV die stärkste ist. Bezüglich einer Reihe von hier üblichen Präparaten wird auf Tabelle 3 verwiesen.

Lokale Behandlung mit Kortison

Kortison ist, wie bereits mehrfach betont, das stärkste entzündungshemmende Medikament, das uns zur Verfügung steht. Die Ausnutzung dieser therapeutischen Wirkung wird andererseits mit einer Reihe von Nebenwirkungen bezahlt.

Kortison hemmt insbesondere den Eiweißaufbau, d. h., es wirkt katabol. Dies führt zu einer generellen Schwächung aller Stützgewebe. Sportler, die nach örtlichen Kortisoninjektionen den behandelten Bereich innerhalb der nächsten zwei Wochen belasten, gehen aufgrund der verminderten Resistenz daher das Risiko von Sehnen- und Bänderrissen ein. Die Zahl der örtlichen Kortisoninjektionen sollte bei chronisch entzündlichen Prozessen deshalb auf höchstens zwei beschränkt bleiben.

Besonders gefährlich ist die Injektion von Kortison in infizierte Bereiche. Die Entzündung stellt eine der wichtigsten Abwehrmechanismen des Organismus gegenüber Infektionen dar. Die entzündungshemmende Wirkung des Kortisons kann in solchen Fällen zu gefährlichen Komplikationen führen.

Die Indikation zur Kortisoninjektion ist besonders bei Schmerzzuständen gegeben, die auf nicht bakteriell bedingten Entzündungen der Sehnenansätze (Tenoperiostitis), der Sehnenscheiden (Tendovaginitis) oder der Schleimbeutel (Bursitis) beruhen. Bei Reizzuständen im Bereich der Sehnenansätze sollte die Injektion örtlich im Schmerzbereich unterhalb des Sehnenansatzes in die Knochenhaut erfolgen. Kortison darf auf keinen Fall in die Sehne selbst injiziert werden. Bei einer Sehnenscheidenentzündung wird das Kortison zwischen Sehne und Sehnenscheide gespritzt, bei der Bursitis direkt in den Schleimbeutel. Die entzündungshemmende Wirkung des Kortisons wird durch die Verwendung von Depotpräparaten verstärkt. Häufig werden Kortisoninjektionen mit lokal wirksamen Betäubungsmitteln kombiniert, um eine schnellere Schmerzstillung zu erreichen. Der Nachteil dieses Vorgehens besteht darin, daß die Menge der injizierten Flüssigkeit größer wird. Der dadurch gesteigerte Gewebsdruck kann sich seinerseits schädlich auswirken.

Nach einer örtlichen Kortisoninjektion sollte der Patient den behandelten Bereich 14 Tage lang nicht belasten. Allgemeine durch Kortison bedingte Nebenwirkungen sind bei der Verwendung lokal wirksamer Präparate nicht zu befürchten.

Bei der lokalen Anwendung von Kortison sollten einige Fehler unbedingt vermieden werden. Leider geschieht es immer wieder, daß Kortison in Kombination mit einem örtlichen Betäubungsmittel auch bei akuten Verletzungen von Sehnen, Bändern und Muskeln eingesetzt wird. Die oben beschriebene Verminderung der Wachstumspotenz der Stützgewebe unter Kortisoneinfluß läßt ein solches Vorgehen als äußerst fragwürdig erscheinen. Kortison sollte auf keinen Fall direkt in eine Sehne oder ein Band injiziert werden, da es hier zu einem Abster-

Tabelle 3:
Ausgewählte, verschieden starke Kortisonpräparate

Wirkung	Freiname	Handelsname
Leicht	Hydrokortison	Ficortril
	Methylprednisolon	Schericur Medrate
	Prednisolon	Decortin
Mittelstark	Desonid	Sterax Topifug
	Flumetason	Locacorten
	Fluorometholon	Efflumidex
	Flupredniden	Decoderm
	Hydrokortison (-butyrat)	Alphason
	Triamcinolon	Delphicort, Extracort, Volon
Stark	Betamethason	Betnesol, Celestan Diproposone
	Budenosid	Pulmicort
	Desoximetason	Topisolon
	Fluocinolonacetonid	Jellin
	Fluocinonid	Topsym
	Fluocortolon	Ultralan
Sehr stark	Clobetasol	Dermoxin
	Halcinonid	Halog

ben von Gewebe kommen kann (Nekrose). Hierdurch wird die Festigkeit von Sehnen und Bändern weiter vermindert, so daß unter Belastung Risse entstehen können. Der Einsatz von Kortison zur Schmerztherapie ist für die Sportmedizin charakteristisch. Außerhalb des Sports dürften solche Indikationen nur sehr selten vorkommen.

22

Erkrankungen des Bewegungsapparates

Das Skelettsystem des Menschen besteht aus mehr als 200 Knochen, die durch Gelenke untereinander verbunden sind. Bedeckt werden die Knochen von der Knochenhaut (Periost), das Knochenende ist durch Gelenkknorpel überzogen. Die Gelenke werden von einer Kapsel eingeschlossen. Die Festigkeit der Gelenke wird von zahlreichen Faktoren bestimmt. Hier wirken Bänder (Band = Ligamentum), die Form der Gelenkfläche, zwischen den Gelenken liegende Knorpelscheiben (Meniskus bzw. Diskus), die Gelenkkapsel sowie die umgebenden Muskeln und Sehnen zusammen. Die Bewegung innerhalb des Gelenks erfolgt durch Muskeln, deren Ansatz- bzw. Ursprungssehnen beidseits des Gelenkes gelegen sind.

Der Gelenkknorpel besitzt keine eigene Blutgefäßversorgung. Seine Ernährung erfolgt durch Diffusion über die Gelenkflüssigkeit (Synovialflüssigkeit), die von den inneren Schichten der Gelenkkapsel produziert wird. Aus diesem Grund heilen Schädigungen des Gelenkknorpels nur sehr schlecht aus. Der Gelenkflüssigkeit kommt weiterhin

Gelenkknorpel

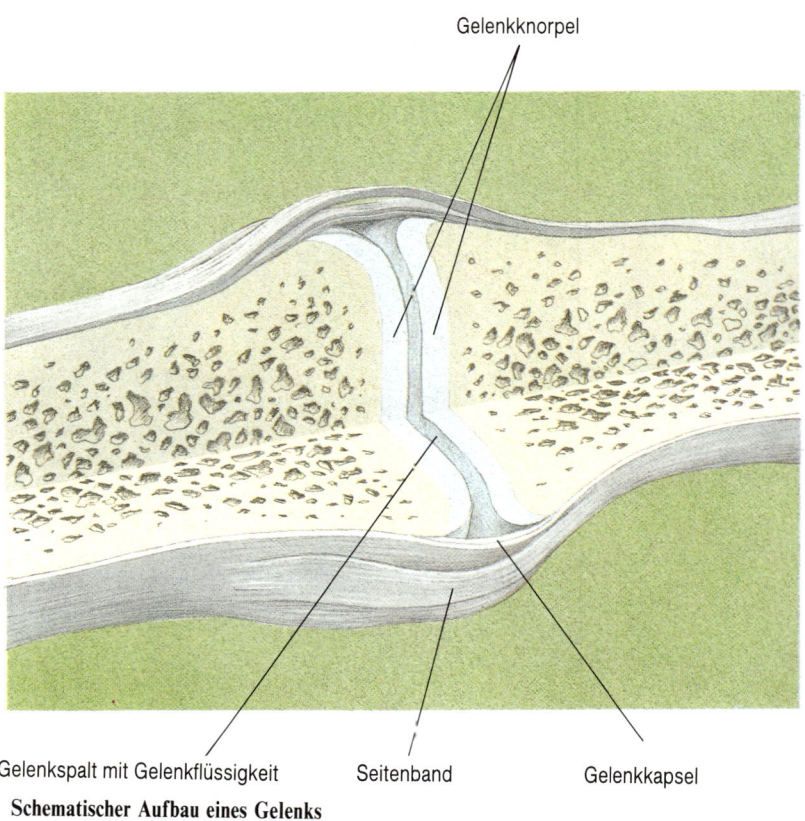

Gelenkspalt mit Gelenkflüssigkeit   Seitenband   Gelenkkapsel

Schematischer Aufbau eines Gelenks

242

die Funktion zu, die Gelenkflächen zu „schmieren" und damit die Reibung im Gelenk herabzusetzen.

Aufgrund der jeweiligen Form unterscheidet man eine Reihe verschiedener Gelenktypen wie Kugelgelenke (z. B. Hüftgelenk), Scharniergelenke (z. B. Fingergelenke) oder das Sattelgelenk (z. B. Daumengrundgelenk). Der muskuläre Ansatz am Knochen erfolgt über Sehnen, wobei Muskeln und Sehnen eine funktionelle Einheit bilden. Im Gegensatz zu den Stützgeweben verfügt die Muskulatur über eine sehr reiche Blutversorgung. Die verhältnismäßig schlechte Durchblutung der Sehnen bewirkt hier frühzeitige Altersveränderungen (Degeneration). Schon ab dem 30. Lebensjahr läßt sich eine Verminderung der Festigkeit von Sehnen nachweisen.

Erkrankungen oder Schädigungen des Bewegungsapparates führen verständlicherweise beim Sportler, der von der Bewegung lebt, in besonderem Maße zu Problemen. Solche Beeinträchtigungen der Bewegungsfunktion betreffen häufig nicht nur eine der Komponenten des Bewegungsapparates, sondern mehrere gleichzeitig. Ursächlich hierfür können akute Verletzungen, Überlastungsschäden und primäre Erkrankungen sein. Die wichtigsten Beeinträchtigungen des Bewegungsapparates und ihre Konsequenzen aus der Sicht des Sportlers werden im folgenden erörtert.

„Gelenkverschleiß" (Arthrose)

Krankheitsbild Unter einer Arthrose versteht man eine Gelenkschädigung, die zunächst zu einer Veränderung des Gelenkknorpels und später auch zur Veränderung des Knochens führt. Man spricht von einer sekundären Arthrose, wenn sie durch eine bekannte Ursache bedingt ist, beispielsweise durch eine akute Verletzung, Überlastung oder Erkrankung. Arthrosen können auch „primär" entstehen, d. h., eine Ursache ist nicht bekannt. Solche primären Arthrosen führen im allgemeinen erst nach dem 50. Lebensjahr zu Symptomen. Man findet sie vorzugsweise bei Frauen, Diabetikern oder übergewichtigen Personen. Die Sekundäre Arthrose entsteht als Folge von Verletzungen der Gelenkflächen, der Bänder oder als Folge von Luxationen (Gelenkverrenkungen). Überlastungen können durch asymmetrische Gelenkbelastung entstehen, beispielsweise bei Joggern, wobei vor allem ältere Menschen betroffen sind. Als Beispiele für Krankheiten, die zu Arthrosen führen, seien Infektionserkrankungen und der Gelenkrheumatismus (rheumatoide Arthritis) genannt. Auch Erkrankungen, die eine langzeitige Kortisonbehandlung notwendig machen, begünstigen die Entstehung von Arthrosen. Obwohl grundsätzlich alle Gelenke des Körpers betroffen sein können, finden sich solche Veränderungen vorzugsweise im Bereich der Knie- und Hüftgelenke. Die Sprunggelenke sind dagegen seltener befallen.

Im Verlaufe der Arthroseentstehung weicht der Gelenkknorpel auf. Seine Elastizität geht verloren, die Oberfläche wird rauh und franst aus. Es bilden sich Risse, die bis zur Knochensubstanz reichen. Mit der Zeit nutzt sich der Knorpel bis zur Knochenoberfläche ab, der Knochen liegt frei und bildet die Belastungsfläche des Gelenks. Reaktiv entstehen im Bereich des gelenknahen Knochens Verhärtungen (Sklerosen), gleichzeitig wird in diesem Gebiet Knochen zerstört, es bilden sich Hohlräume (Zysten). Die degenerativen Veränderungen führen zur Stimulation von Knorpelneubildung. Die Knorpelzellen können ihrerseits dann wieder verknöchern, oder es kommt von Verdickungen der Gelenkkapseln aus zu Knochenauflagerungen (Osteophyten).

Bei der Arthrose kommt es zu folgenden Symptomen:

Symptome
— Schmerzen, die sich allmählich verstärken und unter Belastung zunehmen. Bei Sportlern kann es oft sein, daß die Beschwerden zunächst mit dem Aufwärmen verschwinden, um nach Beendigung der sportlichen Aktivität zurückzukommen.

— Gelenkschwellung durch erhöhte Flüssigkeitsansammlung im Gelenk, vorzugsweise im Bereich der Knie- und Fingergelenke.

— Morgensteifigkeit; besonders zu Beginn von Bewegungen ist die Gelenkbeweglichkeit schmerzhaft eingeschränkt.

— Gelenkknirschen (Krepitation).

— Schmerzen bereits in Ruhe, die so stark sein können, daß sie vor allem bei Hüftgelenksarthrosen, weniger bei Kniegelenksarthrosen, zu Schlafstörungen führen. Solche Beschwerden treten allerdings erst in fortgeschrittenen Krankheitsstadien auf.

— Fehlstellungen der Gelenke (Deformierung), die durch die Abnutzung der Gelenkknorpel, durch die verminderte Festigkeit der Bänder und durch Osteophytenbildung entstehen.

Die Diagnose wird im allgemeinen aufgrund der typischen Symptome und klinischen Befunde gestellt. Zur frühzeitigen Diagnose führt die direkte Besichtigung des Gelenkinneren nach Einführung eines entsprechenden Instruments (Arthroskop). Sind die Veränderungen stärker fortgeschritten, lassen sie sich auch im Röntgenbild nachweisen. Typische Zeichen sind ein durch die Abnutzung des Gelenkknorpels verschmälerter oder durch erhöhte Flüssigkeitsproduktion verbreiterter Gelenkspalt, Verdichtung der das Gelenk bildenden Knochen (Sklerose), in dem sich Zysten finden können, sowie Knochenneubildungen (Osteophyten).

Arthrotische Veränderungen können lange Zeit vorliegen, ohne Beschwerden zu verursachen. Nicht selten werden sie als Zufallsbefund bei einer Röntgenuntersuchung entdeckt. Die Geschwindigkeit, mit der die Veränderungen zunehmen, hängt von der Intensität der Belastung des betroffenen Gelenks ab.

Behandlung
Das Behandlungsziel besteht in der Verminderung der Beschwerden bei Erhaltung oder Verbesserung der Gelenkbeweglichkeit sowie der Muskelfunktion im Gelenkbereich. Arthrotische Gelenke sind unter Belastung schmerzempfindlich, daher stellt ihre Entlastung ein wichtiges Teilziel der Behandlung dar. Um ein aktives Bewegungstraining unter Entlastung durchführen zu können, empfiehlt sich die Ausführung eines Bewegungsprogramms in warmem Wasser. Passive Bewegungen, d. h. Bewegungen der Gelenke durch dritte Personen, sollten vermieden werden, da hierdurch das Krankheitsbild und die Beschwerden negativ beeinflußt werden können. Besondere Vorsicht ist bei allen Formen von Dehnungsübungen angezeigt. Wärmebehandlung und das Tragen von wärmehaltenden Gelenkschützern können die Beschwerden herabsetzen und ein aktives Bewegungsprogramm erleichtern. Häufig wird der Einsatz von schmerz- und entzündungshemmenden Medikamenten (s. S. 232 ff.) erforderlich. Zur Entlastung eines betroffenen Gelenks können Bandagen Anwendung finden, vor allem bei Arthrosen im Knie- und Hüftgelenk. Auch Gehhilfen in Form eines Stocks oder einer Unterarmstütze auf der gesunden Seite kommen in Frage. Für schwere Fälle stehen eine Reihe von chirurgischen Behandlungsmöglichkeiten zur Verfügung.

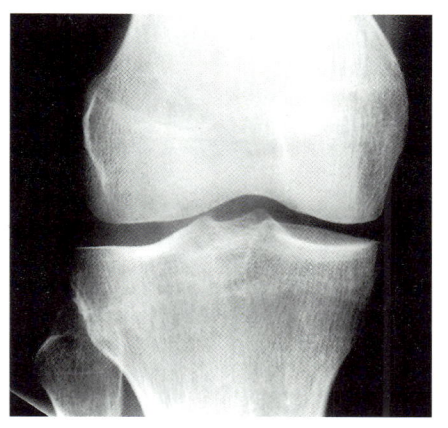

Röntgenbild eines normalen Kniegelenks

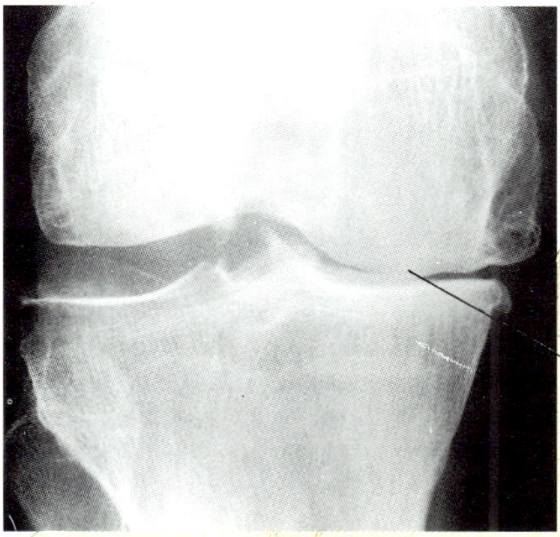

Röntgenbild eines Kniegelenks mit ver-
schmälertem Gelenkspalt (Arthrose)

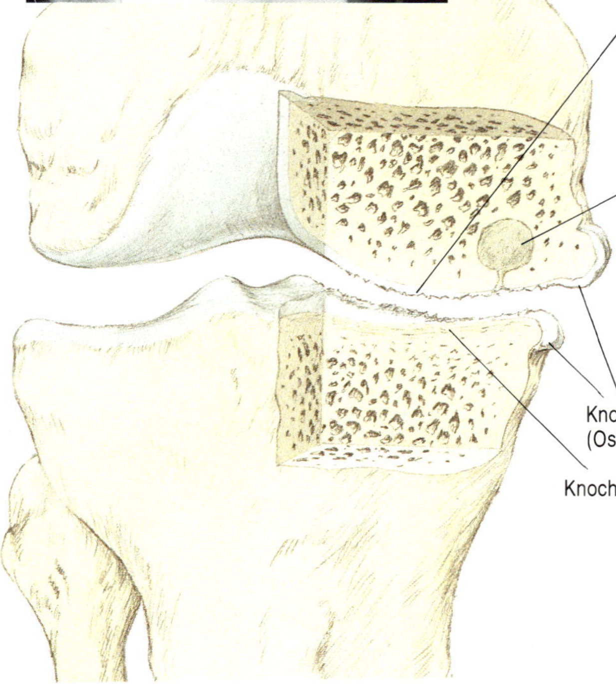

Knorpelverschleiß,
eingeengter Gelenkspalt

Zystenbildung

Knochenwucherungen
(Osteophyten)

Knochenverhärtung (Sklerose)

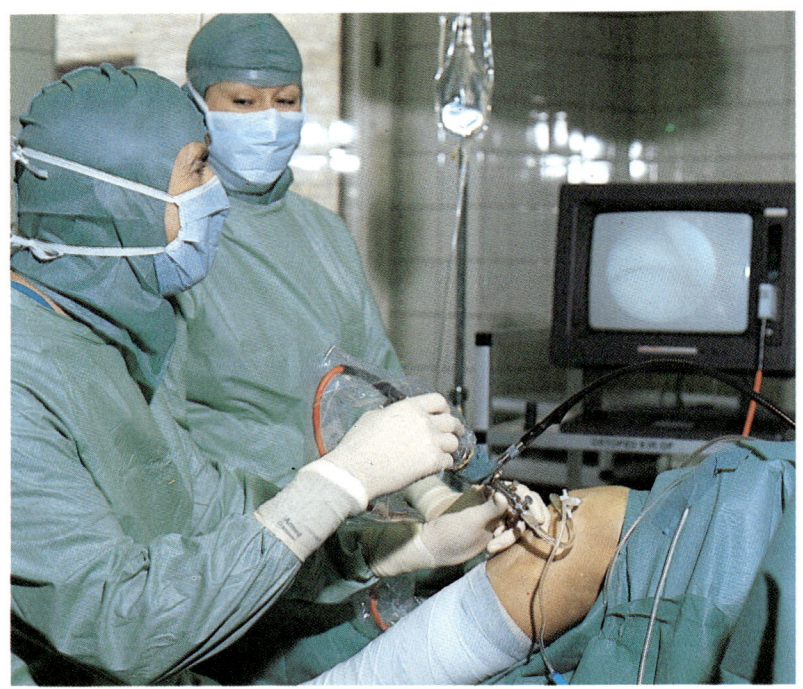

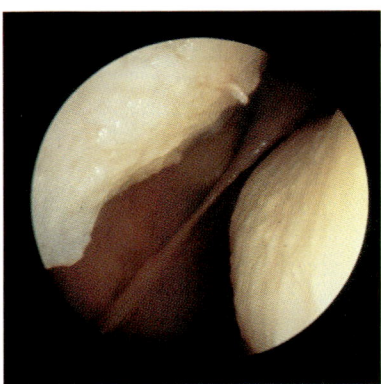

Arthroskopie — Inspektion eines Kniegelenks von innen. *Photo: Ole Roos*

In der linken Abbildung erkennt man bei der Arthroskopie Veränderungen des Knorpels auf der Rückseite der Kniescheibe und am Oberschenkelknochen. *Photo: Einar Eriksson*

Eine einmal eingetretene arthrotische Veränderung kann sich nicht zurückbilden. Das Behandlungsziel besteht im Erreichen von Beschwerdefreiheit. Im günstigsten Fall kann man eine weitere Verschlimmerung der Gelenkveränderung verhindern.

Konsequenzen für Training und Wettkampf
Sportler, die unter Arthrosen leiden, sollten auf Sportarten ausweichen, die das betroffene Gelenk weniger stark belasten. Bei Arthrosen im Bereich der Hüft- und Kniegelenke sind beispielsweise Radfahren, Schwimmen oder Skilanglauf günstiger als Laufen. Schwere Arthrosen können bestimmte sportliche Tätigkeiten völlig unmöglich machen. Nicht selten stellt der Sport die auslösende Ursache für die Entstehung von Arthrosen dar. Über- und Fehlbelastungen von Gelenken im Sport oder wiederholte Gelenkschädigungen können sehr rasch zu einer solchen arthrotischen Entwicklung führen.

Gelenkrheumatismus (rheumatoide Arthritis)

Krankheitsbild Unter dem Gelenkrheumatismus, auch als chronische Polyarthritis bezeichnet, versteht man eine chronische, wahrscheinlich immunologisch ausgelöste Entzündung, die vor allem die Gelenke betrifft, an der aber auch Sehnen, Sehnenscheiden, Muskeln und Schleimbeutel beteiligt sind (s. S. 56ff.). Frauen sind dreimal häufiger betroffen als Männer. Das erste Auftreten erfolgt vorzugsweise zwischen dem 20. und 30. oder dem 45. und 55. Lebensjahr.

Der Krankheitsmechanismus beim Gelenkrheumatismus besteht in entzündlichen Veränderungen der Gelenkinnenhaut (Synovia) mit Ausfällung von Eiweißstoffen (Fibrin) und Ansammlung von weißen Blutkörperchen (Leukozyten). Das Gelenk schwillt an (Gelenkerguß = Hydrops). Die Entzündung der Gelenkinnenhaut führt zu einem Wachstum in die Gelenkhöhle hinein, das Bindegewebe (Pannus) wächst wie ein Teppich über die Knorpelflächen hinweg und zerstört sie. Dieser Prozeß setzt sich häufig ins benachbarte Knochengewebe fort. Der Knochen wird zerstört, es bilden sich Hohlräume (Zysten), die im Röntgenbild nachweisbar sind. Als Folge der Entzündung entsteht eine Bewegungseinschränkung, bei schwerem Rheumatismus kommt es zu Knorpel- und Knochenzerstörung bis hin zu schweren Fehlstellungen (Deformitäten).

Symptome Der Gelenkrheumatismus macht sich in Form von Schmerzen, Schwellung und Bewegungseinschränkung bemerkbar, wobei zunächst die Endglieder der Finger und Zehen betroffen sind. Es folgen die Finger- und Zehengrundgelenke, später greift die Erkrankung auch auf die größeren Gelenke wie Hand-, Sprung-, Knie- und Hüftgelenk über. Typischerweise ist die Bewegungseinschränkung morgens stärker als abends (Morgensteifigkeit). Der Schmerz tritt vor allem unter Belastung auf, Ruheschmerzen sind seltener. Charakteristisch für den Gelenkrheumatismus ist das symmetrische Auftreten der Beschwerden, die Gelenke beider Körperseiten werden etwa gleichzeitig befallen.

Der Gelenkrheumatismus verläuft im allgemeinen schubweise, Perioden von Verschlimmerung und Phasen relativer Symptomfreiheit wechseln miteinander ab. In einzelnen Fällen ist der Verlauf

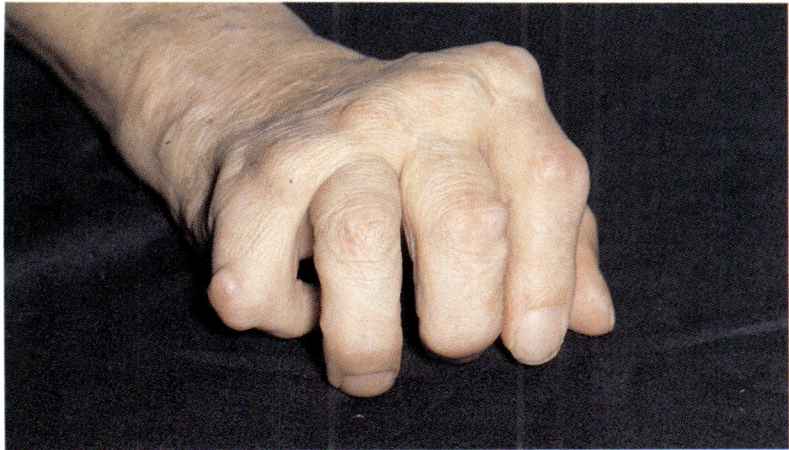

Typische Veränderungen bei fortgeschrittenem Gelenkrheumatismus. *Photo: Ole Roos*

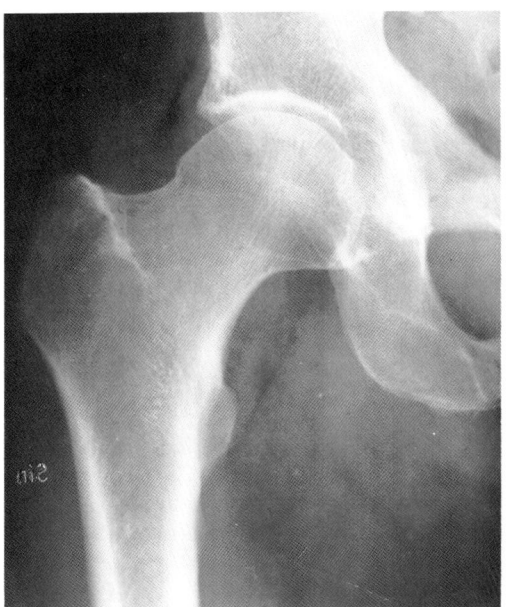

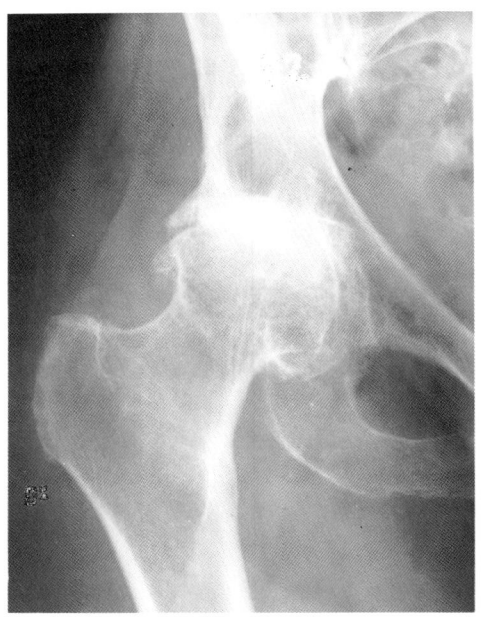

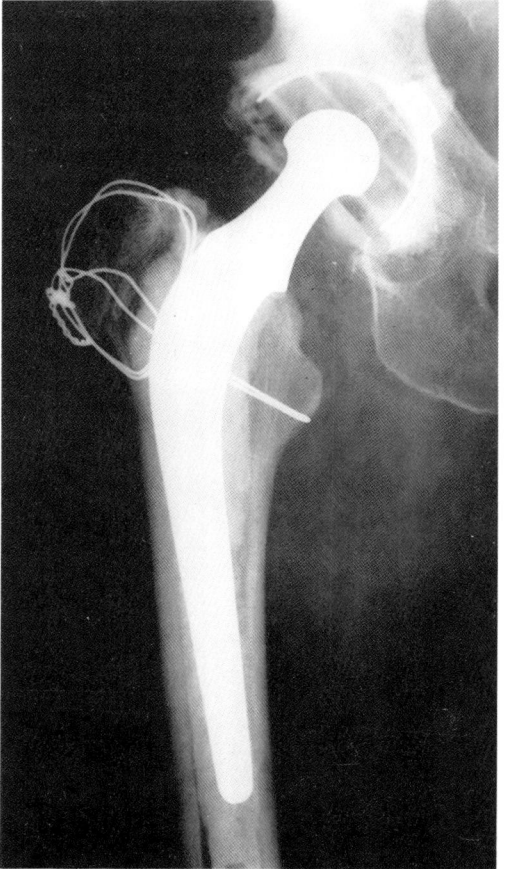

Oben links: Röntgenbild eines gesunden Hüftgelenks.
Oben rechts: Röntgenbild eines Hüftgelenks mit erheblicher Arthrose. Es finden sich eine Einengung des Gelenkspalts, Randzackenbildung und Knochenverhärtung. **Unten links:** Röntgenbild einer Hüftgelenksprothese, die die Funktion eines arthrotischen Gelenks ersetzt.

248

verhältnismäßig leicht. Manchmal scheint auch eine Ausheilung ohne Dauerschädigung möglich zu sein. Im Verlauf der akuten Schübe treten Allgemeinsymptome wie Appetitlosigkeit, Gewichtsabnahme und Fieber auf. In schweren Fällen kommt es zur Muskelschwäche und Muskelschwund (Atrophie). Charakteristisch sind ferner knötchenförmige Auftreibungen im Bereich der Sehnen (Aschoff-Knötchen). Hierdurch kann die Beweglichkeit der Sehnen eingeschränkt sein, vor allem dort, wo sie, wie etwa die Beugesehnen der Hände, durch enge Passagen laufen. Aktive und passive Beweglichkeit können gleichermaßen erschwert oder völlig aufgehoben sein. Beim Anschwellen der Sehnen im Bereich des Handwurzeltunnels kann es zu einer Druckschädigung des inneren Handnerven kommen (Nervus medianus), die sich in Schmerzen und Sensibilitätsstörungen der Finger bemerkbar macht (Karpaltunnelsyndrom). Als Ausdruck der allgemeinen Bindegewebsbeteiligung können sich auch die Augenbindehaut und die Tränendrüsen entzünden. Als Folge entsteht eine Verminderung der Tränensekretion mit Fremdkörpergefühl im Auge (Sjögren-Syndrom).

In Ländern mit wärmerem Klima sind die Beschwerden zwar geringer, die Erkrankung ist jedoch keineswegs nur auf Gebiete mit kaltem Klima beschränkt.

Die Diagnose eines chronischen Gelenkrheumatismus wird wahrscheinlich, wenn drei oder vier der folgenden Symptome nachweisbar sind. Je mehr Symptome vorliegen, umso sicherer wird die Diagnose.
1. Morgensteifigkeit,
2. Schmerz in mindestens einem Gelenk,
3. Gelenkerguß oder Weichteilschwellung über einem Gelenk für den Zeitraum von mindestens sechs Wochen,
4. Symptome 2 und 3 mit zusätzlicher Schwellung in mindestens einem weiteren Gelenk,
5. symmetrische Gelenkschwellung,
6. Bindegewebsknoten unter der Haut, in der für den Gelenkrheumatismus typischen Lokalisation,

Gezeigt sind die Sehnen, Nerven und Blutgefäße, die zusammen durch den engen Karpaltunnel am Handgelenk ziehen. Dieser Tunnel wird durch eine straffe Bindegewebsscheide begrenzt. Kommt es zu Schwellungen, können hier die Nerven eingeklemmt werden. Es entwickelt sich ein Karpaltunnelsyndrom.

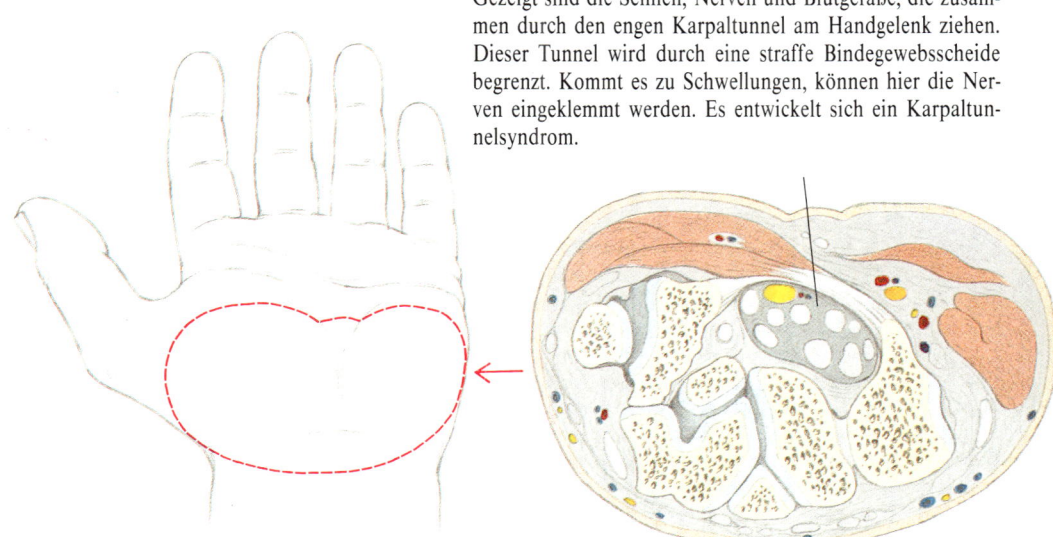

Querschnitt durch das Handgelenk

249

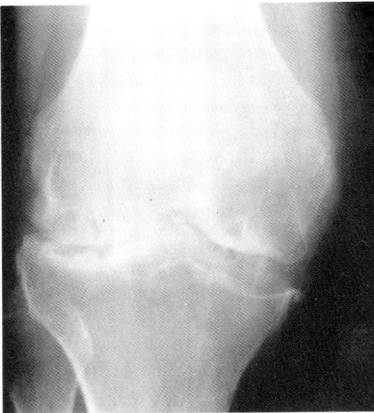

Links: Röntgenbild eines Kniegelenks bei fortgeschrittenem Gelenkrheumatismus. **Unten:** Beispiel für eine Kniegelenksprothese, die die Funktion des geschädigten Gelenks ersetzt.

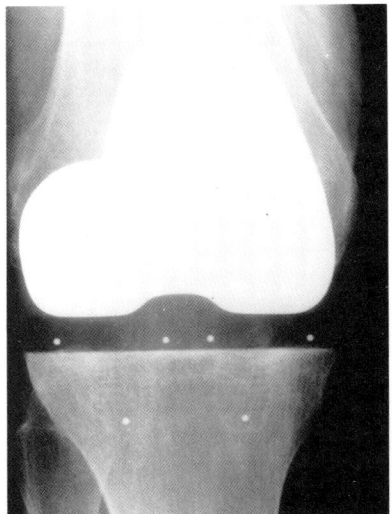

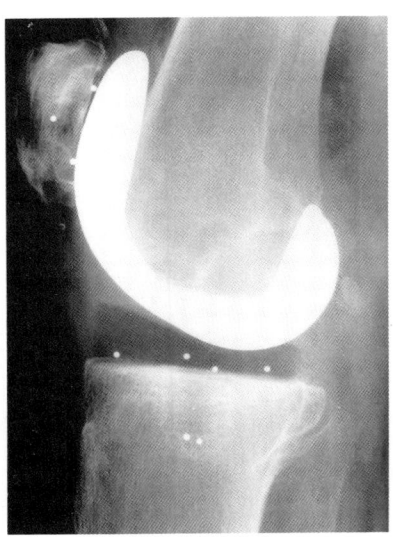

7. für den Gelenkrheumatismus charakteristische Veränderungen im Röntgenbild,
8. positiver Nachweis der für den Gelenkrheumatismus typischen Veränderungen im Blut.

Behandlung Die Behandlung zielt auf eine Verbesserung der Gelenkfunktion durch ein bewegungstherapeutisches Programm sowie auf eine Verbesserung des Allgemeinzustandes. Zur Schmerzbekämpfung können die unspezifisch wirksamen, auf Seite 232 ff. aufgeführten Antiphlogistika eingesetzt werden, weiterhin eine Reihe von Medikamenten, die typischerweise beim Gelenkrheumatismus zur Anwendung kommen, wie Kortison, Chloroquin, Penicillamin und Goldpräparate. Kortison und Gold können auch lokal injiziert werden, um den Entzündungsprozeß zu hemmen. Wärmeanwendung sowie das Tragen von wärmeschützenden Gelenkschonern vermindern die Beschwerden. In schweren Fällen werden orthopädische Hilfsmittel oder operative Behandlungsmaßnahmen erforderlich.

Von ganz besonderer Wichtigkeit ist ein krankengymnastisches bewegungstherapeutisches Programm, das sorgfältig auf das jeweilige Krankheitsstadium abgestimmt sein muß. Es hat sich ferner gezeigt, daß absolute Null-Diät die Beschwerden im akuten Stadium drastisch vermindern kann. Umgekehrt gibt es jedoch keinerlei Beweis für die effektive Beeinflussung des Krankheitsverlaufs durch andere Diätformen oder Nahrungsinhaltsstoffe.

Im allgemeinen führt die Therapie lediglich zu einer Verminderung der Beschwerden und zu einer Verlangsamung des Krankheitsprozesses. Eine Ausheilung kann nur in seltenen Fällen erreicht werden.

Konsequenzen für Training und Wettkampf Während sich für den Rheumatiker zumindest in Phasen einer stärkeren rheumatischen Aktivität selbstverständlich jede Teilnahme am Wettkampfsport verbietet, kommt umgekehrt einer dosierten Bewegungstherapie ein hoher Stellenwert zu. Sie kann in vielfältiger Form je nach Krankheitsstadium erfolgen. Besonders günstig sind Bewegungsübungen in warmem Wasser. Passive Bewegungen sowie stärkere Belastungen der befallenen Gelenke sollten nur äußerst vorsichtig durchgeführt werden.

Gelenkrheumatismus bei Kindern und Jugendlichen

Die oben aufgeführten allgemeinen Überlegungen gelten in besonderem Maße auch für Kinder und Jugendliche mit rheumatischen Erkrankungen. Der Gelenkrheumatismus verläuft beim Kind eher schwerer als beim Erwachsenen. Kinder und Jugendliche mit Gelenkrheumatismus sind daher in ihrer Leistungsfähigkeit gegenüber Gleichaltrigen deutlich eingeschränkt. Leistungsmäßiges Training oder Wettkämpfe sind für sie nicht möglich, dagegen kommt auch in diesem Alter der Bewegungstherapie eine wichtige Bedeutung zu.

Bechterew-Krankheit (Pelvospondylitis ossificans)

Krankheitsbild Die Bechterew-Krankheit gehört zum rheumatischen Formenkreis. Ähnlich wie beim Gelenkrheumatismus kommt es zu Entzündungsvorgängen an der Gelenkinnenhaut und den Gelenkknorpeln, die typischerweise eine hohe Tendenz zur Verknöcherung zeigen. Betroffen sind vorzugsweise die Gelenke zwischen Kreuzbein und Darmbein (Iliosakralgelenke), aber auch die Gelenke zwischen den Wirbeln sowie die vorderen Gelenkbänder der Wirbelsäule. Die Erkrankung trifft Männer fünfmal häufiger als Frauen. Sie beginnt im Regelfall zwischen dem 15. und 30., überaus selten nach dem 40. Lebensjahr. Fast immer kommt es gleichzeitig zu anderen entzündlichen Erkrankungen. Bei Männern findet man in 75 % der Fälle eine chronische Entzündung der Vorsteherdrüse (chronische Prostatitis), in 20 % Darmentzündungen und in 5 % eine Schuppenflechte (Psoriasis). Frauen weisen in 80 % der Fälle eine Darmentzündung auf, in 15 % finden sich wiederholte Harnwegsinfektionen. Die Schuppenflechte ist genauso häufig wie bei Männern. Bei einem Drittel der Betroffenen tritt irgendwann im Krankheitsverlauf eine Entzündung der Regenbogenhaut des Auges (Iritis) auf, die sich dann häufiger wiederholt. Obwohl die Ursache der Erkrankung nicht hinreichend bekannt ist, scheint eine erbliche Disposition eine wichtige Rolle zu spielen. Wenn Bechterew-Fälle in der Familie vorkommen, ist das individuelle Risiko zu erkranken um den Faktor 20 bis 30 erhöht.

Symptome Der Krankheitsbeginn ist häufig uncharakteristisch, gekennzeichnet von quälenden Schmerzen und Bewegungseinschränkung im Bereich der Lendenwirbelsäule. Die Betroffenen glauben anfangs häufig an Bandscheibenbeschwerden, Hexenschuß oder Ischias. Typisch ist, daß die Beschwerden in der Ruhe ausgeprägter sind als unter körperlicher Belastung. Wie beim Rheumatismus findet sich daher die „Morgensteifigkeit". In der Nacht können die Schmerzen so stark werden, daß vor allem in der zweiten Nachthälfte der Schlaf unmöglich wird. Die Betroffenen stehen dann auf, laufen herum, und der Schmerz verschwindet. Die Symptome treten oft periodenweise auf, sie können aber auch kontinuierlich fortbestehen. Der Schmerz strahlt charakteristischerweise vom Lendenbereich nach oben oder nach unten zur Leiste oder zu den Beinen aus. Im weiteren Verlauf werden dann auch andere Gelenke betroffen, mit entsprechenden Beschwerden im Bereich des Brustbeins (Sternum), der Schlüsselbeine (Clavicula) sowie der Hüft-, Schulter- und Zehengelenke. Im fortgeschrittenen Stadium kommt es zur zunehmenden Ausbildung eines Rundrückens (Kyphose), der für den Bechterew-Kranken typisch ist.

Die Diagnose ist im Frühstadium nur schwer zu stellen. Der Verdacht wird vor allem beim Auftreten der oben beschriebenen Symptome, bei der Feststellung einer Druckempfindlichkeit im Bereich der Iliosakralgelenke sowie beim gleichzeitigen Vorkommen einer Prostatitis geweckt. In späteren Krankheitsstadien können die typischen Veränderungen im Röntgenbild nachgewiesen werden. Die Blutkörperchensenkungsgeschwindigkeit (BSG) ist häufig stark erhöht. Es stehen weiterhin eine Reihe spezifischer Serumtests zur Verfügung. Ein Szintigramm, d. h., die Untersuchung nach der Injektion von radioaktiven Isotopen, die sich in den befallenen Gelenken ansammeln, läßt häufig die Diagnose früher stellen als die Röntgenuntersuchung.

Der Krankheitsverlauf ist individuell sehr unterschiedlich. Es kommt zu periodischen Krankheitsschüben in unregelmäßigen Intervallen und mit sehr unterschiedlichem Schweregrad. Im Einzelfall kann die Krankheitsentwicklung in jedem Stadium stehenbleiben. Der Verlauf ist im allgemeinen bei Frauen milder ausgeprägt als bei Männern.

Behandlung   Gerade bei der Bechterew-Krankheit kommt der Bewegungstherapie eine sehr wesentliche Rolle zu. Hierfür wurde eine spezifische Form der Gymnastik (Bechterew-Gymnastik) entwickelt, die auf eine Vermeidung von Fehlstellungen und eine Verbesserung der Beweglichkeit im Rücken sowie im Schulter- und Hüftbereich abzielt. Sie wird besonders günstig in warmem Wasser durchgeführt. Um der Einschränkung der Atmung durch die Kyphosebildung entgegenzuwirken, sollte gezielt die Brustatmung geübt werden. Im Bedarfsfall können schmerzstillende bzw. entzündungshemmende Medikamente verordnet werden (s. S. 232 ff.). Der Behandlung von Begleiterkrankungen, besonders der chronischen Prostatitis, kommt eine wichtige Rolle zu.

Konsequenzen   Sport ist auch bei der Bechterew-Krankheit im Einzelfall möglich.
für Training   Dies muß mit dem jeweiligen Arzt abgesprochen werden. Insbesondere
und Wettkampf   schnelle Drehbewegungen der Wirbelsäule sind zu vermeiden. Bei der Auswahl der sportlichen Aktivität ist zu berücksichtigen, daß Unterkühlungen zu einer Verschlimmerung der Entzündungsvorgänge befallener Gelenke und der Prostatitis führen können. Gegebenenfalls sollte ein Wärmeschutz getragen werden.

Gelenkentzündungen als Begleitreaktionen anderer Organinfektionen

Krankheitsbild Eine Gelenkentzündung (Arthritis) kann sich häufig auch im Zusammenhang mit infektiös bedingten Erkrankungen anderer Organe, speziell der Atemwege und des Darms entwickeln. Charakteristisch hierfür sind:

— Auftreten im allgemeinen erst 1—3 Wochen nach dem Höhepunkt der Erkrankung (postinfektiöse Arthritis),
— asymmetrisches Auftreten der Gelenkentzündung (d. h., die Gelenke beider Körperhälften sind nicht spiegelbildlich befallen),
— Manifestation vor allem an den großen Gelenken,
— gute Prognose. Im allgemeinen heilen solche Gelenkentzündungen innerhalb einiger Monate spontan aus.

Behandlung Bei der Behandlung einer solchen postinfektiösen Arthritis steht vor allem die Therapie der primären Infektion im Vordergrund, soweit diese noch nicht abgeklungen ist. Am befallenen Gelenk selbst wirken sich Entlastung, Ruhigstellung und Wärmeanwendung im akuten Zustand positiv aus. Im Bedarfsfall können entzündungshemmende und schmerzstillende Medikamente verordnet werden (s. S. 232 ff.).

Konsequenzen für Training und Wettkampf Bei einer postinfektiösen Arthritis ist die Wiederaufnahme eines systematischen Trainings erst dann möglich, wenn die zugrundeliegende Erkrankung und die entzündliche Reaktion an den Gelenken völlig abgeklungen sind. Im Einverständnis mit dem behandelnden Arzt kann eine aktive, krankengymnastische Bewegungstherapie frühzeitig begonnen werden.

Reiter-Krankheit (Uroarthritis)

Für dieses von REITER angegebene Syndrom ist das gemeinschaftliche Auftreten einer Gelenkentzündung (Arthritis) mit einer Harnwegsentzündung charakteristisch. In 50% der Fälle beobachtet man zusätzlich Augeninfektionen in Form einer Uveitis. Nicht selten finden sich auch Hautveränderungen im Bereich der Handflächen und Fußsohlen. Die Harnwegsinfektion tritt in verschiedener Form auf (s. S. 171 ff.), am häufigsten als Harnröhrenentzündung (Urethritis). Nicht selten ist die Kombination mit einer Ruhr (Dysenterie). Das Krankheitsbild ist insgesamt eher selten, es tritt 1—2 Wochen nach der auslösenden Infektion auf und betrifft vorzugsweise Männer zwischen dem 15. und 35. Lebensjahr.

Symptome Typisch für die Gelenkentzündungen im Rahmen der Reiter-Krankheit ist das akute und seitengleiche Auftreten, d. h., die entsprechenden Gelenke beider Körperseiten sind symmetrisch befallen. Betroffen sind vor allem Sprung-, Knie- und Ellenbogengelenke. Sie sind angeschwollen, gerötet, in ihrer Bewegungsfähigkeit schmerzhaft eingeschränkt und fühlen sich warm an. Die Symptome bestehen im allgemeinen über 1—3 Monate, Rückfälle sind häufig. In Einzelfällen geht die Krankheit in einen chronischen Verlauf über.

Behandlung Bei der Behandlung muß zunächst die auslösende Infektion ausreichend therapiert werden, häufig durch Antibiotikagabe über einen längeren Zeitraum (s. S. 78 ff.). Die Gelenke sind zu entlasten, Bewegungstherapie erweist sich als sinnvoll. Im Bedarfsfall werden schmerzstillende und entzündungshemmende Medikamente (s. S. 232 ff.) eingesetzt.

Konsequenzen für Training und Wettkampf Im Verlauf des akuten Stadiums verbieten sich Training und Wettkampf, dagegen ist nach Abstimmung mit dem behandelnden Arzt eine aktive Bewegungstherapie sehr sinnvoll.

Gelenkentzündungen im Zusammenhang mit anderen Erkrankungen

Gelenkreaktionen bei Schuppenflechte (Psoriasis-Arthritis)

Symptome Im Zusammenhang mit einer Schuppenflechte (s. S. 216f.) kann es zu Gelenkbeschwerden kommen, gelegentlich können diese Gelenksymptome sogar im Zentrum des Beschwerdebildes stehen. Befallen werden Patienten aller Altersgruppen. Bei den Gelenken sind vorzugsweise die End- und Mittelgelenke der Finger und Zehen betroffen sowie in 30% der Fälle die Gelenke zwischen Kreuzbein und Darmbein (Iliosakralgelenke). Die Diagnose wird durch die Kombination mit den *typischen Hautveränderungen* sowie durch eine Röntgenuntersuchung gestellt. Der Verlauf ist im allgemeinen gutartig.

Behandlung Schmerz- und entzündungshemmende Medikamente haben bei der Psoriasis-Arthritis im allgemeinen eine gute Wirkung (s. S. 232ff.), auch Wärmebehandlung und Krankengymnastik werden erfolgreich eingesetzt.

Konsequenzen für Training und Wettkampf Eine Gelenkbeteiligung im Rahmen der Schuppenflechte muß nicht unbedingt ein Hindernis für sportliches Training darstellen.

Gelenkbeteiligung bei Colitis ulcerosa

Auch bei einer Colitis ulcerosa (s. S. 153f.) kann es vorübergehend zu Gelenkbeschwerden kommen, nicht selten sogar längere Zeit, bevor sich die eigentliche Grunderkrankung am Darm manifestiert. Die Behandlung zielt auf die Therapie der Darmsymptomatik ab.

Bakterielle Gelenkentzündung (septische Arthritis)

Krankheitsbild Bei der septischen Arthritis werden Bakterien über die Blutbahn aus anderen Infektionsherden in die Gelenke eingeschwemmt, beispielsweise ausgehend von Harnwegsinfektionen, vor allem bei der Gonorrhöe, von Infektionen der Atemwege, der Zähne oder des Darms. Eine bakterielle Gelenkinfektion kann ferner nach offenen Gelenkverletzungen, Gelenkoperationen oder Gelenkpunktionen auftreten.

Symptome Bei der bakteriellen Gelenkentzündung handelt es sich stets um ein schweres Krankheitsbild, das im Krankenhaus behandelt werden muß. Es findet sich eine erhebliche schmerzhafte Schwellung der Gelenke, Fieber und allgemeines Krankheitsgefühl. Die Diagnose wird durch die Gelenkpunktion mit Nachweis des Krankheitserregers in der Ergußflüssigkeit gestellt. Um eine gezielte Behandlung zu ermöglichen, sollte eine solche Punktion möglichst rasch erfolgen.

Behandlung Die frühzeitige Behandlung durch ein wirksames Antibiotikum (s. S. 78ff.) ist von lebenswichtiger Bedeutung. Das befallene Gelenk wird entlastet, d. h. im Regelfall durch eine Gipsschiene ruhiggestellt. Der Patient muß im Bett liegen. Im Bedarfsfall werden schmerzstillende Medikamente verordnet (s. S. 232ff.). Gelegentlich werden wiederholte Gelenkpunktionen oder Gelenkspülungen über einen eingelegten Drainageschlauch erforderlich. Bei zu spät erfolgter oder unzureichender Therapie kann es zu Gelenkversteifungen kommen. Nach Abklingen der Akutphase wird eine gezielte krankengymnastische Behandlung durchgeführt. Dabei stehen isometrisches Muskeltraining zum Wiederaufbau der durch die Ruhigstellung meist erheblich zurückgebildeten Muskulatur (Muskelatrophie) sowie Bewegungsübungen zur Vermeidung einer Gelenkversteifung im Vordergrund.

Nach einer bakteriellen Gelenkentzündung sollte mit dem Training erst nach Abstimmung mit dem behandelnden Arzt wieder begonnen werden.

Gicht

Unter Gicht versteht man Entzündungserscheinungen im Gelenkbereich, die durch die Ausfällung von Harnsäurekristallen bedingt sind. Betroffen sind Gelenkkapsel, Schleimbeutel und Gelenkknorpel. Die Erkrankung betrifft zu 95 % Männer im mittleren Lebensalter. Man unterscheidet primäre und sekundäre Formen. Bei der primären Form handelt es sich um eine erblich bedingte Stoffwechselerkrankung mit verstärkter Harnsäurebildung. Auch bei der sekundären Gicht findet sich eine erhöhte Konzentration an Harnsäure im Blut, deren Ursache entweder in vermehrtem Eiweißabbau bei einer anderen Grunderkrankung oder in der Behandlung mit harntreibenden Medikamenten (Diuretika, s. S. 364 f.) zu suchen ist.

Die Gicht kommt in einer akuten und einer chronischen Form vor. Typisch für die akute Gicht ist das anfallsweise Auftreten stark schmerzhafter Gelenkschwellungen, wobei vorzugsweise das Großzehengrundgelenk betroffen ist. Die Gelenke sind stark angeschwollen, sehr schmerzhaft, gerötet und fühlen sich warm an. Typischerweise treten die Anfälle vorzugsweise nachts auf. Die Beschwerden können einige Tage bis zu einer Woche anhalten. Es besteht eine ausgesprochene Neigung zu Rückfällen (Rezidiven). Bei der chronischen Gicht sind dagegen meist mehrere Gelenke betroffen. Die Abgrenzung gegenüber einer chronischen rheumatischen Gelenkentzündung ist oft nicht einfach. Ein wichtiger Hinweis kann das Auftreten von Gichtknoten (Tophi) sein, die sich unter der Haut, vor allem im Bereich des Ohres oder des Ellenbogens finden und die Anhäufungen von Harnsäurekristallen darstellen. Die Diagnose der akuten und der chronischen Gicht wird neben der Anamnese durch den Nachweis erhöhter Harnsäurekonzentrationen im Serum oder auch in der Gelenkflüssigkeit gestellt, gelegentlich auch durch die chemische Analyse chirurgisch entfernter Gichtknoten.

Beim akuten Gichtanfall hat sich unter den zahlreichen verfügbaren schmerz- und entzündungshemmenden Medikamenten das Indometacin als am wirksamsten erwiesen (s. S. 235). Der Patient sollte liegen. Die befallenen Gelenke werden ruhiggestellt. Zur Senkung der erhöhten Harnsäurekonzentration im Blut und in den Körpergeweben wird bei wiederholten Rückfällen und bei chronischer Gicht Allopurinol verordnet, ein Medikament, das die Harnsäureausscheidung im Urin erhöht. Es wird unter verschiedenen Handelsnamen angeboten, beispielsweise Allo-300, Allopurinol, Urosin, Zyloric. Soweit eine diuretische Therapie die auslösende Ursache darstellt, sollte diese, falls möglich, abgesetzt werden.

Inwieweit ein Gichtpatient Sport betreiben darf, ist im Einzelfall aufgrund der Beschwerden zu entscheiden. Wird ein solches Gelenk zu früh belastet, kommt es zu einer Verschlimmerung. Körperliche Belastung kann sogar Gichtanfälle auslösen.

Pseudogicht (Pyrophosphatsynovitis)

Besonders beim älteren Menschen können gelegentlich auch Pyrophosphatkristalle in der Nähe von Gelenken ausgefällt werden und dann ein ganz ähnliches Krankheitsbild hervorrufen wie die Gicht. Betroffen sind vor allem Kniegelenke, Handgelenke und Wirbelsäule. Die Diagnose wird durch den Nachweis der typischen Kristalle im Gelenkpunktat gestellt. In Spätstadien der Erkrankung lassen sich im Röntgenbild Gelenkverkalkungen finden.

Sonstige Bindegewebserkrankungen

Außer den bisher beschriebenen Krankheitsbildern treten Gelenkbeschwerden noch im Rahmen einer Vielzahl von systemischen Bindegewebserkrankungen auf, die insgesamt aber eher selten sind. Genannt seien der generalisierte Lupus erythematodes (LE), Polyarteriitis nodosa, Dermatomyositis, Amyloidose, Polymyaglia arteriitica bzw. rheumatica und viele andere. Die Gelenkbeschwerden verhindern körperliche Aktivität ebenso wie bei den bisher beschriebenen Zuständen. Der Betroffene sollte im Einzelfall über die Möglichkeit, Sport zu treiben, mit seinem Arzt sprechen.

Schmerzhafte Lendenmuskelversteifung (Lumbago)

Eine schmerzhafte Versteifung der Lendenmuskulatur kann akut oder chronisch vorkommen. Sie beruht auf einem Krampfzustand der Rückenmuskulatur, dessen Ursache letztlich noch nicht genau geklärt ist. Die akute Lendenmuskelversteifung wird im Volksmund auch als „Hexenschuß" bezeichnet. Hierbei handelt es sich um ein sehr häufiges Ereignis, das 80% aller Menschen irgendwann im Laufe ihres Lebens einmal durchmachen.

Akuter Lumbago (Hexenschuß)

Krankheitsbild Als „Hexenschuß" bezeichnet man einen plötzlich einsetzenden Schmerz im Bereich der Lendenwirbelsäule, häufig ausgelöst durch schweres Heben oder Drehbewegungen. Gelegentlich läßt sich aber auch ein solcher Auslösemechanismus nicht nachweisen. Meistens bleibt der Schmerz auf den Rücken beschränkt, er kann aber auch zu den Flanken und zum Gesäß hin ausstrahlen und verstärkt sich bei Bewegungen. Die Rückenmuskulatur ist druckempfindlich und schmerzhaft versteift. Durch die Muskelkontraktion entsteht eine Schiefstellung (Skoliose).

Die Diagnose wird aufgrund der typischen Vorgeschichte, der schmerzhaft verspannten Rückenmuskulatur und der Wirbelsäulenschiefstellung gestellt. Der Arzt löst bei der Untersuchung Druckschmerz in der verkrampften Muskulatur aus (Palpationsschmerz). Die Röntgenuntersuchung der Wirbelsäule zeigt im allgemeinen keinerlei Veränderung. Ein unkomplizierter Hexenschuß klingt meist nach 1—2 Wochen spontan ab.

Behandlung Die Behandlung besteht in Wärme und Bettruhe. Am günstigsten ist es, die auf Seite 259 dargestellte Körperhaltung (Psoasstellung) einzunehmen. Im Bedarfsfall können Schmerzmittel gegeben werden (s. S. 232 ff.). Zentral wirksame muskelentspannende Medikamente (Muskeltrancopal, Norgesic) haben im allgemeinen keine nachweisbare Wirkung, im Gegensatz zu zentral wirksamen, beruhigenden Medikamenten vom Benzodiazepintyp (s. S. 275), denen auch eine muskelentspannende Wirkung zukommt. Letztere wirken leider auch stark beruhigend und suchterzeugend, sie sollten daher nur zurückhaltend eingesetzt werden. Auch Streckbehandlung und chiropraktische Maßnahmen können bei geübten Therapeuten einen guten Behandlungserfolg zeigen.

Konsequenzen für Training und Wettkampf In der Akutphase verbieten sich selbstverständlich Training und Wettkampf. Um Rückfällen vorzubeugen, sollte man ein aktives Training der Bauch- und Rückenmuskulatur durchführen. In Sportarten, in denen Kraftübungen eine Rolle spielen, ist auf eine korrekte Hebetechnik zu achten.

Chronische Rückenbeschwerden

Krankheitsbild Hierzu werden der chronische Lumbago und die Rückenmuskelinsuffizienz gerechnet. Der chronische Lumbago ist durch langanhaltende, quälende, bohrende Schmerzzustände gekennzeichnet, die in abgeschwächter Form den Beschwerden beim akuten Hexenschuß entsprechen.

Die Insuffizienz der Rückenmuskulatur zeigt sich in Schwäche und Schmerzzuständen im Rückenbereich. Die Schmerzen können bei geringgradigen Belastungen auftreten. Die Lordose der Lendenwirbelsäule ist häufig abgeflacht, eine Skoliose kommt dagegen seltener vor. Eine wesentliche Beeinträchtigung der Wirbelsäulenbeweglichkeit findet sich meist nicht.

Behandlung Bei Menschen mit chronischen Rückenbeschwerden empfiehlt sich ein gezieltes Übungsprogramm zur Kräftigung der Rücken- und Bauchmuskulatur. Ferner sollte ein solches Programm Dehnungsübungen (Stretching) enthalten. Soweit erforderlich, sollte eine korrekte Hebetechnik erlernt werden. Schmerzstillende Medikamente (s. S. 232) sollten nur mit äußerster Zurückhaltung zur Anwendung kommen.

Konsequenzen für Training und Wettkampf Rückenbeschwerden in Form eines chronischen Lumbago oder einer Insuffizienz der Rückenmuskulatur finden sich beim Sportler sehr häufig. Die Fortführung des sportlichen Trainings wird hierdurch nicht eingeschränkt, allerdings sollte ein gezieltes Übungsprogramm durchgeführt werden, um entsprechenden Beschwerden vorzubeugen.

Ischias, Bandscheibenvorfall

Krankheitsbild Unter „Ischias" (korrekter: Ischialgie) versteht man einen Schmerzzustand, der durch Druck auf den Ischiasnerv an seiner Austrittsstelle aus der Wirbelsäule ausgelöst wird. Als häufigste Ursache finden sich Knochenauswüchse im Bereich der Wirbelsäule infolge von Bandscheibenschäden oder ein Bandscheibenvorfall (Bandscheibenprolaps). Seltener können auch Infektionen oder Tumoren die Ursache sein.

Der Bandscheibenvorfall entsteht durch degenerative Veränderungen im Bereich der zwischen den Wirbelkörpern gelegenen Knorpelscheiben (Diskus). Eine solche Bandscheibe besteht aus einem Ring aus Faserknorpel, in dessen Zentrum sich ein Kern aus einer geleeartigen Masse befindet, der Nucleus pulposus. Die Aufgabe dieses Kerns besteht in der Verteilung des auf der Bandscheibe lastenden Drucks. Bei einem Bandscheibenvorfall kommt es zu Rissen in dem faserknorpligen Ring, der Bandscheibenkern tritt aus und drückt auf die in der Nachbarschaft gelegenen Nervenwurzeln. Ein solcher Reizzustand des Ischiasnervs ist nicht selten mit einer Lumbalgie kombiniert (Lumbago-Ischialgie).

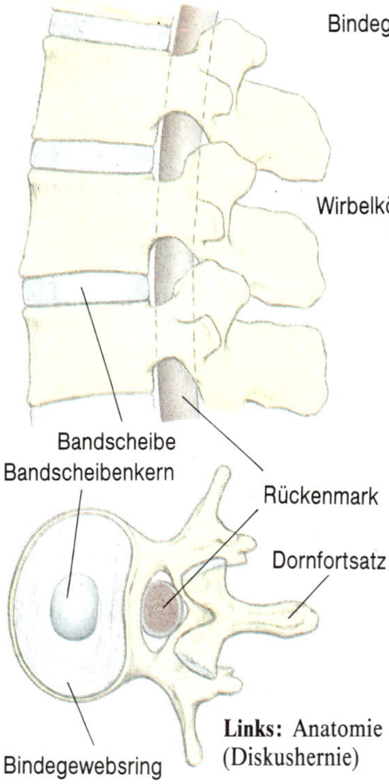

Bindegewebsring
Bandscheibenkern
Bandscheibenprolaps
Rückenmark
Gelenkfortsat
Wirbelkörper
Querfortsatz
Bandscheibe
Bandscheibenkern
Rückenmark
Dornfortsatz
Nervenwurzel
Dornfortsatz
Bindegewebsring

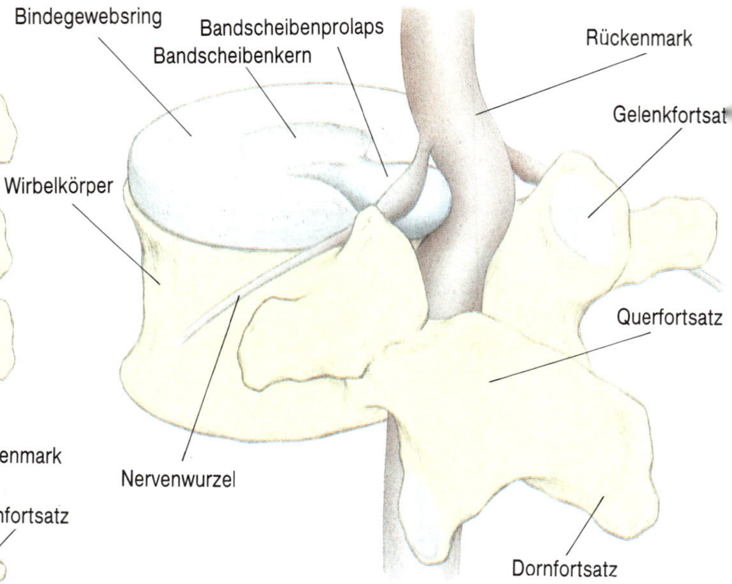

Links: Anatomie der Wirbelsäule (Schema). **Oben:** Vorwölbung des Bandscheibenkerns (Diskushernie)

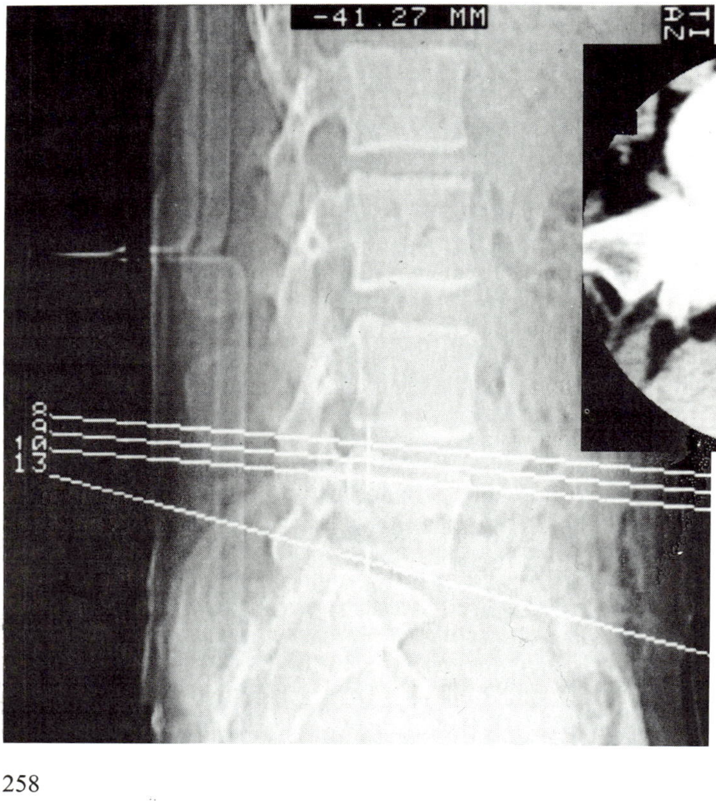

−41.27 MM

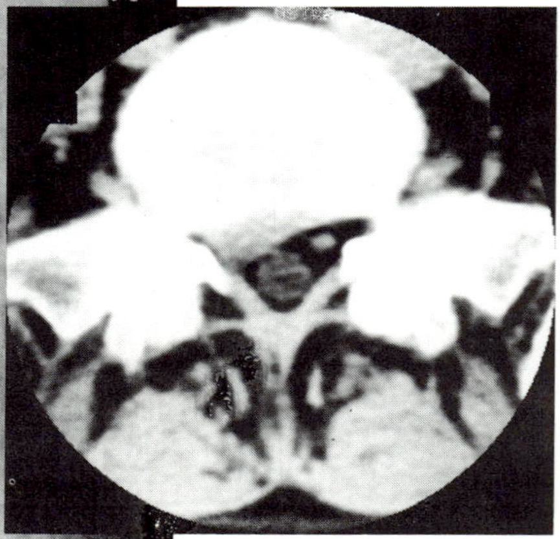

Links: Nachweis eines Bandscheibenvorfalls mit Hilfe der Computertomographie. Die Abbildung zeigt schematisch die verschiedenen Schnittebenen. **Oben:** Schnitt durch die Lendenwirbelsäule in Höhe des Bandscheibenkerns

258

Symptome Die Symptome des Ischias bestehen in:
- Schmerzen, die von der Wirbelsäule ausgehend zum Bein hin ausstrahlen, entsprechend dem Ausbreitungsgebiet der Nervenwurzeln,
- Taubheitsgefühl in diesem Bereich,
- muskuläre Schwäche und Reflexabschwächung.
- In schweren Fällen kommt es zu Lähmungserscheinungen.

Die Beschwerden verschlimmern sich bei Betätigung der Bauchpresse, beim Husten oder Niesen. Im allgemeinen treten sie einseitig auf. Sie führen zu einer reflektorischen Wirbelsäulenskoliose mit Fehlstellung im Bereich der Hüftgelenke. Die Lendenmuskulatur ist schmerzhaft versteift. Am deutlichsten sind die Beschwerden beim aufrechten Sitzen in leicht vorgebeugter Haltung.

Die Diagnose wird aufgrund der typischen Ausfallssymptome im Bereich des Ausbreitungsgebietes von bestimmten Nervenwurzeln gestellt, in diesem Bereich findet sich eine Abschwächung der Berührungsempfindlichkeit, der Reflexe und der Muskelkraft. Zur Sicherung der Diagnose und zur Klärung der Frage einer Operation kann eine Kontrastmitteluntersuchung des Rückenmarks (Myelographie) oder eine Tomographie durchgeführt werden.

Die unkomplizierte Ischialgie kann langwierig verlaufen, hat allerdings insgesamt eine gute Prognose. Selbst ein Bandscheibenprolaps kann nach entsprechend langer Zeit spontan ausheilen. Es kann dabei allerdings auch zu Lähmungserscheinungen kommen, insbesondere zu einer Störung des Entleerungsmechanismus der Blase. In solchen Fällen wird eine sofortige Operation notwendig.

Behandlung Beim akuten Ischias, ganz besonders beim Bandscheibenvorfall, wird Bettruhe erforderlich. Am günstigsten wird eine spezielle, als Psoas-Stellung bezeichnete Haltung eingenommen, die unten wiedergegeben wird. Der Einsatz schmerzlindernder und entzündungshemmender Medikamente ist häufig unumgänglich (s. S. 232 ff.). Die Streckungsbehandlung sowie chiropraktische Manipulationen können sich beim Ischias als erfolgreich erweisen. Sie sind allerdings mit einem relativ hohen Risiko verbunden, wenn den Beschwerden ein Band-

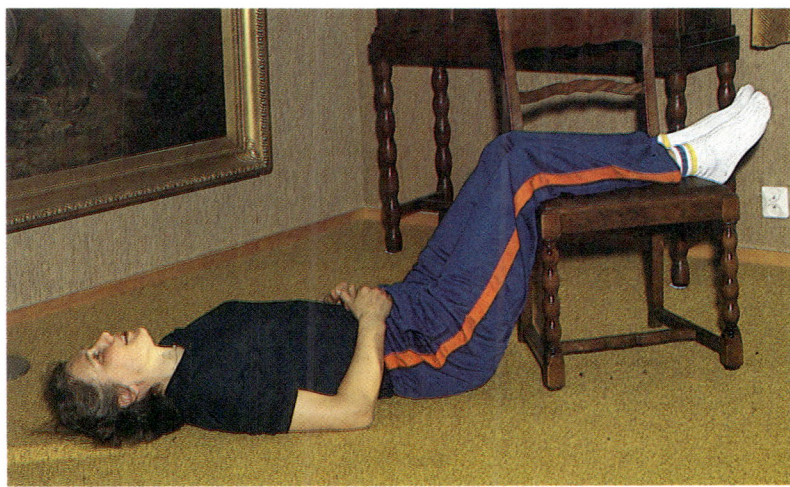

Entlastung des Rückens in der sog. „Psoas-Stellung". *Photo: Per Renström*

scheibenvorfall zugrunde liegt. Bevor solche Verfahren angewandt werden, ist ein Bandscheibenprolaps sicher auszuschließen. Bei lang dauernden und schweren Schmerzzuständen, ganz besonders bei Lähmungserscheinungen wie Störungen der Blasenfunktion, wird die Operation eines Diskusprolapses unvermeidbar. In solchen Fällen ist die Diagnose vorher durch eine Myelographie zu sichern.

Konsequenzen für Training und Wettkampf
Im akuten Zustand einer Ischialgie bzw. eines Bandscheibenvorfalls verbieten sich körperliche Aktivitäten von selbst. Anschließend kann nach Abklingen der Beschwerden mit dem Sport wieder begonnen werden. Da stets das Risiko eines Rückfalls besteht, sollte ein systematisches Training der Bauch- und Rückenmuskulatur erfolgen.

Schmerzzustände im Bereich der Halswirbelsäule

„Schiefhals" (Torticollis)

Krankheitsbild
Der akut auftretende Schiefhals stellt eine Schiefstellung der Halswirbelsäule durch spastische Kontraktion der Nackenmuskulatur einer Seite dar. Er entspricht dem akuten Hexenschuß der Lendenwirbelsäule. Seine Ursachen sind häufig ebenso wenig vollständig klar. Die Beschwerden treten oft nach schnellen Drehbewegungen der Halswirbelsäule auf, etwa im Zusammenhang mit einem Kopfball beim Fußball, beim Wasserspringen oder im Verlauf gymnastischer Übungen.

Behandlung
Der Schiefhals klingt im allgemeinen nach einer Woche Ruhe, örtlicher Wärmeanwendung und Streckungsbehandlung (Traktion) spontan ab. Die zusätzliche Anwendung schmerz- und entzündungshemmender Medikamente (s. S. 232 ff.) kann hilfreich sein.

Konsequenzen für Training und Wettkampf
Solange Beschwerden bestehen, sollte man mit sportlicher Aktivität aussetzen.

Halswirbelsäulensyndrom (Brachialgie, Rhizopathie)

Krankheitsbild
Unter einem Halswirbelsäulensyndrom versteht man Beschwerden, die durch Druck auf die Nervenwurzeln im Halswirbelsäulenbereich ausgelöst werden. Ursächlich hierfür sind meist degenerative Prozesse im Bereich der Bandscheiben mit Knochenneubildung an den Wirbelkörperkanten oder ein Diskusprolaps. Dabei treten Beschwerden auf, die vom Hals zum Nacken und in den Hinterkopfbereich sowie in die Arme hin ausstrahlen. Ist die Schmerzausstrahlung mehr diffus, spricht man von Brachialgie, ist sie genau bestimmten Nervenwurzeln zuzuordnen, spricht man von Rhizopathie. Gelegentlich entstehen die Beschwerden als Folge einer Verletzung, des Peitschenschlagsyndroms, bei dem der Kopf plötzlich nach vorn geschleudert wird. Dieser Mechanismus ist im Sport beim Reiten oder bei bestimmten Kontaktsportarten typisch.

Sportartspezifisch treten solche Beschwerden grundsätzlich in allen Sportarten auf, bei denen eine hohe Belastung der Halswirbelsäule vorkommt, beispielsweise beim Ringen.

Symptome
Die Symptomatik besteht in Schmerzen, motorischen und sensiblen Störungen, deren Ausbreitung je nach den betroffenen Wurzeln unterschiedlich ist. Die Schmerzen strahlen in Schulter, Arme und Finger oder auch zum Nacken und Hinterkopf hin aus. Nicht selten ist ein HWS-Syndrom die Ursache chronischer Kopfschmerzen und Schlaf-

Plötzliche Bewegungen können zu einer Schädigung der Halswirbelsäule mit dem Bild des steifen Halses oder des Schiefhalses führen. *Photo: Olle Seijbold/Pressens bild*

störungen. Auch Schwindelerscheinungen können hierdurch bedingt sein. Motorische Ausfälle zeigen sich in muskulärer Schwäche, die Schädigung der sensiblen Nervenwurzeln führt zur Angabe eines Taubheitsgefühls im Bereich der Arme und Finger sowie in herabgesetzter Berührungsempfindlichkeit.

Die Diagnose wird aufgrund der Beschwerden, des Ausbreitungsbereichs der Schmerzen sowie des Nachweises von Muskelschwäche, herabgesetzter Berührungsempfindlichkeit und eventuell Reflexabschwächung gestellt und durch die Röntgenuntersuchung der Halswirbelsäule erhärtet.

Behandlung Beim HWS-Syndrom sollte die Halswirbelsäule möglichst ruhiggestellt und warm gehalten werden. Zu diesem Zweck eignet sich besonders ein „Kragenverband". Auch therapeutische Wärmeanwendung und Krankengymnastik mit Streckbehandlung wirken sich positiv aus.

Im Bedarfsfall können schmerz- und entzündungshemmende Medikamente gegeben werden (s. S. 232 ff.). Besonders wichtig ist die Kopflage in der Nacht. Durch entsprechende Lagerung des Kopfkissens sollte sichergestellt sein, daß die Halswirbelsäule nicht gebeugt wird, sondern in gerader Fortsetzung der Brustwirbelsäule verläuft. Patienten, die in Rückenlage schlafen, sollten daher ein möglichst flaches Kopfkissen benutzen, Patienten, die in Seitenlage schlafen, sollten ihr Kopfkissen doppelt falten.

Halten die Beschwerden ein halbes Jahr und länger an, besteht Verdacht auf den allerdings seltenen Fall eines Bandscheibenprolapses im Halswirbelsäulenbereich. In solchen Fällen wird eine operative Behandlung notwendig.

Konsequenzen für Training und Wettkampf Beim HWS-Syndrom bestehen keine Bedenken gegen die Fortführung körperlicher Aktivitäten. Überlastungen der Wirbelsäule werden schon auf natürlichem Wege durch die Beschwerden gehemmt.

Muskelkater

Symptome Unter Muskelkater versteht man typische Muskelbeschwerden, die nach intensiven und vor allem ungewohnten Belastungen auftreten. Auch der Sportler kann darunter leiden, und zwar insbesondere dann, wenn seine Trainingsform wechselt, wenn er beispielsweise das Training im Sommer aus der Halle ins Freie verlegt. Häufig sind die Schuhe der Unterlage nicht angepaßt. Typischerweise finden sich solche Beschwerden dann, wenn das Training nach längerer Zwangspause zu intensiv begonnen wird. Die Schmerzen können mehr oder minder die gesamte Muskulatur betreffen. Sie finden sich vorzugsweise im Bereich der Bauch-, Arm- und Beinmuskulatur. Die Muskulatur ist schmerzhaft und druckempfindlich. Die Ursache des Muskelkaters ist nicht, wie es häufig angenommen wird, in einer Übersäuerung des Muskels zu sehen, sondern, wie dies neuere Untersuchungen ergeben haben, in der Reaktion auf eine mikroskopische Schädigung der Muskelzellen, die in Form von Rupturen der Z-Streifen nachweisbar ist. Muskelkater ist ein harmloses Phänomen, er verschwindet im Regelfall spontan nach wenigen Tagen. Zu seiner Vermeidung sollte man auf optimale Ausrüstung und vernünftige Trainingsgestaltung achten.

Behandlung Während Salben und Einreibemittel (s. S. 337 ff.) keine nachweisbare Wirkung bei Muskelkater haben, können Wärme und leichtere körperliche Belastungen zum schnellen Abklingen der Beschwerden beitragen.

Konsequenzen für Training und Wettkampf Beschwerden im Sinne von Muskelkater bilden auf keinen Fall ein Hindernis für die Fortführung des Sports. Zu Beginn des Trainings findet sich aber häufig eine gewisse Versteifung der Muskulatur. Man sollte dem Rechnung tragen, indem man zu Beginn die Intensität herabsetzt und sie langsam steigert.

23

Neurologische Krankheitsbilder

Aus der Vielzahl der neurologischen Krankheitsbilder sollen nur die folgenden näher besprochen werden. Epilepsie, Parkinson-Krankheit und Myasthenia gravis.

Epilepsie

Krankheitsbild Die Epilepsie ist durch das Auftreten von Krampfanfällen gekennzeichnet. Ursächlich hierfür sind abnorme elektrische Entladungen des Gehirns. Häufig lassen sich dabei in der Hirnstromkurve, dem EEG oder Elektroenzephalogramm, typische Kurvenveränderungen nachweisen. In den meisten Fällen ist die Ursache nicht bekannt, man spricht von einer genuinen oder essentiellen Form. Unter der symptomatischen Epilepsie versteht man ein Anfallsleiden, das auf frühere Hirnschädigungen zurückgeführt werden kann, beispielsweise auf eine Hirnhautentzündung (Meningitis), Gehirnentzündung (Enzephalitis) oder Schädelverletzungen.

Die Symptomatik der Epilepsie ist sehr unterschiedlich. Die wichtigsten Formen sind das Grand mal, das Petit mal, die psychomotorische Epilepsie und der Status epilepticus. Vom Grand mal spricht man, wenn die typischen schweren epileptischen Anfälle auftreten. Sie sind von Bewußtlosigkeit und generalisierten Krampfzuständen gekennzeichnet und dauern im allgemeinen nur wenige Minuten. Anschließend folgt eine oft einige Stunden lange Periode des Tiefschlafs. Das Grand mal stellt die häufigste Manifestation der Epilepsie dar.

Beim Petit mal fehlen die Krampfzustände. Charakteristisch sind sogenannte Absencen, kurzfristige Zustände von Bewußtlosigkeit, die oft vom Betroffenen selbst nicht bemerkt werden. Diese Form der Epilepsie, die vor allem Kinder betrifft, ruft ein charakteristisches Bild im EEG hervor. Ihre Ursache ist meist nicht bekannt (genuine Epilepsie), symptomatische Formen dieses Leidens kommen praktisch nicht vor.

Als psychomotorische Epilepsie wird eine Form bezeichnet, bei der kürzere Intervalle von Bewußtlosigkeit mit mäßig ausgeprägten Krampfzuständen wechseln, oft in Verbindung mit einer psychischen Symptomatik.

Symbol für Epilepsie

Der Status epilepticus ist die schwerste Form der Epilepsie, bei der praktisch ein generalisierter Dauer-Krampfanfall besteht, unterbrochen nur von kurzen anfallsfreien Intervallen. Wird dieser Zustand nicht rasch unterbrochen, kann es durch den Sauerstoffmangel des Gehirns zu bleibenden Hirnschädigungen und zu Todesfällen kommen.

Die Diagnose wird aufgrund der Anamnese gestellt, wobei es häufig erforderlich ist, die Angaben Dritter mit zu berücksichtigen, die solche Anfälle beobachtet haben, da diese dem Patienten oft unbewußt bleiben können. Die Diagnose wird gesichert durch den Nachweis der typischen Veränderungen der Hirnstromkurve im EEG.

Behandlung
Die Behandlung der Epilepsie erfolgt mit Medikamenten, die die abnormen elektrischen Entladungen des Gehirns dämpfen und dadurch Anfälle verhindern. Im Idealfall sollte völlige Anfallsfreiheit erreicht werden.

Die üblichen Pharmaka sind:
— Phenytoin (Epanutin, Phenhydan, Zentropil),
— Carbamazepin (Sintal, Tegretal, Timonil),
— Natriumvalproat (Convulex, Ergenyl, Orfiril),
— Ethosuximid (Suxinutin),
— Nitrazepam (Dormo-Puren, Mogadan),
— Diazepam (Diazemuls, Diazepam, Mandro-Zep, Valaxona, Valium),
— Primidon (Mylepsinum),
— Phenobarbital (Luminal).

Leider dämpfen diese Medikamente nicht nur die krankhaften Entladungen, sondern auch die normale Hirnfunktion. Hierdurch kann ein Risiko beim Autofahren entstehen (s. S. 328). Die Auswahl der jeweiligen Medikamente hängt von der individuellen Form und Schwere des Anfallsleidens ab. Der Patient sollte sehr exakt die ärztlich verordnete Dosierung einhalten.

Konsequenzen für Training und Wettkampf
Der Epileptiker muß, um unnötige Risiken zu vermeiden, bei der Auswahl „seines Sports" seine Krankheit berücksichtigen. Bei guter medikamentöser Einstellung besteht keine wesentliche Gefährdung. Probleme können durch die dämpfenden Medikamente in Sportarten auftreten, die ein hohes Reaktionsvermögen erfordern. Im Zweifelsfall sollte man sich mit seinem behandelnden Arzt beraten.

Parkinson-Krankheit

Krankheitsbild
Unter der Parkinson-Krankheit versteht man ein typisches neurologisches Bild, das von Starrheit der Muskulatur, fehlender Mimik, kleinschrittigem Gang und grobschlägigem Zittern (Tremor) der Hände, der Arme und des Kopfes gekennzeichnet ist. Ursächlich hierfür sind Schädigungen bestimmter Anteile im unteren Hirnbereich, der Basalganglien, meist aufgrund von Durchblutungsstörungen (Arteriosklerose), gelegentlich auch aufgrund einer Gehirnentzündung (Enzephalitis). Diese Schädigungen führen zu einer Störung des Gleichgewichts zweier bestimmter nervöser Systeme, von denen das eine durch den Überträgerstoff Dopamin, das andere durch den Überträgerstoff Acetylcholin (s. S. 353 ff.) gekennzeichnet ist. Bei der Parkinson-Krankheit ist das Dopaminsystem geschädigt.

Behandlung
Das Behandlungsziel besteht in der Wiederherstellung des Gleichgewichts zwischen dem Dopamin- und dem Acetylcholinsystem. Die früher eingesetzten Medikamente, die Anticholinergika, hatten ihren Ansatzpunkt vorwiegend in einer Dämpfung des Acetylcholinsystems (z. B. Akineton, s. S. 358 f.). Neuere Medikamente greifen auf der ande-

ren Seite durch Stimulation des Dopaminsystems an, z. B. Levodopa (Brocadopa, Larodopa, Levodopa), Amantidin (Contenton, PK-Merz, Symmetrel) und Bromocriptin (Pravidel).

Konsequenzen für Training und Wettkampf
Die Frage von Leistungssport stellt sich bei der Parkinson-Krankheit im allgemeinen nicht, da es sich meistens um ältere Menschen handelt. Die körperliche Aktivität kann durch die neurologische Störung beeinträchtigt werden. Auf der anderen Seite kommt gerade der Bewegungstherapie im Rahmen der Parkinson-Krankheit eine wichtige Rolle zu.

Myasthenia gravis

Krankheitsbild
Die Myasthenia gravis stellt ein verhältnismäßig seltenes neurologisches Krankheitsbild dar, das vorzugsweise Frauen betrifft. Die Symptome zeigen sich in einer abnormen Ermüdbarkeit der Muskulatur, die Muskelkraft ist dagegen erhalten. Nach neueren wissenschaftlichen Untersuchungsergebnissen beruht die Erkrankung auf einer Störung der Überleitung des nervösen Impulses auf die Muskulatur. Ursache hierfür ist die Bildung von Antikörpern gegen die Empfänger (Rezeptoren) der nervösen Überträgersubstanz, des Acetylcholins, im Skelettmuskel (s. S. 353 ff.).

Behandlung
Die Myasthenia gravis wird durch eine individuell dosierte Gabe von Medikamenten behandelt, die den Abbau des Acetylcholins hemmen, wie Pyridostigmin (Mestinon), Neostigmin (Prostigmin) oder Ambenon (Mytelase). Diese Behandlung ist allerdings nur symptomatisch, d. h. sie verbessert nur die Symptome und beseitigt nicht die Ursache, im Gegensatz zur Entfernung der Thymusdrüse (Thymektomie). Eine solche Operation wirkt sich positiv auf das Krankheitsgeschehen selbst aus, wahrscheinlich durch eine Herabsetzung der Antikörperbildung. Sie wird vor allem bei Kindern empfohlen und sollte so früh wie möglich durchgeführt werden.

Konsequenzen für Training und Wettkampf
Die Myasthenia gravis führt zu einer erhöhten Ermüdbarkeit. Sie fordert von dem Betroffenen lange Erholungspausen. Körperliche Aktivitäten in Sportarten, die von hoher körperlicher Belastung bestimmt sind, wird im allgemeinen unmöglich sein. Dagegen wird die Feinmotorik und die Koordination nicht beeinträchtigt. Unter einer guten medikamentösen Einstellung kann in solchen Sportarten unter Umständen sogar Wettkampfsport möglich sein.

24

Kopfschmerzen, Schwindel und Reisekrankheit

Kopfschmerzen

Kopfschmerzen sind sehr häufige Beschwerden. Sie kommen bei den meisten Menschen im Laufe des Lebens irgendwann im Zusammenhang mit Müdigkeit, Überanstrengung, Streß oder Kater vor. Sie stellen keineswegs immer ein Alarmsignal dar. Gerade weil Kopfschmerzen deshalb leicht bagatellisiert werden, muß um so ernsthafter darauf hingewiesen werden, daß wiederholt auftretende und lang anhaltende Kopfschmerzen ein wichtiges Symptom bei zahlreichen Erkrankungen darstellen. In solchen Fällen sollte man die Beschwerden nicht auf sich beruhen lassen, sondern die Abklärung durch einen Arzt veranlassen.

Symptomatische Kopfschmerzen

Unter symptomatischen Kopfschmerzen versteht man das Auftreten von Kopfschmerzen als Symptom einer Erkrankung. Hier kommen zahlreiche teils wichtige, teils weniger wichtige Ursachen in Frage. Solche Ursachen können Infektionen wie Grippe, Erkältung, Nasennebenhöhleninfektionen, Zahninfektionen oder Mittelohrentzündung sein. Chronische Kopfschmerzen können auf Sehfehler hinweisen. Als Beispiel für besonders ernste Ursachen von Kopfschmerzen seien Hirntumoren, Hirnblutungen, Vergiftungen oder Bluthochdruck genannt.

Kopfschmerzen durch Sehfehler oder Augenerkrankungen

Zu den häufigsten Ursachen von Kopfschmerzen gehören Brechungsanomalien des Auges bzw. Augenerkrankungen. Hieran sollte man immer bei der Angabe von Kopfschmerzen denken. Kopfschmerzen auf der Grundlage von Brechungsfehlern lassen sich leicht durch die Verordnung entsprechender Brillen oder Kontaktlinsen beseitigen. Bei den Brechungsfehlern seien Kurzsichtigkeit (Myopie), Weitsichtigkeit (Hyperopie), Alterssichtigkeit (Presbyopie) sowie die Hornhautverkrümmung (Astigmatismus) genannt. Besonders hervorgehoben sei die Weitsichtigkeit, weil hier durch den Versuch, in der Nähe scharf zu sehen, die Augenmuskeln stark belastet werden und es daher häufig zu Kopfschmerzen kommt. Diese Anomalie ist oft angeboren, so daß sie schon bei Kindern und Jugendlichen zu Kopfschmerzen führen kann.

Unter Alterssichtigkeit versteht man dagegen Leseschwierigkeiten, die erst im höheren Lebensalter einsetzen und ohne eine optische Korrektur gleichfalls Kopfschmerzen verursachen.

Der Astigmatismus bewirkt eine verzerrte Wiedergabe des Bildes der Umwelt. Nicht selten ist er mit einem Brechungsfehler kombiniert, der gleichfalls korrigiert werden muß.

Bei den Augenerkrankungen, die sich besonders durch starke Kopfschmerzen bemerkbar machen, sei insbesondere auf die Erhöhung des Augeninnendrucks verwiesen, den „Grünen Star" (Glaukom). Die Diagnose wird durch die Messung des Augeninnendrucks gesichert. Bezüglich der übrigen Augenerkrankungen sei auf Seite 115 ff. verwiesen.

Spannungskopfschmerzen

Sie strahlen meist vom Nacken zum Hinterkopf hin aus und beruhen auf Verspannungen der Nackenmuskulatur. Der Untersucher findet eine vermehrte Druckempfindlichkeit im Nackenbereich. Die Beschwerden sind oft hartnäckig. Sie verschwinden, kommen wieder und halten lange an. Ursache hierfür sind Fehlhaltungen des Kopfes während der Arbeit oder im Schlaf, auch psychische Belastungen können dazu beitragen.

Die Behandlung des Spannungskopfschmerzes zielt auf die Beseitigung der jeweiligen Ursache. Eine falsche Kopfstellung während des Tages oder der Nacht muß korrigiert werden. Positiv wirkt sich ein Entspannungsprogramm für die Muskeln des Nackenbereichs aus. Auch ein allgemeines körperliches Training vermindert die Beschwerden, wahrscheinlich durch den Streßabbau. Der positive Effekt von Massage und Wärmeanwendungen erklärt sich über die muskelentspannende Wirkung.

Durch Ausdauertraining können Spannungskopfschmerzen gebessert werden.
Photo: Joachim Flodin

Von der Halswirbelsäule ausgehende Kopfschmerzen

Zahlreiche Veränderungen insbesondere im Bereich der oberen Halswirbelsäule können zu einer Reizung der Nervenwurzeln führen und damit zu Beschwerden, die zum Hinterkopf hin als Kopfschmerzen ausstrahlen. Am häufigsten beruhen diese Beschwerden auf Abnutzungserscheinungen der Bandscheiben mit reaktiven Knochenneubildungen, entsprechend den Beschwerden, die für die Lendenwirbelsäule im Rahmen des Ischias beschrieben wurden (s. S. 257ff.). Das Behandlungsziel sollte zwar prinzipiell in der Beseitigung der Ursachen bestehen, dies ist bei degenerativen Halswirbelsäulenprozessen jedoch meist nicht möglich, so daß man sich hier mit einer symptomatischen Therapie zur Linderung der Beschwerden zufrieden geben muß. Folgende Maßnahmen können sich als hilfreich erweisen: Verordnung eines Kragenverbandes, gegebenenfalls Streckbehandlung, Wärmeanwendung und im Bedarfsfall schmerzlindernde Medikamente.

Sportarten mit extremen Belastungen der Halswirbelsäule können häufig zu solchen degenerativen Prozessen führen, die allerdings keineswegs immer Beschwerden hervorrufen müssen. Bei solchen von der Halswirbelsäule ausgehenden Kopfschmerzen kann Sport in jeder Form betrieben werden, soweit er nicht die Halswirbelsäule zusätzlich belastet. Ein allgemeines Ausdauertraining kann sich sogar häufig als positiv im Sinne einer Linderung der Beschwerden auswirken.

Kopfschmerzen aufgrund von Durchblutungsstörungen

Migräne

Krankheitsbild Unter Migräne versteht man vor allem halbseitig auftretende Kopfschmerzen, oft in Verbindung mit Übelkeit, Brechreiz und Augenflimmern. Die Neigung dazu ist häufig erblich. Als Ursache werden Erweiterungen der Gefäße des Gehirns und der Hirnhäute angenommen, in manchen Fällen kann vorher auch eine Gefäßverengung auftreten.

Das Beschwerdebild ist sehr unterschiedlich ausgeprägt. Neben leichten und seltenen Anfällen kommen Attacken vor, die Stunden und Tage dauern. Der Betroffene ist dann arbeitsunfähig. Er muß bis zum Abklingen der Beschwerden im verdunkelten Raum liegen.

Behandlung Bei der Therapie ist zu unterscheiden zwischen der akuten und der prophylaktischen (vorbeugenden) Behandlung. Die Behandlung des akuten Anfalls war früher vor allem auf das Ergotamin abgestellt, das die Gefäße verengt. Dieser Substanz kommen aber unangenehme Nebenwirkungen zu, sie führt zu Durchblutungsstörungen in anderen Gefäßbezirken, vor allem im Bereich der Arme und Beine. Ergotamin sollte daher höchstens zweimal pro Woche angewandt werden. Besondere Vorsicht ist bei Vorliegen von zusätzlichen Gefäßerkrankungen notwendig. Wegen dieser Nebenwirkungen stehen daher heute die traditionellen Schmerzmittel im Vordergrund wie Acetylsalicylsäure, Paracetamol, Kodein oder Dextropropoxiphen, die allein oder häufig auch als Kombinationspräparate eingesetzt werden (s. S. 232ff.). Wichtig ist, daß die Behandlung so früh wie möglich mit Beginn der Symptome einsetzt. Wartet man zu lange, kommt es zu Magen-Darm-Beschwerden wie Übelkeit etc. Der Magen entleert sich dann nicht mehr, die Medikamente bleiben liegen und sind damit in ihrer Wirksamkeit stark abgeschwächt. In solchen Fällen sollte man auf die Anwendung von Zäpfchen ausweichen.

Zur Vorbeugung sollte der Betroffene Reize meiden, die bei ihm erfahrungsgemäß migräneauslösend wirken. Im Einzelfall können dies Streß, schlechte Luft in Lokalen, Lärm etc. sein. Manche Frauen leiden häufig unter Migräne im Zusammenhang mit der Regelblutung. In diesen Fällen wirkt sich oft die Einnahme der Antibabypille positiv aus. Neuerdings hat sich der Einsatz von Betarezeptorenblockern (s. S. 360 ff.) bei manchen Patienten als sehr positiv bei der Verhinderung von Migräneanfällen erwiesen.

Kopfschmerzen auf der Grundlage sonstiger Durchblutungsstörungen

Typischerweise können Kopfschmerzen bei stark erhöhtem Blutdruck vorkommen. Diese Beschwerden sind meist morgens am intensivsten und lassen im Laufe des Tages nach, besonders unter der Einwirkung von Koffein, das der Betroffene als Tabletten oder auch einfach in Form von Kaffee zu sich nimmt. Eine weitere Gefäßerkrankung, die zu halbseitigen Kopfschmerzen führt, ist die Entzündung der Schläfenarterie (Arteriitis temporalis). Der Untersucher findet Druckempfindlichkeit im Verlauf dieses Blutgefäßes. Bei dieser Erkrankung ist eine rasche ärztliche Behandlung erforderlich.

Medikamentös bedingte Kopfschmerzen

Bei zahlreichen Medikamenten treten typischerweise Kopfschmerzen als Nebenwirkung auf. Hierzu gehören insbesondere alle gefäßerweiternden Medikamente, die im Rahmen von Herz-Kreislauf-Erkrankungen verordnet werden. Sie erweitern auch die Hirngefäße mit dem möglichen Ergebnis von Kopfschmerzen. Zu dieser Gruppe gehören die Nitropräparate, die bei Durchblutungsstörungen der Herzkranzgefäße zur Anwendung kommen, ferner Kalziumantagonisten, die im Rahmen einer Behandlung der koronaren Herzkrankheit sowie des erhöhten Blutdrucks eingesetzt werden wie beispielsweise Nifedipin (Adalat) oder Verapamil (Isoptin) und andere Hochdruckmittel, die auf dem Wirkprinzip der Gefäßerweiterung beruhen. Bei all diesen Medikamenten kommt es nach einer längeren Anwendungszeit zur Gewöhnung und damit zum Verschwinden dieser Kopfschmerzen. Auch zahlreiche schmerzstillende bzw. entzündungshemmende Medikamente (s. S. 232 ff.) wie Indometacin (Amuno, Indomet), Piroxicam (Felden), oder Diclofenac (Voltaren) können zu Kopfschmerzen führen. Diese Präparate sind im Sport sehr weit verbreitet. Andere Antiphlogistika (etwa Salicylate) haben diese Nebenwirkung dagegen nicht.

Zahlreiche Medikamente, die gegen Kopfschmerzen eingenommen werden, enthalten Koffein, oft in Kombination mit Acetylsalicylsäure, beispielsweise Saridon, Vivimed und viele andere. Das Koffein verstärkt die schmerzhemmende Wirkung vor allem beim Ermüdungskopfschmerz und bei Migräne, es kommt ihm darüber hinaus eine belebende Wirkung zu. Eine Tasse Kaffee oder eine übliche Flasche Coca-Cola enthalten etwa die gleiche Koffeinmenge wie eine solche Tablette (ca. 100 mg). Die Koffeinmenge in Tee und Schokolade ist dagegen wesentlich niedriger. Diese Erkenntnisse sind wichtig, da Koffein seit den Olympischen Spielen 1984 auf der Dopingliste steht. Dabei ist die Frage, ob Koffein ein Dopingmittel ist oder nicht, von der Dosierung abhängig. Die geringen Mengen, die in koffeinhaltigen Getränken eingenommen werden, führen nicht zu Problemen. Koffein kann aber auch seinerseits zur Entstehung von Kopfschmerzen beitragen. Bei chronischer Einnahme von koffeinhaltigen Tabletten gewöhnen sich die Gefäße gewissermaßen an diese Substanz. Bei ihrem Ausbleiben kommt es zu Entzugserscheinungen und damit zu Kopfschmerzen. Da Koffein vom Körper sehr langsam ausgeschieden wird, treten diese Beschwerden im allgemeinen 1 – 1,5 Tage nach der letzten Tabletteneinnahme auf. Sie verschwinden wieder, wenn dem Organismus erneut Koffein zugeführt wird.

Kopfschmerzen nach Gehirnerschütterung

Zahlreiche Sportarten bergen die Gefahr von Kopfverletzungen mit dem Auftreten einer Gehirnerschütterung (Commotio) in sich. Dies gilt für alle körperkontaktbetonten Sportarten, insbesondere natürlich für das Boxen. Das führende Symptom dabei ist die kurzfristige Bewußtlosigkeit. Nach jeder Bewußtlosigkeit im Sport, sei sie auch noch so kurz, sollte der Betroffene dem Arzt vorgestellt und mindestens einen Tag sorgfältig beobachtet werden. Körperliche Aktivität direkt nach dem Unfallereignis ist zu untersagen. Sie kann erst dann wieder aufgenommen werden, wenn Beschwerdefreiheit besteht. Bei länger anhaltenden Kopfschmerzen nach einer Gehirnerschütterung kann sich in Einzelfällen körperliches Training positiv auswirken, es muß jedoch mit dem Arzt sorgfältig abgestimmt werden. Beim Boxen wird die Gefährdung möglicherweise weniger durch die einzelne schwere Gehirnerschütterung hervorgerufen als durch die Summation kleinerer Hirnschädigungen durch wiederholte Kopftreffer. Aus sportärztlicher Sicht ist es völlig unakzeptabel, daß der Kopf im Boxen als Trefferfläche gilt und daß hier sogar der K. O.-Schlag durch einen Kopftreffer zum Sieg führen kann.

Kopfschmerzen bei schweren Erkrankungen

Kopfschmerzen können auf eine Reihe schwerer Erkrankungen wie Hirntumoren, erhöhten Hirndruck, Hirnblutungen nach Rupturen von Schlagadern oder Venen, Hirninfektionen und andere mehr hinweisen. Selbstverständlich ist in jedem Fall eine sorgfältige ärztliche Diagnose und Therapie notwendig.

Konsequenzen für Training und Wettkampf Leichtere Kopfschmerzen, vor allem solche, die auf psychischem Streß beruhen, sind kein Grund, mit dem Sport auszusetzen. Im Gegenteil, sie bessern sich häufig unter körperlicher Aktivität. Dagegen machen intervallartig auftretende schwere Kopfschmerzen, etwa im Rahmen einer Migräne, Sport unmöglich. Umgekehrt kann auch die psychische Anspannung oder die körperliche Belastung im Sport Kopfschmerzen auslösen oder verschlimmern. Besonders gilt dies für Training in größeren Höhen. Wenn ein Athlet nach einer Verletzung im Sport über Kopfschmerzen klagt, sollte er mit dem Sport aussetzen und einem Arzt vorgestellt werden.

Schwindel (Vertigo)

Bei der Angabe von Schwindel unterscheidet man zwei Formen, den eigentlichen Drehschwindel und allgemeine Schwindelerscheinungen. Beim Drehschwindel, der vom Gleichgewichtsorgan des Innenohrs (Vestibularisapparat) ausgeht (s. Abb. auf S. 111), hat der Betroffene das Gefühl, daß sich die Umgebung um ihn herum dreht. Auslösend hierfür sind verschiedene Erkrankungen wie Virusinfektionen oder in seltenen Fällen Tumoren und andere Erkrankungen des Gehirns oder des Gleichgewichtsorgans. Auch Schwindel im Rahmen von Hyperkinetosen, d. h. Schwindel, der durch heftige Bewegungen (Autofahren, Seekrankheit) ausgelöst wird, geht vom Gleichgewichtsorgan aus. Charakteristisch für den Vestibularisschwindel ist das gleichzeitige Auftreten von Übelkeit und der Nachweis schneller Augenbewegungen (Nystagmus).

Bei jedem Drehschwindel, dessen Ursache nicht wie bei der Seekrankheit auf der Hand liegt, sollte der Betroffene dem Arzt vorgestellt werden, um die zugrundeliegende Ursache zu finden und zu behandeln. Die symptomatische Behandlung erfolgt nach den Richtlinien, die im folgenden für die Hyperkinetosen gegeben werden.

Unspezifischer Schwindel, gekennzeichnet durch ein Gefühl von Schwäche, allgemeiner Unsicherheit und Kollapsneigung, findet sich vor allem im Zusammenhang mit Blutdruckabfall und Unterzuckerung. Beschwerden in dieser Richtung geben besonders Patienten mit niedrigem Blutdruck im Rahmen des orthostatischen Syndroms (s. S. 38 f.) an. Die Behandlung zielt auf die Beseitigung der Ursache, also auf eine Anhebung des Blutdrucks bzw. des Blutzuckers. Menschen, die zu orthostatischen Beschwerden neigen, sollten längeres Stehen oder rasches Aufstehen aus sitzender oder liegender Stellung vermeiden.

Weitere mögliche Ursachen für Schwindelbeschwerden sind die Behandlung mit gefäßerweiternden Medikamenten zur Blutdrucksenkung (s. S. 136 f.), ausgeprägte Anämie (s. S. 281 ff.) und, in hartnäckiger Form, das Schädel-Hirn-Trauma. Patienten, die nach einem Schädeltrauma lange Zeit über Schwindelbeschwerden klagen, sollten sich auf jeden Fall deshalb dem Arzt vorstellen.

Konsequenzen für Training und Wettkampf Im allgemeinen ist bei orthostatisch bedingtem Schwindel körperliches Training nur von Vorteil. Besondere Gesichtspunkte gelten, wenn die Schwindelerscheinungen auf Medikamente, Anämie oder Schädelverletzungen zurückzuführen sind. Hier wird es gelegentlich notwendig, vorübergehend körperliche Aktivitäten einzuschränken. Generell ist Vorsicht angezeigt, wenn Sport mit Risikosituationen oder in großen Höhen betrieben wird.

Reisekrankheit (Hyperkinetosen)

Unter dem Begriff der Hyperkinetosen können eine Reihe von Beschwerdebildern in Form von Schwindel, Übelkeit und Erbrechen zusammengefaßt werden, die bei verstärkter passiver Bewegung des Körpers durch Überreizung des Gleichgewichtsorgans im Innenohr auftreten, vorzugsweise bei Reisen im Auto, im Flugzeug oder auf dem Schiff als Seekrankheit.

Neuere Untersuchungen haben hierzu eine Reihe von Erkenntnissen gebracht, insbesondere die Tatsache, daß sich diese Zustände unter der Einnahme von cholinergen Medikamenten verstärken und umgekehrt unter dem Einfluß adrenerger bzw. anticholinerger Medikamente abschwächen. Diese Untersuchungen bestätigen letztlich aber nur die schon früher empirisch über den optimalen therapeutischen Effekt bestimmter Pharmaka gemachten Erfahrungen.

Am günstigsten wirken Antihistaminika mit anticholinergischer Wirkung in Präparaten wie Psyquil, Vomex, Atosil, Peremesin oder Rodavan. Die Dosierung ist dabei unterschiedlich. Eine Reihe der Substanzen wirken 6 Stunden, sie müssen bis zu viermal pro Tag eingenommen werden, andere wirken über 12 Stunden, hier reichen zwei Tabletten bzw. Dragees pro Tag. Im Einzelfall ist dies dem Beipackzettel zu entnehmen. Auch Scopolamin kommt zur Anwendung, beispielsweise auch als Pflaster, das hinter dem Ohr angebracht wird (Scopoderm

Die schönste Segeltour wird zum Alptraum, wenn man unter Seekrankheit leidet. *Photo: Dan Ljungsvik*

TTS) und eine Wirkung über 2—3 Tage entfaltet, falls es nicht vorher abgenommen wird.

Der große Nachteil der Antihistaminika besteht darin, daß sie sedierend wirken, also müde machen. Ein geeignetes Medikament gegen die Reisekrankheit wäre eine Substanz mit anticholinergen und adrenergen Eigenschaften bzw. eine entsprechende Kombination. Ein solches Medikament ist zur Zeit nicht verfügbar. Ein Versuch kann immerhin mit schleimhautabschwellenden Medikamenten unternommen werden, die adrenerge Substanzen in Kombination mit Antihistaminika mit einer gewissen anticholinergen Wirkung enthalten, beispielsweise Arbid, Rhinopront, Triaminic oder Vibrocil. Diese haben den Vorteil, daß sie weniger stark müde machen als Antihistaminpräparate.

Konsequenzen für Training und Wettkampf
Im Zusammenhang mit dem Sport kann die Reisekrankheit allen Sportlern Probleme bereiten, denen es auf der Anfahrt zum Wettkampf häufig schlecht wird. Spezifische Probleme ergeben sich bei Sportarten wie Segeln oder Motorsport. Im Bedarfsfall können die oben angegebenen Medikamente eingenommen werden; es ist jedoch dabei stets zu berücksichtigen, daß sie Wachheitsgrad und Konzentrationsfähigkeit herabsetzen und damit das Leistungsvermögen beeinträchtigen können. Wer also unter erheblichen Problemen in dieser Richtung leidet, sollte lieber rechtzeitig aufbrechen, damit die Beschwerden bis zum Beginn des Wettkampfs sicher abgeklungen sind.

Ein weiterer wichtiger Gesichtspunkt aus der Sicht des Sports besteht in der Tatsache, daß die oben angegebenen schleimhautabschwellenden Medikamente zum Teil auch ephedrinähnliche Substanzen enthalten können, die auf der Dopingliste stehen.

25 Psychische Beschwerdebilder

Angstzustände

Symptome Angstzustände sind gekennzeichnet von psychischen Symptomen wie Furcht, Unruhe, Spannungszustände, Unlustgefühle, Unsicherheit, Schlaf- und Konzentrationsstörungen. Auch körperliche Symptome wie Herzklopfen, Schweißneigung und Bauchbeschwerden können hinzukommen.

Angst kann eine natürliche Reaktion auf äußere Belastungssituationen wie Partnerschaftsprobleme, Sorge um die Kinder, Arbeitsplatz oder andere wirtschaftliche Probleme darstellen. Beim Sportler kommen Angst und Unruhe vor wichtigen Wettkampfsituationen vor. Die individuelle Fähigkeit, solche Problemsituationen zu bewältigen, ist sehr unterschiedlich. Entstehen durch unbewältigte Angstzustände Krankheitssymptome, so spricht man von Neurosen, von Menschen mit geringer Toleranzfähigkeit gegenüber Problemen häufig von Neurotikern, eine Bezeichnung, die einen negativen Beiklang hat und die Situation der Betroffenen nicht gerade verbessert. Angst aus solchen reaktiven Zuständen heraus benötigt normalerweise keine Behandlung durch ein Medikament, sondern vor allem ein entsprechend verständnisvolles Umfeld und eine Bewältigung durch den Betroffenen selbst.

Im Gegensatz zu diesen verständlichen Angstzuständen, denen kein Krankheitswert zukommt, entwickeln sich besonders im Rahmen der endogenen Depression auch Zustände, für die keine faßbare Ursache vorhanden ist. Sie entwickeln sich gewissermaßen irrational, von „innen heraus". In diesem Fall können schwere Krankheitsbilder entstehen. Nicht selten manifestiert sich diese Angst vor allem auch in körperlichen Symptomen wie Herzklopfen, Atemnot, Kopf-, Rücken- und Bauchschmerzen. Der Betroffene ist oft davon überzeugt, an einer schweren und unheilbaren Erkrankung zu leiden. Nicht selten wird er deshalb in eine Akutklinik eingewiesen. Bei solchen als Hypochondrie bezeichneten Zuständen muß zunächst vom Arzt eine organische Krankheit sorgfältig ausgeschlossen werden. Anschließend muß der Betroffene über die Zusammenhänge aufgeklärt werden. Nicht immer reicht dies aus, oft wird eine Psychotherapie erforderlich. Die Gesprächstherapie erweist sich hier als sehr wertvoll.

Solche Angstzustände können darüber hinaus symptomatisch bei anderen psychischen Erkrankungen vorkommen, etwa bei schweren Depressionen sowie bei organischen Hirnschäden.

Behandlung Soweit Angst durch äußere Faktoren ausgelöst wird, stehen eine Verbesserung der Konfliktbewältigung und der Abbau eines überhöhten Erwartungsdrucks im Vordergrund. Besonders wichtig ist hier die Mithilfe einer verständnisvollen Umgebung. Bei der irrationalen Angst ist die Betreuung durch einen entsprechend ausgebildeten Psychotherapeuten erforderlich. Medikamente sollten so weit wie möglich vermieden werden. Falls erforderlich, können vorübergehend angstdämpfende Medikamente in Form der Benzodiazepine wie Diazepam (im Handel als Diazepam, Valaxone, Valium) oder Oxazepam (Adumbran, Praxiten) angewandt werden.

Ausdauertraining kann sich positiv auf Angstzustände auswirken. *Photo: Joachim Flodin*

Konsequenzen für Training und Wettkampf Körperliche Aktivität hilft häufig, Angstzustände zu überwinden, besonders durch die gruppendynamischen Prozesse bei Mannschaftssportarten bzw. durch die Freude an der Bewegung. Wettkampfsituationen können sich dagegen angstverstärkend auswirken. Umgekehrt kann bei in dieser Richtung belasteten Wettkampfsportlern Angst das Leistungsvermögen verschlechtern. In diesen Fällen sollten Übungsleiter, Trainer und gegebenenfalls auch Mannschaftskameraden hierauf Rücksicht nehmen.

Schlafstörungen

Dem Schlaf kommt eine wichtige Erholungsfunktion im Biorhythmus des Organismus zu. Der Schlaf ist sehr komplex zusammengesetzt. Die Schlaftiefe variiert stark. In die Tiefschlafphasen sind alternierend sogenannte REM-Phasen eingestreut. Sie haben ihren Namen von der Nachweisbarkeit schneller Augenbewegungen (rapid eye movements). In diesen REM-Phasen hat der Körper einen unterschiedlichen Aktivitätsgrad, sie werden vom Schläfer als Traumphasen erlebt. Die REM-Phasen haben eine sehr wichtige Bedeutung für die Erholungsfunktion des Schlafes. Alle Schlafmittel haben den Nachteil, daß sie den REM-Schlaf verkürzen. Werden die REM-Perioden durch gehäuftes Aufwekken oder durch Schlafmittel unterdrückt, fühlt man sich am nächsten Morgen unausgeschlafen und gerädert. Häufig führt dies dazu, daß man dann erneut zum Schlafmittel greift und so im Sinne eines Circulus vitiosus die Ursache verstärkt. Hierdurch kann auf die Dauer Schlafmittelabhängigkeit entstehen.

Schlafstörungen kommen in zwei Formen vor. Häufiger sind die Einschlafstörungen, die etwa 80% ausmachen. Durchschlafstörungen, die sich vor allem im Rahmen von Depressionen finden, aber auch beim älteren Menschen aufgrund des herabgesetzten Schlafbedürfnisses, sind dagegen seltener. Einschlafstörungen haben vielfältige Ursachen. Die häufigsten sind psychische Spannungszustände, wie sie sich beim Sportler etwa vor wichtigen Wettkämpfen einstellen oder auch nach Wettkämpfen, wenn der „überdrehte" Athlet den Wettkampf immer wieder nachvollzieht.

Auch ein ungünstiges Schlafmilieu kann sich sehr störend auswirken, z. B. laute Geräusche, unangenehme Temperaturen, ein unbequemes Bett oder störende Schlafgenossen. Auch Medikamente können das Einschlafen stören, vor allem koffein- oder ephedrinhaltige Medikamente sowie Betablocker.

Weitere Ursachen sind koffeinhaltige Getränke, zahlreiche psychische Erkrankungen sowie körperliche Beschwerden wie Schmerzen, Juckreiz oder Atemnot.

Schlafmittel

Trotz der vielfältigen Schlafmittel, die heute zur Verfügung stehen, muß gesagt werden, daß es nach wie vor kein ideales Präparat gibt. Alle Schlafmittel dämpfen das Zentralnervensystem und verlängern und vertiefen dadurch den Schlaf. Konventionelle Schlafmittel haben alle den Nachteil, daß sie in die Abhängigkeit führen können. Darüber hinaus können sie Vergiftungen bewirken. Aus diesem Grund sind sie neuerdings in der Narkotikagruppe IV eingeordnet (s. S. 47). Diese Klassifizierung hat erhebliche Kritik hervorgerufen, da das Mißbrauchrisiko bei den am häufigsten benutzten Schlafmitteln vom Typ der Benzodiazepine viel geringer ist als bei Alkohol oder Barbituraten. Unter den Benzodiazepinen dominieren:

— Diazepam (Diazepam, Valaxona, Valium),
— Flunitrazepam (Rohypnol),
— Lorazepam (Tavor),
— Nitrazepam (Dormo-Puren, Eatan, Mogadan, Novanox) und
— Oxazepam (Adumbran, Praxiten).

Mittel der ersten Wahl sind dabei Nitrazepam und Flunitrazepam. Die übliche Dosierung beträgt eine halbe bis eine Tablette abends, allerdings sollte die Einnahme stets nur vorübergehend erfolgen. Bei empfindlichen Personen kann als Nebenwirkung am nächsten Tag noch Müdigkeit bestehen. Sportler mit Schlafproblemen sollten dies besonders vor wichtigen Wettkämpfen berücksichtigen. Sie sollten am besten

Kein Wunder, daß man in ungünstiger Umgebung schlecht schläft!

in einer wettkampffreien Phase die Wirkung verschiedener Schlafmittel an sich austesten, um ein für sie gut verträgliches Medikament auszusuchen.

Zu den am wenigsten geeigneten Schlafmitteln gehört eines, das am häufigsten empfohlen wird: Äthylalkohol, also der ganz normale Alkohol. Dieser wirkt zwar sehr schnell, aber auch nur sehr kurz und hat unter allen Schlafmitteln die am deutlichsten rauscherzeugende Wirkung. Nach Alkoholeinnahme ist der Schlaf kurz und in der zweiten Nachthälfte unruhig. Der Hauptnachteil dieses „Schlafmittels" besteht darin, daß es rasch zur Abhängigkeit führen kann.

Als weitere Medikamente, die als Schlafmittel eingesetzt werden, sind die Antihistaminika zu nennen (s. S. 66 f.), am häufigsten in Form des Atosils oder Megaphens. Die übliche Dosierung beträgt 25—50 mg abends. Leider wirken auch die Antihistaminika oft bis in den nächsten Tag hinein. Sie haben darüber hinaus Nebenwirkungen, die auf einer Hemmung des parasympathischen Nervensystems beruhen (s. S. 353 ff.): Schwierigkeiten beim Nahsehen (Lesen) und Wasserlassen, Mundtrockenheit etc. Trotz dieser Nebenwirkungen und trotz ihrer geringeren schlaferzeugenden Wirkung werden die Antihistaminika als Alternative zu den Benzodiazepinen eingesetzt, da sie nicht deren Gewöhnungseffekt mit der Gefahr einer Abhängigkeit besitzen.

Wenn die Entwicklung einer Abhängigkeit vermieden werden soll und die Wirksamkeit der Antihistaminika nicht ausreicht, bieten sich als stärker wirksame Medikamente die Neuroleptika an, etwa das Theralene in einer Dosierung von 25 mg abends. Der Nachteil der Neuroleptika besteht in ihrer ausgesprochenen „Katerwirkung" am nächsten Tag sowie in erheblichen parasympathischen Nebenwirkungen. Aus diesem Grund sind sie für den Sportler im allgemeinen nicht geeignet.

Allgemeine Empfehlungen bei Schlafstörungen

Körperliche Aktivität im Verlauf des Tages begünstigt im allgemeinen den Schlaf, umgekehrt können allzu intensive körperliche Belastungen kurz vor dem Schlafengehen zu Einschlafstörungen führen. Selbstverständlich sollte das Schlafzimmer ruhig und gut belüftet, das Bett hinreichend bequem sein.

Auch hinsichtlich der abendlichen Eßgewohnheiten gilt es einiges zu berücksichtigen: wer Hunger hat, schläft selbstverständlich schlecht ein. Ein Glas Milch oder ein leichter Imbiß begünstigen erfahrungsgemäß das Einschlafen. Umgekehrt wirken sich ein allzu opulentes Mahl oder koffeinhaltige Getränke negativ aus. Alkohol erleichtert zwar das Einschlafen, der Schlaf wird in der zweiten Nachthälfte allerdings unruhig, morgens fühlt man sich häufig unausgeschlafen.

Bei Bedarf ist gegen die gelegentliche Einnahme eines Schlafmittels nichts zu sagen. Im Gegenteil, es kann eine große Erleichterung darstellen. Schlafmittel sollten allerdings immer nur vorübergehend eingenommen werden. Ihr täglicher Gebrauch nützt erstens nichts und führt darüber hinaus leicht zur Abhängigkeit. Wenn Schlafmittel dauernd eingenommen werden, sollte dies mit dem Arzt besprochen werden. Besonders kritisch ist die chronische Einnahme von Schlaftabletten bei Patienten mit Alkoholproblemen zu sehen.

Alkohol sollte grundsätzlich nie mit Schlafmitteln oder Schmerzmitteln kombiniert werden, da es hierdurch zu einer lebensbedrohlichen Hemmung des Atemzentrums kommen kann.

Wenn Schlafstörungen durch Schmerzen verursacht sind, ist primär immer die Verordnung von Schmerzmitteln angezeigt (s. S. 232 ff.).

Schlafmittel sind hier sinnlos, da ihnen keine schmerzhemmende Wirkung zukommt.

Depression

Krankheitsbild Depressive Verstimmungen kommen in verschiedenen Formen und Schweregraden vor. Häufig sind es verständliche Reaktionen auf psychische Belastungen wie Todesfälle oder Enttäuschungen. Auch im sportlichen Bereich können Depressionen nach Mißerfolgen auftreten. Zahlreiche andere psychische Erkrankungen, darunter der Alkoholismus, können mit depressiven Verstimmungen einhergehen. Diese Arten der Depression werden als sekundäre Formen zusammengefaßt. Eine medikamentöse Behandlung ist hier nur selten erforderlich.

Im Gegensatz hierzu ist bei der primären oder endogenen Depression eine auslösende Ursache für die Verstimmung nicht erkennbar. Es handelt sich hierbei oft um sehr ernste Krankheitsbilder. Die psychischen Symptome sind folgende:

— mehr oder minder ausgeprägte Verstimmung,
— Initiativlosigkeit,
— Müdigkeit,
— Schlaflosigkeit, wobei im Vordergrund die Durchschlafstörung steht,
— Appetitmangel,
— herabgesetzte Emotionalität und Kontaktunfähigkeit zur Umgebung,
— oft ausgeprägte Angstzustände, die das Krankheitsbild dominieren können (Angstdepression),
— Konzentrationsmangel,
— Gedächtnisstörungen,
— Antriebslosigkeit,
— Schuldgefühle,
— Selbstvorwürfe,
— Hoffnungslosigkeit,
— Lebensüberdruß.

Selbstmordgedanken treten häufig auf. Auch körperliche Symptome können hinzukommen. Der Betroffene bewegt sich und reagiert langsam. Typisch sind charakteristische Tagesrhythmen. Die Symptome sind am Morgen meist besonders stark ausgeprägt, sie bessern sich gegen Abend. Nicht immer ist sich der Patient seiner Erkrankung bewußt. Wenn entsprechende Symptome auftreten, sollten daher Familienmitglieder, bei Sportlern auch Trainer oder Mannschaftskameraden, dafür sorgen, daß der Betroffene möglichst rasch in ärztliche Behandlung kommt, da bei endogenen Depressionen ein erhebliches Selbstmordrisiko besteht.

Behandlung Soweit die Depression sekundär durch eine psychische Grundkrankheit ausgelöst ist, steht deren Behandlung im Vordergrund. Bei endogenen Depressionen werden meist antidepressiv wirkende Medikamente verordnet, die die Stimmungslage des Betroffenen aufhellen und seinen psychischen Antrieb verstärken. Viele dieser Medikamente haben anticholinergische Nebenwirkungen, vor allem in der initialen Behandlungsphase, nämlich Müdigkeit, erschwertes Nahsehen (Lesen), Mundtrockenheit, Verstopfung, Herzklopfen etc. Die Wirkung solcher Antidepressiva bei reaktiven Depressionen ist wenig erfolgreich. Hier steht das Verständnis der Umgebung im Vordergrund, die es dem Betroffenen leichter macht, mit der auslösenden schwierigen Situation fertig zu werden.

Konsequenzen für Training und Wettkampf Bei depressiven Verstimmungen kann sich sportliche Aktivität über die Gruppendynamik positiv auswirken. Umgekehrt verschlechtern beim aktiven Sportler Depressionen die Freude am Sport und damit auch die sportliche Leistung. Solche depressiven Phasen sind fast immer vorübergehender Natur. Die Hilfe und das Verständnis der Familie, des Trainers und der Sportfreunde tragen wesentlich zur Überwindung und Verkürzung der Erkrankung bei.

26 Blutkrankheiten

Das Blut besteht aus Blutzellen und der Blutflüssigkeit, dem Blutplasma. Das Blutplasma macht beim gesunden jungen Mann etwa 5% des Körpergewichts aus, bei Kindern und Frauen, besonders während der Schwangerschaft, erhöht sich dieser Anteil. Das Verhältnis von Blutkörperchen zu Blutplasma wird durch den sogenannten Hämatokritwert wiedergegeben, der etwas unter 50% liegt und neuerdings als Erythrozytenvolumenfraktion bezeichnet wird. Das Blutplasma besteht zum größten Teil aus Wasser. Es enthält darüber hinaus auch Salze, Eiweißstoffe und energiereiche Substrate. Ihm kommt eine wichtige Transportfunktion zu, einerseits für Stoffe, die für den Aufbau von Körpergeweben notwendig sind, andererseits für den Abtransport von Abbauprodukten. Die Aufgaben der Eiweißstoffe im Blutplasma sind vielfältig. Durch ihre Molekulargröße sind sie im allgemeinen nicht in der Lage, die Blutgefäße zu verlassen. Durch den so entstandenen osmotischen Druck halten sie daher die Flüssigkeit in der Blutbahn. Einem dieser Eiweiße, dem Fibrinogen, kommt eine wichtige Rolle im Rahmen der Blutgerinnung (s. S. 281) zu. Weitere Eiweiße wirken als Antikörper im Rahmen der körpereigenen Abwehr gegen Infektionskrankheiten mit (s. S. 56 ff.).

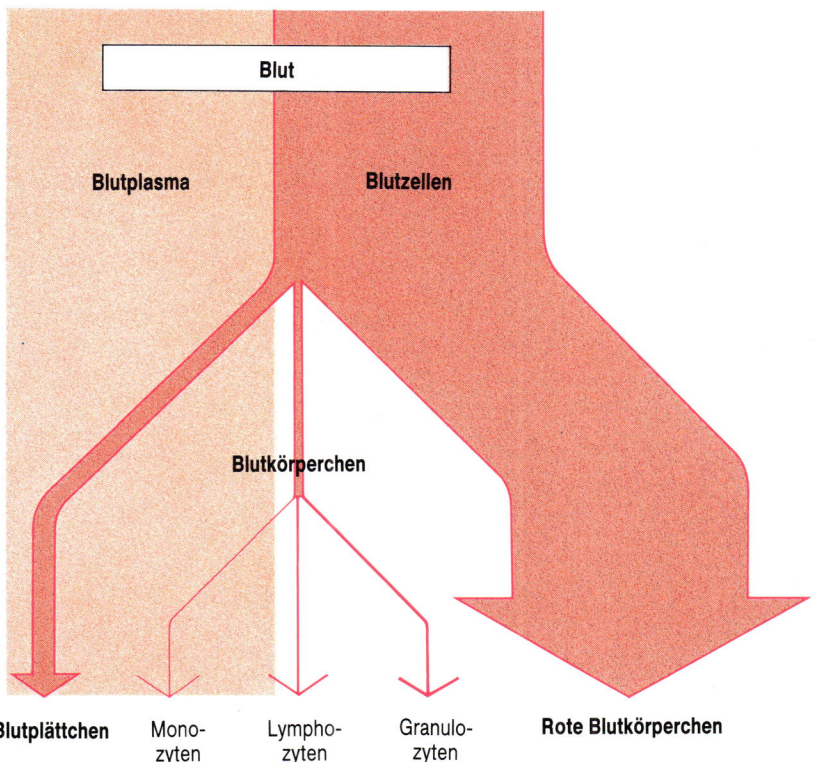

Schema der Blutzusammensetzung

Blutzellen

Die roten Blutkörperchen

Die Aufgabe der roten Blutkörperchen (Erythrozyten) besteht im Transport des Sauerstoffs aus der Lunge zu den Körpergeweben. Die Bindung des Sauerstoffs im Erythrozyten erfolgt dabei an ein Eisenatom des Hämoglobins. Diese Eiweißsubstanz verleiht dem Blut seine Farbe. Die Bildung der Erythrozyten, die im roten Knochenmark erfolgt, ist daher von einer hinreichenden Menge an Eisen abhängig (s. S. 283 ff.), aber auch die Vitamine B_{12} und Folsäure (s. S. 285 f.) müssen genügend vorhanden sein. Wenn die Versorgung der Körperperipherie mit Sauerstoff nicht ausreichend ist, wird die Produktion von Erythrozyten und Hämoglobin stimuliert, und zwar über ein Hormon (Erythropoetin), das in den Nieren gebildet wird. Dieser Kompensationsmechanismus braucht verhältnismäßig lange. Es dauert 1—3 Wochen, bis er in Gang kommt. Zur kurzfristigen Erhöhung der Sauerstoffabgabe dient daher ein anderer Mechanismus, der am Glukosestoffwechsel des Erythrozyten ansetzt. Bei erhöhtem Sauerstoffbedarf steigt die Konzentration des Enzyms 2,3-Diphosphoglycerat (2,3-DPG) im Erythrozyten an, das die Freisetzung von Sauerstoff aus dem Hämoglobin erleichtert. Dieser Mechanismus benötigt nur 2—3 Tage, um anzuspringen.

Normalerweise lebt ein rotes Blutkörperchen etwa 120 Tage. Danach wird es aus der Blutbahn entfernt und abgebaut, und zwar vorwiegend in der Milz. Das bei diesem Abbau freiwerdende Eisen wird zum größten Teil zur Neubildung von Hämoglobin verwendet. Unter krankhaften Bedingungen, speziell bei der hämolytischen Anämie (s. S. 286) ist die Lebensdauer der roten Blutkörperchen verkürzt.

Zum Sauerstoffmangel in den Körpergeweben kann es auch bei normaler Erythrozytenzahl unter verschiedenen Bedingungen kommen, beispielsweise beim Aufenthalt in größeren Höhen aufgrund der Erniedrigung des Sauerstoffdrucks in der Atmungsluft, bei verschiedenen Herz-, Kreislauf- und Lungenerkrankungen, die den Sauerstofftransport behindern sowie bei einer Blockierung der Transportfunktion des Sauerstoffs in den Erythrozyten durch Stoffe, die eine höhere Bindungsfähigkeit an das Eisen aufweisen als Sauerstoff wie beispielsweise Zyanide oder Kohlenmonoxid. Diese Stoffe können schwere Vergiftungserscheinungen hervorrufen. Die genannten anderen Bedingungen können die Produktion der roten Blutkörperchen um den Faktor 5 bis 10 steigern.

Der erwachsene Mensch verfügt im allgemeinen über fünf Millionen rote Blutkörperchen pro mm^3 Blut. Diese Werte liegen bei Frauen und Kindern niedriger. Noch weiter erniedrigt sind sie bei Schwangeren, da bei ihnen der Anteil des Blutplasmas zunimmt. Der Hämoglobinwert gibt an, wieviel Blutfarbstoff in 100 cm^3 Blut vorhanden ist. Es handelt sich dabei also um einen Konzentrationswert, nicht um absolute Mengenangaben. Die normale Konzentration liegt bei 13—15 g/100 cm^3 Blut.

Weiße Blutkörperchen

Bei den weißen Blutkörperchen (Leukozyten) werden verschiedene Typen unterschieden, die Granulozyten, die vor allem im Knochenmark gebildet werden und die Lymphozyten bzw. Monozyten, die vorwiegend den lymphatischen Geweben des Körpers entstammen. Die

Hauptfunktion der weißen Blutkörperchen besteht in der Immunabwehr. Bei einer lokalen Infektion oder auch einer örtlichen, nicht infektiös bedingten Entzündung kommt es zu einer Vermehrung der Leukozytenzahl am Entzündungsort. Bei einer Allgemeininfektion des Organismus erhöht sich die Zahl der Leukozyten im Blut. Die Bedeutung der weißen Blutkörperchen wird deutlich, wenn es zu Mangelzuständen kommt (Granulozytopenie). Dabei steigt das Risiko für bakterielle Infektionen erheblich an. Bezüglich der Aufgaben der Lymphozyten im Rahmen der Immunabwehr wird auf Seite 56 ff. verwiesen. Normalerweise verfügt der Mensch über 4000—8000 Leukozyten/mm^3 Blut. Von diesen sind 50—60% Granulozyten, 2—4% Monozyten, der Rest Lymphozyten.

Blutplättchen

Den Blutplättchen (Thrombozyten) kommt eine wichtige Aufgabe bei der Blutstillung zu. Bei Gefäßverletzungen wird aus den zerfallenden Thrombozyten eine Substanz (Thromboxan) freigesetzt, die eine Verengung der Blutgefäße und eine Zusammenballung der Blutplättchen hervorruft. Durch diesen Schritt wird die Bildung des Blutgerinnsels und damit die Blutstillung eingeleitet. Normalerweise beträgt die Thrombozytenkonzentration 200000—400000/mm^3 Blut. Sie werden in speziellen Zellen des Knochenmarks, den Megakariozyten, gebildet und sind nur sehr kurzlebig. Die mittlere Lebensdauer liegt bei 7 Tagen. Stehen nicht genug Thrombozyten zur Verfügung, kommt es zu verstärkter Blutungsneigung (s. S. 232 f.).

Blutarmut (Anämie)

Die Anämie ist definiert als Erniedrigung der Hämoglobinkonzentration im Blut. Dieser Hb-Wert ist individuell unterschiedlich, die angegebenen Normwerte variieren je nach untersuchtem Kollektiv bzw. je nach Untersuchungsmethoden. Die durchschnittlichen Werte liegen für Frauen etwas tiefer als für Männer. Der untere Grenzwert wird für Frauen mit 12 g%, für Männer mit 13 g% angegeben, d. h. Frauen verfügen normalerweise mindestens über 12 g, Männer über 13 g Hämoglobin in 100 cm^3 Blut. Die Erniedrigung dieses Wertes, also eine Anämie, kann die verschiedensten Ursachen haben. Verständlicherweise führt stärkerer Blutverlust zu einer solchen Anämie. Dabei kann es sich um eine stärkere akute Blutung handeln oder um eine schwache Blutung, die über längere Zeit verläuft. Auch eine verstärkte Regelblutung kann bei Frauen auf die Dauer gesehen eine Anämie bewirken.

Eine weitere Ursache für Blutarmut ist die herabgesetzte Produktion von roten Blutkörperchen. Ursache hierfür kann die Tatsache sein, daß bestimmte Bausteine für die Herstellung des Hämoglobins wie beispielsweise Eisen, Vitamin B_{12} oder Folsäure (s. S. 285 f.) fehlen. Die Bildung von Hämoglobin kann aber auch durch Entzündungen, Infektionen, Tumoren sowie primäre Knochenmarkserkrankungen behindert werden.

Eine weitere Möglichkeit für die Entstehung einer Anämie besteht bei normaler Bildung in einer Verkürzung der Lebensdauer der roten Blutkörperchen, falls das Knochenmark nicht mehr in der Lage ist, den hierdurch entstehenden Verlust durch eine verstärkte Neubildung zu kompensieren.

Eine Anämie kann aber auch nur vorgetäuscht sein, und zwar dann, wenn die Zahl der roten Blutkörperchen pro Volumeneinheit aufgrund einer Vermehrung des Plasmavolumens abnimmt. Die Gesamtmenge an Hämoglobin muß dabei aber nicht vermindert sein.

Die Gründe für eine Erniedrigung des Hämoglobinwerts können also vielfältig sein. Es kann sich um eine echte Verminderung des Farbstoffs handeln, wobei entweder die Zahl der roten Blutkörperchen reduziert ist oder die Menge an Blutfarbstoff pro Erythrozyt absinkt. Eine weitere Möglichkeit besteht in der Zunahme des Plasmavolumens. Diese Möglichkeiten müssen berücksichtigt werden, wenn es um die Beurteilung von Hämoglobinwerten bei Sportlern geht. Prinzipiell muß jede Erniedrigung des Hämoglobinwertes beim Sportler unter den für Männer bzw. Frauen üblichen Normalwert den Verdacht auf das Vorliegen einer Anämie erwecken. Ein Beweis ist hieraus aber noch nicht abzuleiten. Es ist zu berücksichtigen, daß körperliches Training zu einer Vermehrung der Gesamtblutmenge führt, wobei die Plasmamenge stärker ansteigt als das Erythrozytenvolumen. Hierdurch kommt es zu einer relativen Abnahme der Hämoglobinkonzentration. Die alleinige Bestimmung des Hämoglobinwertes kann beim Sportler also zu einem falschen Bild führen, wie sich dies in dem Ausdruck „Sportanämie" zeigt. Ein niedriger Hämoglobinwert beim Sportler muß also nicht automatisch zur Verordnung von Eisen, Folsäure oder Vitamin B_{12} führen, da im allgemeinen hier gar keine echte Anämie vorliegt und eine Erhöhung des Hämoglobinwertes durch diese Präparate nicht zu erwarten ist. Besonders bei Männern im jugendlichen Alter kommt eine Anämie nur selten vor. Ist man im Zweifel, kann man versuchsweise über etwa einen Monat die Einnahme von Eisentabletten verordnen. Steigt darunter der Hämoglobinwert an, so ist im Nachhinein der Beweis für das Vorliegen einer Anämie erbracht worden.

Auch auf Kinder sollten die Normalwerte des Erwachsenen keineswegs bedenkenlos übertragen werden. Kinder haben im allgemeinen niedrigere Hämoglobinkonzentrationen, wobei sich die Werte von Mädchen und Jungen vor der Pubertät nicht unterscheiden. Danach steigen die Werte bei den Jungen etwas stärker an. Bis zum Ende der Pubertät haben männliche Jugendliche die Normalwerte erwachsener Männer erreicht. Das gleiche gilt für Mädchen, deren Werte sich auf die Normalbedingungen der erwachsenen Frau einstellen. Die sowieso schon niedrigeren Werte des Kindes können sich durch körperliches Training und durch die dadurch bedingte Vermehrung des Plasmavolumens noch weiter vermindern. Hieraus entsteht dann leicht die fehlerhafte Schlußfolgerung, daß Kinder unter Sport häufiger zu einer sogenannten „Sportanämie" neigen als Erwachsene.

Symptome   Die Symptome einer Anämie sind im allgemeinen wenig ausgeprägt. Beim sonst gesunden Menschen entstehen sie erst dann, wenn der Hämoglobinwert unter 10 g% absinkt. Typische Anzeichen sind Müdigkeit, Blässe, gelegentlich Schwindel, Schwäche, Kurzatmigkeit unter Belastung und Einschränkung des Leistungsvermögens. Diese Symptome können aber auch auf eine Reihe anderer Krankheiten hinweisen. Das Ausmaß der Symptomatik hängt vor allem auch von der Geschwindigkeit ab, mit der sich die Anämie ausbildet. Bei einem plötzlichen Blutverlust sind die Kompensationsmöglichkeiten gering, vor allem das Symptom Blässe fällt deutlich auf. Kommt es aufgrund einer chronischen Blutung über längere Zeit hinweg zur Anämie, so hat der Organismus erhebliche Kompensationsmöglichkeiten, die die Blutarmut lange Zeit übersehen lassen. Beim Sportler fällt eine solche Anämie aufgrund der Leistungseinschränkung und rascheren Erschöpfbarkeit im Sport natürlich verhältnismäßig schnell auf.

Wird eine Anämie festgestellt, so sollte auf keinen Fall therapiert werden, bevor eine sorgfältige Abklärung der möglichen Ursache erfolgt ist. Im folgenden werden eine Reihe von speziellen Formen besprochen.

Eisenmangelanämie

Die Eisenmenge im Körper eines erwachsenen Mannes liegt bei 4—5 g. Der Hauptteil dieses Eisens, etwa 3 g, findet sich im Hämoglobin. Geringere Eisenmengen sind auch im Myoglobin enthalten, einem sauerstoffbindenden, dem Hämoglobin sehr ähnlichen Farbstoff in der Muskulatur. Dem Transferrin, einem zwar mengenmäßig sehr geringen Anteil des Eisens, kommt eine wichtige Bedeutung zu. Es handelt sich dabei um das Transporteisen, von dem etwa 3 mg im Plasma, an Eiweiß gebunden, vorhanden ist. In dieser Form wird das Eisen vom Ort der Freisetzung aus den abgebauten Erythrozyten in Leber und Milz zum Knochenmark zurücktransportiert, um dort zum Wiederaufbau der Erythrozyten zur Verfügung zu stehen. 99 % des Eisens, das zur Neubildung der roten Blutkörperchen benötigt wird, stammt aus abgebauten alten Erythrozyten. Der Körper muß daher nur wenig Eisen von außen aufnehmen. Der Eisenbedarf in der Nahrung beträgt für den Mann täglich etwa 1 mg, für die Frau 2—3 mg. Diese Menge wird benötigt, um Eisenverluste über Haut und Schleimhäute zu kompensieren. Die größere Menge für die Frau erklärt sich durch den Eisenverlust in der Menstruation.

Die übliche Ernährung enthält durchschnittlich etwa 5—6 mg Eisen pro 1 000 Kilokalorien (ca. 4 200 kJ), d. h. bei unserer normalen europäischen Ernährung kann man davon ausgehen, daß man täglich etwa 15—20 mg Eisen zu sich nimmt. Dabei kommt das Eisen in der Nahrung in zwei Formen vor: als Häm-Eisen, also dasjenige Eisen, das schon in Form des Blut- oder Muskelfarbstoffs gebunden ist, und als Non-Häm-Eisen in anderer Form. Das Häm-Eisen findet sich in Fleisch und Wurstwaren, das Non-Häm-Eisen in Getreide, vorzugsweise im Brot. Obwohl die Menge an Häm-Eisen, das vom Körper wesentlich besser aufgenommen wird, verhältnismäßig gering ist (s. S. 285), geht aus den angegebenen Zahlen eindeutig hervor, daß das Risiko eines Eisenmangels bei einer normalen Ernährung gleich Null ist. Zum Vergleich sei noch angegeben, daß eine übliche Eisentablette etwa 100—200 mg Eisen enthält.

Bei schwerem Eisenmangel kann die Eisenaufnahme bis auf ungefähr 4 mg pro Tag gesteigert werden. Bestimmte Nahrungsinhaltsstoffe

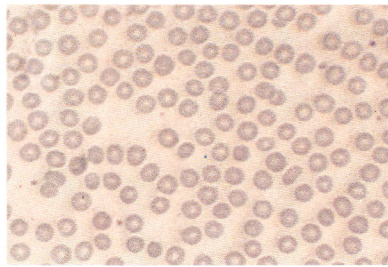

Normale rote Blutkörperchen. *Photo: Elisabeth Rybo*

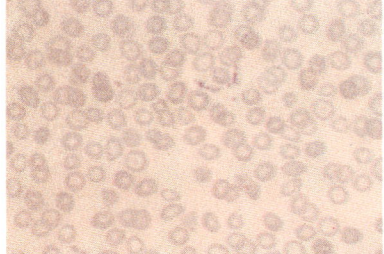

Schwach angefärbte Blutkörperchen sprechen für eine Eisenmangelanämie. *Photo: Elisabeth Rybo*

verbessern dabei die Eisenresorption wie beispielsweise das Vitamin C, andere verschlechtern sie wie Tee oder Milchprodukte. Eine praktische Bedeutung kommt dem angesichts der sehr hohen Gesamteisenmenge in der Nahrung aber nicht zu.

Das mit der Nahrung resorbierte Eisen wird im Blut an das Transferrin (TIBC), einem in der Leber gebildeten Eiweißstoff, gebunden. Die im Blutserum gemessene Eisenkonzentration muß stets im Verhältnis zur Transferrinmenge beurteilt werden. Unter Serum versteht man im Vergleich zum Plasma den flüssigen Überstand, der bei der Blutgerinnung übrig bleibt und im Gegensatz zum Plasma die Gerinnungseiweiße, das Fibrinogen, nicht mehr enthält. Das Verhältnis von Serumeisen zu Transferrinmenge wird mit dem Begriff der prozentualen Transferrinsättigung angegeben (Serumeisen x 100/TIBC). Typisch für den Eisenmangel ist, daß die Menge des Serumeisens abnimmt, während die Transferrinmenge ansteigt. Dadurch wird die Transferrinsättigung erniedrigt.

Eine weitere Möglichkeit, den Eisenmangel festzustellen, besteht in der Bestimmung der Ferritinkonzentration im Blut. Unter Ferritin versteht man einen Eiweißkomplex, der als Eisendepot dient und der sich in großen Mengen vor allem im Knochenmark und in der Leber findet. Unter normalen Bedingungen treten kleinere Ferritinmengen aus diesen Depots in das Serum über. Die Bestimmung der Serumferritinkonzentration gibt ein gutes Bild der Gesamteiweißmenge im Organismus wieder. Eine stark verminderte Serumferritinkonzentration entspricht daher auch einer stark erniedrigten Menge an Depoteisen im Organismus. Bei der Bewertung des Serumferritins muß allerdings berücksichtigt werden, daß eine Reihe von Erkrankungen, speziell Infektionen oder Lebererkrankungen, dazu führen können, daß mehr Ferritin als üblich in das Serum übertritt. Ein effektiver Eisenmangel kann dadurch verdeckt werden. Eine weitere Form der Eisenbindung stellt das Hämosiderin dar. In dieser Form findet sich das Eisen im Knochenmark. Man kann durch spezielle Färbungen die Hämosiderinmenge in Knochenmarkpunktaten nachweisen und erhält damit ein Maß für die Eisenspeicherung im Knochenmark. Normalerweise besteht zwischen der Hämosiderinmenge des Knochenmarks und der Serumferritinkonzentration eine gute Übereinstimmung. Eine Überhöhung der Eisenmenge in den Eisendepots sollte nicht angestrebt werden; dies würde zu einer ungünstigen Erhöhung des Hämoglobinwertes führen.

Ein Eisenmangel wirkt sich erst dann aus, wenn er nach völliger Entleerung der Eisendepots im Organismus zu einer Verminderung der Hämoglobinproduktion führt. Es ist viel darüber spekuliert worden, ob auch eine Erniedrigung der verfügbaren Eisenmenge, die noch nicht zu einer Reduktion der Hämoglobinkonzentration führt, von klinischer Bedeutung ist. Häufig werden damit Muskelschwäche und Leistungsverlust erklärt. Eine wissenschaftliche Begründung in dieser Richtung liegt nicht vor, entsprechende muskelbioptische Untersuchungen widersprachen dieser These.

Behandlung Auch für die Eisenmangelanämie gilt, daß zunächst die zugrundeliegende Ursache abgeklärt und erforderlichenfalls beseitigt werden muß. Zur Normalisierung eines durch Eisenmangel erniedrigten Hämoglobinwertes ist die Zufuhr relativ großer Eisenmengen erforderlich, da auch die entleerten Eisenspeicher wieder aufgefüllt werden müssen. Hierzu ist eine relativ langfristige Eisensubstitution erforderlich. Die pharmazeutische Industrie bietet eine Reihe unterschiedlicher Eisenpräparate an. Hinsichtlich der Resorption von Eisen bestehen zwischen diesen Präparaten keine prinzipiellen Unterschiede. Sie unterscheiden sich vor allem in der Häufigkeit der Nebenwirkungen. Hiervon wird im allgemeinen die Auswahl des geeigneten Präparates bestimmt. Eine übliche Eisentablette enthält meist 100—200 mg Eisen. Manche Firmen bieten sogenanntes Hämoglobin-Eisen als besonders vorteilhaft an. Die Konzentration dieser Eisenpräparate ist aber so niedrig und die Kosten sind so hoch, daß ihre Empfehlung gegenüber den normalen Eisentabletten weder sinnvoll noch vertretbar erscheint.

Das Eisen wird etwas besser resorbiert, wenn die Einnahme auf leeren Magen erfolgt. Dann sind aber auch die Nebenwirkungen stärker ausgeprägt.

Gelegentlich reicht die Zufuhr von Eisentabletten nicht aus, um Mangelzustände auszugleichen. Dies gilt besonders dann, wenn der Eisenmangel aufgrund einer allgemeinen Resorptionsstörung von Nahrungsstoffen im Darm, dem Malabsorptionssyndrom, auftritt. Hier müssen dann Eisenpräparate gespritzt werden. Solche Injektionen können aber ernsthafte Nebenwirkungen hervorrufen. Da Ernährungsstörungen, die zu solchen Malabsorptionen führen, die Leistungsfähigkeit erheblich einschränken, ist es nicht vorstellbar, daß unter solchen Bedingungen Leistungssport betrieben wird. Grundsätzlich kann also gesagt werden, daß im allgemeinen keinerlei Berechtigung dazu besteht, Sportlern Eisenpräparate zu spritzen. Eine Verordnung von Tabletten ist praktisch immer ausreichend.

Die Behandlung einer Eisenmangelanämie dauert bis zur Normalisierung des Hämoglobinwertes und der Wiederauffüllung der Depots einige Monate. Soweit Sportler zu Eisenmangelanämien neigen — dies gilt vor allem für Athletinnen mit verstärkter Regelblutung — sollte die Möglichkeit einer prophylaktischen Gabe von Eisenpräparaten in Erwägung gezogen werden.

Konsequenzen für Training und Wettkampf Je nach Schweregrad kann eine Eisenmangelanämie das Leistungsvermögen eines Athleten, besonders in körperlich stark belastenden Sportarten, negativ beeinflussen. Die Fortführung des Trainings ist im allgemeinen trotzdem möglich, unter der Voraussetzung, daß die Trainingsintensität dem reduzierten Leistungsvermögen angepaßt wird. Hinsichtlich von Unterschieden im Eisenstoffwechsel zwischen Trainierten und Untrainierten sowie der speziellen Gesichtspunkte der Eisenmangelanämie für den Sportler wird auf Seite 286f. verwiesen.

Anämie bei Vitamin B_{12}- oder Folsäuremangel

Vitamin B_{12} und Folsäure gehören zum Vitamin-B-Komplex. Kommt es hier zu Mangelerscheinungen, so äußert sich dies in einer Anämie mit charakteristischen, sehr großen und unreifen Blutkörperchen. Speziell die Anämie, die auf einem Mangel an Vitamin B_{12} beruht, wird als perniziöse Anämie bezeichnet. Dabei liegt im allgemeinen kein Mangel an Vitamin B_{12} in der Nahrung vor, sondern es fehlt eine bestimmte Substanz in der Magenschleimhaut, die zur Resorption von Vitamin B_{12} über den Darm erforderlich ist. Eine solche perniziöse Anämie ist daher bei jüngeren Menschen überaus selten. Sie kommt meist nur bei Patienten im Alter von 40—70 Jahren als Folge degenerativer Prozesse der Magenschleimhaut vor. Eine weitere Möglichkeit der Entstehung einer perniziösen Anämie besteht in einer allgemeinen Resorptionsstörung bei verschiedenen Dünndarmkrankheiten im Rahmen des Malabsorptionssyndroms. Auch hier kann es trotz hinreichenden Nahrungsangebotes durch die Resorptionsstörung zu einem Mangel an Vitamin B_{12} oder Folsäure, selten beider Vitamine gemeinsam, kommen.

Symptome Neben den auf Seite 284 f. geschilderten Allgemeinsymptomen der Anämie ist für die unbehandelte perniziöse Anämie das gleichzeitige Auftreten von motorischen Nervenschädigungen charakteristisch, die vor allem Arme und Beine (motorische Schwäche, Gehschwierigkeiten) betreffen.

Behandlung Die Behandlung einer Anämie auf der Grundlage eines Mangels an Vitamin B_{12} oder Folsäure muß durch eine entsprechende lebenslang durchgeführte Substitution erfolgen. Die häufig durchgeführte Vitamin-B_{12}-Gabe bei Patienten ohne eine solche echte perniziöse Anämie ist dagegen nicht sinnvoll, sie führt weder zu einer Steigerung des Hämoglobinwertes noch zu einer Verbesserung des Leistungsvermögens.

Blutungsanämie

Chronische kleinere Blutungen über lange Zeit aus Schleimhäuten, etwa der Nase oder des Darms, können lange Zeit unentdeckt bleiben und auf die Dauer gesehen zu einer Eisenmangelanämie (s. S. 283 ff.) führen. Große akute Blutungen, etwa bei Blutergüssen, sind selten so stark, daß sie eine Blutungsanämie verursachen.

Hämolytische Anämie

Von einer Hämolyse spricht man, wenn die Lebensdauer der roten Blutkörperchen verkürzt ist. Falls die Erythropoese, also die Neubildung der roten Blutkörperchen, nicht in der Lage ist, diesen Verlust zu kompensieren, kommt es zu einer hämolytischen Anämie. Die Ursachen für diese insgesamt seltene Erkrankung sind vielfältig. Es kann sich um Schädigungen der roten Blutkörperchen im Rahmen von Infektionskrankheiten handeln, um eine Reihe von Erbkrankheiten sowie um Vergiftungen. Auch Medikamente wie beispielsweise Sulfonamide (s. S. 81) können zu Erythrozytenschädigungen führen, in seltenen Fällen auch eine Reihe von harntreibenden Präparaten (Diuretika (s. S. 364 ff.) sowie die heute im Rahmen der Hochdruckbehandlung nur noch selten eingesetzte Substanz Methyldopa. Auch unter diesen Medikamenten kann es daher zu hämolytischen Anämien kommen.

Spezielle Beziehungen zwischen der Hämoglobinkonzentration und sportlicher Belastung

Wie bereits erwähnt, kommt es unter allen Formen des Ausdauertrainings zu einer Steigerung der Blutmenge, wobei im allgemeinen die Plasmamenge stärker ansteigt als das Erythrozytenvolumen. Hierdurch entsteht ein Verdünnungseffekt. Trotz insgesamt normaler oder sogar erhöhter Menge an roten Blutkörperchen sinkt der Hämoglobinwert relativ ab. Hierin kann im Sinne des Sauerstofftransportvermögens sogar ein Anpassungseffekt gesehen werden, da die Viskosität des Blutes und damit sein Strömungswiderstand absinken. Die Behandlung solcher Zustände mit Eisentabletten führt nicht zu einer Erhöhung des Hämoglobinwertes, da ein effektiver Eisenmangel nicht besteht.

Wenn, wie beispielsweise bei längerfristigem Aufenthalt in größeren Höhen, die Atemluft weniger Sauerstoff als normal enthält, kommt es zu einer Reihe von Kompensationsmechanismen, die zu einer Vermehrung des Sauerstofftransportes sowie zu einer Steigerung der Sauerstofffreigabe im Gewebe führen. Im einzelnen wird hierzu auf Seite 280 verwiesen. Diese Effekte werden auch im Sport ausgenutzt. Im

Höhentraining wird ein Anstieg der Hämoglobinkonzentration im Serum sowie eine Erhöhung der Zahl der roten Blutkörperchen angestrengt. Bei Normalisierung der Sauerstoffkonzentration nach Rückkehr ins Flachland bleibt das verbesserte Sauerstofftransportvermögen allerdings nur für einen Zeitraum von 3—6 Tagen erhalten. Nur für diesen Zeitraum können daher Sportler nach einem Höhentraining mit einer Steigerung ihres Leistungsvermögens rechnen. Im Prinzip entspricht diese Wirkung dem Effekt eines Blutdopings (s. S. 347), das allerdings mit einer Reihe von Risiken verbunden ist. Das Blutdoping stellt darüber hinaus einen Verstoß gegen die Dopingrichtlinien des IOC dar, es ist aus ethischen Gründen im Sport nicht vertretbar.

Marschhämolyse

Beim Laufen auf hartem Untergrund kommt es zu einer Schädigung von roten Blutkörperchen im Bereich der Fußsohlen. Bei Menschen mit besonders empfindlichen Erythrozyten kann dies im Einzelfall so weit gehen, daß sich nach dem Lauf der Urin blutig verfärbt (Marschhämolyse). Im allgemeinen ist dieser Abbau aber sehr gering und keineswegs so ausgeprägt wie bei der hämolytischen Anämie (s. S. 286). Die beim Laufen zerstörten Blutkörperchen werden problemlos durch neue aus dem Knochenmark ersetzt, wobei das aus den zerstörten Blutkörperchen freigewordene Eisen zum Wiederaufbau Verwendung findet. Dieses zirkulierende Eisen geht nicht in die üblichen Depots ein, so daß es bei der Beurteilung des Eisenstoffwechsels beim Athleten zu einer Unterschätzung der verfügbaren Reserven führen kann und zur fälschlichen Annahme eines Eisenmangels. Eine Eisensubstitution ist daher auch beim Läufer im allgemeinen nicht erforderlich.

Eisenverlust über den Schweiß

Mit dem Schwitzen gehen stets auch einige Hautzellen verloren, die Eisen enthalten. Trotzdem ist der Eisenverlust über den Schweiß so gering, daß ihm eine praktische Bedeutung nicht zukommt. Dies gilt auch dann, wenn etwa in körperkontaktbetonten Sportarten, wie Ringen, mehr Hautzellen als üblich verlorengehen.

Eisenverlust über den Urin

Das beim Abbau roter Blutkörperchen freiwerdende Hämoglobin wird normalerweise an einen speziellen Trägereiweißstoff (Haptoglobin) gebunden, der in der Leber gebildet wird. Werden größere Blutmengen hämolysiert, so reichen die verfügbaren Haptoglobinvorräte nicht aus. Frei zirkulierendes Hämoglobin wird dann über die Niere ausgeschieden, wie es beispielsweise bei der oben geschilderten Marschhämolyse dann auch optisch sichtbar werden kann. Im allgemeinen sind die über den Urin ausgeschiedenen Eisenmengen trotzdem so gering, daß sie nicht von praktischer Bedeutung sind.

Es soll abschließend nochmals darauf hingewiesen werden, daß der physiologische Eisenverlust beim Sportler so gering ist, daß eine prophylaktische Gabe von Eisenpräparaten nicht gerechtfertigt ist, von Sondergruppen wie Frauen mit verstärkter Regelblutung abgesehen. Die Verordnung eines Eisenpräparates ist nur bei erwiesenem Eisenmangel sinnvoll. Sie sollte immer in Form von Eisentabletten durchgeführt werden. Ein triftiger Grund zur Injektion von Eisenpräparaten ist beim Sportler nur in den allerseltensten Fällen gegeben.

27 Stoffwechselkrankheiten

Zuckerkrankheit (Diabetes mellitus)

Krankheitsbild Der Diabetes mellitus gehört zu den typischen Zivilisationskrankheiten. Er findet sich fast nur in Ländern mit hohem Lebensstandard. Im letzten Weltkrieg gab es beispielsweise kaum neu aufgetretene Fälle. In den Entwicklungsländern ist der Diabetes eine seltene Erkrankung. Er beruht auf einem Mangel an Insulin, das in den Betazellen der Bauchspeicheldrüse (Pankreas) produziert wird, und kann in jedem Lebensalter auftreten. Man unterscheidet zwei Typen: Typ I, der vorwiegend den Jugendlichen betrifft, und Typ II, den Diabetes des älteren Menschen. Beim Typ I ist die Insulinproduktion zunächst herabgesetzt und kommt nach einer Weile völlig zum Stillstand. Diabetiker dieses Typs müssen stets mit Insulininjektionen behandelt werden. Beim Typ II bleibt eine gewisse Insulinproduktion fortbestehen. In diesen Fällen ist häufig keine Insulinbehandlung erforderlich, oft reicht die Gabe von Tabletten aus, die die körpereigene Insulinproduktion anregen, oder man kommt allein mit Diät zurecht. Dieser Typ wird auch als Altersdiabetes bezeichnet.

Durch den Mangel an Insulin können die Körperzellen, speziell Fett- und Muskelzellen, nicht genügend Glukose (Traubenzucker) aus dem Blut aufnehmen. Paradoxerweise ist dann die Glukosekonzentration im Blut erheblich erhöht, während umgekehrt in der Zelle zu wenig Traubenzucker vorhanden ist. Durch die erhöhte Glukosekonzentration im Blut (Hyperglykämie) kommt es zur vermehrten Ausscheidung von Glukose über die Nieren (Glykosurie). Der Traubenzucker nimmt Wasser als Lösungsmittel mit, so daß die Harnmenge erheblich ansteigt und damit ein ausgeprägter Flüssigkeitsverlust des Körpers entsteht. Der Organismus versucht dies durch erhöhtes Trinkbedürfnis auszugleichen. Ausgeprägter Durst ist eines der Leitsymptome der Zuckerkrankheit. Der Diabetes ist aber nicht nur eine reine Störung des Kohlenhydratstoffwechsels. Auch Fette und Eiweiße werden in den pathologischen Ablauf mit einbezogen. Durch den atypischen Abbau der Fette bildet sich Aceton, das über die Atmung ausgeschieden wird und einen typischen Geruch verursacht. Zusätzlich kommt es zu einer Übersäuerung des Organismus (Azidose). Die sauren Stoffwechselprodukte werden über den Urin ausgeschieden und sind dort nachweisbar. Auch im Blut kommt es zu einer Übersäuerung. Wenn die Stoffwechselstörung ein ausgeprägtes Stadium erreicht, wird der Betroffene schließlich bewußtlos, es kommt zum diabetischen Koma. Ein solches Koma entwickelt sich allerdings relativ langsam. Es dauert einige Tage bis Wochen, bis sich unter Insulinmangel bei einem Diabetiker ein Koma ausbildet.

Beim Diabetiker ist der normale, sehr fein reagierende Regulationsmechanismus des Blutzuckers gestört. Dieser Punkt ist von ganz besonderer Bedeutung bei der Frage nach der Möglichkeit des Zuckerkranken, Sport zu treiben.

Normalerweise steigt der Blutzucker nach der Aufnahme von Kohlenhydraten mit der Nahrung an. Dies ruft dann eine Steigerung der Insulinfreisetzung aus der Bauchspeicheldrüse hervor, der Blutzucker normalisiert sich wieder. Besonders der Typ-I-Diabetiker ist ständig auf eine externe Insulinzufuhr angewiesen. Bisher geschieht dies mehr oder minder in Form einer fixen Dosis. Es ist noch nicht gelungen, den physiologischen Regulationsmechanismus künstlich nachzuahmen. Ist die Insulindosis im Verhältnis zur Nahrungsaufnahme zu hoch, sinkt die Blutzuckerkonzentration stark ab. Es kommt zu Unterzuckerungen (Hypoglykämie). Ist die Unterzuckerung sehr stark ausgeprägt, entsteht eine Unterversorgung der Gehirnzellen und damit Bewußtlosigkeit: ein hypoglykämisches Koma, das im allgemeinen sehr rasch eintritt. Da unter körperlicher Belastung vermehrt Kohlenhydrate verbraucht werden, muß die Dreiecksbeziehung Nahrungsaufnahme — körperliche Aktivität — Insulindosis sehr sorgfältig quantitativ und zeitlich aufeinander abgestimmt werden. Körperliche Aktivität führt zu einer Steigerung der Zuckeraufnahme in der Muskelzelle, sie wirkt damit ähnlich wie Insulin. Der Sport stellt also gewissermaßen einen „Insulinsparmechanismus" dar, durch körperliche Aktivität sinkt der Insulinbedarf.

Symptome   Die ersten Symptome, die am häufigsten zur Diagnosestellung einer Zuckerkrankheit führen, sind ausgeprägter Durst, verbunden mit vermehrter Urinausscheidung, oft auch Hungergefühl und trotzdem bei Jugendlichen paradoxerweise Gewichtsabnahme. Bei einem entsprechenden Verdacht läßt sich dann die Diagnose durch den Nachweis von Zucker im Urin bzw. durch die erhöhte Blutzuckerkonzentration stellen. Ohne eine wirksame Behandlung kommt es zu einer „Entgleisung" des Diabetes. In der Atemluft des Diabetikers läßt sich häufig der typische Acetongeruch finden, der gleichfalls zur Diagnose führen kann. Mit der Zeit entwickelt sich ein diabetisches Koma, gekennzeichnet durch Bewußtlosigkeit, unregelmäßige und tiefe Atmung, hochrote Gesichtsfarbe, Acetongeruch und Austrocknungserscheinungen (s. S. 288). Unbehandelt führt dieser Zustand zum Tode. Die Symptome verlaufen dabei im Prinzip beim Typ-I- und Typ-II-Diabetes gleich, sie sind allerdings beim Altersdiabetes im allgemeinen milder ausgeprägt.

Auch die Unterzuckerung kann zu Bewußtlosigkeit führen, die, wie bereits betont, meist sehr schnell einsetzt und sich dadurch vom diabetischen Koma leicht unterscheiden läßt. Die Symptome einer Hypoglykämie sind sehr vielfältig, sie beschränken sich keineswegs nur auf Bewußtlosigkeit. Auch Reizbarkeit, Aggressivität, Unruhe, Herzklopfen, Heißhunger und epilepsieähnliche Krämpfe können die Folge einer Hypoglykämie sein. Hier kann es leicht zu einer Verkennung der wahren Ursachen kommen. Ein solcher Zustand muß sehr rasch behandelt werden. Das Gehirn ist gegenüber Zuckermangel sehr empfindlich. Bei längerfristig bestehender Unterzuckerung kann es zu einer dauernden Hirnschädigung kommen. Besondere Vorsicht ist angezeigt bei Patienten, die mit Betablockern behandelt werden. Diese können die Frühsymptome der Hypoglykämie überdecken, so daß der hypoglykämische Schock oft plötzlich und ohne Warnsymptome einsetzt.

Das diabetische Koma und die Hypoglykämie müssen gegen andere Bewußtseinsstörungen abgegrenzt werden, insbesondere gegen eine Alkoholvergiftung. Die Gefahr einer Verwechslung ist besonders dann gegeben, wenn ein Diabetiker Alkohol getrunken hat und nach Alkohol riecht. Ein Verwechslungsrisiko kann auch besonders im Rahmen einer Hypoglykämie entstehen, die noch nicht zur Bewußtlosigkeit, sondern zu Aggressivität und Reizbarkeit geführt hat. Solche Fehlinterpretationen können für den Kranken fatale, möglicherweise tödliche Konsequenzen haben.

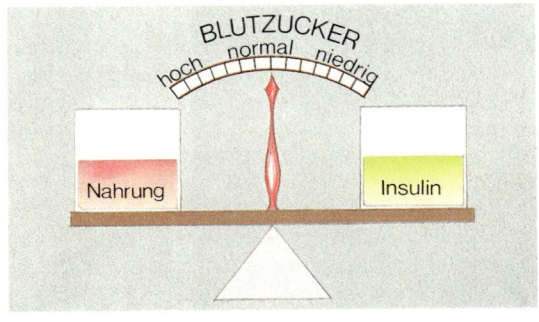

Die normale Balance zwischen Nahrungszufuhr und Insulinproduktion ist bei der Zuckerkrankheit (Diabetes) gestört.

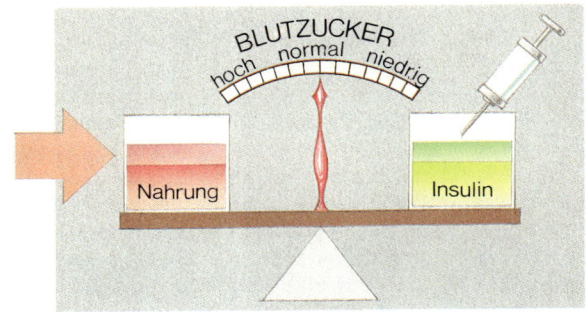

Diabetiker benötigen die Zufuhr von Insulin oder von Tabletten, um das normale Gleichgewicht wiederherzustellen.

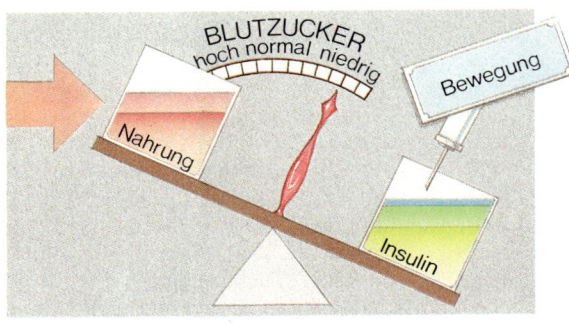

Durch körperliche Aktivität wird Zucker verbrannt. Wenn beim Diabetiker stärkere körperliche Aktivitäten abzusehen sind, sollte er daher zusätzlich Kohlenhydrate zu sich nehmen oder die Insulinzufuhr reduzieren.

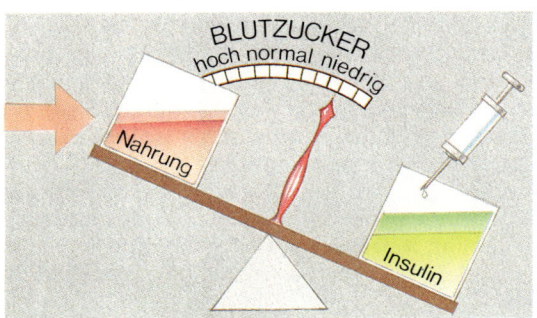

Ist die Insulinzufuhr für die Nahrungsaufnahme zu hoch, besteht die Gefahr der Unterzuckerung und des hypoglykämischen Schocks.

Der Diabetes führt auf die Dauer, besonders dann, wenn er schlecht eingestellt ist, zu Spätschäden, die vor allem das Gefäß- und Nervensystem betreffen. An den Blutgefäßen stellt sich vorzeitig eine Gefäßverkalkung (Arteriosklerose) ein, mit möglichen Durchblutungsstörungen im Bereich der Nieren, Augen, Beine und des Herzens. Nervenschäden äußern sich vorwiegend in Sensibilitätsstörungen (Gefühllosigkeit) in den Beinen.

Behandlung Das Behandlungsziel besteht in der Normalisierung des Stoffwechsels. Der Blutzucker sollte im Laufe des Tages in nüchternem Zustand und nach den Mahlzeiten im Normalbereich liegen. Dies wird durch die „drei Säulen" der Diabetesbehandlung erreicht: Ernährung, körperliche Aktivität und medikamentöse Behandlung, d. h. Insulin oder Tabletten. Die Ernährung muß nach Menge und Zusammensetzung genau festgelegt werden. Die Nahrungsaufnahme sollte gleichmäßig über den Tag verteilt werden. Die Aufnahme von reinem Trauben- oder Rohrzucker ist weitgehend zu vermeiden. Kohlenhydrate sollten in Form von Gemüse etc. zugeführt werden. Viele Nahrungsmittel werden fälschlicherweise als „für Diabetiker geeignet" verkauft, entweder als „zuckerfrei", oder sie enthalten sogenannte Ersatzzucker wie Sorbit oder Xylit. Da diese Substanzen im Organismus in Glukose umgewandelt werden, sind sie für Diabetiker ungeeignet. Süßstoffe wie Saccharin oder Assugrin sind keine Kohlenhydrate, sie können deshalb in begrenzter Menge zur Süßung von Speisen und Getränken verwendet werden. Auch die Fettzufuhr ist einzuschränken. Milch sollte nur als fettarme Milch in eingeschränktem Maße getrunken, Butter und normale Koch- bzw. Backfette sollten durch fettarme Margarine ersetzt werden.

Der körperlichen Aktivität kommt in der Behandlung des Diabetes ein hoher Stellenwert zu. Dabei ist es wichtig, daß der Patient sorgfältig Zeitpunkt und Intensität des Sports auf seine Eßgewohnheiten und die Zeitpunkte der Insulininjektion abstimmt. Wenn die Intensität des Trainings erhöht wird, müssen an diesem Tag zusätzlich Kohlenhydrate aufgenommen werden. Wer das Ausmaß seines Sportes langfristig

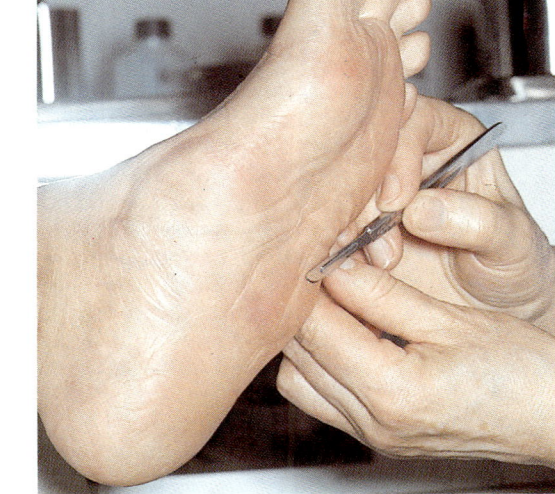

Gute Fußpflege ist bei Zuckerkrankheit sehr wichtig. Aufgrund der bestehenden Abwehrschwäche und der herabgesetzten Sensibilität kommt es sonst leicht zu Infektionen. *Photo: Ole Roos*

erhöht, sollte umgekehrt die Insulindosierung nach Absprache mit dem behandelnden Arzt reduzieren.

Beim Insulin handelt es sich um einen Eiweißstoff, der im Magen-Darm-Kanal abgebaut wird und deshalb durch Spritzen im allgemeinen in das Unterhautfettgewebe (subkutan) verabreicht werden muß. Man unterscheidet dabei verschiedene Insulintypen. Die Reinsubstanz, auch als Alt-Insulin bezeichnet, hat eine sehr schnelle Wirkung, die umgekehrt rasch wieder abklingt. Um die Wirkungsdauer zu verlängern, wurde durch unterschiedliche chemische Aufbereitung die Abgabegeschwindigkeit des Insulins verzögert. Solche Präparate werden als Depotinsulin bezeichnet. Man unterscheidet kurz-, mittel- und langwirkende Insuline. In jedem Einzelfall muß eine individuelle Einstellung unter Kombination der verschiedenen Insulinformen erfolgen. Gelegentlich reicht eine Insulininjektion pro Tag aus, in schweren Fällen können bis zu vier Injektionen erforderlich werden. Das Behandlungsziel ist eine möglichst optimale Einstellung des Stoffwechsels, um die geschilderten Spätkomplikationen zu vermeiden. Eine solche Behandlung ist lebenslang konsequent fortzuführen.

Früher wurde das Insulin vorwiegend aus den Bauchspeicheldrüsen von Schweinen hergestellt („Schweineinsulin"). Neuerdings ist es gelungen, Insuline zu entwickeln, die weitgehend dem menschlichen Insulin entsprechen. Die Gefahr von Überempfindlichkeitsreaktionen ist dadurch deutlich geringer geworden (s. S. 62 f.).

Eine Insulinbehandlung ist im allgemeinen beim Typ-I-Diabetes des Jugendlichen unumgänglich, da bei ihm die Eigenproduktion von Insulin sehr gering geworden bzw. völlig aufgehoben ist. Eine Behandlung mit Tabletten, die die Bauchspeicheldrüse stimulieren, ist hier praktisch immer erfolglos. Anders ist dies beim Altersdiabetiker, bei dem häufig eine hinreichende Restproduktion an Insulin besteht. Hier kommt man oft allein mit Tabletten zurecht. Eine Kontraindikation gegen die Tablettenbehandlung stellt in jedem Fall der Diabetes bei Schwangeren dar. Hier muß immer Insulin verwendet werden, da die Tabletten zu embryonalen Schädigungen führen können

Einfluß von Medikamenten auf den Diabetes und seine Behandlung
Zahlreiche Medikamente beeinflussen die Blutzuckerkonzentration und damit den Verlauf des Diabetes. Unter den Medikamenten, die den Blutzucker erhöhen und möglicherweise sogar einen Diabetes induzieren können, seien Kortisonpräparate (s. S. 238 ff.) und einige Diuretika (s. S. 364 ff.) genannt. Auf die Beziehung zwischen Betablockern (s. S. 360 ff.) und Hypoglykämie wurde bereits verwiesen. Betablocker gehören zu den am häufigsten eingesetzten Präparaten bei Herz-Kreislauf-Patienten. Die Gefahr des hypoglykämischen Schocks wird nicht nur durch die Unterdrückung der adrenalinvermittelten Warnsymptome verstärkt (s. S. 289), sondern auch durch die Hemmung der Energiefreisetzung aus Kohlenhydraten und Fetten. Dieser Punkt ist besonders wichtig für den Diabetiker, der unter Betablockern Sport betreibt. Bei ihm kann das körperliche Leistungsvermögen durch die Behinderung einer adäquaten Energiebereitstellung eingeschränkt werden. Von Vorteil sind hier die kardioselektiven Betablocker, die weniger starken Einfluß auf den Stoffwechsel nehmen. Mit der Verordnung nichtselektiver Blocker sollte man gerade beim Diabetiker sehr zurückhaltend sein.

Den Tabletten, die gegen Diabetes verordnet werden, kommt teilweise eine ähnliche Wirkung zu wie dem Antabus (s. S. 324), ein Medikament, das bei Alkoholikern eingesetzt wird und zu Alkoholunverträglichkeit führt. Dies sollte der mit Tabletten behandelte Typ-II-Diabetiker wissen. Eine Reihe von Medikamenten verstärken darüber hinaus die blutzuckersenkende Wirkung dieser Tabletten, speziell Salicylate, Sulfonamide, Butazolidin und Tanderil.

Konsequenzen für Training und Wettkampf Diabetes ist auf keinen Fall ein Hindernis für sportliche Aktivität, körperliches Training stellt im Gegenteil eine wichtige Säule der Diabetesbehandlung dar. Wettkampfsport ist allerdings nur in Ausnahmefällen möglich. Für den sporttreibenden Diabetiker, aber auch für seine Mannschaftskameraden und den Trainer, ist es von großer Wichtigkeit, mit den geschilderten Zusammenhängen zwischen körperlicher Aktivität, Energieverbrauch und Insulindosierung, insbesondere mit dem möglichen Auftreten einer Hypoglykämie bzw. eines hypoglykämischen Schocks und den Symptomen vertraut zu sein. Der Zuckerkranke sollte beim Sport stets etwas Obst oder Zucker bei sich haben, um dies beim Auftreten von Frühsymptomen der Unterzuckerung sofort einnehmen zu können. Vor stärkeren körperlichen Anstrengungen, etwa vor Bergwanderungen oder vor einem Langlauf, sollte die Insulindosierung reduziert werden, um eine Hypoglykämie zu vermeiden. Eine solche Änderung des Behandlungsschemas ist aber stets mit dem behandelnden Arzt abzusprechen.

Schilddrüse

Die Schilddrüse (Glandula thyreoidea) ist eine hormonproduzierende Drüse, die sich auf der Vorderseite des Halses, vor dem Kehlkopf und seitlich davon, befindet. Anatomisch besteht sie aus einem Mittel- und zwei Seitenlappen. Das von ihr produzierte Hormon (Thyroxin) steigert im Stoffwechsel des Körpers die zellulären Oxydationsprozesse und damit den Energieverbrauch des Organismus. Die Hormonproduktion wird durch die übergeordnete Hirnanhangsdrüse (Hypophyse) den Bedürfnissen angepaßt.

Störungen der Schilddrüsenfunktion können zu erhöhter oder erniedrigter Hormonproduktion führen. Besonders negativ wirkt sich eine Unterfunktion beim Kind aus, da dessen normale körperliche und intellektuelle Entwicklung von einer hinreichenden Schilddrüsenfunktion abhängig ist. Sowohl Über- wie auch Unterfunktion können zu einer Vergrößerung der Schilddrüse (Struma = Kropf) führen. Eine Struma kann aber auch andere Ursachen haben und mit normaler Schilddrüsenfunktion einhergehen.

Unterfunktion der Schilddrüse (Hypothyreose)

Krankheitsbild Die Hypothyreose, d. h., die verminderte Produktion an Schilddrüsenhormon und die verringerte Abgabe dieses Hormons an das Blut, kann vielfältige Ursachen haben. Früher war Jodmangel der häufigste Grund, heute ist dieser durch die Verwendung von jodhaltigem Kochsalz selten geworden.

Symptome Beim Erwachsenen zeigt sich die Hypothyreose in Müdigkeit, Schwäche, gelegentlich Depressionen sowie Trockenheit der Haut und Schleimhäute. Das Haar fällt aus und ist strähnig, oft bestehen Appetitmangel und Verstopfung. Kinder werden durch eine Unterfunktion der Schilddrüse in Entwicklung und Wachstum gehemmt.

Die Diagnose wird aufgrund der Anamnese und der Symptome gestellt. Durch die relativ diffuse Symptomatik ist dies allerdings nicht einfach, oft wird eine Hypothyreose übersehen. Nicht selten werden die Symptome selbst vom Betroffenen nicht bemerkt. An objektiven Parametern fällt häufig die Erniedrigung der Herzfrequenz auf, auch EKG-Veränderungen kommen vor. Die Sicherung der Diagnose geschah früher vor allem durch den Nachweis einer Senkung der Stoffwechselgeschwindigkeit in Form der Grundumsatzmessung. Heute stehen Verfahren zur Bestimmung der erniedrigten Konzentration an Schilddrüsenhormon im Blut zur Verfügung.

Behandlung Die Behandlung der Hypothyreose besteht in einem adäquat dosierten hormonellen Ersatz. Die Dosierung muß ständig überprüft, gegebenenfalls neu eingestellt und lebenslang fortgeführt werden. Bei einer guten medikamentösen Einstellung verschwinden die Symptome vollständig.

Konsequenzen für Training und Wettkampf Die unbehandelte Hypothyreose verschlechtert das körperliche Leistungsvermögen. Dies kann durch eine entsprechende medikamentöse Substitution völlig wieder ausgeglichen werden. Unter dieser Voraussetzung stellt die Hypothyreose keinerlei Hindernis für sportliche Aktivitäten dar.

Schilddrüsenüberfunktion (Hyperthyreose)

Krankheitsbild Die Überfunktion der Schilddrüse führt zu einer Steigerung des Stoffwechsels und zu Aktivitätserhöhung der verschiedensten Organe. Diese Hormonstörung kann in jedem Alter auftreten, sie ist aber vor der Pubertät selten. Die Hyperthyreose betrifft 5—7mal häufiger Frauen als Männer. Sie kommt familiär gehäuft vor.

Symptome Die Hyperthyreose zeigt sich in folgenden Symptomen:
— Übererregbarkeit,
— Zittern der Hände (Tremor),
— Gewichtsabnahme,
— schneller Herzschlag (Tachykardie),
— vermehrte Schweißbildung,
— leichte Ermüdbarkeit,
— Muskelschwäche aufgrund einer Rückbildung der Muskulatur (Muskelatrophie),
— schlechte Wärmeverträglichkeit,
— Magen-Darm-Symptome wie Durchfallneigung.

In schweren Fällen findet man die Kombination von vorstehenden Augen (Exophthalmus) mit einer Schilddrüsenvergrößerung (Struma) und Tachykardie, die als Basedow-Trias bezeichnet wird.

Die Diagnose wird aufgrund der typischen Krankengeschichte und der Symptome gestellt. Schilddrüsenvergrößerung und Exophthalmus sind häufig die wichtigsten klinischen Hinweise. Die Sicherung der Diagnose geschieht durch den Nachweis der erhöhten Konzentration an Schilddrüsenhormon im Blut.

Behandlung Das Ziel der Behandlung einer Hyperthyreose besteht in der Herabsetzung der Hormonproduktion. Dies kann durch Medikamente geschehen, die die Hormonsynthese hemmen (Thyreostatika). Verläuft ein Behandlungsversuch nicht erfolgreich, kann ein Teil der Schilddrüse operativ entfernt werden. Eine weitere Möglichkeit besteht in der Injektion von radioaktivem Jod, das in der Schilddrüse abgelagert wird und aktives Schilddrüsengewebe zerstört. Diese Therapie wird vor allem bei Menschen jenseits des 50. Lebensjahres angewandt. Da die medikamentöse Therapie stets einige Wochen benötigt, bis der Erfolg einsetzt, ist in der Zwischenphase häufig die Gabe von Medikamenten notwendig, die die Symptome der Überproduktion unterdrücken. Hierzu eignen sich vor allem Betarezeptorenblocker (s. S. 360 ff.).

Thyreostatika können in Einzelfällen Knochenmarksschäden hervorrufen und damit Blutbildveränderungen bewirken. Hierdurch kommt es zu einer Schwächung der körpereigenen Abwehr, die sich in erhöhter Infektanfälligkeit bemerkbar macht. Das Auftreten von Fieber oder schwer verlaufenden Mandelentzündungen während einer solchen Behandlung sollten also stets ein Warnsymptom sein und den Patienten veranlassen, sich vom Arzt kontrollieren zu lassen.

Konsequenzen für Training und Wettkampf

Eine Hyperthyreose verschlechtert die körperliche Leistungsfähigkeit, die sich allerdings bei erfolgreicher Behandlung wieder normalisiert. Gut behandelt stellt sie daher keinerlei Hindernis für sportliche Aktivitäten dar. Häufig werden Schilddrüsenhormone ohne medizinische Begründung eingenommen, etwa von Bodybuildern zum Abbau des Unterhautfetts. Es soll daher betont werden, daß die zusätzliche Zufuhr von Schilddrüsenhormonen bei normaler eigener Produktion zu einer Verschlechterung des Leistungsvermögens führt und nicht ungefährlich ist.

Kropf (Struma)

Die als Kropf bezeichnete Vergrößerung der Schilddrüse kann sowohl mit Über- als auch mit Unterfunktion oder normaler Funktion verbunden sein. Die Vergrößerung kann die gesamte Schilddrüse oder nur einzelne Teile betreffen. Früher war Jodmangel die häufigste Ursache. Weitere mögliche Ursachen sind Schilddrüsenentzündungen oder Tumoren. Auf jeden Fall sollte immer die genaue Ursache sorgfältig abgeklärt werden.

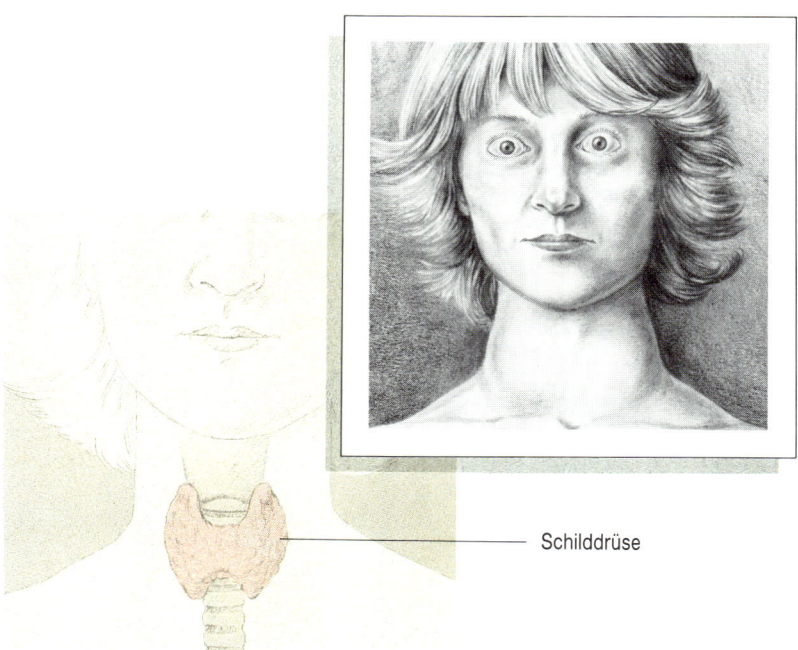

Schilddrüse

Eine vergrößerte Schilddrüse (Struma) kann vermehrt Schilddrüsenhormon produzieren. Die Abbildung zeigt das typische Bild der ausgeprägten Schilddrüsenüberfunktion, auch als Basedow-Krankheit bezeichnet, mit Schilddrüsenvergrößerung und vorstehenden Augen (Exophthalmus).

Symptome Außer den eventuellen Symptomen einer Schilddrüsenüber- oder -unterfunktion kann die Struma auch durch ihre Größe an sich zu Beschwerden führen, und zwar besonders dann, wenn sie auf die Atemwege drückt oder, eine gar nicht seltene Komplikation, die Stimmbandnerven schädigt. Eine Stimmbandlähmung macht sich im allgemeinen durch heisere Stimme bemerkbar. Bei Verdacht auf diese Komplikationen sind daher sorgfältig Atemwege und Stimmbandfunktion zu überprüfen.

Behandlung Die Behandlung der Struma zielt auf die zugrundeliegende Ursache. Eine Über- bzw. Unterfunktion der Schilddrüse wird nach den oben gegebenen Richtlinien behandelt. Wenn es zu lokalen Verdrängungserscheinungen kommt, wird meist eine chirurgische Behandlung notwendig.

Konsequenzen für Training und Wettkampf Die Schilddrüsenvergrößerung an sich bildet nur dann ein Hindernis für den Sport, wenn sie zu lokalen Verdrängungserscheinungen führt und insbesondere die Atmung beeinträchtigt.

Übergewicht, Fettsucht und Untergewicht

Die Begriffe Übergewicht und Fettsucht müssen auseinandergehalten werden. Das Körpergewicht kann bei gleichgroßen Menschen erheblich variieren, auch dann, wenn der Körperfettanteil im Normalbereich liegt. Ein gut trainierter, muskelkräftiger Sportler wiegt mehr als ein untrainierter Mensch gleichen Alters, gleicher Körpergröße und gleichen Geschlechts. Er ist rein rechnerisch damit „übergewichtig". Auch eine vermehrte Fettmenge führt zu Übergewicht. Die Begriffe Übergewicht und Fettsucht (Adipositas) sind also nicht identisch. Man kann durchaus übergewichtig sein, ohne daß man dies gleich als Adipositas bezeichnen müßte.

Der Körper besteht aus Knochen, Muskeln, Fett, Bindegewebe und inneren Organen. Bei einem 80 kg schweren jungen Mann machen die Knochen etwa 12 kg aus, die Muskeln ca. 40 kg und das Fettgewebe 4—5 kg. Die Muskulatur bildet also den größten Anteil aller Körpergewebe. Bei einer jungen Frau beträgt die Muskelmenge etwa 10—15 kg weniger, die Fettmenge dagegen 5—10 kg mehr. Mit zunehmendem Alter steigt der Anteil des Fettgewebes ám Organismus, die Muskelmasse nimmt ab, das Gesamtgewicht bleibt in etwa unverändert. Jungen und Mädchen weisen bis zur Pubertät etwa gleiche prozentuale Anteile von Muskeln, Fett- und Knochengewebe auf. Erst dann prägen sich die oben geschilderten, geschlechtsabhängigen Unterschiede durch die Einwirkung der Sexualhormone aus. Weiterhin muß bei der Bewertung des Gesamtgewichts berücksichtigt werden, daß Muskulatur ein höhe-

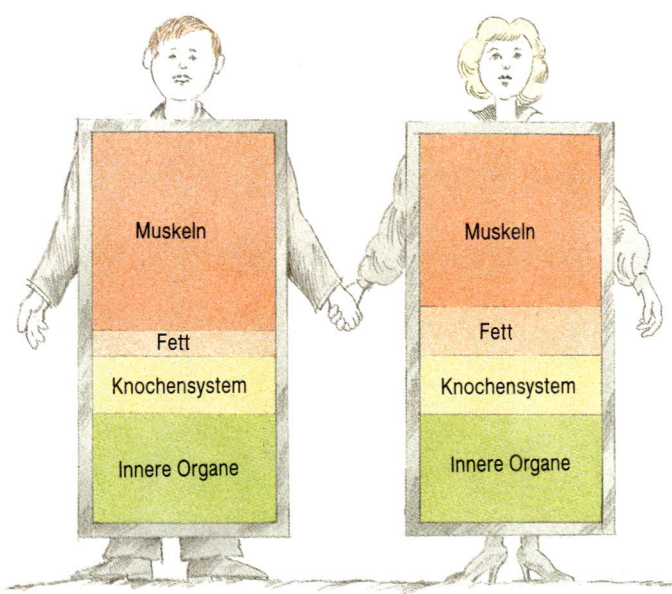

Unterschiedliche Körperzusammensetzung bei Männern und Frauen

res spezifisches Gewicht hat als Fettgewebe. Dies bedeutet, daß bei zwei gleichgroßen Personen mit gleichem absoluten Körpergewicht, derjenige ein höheres Volumen einnimmt, der einen höheren Fettanteil aufweist, d. h., er erscheint optisch übergewichtiger, obwohl objektiv das Gewicht beider Vergleichspersonen identisch ist. Umgekehrt wiegt bei zwei Individuen mit identischem Körpervolumen derjenige mehr, dessen Muskelanteil größer ist. Diesem Gesichtspunkt kommt eine wichtige Bedeutung beim Schwimmen zu. Das effektive Gewicht eines Schwimmers wird bestimmt vom Körpergewicht minus dem Auftrieb des Wassers. Je höher das spezifische Gewicht eines Körpers, umso tiefer liegt der Betreffende im Wasser und umso höher wird die Energie sein, die er beim Schwimmen benötigt. Ein durchschnittlich gebauter junger Mann weist im Wasser ein effektives Gewicht von 4—6 kg auf, eine etwa gleichgroße Frau wiegt abzüglich Auftrieb nur 2 kg. Ein sehr muskelkräftiger junger Mann kann dagegen im Wasser effektiv 10 kg wiegen. Gewichtheber sind daher für das Schwimmen nur wenig geeignet, ein ausgesprochenes Muskeltraining (Bodybuilding) ist für den Schwimmer ungünstig. Umgekehrt haben Frauen für das Schwimmen optimale Voraussetzungen.

Fettsucht (Adipositas)

Unter Fettsucht versteht man definitionsgemäß einen erhöhten Fettgehalt der Körpergewebe. Dieser Zustand kann durch zwei Bedingungen versursacht werden. Es können einerseits zu viel Fettzellen vorhanden, andererseits kann die einzelne Fettzelle vergrößert sein. Besonders ungünstig ist es natürlich, wenn beide Bedingungen zusammenkommen.

Die Anzahl der Fettzellen wird schon in der frühen Kindheit festgelegt. Erbliche Faktoren spielen eine gewisse Rolle, entscheidend ist jedoch die Nahrungsaufnahme des Säuglings und Kleinkindes. Je mehr Fett dieses angeboten bekommt, umso mehr Fettzellen wird es ausbilden. Diesen Überschuß an Fettzellen wird es nie wieder los. Den Eltern kommt hier eine erhebliche Verantwortung zu. Falsche Ernährung kann in der Kindheit zu Problemen führen, die dann das ganze weitere Leben mitbestimmen. Für das mit der Nahrung aufgenommene Fett sind prinzipiell zwei Wege möglich. Es kann entweder verstoffwechselt oder in Fettzellen abgespeichert werden. Die Fettzellen haben die Tendenz, so viel Fett wie möglich an sich zu reißen. Körperliche

Unterschiedliche Fettsuchttypen. **Links:** Vermehrte Fettzellen. **Mitte:** Vergrößerte Fettzellen. **Rechts:** Vermehrte und vergrößerte Fettzellen

Links: Fettzellen haben die Eigenschaft, soviel Fett wie möglich an sich zu reißen. **Rechts:** Wird den Fettzellen durch regelmäßige körperliche Aktivität weniger Fett angeboten, speichern sie auch weniger.

Aktivität wirkt dieser Tendenz entgegen. Besonders ungünstig ist daher Fettaufnahme ohne nachfolgende körperliche Aktivität. Bei gleicher Kalorienzufuhr „schlägt das Fett am meisten an", wenn der größte Teil der Nahrung abends, also vor der Nachtruhe, aufgenommen wird.

Die Fettsucht beruht auf einer Störung des Gleichgewichts zwischen Energiezufuhr mit der Nahrung und Energieverbrauch durch körperliche Aktivität. Auch bei einer nur durchschnittlichen Nahrungsaufnahme kann Übergewicht entstehen, wenn der Energieverbrauch sehr niedrig ist. Menschen, die „nicht ruhig sitzen können", werden im allgemeinen nicht dick. Oft behaupten Übergewichtige, sie litten an einer erblichen Stoffwechselstörung, da auch andere Familienmitglieder übergewichtig seien. Dies muß nicht der Fall sein. Vererbt oder übernommen werden häufig Faktoren wie Temperament, Aktivitätsgrad und Ernährungsgewohnheiten. Die Verhaltensmuster, die schon in der Kindheit angelegt werden, sind besonders wichtig. Wer in der Jugend gelernt hat, mäßig zu essen und sich regelmäßig zu bewegen, wird selten übergewichtig.

Fettsucht ist nicht nur ein Schönheitsfehler, sie stellt auch einen wichtigen Risikofaktor für innere Erkrankungen sowie für die Gelenke und die Wirbelsäule dar. Bei den inneren Erkrankungen sind vor allem Diabetes, Hochdruck und Herzinfarkt zu nennen. Bei entsprechenden Beschwerden bzw. Erkrankungen ist die Verminderung des Übergewichts eine der wichtigsten Behandlungsmaßnahmen.

Wer erst im Erwachsenenalter übergewichtig wird, verfügt über eine normale Anzahl von allerdings vergrößerten Fettzellen. In solchen Fällen führt das Fasten dann zu einer Normalisierung der Größe dieser Fettzellen. Bei Menschen, die über zu viele Fettzellen verfügen, ist das Ergebnis einer Fastenkur eine große Zahl zu kleiner Fettzellen, die alle eine starke Tendenz haben, Fett an sich zu reißen, um ihre Größe wieder auf Normalmaß zu bringen. Das Rückfallrisiko ist in solchen Fällen wesentlich größer. Wer erst als Erwachsener übergewichtig wurde, hat es viel leichter, sein Gewicht zu reduzieren und das Ergebnis dann zu halten.

Eine spezielle Form des Fettgewebes wird als sogenanntes „braunes Fettgewebe" bezeichnet. Es macht am Gesamtfettgewebe einen verhältnismäßig kleinen Anteil aus und wird bei der Entwicklung einer Fettsucht nicht vermehrt. Die Menge dieses braunen Fettgewebes variiert individuell sehr stark. Es hat einen höheren Energieverbrauch als das normale Fettgewebe. Menschen, die über eine größere Menge dieses Gewebes verfügen, gehören zu denen, die so viel essen können wie sie wollen, ohne zuzunehmen.

Behandlung   In der Behandlung der Adipositas spielen drei Prinzipien eine Rolle, zum einen die Herabsetzung der Energiezufuhr, zum zweiten die bessere Nahrungsverteilung über den Tag und zum dritten die Erhöhung des Energieverbrauchs.

Einschränkung der Kalorienzufuhr
Bei der Einschränkung der Kalorienzufuhr ist es nicht damit getan, nur die Nahrungsmenge zu vermindern. Der Energiegehalt der drei wichtigsten Nahrungsträger, Fett, Eiweiße (Proteine) und Kohlenhydrate, ist sehr unterschiedlich. Pro Gewichtseinheit hat Fett doppelt so viel Kalorien wie Eiweiß oder Kohlenhydrate. Zwischen gesättigten und ungesättigten Fettsäuren besteht dabei kein Unterschied. Wer seinen Kalorienverbrauch vermindern will, muß daher im besonderen die Menge des aufgenommenen Fetts reduzieren. Fettarme Milch und fettarme Margarine sollten Vollmilch und Butter ersetzen. Beim Schweinefleisch sollte das sichtbare Fett abgeschnitten werden. Das verbleibende Schweinefleisch ist dann fettarm. Für Rindfleisch gilt dies nicht, in diesem ist häufig sehr viel Fett als „verstecktes Fett" diffus verteilt. Solche versteckten Fette finden sich fast immer auch in Wurstwaren. Auch wenn dies nicht so aussieht, haben Leber- und Blutwurst einen sehr

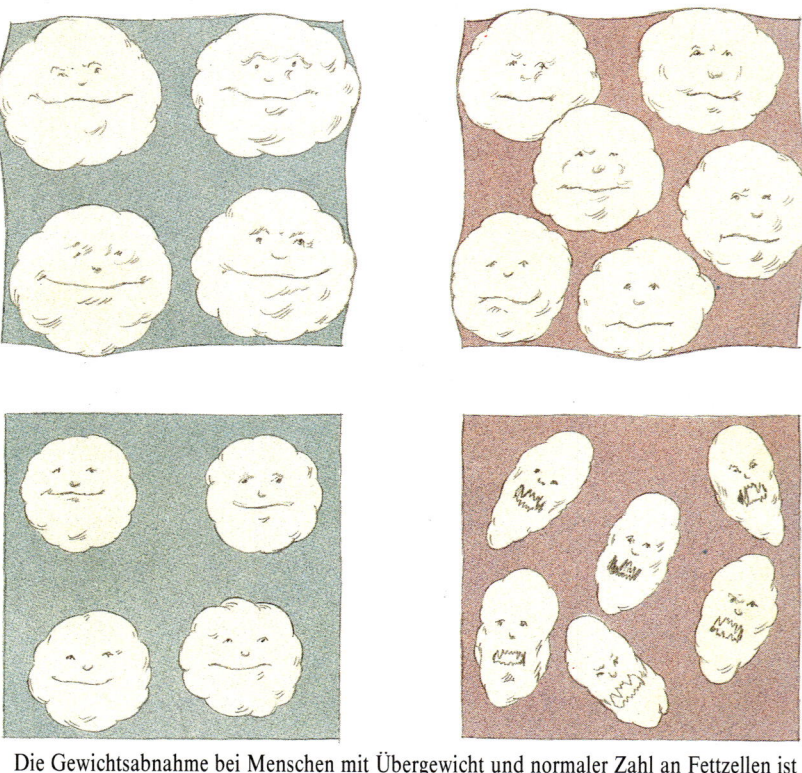

Die Gewichtsabnahme bei Menschen mit Übergewicht und normaler Zahl an Fettzellen ist wesentlich leichter. Durch eine Reduktionskost kommt es hier zu einer Normalisierung der Fettzellengröße. Bei Übergewichtigen mit einer vermehrten Fettzellenzahl entstehen gewissermaßen hungrige und unterernährte Fettzellen. **Links:** Fettsucht bei normaler Zahl an zu großen Fettzellen. **Rechts:** Fettsucht bei vergrößerter Zahl an Fettzellen

hohen Fettgehalt. Sehr viel Fett findet sich auch in Sahne, in den meisten Käsesorten und in Soßen.

Unter dem Begriff der Kohlenhydrate werden verschiedene Zuckerarten zusammengefaßt. Diese kann man in drei Formen einteilen. Die Mono- bzw. Disaccharide wie Traubenzucker (Glukose) oder Rohrzukker werden im Magen-Darm-Kanal sehr rasch aufgenommen und sofort verstoffwechselt. An zweiter Stelle sind die Polysaccharide zu nennen, speziell Stärke aus Getreide, Gemüse und Kartoffeln. Solche großmolekularen Kohlenhydrate werden nur langsam resorbiert. Die dritte Gruppe schließlich umfaßt die Ballaststoffe, vorwiegend bestehend aus Zellulose in Pflanzenfasern, Vollkornbrot, Weizenkleie oder Obst, die vom Organismus praktisch nicht aufgenommen und mit dem Stuhl wieder ausgeschieden werden. Die Aufnahme der Mono- und Disaccharide, der „leicht aufschließbaren" Kohlenhydrate, führt zu einem raschen Anstieg des Blutzuckers und damit zu einer Aktivierung der Bauchspeicheldrüse. Die vermehrte Abgabe von Insulin senkt die Blutzuckerkonzentration und führt zu Hungergefühl. Solche leicht aufschließbaren Kohlenhydrate sollten daher in der Nahrung vermieden werden, da sie über den gesteigerten Appetit die Gefahr des Übergewichts erhöhen. Wer sein Körpergewicht reduzieren will, sollte seine Ernährung vor allem auf schwer aufschließbare Kohlenhydrate und Ballaststoffe abstellen.

Eiweiße stellen lange Ketten von Aminosäuren dar. Einige dieser Aminosäuren kann der Organismus selbst herstellen, die essentiellen Aminosäuren müssen mit der Nahrung zugeführt werden. Die Eiweiße werden im Magen-Darm-Kanal zu Aminosäuren abgebaut und in dieser Form resorbiert. Eiweiße sind im Organismus zum Strukturstoffwechsel erforderlich, beispielsweise zum Aufbau des Muskelgewebes. Der tägliche minimale Eiweißbedarf ist mit 20 g überraschend niedrig. Die normale Ernährung enthält etwa 75 g Eiweiß pro Tag. Sportler nehmen wesentlich mehr Eiweiß zu sich, oft auch viel mehr, als sie eigentlich benötigen. Zuviel aufgenommenes Eiweiß geht in die Energiebilanz ein und verstärkt das Risiko von Übergewicht. Nicht in die Körpergewebe eingebautes Eiweiß wird ab- und umgebaut, dabei entstehen stickstoffhaltige Endprodukte, die über die Nieren ausgeschieden werden müssen. Bei eingeschränkter Nierenfunktion kann dies zu Problemen führen.

Zusammenfassend sollte eine Kost zur Gewichtsabnahme so wenig Fett wie möglich enthalten, sie sollte vorwiegend auf schwer aufschließbare Kohlenhydrate und Ballaststoffe abgestellt sein, bei einer hinreichend großen Eiweißmenge. Am besten wird dies erreicht durch mageres Fleisch, mageren Fisch, Hülsenfrüchte, Gemüse und Obst. Auch Brot ist günstig, da es relativ viel Ballaststoffe enthält. Fette und Süßigkeiten sind verboten.

Nahrungsverteilung über den Tag

Beim Frühstück und im Verlauf des Vormittags aufgenommene Nahrungsenergie wird im weiteren Tagesverlauf weitgehend verbraucht. Erhöhte Nahrungsaufnahme abends steigert dagegen das Risiko der Fettablagerung. Man sollte sich in seinen Eßgewohnheiten so einrichten, daß die aufgenommene Energie möglichst rasch wieder verbraucht wird.

Erhöhter Energieverbrauch

Jede körperliche Aktivität steigert den Energieverbrauch des Organismus. Dabei ist entscheidend die Gesamtarbeit und weniger die Intensität der Belastung. Für den Gesamtenergieverbrauch ist es gleichgültig, ob man 5 km läuft oder die gleiche Strecke spazierengeht. Beim Laufen ist die Geschwindigkeit des Energieumsatzes nur höher, man ist dafür rascher fertig.

Der erhöhten körperlichen Aktivität kommt in der Behandlung des Übergewichts eine zentrale Bedeutung zu. Wenn sie sinnvoll sein soll, muß sie regelmäßig und über längere Zeit gezielt betrieben werden. Der Arzt oder Ernährungsberater sollte daher dem Übergewichtigen Bewegungsformen empfehlen, die ihm liegen, die er gerne tut, die möglicherweise auch einen gewissen sozialen Anspruch erfüllen. Es ist völlig sinnlos, jedem Übergewichtigen einfach Laufen anzuraten. Sein Leistungsvermögen ist meist zu gering, um längere Strecken zu laufen. Durch das Körpergewicht ist die Gelenkbelastung zu hoch. Bewegungsformen wie Radfahren oder Schwimmen sind meist günstiger, da hierbei das Körpergewicht nicht getragen werden muß.

Der Energieverbrauch durch Sport wird im Regelfall überschätzt. Wer beispielsweise konsequent während eines ganzen Jahres wöchentlich dreimal je drei Kilometer läuft, verbraucht dabei eine Energiemenge, die dem Kaloriengehalt von 5 kg Fett entspricht. Die gleiche Energiemenge könnte er einsparen, wenn er täglich ein Ei weniger äße. Der

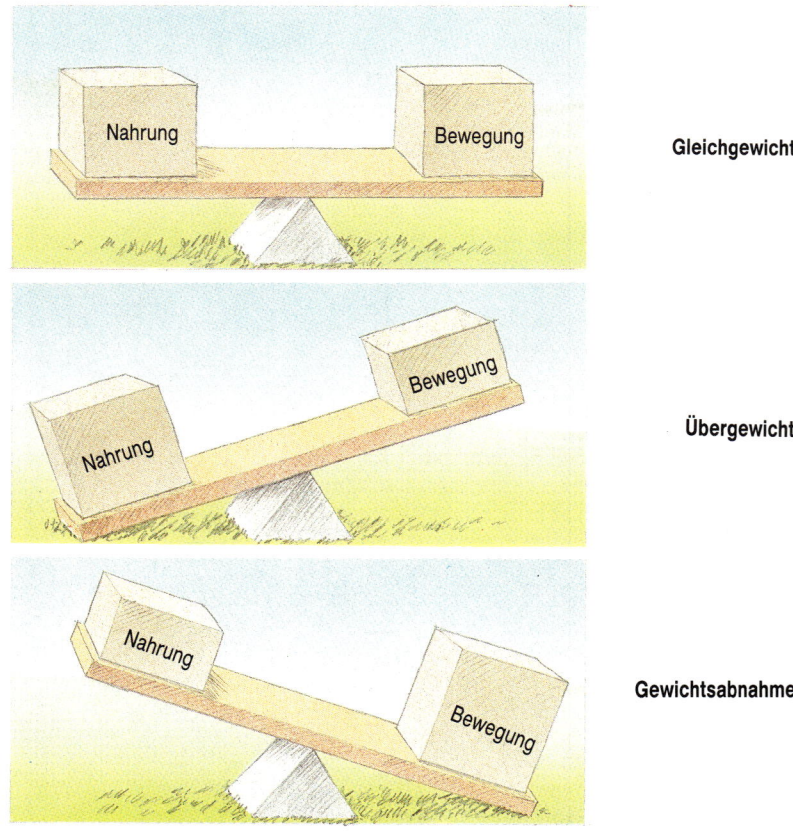

Für die Aufrechterhaltung des normalen Körpergewichts ist ein Gleichgewicht zwischen Nahrungsaufnahme und Bewegung erforderlich.

Sport kann die Diät nicht ersetzen. Beide Möglichkeiten sollten gemeinsam eingesetzt werden.

Trotz dieser Rechnung sollte der Stellenwert des Sports nicht unterschätzt werden. Bewegung kommt gerade für den Übergewichtigen eine wichtige Rolle zu. Durch körperliche Aktivität wird das beim älter werdenden übergewichtigen Patienten erhöhte Risiko für Herz-Kreislauf-Erkrankungen reduziert. Sport kräftigt weiterhin die Muskulatur und beugt damit den gerade beim Übergewichtigen so häufigen degenerativen Schädigungen am Bewegungsapparat, speziell an den Gelenken, vor.

Fasten

Fasten stellt für den Übergewichtigen die wichtigste Behandlungsmaßnahme dar. Es ist aber nicht nur aus der Sicht der Gewichtsreduktion interessant. In den letzten Jahren konnte nachgewiesen werden, daß ihm auch bei einer Reihe anderer Erkrankungen wie dem Gelenkrheumatismus (s. S. 247ff.) und der Colitis ulcerosa (s. S. 153f.) therapeutische Bedeutung zukommen kann. Absolute Null-Diät ist dabei weniger vernünftig. Eine minimale Kalorienzufuhr von 200—300 kcal (entsprechend ca. 800—1200 kJ) pro Tag sollte in Form von Obst und Gemüsesäften aufrechterhalten werden. Besonders wichtig ist bei jedem Fastenprogramm ausreichende Flüssigkeitszufuhr von 3—4 Litern pro Tag, um Risiken zu vermeiden. Solche Risiken entstehen bei längerfristigem Fasten durch ein Defizit an lebenswichtigen Vitaminen und Eiweißstoffen. Höhergradiges Fasten sollte daher stets nur zeitlich beschränkt und unter ärztlicher Kontrolle durchgeführt werden. Da Fasten eine einschneidende Maßnahme darstellt, gelingt es hierdurch häufig, nicht nur eine Gewichtsverminderung zu erzielen, sondern generell die Lebensgewohnheiten zu ändern. Mancher schafft es bei dieser Gelegenheit auch, das Rauchen aufzugeben. Fasten hat aber nur dann einen Sinn, wenn man versucht, diesen so gewonnenen Erfolg zu stabilisieren unter Fortführung einer vernünftigen Ernährung und der sonstigen positiven Einflüsse auf die Lebensführung. Wird Fasten über längere Zeit falsch durchgeführt, so kann ein gegenteiliger Prozeß ausgelöst werden, der in Magersucht (Anorexia nervosa) endet. Die Kombination von Fasten und körperlicher Aktivität scheint geeignet zu sein, einer solchen Entwicklung vorzubeugen. Es gibt daher eine Reihe von guten Gründen, das Fasten nicht allein, sondern nur in Verbindung mit körperlicher Aktivität durchzuführen.

29 Ernährung, Energieträger und Wasser

Der menschliche Organismus ist mit einem Verbrennungsmotor vergleichbar, der Energie zur Erbringung der von ihm geforderten Leistung durch Verbrennung der in der Nahrung zugeführten energiereichen Inhaltsstoffe bereitstellt. Grundsätzlich kann diese Energiebereitstellung aus allen drei verfügbaren Energieträgern erfolgen, nämlich aus Kohlenhydraten, Eiweißen (Proteinen) und Fetten. Obwohl Fette mit 9,3 kcal (38 kJ) pro Gramm einen wesentlich größeren Energieinhalt besitzen als Kohlenhydrate oder Eiweiße (je 4,1 kcal = 17 kJ pro Gramm), kommt zumindest unter körperlicher Belastung den Kohlenhydraten die wichtigste Bedeutung in der Energiefreisetzung zu, da bei ihrer Verbrennung eine geringere Sauerstoffmenge erforderlich ist als bei Fetten oder Eiweißen.

Die Aufrechterhaltung des Körpergewichts stellt ein Bilanzproblem dar. Die drei Energieträger können in unterschiedlicher Art und Weise in beschränkter Menge im Körper gespeichert werden. Ist der Energieverbrauch größer als die Energiezufuhr, nimmt das Körpergewicht ab; ist die Zufuhr größer als der Verbrauch, kommt es zu einer Speicherung und damit zu Gewichtszunahme. Aus der Sicht einer vernünftigen Lebensführung ist also stets auf ausgeglichene Bilanz zwischen Energieverbrauch und Nahrungsaufnahme zu achten.

Vernünftige Ernährung

Eine vernünftige Ernährung sollte den individuellen Bedürfnissen entsprechende Anteile von Fetten, Eiweißen und Kohlenhydraten enthalten, ferner in ausreichender Menge Vitamine, Mineralien und Wasser. Unter diesen aufgezählten Substanzen sind einige, die der Organismus aus anderen selbst aufbauen kann, die also untereinander austauschbar sind. Bei anderen Substanzen ist der Körper auf die Zufuhr von außen angewiesen, da er sie selbst nicht herstellen kann. Solche Nahrungsstoffe werden als essentiell bezeichnet. Hierzu gehören eine Reihe von Eiweißbausteinen (Aminosäuren), Wasser, Vitamine sowie ungesättigte Fettsäuren. Die Nahrungszufuhr sollte sich allerdings nicht nur nach der Energiebilanz richten. Ein Teil der Nahrungsinhaltsstoffe, vor allem Eiweiße, gehen auch anderweitig verloren, beispielsweise durch Abschilferung der Hautzellen. Ein Teil der zugeführten Nahrung geht ungenutzt über den Stuhl verloren. Auch über den Urin werden noch eine Reihe von energiehaltigen Substanzen ausgeschieden.

Kohlenhydrate

Kohlenhydrate kommen in der Nahrung in unterschiedlicher Form vor:
— Einfachzucker (Monosaccharide, z. B. Traubenzucker = Glukose, Fruchtzucker = Fruktose),
— Zweifachzucker (Disaccharide), z. B. der „normale" Zucker = Rohrzucker oder Saccharose, Milchzucker (Laktose),
— pflanzliche Speicherformen (Stärke und Zellulose), die als Polysaccharide bezeichnet werden.

Im Verlauf des Verdauungsprozesses, der bereits in der Mundhöhle beginnt, werden all diese Kohlenhydrate zu Einfachzuckern (Hexosen) abgebaut. Sie bestehen aus je 6 Kohlenstoffatomen (z. B. Glukose, Galaktose und Fruktose). Diese Einfachzucker werden dann im Dünndarm resorbiert und mit dem Blut abstransportiert, in den Zellen verbraucht oder in der Leber und der Muskulatur als Glykogen gespeichert. Im Blut findet sich also stets eine bestimmte Konzentration an Blutzucker (Glukose), die mit Hilfe verschiedener Hormone sorgfältig geregelt wird. Die Speicherfähigkeit für Kohlenhydrate ist eingeschränkt, sie beträgt in der Muskulatur etwa 10—15 g Glykogen pro Kilogramm. In Muskulatur und Leber sind durchschnittlich maximal 400—500 g Glykogen enthalten, entsprechend einer Energiemenge von 1 500—2 000 kcal (ca. 6 300—8 400 kJ). Bei einer intensiven körperlichen Belastung, die oberhalb von 75 % der maximalen Sauerstoffaufnahme liegt, sind diese Kohlenhydratspeicher in etwa 60 Minuten verbraucht. Mit zunehmender Belastungsdauer, d. h. mit zunehmender Reduktion der Glykogenvorräte, wird der Organismus also gezwungen, in wachsendem Maße Fette zur Energiefreisetzung heranzuziehen. Dies bedeutet einen stärkeren Sauerstoffverbrauch bei gleicher Energiefreisetzung und damit schlechtere Leistungsbedingungen. Das anfängliche Tempo eines Läufers kann aus diesem Grunde nicht auf Dauer durchgehalten werden.

Für die Ernährung ist es wichtig, die unterschiedlichen Formen der Kohlenhydrate zu berücksichtigen. Komplex zusammengesetzte Kohlenhydrate müssen erst langsam abgebaut werden, bevor sie als Einfachzucker resorbiert werden können. Reine Glukose oder Fruktose wird dagegen sehr rasch aufgenommen und führt zu einem steilen Anstieg des Blutzuckers. Reaktiv kommt es daraufhin zu einer Ausschüttung von Insulin, um den Blutzuckerspiegel wieder zu senken. Diese Senkung führt dann häufig in eine Phase der Unterzuckerung und damit zu einer Leistungsminderung. Vernünftigerweise nimmt man Kohlenhydrate daher besser in komplexer Form, als sogenannte „schwer aufschließbare" Kohlenhydrate auf (z. B. Vollkornbrot etc.), um die Resorption zu verlangsamen und damit gleichmäßiger zu machen.

Häufig besteht das Mißverständnis, wer nur Kohlenhydrate (Kartoffeln, Brot) zu sich nimmt, könne kein „Fett ansetzen". Überschüssig aufgenommene Kohlenhydratmengen werden in Fett umgewandelt und in den Depots gespeichert. Wer abnehmen will, muß daher gerade auch die zugeführte Kohlenhydratmenge einschränken.

Aus den obigen Ausführungen geht hervor, daß die Glykogenvorräte in der Muskulatur für die Energiefreisetzung des Sportlers besonders wichtig sind. Im Ausdauersport wird daher versucht, auch mit Ernährungstricks die Glykogenmenge in der Muskulatur zu erhöhen. Eine Möglichkeit hierzu besteht in einer speziellen Diätform, bei der zunächst durch die Fortführung des Trainings unter einer nur aus Eiweiß und Fett bestehenden Diät eine völlige Entleerung der Glykogenspeicher in der Muskulatur angestrebt wird. Zwei Tage vor dem Wettkampf wird dann die Kost auf große Mengen Kohlenhydrate umgestellt. Die entleerten Glykogenspeicher reißen jetzt gewissermaßen wie ein Schwamm das Kohlenhydratangebot an sich, es kommt zu einer übernormalen Glykogenkonzentration in der Muskulatur, die dann im Wettkampf zur Verfügung steht. Mit dieser größeren Glykogenmenge kann ein höheres Tempo über eine längere Zeit durchgehalten werden. Obwohl der praktische Wert dieser Methode wissenschaftlich umstritten ist, wird sie von vielen Langstreckenläufern angewendet.

Fette

Der Begriff Fett (Lipide) umfaßt eine Reihe sehr unterschiedlicher Substanzen, wie beispielsweise Neutralfette, Cholesterin und Phospholipide, denen gemeinsam ist, daß sie zumindest teilweise aus Fettsäuren aufgebaut sind. Diesen Lipiden kommen im Organismus wichtige biologische Funktionen zu. Sie sind keineswegs nur wegen ihres hohen Energiegehaltes von Interesse. Eine Reihe der Fettsäuren, speziell Linol- und Linolensäuren, können vom Organismus nicht aufgebaut werden, sie sind essentiell. Man reiht sie daher auch als Vitamin F in die Gruppe der Vitamine ein. Auch für andere Vitamine sind die Fette wichtig, soweit diese fettlöslich sind (Vitamine A, D, E, K). Sie werden deshalb nur in fetthaltiger Nahrung aufgenommen. Bei einer über längere Zeit durchgeführten fettfreien Ernährung besteht das Risiko von Mangelzuständen an fettlöslichen Vitaminen.

Im Körper kommt Fett prinzipiell in zwei Formen vor, zum einen als Strukturfett, zum anderen als Speicherfett. Die Speicherung erfolgt in Form des Neutralfetts (= Triglyzeride). Bei Bedarf wird dieses Neutralfett dann aufgespalten, aus ihm werden die sogenannten freien Fettsäuren abgespalten, die zur Energiebereitstellung verbrannt werden können.

Das mit der Nahrung zugeführte Fett wird im Darm abgebaut und resorbiert. Beim Abbau des Fetts spielen besonders die im Sekret der Bauchspeicheldrüse enthaltenen Enzyme sowie die Gallensalze eine wichtige Rolle. Das in der Darmwand resorbierte Fett kann auf dem Blutwege der Leber zugeführt werden. Eine andere Möglichkeit besteht aber auch im Abtransport in Form kleinster Fetttröpfchen (Chylomikronen) über die Lymphwege, die dann aber schließlich auch in die Blutbahn einmünden. Unter Normalbedingungen werden 95 % und mehr der in der Nahrung enthaltenen Fettmenge vom Körper aufgenommen. Bei einer Reihe von Erkrankungen des Dünndarms und seiner Anhangsgebilde wie Galle oder Bauchspeicheldrüse sowie bei manchen angeborenen Stoffwechselerkrankungen kann die Fettaufnahme gestört sein.

Eine besonders wichtige Fettsubstanz ist das in tierischen Nahrungsstoffen enthaltene Cholesterin, das auch vom Organismus selbst gebildet werden kann. Cholesterin stellt einen wichtigen Grundstein für die Bildung einer Reihe von Hormonen sowie der Gallensäuren dar. Es ist weiterhin ein notwendiger Baustein der Zellmembran. Wie alle Fette wird Cholesterin, da es nicht wasserlöslich ist, in der Blutbahn zum Transport an Eiweiße gebunden. Die hieraus gebildeten Eiweiß-Fett-Moleküle (Lipoproteine) können unterschiedlich groß sein. Je nach ihrer Größe unterscheidet man Moleküle hoher Dichte (high density lipoproteins = HDL) und die LDL-Komplexe niedriger Dichte (low density lipoproteins). LDL wird an die Zellmembran gebunden und gibt dort das Cholesterin ab, umgekehrt nimmt HDL von der Zellwand Cholesterin auf.

Die letztgenannte Funktion, das Zusammenspiel zwischen LDL und HDL ist wichtig, da die Einlagerung von Cholesterin in die Gefäßwand den ersten Schritt in der Entwicklung der Gefäßverkalkung (Arteriosklerose) darstellt. Ein niedriger HDL- bzw. hoher LDL-Wert steigert das Arterioskleroserisiko, ein hoher HDL/LDL-Quotient stellt dagegen einen Schutzfaktor gegen solche Gefäßveränderungen dar. Körperliches Training verbessert diesen HDL/LDL-Quotienten, ihm kommt daher wahrscheinlich ein vorbeugender Effekt gegenüber der

Arteriosklerose zu. In der Ernährung ist insbesondere der Gehalt an ungesättigten Fettsäuren wichtig, die die Cholesterinkonzentration im Blut herabsetzen und denen damit ein ähnlich schützender Effekt zukommt, wie der körperlichen Aktivität. Man sollte daher in der Ernährung versuchen, weitgehend gesättigte gegen ungesättigte Fettsäuren auszutauschen, die vor allem in Pflanzenfetten und Fisch enthalten sind. Tierische Fette wie Milch, Butter oder Fleisch sind dagegen reich an gesättigten Fettsäuren.

Zur Vorbeugung der Arteriosklerose sollte man die Fettmenge in der Nahrung einschränken und auf eine ausgewogene Beziehung zwischen gesättigten und ungesättigten Fettsäuren achten.

Eiweiß

Eiweiß (Protein) bildet den Grundbaustein organischen Lebens und der Struktur aller menschlichen Zellen. Ihm kommt darüber hinaus eine wichtige Bedeutung auch in der Funktion des Organismus zu, da aus Proteinen alle Stoffe aufgebaut sind, die den Stoffwechsel regeln, nämlich Enzyme und Hormone. Der Körper eines 70 kg schweren Mannes enthält etwa 11 kg Eiweiß, davon die Hälfte in Form von Muskeleiweiß.

Eiweiß besteht aus Aminosäuren. Das mit der Nahrung zugeführte Eiweiß wird zunächst in Aminosäuren zerlegt, die dann resorbiert werden. Einen Teil dieser Aminosäuren kann der Organismus selbst bilden, andere, sogenannte essentielle Aminosäuren, nicht. Hier ist der Körper stets auf eine Zufuhr von außen angewiesen.

Tierisches Eiweiß enthält alle notwendigen Aminosäuren in der erforderlichen Zusammensetzung, einschließlich der essentiellen Aminoräuren. Eiweiß aus Eiern, Milch und Fleisch ist daher als Proteinquelle pflanzlichen Eiweißen vorzuziehen, bei denen häufig ein Mangel an essentiellen Aminosäuren besteht.

Der tägliche Eiweißbedarf des Menschen liegt mit 20 g wesentlich niedriger als die durchschnittliche Zufuhr in unserer Ernährung, die mit 80—100 g angenommen werden kann. Sportler haben hier hinsichtlich ihres Eiweißbedarfs oft völlig falsche Vorstellungen. Die normale Ernährung ist in ihrem Eiweißgehalt im allgemeinen auch für die meisten Sportler ausreichend. Die zusätzliche Zufuhr von Eiweiß in Form von Tabletten oder speziellen industriellen Produkten bringt meist eher Nachteile als Vorteile. Man kann beim Eiweißbedarf prinzipiell zwischen dem Grundbedarf und einem Zusatzbedarf unterscheiden. Der Grundbedarf ist diejenige Eiweißmenge, die der Organismus zum Aufrechterhalt seiner Strukturen benötigt. Die Körpergewebe werden ständig auf- und abgebaut. Dabei benötigt der Organismus Eiweiß, um verschlissene Bausteine zu ersetzen. Wird Gewebe neu gebildet, braucht er zusätzlich Proteine. Diese Menge ist aber nur sehr gering, sie beträgt nur wenige Prozent des gesamten Eiweißbedarfs. Es wäre ein Mißverständnis zu meinen, daß man durch mehr Eiweißaufnahme ohne entsprechendes Training mehr Muskulatur aufbauen kann. Überflüssiges Eiweiß wird entweder verbrannt oder in Fett umgewandelt und abgespeichert.

Spurenelemente und Vitamine

Spurenelemente und Vitamine sind zwar nur in sehr geringer Menge erforderlich, sie sind in der Ernährung jedoch von großer Bedeutung, da es bei ihrem Mangel zu Krankheitserscheinungen kommen kann. Die normale Ernährung enthält unter unseren Bedingungen stets eine hinreichende Menge dieser Stoffe. Mangelerscheinungen kann es nur bei Unter- oder Fehlernährung sowie bei einer Reihe von Störungen der Darmfunktion geben.

Wegen ihrer Bedeutung werden die Vitamine und die Spurenelemente in einem eigenen Kapitel (s. S. 311 ff.) besprochen.

Wasser und Salze

Der Organismus besteht zu 70% aus Wasser, davon befinden sich zwei Drittel innerhalb der Zellen, der Rest in der Blutbahn sowie in dem Raum zwischen den Zellen (Interzellulärraum). Die Wassermenge wird vom Organismus sorgfältig konstant erhalten. Wasser geht ständig auf verschiedenen Wegen verloren, über den Urin (ca. 1,5 l pro Tag), den Stuhl, die Atemluft, über die unbemerkt ablaufende Hautverdunstung sowie über den Schweiß. Zusammen ergibt dies ca. 2,5 l pro Tag. Dieser Wasserverlust muß ersetzt werden, da es sonst zu schweren Funktionsstörungen des Organismus kommt. Die notwendige Flüssigkeitszufuhr beträgt unter normalen Bedingungen 1,5—2 l pro Tag, also weniger als der angegebene Wasserverlust, da auch beim Abbau der festen Nahrung Flüssigkeit entsteht.

Die erforderliche Flüssigkeitszufuhr variiert sehr stark nach den jeweiligen Bedingungen. Speziell bei hohen Temperaturen und starker körperlicher Belastung kann sehr viel Flüssigkeit durch Schweißbildung über die Haut und die Atmung abgegeben werden. Schon bei einem Wasserverlust von 1—2% des Körpergewichts kommt es zu einer deutlich meßbaren Einschränkung des Leistungsvermögens. Bei einem Wasserverlust von 5% des Körpergewichts ist die Leistungsfähigkeit auf die Hälfte reduziert. Für einen Sportler ist die Bilanzierung seines

Bei körperlicher Aktivität sollte man Flüssigkeitsverluste sorgfältig ausgleichen. *Photo: Joachim Flodin*

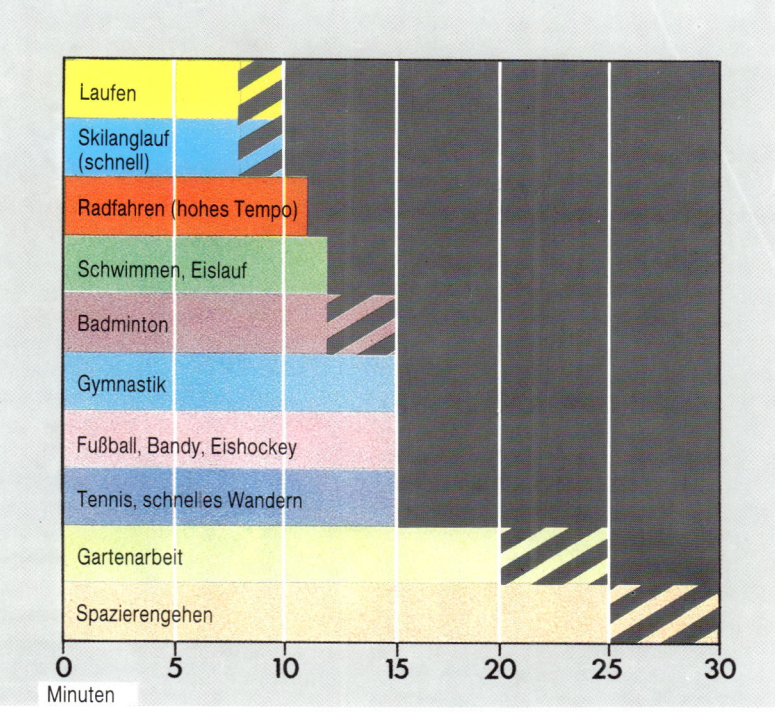

Einige Beispiele für Belastungszeiten in verschiedenen Sportarten, die jeweils zu einem Energieverbrauch von 100 kcal (ca. 420 kJ) führen.

Wasserhaushalts daher wichtige Voraussetzung zum Aufrechterhalt seiner Leistungsfähigkeit. Ganz besonders betrifft dies jugendliche Sportler, da bei ihnen die Körperoberfläche im Verhältnis zum Körpervolumen besonders groß und damit auch der Wasserverlust besonders hoch ist.

Eine weitere Möglichkeit für überdurchschnittlichen Flüssigkeitsverlust besteht im Auftreten von Erbrechen und Durchfällen. Auch dies geht für den Athleten gegebenenfalls mit einer erheblichen Beeinträchtigung seiner Leistungsfähigkeit einher, falls kein hinreichender Flüssigkeitsersatz erfolgt. Der Sportler sollte sich also so weit wie möglich vor Magen- und Darminfektionen schützen.

Neben der Bilanzierung des Flüssigkeitshaushaltes ist für den Organismus das Aufrechterhalten einer stets gleichmäßigen Salzkonzentration in den Körpergeweben von großer Bedeutung. Unter diesen Salzen kommt mengenmäßig dem Kochsalz (Natriumchlorid) die größte Bedeutung zu. Die normale Ernährung enthält weit mehr Kochsalz als der Organismus benötigt. Der Überschuß wird über die Nieren ausgeschieden. Beim Schwitzen geht Kochsalz verloren. Salzmangel kann zu Muskelschwäche und Leistungseinschränkung führen. Trotzdem sind die Vorstellungen über den erhöhten Salzbedarf des Sportlers meist völlig übertrieben. Unter normalen Trainingsbedingungen ist eine zusätzliche Salzzufuhr, etwa in Form von Salztabletten, eher schädlich als nützlich. Nur bei extremem Schweißverlust, z. B. bei Training in der Hitze, sollte geringfügig mehr Salz mit dem Essen aufgenommen werden. Zu erheblichen Salzverlusten mit entsprechender Leistungseinschränkung kann es allerdings durch große Flüssigkeitsverluste bei Durchfallerkrankungen kommen.

Energiebilanz

Der durchschnittliche Energiebedarf des nicht körperlich aktiven Mannes beträgt 1 600—1 800 kcal, entsprechend ca. 6 700—7 500 kJ. Bei der Frau liegt dieser Wert etwas niedriger, und zwar bei 1 200—1 400 kcal, entsprechend ca. 5 000—5 900 kJ. Menschen, die sich während der Arbeit körperlich belasten oder die Freizeitsport betreiben, benötigen mehr Energie: der Mann ca. 3 000 kcal (etwa 12 600 kJ), die Frau ca. 2 500 kcal (etwa 10 500 kJ). Bei Leistungssportlern und Schwerarbeitern kann der Energieumsatz auf bis zu 5 000 kcal (entsprechend da. 21 000 kJ) ansteigen. Dieser Energiebedarf muß durch eine entsprechende Nahrungszufuhr gedeckt werden. Eine positive Nahrungsbilanz, also ein Überangebot an Nahrung, führt zu einer Speicherung von Fett, eine negative Nahrungsbilanz zur Gewichtsabnahme. Zur Kontrolle des Körpergewichts ist es daher wichtig, daß man eine ungefähre Vorstellung davon hat, welche körperlichen Belastungen mit welchem Energieverbrauch einhergehen. Die Abbildung auf S. 309 gibt hierzu einige Richtwerte.

30 Vitamine, Mineralstoffe und Spurenelemente

Vitamine

Als Vitamine bezeichnet man Substanzen, die der Körper in geringen Mengen lebensnotwendig benötigt, die er selbst nicht herstellen kann und die deshalb mit der Nahrung zugeführt werden müssen. Sie spielen eine wichtige Rolle bei verschiedenen Stoffwechselprozessen. Durch wissenschaftliche Untersuchungen konnte der genaue Bedarf für jeden einzelnen dieser Stoffe mehr oder weniger genau festgelegt werden. Die durchschnittliche Ernährung in den westlichen Industrieländern deckt diesen Vitaminbedarf mehr als ausreichend.

Unter Normalbedingungen kommen daher in unseren Bereichen Vitaminmangelzustände nicht vor. In Tabelle 4 auf Seite 313 ff. sind die einzelnen Vitamine und der jeweilige Tagesbedarf aufgeführt.

Erhöhter Vitaminbedarf Der Vitaminbedarf kann unter bestimmten Bedingungen gesteigert sein. Meist liegt aber auch dieser erhöhte Bedarf noch innerhalb der normalerweise als erforderlich angegebenen Grenzwerte. Dies gilt auch für körperliche Belastungen, sei dies in Form von Sport oder schwerer körperlicher Tätigkeit im Beruf. Der vermehrte Vitaminbedarf wird auch unter diesen Bedingungen durch eine reguläre Ernährung praktisch immer abgesättigt. Unnötig hohe Vitaminzufuhren bringen hier keinen zusätzlichen Vorteil. Nur in der Betreuung schwerkranker Patienten kann gelegentlich ein über dieses Maß hinausgehender Vitaminbedarf vorliegen.

Vitamine als Arzneimittel Vitamine sind selbstverständlich dann Arzneimittel, wenn es darum geht, echte Vitaminmangelzustände wie Skorbut, Beri-Beri oder Rachitis (= englische Krankheit) zu beseitigen. Von diesen Zuständen abgesehen, bringt die zusätzliche Einnahme von Vitaminen jedoch nichts. Viele Menschen nehmen Vitamine häufig in Überdosierung gegen alle möglichen echten und eingebildeten Erkrankungen. Über die im folgenden zu besprechenden spezifischen Vitaminwirkungen hinaus wurden jedoch keine Effekte nachgewiesen. Dabei ist die Einnahme der wasserlöslichen Vitamine (B, C) zwar unnötig, aber wahrscheinlich auch ungefährlich. Eine Überdosierung fettlöslicher Vitamine (A, D, E, K) kann dagegen zu Vergiftungserscheinungen bis hin zu Todesfällen führen.

Vitamintabletten Im Handel werden oft Vitaminpräparate in unseriöser Art und Weise angeboten. In der Werbung wird häufig gegen besseres Wissen eine Steigerung der Leistungsfähigkeit versprochen. Kein Wunder also, daß gerade von Sportlern in großen Mengen Vitamine geschluckt werden, oft unter dem Motto: „Wenn die anderen Vitamine nehmen, dann tue ich es auch, auch wenn ich nicht daran glaube — vielleicht hilft es trotzdem." Dieser Mißbrauch wird wohl kaum auszurotten sein.

Die wichtigsten Vitamine

Im folgenden sollen die Vitamine im einzelnen näher besprochen werden, die im Sport eine Rolle spielen oder spielen könnten.

Vitamin B₆ (Pyridoxin)

Vitamin B_6 spielt im Eiweißstoffwechsel des Organismus eine Rolle. Es ist für die Nerven- und Muskelfunktionen wichtig. Der Beweis für die oft gehörte Behauptung, dieses Vitamin würde Fettgewebe abbauen und die Fähigkeit zum Muskelaufbau verbessern, wurde nie erbracht. Die zusätzliche Einnahme, auch in überhöhten Dosen, ist wahrscheinlich ungefährlich, auf jeden Fall aber unnötig.

Vitamin B₁₂ (Cyanocobalamin)

Dieses Vitamin spielt eine wichtige Rolle in der Blutbildung (s. S. 280 f.). Es ist weiterhin für die Nervenfunktion bedeutsam. Hinweise für einen erhöhten Bedarf des Sportlers an Vitamin B_{12} gibt es nicht. Die überhöhte Einnahme dieses Vitamins ist wahrscheinlich ungefährlich, sicher aber teuer und unnötig.

Vitamin C (Ascorbinsäure)

Vitamin C findet sich in großen Mengen in Gemüse, Obst und anderen Nahrungsmitteln. Durch eine vielseitige Kost wird der tägliche Bedarf mehr als ausreichend gedeckt. Bei Infektionskrankheiten benötigt der Körper mehr Vitamin C als üblich, ein wichtiger Grund, dies bei der Ernährung zu berücksichtigen. Die häufige Meinung, daß man sich durch hohe Vitamin-C-Gaben vor Infektionen schützen könnte, daß man Infektionen oder sogar Krebs dadurch heilen könne, ist jedoch völlig unbewiesen. Wahrscheinlich ist es ungefährlich, die dann üblichen hohen Vitamin-C-Mengen, bis zu 1 g/Tag einzunehmen. Immerhin wurde nachgewiesen, daß Menschen, die über längere Zeit solche großen Ascorbinsäuremengen einnehmen, dann auch auf Dauer einen erhöhten Vitamin-C-Bedarf entwickeln. Eine solche unnötige Einnahme ist daher nicht sinnvoll.

Vitamin E (Tocopherol)

Die Bedeutung des Vitamin E konnte bisher lediglich an einer Reihe unterschiedlicher Tierarten nachgewiesen werden. Ein Mangel an dieser Substanz führt bei Ratten zu Fortpflanzungsstörungen, bei Schweinen zu Muskelschwund. Wahrscheinlich spielt diese Substanz aber auch für den Menschen eine wichtige Rolle, wenngleich Mangelsymptome bisher nicht nachgewiesen wurden. Im allgemeinen wird angenommen, daß dem Vitamin eine Bedeutung in der Abwehr der gewebsschädigenden Wirkung von Peroxiden und sogenannten sauren Radikalen zukommt. Im Gegensatz zu einem häufig gerade unter Sportlern weit verbreiteten Aberglauben führen hohe Vitamin-E-Dosen keineswegs zu einer Verbesserung des Muskelaufbaus. Konkrete Überdosierungserscheinungen wurden bisher zwar noch nicht berichtet, immerhin steht aber das Vitamin E im Verdacht, bei Überdosierung zu einer Reihe von Beschwerden wie Fieber oder Muskelschmerzen zu führen. Die zusätzliche Einnahme von Vitamin-E-Tabletten durch den Sportler ist daher sinnlos und möglicherweise nicht unproblematisch.

Vitamin A (Retinol)

Vitamin A spielt eine Rolle beim Aufbau von verschiedenen Körpergeweben. Ein Mangel an Vitamin A führt zu Hautschädigungen und zu einer Schwächung der Immunabwehr. Das erste Zeichen eines Mangels ist im allgemeinen eine Beeinträchtigung der lichtabsorbierenden Zellen in der Netzhaut, die Nachtblindheit, d. h., eine Verschlechte-

Tabelle 4:
Die wichtigsten Vitamine. *IE = Internationale Einheiten. Die Tabelle wurde von der Firma Pharmacia ausgearbeitet unter Mitwirkung des Ernährungswissenschaftlers Wulf Becker, überarbeitet von Prof. Leif Hambraeus, Ernährungswissenschaftler an der Universität Uppsala. Wiedergegeben mit Erlaubnis der Pharmacia AB.

Vitamin	Funktion	Empfohlene Tagesmenge für Erwachsene	Wichtigstes Vorkommen in Nahrungsmitteln	Prozentualer Anteil eines Tagesbedarfs, der in einer üblichen Essensportion enthalten ist
A **Retinol**	Notwendig für Sehvermögen, Haut und Schleimhaut. Leichtere Mangelzustände führen zu Nachtblindheit, ausgeprägter Mangel zu Abwehrschwäche, Infektanfälligkeit, Erblindung.	3000 IE*	Leber	1 Portion enthält den 5- bis 20fachen Tagesbedarf
			Milch, Butter, Margarine, Fisch	1 Glas Milch = 5 – 10%
			Karotten, Gemüse, Obst	1 Portion = 10 – 100%
B₁ **Thiamin**	Wichtig für Kohlenhydratstoffwechsel, neuromuskuläre Funktion, Energiebereitstellung. Ausgeprägte Mangelzustände führen zu Beri-Beri	1,0 – 1,4 mg	Getreideprodukte in Form von Brot, Mehl, Spaghetti, Reis	1 Scheibe Brot = 5 – 10%
			Schweinefleisch, grüne Erbsen	1 Portion = 30 – 100%
			Gemüse, Obst, Rindfleisch, Milch	1 Portion = 5 – 20%
B₂ **Riboflavin**	Wichtig für Kohlenhydrat-, Fett- und Eiweißstoffwechsel. Bei Mangel Haut- und Schleimhautveränderungen	1,5 – 1,7 mg	Milch, Milchprodukte, Leber	1 Glas Milch = 15 – 20%
			Fleisch, Eier, Fisch	1 Portion = 10 – 20%
			Gemüse, Obst, Brot, Kartoffeln	1 Portion = weniger als 10%
B₆ **Pyridoxin**	Wichtig für Eiweißstoffwechsel, Nerven- und Muskelfunktion. Bei Mangelzuständen Hautveränderungen, neurologische Ausfallserscheinungen, Anämie	2,0 mg	Eingeweide, Fleisch, Fisch, Bananen	1 Portion = 5 – 20%
			Kartoffeln, Brot, Getreide	1 Kartoffel = 1 – 5%
			Gemüse, Obst, Milch, Eier	1 Portion = weniger als 10%

(Fortsetzung S. 314)

Vitamin	Funktion	Empfohlene Tagesmenge für Erwachsene	Wichtigstes Vorkommen in Nahrungsmitteln	Prozentualer Anteil eines Tagesbedarfs, der in einer üblichen Essensportion enthalten ist
B_{12} Cyanocobalamin	Wichtige Funktionen im Zellstoffwechsel, speziell beim Aufbau der roten Blutkörperchen und der Nervenfunktion. Bei Mangelzuständen spezielle Form der Anämie (Perniziosa) und neurologische Ausfallserscheinungen	0,002 – 0,005 mg	Leber, Fisch (speziell Makrele)	Eine übliche Portion enthält das 2 – 5fache des Tagesbedarfs
			Fleisch, Dorsch, Seelachs, Scholle	1 Portion = 50 – 200%
			Milch, Milchprodukte, Hähnchen	1 Glas Milch = 15% bis ⅓ des Tagesbedarfs
C Ascorbinsäure	Notwendig speziell für den Bindegewebsaufbau. Bei leichteren Mangelzuständen Zahnfleischbluten und verzögerte Wundheilung, bei schweren Defiziten das Vollbild des Skorbuts	55 – 60 mg	Apfelsinen, Brokkoli, Blumen- und Weißkohl	1 Apfelsine = 50 – 100%
			Paprika, Tomaten, Bananen	1 Portion = 10 – 40%
			Kartoffeln, Äpfel, grüne Erbsen, Steckrüben	1 Portion = 10 – 40%
D Calciferol (wird durch Sonnenbestrahlung in der Haut gebildet)	Regelt den Kalziumstoffwechsel, wichtig vor allem für Knochen- und Zahnaufbau. Mangelzustände führen bei Kindern zu Rachitis (englische Krankheit), bei Erwachsenen zu Osteomalazie (Knochenerweichung).	400 IE für Kinder, Schwangere und Stillende, sonst für Erwachsene keine Empfehlungen	Fisch, speziell Makrele, Lachs, Hering	1 Portion = 50 – 200%
			Margarine, Eier, Leber, Buttermilch	1 Portion = 10 – 20%
			Butter, Käse, Vollmilch	1 Portion = weniger als 10%
E Tocopherol	Schützt hochgesättigte Fettsäuren vor dem Abbau. Möglicherweise von Bedeutung für die Stabilität von roten Blutkörperchen. Mangelzustände beim Menschen sind nicht sicher bekannt.	12 – 15 mg	Mais- und Sojaöl, Fisch, speziell Makrelen	1 Eßlöffel Maisöl = 10 – 30%
			Margarine, Brot, Eier	1 Scheibe Brot = 2,5 – 7,5%
			Gemüse, Hackfrüchte, Fleisch, Obst	1 Portion = weniger als 10%

Vitamin	Funktion	Empfohlene Tagesmenge für Erwachsene	Wichtigstes Vorkommen in Nahrungsmitteln	Prozentualer Anteil eines Tagesbedarfs, der in einer üblichen Essensportion enthalten ist
Folsäure	Notwendig für Zellstoffwechsel und Neubildung der roten Blutkörperchen. Mangelzustände führen zu Anämie	0,4 mg	Leber, Dorsch, Gemüse, grüne Erbsen, Apfelsinen	1 Portion = 10 – 50%
			Brot, Getreide, Kartoffeln, Eier, Rindfleisch	1 Portion = weniger als 10%
Niacin	Notwendig für den zellulären Fett- und Kohlenhydratstoffwechsel und den Energiestoffwechsel. Bei ausgeprägtem Mangel kommt es zu schweren Hautveränderungen (Pellagra).	13 – 18 mg	Fleisch, Leber, Fisch	1 Portion = 0 – 50%
			Brot, Getreide	1 Scheibe Brot = 5 – 7,5%
			Gemüse, Milch, Kartoffeln, Eier	1 Portion entspricht weniger als 10%
Pantothensäure	Wichtig für Kohlenhydrat- und Fettstoffwechsel. Beim Menschen sind Mangelerscheinungen bisher nicht nachgewiesen.	Exakte Empfehlungen sind nicht möglich, 5 – 10 mg werden meist als ausreichend angesehen.	Leber, Eier	sehr gute Quellen
			Fleisch, Hähnchen, Brot, Getreide, Milch, Hülsenfrüchte, Kartoffeln	mäßige bis gute Pantothensäurequellen

rung des Sehvermögens bei geringer Lichtstärke. Vitamin A wird in aktiver Form mit Fleisch, Fisch und Milchprodukten aufgenommen. Der Organismus ist aber auch in der Lage, Vitamin A aus Vorstufen zu synthetisieren. Es handelt sich dabei um verschiedene Pigmentstoffe, die in zahlreichen Gemüsearten vorhanden sind, z. B. in Tomaten oder Karotten.

Vitamin-A-haltige Präparate werden therapeutisch bei Vitamin-A-Mangel eingesetzt, ferner zur Behandlung verschiedener entzündlicher Hauterkrankungen wie etwa der Akne (s. S. 196 f.). Eine Überdosierung des Vitamins führt zu Übelkeit, Appetitlosigkeit, Müdigkeit, Hauttrockenheit und kleinen Wunden, vor allem um den Mundwinkel herum (Mundrhagaden). Bei Kindern können auch schwerwiegende Symptome bis hin zu einem erhöhten Hirndruck entstehen.

Vitamin D

Vitamin D ist eine Sammelbezeichnung für Substanzen, die der Körper zu Calzitriol umwandeln kann. Diese Umwandlung geschieht in Leber und Niere, unter Einfluß von Sonnenbestrahlung, aber auch in der Haut. Vitamin D spielt eine wichtige Rolle in der Regulierung der Kalziumkonzentration im Blut und beim Einbau des Kalziums in den Knochen (s. S. 317). Beim Mangel an Vitamin D kommt es bei Kindern zur Rachitis, der sogenannten englischen Krankheit, die durch Störungen im Knochenwachstum, Knochenerweichung und -verformung gekennzeichnet ist. Überdosierungen machen sich durch Durchfall, Übelkeit, Erbrechen und Appetitlosigkeit bemerkbar. Bei längerfristiger Überdosierung können Nieren- und Hirnschäden entstehen.

Ein erhöhter Bedarf an Vitamin D besteht beim wachsenden Säugling und Kleinkind. Hier wird deshalb häufig zusätzlich Vitamin D in Form von Tropfen, oft in Kombination mit Vitamin A, gegeben. Im späteren Lebensalter wird in unseren Breitengraden aber der tägliche Vitamin-D-Bedarf vor allem über Milch und Milchprodukte mehr als ausreichend gedeckt.

Zusammenfassung

Die Vitamine sind für den Organismus lebenswichtige Substanzen. Man sollte daher dafür Sorge tragen, daß der tägliche Bedarf durch eine entsprechende Kost ausreichend gedeckt ist. Die zusätzliche Gabe von Vitaminen ist aber nur unter ganz bestimmten Bedingungen sinnvoll: bei manchen Erkrankungen oder bei Ernährungsstörungen. Die Einnahme von Überdosen an Vitaminen ist unnütz, in einigen Fällen sogar gefährlich. Dies gilt besonders für die Verordnung von Vitaminen bei Sportlern, die aus der Sicht der Leistungsfähigkeit in keiner Weise gerechtfertigt ist. Die Kosten für Vitaminverordnungen werden von den Krankenkassen nur im Krankheitsfall übernommen. Die unnötige Verordnung von Vitaminen ist von daher auch wirtschaftlich nicht vertretbar. Ein Arzt, der dies tut, kann von den Krankenkassen erstattungspflichtig gemacht werden.

Mineralstoffe

Auch Mineralstoffe (Salze) müssen dem Organismus mit der Nahrung zugeführt werden, da ihnen wichtige biologische Funktionen zukommen. Man kann sie einteilen in solche, die der Organismus nur in kleinen Mengen benötigt (Spurenelemente) und solche, von denen größere Mengen (mehr als 100 mg/Tag) notwendig sind wie Natrium, Kalium, Kalzium, Magnesium, Phosphor und Chlor. Bei den Spurenelementen wird im Augenblick eine Menge von etwa 15—20 mg pro Tag für notwendig gehalten. Bei einigen von ihnen kennt man die Funktion und den erforderlichen Bedarf recht genau, bei anderen ist das Wissen bisher sehr gering.

Mineralstoffe und Spurenelemente finden sich in zahlreichen Präparaten, die auf dem Markt angeboten werden, oft in Kombination mit Vitaminen. Der echte medizinische Bedarf an solchen Präparaten ist sehr gering. Nur bei wenigen Krankheiten ist die ärztliche Verordnung bewiesenermaßen sinnvoll. Der Bedarf an Mineralstoffen und Spurenelementen ist beim gesunden Menschen durch eine normale Kost mehr als ausreichend gedeckt.

Natrium

Den Natriumionen kommt unter allen Salzen die wichtigste Bedeutung in der Regulierung der gesamten Salzkonzentration des Organismus zu (Osmolarität). Diese Regulierung erfolgt vor allem über die Niere. Je nach Bedarf werden mehr oder weniger große Natriummengen in der Niere zurückresorbiert. Damit wird die aktuelle Natriumkonzentration in Abhängigkeit von der Natriumzufuhr über die Nahrung dem Bedarf angepaßt. Die normale Ernährung enthält mehr als genügend Natrium, so daß auch beim Sportler die zusätzliche Einnahme von Salztabletten kaum sinnvoll ist. Medizinisch ist dies nur notwendig bei bestimmten Stoffwechselerkrankungen, wie z. B. der Addison-Krankheit.

Trotzdem wird auch von Sportlern oft wegen des Schweißverlustes bei der körperlichen Aktivität zusätzlich Salz eingenommen. Dies kann bei schweren körperlichen Belastungen, vor allem bei höheren Temperaturen, wenn es zu erheblichen Schweißverlusten kommt, sinnvoll sein. In solchen Fällen entsteht ein Natriummangelzustand, der sich in Muskelkrämpfen und -zittern äußert. Um dem vorzubeugen, ist es unter diesen Bedingungen sinnvoll, eine niedrig konzentrierte Salzlösung zu trinken, etwa Kochsalzlösungen mit einer Konzentration von 0,5 %.

Die unnötige Einnahme großer Kochsalzmengen ist nicht ungefährlich. Eine langfristig überhöhte Kochsalzzufuhr in der Ernährung begünstigt die Entstehung von Hochdruck und damit sekundär anderer Herz-Kreislauferkrankungen. Bei Kindern, die Kochsalz nicht rasch genug ausscheiden, können akute Vergiftungserscheinungen entstehen.

Kalium

Kaliumionen finden sich in hoher Konzentration innerhalb der Körperzellen, die Konzentration in den Körperflüssigkeiten und im Blut ist dagegen niedrig. Die Kaliummenge im Körper wird ebenfalls über die Urinausscheidung reguliert. Sie ist an die Natriumausscheidung gekoppelt, d. h., eine Verminderung der Natriumausscheidung führt zu einer verstärkten Kaliumausscheidung und umgekehrt.

Der Bedarf wird beim gesunden Menschen durch die Nahrungszufuhr ausreichend gedeckt. Kalium kommt in großen Mengen in Obst und Gemüse vor, z. B. in Kartoffeln, Bohnen, Kirschen und Bananen. Eine zusätzliche Kaliumeinnahme wird nur unter krankhaften Bedingungen notwendig, beispielsweise bei Verbrennungen, bei einer Reihe von hormonalen Erkrankungen, wie z. B. der Cushing-Krankheit (s. S. 239), zur Verhinderung von Kaliumverlusten bei der Behandlung mit bestimmten Typen harntreibender Medikamente, den Thiaziden (s. S. 364 f.).

Kaliumsalze sind gewebsunverträglich. Bei Verordnung von Kaliumtabletten kann es zu Magen-Darm-Beschwerden bis hin zu Verätzungen im Magen-Darm-Kanal, kommen. Die Injektion von Kaliumlösung kann bei Überdosierung lebensgefährlich werden. Eine überschüssige Einnahme von Kaliumtabletten führt dagegen normalerweise zu keiner Gefährdung, da der Organismus die zu viel aufgenommene Menge rasch wieder ausscheiden kann.

Kalzium

Der menschliche Körper besteht etwa zu 1 kg aus Kalzium, das sich vor allem in den Knochengeweben findet. Der Kalziumgehalt des Knochens steht dabei im Gleichgewicht mit der Kalziumkonzentration im Blut. Dieses Gleichgewicht wird durch das Hormon der Nebenschilddrüse, das Calcitonin, sowie das Vitamin D (das Calzitriol, s. S. 315) geregelt. Dabei dient das Knochengewebe als Speicher für die Blutkalziumkonzentration, die stets konstant gehalten wird. Eine solche gleichmäßige Kalziumkonzentration ist besonders wichtig angesichts der zentralen Bedeutung, die diesen Ionen in der Regulierung zahlreicher biologischer Prozesse zukommt. In Wechselwirkung mit dem Kalium reguliert beispielsweise Kalzium die Durchlässigkeit der Zellwand für die Energieträger und zahlreiche andere bioaktive Substanzen.

Die Bedeutung des Kalziums zeigt sich, wenn es unter einer Reihe von Stoffwechselerkrankungen und bei Vitamin-D-Mangel zu einer Erniedrigung der Serumkalziumkonzentration kommt. Die wichtigsten Symptome sind Muskelkrämpfe (Tetanie), Herzbeschwerden und Zustände von Verwirrtheit. Auf die Dauer kommt es ferner zu Entkalkungserscheinungen am Knochen (Osteoporose, s. S. 19).

Der normale Bedarf an Kalzium des erwachsenen Menschen liegt bei 0,5 g pro Tag. Ein relativ oder absolut erhöhter Bedarf kann bei Kindern im Wachstumsalter oder bei stillenden Müttern bestehen. Auch ein erhöhter Bedarf wird durch eine vernünftig zusammengesetzte Kost im allgemeinen hinreichend gedeckt. Kalzium ist vor allem in Milch und Käse enthalten.

Zink

Zink ist ein Bestandteil zahlreicher Enzyme, es findet sich in den meisten Organen. Der Körper des erwachsenen Menschen enthält etwa 2 g Zink, davon nur 0,2 % in der Blutbahn, gebunden an ein spezifisches Transporteiweiß. Die Konzentration dieses zinkhaltigen Proteins im Serum nimmt bei einer Reihe von Erkrankungen zu, etwa bei Zuckerkrankheit sowie bei einigen Nierenerkrankungen. In solchen Fällen ergibt die Bestimmung des Zinks im Blut zu hohe Werte und damit ein falsches Bild von der gesamten dem Organismus verfügbaren Zinkmenge. Fälschlich überhöhte Zinkwerte können auch dann gemessen werden, wenn die Blutproben nicht korrekt gehandhabt werden. Zink ist nämlich auch in einigen Enzymsystemen innerhalb der Erythrozyten enthalten. Werden Erythrozyten bei der Blutabnahme zerstört (Hämolyse), so mißt man erheblich überhöhte Werte im Serum (d. h. der Überstand an Flüssigkeit, der sich bei der Blutgerinnung bildet: Gesamtblut — Blutkörperchen + Gerinnungseiweiße). Auch unter körperlicher Belastung steigt die Zinkkonzentration im Serum zumindest kurzfristig an. Die Bestimmung des Zinks im Serum gibt wegen seiner geringen Menge und seiner hohen Störanfälligkeit daher kein korrektes Bild über die im Körper vorhandene Gesamtmenge.

Da dem Zink wichtige biologische Funktionen zukommen, ist eine hinreichende Zufuhr in der Nahrung wichtig. Das Metall findet sich in einer Reihe von Nahrungsmitteln, so daß der Bedarf bei einer üblichen Kost ausreichend gedeckt ist. Eine Reihe von Stoffen können allerdings die Zinkaufnahme stören, beispielsweise hohe Dosierungen von Kalzium- oder Eisentabletten, ebenso eine Kost, die sehr reich an Ballaststoffen ist. Auch bei einigen Erkrankungen kann es zu Störungen in der Zinkresorption und dadurch zu ernsthaften Symptomen kommen:
— Verspätetes Einsetzen der Pubertät,
— verringertes Längenwachstum,
— ausgeprägte Veränderungen an Haut und Haaren,
— Schädigungen der körpereigenen Abwehr mit erhöhter Infektanfälligkeit.
Solche Zustände sind allerdings selten, sie können nur ganz ausnahmsweise auf einen Zinkmangel in der Ernährung zurückgeführt werden. Die zusätzliche Einnahme von Zink in Tablettenform ist unnötig, ernsthaftere Nebenwirkungen sind allerdings bisher nicht bekanntgeworden.

Kupfer

Der Körper des erwachsenen Menschen enthält etwa 100 mg Kupfer, davon 5% an ein spezifisches Transporteiweiß im Blut gebunden. Die Kupferkonzentration im Blut ist bei Frauen höher als bei Männern. In der Schwangerschaft, durch die Einnahme der Pille sowie bei einigen entzündlichen Erkrankungen nimmt die Kupferkonzentration zu, bei anderen Erkrankungen, z. B. bei einer Reihe von Nierenkrankheiten, ist die Kupferkonzentration verringert. Kupfer ist Bestandteil einiger wichtiger Enzyme, die unter anderem für die Bildung des Hämoglobins von Bedeutung sind (s. S. 280f.), es spielt weiterhin eine Rolle im Eisenstoffwechsel. Mangelzustände sind hierzulande überaus selten, schon deshalb, weil die meisten Wasserleitungen zum großen Teil aus Kupfer bestehen. Kupfer ist daher in großer Menge im Trinkwasser enthalten. Trotzdem führt dies nicht zu gesundheitlichen Schäden, da überschüssiges Kupfer wieder ausgeschieden wird. Ist dieser Mechanismus gestört, kann es in sehr seltenen Fällen zu Krankheitserscheinungen kommen, bekannt unter dem Begriff der Wilson-Krankheit. Als Folge der überhöhten Kupferkonzentration in den Geweben kommt es zu Pigmentstörungen, Knochen- und Augenveränderungen, Störungen im Haarwachstum, Leber- und Nierenschädigungen. Diese Erkrankung behandelt man durch die Gabe von Stoffen, die Kupfer komplex binden und dann über den Darm ausscheiden. Eine weitere Behandlungsmöglichkeit besteht in der Gabe großer Mengen an Zink, das anstelle von Kupfer in das Gewebe eingebaut wird.

Zu Kupfermangelzuständen kann es bei Kindern kommen, die sehr einseitig mit Milch ernährt werden. Bei Erwachsenen kann die Verordnung von Zink in hohen Mengen über lange Zeit hinweg Kupfermangel bewirken, auch bei äußerer Anwendung in Form von Zinksalbe, etwa bei der Behandlung von Unterschenkelgeschwüren. Diese Mangelerscheinungen machen sich als erstes in charakteristischen Veränderungen der Haare bemerkbar.

Mangan

Mangan ist Bestandteil einer Reihe von Enzymen, die für die Regulierung der Kaliumkonzentration in und außerhalb der Zelle bedeutsam sind. Für dieses Spurenelement wurden bisher weder Mangelkrankheiten noch Überdosierungserscheinungen beschrieben. Für die zusätzliche Einnahme von Mangan gibt es daher keinerlei vernünftige Begründung.

Selen

Selen ist chemisch ein naher Verwandter des Schwefels und wird ebenso wie Schwefel häufig in Aminosäuren und damit auch in Eiweiße eingebaut. Selen ist deshalb ein Baustein von Enzymen. Es sind etwa 10 selenhaltige Enzyme bekannt, die vor allem in den Abwehrmechanismen der Zellen gegenüber der schädlichen Einwirkung von Säuren und Peroxydasen (oxydierende Enzyme) eine Rolle spielen. Diese Peroxydasen finden sich bei Tieren beispielsweise in bösartigen Tumoren. Die selenhaltigen Enzyme arbeiten auf eine bisher noch nicht geklärte Art und Weise mit dem Vitamin E zusammen. Sie sind für eine Reihe von Entgiftungsprozessen in der Leber verantwortlich.

Selen ist in zahlreichen Nahrungsmitteln enthalten, beispielsweise in Fleisch und Gemüse. Über die Bedeutung des Selens weiß man vor allem aus der Tiermedizin. Kommt es hier durch einseitige Fütterung zu einem Mangel, entsteht Muskelschwund und damit eine Verminderung der Fleischproduktion. Beim Menschen wurden entsprechende Mangelzustände bisher nicht beobachtet. Aus China liegen Berichte vor, daß es dort in einer bestimmten Region, in der Selen sehr selten vorkommt, gehäuft zu einer speziellen Herzerkrankung besonders des Kleinkindes kommt, bei der man durch Selenzufuhr dramatische Heilungserfolge erzielt. Bei zahlreichen Erkrankungen wie Tumoren des Magens, der Harnblase, der Brust, bei multipler Sklerose, bei einigen Herzerkrankungen, bei Zuckerkrankheit, Muskeldystrophie und Leberzirrhose wurden niedrige Selenkonzentrationen im Blut beobachtet. Der Schluß, daß diese Erkrankungen deshalb durch Selenmangel verursacht würden, ist aber sicher nicht richtig, sondern wohl eher das Gegenteil: Die Erkrankungen führen zu einer Erniedrigung der Selenkonzentration im Blut. Es ist daher sinnlos, in solchen Fällen mit Selen zu behandeln.

Das Wissen über die Bedeutung des Selens ist bisher sehr gering. Angesichts seines biologischen Stellenwerts ist zu erwarten, daß ihm möglicherweise zukünftig in der Therapie eine größere Rolle zukommen wird. Über die Frage, für welche Krankheiten dies zutreffen wird und welche Dosierungen dabei erforderlich sind, kann bisher aber nur spekuliert werden.

Genuß- und Rauschmittel

Alkohol

Man schätzt, daß ein Drittel aller Krankenbehandlungskosten durch Alkoholmißbrauch entstehen. Leider ist auch der Sport keine „alkoholfreie Zone", wenngleich ausgeprägter Alkoholmißbrauch beim Sportler selten ist. Das Bier nach dem Training, die alkoholische Siegesfeier, gehören leider für viele zum Bild des Sports.

Dem Alkohol kommen im Prinzip zwei gegensätzliche Wirkungen zu. Er wirkt zum einen beruhigend und angstdämpfend, zum anderen stimulierend auf das Gehirn.

Angstdämpfende und beruhigende Wirkung Die angstdämpfende und beruhigende Wirkung des Alkohols wird vor allem von Menschen genutzt, die schon normalerweise zu Angst und Unruhe neigen. Besonders dann, wenn der Leistungsdruck aus der Umgebung ansteigt, etwa vor öffentlichen Auftritten, wird gern zum Glas gegriffen. Gegen ein solch einmaliges Glas zur Beruhigung ist an und für sich nichts zu sagen, leider schafft es schnell Abhängigkeit und führt zum Gewohnheitstrinken. Dies kann auch beim Sportler der Fall sein.

Anregende Wirkung Alkohol hat eine bekannte anregende Wirkung auf die Hirnfunktion. Alkohol entspannt und hebt die Stimmung (Euphorie). Aus diesem Grund wird die Droge Alkohol gern benutzt, um die Stimmung bei Feiern zu steigern (soziales Trinken).

Allgemeine Wirkungen Auch niedrige Blutalkoholkonzentrationen, die noch zu keinerlei Zeichen der üblichen bekannten Symptome des Alkoholrausches führen, bewirken eine eindeutige Verschlechterung des Koordinationsvermögens, der Reaktionszeit sowie Erinnerungsstörungen. Dies läßt sich beispielsweise schon deutlich unterhalb der Alkoholkonzentration nachweisen, die vom Gesetz als Grenze der Fahrtüchtigkeit festgelegt wurde, nämlich 0,8 Promille, entsprechend ca. 2 Flaschen Bier. Solche Störungen im Konzentrationsvermögen müssen sich beispielsweise auch beim Sportler negativ auf die Leistungsfähigkeit auswirken.

Kreislaufwirkungen Alkohol erweitert die Hautgefäße, führt damit zu Hautrötung und Wärmegefühl. Hieraus wird oft fälschlicherweise auf eine Erhöhung der Körpertemperatur geschlossen. Das Gegenteil ist der Fall: Alkoholgenuß in kalter Umgebung führt zum Risiko einer Erniedrigung der Körperkerntemperatur durch erhöhte Wärmeabgabe an die Umgebung. Mit der verstärkten Hautdurchblutung kommt es zu einer Steigerung von Pulsfrequenz und Herzbelastung. Alkohol in hohen Konzentrationen führt weiterhin zu einem erhöhten Risiko von Herzrhythmusstörungen.

Wirkungen auf den Verdauungsapparat Alkohol reizt die Magenschleimhaut und steigert die Magensäureproduktion. Bei Entzündungen der Magenschleimhaut (Gastritis) oder Magengeschwüren (Ulcus) sollte man daher Alkohol meiden.

Alkohol wird in der Leber abgebaut. Mißbrauch über längere Zeit kann daher zu Leberveränderungen bis hin zur Schrumpfleber (Leberzirrhose) führen. Als Folge des Umbaus der Leber kommt es zu einem Rückstau des Blutes in die Blutgefäße. Hieraus können sich krampfaderartige Erweiterungen der Blutgefäße in der Speiseröhre entwickeln, aus denen es lebensbedrohlich bluten kann. Solche Veränderungen können sich in wenigen Jahren eines chronischen Alkoholmißbrauchs entwickeln.

Alkohol erweitert die Hautgefäße und erhöht dadurch das Risiko von Erfrierungen.

Sonstige Wirkungen   Alkohol führt zu einer Hemmwirkung auf ein Hormon der Hirnanhangdrüse, das die Harnausscheidung vermindert (Adiuretin). Aus diesem Grund wird unter Alkohol die Urinausscheidung gesteigert. Hierdurch entsteht wiederum vermehrtes Trinkbedürfnis und erhöhte Flüssigkeitsaufnahme. Auch die Nahrungsaufnahme steigt unter Alkohol, da es zu einer Erniedrigung der Blutzuckerkonzentration kommen kann und damit zur Auslösung von Hungergefühl. Abgesehen von der hierdurch bedingten Gewichtszunahme wirkt sich die Blutzuckersenkung aus sportlicher Sicht ungünstig auf die Leistungsfähigkeit aus.

Alkoholaufnahme und -abbau   Alkohol wird im Magen-Darm-Kanal sehr rasch resorbiert, besonders bei hohen Alkoholkonzentrationen und beim Trinken auf leeren Magen. Anschließend verteilt sich der aufgenommene Alkohol gleichmäßig in den Körperflüssigkeiten und im Fettgewebe. 95 % der aufgenommenen Alkoholmenge werden anschließend mit einer konstanten und verhältnismäßig langsamen Geschwindigkeit abgebaut. Im Gegensatz zu einer Reihe landläufiger Meinungen kann die Ausscheidungsgeschwindigkeit weder durch körperliche Belastungen noch durch Sauna oder eine künstlich vermehrte Trinkmenge und damit erhöhte Harnproduktion gesteigert werden. Umgekehrt verlangsamen eine Reihe von Medikamenten die Abbaugeschwindigkeit (s. u.) Das Wissen um diesen langsameren Alkoholabbau ist für Autofahrer wie für Sportler gleichermaßen wichtig. Ein 70 kg schwerer Mann verbrennt beispielsweise innerhalb einer Stunde nur ca. 5 ml Alkohol. Der Abbau des Alkoholgehaltes einer Flasche Bier benötigt also mindestens 3 Stunden. Wer am Abend vorher sehr viel getrunken hat und hohe Promille-Werte erreicht, kann am nächsten Morgen noch beachtliche Alkoholkonzentrationen im Blut aufweisen, obwohl er sich wieder völlig „fit" fühlt.

Wenn es einmal zur Abhängigkeit gekommen ist, ist es sehr schwer, von dieser Sucht wieder loszukommen. Eine unterstützende Therapiemöglichkeit könnte hier körperliche Belastung sein. Sport im Rahmen der Rehabilitation von Alkoholikern wird bisher noch viel zu selten eingesetzt.

Konsequenzen für Training und Wettkampf

Alkohol und Sport sind unvereinbar. In den meisten Sportarten verschlechtert Alkohol die Leistungsfähigkeit durch seine blutzuckersenkende Wirkung und durch den negativen Einfluß auf das Koordinationsvermögen. Aufgrund der langsamen Abbaugeschwindigkeit sollte man an einem Tag, an dem Wettkämpfe ausgeführt werden, auf jede Form von Alkohol — auch in niedrigen Konzentrationen, beispielsweise in Form von Bier — verzichten.

Umgekehrt wirkt sich Alkohol zumindest in kleinen Mengen in einer Reihe vorwiegend koordinativ bestimmter Sportarten leistungssteigernd aus. Im Schießen und modernen Fünfkampf wurde deshalb Alkohol auf die Dopingliste gesetzt. Unabhängig von der leistungssteigernden Wirkung ist auch aus ärztlichen Gründen die Alkoholeinnahme zu Zwecken der Leistungssteigerung unvertretbar. Hierin kann leicht der Beginn einer Alkoholabhängigkeit liegen. Darüber hinaus ist auch im Einzelfall die Grenze zwischen Verbesserung und Verschlechterung der Koordination mit Einschränkung des Sehvermögens, der Bewegungsgenauigkeit und des Gleichgewichtsgefühls nur sehr schwer zu ziehen.

Medikamente und Alkohol

Alkohol und eine Reihe von Medikamenten können sich in ihrer Wirkung gegenseitig beeinflussen. Die beruhigende Wirkung des Alkohols verstärkt beispielsweise den Effekt von Beruhigungsmitteln, Schlafmitteln und die schmerzstillende Wirkung von Opiaten. Hierdurch entsteht das Risiko von Überdosierungen und Vergiftungserscheinungen bis hin zu Todesfällen durch Atemlähmung. Auch die gefäßerweiternde Wirkung des Alkohols kann den Effekt entsprechender Medikamente steigern. Dies kann bei gefäßerweiternden Medikamenten, die zur Blutdrucksenkung oder bei Gefäßerkrankungen verordnet werden, zu Ohnmachtszuständen führen. Die blutzuckersenkende Wirkung des Alkohols verstärkt den Effekt von Medikamenten, die in der Diabetesbehandlung eingesetzt werden, also Insulin und blutzuckersenkende Tabletten. Auch hier können Ohnmachtszustände in Folge einer Unterzuckerung auftreten. Die schleimhautreizende Wirkung des Alkohols im Bereich des Magen-Darm-Kanals kann entsprechende Nebenwirkungen einer Reihe von Medikamenten, speziell von Schmerzmitteln und entzündungshemmenden Medikamenten, verstärken (s. S. 232 ff.).

Alkohol kann ferner auf Resorption und Abbau von Medikamenten Einfluß nehmen und damit ihre Wirkung verändern. Er erhöht beispielsweise die Resorptionsgeschwindigkeit bei zahlreichen Beruhigungsmitteln und verstärkt damit ihre Wirkung. Auch die Abbaugeschwindigkeit zahlreicher Medikamente in der Leber wird durch den hemmenden Einfluß des Alkohols auf die Leberfunktion verzögert. Hierdurch wird die medikamentöse Wirkung verstärkt. Umgekehrt kann chronischer Alkoholmißbrauch die Fähigkeit der Leber, bestimmte Medikamente abzubauen, verstärken, so daß dann größere Dosen zur Erzielung des gewünschten therapeutischen Effektes notwendig werden. Bei der Leberzirrhose (Schrumpfleber) wirken andererseits wiederum zahlreiche Arzneimittel nur verzögert. Es besteht hier häufig eine erhöhte Medikamentenempfindlichkeit.

Rückwirkung von Medikamenten auf den Alkoholabbau

Zahlreiche Medikamente hemmen ihrerseits den Alkoholabbau in der Leber. Das bekannteste dieser Art ist Antabus, das in der Behandlung des chronischen Alkoholismus zur Anwendung kommt. Durch die Hemmung des Alkoholabbaus entstehen unter diesem Präparat Stoffwechselprodukte, die zu sehr unangenehmen Nebenwirkungen und damit zu Alkoholunverträglichkeit führen. Eine solche Behandlung kann selbstverständlich nur mit Einverständnis des Betroffenen durchgeführt werden.

Zu ähnlichen Nebenwirkungen kann es auch bei einer Reihe von anderen Präparaten kommen, nämlich unter Medikamenten, die zur Behandlung der Zuckerkrankheit eingesetzt werden, ferner bei zwei Präparaten, die in der Therapie von Pilzerkrankungen Anwendung finden (Griseofulvin und Metronidazol (s. S. 208, 187) und unter Chloramphenicol (Chloromycetin (s. S. 80).

Nikotin

Nikotin ist neben Alkohol das wichtigste Genußgift. Etwa die Hälfte unserer Bevölkerung raucht gewohnheitsmäßig, der Pro-Kopf-Verbrauch an Tabak liegt in der erwachsenen Bevölkerung bei 3 kg im Jahr. Tabak kommt in Form von Zigaretten, seltener auch als Schnupf- oder Kautabak zur Anwendung. Bei all diesen Formen wird Nikotin, beim Rauchen werden zusätzlich schädliche Teerprodukte und Kohlenmonoxid aufgenommen.

Nikotin wird in der Mundhöhle und über die Atemwege ins Blut resorbiert. Es hat eine starke stimulierende Wirkung auf das autonome Nervensystem (s. S. 353 ff.). Dieser stimulierende Effekt erklärt sich durch die vermehrte Freisetzung der sogenannten Streßhormone Adrenalin und Noradrenalin, die die Herzfrequenz steigern und die Blutgefäße verengen. Hierdurch wird das Leistungsvermögen negativ beeinflußt, es besteht ferner die Gefahr einer Entwicklung von Gefäßerkrankungen am Herzen (Herzinfarkt), Hochdruck und Durchblutungsstörungen im Bereich der Arme und Beine. Die Nikotinwirkung hält einige Stunden an. Beim Schnupfen werden wesentlich größere Nikotinmengen aufgenommen als beim Rauchen. Der Zigarrenraucher nimmt das Nikotin über die Mundschleimhaut auf, während beim Zigarettenrauchen im allgemeinen inhaliert wird. Der Rauch muß also erst in die Lunge gelangen, damit das Nikotin aufgenommen werden kann. Dieser Unterschied erklärt sich in der Verschiedenheit des Säuregrades von Zigarren- und Zigarettenrauch.

Kohlenmonoxid

Kohlenmonoxid entsteht bei der Verbrennung von Tabak. Es wird schlecht durch die Mundschleimhaut aufgenommen. Voraussetzung für die Aufnahme in die Blutbahn ist also die Inhalation. Kohlenmonoxid bindet sich 300mal leichter an das Hämoglobin im Blut als Sauerstoff und blockiert dadurch einen Teil des Blutfarbstoffes für den Sauerstofftransport. Die maximale Sauerstoffaufnahme des Rauchers ist daher um bis zu 10 % erniedrigt, eine für Ausdauerleistungen entscheidende Beeinträchtigung. Aufgrund der Festigkeit der Bindung zwischen Hämoglobin und Kohlenmonoxid dauert es verhältnismäßig lange, bis dieses Gas wieder ausgeschieden ist. Möglicherweise kommt dem Kohlenmonoxid auch eine Bedeutung in der Entstehung der Gefäßverkalkung (Arteriosklerose) zu.

Teerprodukte

Im Tabakrauch wurden bis zu 2000 unterschiedliche Substanzen nachgewiesen, die bei der Verbrennung gebildet werden. Besonders zu erwähnen sind darunter das sogenannte Akrolein und die freien Radikale. Diese Substanzen wirken schleimhautreizend auf die Atemwege. Sie stimulieren eine verstärkte Schleimproduktion, es kommt zu Husten und zur Entwicklung einer chronischen Bronchitis (s. S. 107 f.). Die Ursache hierfür ist in der Praxis immer nur das Zigarettenrauchen. Der normale Abtransport von Schleim aus den Atemwegen, der sogenannte mukoziliäre Transport, wird gehemmt, teils durch die Zerstörung der Flimmerhaare der Atemschleimhaut, teils durch die Erhöhung der Konsistenz, d. h. durch die Verfestigung des Schleims der Atemwege. Die Schleimproduktion steigt an. All dies führt zur Ausbildung des bekannten Raucherhustens, der letztlich den Versuch darstellt, diesen zähen Schleim abzutransportieren. Paradoxerweise verbessert im allgemeinen die erste Morgenzigarette das Abhusten des nächtlich angesammelten Schleims. Dies beruht möglicherweise darauf, daß die Zigarette die Bildung eines weniger zähen Schleims stimuliert.

Nach langer Zeit, im allgemeinen erst nach mehr als 25 Jahren, können dann die Veränderungen der Atemwegsschleimhaut in Lungenkrebs enden. Zigarettenraucher stellen den Großteil der Patienten, die an Lungenkrebs erkranken.

Zigaretten-rauchen Der Zigarettenraucher setzt sich allen drei bisher genannten Schädigungsmöglichkeiten aus, nämlich Nikotin, Kohlenmonoxid und Teerprodukten. Zusätzlich werden bei ihm Geschmacks- und Geruchssinn verschlechtert, der Appetit nimmt ab. Auch Harnblasenkrebs findet sich beim Raucher häufiger. Besonders gefährlich ist Rauchen in der Schwangerschaft, da es hierdurch auch zu einer Schädigung des werdenden Kindes kommen kann. Auch durch das Rauchen von Filterzigaretten oder sogenannten Leichtzigaretten mit vermindertem Nikotingehalt erniedrigt der Raucher seine gesundheitliche Gefährdung nicht nennenswert.

Zigarren- und Pfeifenrauchen Der Zigarren- bzw. Pfeifenraucher geht kein erhöhtes Risiko hinsichtlich Lungenkrebs und chronischer Atemwegsentzündungen ein, solange er nicht inhaliert, was eigentlich nur diejenigen Zigarren- und Pfeifenraucher tun, die früher Zigaretten geraucht haben. Die Wirkungen bzw. Nebenwirkungen des Nikotins sind aber letztlich die gleichen wie beim Zigarettenrauchen.

Kautabak Der Genuß von Kautabak ist auch im Sport weit verbreitet, allerdings in Deutschland bisher weniger als im Ausland. Beim Kauen werden relativ schneller größere Mengen an Nikotin ins Blut aufgenommen als beim Rauchen. Die negativen Kreislaufwirkungen sind daher stärker ausgeprägt als beim Zigarettenrauchen, die körperliche Leistungsfähigkeit kann bis zu 3—4% abnehmen. Kautabak bewirkt eine starke Reizung der Mund- und Nasenschleimhäute, es kommt auf die Dauer zu Zellveränderungen mit der Gefahr von Krebsbildung. Durch die Reizung von Zahnfleisch und Zahnhälsen lockern sich die Zähne. Das Kauen stellt darüber hinaus nicht zuletzt auch ein hygienisches Problem dar.

Passivrauchen Unter Passivrauchen versteht man die Einatmung von rauchhaltiger Luft durch nichtrauchende Personen. Der Aufenthalt von einer Stunde in einem rauchgeschwängerten Raum entspricht den Wirkungen bzw. negativen Nebenwirkungen, die der Genuß einer Zigarette mit sich bringt. Besonders anfällig für Beschwerden als Folge von Passivrauchen sind Menschen mit erhöhter Empfindlichkeit der Atemwege bzw. mit Asthma bronchiale. Kinder, die häufig dem Passivrauchen ausgesetzt sind, haben öfters Atemwegsinfektionen als andere.

Sämtliche Formen des Tabakgenusses wirken sich negativ auf die körperliche Leistungsfähigkeit aus. Am deutlichsten ist dies beim Zigarettenrauchen, hier nimmt die maximale Leistungsfähigkeit bis zu 10% ab. Die Nikotinwirkung hält einige Stunden an, die Kohlenmonoxidwirkung einige Tage und die Reizwirkung auf Schleimhäute und schleimbildenden Drüsen der Atemwege bis zu einigen Monaten.

Sportler sollten weder aktiv rauchen noch sich Passivrauchen aussetzen. Das Rauchen in Sportstätten sollte grundsätzlich verboten sein. Es soll darauf hingewiesen werden, daß auch das Tabakkauen keine Alternative darstellt, da auch hierdurch die Leistungsfähigkeit eingeschränkt wird. Besonders bedauerlich ist es, wenn Leistungssportler, die eigentlich ein gesundheitliches Vorbild für Kinder und Jugendliche sein sollten, in der Öffentlichkeit rauchen.

Rauschgifte

Unter Rauschgiften versteht man eine Gruppe von Substanzen, die Sucht erzeugen und auf die Dauer zu einem Persönlichkeitsabbau führen. Hierzu gehören Marihuana, Haschisch, Kokain, Amphetamine, LSD, Morphium und Heroin. Zentralstimulierende Mittel aus dieser Gruppe wie Amphetamine oder Kokain können vorübergehend, aber nur sehr kurzfristig zur Leistungssteigerung führen. Haschisch, Marihuana, Morphium, Heroin und LSD verschlechtern dagegen stets das Leistungsvermögen. Wegen ihrer suchterzeugenden Wirkung führen diese Mittel rasch ins soziale Abseits. Morphium und Heroin stehen darüber hinaus auf der Dopingliste (s. S. 348).

32 Wirkung und Nebenwirkung von Medikamenten

Arzneimittelinteraktionen

Unter Arzneimittelinteraktionen versteht man die wechselseitige Beeinflussung zwischen verschiedenen Medikamenten hinsichtlich ihrer Wirkungen und Nebenwirkungen.

Solche Interaktionen können beispielsweise die Resorption von Medikamenten im Magen-Darm-Kanal betreffen. So kann die Resorption von Tetrazyklinen, die zu den Antibiotika gehören (s. S. 80) durch die gleichzeitige Einnahme von Eisentabletten verschlechtert werden.

Eine Reihe von Medikamenten bewirken den rascheren Abbau anderer Medikamente durch Leberenzyme. Solche Wechselwirkungen bestehen zwischen folgenden Medikamenten:

— Barbituraten (Schlafmittel mit beruhigender Wirkung, die auch in der Epilepsiebehandlung Anwendung finden),
— Carbamazepin (ein Mittel zur Behandlung der Epilepsie),
— Rifampicin (ein Antibiotikum zur Tuberkulosebehandlung),
— Phenytoin (ein Medikament zur Behandlung von Epilepsie und Herzrhythmusstörungen,
— Dicumarolen (Medikamente zur Hemmung der Blutgerinnung).

Alle diese Präparate müssen in höherer Dosierung verordnet werden als üblich, falls eines der anderen genannten Medikamente gleichzeitig eingenommen wird.

In anderen Fällen konkurrieren Medikamente um die für ihren Abbau zuständigen Enzyme. In solchen Fällen hemmen sie sich in ihrem gegenseitigen Abbau, die beispielsweise, wenn Phenytoin oder Dicumarole gleichzeitig mit Cimetidin verordnet werden, einem Präparat, das bei Magengeschwüren Anwendung findet. Solche Interaktionen der genannten Präparate können auch mit anderen Substanzgruppen stattfinden, allerdings ist die Wirkung selten so stark ausgeprägt, daß eine Dosisveränderung erforderlich wird. Eine ausführliche Darstellung dieser Interaktionen ist hier nicht möglich. Der Leser muß auf die spezielle pharmakologische Literatur verwiesen werden.

Medikamente und Schwangerschaft

Eine Reihe von Medikamenten können, besonders innerhalb der ersten drei Monate einer Schwangerschaft, zu Schäden der Leibesfrucht führen. Hierauf wurde die Öffentlichkeit in besonderem Maße durch die katastrophalen Schäden aufmerksam gemacht, die Anfang der 60er Jahre durch das Schlafmittel Talidomid (Contergan) hervorgerufen wurden. Vorher durchgeführte Tierversuche hatten Hinweise auf Fruchtschädigungen nicht erkennen lassen. Erst die Häufung entsprechender Fälle bei schwangeren Frauen, die Contergan eingenommen hatten, machten auf solche möglichen Zusammenhänge aufmerksam. Das Risiko embryonaler Schäden läßt sich durch Labor- und Tierversuche nie mit Sicherheit ausschließen. Sie werden meist erst durch längerfristige klinische Beobachtungen erkannt. Es ist daher ärztlich nicht zu verantworten, schwangeren Frauen neu entwickelte Medikamente zu verordnen, solange auch der geringste Verdacht auf mögliche Fruchtschäden nicht mit Sicherheit ausgeschlossen werden kann. Da dies grundsätzlich für alle neu in den Handel kommenden Medikamente gilt, sollten sie bei Schwangeren keine Anwendung finden. Auch hierzu wird im einzelnen auf die spezielle pharmakologische Literatur verwiesen.

Medikamente und Alkohol

Zahlreiche Medikamente und Alkohol verstärken sich in ihrer Wirkung gegenseitig (s. S. 223 f.). Als Beispiel seien die Benzodiazepine genannt (z. B. Valium, Adumbran, Rohypnol, Praxiten, Tavor und viele andere), die als Beruhigungs- und Schlafmittel Einsatz finden; ferner Medikamente zur Behandlung psychischer Erkrankungen sowie schmerzstillende Medikamente vom Morphintyp (s. S. 237 f.). Wer solche Medikamente einnimmt, sollte keinen Alkohol trinken.

Medikamente und Fahrtüchtigkeit

Zahlreiche Medikamente können zu Müdigkeit und herabgesetztem Reaktionsvermögen führen. Unter Einwirkung solcher Medikamente sollte man sich nicht ans Steuer setzen. Genannt seien hier Schlafmittel, Beruhigungsmittel, eine Reihe starker Schmerzmittel sowie manche Medikamente gegen Allergien und Reisekrankheit (Antihistaminika). Entsprechende Hinweise werden jeweils auf den Beipackzetteln der Präparate gegeben.

Die Auswirkungen auf das Reaktionsvermögen sind individuell sehr unterschiedlich, oft verliert sich auch diese Nebenwirkung bei längerfristiger Behandlung. Besonders zu Beginn einer Behandlungsperiode ist also Vorsicht angezeigt. Keinesfalls in jedem Einzelfall müssen allerdings entsprechende Medikamente das Autofahren unmöglich machen. Oft ist es nicht die Tablette, sondern die zugrundeliegende Erkrankung, die das Risiko darstellt. Bei zahlreichen Krankheiten ermöglicht es erst die medikamentöse Behandlung, dem Patienten Autofahren wieder zu erlauben, etwa bei Epilepsie oder bei psychischen Erkrankungen.

Im Einzelfall sollte man also die Problematik, ob Autofahren unter der Einwirkung bestimmter Präparate möglich ist oder nicht, mit dem Arzt besprechen.

Nebenwirkungen von Arzneimitteln

Alle Substanzen, denen eine pharmakologische Wirkung zukommt, die also in Körperfunktionen eingreifen, können neben den erwünschten Wirkungen auch unerwünschte Nebenwirkungen aufweisen. Ihr Schweregrad variiert für verschiedene Medikamente sehr stark. Bei der Zulassung eines Medikaments muß zwischen erwünschten und unerwünschten Wirkungen abgewogen werden. Bei Präparaten, denen bei lebensbedrohlichen Erkrankungen eine positive Wirkung zukommt, wird man schwerere Nebenwirkungen in Kauf nehmen als bei Arzneimitteln, die bei weniger ernsthaften Krankheitszuständen Anwendung finden. Zahlreiche Medikamente können darüber hinaus allergische oder immunologische Reaktionen auslösen. Auch diese Nebenwirkungen sind für verschiedene Präparate sehr unterschiedlich ausgeprägt.

Anmeldung von Arzneimitteln Die Zulassung eines neuen Medikamentes kann nur durch das Bundesgesundheitsamt (BGA) erfolgen. Dieses überprüft Wirkungen und Nebenwirkungen. Es verfolgt darüber hinaus die im Handel befindlichen Präparate und sammelt Berichte über mögliche Nebenwirkungen. Nach geltendem Recht sind sämtliche Ärzte und Zahnärzte verpflichtet, schwere und insbesondere bisher nicht bekannte Nebenwirkungen und selbstverständlich alle Todesfälle, die einem Medikament angelastet werden, zu melden. Unter schweren Nebenwirkungen sind solche zu verstehen, die den Allgemeinzustand des Patienten erheblich beeinträchtigen, den Krankheitsverlauf erschweren und die Dauer der Erkrankung verlängern.

Selbstverständlich wird die Kenntnis über solche Nebenwirkungen um so größer sein, je mehr sie gemeldet werden.

33 Beurteilung der Wirksamkeit von Medikamenten und Behandlungsmethoden

Die Zulassung eines Medikaments erfordert neuerdings auch den Nachweis seiner Wirksamkeit gegen bestimmte Erkrankungen oder Symptome durch einen fest vorgeschriebenen Untersuchungsgang. Es ist zu fordern, daß auch die zahlreichen Vitaminpräparate und Mineralstoffe sowie Ernährungsverfahren, die im Sport zur Anwendung kommen, einem solchen Prüfungsverfahren unterworfen werden. Nur so könnte die Wirksamkeit dieser Verfahren effektiv nachgewiesen werden.

Die Begründung für eine solche Forderung ergibt sich aus der Tatsache, daß zahlreiche Faktoren auf den Ablauf einer Erkrankung Einfluß nehmen. Ähnlich können sich die verschiedensten Faktoren und Behandlungsverfahren sich auf die Leistungsfähigkeit des Sportlers auswirken. Wenn bei einem Athleten unter dem Einfluß eines bestimmten Medikaments, einer Ernährungs- oder Trainingsform eine Leistungssteigerung eintritt, so ist zunächst nie mit Sicherheit zu sagen, ob dieser Effekt nicht möglicherweise durch ganz andere Faktoren hervorgerufen wurde. Im folgenden sollen die wichtigsten dieser möglichen Einflußgrößen erörtert werden.

Placeboeffekte — Unter Placebotabletten (lateinisch: placebo = ich werde gefallen) versteht man Scheinpräparate, die keine aktive Wirksubstanz enthalten, sondern eine suggestive Wirkung entfalten sollen. Es ist eine altbekannte Tatsache, daß die Wertigkeit von Krankheitssymptomen für den Betroffenen je nach dem Zuwendungsgrad aus der Umgebung relativiert wird. Viele wissenschaftliche Arbeiten haben den günstigen Wert von suggestiven Verfahren nachgewiesen. Ein Placebo kann durchaus wirksam werden, wenn es vom Empfänger als Ausdruck von Zuwendung verstanden wird. Hierfür gibt es durchaus physiologische Korrelate. Ein suggestives Verfahren bzw. Placebos können nachweisbar biochemische Prozesse in Gang setzen, die Wirkungen hervorrufen, wie sie ähnlich auch von Medikamenten erzielt werden können. Die Wirkung eines Placebos wird umso ausgeprägter sein, je größer das Zutrauen in dieses Behandlungsverfahren ist. Die Ansprechbarkeit auf suggestive Verfahren ist individuell sehr unterschiedlich. Ein genaues psychologisches Profil, das diese Bereitschaft charakterisieren könnte, wurde bisher aber noch nicht erarbeitet. Der Arzt, der bei seinem Patienten ein neues Behandlungsprinzip einführen will, wird umso mehr Erfolg haben, je mehr er ihm klar macht, daß er hiervon Heilung erwarten kann. Mit dem gleichen Effekt arbeitet ein Trainer, der seinen Sportler auf eine neue Trainingsmethode umstellt und in ihm die Erwartung auf Leistungssteigerung weckt. Will man umgekehrt den objektiven Wert eines neuen Behandlungs- oder Trainingsverfahrens nachweisen, unabhängig von der Placebowirkung, so muß diese neutralisiert werden.

— Der Erfolg bestimmter Behandlungsverfahren, ebenso der Krankheitsverlauf wird zu einem erheblichen Grad von individuellen Faktoren wie Alter, Geschlecht und Körperkonstitution bestimmt. Das Gleiche gilt ebenso für den Erfolg von Trainingsmaßnahmen. Auch die Art der Lebensführung sowie Umweltfaktoren können aus dieser Sicht bedeutsam sein.

— Krankheitsverläufe können ebenso wie sportliche Leistungskurven erhebliche Spontanschwankungen aufweisen. Auch dies muß berücksichtigt werden, wenn der Effekt von Medikamenten, Ernährungszusätzen oder Trainingsmaßnahmen beurteilt werden soll.

Wissenschaftliche Durchführung von placebokontrollierten Untersuchungen
Wenn die Beurteilung eines neuen Behandlungs- oder Trainingsverfahrens wissenschaftlich exakt erfolgen soll, müssen sämtliche der oben genannten möglichen Einflußfaktoren unter Kontrolle gehalten werden. Dies erreicht man nur dadurch, daß man in kontrollierten Studien zwei hinreichend große, gut definierte und gleichwertige Gruppen gegenüberstellt und über den gleichen Zeitraum hinweg beobachtet. Die eine dieser Gruppe wird dabei dem neuen Verfahren unterzogen, die andere nicht. Es muß sichergestellt sein, daß die Anwendung des neuen Verfahrens der einzige Faktor ist, der beide Gruppen voneinander unterscheidet. Insbesondere eine mögliche Suggestionswirkung muß völlig ausgeschaltet werden.

Wenn es um den Nachweis der Wirksamkeit eines neuen Medikaments geht, so kann man eine mögliche Suggestionswirkung durch die Verabreichung von äußerlich zwar gleich aussehenden, aber wirkungslosen Tabletten, eben Placebos, an die Kontrollgruppe weitgehend ausschalten. Von einem Doppelblindversuch spricht man, wenn weder der Untersuchungsleiter noch die untersuchten Personen wissen, ob die Wirksubstanz oder ein Placebo verwendet wird. Auch nach der Durchführung solcher kontrollierten Studien ist es von großer Bedeutung, daß ein neues Präparat über eine genügend lange Zeit weiter beobachtet wird. Es ist eine inzwischen hinreichend gesicherte Erkenntnis, daß sich Nebenwirkungen oft erst nach jahrelanger Anwendung in der Praxis bemerkbar machen.

Die Bedeutung des Placebos im Sport

In den letzten Jahren werden in wachsender Zahl „Wunderpräparate", oft auf natürlicher Basis, und Ernährungszusätze auf den Markt des Sports gebracht. Dem Athleten wird suggeriert, daß er ohne die Hilfe solcher Präparate keine Spitzenleistungen erbringen könne. Die Werbung für diese Verfahren wird mit quasi-wissenschaftlichen Argumenten geführt, die für den Sportler ungeheuer verführerisch klingen und schwer durchschaubar sind. Wer nicht über spezielle Ausbildung und Erfahrung in der Durchführung wissenschaftlich kontrollierter Studien verfügt, wird in der Regel nicht erkennen können, daß alle sogenannten Beweise für die Wirksamkeit der angepriesenen Verfahren letztlich genausogut mit Suggestion erklärbar sind. Kontrollierte Studien, die den Wert der angepriesenen Wundermittel wissenschaftlich belegen würden, sind praktisch nie verfügbar.

Auch die Tatsache, daß solche Verfahren selbst in erfolgreichen Nationalmannschaften großer Sportnationen Anwendung finden und daß bekannte Sportler ihren Namen für die Werbung zur Verfügung stellen, ist kein Beweis, sondern letztlich nur eine Meinungsäußerung. Oft handeln diese Sportler tatsächlich in gutem Glauben. Gerade in den erfolgreichen Sportnationen wird sehr viel investiert, um jugendliche Talente für bestimmte Sportarten herauszufinden. Nach systematischem Trainingsaufbau erreichen diese Jugendlichen Spitzenleistungen. Wenn der Zeitpunkt des Erfolgs sich dann mehr oder minder zufällig mit der Anwendung eines solchen Verfahrens deckt, so ist der Sportler natürlich häufig von dessen Wirksamkeit überzeugt, obwohl der Erfolg letztlich nur auf Talent und Training zurückzuführen war.

Leider stellen sich aber auch sehr viele Trainer und Spitzensportler aus finanziellem Interesse für gewissenlose Werbezwecke zur Verfügung. Mit dem Verkauf von teuren Zusatzernährungen an Sportler wird sehr viel Geld gemacht, obwohl auch die Bedürfnisse des Athleten an Proteinen, Mineralstoffen und Vitaminen in der Praxis durch eine hinreichend zusammengesetzte normale Kost mehr als ausreichend gedeckt werden könnten. Das immer wieder vorgebrachte Argument, das menschliche Leistungsvermögen könne durch einen Überschuß an Vitaminen, Mineralstoffen oder Proteinen gesteigert werden, ist schlichtweg falsch.

Naturheilmittel auf pflanzlicher Basis, Pflanzentees etc. haben seit jeher eine wichtige Stellung in der Behandlung von Krankheiten eingenommen. Viele dieser pflanzlichen Heilmittel haben eine nachweisbare Wirkung, sie sind wissenschaftlich untersucht und in den offiziellen Arzneimittelbestand aufgenommen worden. Etwa die Hälfte der heute auch vom Arzt verordneten Medikamente gehen auf solche Erfahrungen der Volksmedizin zurück. Darüber hinaus existiert eine große Anzahl pflanzlicher Produkte, denen ein gesundheitlicher Wert nachgesagt wird und die in Reformhäusern angeboten werden. Solche Mittel dürfen grundsätzlich nicht als Arzneimittel angeboten werden. Trotzdem werden sie gerade in der Regenbogenpresse immer wieder als Allheilmittel gegen alle möglichen Erkrankungen angepriesen. Hier ist große Vorsicht am Platz. Naturheilmittel haben bei leichteren Beschwerden durchaus ihre Berechtigung, Wunderheilungen dürfen allerdings von ihnen nicht erwartet werden.

Welche Wirkungen kommen Naturheilmitteln zu?

Die meisten Naturheilmittel stammen aus der Heilkunde früherer Zeiten. Soweit solche Medikamente nicht in den offiziellen Arzneimittelbestand übernommen wurden, haben sie sich als wirkungslos herausgestellt, oder sie wurden durch weit bessere Medikamente ersetzt. Für die allermeisten dieser Heilverfahren gilt, daß ihnen außer einem Placeboeffekt keine nachweisbare Wirkung zukommt (s. S. 330 ff.).

Wenn in der Werbung immer wieder Wirkungen solcher Naturheilmittel herausgestellt werden, so muß der Verbraucher wissen, daß im Gegensatz zu offiziellen Arzneimitteln eine solche Wirksamkeit weder bewiesen werden muß, noch durch das Bundesgesundheitsamt kontrolliert wird, wie dies für die offizielle Zulassung von Medikamenten Voraussetzung ist.

Mögliche Anwendung von Naturheilmitteln

Naturheilmittel stehen für die im folgenden genannten Anwendungsbereiche zur Verfügung. Dabei ist jedoch ganz eindeutig darauf hinzuweisen, daß für diese Bereiche auch sehr wirksame Medikamente vorhanden sind. Naturheilmittel sind oft bei leichteren Beschwerden ausreichend, die den Einsatz „schwerer Geschütze" nicht rechtfertigen. Oft käme man dann aber auch unter Vertrauen auf die Selbstheilungskräfte des Organismus ohne Medikamente aus. Wer sich allerdings bei ernsthaften Beschwerden mit Naturheilmitteln begnügt, greift dabei immer auf Verfahren zweiter Wahl zurück und geht dann möglicherweise ein unkontrollierbares gesundheitliches Risiko ein.

Im folgenden sind einige Präparategruppen und Beispiele für die Anwendung von Naturheilmitteln genannt:

Beispiele für die Anwendung von Naturheilmitteln

— Hustenmittel zur Schleimlösung und Hustendämpfung,
— Erkältungsmittel zur Abmilderung von „Grippe"-Symptomen,
— leichte Formen des Heuschnupfens,
— nervöse Herzbeschwerden,
— mäßig harntreibend wirksame Substanzen,
— Mittel zur Senkung geringgradig erhöhter Blutfettwerte,
— Halsentzündung,
— Aufstoßen,
— Darmverstopfung,
— leichtere Formen von Durchfall,

Gesundheitsgarten, Antwerpen 1533

- Normalisierung der Darmflora bei Antibiotikabehandlung,
- Verdauungsbeschwerden, Blähungen,
- Wetterfühligkeit,
- mäßig ausgeprägte äußere Hämorrhoiden,
- Lokalbehandlung von Krampfadern,
- Präparate zur Appetitsteigerung, beispielsweise Präparate zur Steigerung der Magensaftsekretion,
- Ernährungszusätze, einschließlich allgemein roborierender Präparate, meist bestehend aus Mineralstoffen und Vitaminen bei Mangelernährung,
- Präparate zur allgemeinen Steigerung der Leistungsfähigkeit,
- leicht beruhigend wirkende Präparate,
- leicht anregend wirksame Präparate,
- Kopfschmerzen,
- Muskelschmerzen,
- Zahnschmerzen,
- Beschwerden bei der Monatsregel,
- leichtere Formen der Migräne,
- Verschleißerscheinungen im Bewegungsapparat,
- leichtere Augenentzündungen,
- Schnupfen,
- Akne und Furunkel,
- Hautverletzungen,
- Verbrennungen mäßigen Ausmaßes,
- Lokaltherapeutika bei unkompliziert verlaufenden Insektenstichen.

Einige Beispiele für Naturheilmittel

Ginseng

Die Ginsengwurzel stellt ein in der chinesischen Volksmedizin weit verbreitetes Heilmittel dar. Man glaubt, daß diese Wurzel ein langes und glückliches Leben verleihe. Sie wird besonders bei älteren Menschen als Stärkungsmittel für Leib und Seele angewandt.

Die Ginsengwurzel stammt von der Pflanze *Panax ginseng*, die vor allem in China und Korea gezüchtet wird. Sie wächst nur sehr langsam, wird 2—3 cm dick und 10—20 cm lang und kann nach etwa 5 Jahren geerntet werden. Die Chinesen nennen sie *tu-ching*, d. h. Erdgeist, weil sie häufig in ihrer Form an einen Kobold erinnert. Je nach Gewinnungs- und Trocknungsmethode entsteht als Endprodukt die weiße oder rote Ginsengwurzel.

In den letzten Jahren hat man sich aus pharmakologischer Sicht der Ginsengwurzel näher gewidmet und eine Reihe verschiedener Inhaltsstoffe isolieren können, die sogenannten Ginsenoide, die zur Klasse der Saponine gehören.

Wirkungen Ein Hinweis für die Wirksamkeit des Ginsengs wird aus Tierversuchen abgeleitet. In einem von mehreren Untersuchern wiederholten Versuch konnte nachgewiesen werden, daß Ratten, die man nach der Injektion von Ginsenginhaltsstoffen in kaltem Wasser schwimmen läßt, länger überleben als Kontrolltiere ohne eine solche Medikation. Es ist allerdings überaus problematisch, diese Ergebnisse aus Tierversuchen auf den Menschen zu übertragen. Hinzu kommt, daß die in diesen Versuchen verabreichten Dosen die Mengen in den handelsüblichen Ginsengpräparaten um das Tausendfache übersteigen. Wenn

Wurzel der Ginsengpflanze (Panax ginseng)

überhaupt, so sind nur von solch hohen Dosierungen Effekte auf den menschlichen Organismus zu erwarten.

Es liegen auch zahlreiche Erfahrungsberichte über die Anwendung von Ginseng am Menschen vor, in denen über eine Verkürzung von Rekonvaleszenzphasen und über eine Steigerung des subjektiven Wohlbefindens berichtet wird. Diese Studien wurden aber bisher in keinem Fall durch Placebo kontrolliert durchgeführt. In der Werbung für Ginseng-Präparate wird besonders auch darauf verwiesen, daß angeblich das sportliche Leistungsvermögen erhöht werden könne. Als Beweis wird darauf verwiesen, daß die russische Nationalmannschaft bei den Olympischen Spielen Ginseng eingenommen haben soll.

Ein wissenschaftlicher Beleg für eine solche Leistungssteigerung wurde bisher nie erbracht, im Gegenteil, es erscheint mehr als wahrscheinlich, daß alle diese Erfahrungsberichte lediglich suggestive Effekte schildern. Trotzdem nehmen sehr viele Sportler Ginseng ein und geben hierfür unnötigerweise beträchtliches Geld aus.

Die russische Wurzel

Das große Interesse an der Ginsengwurzel, ihr hoher Preis und die Schwierigkeiten in der Züchtung haben in der Sowjetunion zu Bemühungen geführt, Ginseng durch einheimische Gewächse zu ersetzen. Nach der systematischen Untersuchung einer Reihe von Pflanzen, die ebenso wie Ginseng zur Familie der Efeugewächse gehören, kam man Ende der 50er Jahre auf eine Wurzel namens *Eleutherococcus senticosus*, die in Tierversuchen ähnliche Wirkungen aufwies wie Ginseng.

Eleutherococcus senticosus ist ein stacheliger Busch, der zwei bis fünf Meter hoch wird und in großen Gebieten Ostsibiriens, Chinas und Koreas zu finden ist. Seit 1964 wird in der Sowjetunion ein Wurzelextrakt als Heilmittel und Nahrungszusatz verkauft, der gegen praktisch alle Erkrankungen wirksam sein soll. Die Behauptung allerdings, daß diese sogenannte russische Wurzel ein alter Bestandteil der russischen Volksmedizin sein soll, ist falsch. Die traditionelle russische Medizin kannte diese Pflanze nicht.

Wirkungen   Natürlich wurde auch der Schwimmversuch mit den Ratten, auf den sich der Nachweis der Wirksamkeit von Ginseng stützt, mit der russischen Wurzel nachgemacht. Auch hier ließ sich die Widerstandsfähigkeit schwimmender Ratten und damit ihre Überlebensdauer erhöhen. Wie beim Ginseng geschah das aber auch wiederum in einer Dosis, die tausendmal stärker war als diejenige, die beim Menschen zur Anwendung kommt.

Es gibt eine große Zahl von Berichten über Erfolge der Anwendung von Präparaten aus der russischen Wurzel. Sie sind allerdings weniger von Wissenschaftlichkeit als von einer nicht zu übersehenden Tendenz zur Verkaufsförderung bestimmt. So wird behauptet, daß solche Präparate das Lernen erleichtern, die Rekonvaleszenzzeit bei Krankheiten verkürzen, gegen Virusinfektionen schützen, die Ausdauer und das Leistungsvermögen verbessern und ähnliches, alles Behauptungen ohne einen einzigen nachprüfbaren Beweis.

Trotz der großen Verbreitung dieser Präparate wissen wir über die russische Wurzel noch sehr wenig. Es erscheint überaus unwahrscheinlich, daß die immer wieder behauptete leistungssteigernde Wirkung einer ernsthaften wissenschaftlichen Nachprüfung standhalten kann.

Salben und Einreibemittel im Sport

Einreibemittel

Einreibemittel und Massageöle gehören offensichtlich unverzichtbar zur sportlichen Szene. Der typische Geruch solcher Einreibemittel durchzieht sämtliche Umkleideräume dieser Welt. Eine ungeheure Fülle von wohlriechenden, wärmenden und muskelerweichenden Einreibemittel, oft als wahre Wunderpräparate angepriesen, werden auf dem Markt des Sports angeboten. Die meisten dieser Präparate enthalten gefäßaktive Stoffe, die die Haut reizen, ihre Durchblutung steigern und dadurch ein Wärmegefühl hervorrufen. Das Blut wird dabei in die Haut umverteilt, auf Kosten der tieferliegenden Gewebe, speziell der Muskulatur. Die pharmakologische Scheinwirkung besteht darin, daß durch das Wärmegefühl in der Haut Schmerzgefühle in den tieferen Muskelschichten unterdrückt werden. Ihre Ursachen werden dadurch allerdings nicht beseitigt. Im allgemeinen enthalten solche Einreibe- und Massagemittel Salicylate, Nikotinsäure, spanischen Pfeffer und ätherische Öle wie Terpentin, Kampfer, Menthol etc. Viele dieser Stoffe sind nicht unbedenklich. Eine Reihe von ihnen können Allergien hervorrufen und sollten von Sportlern, die in dieser Richtung empfindlich sind, gemieden werden. Unter Einwirkung des spanischen Pfeffers kann es sogar zu Blasenbildungen kommen. Einreibemittel mit stärker hautreizenden Substanzen sollten nie in die Nähe von Augen oder Schleimhäuten gebracht werden. Manche der Präparate sind sogar gif-

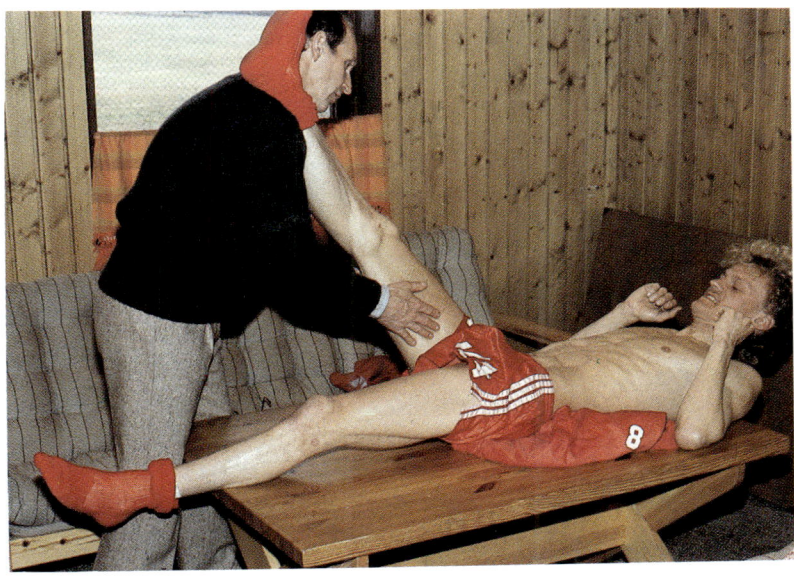

Paraffin- oder Speiseöl sind als Massageöle geeignet. *Photo: Joachim Flodin*

Tabelle 5:
Zusammensetzung ausgewählter Einreibemittel

Handelsname	Inhaltstoffe
Algesal	Salicylsäure
Bayolin	Salicylsäure, Nikotinsäure, Polysaccharidsulfosäure
Dolorgiet	Heparin, Nikotinsäure
Dolorsan	Kampfer, Terpentinöle, Ammoniumiodid
Forapin	Bienengift, Kampfer, Salicylsäure
Franzbranntwein	Menthol, Kampfer, Alkohol
Kytta-Fluid	Salicylsäure, Eukalyptus
Rubriment	Nikotinsäure, Salicylsäure, N-vallinylonanamid (eine hautreizende Substanz)

tig, wenn sie aus Versehen getrunken werden. Bei Verwechslung mit Sportgetränken kann es hier zu schweren Vergiftungen kommen.

Massageöle sollten keine hautreizenden Stoffe enthalten. Als Grundlage sind Paraffin oder Speiseöl geeignet. Einige Beispiele für Einreibemittel finden sich in Tabelle 5.

Außer den in Tabelle 5 genannten Präparaten gibt es eine Menge gleichwertiger Produkte. Es ist oft schwer erkennbar, welche Bestandteile sie beinhalten, daher wird die Beurteilung schwierig, ob die Produkte zu Allergien oder zu Reizungen führen.

Schmerzlindernde Salben

Eine Reihe von zur Schmerzstillung angewandten Salben enthalten örtliche Betäubungsmittel, vorzugsweise Xylocain, das auch in Form von Lösungen und Gelen auf dem Markt ist. Diese Präparate können zur örtlichen Schmerzbekämpfung auf Haut und Schleimhäute aufgebracht werden, auch vor Durchführung kleinerer chirurgischer Eingriffe.

36 Medikamente und sportliche Leistungsfähigkeit

Eine Vielzahl von Medikamenten können auch in üblicher therapeutischer Dosierung das körperliche Leistungsvermögen beeinflussen. Sie sollen im folgenden erörtert werden.

Medikamente zur Behandlung von Atemwegserkrankungen

Zahlreiche Medikamente, die als Hustenmittel zur Schleimlösung oder bei verstopfter Nase (Heuschnupfen) in Form von Tabletten oder Mixturen eingesetzt werden, enthalten Ephedrin (z. B. Antussan, Ipalat, Optipect, Makatussin, Bisolvomed, Ipesandrin, Priatan, Pro-Pecton und viele andere). Ephedrin kann zentral stimulieren und dadurch die Leistungsfähigkeit steigern (s. S. 342 f.). Es steht daher auf der Dopingliste. Umgekehrt können sich solche Präparate auch negativ auf die Leistungsfähigkeit auswirken, wenn sie zu Herzklopfen und Händezittern führen.

Der letztgenannte Gesichtspunkt gilt auch für die Gruppe von Medikamenten, die als adrenerge Beta$_2$-Rezeptorstimulanzien auf Seite 68 bei der Behandlung des Asthmas besprochen werden. Auch sie führen in hohen Dosierungen zu Herzklopfen und Zittern und beeinträchtigen in einer Reihe von koordinativ bestimmten Sportarten die erbrachte Leistung negativ.

Herz-Kreislauf-Medikamente

Von besonderem Interesse hinsichtlich ihrer Auswirkung auf die Leistungsfähigkeit sind unter den Herz-Kreislauf-Medikamenten die adrenergen Betarezeptorenblocker (s. S. 360 ff.). Sie finden vorzugsweise bei Hochdruck, nervösen Herzsymptomen, Herzrhythmusstörungen und bei Verkalkungen der Herzkranzgefäße (koronare Herzkrankheit) Anwendung. Betablocker setzen die maximale Herzleistung herab, sie schränken darüber hinaus die Energiefreisetzung im Herz- und Skelettmuskel ein und verschlechtern dadurch vorwiegend die Ausdauerleistungsfähigkeit (s. S. 134 ff.). Umgekehrt führen diese Substanzen in koordinativ bestimmten Sportarten wie Sportschießen oder Skispringen zu einer Leistungssteigerung, da sie nervöse Symptome wie Herzklopfen, psychische Erregung, Muskelzittern etc. vermindern. Zu den Betablockern gehören Medikamente wie Dociton, Tenormin, Visken oder Prent (s. auch Tab. 7, S. 362). Seit dem 31. 5. 1985 sind die Betablocker in der Dopingliste aufgeführt.

Harntreibende Medikamente (Diuretika = Saluretika s. S. 364 ff.) werden zur Behandlung von Bluthochdruck und Herzversagen (Herzinsuffizienz) eingesetzt. Bei einer Reihe dieser Präparate kann es zu einer Herabsetzung der Kaliumkonzentration im Körper und damit zu Muskelschwäche kommen. In diesem Fall sollte man zusätzlich Kalium in Tablettenform zu sich nehmen. Auch im Sport spielen Diuretika eine Rolle, da sie in Sportarten mit gewichtsabhängiger Klasseneinteilung wie Boxen, Gewichtheben etc. zur Verminderung des Körpergewichts benutzt werden. Um dies zu erreichen, sind verhältnismäßig hohe Dosierungen erforderlich, die mit dem erheblichen Risiko eines akuten Kaliumverlustes verbunden sind. Hier können eine Reihe schwerwiegender Nebenwirkungen eintreten: in leichteren Fällen nur Muskelkrämpfe und Leistungseinbrüche, in schweren Fällen Herzrhythmusstörungen bis hin zu Todesfällen. Auch das einfache Patentrezept, entsprechend Kalium als Ersatz zuzuführen, ist nicht unproblematisch, da auch zu hohe Kaliumkonzentrationen für das Herz gefährlich werden können.

Medikamente bei Magen-Darm-Krankheiten

Bei Magenschleimhautentzündungen, Magenkrämpfen oder Magengeschwüren werden häufig anticholinergisch wirksame Medikamente eingesetzt wie Atropin oder Buscopan (s. S. 358 f.). Diese Präparate rufen eine Reihe von Nebenwirkungen wie Trockenheit der Haut und Schleimhäute hervor, was durch die Austrocknung der Augenbindehäute bei Kontaktlinsenträgern zu Problemen führen kann. Weiterhin wird durch diese Medikamente das Akkommodationsvermögen verschlechtert, d. h. die Fähigkeit des Auges, sich rasch auf Nah- bzw. Fernsehen einzustellen. Auch dies kann im Sport Probleme mit sich bringen.

Medikamente bei Augenerkrankungen

Auch in Form von Augentropfen lokal angewandte, anticholinergisch wirksame Stoffe, z. B. Atropin, Mydriaticum Roche oder Scopolamintropfen, verschlechtern das Akkommodationsvermögen. Diese Wirkung kann bis zu 14 Tagen nach Anwendung fortbestehen.

Beim grünen Star (Glaukom) werden Betarezeptorenblocker in Form von Augentropfen angewandt (s. S. 360 ff.). Auch hierdurch kann es zu einer Leistungseinschränkung kommen, da die Betablocker in die Blutbahn resorbiert werden.

Impfungen

Eine Reihe von Impfungen, wie beispielsweise gegen Gelbfieber, Masern oder Salmonelleninfektionen, können vorübergehend zu mäßigem Fieber und grippeähnlichen Symptomen führen und dadurch die Leistungsfähigkeit einschränken. Das gleiche gilt für tiefe intramuskuläre Injektionen, die Muskelschmerzen für mehrere Tage bewirken können, beispielsweise nach Wundstarrkrampfimpfung (Tetanol) oder nach als Infektionsschutz durchgeführter Injektion von Gammaglobulinen.

Beruhigungsmittel

Beruhigungsmittel werden im Sport gleichfalls gerne eingesetzt. Sie führen aber nicht nur zum Abbau nervöser Spannungen, sondern auch, wenngleich in individuell sehr unterschiedlichem Maße, zu Müdigkeit, Schlafbedürfnis und dadurch herabgesetzter Leistungsfähigkeit. Dies gilt besonders für die Benzodiazepine (z. B. Valium, Mogadan, Rohypnol, Adumbran, Praxiten, Tavor und viele andere). Ähnliches gilt für Medikamente, die gegen Depressionen (s. S. 277 f.) bzw. gegen psychische Erkrankungen eingesetzt werden, für Antihistaminika (s. S. 66 f.), Alkohol und Opiate (Morphin, Kodein, s. S. 237 f.). Es wurde bereits mehrfach darauf hingewiesen, daß Opiate auf der Dopingliste stehen.

37 Doping und Dopingmittel

Unter Doping versteht man den Versuch, die Leistungsfähigkeit eines Sportlers durch Medikamente bzw. durch die Einnahme auch von nicht als Medikamenten klassifizierten Substanzen auf unnatürlichem Wege oder in überhöhter Menge zu steigern.

Doping ist so alt, wie der Leistungssport selbst. Schon 300 Jahre vor Christi Geburt haben Athleten bei den olympischen Spielen des antiken Griechenlands versucht, sich zu dopen, beispielsweise durch die Einnahme von stimulierend wirksamen Pilzen. Mit der Geburt des modernen Hochleistungssports in der Mitte des vergangenen Jahrhunderts kehrte auch das Dopingproblem zurück. Schon in den 20er und 30er Jahren des 20. Jahrhunderts war Doping vor allem im Pferde- und Hundesport ein ernsthaftes Problem. In den letzten Jahrzehnten wurde mit der wachsenden Bedeutung des Hochleistungssports das Dopingproblem auch für den menschlichen Spitzenathleten immer größer. Bei den Olympischen Sommerspielen 1960 starb ein dänischer Radsportler während des Wettkampfs nach Einnahme von Ronicol, einem gefäßerweiternden Medikament. Es konnte allerdings nie genau geklärt werden, ob der Todesfall dem Medikament anzulasten oder auf Überwärmung bzw. Flüssigkeitsmangel zurückzuführen war. Von der medizinischen Kommission des Internationalen Olympischen Komitees (IOC) wurden daraufhin Dopingrichtlinien erstellt, die zwar nur für die Olympischen Spiele Geltung haben, die weitgehend aber auch von den internationalen Fachverbänden und ihren nationalen Unterorganisationen als richtungweisend anerkannt werden. Trotzdem gibt es letztlich nicht nur eine Dopingliste, sondern viele, da jeder Fachverband seine eigenen Bestimmungen besitzt. Dies macht die Sache zwar kompliziert, ist aber nicht völlig unberechtigt, da natürlich die speziellen Bedingungen von Land zu Land und von Sportart zu Sportart erheblich wechseln können. Einige Differenzen entstehen auch deshalb, weil hinsichtlich der Berechtigung, bestimmte Stoffe auf die Dopingliste zu setzen, begründete Meinungsunterschiede bestehen. Was im Augenblick als Doping betrachtet wird, ist definiert durch den Inhalt der jeweilig zuständigen Liste. Selbstverständlich ist diese Auflistung einer ständigen Überarbeitung und Veränderung unterworfen.

Auf der Dopingliste werden die Namen in Form ihrer internationalen chemischen Kurzbezeichnung (Generika) aufgeführt. Wenn ein bestimmtes Firmenpräparat nicht auf der Liste steht, so besagt das somit auf keinen Fall, daß es nicht den Dopingbestimmungen unterliegt. Alle Handelspräparate, die die aufgeführten Substanzen enthalten, fallen unter die Dopingvorschriften. Die Grenzen sind sogar insofern sehr weit gefaßt, als ausdrücklich auch „ähnliche Stoffe" als Doping bezeichnet werden, selbst dann, wenn sie nicht ausdrücklich auf der Liste stehen. Selbstverständlich handelt es sich dabei im medizinischen Sinn um Heilmittel, die gelegentlich bei dem einen oder anderen Sportler eine Indikation haben können. In diesem Fall kann eine Ausnahmeregelung selbst für Wettkämpfe beantragt und ausgesprochen werden.

Die in der Dopingliste aufgeführten Substanzen (Dopingliste S. 348) lassen sich in fünf Gruppen einteilen und zwar in zentralstimulierende Medikamente, adrenerg stimulierende Medikamente, sonstige

Medikamente mit Wirkung auf das zentrale Nervensystem, morphinähnliche schmerzstillende Medikamente und anabole Steroide.

Medikamente mit zentral stimulierender Wirkung

Medikamente mit zentral stimulierender Wirkung, sogenannte Amphetamine, wurden ursprünglich für den medizinischen Bereich entwikkelt, als Anregungsmittel, aber auch als Appetitzügler. Man mußte leider rasch die Erfahrung machen, daß hiermit leicht Mißbrauch getrieben wird. Unter Amphetaminen stellt sich eine gehobene Stimmungslage, ein Glücksgefühl (Euphorie), ein. Aus diesem Grunde werden leicht überhöhte Dosen eingenommen, es entwickelt sich Abhängigkeit. Amphetamine fallen daher heute unter das Betäubungsmittelgesetz. Als einzige medizinische Indikation besteht eigentlich nur noch die Anwendung bei der Narkolepsie, einem krankhaft gesteigerten Schlafbedürfnis.

Selbstverständlich hat die zentral wirksame Stimulation der Amphetamine rasch zu einem weit verbreiteten Einsatz im Sport geführt. Unter Amphetaminen wird das Ermüdungsgefühl außer Kraft gesetzt. Man benutzt sie daher gerne in anstrengenden Ausdauersportarten. Weiterhin steigern Amphetamine die Aggressivität, man setzt sie daher auch in Sportarten ein, in denen dies als Vorteil angesehen wird, beispielsweise in Kampfsportarten. In der Wirkung den Amphetaminen ähnlich und in die gleiche Gruppe einzuordnen ist das Kokain, das noch stärker euphorisierend wirkt als die Amphetamine und zu Halluzinationen führen kann. Die Suchtgefahr ist unter dem Kokain noch wesentlich größer als unter den Amphetaminen. Vor dem zunehmenden Mißbrauch von Kokain in Sportlerkreisen ist daher in besonderem Maße zu warnen.

Gesundheitliche Risiken   Das Ermüdungsgefühl stellt ein Warnsignal des Organismus dar. Wird es außer Kraft gesetzt, so kann dadurch die Grenze der zumutbaren Belastung überschritten werden. Amphetamine oder Kokain sind nicht selten der letzte, entscheidende Tropfen, der den Zusammenbruch des Organismus auslöst: den Kollaps beim Sport bis hin zum Todesfall. Eine Reihe spektakulärer Todesfälle von Athleten ist auf den Mißbrauch dieser Substanzen zurückzuführen, die deshalb zu Recht auf die Dopingliste gesetzt wurden.

Adrenerg stimulierende Medikamente

Adrenerg stimulierende Medikamente, auch als Sympathikomimetika oder selektiv beta$_2$-stimulierende Pharmaka (s. S. 349) bezeichnet, sind mit den körpereigenen „Streßhormonen" Adrenalin und Noradrenalin verwandt (s. S. 353 ff.) und ahmen deren Wirkung nach. Als wichtigste Vertreter sind Ephedrin und seine Derivate zu nennen. Sympathikomimetika wirken im Bereich des vegetativen Nervensystems, desjenigen Anteils des Nervensystems, der unserem Willen nicht unterworfen ist. Sie steigern in diesem Bereich die Wirkung des Sympathikus, also des Anteils des vegetativen Systems, das immer dann in Aktion tritt, wenn Konfliktsituationen drohen, wenn es gilt, den Körper abwehrbereit zu machen. Der Blutdruck steigt, das Herz pumpt mehr Blut, die Atemwege werden erweitert, um verstärkt Sauerstoff zu transportieren. Das Blut wird von den inneren Organen in die Skelettmuskulatur umgeleitet. Diese Wirkungen sind selbstverständlich auch für körperliche Belastung von Vorteil. Es muß allerdings ausdrücklich betont werden, daß die genannten Anpassungsreaktionen bereits durch die körpereigenen Streßhormone hinreichend ausgelöst werden. Durch Ephedrin und seine Derivate lassen sich zwar in Ruhe entsprechende Effekte bewirken, die normale Belastungsreaktion läßt sich dagegen in üblichen Dosierungen nicht verstärken. Um eine Leistungssteigerung zu erzielen, ist wahrscheinlich die Einnahme von so hohen Ephedrindosierungen erforderlich, daß eventuelle Vorteile durch ungünstige Nebenwirkungen mehr als ausgeglichen werden.

Die Leistungsfähigkeit des Gesunden kann durch Ephedrin nicht wesentlich gesteigert werden. Es ist daher überhaupt erstaunlich, daß es noch auf der Dopingliste auftaucht. Wahrscheinlich deshalb, weil sich dies inzwischen weitgehend herumgesprochen hat, wurden bei den Olympischen Spielen 1976 und 1980 ephedrinhaltige Präparate zugelassen, wenn dies medizinisch indiziert war. Seit 1984 ist grundsätzlich die Anwendung bei Olympischen Spielen erlaubt. Die ärztliche Indikation ergibt sich vor allem beim Asthma bronchiale. Die Belastbarkeit des Asthmatikers wird durch die Weitstellung der krankhaft eingeengten Bronchien erhöht. Ephedrin und seine Abkömmlinge finden sich ferner häufig in schleimhautabschwellenden und hustendämpfenden Medikamenten, worauf ausdrücklich hingewiesen werden sollte.

Gesundheitliche Risiken Sympathikomimetika führen, besonders in höheren Dosierungen, zu Herzklopfen, Unruhe, Zittern, Schlafstörungen und Blutdrucksteigerung, bei sehr hohen Dosierungen möglicherweise auch zu Schädigungen im Bereich der Herzmuskulatur.

Sonstige Medikamente mit Wirkung auf das zentrale Nervensystem

In den Dopinglisten tauchen nach wie vor noch eine Reihe von „antiken" Medikamenten auf, die heute im medizinischen Bereich keinerlei Bedeutung mehr haben und die auch als Dopingmittel nicht eingesetzt werden. Es handelt sich dabei beispielsweise um Strychnin, Niketamid oder Leptazol. Dies sind Medikamente, für die im Tierversuch eine stimulierende Wirkung auf Atmung und Kreislauf nachgewiesen wurde. Die erforderlichen Dosierungen waren dabei allerdings so hoch, daß sie bei den Versuchstieren lebensbedrohliche Krampfzustände auslösen konnten. Soweit solche Präparate früher beim Menschen eingesetzt wurden, wurden sie daher in Dosierungen verordnet, die wahrscheinlich auch mit Hinblick auf das Therapieziel völlig unwirksam blieben. Sie sind aus diesem Grunde heute aus unserem Arzneimittelschatz weitgehend verschwunden und haben auch als Dopingmittel kaum noch Bedeutung. Man sollte allerdings wissen, daß Strychnin in einigen rezeptfreien „Stärkungsmitteln" vorkommt. Athleten, die solche Präparate ohne dies zu wissen einnehmen, gehen das Risiko eines positiven Dopingnachweises ein.

Morphinabkömmlinge

Morphium und seine chemischen Verwandten (s. S. 237 f.) sind die stärksten Schmerzmittel, die dem Arzt zur Verfügung stehen. Sie sind daher unverzichtbar. Neben der Schmerzstillung wirken sie angstdämpfend und beruhigend. Gefährlich werden sie dadurch, daß sie auch die Stimmung anheben. Die Anwendung von Opiaten führt zu Glücksgefühl (Euphorie), das sehr leicht in Abhängigkeit und Sucht einmündet.

Die durch Opiate hervorgerufene Euphorie ist allerdings andersartig als beim Kokain oder den Amphetaminen. Der Morphiumsüchtige lebt in seiner eigenen Traumwelt eingeschlossen, er stumpft ab und wird inaktiv. Soweit Opiate im Leistungssport Anwendung finden, geschieht dies also nicht aus Gründen der Anhebung der Stimmungslage, sondern zur Beruhigung und Angstdämpfung bei Unruhezuständen sowie zur Schmerzstillung bei gesundheitlichen Schäden.

Gesundheitliche Risiken
Todesfälle durch Mißbrauch von Opiaten, besonders durch Heroin, sind häufig. Speziell gefährlich ist die Kombination von Alkohol und Morphinpräparaten. Hierdurch kann es zu Atemlähmungen kommen. Wegen ihrer stark suchterzeugenden Wirkung fallen die Opiate unter das Betäubungsmittelgesetz.

Mit dem Morphin verwandt ist auch das Kodein, ein Medikament, das sich in zahlreichen Hustenmitteln findet. Auch Kodein steht auf der Dopingliste. Sportler, die Husten haben, sollten also eventuell eingenommene Medikamente sorgfältig daraufhin kontrollieren, ob sie Kodein enthalten, um unnötige Dopingprobleme zu vermeiden.

Anabole Steroide

Im lebenden Organismus wird ständig Gewebe auf- und abgebaut. Gewebsaufbauende Vorgänge werden als anabol, abbauende als katabol bezeichnet. Diese Vorgänge werden hormonell gesteuert. Eine anabole Wirkung kommt zahlreichen Hormonen zu, speziell dem Wachstumshormon, dem Insulin sowie den männlichen Geschlechtshormonen (Androgene), in geringerem Grade auch dem weiblichen Geschlechtshormon Östrogen. Da man diese anabole Wirkung der männlichen Sexualhormone in der Medizin ausnutzen will, ohne gleichzeitig die vermännlichende (virilisierende) Eigenschaft des männlichen Sexualhormons Testosteron in Kauf nehmen zu müssen, hat man chemisch ähnliche Substanzen, sogenannte anabole Steroide entwickelt, bei denen die gewebsaufbauende Wirkung im Vordergrund steht. Ein Anabolikum, das völlig frei wäre von jeder virilisierenden Wirkung, steht bisher jedoch nicht zur Verfügung. Die Indikation zur Anwendung solcher anabolen Steroide ergibt sich in der Medizin bei stark katabolen Zuständen, beispielsweise bei Krebserkrankungen, bei erheblichen Gewebezerstörungen nach Verbrennungen oder auch bei der Rekonvaleszenz nach langwierigen Infektionserkrankungen. Dieser angestrebte therapeutische Effekt bei katabolen Zuständen ist bisher allerdings wissenschaftlich noch nicht bewiesen worden. In der Praxis ist es nicht möglich, bei stark abgemagerten Patienten durch solche Medikamente einen Eiweißaufbau zu erreichen. Aus diesem Grund werden Anabolika im medizinischen Bereich nur zum Eiweißaufbau kaum noch eingesetzt.

Dagegen haben Anabolika im sportlichen Bereich weite Verbreitung zur Steigerung der Muskelkraft gefunden. Auch hier muß allerdings festgestellt werden, daß der streng wissenschaftliche Beweis einer Muskelzunahme durch Anabolika bisher noch aussteht. Sportler tendieren zur Anwendung von Dosierungen, die weit über dem empfohlenen therapeutischen Bereich liegt. Hierdurch wird der Appetit gesteigert, es kommt zu Gewichtszunahme, die nicht unbedingt auf eine Zunahme der Muskelmasse zurückzuführen sein muß. Eine solche Zunahme der Muskelmasse kann darüber hinaus auch dadurch vorgetäuscht werden, daß in die Muskulatur vermehrt Flüssigkeit eingelagert wird. Trotzdem kann hierdurch ein Placeboeffekt entstehen. Durch das subjektive Gefühl einer erhöhten Muskelkraft werden Selbstvertrauen und Aggressivität gesteigert. Ein weiterer Ansatzpunkt für die Wirkung

Im Kraftsport wird Doping durchgeführt (auf keinen Fall soll der bekannte, auf der Abbildung dargestellte Athlet hierdurch mit Doping in Zusammenhang gebracht werden!). *Photo: Pressens bild/EPU*

der Anabolika besteht auch in ihrer Verbesserung der Widerstandsfähigkeit des Athleten gegenüber einem über lange Zeit durchgeführten Hochleistungstraining. Es ist bisher noch unklar, ob Anabolika die Leistungsfähigkeit direkt über eine Zunahme der Muskelmasse steigern oder indirekt dadurch, daß sie den Athleten in die Lage versetzen, länger und härter zu trainieren und dadurch mehr Muskulatur aufzubauen.

345

Trotz aller Diskussionen scheint es nach den bisherigen Erfahrungen wahrscheinlich, daß Anabolika in Sportarten, die vor allem auf Maximal- und Schnellkraft angewiesen sind, die Leistungsfähigkeit verbessern. Dies gilt speziell für Gewichtheben und Wurfdisziplinen. Aufgrund der geringeren Testosteronkonzentration von Frauen ist bei ihnen die Wirkung ausgeprägter als bei Männern. Theoretisch könnte man annehmen, daß Frauen, wenn sie frühzeitig beginnen und ausreichende Mengen von Anabolika einnehmen, die gleichen Leistungen erreichen könnten wie Männer.

Gesundheitliche Risiken Besonders problematisch ist die Einnahme von Anabolika bei kindlichen Sportlern, da es bei ihnen zu einer Schließung der Wachstumsfugen und damit zu einer vorzeitigen und irreversiblen Beendigung des Längenwachstums kommt. Bei Männern nimmt die Samenzellproduktion (Spermiogenese) ab, hierdurch entsteht die Gefahr einer Verminderung der Zeugungsfähigkeit. Bisher ist noch nicht genau bekannt, ob es sich dabei nur um einen vorübergehenden Prozeß handelt oder ob Dauerschädigungen eintreten können. Auf jeden Fall kann es nach langzeitiger Einnahme von Anabolika sehr lange dauern, bis die Samenzellproduktion wieder in Gang kommt. Auch Rückbildungsvorgänge an den Hoden wurden beschrieben. Bei Frauen treten unter der Einwirkung anaboler Substanzen Vermännlichungserscheinungen auf, die Stimme wird dunkel, das Haar wird dünn, ein Bart beginnt zu wachsen, die Klitoris vergrößert sich. Diese Vorgänge bilden sich nach Beendigung der Einnahme teilweise wieder zurück. Die Vergrößerung der Stimmbänder und damit die Tiefe der Stimme bleibt auf jeden Fall erhalten. Bei beiden Geschlechtern besteht die Gefahr der Leberschädigung mit Auftreten von Gelbsucht und anderen Lebererkrankungen. Auch psychische Nebenwirkungen, speziell gesteigerte Aggressivität, wurden beschrieben.

Von anderen Hormonen ist bekannt, daß eine langandauernde Behandlung auf die Dauer gesehen zu schweren Folgeschädigungen führen kann. Ähnliche Beobachtungen wurden bisher für Anabolika noch nicht bekannt. Auszuschließen sind sie jedoch nicht, besonders dann, wenn anabole Substanzen in hoher Dosierung zu Dopingzwecken über lange Zeit hinweg eingenommen werden.

> Zusammengefaßt ist die Einnahme von Anabolika also nicht nur sportlicher Betrug, sondern auch gesundheitlich gefährlich.

Sonstige Dopingverfahren

Das medizinische Komitee des IOC hat mit Wirkung vom 31.5. 1985 alle Betarezeptorenblocker (s. S. 360ff.) auf die Dopingliste gesetzt. Auch das sogenannte „Blutdoping" wurde verboten.

Wachstumshormon Außer den bisher bereits auf den Dopinglisten aufgeführten Substanzen werden im Sportbereich zahlreiche weitere Medikamente und Hormone zu Dopingzwecken mißbraucht. Am aktuellsten ist hier zur Zeit die Diskussion um die Anwendung des menschlichen Wachstumshormons, des HGH (= human growth hormon). Dieses Hormon verstärkt nicht nur das Längenwachstum, es greift auch in die Stoffwechselprozesse ein, verbessert die Kohlenhydrat- und Fettverbrennung und wirkt gewebsaufbauend, also anabol (s. o.). Es liegt daher nahe, HGH auch zur Steigerung der Leistungsfähigkeit und Muskelkraft einzusetzen. Bisher ist diese Diskussion allerdings mehr theoretischer Natur, praktische Erfahrungen liegen noch nicht vor. Der Grund hierfür liegt in dem aufwendigen Herstellungsverfahren, das einem Mißbrauch im Sportbereich bisher einen Riegel vorschiebt. HGH wird aus der Hirnanhangsdrüse (Hyophyse) von verstorbenen Menschen gewonnen. Zur Herstellung nur einer einzelnen Dosis sind die Hyophysen mehrerer Menschen erforderlich. HGH ist daher selten und teuer, seine Anwendung bleibt der Behandlung von Kindern mit Zwergwuchs vorbehalten. Es steht allerdings zu erwarten, daß durch die neue Gentechnologie über die sogenannten Hybrid-DNA in Zukunft Wachstumshormon in praktisch unbegrenzter Menge verfügbar sein wird. Leider wird es wohl dann auch im Sport im breiteren Rahmen zum Einsatz kommen und zu einem Dopingproblem werden.

HGH wirkt nicht nur beim Kind fördernd auf das Längenwachstum, es führt auch beim erwachsenen Menschen zu einer Gewebszunahme, und zwar vor allem im Bereich der vorspringenden Körperteile, wie Zunge, Unterkiefer oder Finger, und damit zum Krankheitsbild der Akromegalie. Der Sportler, der Wachstumshormon einsetzt, geht damit ein gesundheitliches Risiko ein. Sein Gebrauch ist ethisch nicht vertretbar, unter den heutigen Bedingungen schon deshalb nicht, weil damit wertvolles Wachstumshormon vergeudet wird, das an anderer Stelle dringend gebraucht würde. Der Sportler, der Wachstumshormon einnimmt, nimmt damit eine große Verantwortung auf sich, sowohl seiner eigenen Gesundheit als auch der Gesellschaft gegenüber. Es ist davon auszugehen, daß Wachstumshormon in Zukunft in die Liste der Dopingmittel aufgenommen werden wird.

Blutdoping

Die Diskussion um das sogenannte Blutdoping ist im Augenblick fast ebenso aktuell, wie die um den Mißbrauch des Wachstumshormons. Dieses Verfahren gründet sich auf wissenschaftliche physiologische Untersuchungen, in denen nachgewiesen wurde, daß sich hierdurch die maximale Sauerstoffaufnahme und damit die Leistungsfähigkeit, vor allem im Ausdauerbereich, um einige Prozent verbessern läßt. Das Verfahren wird wie folgt durchgeführt: dem Sportler werden 0,5 — 1 l Blut abgenommen, das in der Blutbank gelagert wird. Innerhalb von 3—4 Wochen wird dieser Blutverlust durch vermehrte Neubildung an roten Blutkörperchen in den blutbildenden Organen wieder regeneriert. Wird dem Sportler jetzt das vorher abgenommene Blut wieder zugeführt, verfügt er über einen Überschuß an sauerstofftransportierenden roten Blutkörperchen und damit über ein verbessertes Leistungsvermögen. Die Wirkung hält allerdings nur verhältnismäßig kurze Zeit an, da die überschüssigen roten Blutkörperchen im Organismus rasch abgebaut werden, Blutmenge und Konzentration an rotem Blutfarbstoff (Hämoglobinkonzentration) normalisieren sich wieder.

Betablocker

In einer Reihe von Sportarten, speziell Sportschießen und im modernen Fünfkampf, werden auch Betablocker als Dopingmittel klassifiziert. Besonders im Sportschießen ergibt sich hieraus eine besondere Problematik dadurch, daß in dieser Sportart Athleten teilweise auch trotz eines verhältnismäßig hohen Lebensalters noch in der Spitze erfolgreich sein können. Es ist daher gar nicht selten, daß Sportschützen an einer Herz-Kreislauf-Erkrankung wie einem hohen Blutdruck oder arteriosklerotischen Veränderungen der Herzkranzarterien (koronare Herzkrankheit) leiden, die speziell bei körperlich aktiven Patienten vorzugsweise mit Betablockern behandelt werden. Hier kann es zu Konflikten mit der Dopingregelung kommen. Man kann solchen Sportlern nur empfehlen, sich mit dem Arzt zu beraten, ob nicht andere gleichwertige Medikamente alternativ zur Verfügung stehen, oder, falls nicht, eine Ausnahmegenehmigung zu beantragen.

Haschich und Marihuana gehören zu den am weitesten verbreiteten Rauschgiften. Auch im Sport werden diese Rauschgifte benutzt. Es wird immer wieder berichtet, daß Sportler versuchen, hiermit ihre Leistungsfähigkeit zu steigern. Haschisch und Marihuana haben jedoch keinerlei Dopingeffekte, im Gegenteil, sie verschlechtern das Leistungsvermögen. Sie haben darüber hinaus eine Reihe schwerwiegender Nebenwirkungen, die mit dem Sport unvereinbar sind. Besonders gefährlich sind Haschisch und Marihuana als Einstiegsdrogen, die zum Mißbrauch weit gefährlicherer Substanzen wie Heroin führen. Der Gebrauch dieser beiden Rauschgifte ist in der Bundesrepublik Deutschland verboten.

Auch wenn es sich nicht leugnen läßt, daß im Sport gedopt wird, so sollte dieses Problem nicht überschätzt werden. Es sind nur verhältnismäßig wenige Athleten, die zu solchen Mitteln greifen. Dem Sport kommt hier eine wichtige Verantwortung zu. Jeder Sportler, Trainer und Funktionär sollte mit aller Entschiedenheit dem Mißbrauch von Medikamenten und Hormonen entgegentreten. Besonders wichtig ist es, Jugendliche dagegen zu schützen. Der Versuch, mit solchen Mitteln sportliche Spitzenleistungen zu erreichen, ist mit dem Geist und der Ethik des Sports nicht vereinbar.

Dopingnachweis

Der Dopingnachweis erfolgt durch die chemische Analyse von Urinproben. Die Abnahme und die Untersuchung unterliegt dabei genauen Regelungen. Die Auswertung im Labor erfolgt anonym. Jede abgenommene Urinprobe wird zunächst halbiert, wobei die eine Hälfte der Analyse zugeführt wird. Im Falle eines positiven Testresultates kann dann, wenn der Sportler die Medikamenteneinnahme bestreitet, die andere Hälfte erneut analysiert werden, um eine einwandfreie juristische Absicherung zu erreichen. Ein positiver Dopingausfall wird den Verbänden mitgeteilt, die nach ihrer Gesetzgebung dann entsprechende Sportstrafen aussprechen. Bezüglich derjenigen Medikamente, die zur Zeit als Dopingmittel klassifiziert sind, wird auf die Dopingliste auf S. 348 verwiesen.

Sport und Doping sind unvereinbar.

Dopingliste

Anmerkung der Übersetzer: Um auf dem neuesten Stand zu bleiben, wurde die von den Autoren gegebene Dopingliste durch die nachfolgende ersetzt. Sie wurde von Prof. Dr. Donike, Sekretär der Unterkommission Doping des Internationalen Olympischen Komitees (IOC) und gleichzeitig Bevollmächtigter des Bundesinstituts für Sportwissenschaften für Dopingfragen, zur Verfügung gestellt.

Dopingdefinition der Medizinischen Kommission des IOC für die Olympischen Winter- und Sommerspiele 1988 (Calgary, Seoul).

Liste der verbotenen Wirkstoffgruppen und Methoden

I   Verbotene Wirkstoffgruppen

A   Stimulanzien

B   Narkotika

I Verbotene Wirkstoffgruppe

A Stimulanzien, zum Beispiel:

- Amfepramon
- Amfetaminil
- Amiphenazol
- Amphetamin
- Benzphetamin
- Cathin
- Chlorphentermin
- Clobenzorex
- Clorprenalin
- Cropropamid*
- Crotethamid*
- Dimetamfetamin
- Ephedrin
- Etafedrin
- Etamivan
- Etilamfetamin
- Fencamfamin
- Fenetyllin
- Fenproporex
- Furfenorex

- Koffein**
- Kokain
- Mefenorex
- Methamphetamin
- Methoxyphenamin
- Methylephedrin
- Methylphenidat
- Morazon
- Niketamid
- Pemolin
- Pentetrazol
- Phendimetrazin
- Phentermin
- Phenylpropanolamin
- Pipradol
- Prolintan
- Propylhexedrin
- Pyrovaleron
- Strychnin

und verwandte Verbindungen.

* Bestandteile von Micoren-R.
** Ein positiver Dopingfall mit Koffein liegt vor, wenn die Koffeinkonzentration im Urin 12 Mikrogramm/ml übersteigt.

Zur Frage der Verwendung von β-Agonisten
Die Auswahl der Medikamente für die Behandlung von Asthma und Erkrankungen der Atemwege hat viele Probleme aufgeworfen. Noch vor einigen Jahren wurden Ephedrin und seine nahe verwandten Verbindungen fast ausnahmslos angewendet. Sie unterliegen aber dem Dopingverbot, da sie zu der Gruppe der „sympathomimetischen Amine" gehören und somit als Stimulanzien zu betrachten sind.

Folgende Wirkstoffe, die pharmakologisch als β-Agonisten zu bezeichnen sind, stellen heute die Mittel der Wahl dar und können als Aerosol verwendet werden:
- Bitolterol
- Orciprenalin
- Rimiterol
- Salbutamol
- Terbutalin.

B Narkotika, zum Beispiel:

- Alphaprodin
- Anileridin
- Buprenorphin
- Dextromoramid
- Dextropropoxyphen
- Diamorphin (Heroin)
- Dihydrokodein
- Dipipanon
- Ethoheptazin
- Ethylmorphin
- Kodein
- Levorphanol
- Methadon
- Morphin
- Nalbuphin
- Pentazocin
- Pethidin
- Pheazocin
- Trimeperidin

und verwandte Verbindungen.

C Anabole Steroide, zum Beispiel:

- Bolasteron
- Boldenon
- Clostebol
- Dehydrochlormethyl-testosteron
- Fluoxymesteron
- Mesterolon
- Metandienon
- Metenolon
- Methyltestosteron
- Nandrolon
- Norethandrolon
- Oxandrolon
- Oxymesteron
- Oxymetholon
- Stanozolol
- Testosteron*

und verwandte Verbindungen.

* Als Doping gilt die Applikation von Testosteron und jede andere Manipulation, die dazu führt, daß das Verhältnis der Urinkonzentration von Testosteron zu Epitestosteron höher als 6 liegt.

D Betablocker, zum Beispiel:

- Acebutolol
- Alprenolol
- Atenolol
- Labetalol
- Metoprolol
- Nadolol
- Oxprenolol
- Propranolol
- Sotalol

und verwandte Verbindungen.

Die Medizinische Kommission des IOC hat die therapeutischen Indikationen der Betablockeranwendung überprüft. Es ist festzustellen, daß für die Kontrolle des Bluthochdrucks, der Störungen des Herzrhythmus, der Verhinderung von Angina pectoris und von Migräneanfällen eine breite Palette von anderen wirksamen Medikamenten vorhanden ist. Wegen der anhaltenden Verwendung von Betablockern in einigen Sportarten, bei denen die körperliche Anstrengung von keiner oder geringerer Bedeutung ist, behält sich die Medizinische Kommission des IOC das Recht vor, in diesen Sportarten auf die Verwendung von Betablockern zu überprüfen. Diese Überprüfung wird jedoch nicht in den Ausdauersportarten stattfinden, bei denen über längere Zeiten höhere Anforderungen an das Herz-Kreislauf-System und die Energieerzeugung gestellt werden. In diesen Fällen schränken bekanntlich Betablocker die Leistungsfähigkeit ein, so daß sich eine Kontrolle erübrigt.

E Diuretika, zum Beispiel:

- Acetazolamid
- Amilorid
- Bedroflumethiazid
- Bumetanid
- Canrenon
- Chlormerodrin
- Chlortalidon
- Dichlorphenamin
- Ethacrynsäure
- Furosemid

— Hydrochlorothiazid	— Triamteren
— Mersalyl	und verwandte Verbindungen.
— Spironolacton	

II Methoden

A Blutdoping (siehe Seite 347)

B Physikalische, chemische und pharmakologische Manipulationen einer Urinprobe

Die Medizinische Kommission des IOC verbietet alle physikalischen, chemischen und pharmakologischen Manipulationen, die die Unversehrtheit und die Rechtsgültigkeit von Urinproben beeinflussen, z. B. Urinaustausch, Katheterisierung, Verdünnung von Urin, Applikation von Probenecid und verwandten Verbindungen.

III Wirkstoffgruppen, zugelassen nur mit gewissen Einschränkungen

A Alkohol

Der Genuß von Alkohol ist *nicht* verboten. Jedoch können in einigen Sportarten Alkoholkontrollen (Blutalkohol oder Alkohol in der Atemluft) aufgrund des Verlangens der Internationalen Fachverbände durchgeführt werden.

B Lokalanästhetika

Injektionen von Lokalanästhetika sind unter folgenden Voraussetzungen gestattet:
a) Es werden nur Procain, Xylocain, Carbocain etc. verwendet, aber nicht Kokain.
b) Es werden nur lokale oder intraartikuläre Injektionen verabreicht.
c) Es liegt eine strenge ärztliche Indikation vor.
Diagnose, Dosis und Art der Anwendung müssen der Medizinischen Kommission des IOC schriftlich mitgeteilt werden.

C Kortikosteroide

Die natürlich vorkommenden und die synthetischen Kortikosteroide werden hauptsächlich als entzündungshemmende Substanzen verwendet, die auch Schmerzen verringern. Diese Substanzen beeinflussen die Konzentration der zirkulierenden körpereigenen Kortikosteroide. Sie verursachen Euphorie und weitere Nebeneffekte, so daß ihre Anwendung mit Ausnahme der äußerlichen Applikation in Form von Salben etc. kontrolliert werden muß.

Seit 1975 hat die Medizinische Kommission des IOC versucht, den Gebrauch von Kortikosteroiden während Olympischer Spiele zu reduzieren, indem ein Attest des Mannschaftsarztes verlangt wurde, wenn ihre Verwendung medizinisch notwendig ist. Der Grund hierfür war, daß Kortikosteroide aus nichtmedizinischen Gründen in einigen Sportarten oral, intramuskulär und sogar intravenös angewendet wurden und werden. Die Vorschrift, ein Attest nach Anwendung von Kortikosteroiden vorzulegen, soll jedoch nicht einen notwendigen therapeutischen Gebrauch dieser Verbindung verhindern.

Die Benutzung von Kortikosteroiden ist gestattet in Form der äußeren Anwendung (Ohr und Auge), der Inhalationstherapie (Asthma und allergische Rhinitis) und der lokalen oder intraartikulären Injektionen. Verboten sind intramuskuläre, intravenöse und orale Gaben.

Jeder Mannschaftsarzt, der die Anwendung von Kortikosteroiden intraartikulär oder lokal vornehmen will, muß diese Behandlung schriftlich der medizinischen Kommission des IOC mitteilen.

38 Das vegetative Nervensystem

Unter dem vegetativen Nervensystem versteht man denjenigen Anteil des Nervensystems, der die Organfunktionen regelt und der direkten Kontrolle unseres Willens nicht unterliegt. Wie aus der Abbildung auf Seite 354 hervorgeht, besteht das autonome Nervensystem aus zwei Anteilen, dem sympathischen (adrenergen) und dem parasympathischen (cholinergen) System. In zahlreichen Organen wie Herz, Blutgefäßen oder Lunge findet sich eine Doppelversorgung durch sympathische und parasympathische Anteile des autonomen Nervensystems. Diese beiden Teile wirken dabei im Regelfall gegensätzlich, es stellt sich ein Gleichgewichtszustand ein, über den die Organfunktion gesteuert wird.

Die Zentren des vegetativen Nervensystems liegen im Zentralnervensystem, also im Gehirn und Rückenmark. Von hierher werden die Steuerungsimpulse über Nervenbahnen zu Anhäufungen von Nervenzellen weitergeleitet, die außerhalb des Rückenmarks liegen, sogenannte Ganglien. Die Übertragung des Impulses von einer Nervenzelle auf die anderen erfolgt im Gehirn und innerhalb dieser Ganglien durch eine Überträgersubstanz, einen sogenannten Transmitter, das Acetylcholin. Von den Ganglien läuft dann der nervöse Impuls über weitere Nervenbahnen bis zum Zielorgan. Im Zielorgan selbst wird der Nervenimpuls wiederum durch einen Überträgerstoff weitergegeben, wobei sich jetzt eine Differenzierung zeigt. Im sympathischen Nervensystem ist der Überträgerstoff das Noradrenalin, im parasympathischen wiederum das Acetylcholin. Gleichzeitig werden eine Reihe anderer Transmittersubstanzen freigesetzt, die ihrerseits die Wirkung von Noradrenalin und Acetylcholin modifizieren können. Auch in den Nerven, die die Skelettmuskulatur versorgen, die also unserem Willen unterworfen sind, wirkt Acetylcholin als Transmittersubstanz. Acetylcholin ist also ein besonders wichtiger Überträgerstoff, der auch innerhalb des Gehirns selbst eine große Rolle spielt. Diese Zusammenhänge erklären die Tatsache, daß zahlreiche Medikamente, die das autonome Nervensystem beeinflussen, auch Nebenwirkungen im Bereich des Gehirns wie Müdigkeit, Schlafstörungen und bei Überdosierungen sogar Halluzinationen hervorrufen.

Das sympathische Nervensystem

Das sympathische (adrenerge) Nervensystem wird stimuliert, wenn vom Organismus Aktivität gefordert wird, beispielsweise unter körperlicher Belastung, aber auch bei psychischem Streß. Bei einer Aktivierung des Sympathikus werden verschiedene Überträgerstoffe (Transmitter) freigesetzt, die auf bestimmte Empfänger (Rezeptoren s. Abb. auf S. 355) einwirken und an dem betreffenden Organ Wirkungen auslösen. Transmitter und Rezeptoren passen gewissermaßen wie Schlüssel und Schlüsselloch spezifisch zueinander. Für das sympathische Nervensystem konnten inzwischen drei verschiedene Rezeptoren nachgewiesen werden, und zwar die sogenannten adrenergen Alpha- und Betarezeptoren, wobei die letztgenannten wiederum in Beta$_1$- und Beta$_2$-Rezeptoren unterteilt werden. Adrenalin stellt gewissermaßen den

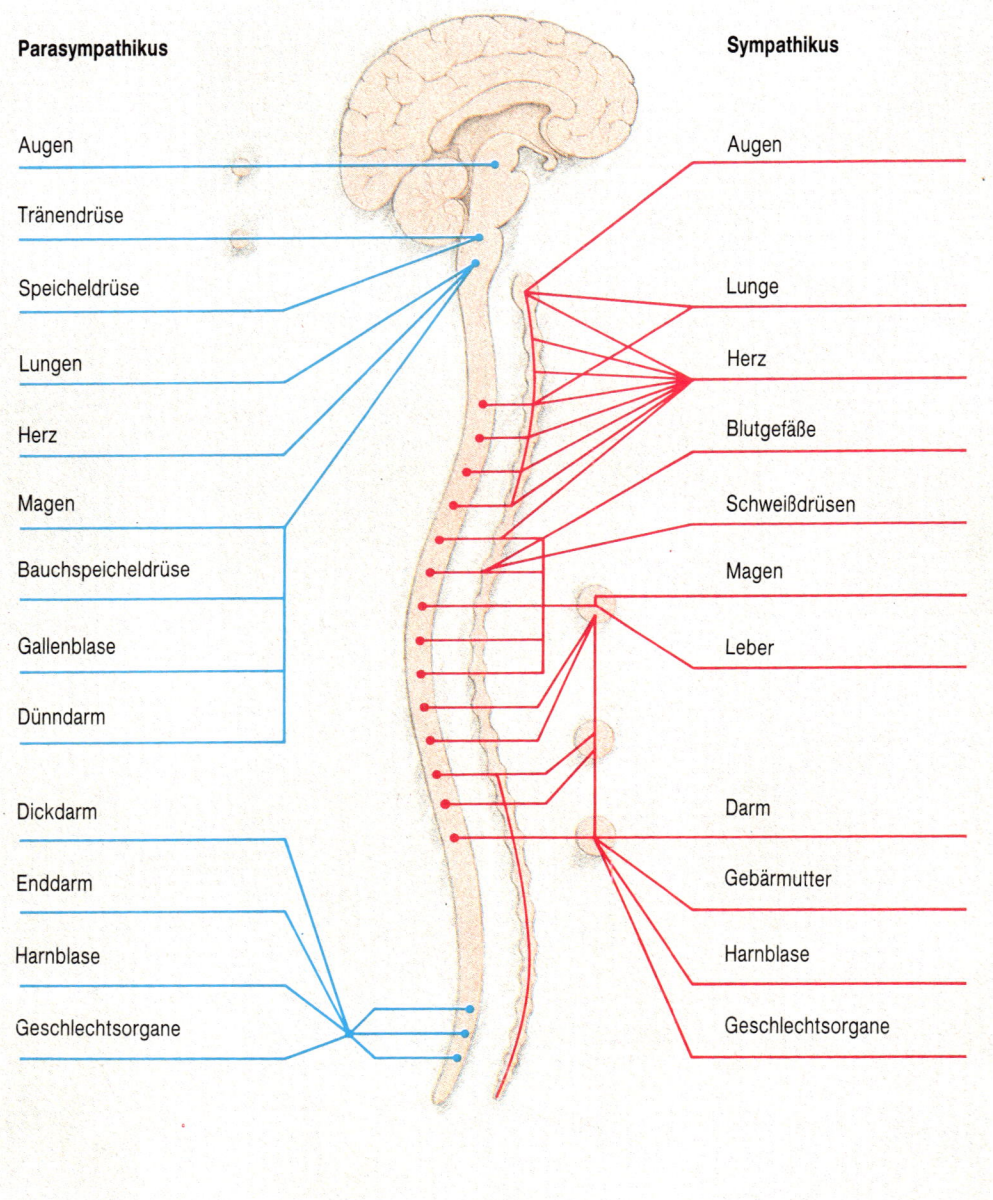

Parasympathikus

Augen

Tränendrüse

Speicheldrüse

Lungen

Herz

Magen

Bauchspeicheldrüse

Gallenblase

Dünndarm

Dickdarm

Enddarm

Harnblase

Geschlechtsorgane

Sympathikus

Augen

Lunge

Herz

Blutgefäße

Schweißdrüsen

Magen

Leber

Darm

Gebärmutter

Harnblase

Geschlechtsorgane

Darstellung des autonomen Nervensystems, d.h. desjenigen Anteils des Nervensystems, der dem Willen nicht unterworfen ist, in seinen beiden Anteilen mit ihrem jeweiligen Einfluß auf die Organe

„Generalschlüssel" dar, der für alle diese Rezeptoren paßt. Unterschiede bestehen allerdings im Verteilungsmuster der verschiedenen Rezeptoren in den einzelnen Organen. Diese Verteilung wird in Tabelle 6 auf Seite 361 dargestellt. Im folgenden werden die Auswirkungen einer sympathischen Stimulation auf die wichtigsten Organe geschildert.

Herz

Am Herzen finden sich vor allem adrenerge Beta$_1$-Rezeptoren. Bei ihrer Stimulation kommt es zu einer Zunahme von Pulsfrequenz und Kontraktionskraft. Hierdurch wird die Pumpleistung des Herzens gesteigert. Sie wird üblicherweise als Herzminutenvolumen (HMV) gemessen, also als diejenige Blutmenge, die vom Herzen pro Minute gefördert wird. Es findet sich weiterhin eine Beschleunigung der elektrischen Überleitung von den Vorhöfen auf die Kammern.

Blutgefäße

Bei einer sympathischen Aktivierung findet sich ein unterschiedliches Reaktionsmuster der Blutgefäße, das zu einer Umverteilung des Blutvolumens führt. Bei Flucht- und Abwehrreaktionen ist eine Verstärkung der Blutzufuhr zur Skelettmuskulatur sinnvoll. Dies wird dadurch erreicht, daß die Blutgefäße in der Skelettmuskulatur weitergestellt werden, während umgekehrt die Blutgefäße in nichtarbeitenden Bereichen wie Haut und Schleimhäuten enger gestellt werden. Dieses unterschiedliche Verhalten wird durch verschiedene Rezeptorenverteilung erreicht. Im Bereich der inneren Organe finden sich vor allem adrenerge Alpharezeptoren, im Bereich der Gefäße der Skelettmusku-

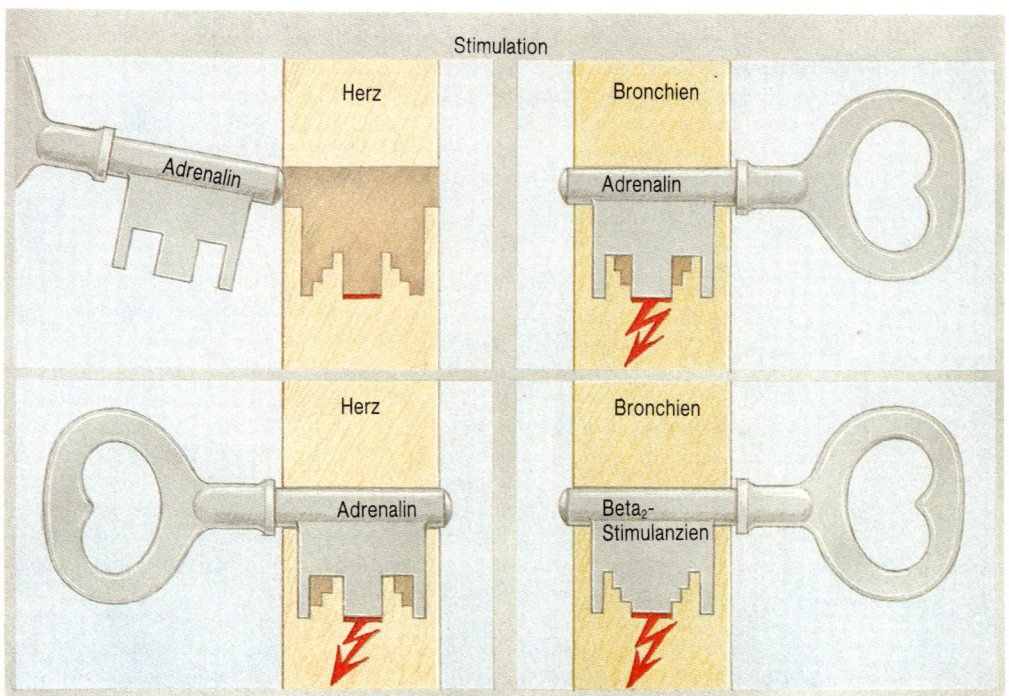

Das körpereigene Adrenalin stellt gewissermaßen einen „Hauptschlüssel" der sympathischen Stimulation dar, da es in alle „Schlüssellöcher" paßt. Medikamente können spezifischere Schlüssel sein. Als Beispiel werden Beta$_2$-Stimulanzien gezeigt. Sie passen gewissermaßen spezifisch in die Beta$_2$-Rezeptoren der Bronchien, stimulieren jedoch kaum das Herz, das vor allem Beta$_2$-Rezeptoren enthält. Aus diesem Grund kommen sie besonders in Asthmamitteln zur Anwendung.

latur dagegen vor allem Beta$_2$-Rezeptoren. Zusammengefaßt ergibt die hämodynamische Reaktion unter Sympathikuswirkung folgendes Bild: Zur besseren Bewältigung von Belastungssituationen kommt es Zu einer Steigerung der Pumpleistung des Herzens. Hierdurch wird die Skelettmuskulatur, in der der Gefäßwiderstand abnimmt, vermehrt mit Blut versorgt. Durch eine Engstellung in den Gefäßen der nichtarbeitenden Bereiche wird ein Blutdruckabfall verhindert.

Lungen

Unter Sympathikuseinfluß wird der Gasaustausch, d. h. die Aufnahme von Sauerstoff und die Abgabe von Kohlensäure durch Weitstellung der Bronchien erleichtert. Dies wird über Beta$_2$-Rezeptoren erreicht, die die glatte Muskulatur in der Bronchialwand erschlaffen lassen.

Darm- und Blasenmuskulatur

Unter einer adrenergen Stimulation kommt es zur Hemmung der Muskulatur in Darm und Blase über Alpha- und Betarezeptoren, sicherlich ein Vorteil bei körperlicher Belastung. Unter hochgradigem psychischen Streß kann es über den Einfluß höherer Hirnzentren allerdings auch zu gegenteiligen Reaktionen kommen.

Stoffwechsel (Metabolismus)

Unter körperlicher Belastung benötigt der Organismus mehr Energie. Die Energiefreisetzung erfolgt vorwiegend aus Kohlenhydraten (Zucker), in zweiter Linie aus Fetten. Die im Blut enthaltene Zuckermenge ist gering und rasch verbraucht. Bei längerfristigen Belastungen muß der Organismus daher auf seine Energiespeicher zurückgreifen. Kohlenhydrate sind vor allem in der Leber und in der Skelettmuskulatur als Glykogen gespeichert. Die Speicherung des Fettes erfolgt in den Fettdepots, vor allem im Unterhautfettgewebe. Diese Speicher sind dem Organismus nicht direkt zur Energiefreisetzung verfügbar, die energiereichen Substanzen müssen erst in kleinere Einheiten aufgespalten werden. Die Aufspaltung geschieht über das adrenerge Nervensystem. Aus Glykogen werden unter Vermittlung von Beta$_2$-Rezeptoren Traubenzucker(Glukose)-Einheiten abgespalten. Aus Fett erfolgt die Freisetzung der sogenannten freien Fettsäuren unter Vermittlung von Beta$_1$-, nur zum kleineren Teil von Beta$_2$-Rezeptoren.

Das parasympathische Nervensystem

Das parasympathische (cholinerge) Nervensystem stellt den Antagonisten des sympathischen Systems dar. Etwas vereinfacht ausgedrückt, bewirkt es jeweils die gegenteiligen Reaktionen. Das parasympathische System dient im wesentlichen der Erholungsfunktion, seine wichtigsten Aufgaben bestehen daher in der Wiederherstellung der Energiereserven. Dieses System ist deshalb u. a. vor allem für die Regelung der Verdauungsvorgänge verantwortlich. Über den Parasympathikus wird die Motorik des Magen-Darm-Kanals sowie die Drüsensekretion gesteuert. Wenn beispielsweise beim Anblick besonders appetitlicher Speisen „das Wasser im Mund zusammenläuft", bedeutet dies die Aktivierung der Sekretion von Speichel aus Mundspeicheldrüsen, ein Vorgang, der über den Parasympathikus geregelt wird. Die Drüsensekrete des Magen-Darm-Kanals sind für den Abbau der Nahrung zu Bausteinen verantwortlich, die leicht vom Darm aufgenommen werden können und die die Nahrungsdepots des Organismus wieder auffüllen. Die Stimulation der Magen-Darm-Muskulatur dient dem Nahrungstransport und der Abgabe von unverdaulichen Endprodukten. Wird diese Motorik allzu kräftig stimuliert, kann es zu kolikartigen Schmerzen kommen. Auch die Entleerung der Harnblase wird über das parasympathische System geregelt.

Im Bereich der Nasen- und Atemschleimhaut führt die Reizung des parasympathischen Systems zu einer Zunahme der Schleimproduktion. Während der Sympathikus die Luftröhre und Bronchien weitstellt, bewirkt der Parasympathikus das Gegenteil. Eine parasympathische Überstimulation kann daher zu Bronchialkrampf und Atemnot führen (s. S. 63 ff.).

Medikamentöse Beeinflussung des vegetativen Nervensystems

Der modernen Pharmakologie ist es gelungen, Medikamente zu entwickkeln, die sehr viel spezifischer auf die einzelnen Rezeptoren einwirken als gewissermaßen der Hauptschlüssel des körpereigenen Adrenalins. Um im Bild zu bleiben, gibt es inzwischen spezielle Schlüssel für die einzelnen Schlüssellöcher der unterschiedlichen sympathischen und parasympathischen Rezeptorsysteme. Man kann durch pharmakologische Substanzen Alpha-, Beta$_1$-, Beta$_2$- und Acetylcholinrezeptoren mehr oder minder selektiv ansprechen. Solche Substanzen können den Rezeptor, zu dem sie passen, entweder stimulieren oder auch das Schlüsselloch gegenüber der Wirkung körpereigener Transmittersubstanzen blockieren. Man spricht dann entweder von Rezeptorstimulanzien oder von Rezeptorblockern. Entsprechende Pharmaka haben bei einer Reihe von Krankheiten inzwischen erhebliche therapeutische Bedeutung erlangt, sie werden im Zusammenhang mit den jeweiligen Organsystemen besprochen. Betarezeptorenblocker gehören im Bereich der Herz-Kreislauf-Erkrankungen beispielsweise heute zu den am häufigsten eingesetzten Medikamenten. Sie werden in der Behandlung nervöser Herz-Kreislauf-Erkrankungen, Herzrhythmusstörungen, bei der koronaren Herzkrankheit und beim Hochdruck verwendet. Nachdem

Medikamente können auch zur Blockierung benutzt werden. In der Abbildung werden die „Schlüssellöcher", die Sympathikus-Rezeptoren, durch einen medikamentösen Schlüssel besetzt. Das Adrenalin kann nicht mehr wirksam werden. Solche als Betablocker bezeichnete Medikamente werden bei einer Reihe von Herz-Kreislauf-Erkrankungen eingesetzt, speziell bei der koronaren Herzkrankheit (Angina pectoris) und beim Bluthochdruck.

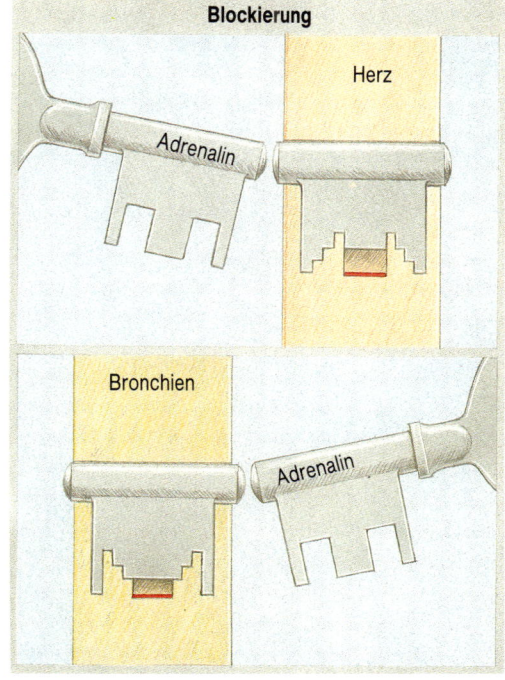

der Einfluß der adrenergen Betarezeptoren aus der Sicht der körperlichen Belastung von besonders großem Interesse ist, wird ihnen im folgenden ein eigenes Kapitel gewidmet (s. S. 360 ff.).

Adrenerge Alpharezeptorstimulanzien

Unter Einwirkung von adrenergen Alpharezeptorstimulanzien kommt es zu einer Engstellung der Blutgefäße im Bereich der Schleimhäute, vor allem auch der Nasenschleimhäute. Sie finden daher vor allem in Schnupfenmitteln Anwendung.

Adrenerge Alpharezeptorenblocker

Adrenerge Alpharezeptorenblocker hemmen die gefäßverengende Wirkung des sympathischen Nervensystems, sie wirken deshalb indirekt gefäßerweiternd. Aus diesem Grund werden sie in der Behandlung des Bluthochdrucks eingesetzt (s. S. 133 ff.).

Adrenerge Beta$_2$-Rezeptorstimulanzien
Sympathikolytika

Adrenerge Beta$_2$-Rezeptorstimulanzien stellen die Bronchien weit. Sie gehören zu den wichtigsten Medikamenten in der Behandlung des Asthma bronchiale (s. S. 63 ff.).

Die Funktion des sympathischen Nervensystems kann auch oberhalb der Rezeptoren des Erfolgsorgans durch Blockierung der Nervenfunktion selbst gehemmt werden. Medikamente, die auf diesem Wege wirken, werden als Sympathikolytika bezeichnet. Sie werden besonders auch in der Hochdruckbehandlung eingesetzt. Die Bedeutung dieser Medikamente ist in den letzten Jahren allerdings rückläufig, da sie zu einer Reihe schwerwiegender Nebenwirkungen vor allem auch im psychischen Bereich führen (s. S. 135 f.).

Medikamente, die auf das parasympathische Nervensystem einwirken

Medikamente, die auf das parasympathische Nervensystem einwirken, sind von erheblicher Bedeutung. Sie können in cholinerge Rezeptorstimulanzien bzw. -blocker eingeteilt werden. Die Bezeichnung cholinerg leitet sich von der Transmittersubstanz Acetylcholin ab.

Cholinerge Rezeptorstimulanzien

Cholinerge Rezeptorstimulanzien, auch als Parasympathikomimetika oder Cholinergika bezeichnet, wie Carbachol (als Doryl im Handel) oder Prostigmin u. a. spielen eine Rolle in der Therapie der Darmträgheit. Weiterhin werden sie zur Behandlung bestimmter Augenerkrankungen eingesetzt.

Cholinerge Rezeptorenblocker

Cholinerge Rezeptorenblocker, auch als Parasympathikolytika, Anticholinergika oder Spasmolytika bezeichnet, stehen in großer Zahl zur Verfügung, beispielsweise Atropin, Buscopan, Duspatal, Holopon, Robinul, Rowapraxin, Sistalgin, Spasmex, Skopyl und viele Kombinationspräparate. Diese Präparate hemmen zum einen die Sekretion im Magen-Darm-Trakt, zum anderen die Motorik der glatten Muskulatur. Die sekretionshemmende Wirkung und die dadurch bedingte Verminderung der Magensaftproduktion wird zur Behandlung der Magenschleimhautentzündung (Gastritis) bzw. des Magengeschwürs (Ulcus) eingesetzt (s. S. 145 ff.). Die krampflösende Wirkung führt zur Anwendung bei Koliken im Bereich der Bauchorgane, etwa bei Gallen-, Magen- oder Nierenkoliken. Eine weniger wichtige Einsatzmöglichkeit der Anticholinergika besteht in der Schweißhemmung, etwa bei Menschen, die über schwitzende Hände oder Fußschweiß klagen, da bei einer Aktivitätssteigerung des parasympathischen Nervensystems die Schweißsekretion zunimmt. Wie bereits erwähnt, ist Acetylcholin auch als Transmittersubstanz einiger Nervenbahnen innerhalb des Gehirns von Bedeutung. Anticholinergika werden daher auch zur Verminderung der Symptome bei der Parkinson-Krankheit eingesetzt (s. S. 264 f.). Das am häufigsten verwandte Anti-Parkinson-Medikament dieser Gruppe ist das Akineton.

Anticholinergika können zu einer Reihe von Nebenwirkungen führen, darunter durch die Hemmung der Speicheldrüsensekretion, vor allem Mundtrockenheit, ferner Störungen im Bereich des Nah-Sehens (der Akkommodation), Erschwerung der Harnblasenentleerung sowie Verstopfungserscheinungen. Bei erheblicher Überdosierung können auch Halluzinationen auftreten.

39 Adrenerge Betarezeptorenblocker

Wie bereits auf Seite 353 erwähnt, hemmen adrenerge Betarezeptoren-blocker (auch kurz als „Betablocker" bezeichnet) die Stimulation der Betarezeptoren durch die körpereigenen Überträgerstoffe Noradrenalin und Adrenalin. Sie gehören zu den am häufigsten eingesetzten Medikamenten in der Behandlung folgender Herz-Kreislauf-Erkrankungen:

— Bluthochdruck (Hypertonie, s. S. 133 ff.),
— Durchblutungsstörungen der Herzkranzgefäße (koronare Herzkrankheit, Angina pectoris s. S. 123 ff.),
— bestimmte Formen von Herzrhythmusstörungen (Arrhythmien, s. S. 130 ff.),
— nach einem Herzinfarkt zur Vorbeugung eines erneuten Herzinfarktes (Sekundärprävention, s. S. 125 f.),
— ausgeprägte Schilddrüsenüberfunktion (Thyreotoxikose, s. S. 294 f.),
— Migräne (s. S. 268 f.),
— nervöse Symptome wie Herzklopfen und Zittern (Tremor) bei Unruhe und Angstzuständen. Hier stellt sich oft ein Circulus vitiosus ein. Unruhe und Angst lösen Zittern und Herzklopfen aus, die wiederum die Angst verstärken. Dieser Kreislauf kann häufig durch kleine Dosen von Betablockern durchbrochen werden.

Wirkungen und Nebenwirkungen
Wie auf Seite 353 beschrieben, werden zwei Typen der adrenergen Betarezeptoren, die Beta$_1$- und die Beta$_2$-Rezeptoren, unterschieden. Das Verteilungsmuster dieser Rezeptoren sowie der Effekt ihrer Reizung bzw. Blockierung in den jeweiligen Organen wird in Tabelle 6, S. 361 wiedergegeben.

Gemäß dem beschriebenen Verteilungsmuster stehen zwei verschiedene Typen von Betablockern zur Verfügung, die gemischten Beta$_1$- und Beta$_2$-Blocker, die beide Rezeptortypen blockieren, und die mehr oder minder selektiven Beta$_1$-Rezeptorblocker. Theoretisch wären auch spezifische Beta$_2$-Blocker möglich; diese spielen in der Praxis jedoch keine Rolle. Im Vergleich zu den gemischten Betablockern haben die kardioselektiven Blocker eine Reihe von Vorteilen, da sich die Beta$_2$-Blockade in den meisten Fällen eher negativ auswirkt.

Selektive Beta$_1$-Blocker können oft auch dann eingesetzt werden, wenn dies für gemischte Blocker nicht möglich ist. Dies gilt beispielsweise bei Patienten mit Asthma bronchiale oder bei Durchblutungsstörungen im Bereich der Arme und Beine. Bronchien und Gefäße werden über Beta$_2$-Rezeptoren weitgestellt. Diese werden durch die selektiven Blocker weniger stark beeinträchtigt. Auch die Nebenwirkungen im Stoffwechsel, besonders im Fett- und Kohlenhydratstoffwechsel, sind weniger stark ausgeprägt. Unter einer gemischten Betablockade können bei körperlicher Belastung Unterzuckerungszustände (Hypoglykämien) bis hin zu Krampfzuständen und Bewußtlosigkeit auftreten. Dies gilt besonders für Patienten mit Zuckerkrankheit (Diabetes), aber auch für Nichtdiabetiker, die sich unter einer Beta$_1$/Beta$_2$-Blockade intensiv belasten, z. B. Hochdruckkranke, die unter Betablockern Ausdauersport betreiben.

Tabelle 6:
Wichtige Steuerfunktionen des sympathischen Nervensystems unter Berücksichtigung der jeweiligen Rezeptortypen

Organ	Rezeptortyp	Auswirkung einer adrenergen Stimulation (die Blockade des Rezeptors bewirkt jeweils die gegenteilige Reaktion)
Herz	Beta$_1$	Steigerung von Herzfrequenz, Kontraktionskraft der Kammern sowie der Überleitungsgeschwindigkeit vom Vorhof auf die Kammer
Blutgefäße	Alpha Beta$_2$	Im Bereich der Eingeweidegefäße Gefäßverengerung (Vasokonstriktion), im Bereich der Skelettmuskelgefäße Weitstellung (Vasodilatation)
Lunge, Bronchialmuskulatur	Beta$_2$	Weitstellung, krampflösend (Relaxation)
Leber	Beta$_2$	Kohlenhydratabbau (Glykogenolyse)
Fettgewebe	Beta$_1$ Beta$_2$	Fettabbau (Lipolyse)
Skelettmuskulatur	Beta$_2$	Kohlenhydratabbau (Glykogenolyse), Muskelzittern (Tremor)
Magen	Beta$_1$ Alpha	Hemmung der Bewegungen, gleichzeitig aber auch Kontraktion des Magenschließmuskels am Ausgang (Sphinkterkontraktion)
Darm	Alpha Beta$_1$ Beta$_2$	Verminderte Darmbewegungen
Harnblase	Beta$_2$ Alpha	Erschlaffung der Blasenmuskulatur bei gleichzeitigem Schluß des Blasenschließmuskels, hierdurch Erschwerung der Harnentleerung
Gebärmutter	Beta$_2$	Erschlaffung (Relaxation)
Haut, Haarbalgmuskeln	Alpha	Kontraktion (Ausbildung einer „Gänsehaut")

Nebenwirkungen   Unter Betablockade tritt eine Reihe von Nebenwirkungen auf, vor allem im Magen-Darm-Trakt in Form von Übelkeit, Durchfall und Magenbeschwerden. Die Pulsfrequenz wird gesenkt, dies kann vor allem bei älteren Menschen zu Problemen führen. Auch psychische Nebenwirkungen, leichte Depressionen, Einschlafstörungen und Alpträume können vorkommen. Alle diese Nebenwirkungen verschwinden wieder nach Absetzen des Blockers.

Bei einer Reihe von zusätzlich bestehenden Krankheiten sind Betablocker nur mit Vorsicht anwendbar bzw. völlig kontraindiziert, da hierdurch eine Verschlimmerung eintreten kann. Dies trifft zu für:

Tabelle 7:
Ausgewählte Betablocker

Nicht selektiv	selektiv
Alprenolol (Aptin)	Metoprolol (Beloc, Prelis)
Oxprenolol (Trasicor)	Atenolol (Tenormin)
Pindolol (Visken)	Acebutolol (Prent)
Propranolol (Dociton)	Bisoprolol (Concor)
Sotalol (Sotalex)	
Timolol (Temserin)	

— Bronchialasthma,
— bestimmte Formen von Herzrhythmusstörungen,
— Überleitungsstörungen der Erregung vom Herzvorhof auf die Herzkammer (AV-Block),
— schwer einstellbaren insulinbedürftigen Diabetes mellitus mit erheblichen Blutzuckerschwankungen,
— manifeste Herzinsuffizienz.

Beispiele für Betablocker

In Tabelle 7 wird eine Reihe von Betablockern genannt, die von der pharmazeutischen Industrie angeboten werden.

Konsequenzen für Training und Wettkampf

Mit Hinblick auf körperliche Aktivität kommen den Betablockern so-wohl positive wie negative Wirkungen zu.

Positive Wirkungen
Besonders in Sportarten, bei denen die Leistung vom psychischen Kon-zentrationsvermögen abhängig ist, wirken sich Betablocker positiv aus, da sie unangenehmes Herzklopfen und Händezittern (Tremor) unter-drücken. In sogenannten Placebo-Studien (s. S. 330 ff.) konnte nachge-wiesen werden, daß unter Betablockern Kugelstoßer weiter stoßen bzw. daß Skispringer weiter springen und bessere Haltungsnoten erzie-len. Besonders weit verbreitet ist die Einnahme von Betablockern im Sportschießen. Auch hier kommt es zu einer Leistungssteigerung. Vom IOC wurde daher in diesem Bereich der Betablocker als Dopingmittel klassifiziert.

Negative Wirkungen
In allen Sportarten, in denen eine möglichst hohe Energiebereitstel-lung erforderlich ist, speziell also in Ausdauersportarten, verschlechtert der Betablocker das körperliche Leistungsvermögen. Dies geschieht durch negative Einflüsse auf Kreislauf und Stoffwechsel. Im Kreislauf-bereich wird die maximale Pumpleistung des Herzens, das maximale Herzminutenvolumen, vermindert. Im Bereich der peripheren Gefäße kommt es zu einer Einschränkung der Blutzirkulation und damit der Sauerstoffzufuhr zur arbeitenden Muskulatur durch eine Blockierung der Beta$_2$-Rezeptoren in den Blutgefäßen der Skelettmuskulatur. Diese letztgenannte Nebenwirkung ist unter selektiven Beta$_1$-Blockern weni-ger stark ausgeprägt.
Besonders bei über sehr lange Zeit durchgeführten Ausdauerbela-stungen, in denen das Leistungsvermögen durch die Menge der verfüg-baren energiereichen Substrate beschränkt ist, kommen die negativen metabolischen Nebenwirkungen der Betablocker zum Tragen. Der im

Blut vorhandene Traubenzucker ist relativ rasch verbraucht. Wie oben beschrieben, erfolgt die Freisetzung von weiteren energiereichen Substanzen aus den Glykogenspeichern in der Muskulatur und der Leber, bzw. aus den Fettdepots über die Vermittlung der Betarezeptoren des sympathischen Nervensystems. Auch diese Freisetzung wird durch Betablocker gehemmt. Dadurch tritt eine raschere Ermüdbarkeit der Muskulatur ein, eine Nebenwirkung, die allerdings auch wiederum unter selektiven Beta$_1$-Blockern weniger stark ausgeprägt ist.

Im Gegensatz zum Leistungssportler, bei dem die maximale Leistungsfähigkeit durch den Betablocker meist gehemmt wird, verbessert sich umgekehrt häufig die Belastbarkeit des Herzpatienten. Dies gilt ganz besonders für Patienten mit koronarer Herzkrankheit, bei denen die Möglichkeit einer Bewegungstherapie durch eine Betablockerbehandlung im allgemeinen positiv beeinflußt wird.

40 Harntreibende Medikamente (Diuretika bzw. Saluretika)

Diuretika (wörtlich: harntreibende Medikamente) erhöhen nicht nur die Wasserausscheidung über die Nieren. In dem vermehrten Urinvolumen werden passiv auch größere Mengen von Elektrolyten wie Natrium und Kalium mitausgeschieden. Aus diesem Grund zieht man heute oft die Bezeichnung Saluretika („Salzausscheider") vor. Im therapeutischen Bereich setzt man Diuretika gern in der Behandlung der Herzinsuffizienz ein, da sich hier vermehrt Wasser und Natrium im Körper ansammeln. Auch ein erhöhter Blutdruck wird durch vermehrte Natriumausscheidung gesenkt. In der Sportmedizin ergeben sich darüber hinaus für Diuretika noch folgende spezielle Einsatzmöglichkeiten:

— Behandlung von Schwellungen (Ödeme) infolge von chronischen Überlastungen oder Verletzungen (Trauma),
— Kompartmentsyndrom,
— Verminderung prämenstrueller Beschwerden.

Außerhalb des eigentlichen therapeutischen und ärztlich vertretbaren Bereichs steht die Benutzung von Diuretika zur Verminderung des Körpergewichts in Sportarten, in denen nach Gewichtsklassen gestartet wird.

Diuretikabehandlung lokaler Schwellungen
Verletzungen und Entzündungen auf der Grundlage chronischer Reizungen führen zu Gewebsschwellungen und damit häufig zu Funktionseinschränkung, Schmerzen und Verzögerung des Heilungsverlaufs. In solchen Fällen verordnet man gern ein wassertreibendes Medikament zur Schmerzbekämpfung und zur Verkürzung der Heilungsphase. Besonders wichtig kann dies werden, wenn Schwellungen unterhalb eines Gipsverbandes auftreten. Solche Schwellungen können zu Druckanstieg und damit zu Durchblutungsstörungen und Gewebsschädigungen führen.

Diuretikabehandlung beim Kompartmentsyndrom
Die Muskulatur ist in bestimmten Bereichen des Körpers (Beine, Gesäßmuskulatur, Rücken, Arme, Hände) in Fächern untergebracht, die durch unelastisches Gewebe wie Bindegewebsschläuche (Faszien) und Knochen begrenzt werden. Unter verschiedenen Bedingungen kann in einem solchen Muskelfach (Kompartment) der Druck ansteigen, beispielsweise infolge von Verletzungen durch Blutungen oder durch ins Gewebe eindringende Blutflüssigkeit. Durch den ansteigenden Druck verschlechtert sich die Muskeldurchblutung, der Muskel schwillt weiter an, es entsteht ein Circulus vitiosus. Solche sogenannten Kompartmentsyndrome können akut nach Verletzungen oder chronisch infolge von muskulären Überlastungen auftreten. Sie machen sich durch zunehmenden Schmerz im betroffenen Bereich bemerkbar.

Tabelle 8:
Ausgewählte Diuretika und ihre Wirkungsdauer bzw. -intensität

sehr kurz und intensiv	mittelfristig	langfristig
— Arelix — Furosemid (unter verschiedenen Namen auf dem Markt, insbesondere Lasix, Furo-Puren, Fusid) — Hydromedin	— Aquaphor — Baycaron — Esidrix — Esmarin — Lasix long	— Chlortalidon — Hygroton (sehr lange wirksam) — Natrilix

Das Behandlungsziel besteht in einer Druckminderung, beispielsweise durch die Verordnung entwässernder Medikamente. Falls dies nicht ausreicht, wird vor allem beim akuten Kompartmentsyndrom eine chirurgische Eröffnung des Muskelfachs zur Druckentlastung erforderlich.

Diuretikabehandlung prämenstrueller Beschwerden
Zahlreiche Frauen klagen vor der Menstruation über vermehrte Flüssigkeitsansammlung im Körper, die sich in Gewichtszunahme und Spannungsgefühl in der Brust und in anderen Körperteilen bemerkbar macht. Diese Beschwerden haben insofern eine Bedeutung für den Sport, als sie die Leistungsfähigkeit herabsetzen können. In solchen Fällen werden gern Diuretika eingesetzt.

Diuretikabehandlung zur Reduzierung des Körpergewichts
In zahlreichen Sportarten, in denen nach Gewichtsklassen eingeteilt wird, wie Ringen, Boxen und Gewichtheben, setzen Sportler Diuretika ein, um eine rasche, wenn auch nur vorübergehende Gewichtsabnahme zu erreichen. Häufig wird dies mit anderen mehr oder minder drastischen Methoden wie Sauna und Einschränkung von Flüssigkeits- und Nahrungsaufnahme kombiniert. Der Sportler versucht dadurch in einer Klasse zu starten, in die er eigentlich nicht hineingehört, um sich somit einen unerlaubten Vorteil zu verschaffen. Ein solches Vorgehen erfüllt zweifelsfrei das Prinzip des Dopings. Die Einnahme von Diuretika zur Gewichtsverminderung ist darüber hinaus nicht problemlos, da dem Organismus zahlreiche wichtige Salze, vor allem Kalium, verlorengehen. Als Folge tritt nicht selten eine Verminderung der Leistungsfähigkeit im muskulären sowie im Herz-Kreislauf-Bereich ein. Weitere häufigere Nebenwirkungen sind Übelkeit und Erbrechen. Die Harnsäurekonzentration kann ansteigen und zu Gichtanfällen führen. In seltenen Fällen treten unter bestimmten Diuretika Veränderungen des Blutbildes auf.

Konsequenzen für Training und Wettkampf
Unter üblicher therapeutischer Dosierung wirken sich im Regelfall Diuretika nicht negativ auf die sportliche Leistungsfähigkeit aus. Probleme wie Einschränkung der Muskel- und Kreislaufleistungsfähigkeit können vor allem dann auftreten, wenn zusätzlich hoher Flüssigkeits- und Salzverlust bei großen Schweißmengen, bei Erbrechen und/oder Durchfällen eintritt. Es muß allerdings auch berücksichtigt werden, daß bei langdauernden, hochintensiven körperlichen Belastungen sehr viel Flüssigkeit und Salz verlorengeht, ohne daß dies dem Betroffenen

durch starkes Schwitzen bewußt wird. Auch in solchen Fällen besteht unter gleichzeitiger Diuretikabehandlung ein erhöhtes Risiko.

Präparate In Tabelle 8 sind einige Beispiele für Diuretika und ihre unterschiedliche Wirkungsdauer und -intensität angegeben.

41 Sportmedizinische Beratung vor Auslandsreisen

Bei Reisen in das nichteuropäische Ausland führen die dort anderen Lebens- und Klimaverhältnisse sowie die unterschiedlichen hygienischen Bedingungen zu speziellen Problemen, die vor allem mögliche infektiöse Erkrankungen betreffen. Aus diesem Grunde ist es wichtig, vorbeugende Maßnahmen zu treffen. Man sollte sich insbesondere gegen in Frage kommende Erkrankungen rechtzeitig impfen lassen.

Impfungen

Immunität gegenüber Infektionen kann man auf folgenden vier Wegen erreichen:
— aktive Antikörperbildung durch die Infektion selbst,
— aktive Antikörperbildung durch eine Impfung,
— passive Übernahme von Antikörpern von der Mutter beim nicht geborenen Kind über die Placenta bzw. nach der Geburt durch das Stillen,
— passive Zufuhr von Antikörpern durch Gammaglobuline oder spezifische Antiseren.

Eine aktive Impfung kann entweder durch abgeschwächte lebende Mikroorganismen, durch abgetötete Krankheitserreger oder durch Teile solcher Krankheitserreger erfolgen. Sämtliche dieser Impfformen führen im Organismus zur Bildung von Antikörpern, die eine mehr oder weniger ausgeprägte Immunität gegenüber bestimmten Krankheiten verleihen. Eine solche Immunität kann absolut oder nur relativ sein, sie kann lebenslang oder zeitlich begrenzt bestehen.

Eine Reihe von Ländern fordert von Einreisenden aus bestimmten Drittländern den Nachweis über die Durchführung bestimmter Impfungen. Solche verbindlichen Impfungen bestehen im Augenblick nur noch für Gelbfieber und Cholera. Die Weltgesundheitsorganisation (WHO) der Vereinten Nationen empfiehlt darüber hinaus einige weitere Impfungen, abhängig davon, wer aus welchem Land welches andere Land besuchen möchte. Solche Empfehlungen werden jeweils aktuell überprüft und dem neuesten Stand angepaßt. Man kann sich hierüber beim Hausarzt, bei den Gesundheitsämtern, zum Teil auch in Apotheken informieren.

Im folgenden werden die für Reisen wichtigsten Impfungen näher beschrieben. Außer diesen sind noch eine Reihe anderer Impfungen wichtig, wie die Tuberkuloseimpfung, (BCG-Impfung), die Impfungen gegen Flecktyphus, Tollwut u. a.

Gelbfieberimpfung

Die Gelbfieberimpfung besteht in der einmaligen Injektion eines Lebendimpfstoffs. Wiederauffrischungsimpfungen (Boosterimpfungen) sollten spätestens alle 10 Jahre erfolgen. Nebenwirkungen sind selten und meist harmlos. Solche Impfungen sollten nicht durchgeführt werden bei Kindern im ersten Lebensjahr, bei Schwangeren, bei Menschen mit einer Allergie gegen Hühnereiweiß sowie bei Krankheiten, die mit verminderter Infektabwehr des Organismus einhergehen (Immunschwäche).

Choleraimpfung

Die Choleraimpfung ist bisher wenig zufriedenstellend. Sie erfolgt als Injektion abgetöteter Bakterien, die zweimal im Abstand von mindestens vier Wochen durchgeführt werden muß. Der Schutz dauert nur etwa ein halbes Jahr. Die erreichte Sicherheit kann mit nur 50% Schutzwirkung beziffert werden. Die Choleraimpfung ist somit in der Vermeidung dieser Erkrankung nur sekundär, wichtiger sind Vorsicht bei der Aufnahme gefährdeter Nahrungsmittel und sorgfältige Hygiene im Umgang mit Wasser. Werden Auslandsreisen innerhalb von 6 Monaten nach einer durchgeführten Grundimmunisierung geplant, so ist nur noch eine Wiederauffrischung mit reduzierter Impfdosierung erforderlich.

Pockenimpfung

Die Pockenimpfung erfolgt durch die Injektion eines mit den eigentlichen Pocken verwandten, aber schwächeren lebenden Virus. Diese Impfung wurde früher in Deutschland als Pflichtimpfung bei allen Kindern durchgeführt. Sie wurde ferner zur Einreise in zahlreichen überseeischen Ländern gefordert. Da die Krankheit inzwischen aber als ausgerottet gilt, bestehen solche Impfvorschriften nicht mehr.

Polioimpfung

Zur Impfung gegen Kinderlähmung (Poliomyelitis) stehen zwei Impfstoffe zur Verfügung, von denen einer ein abgetötetes Virus, der andere abgeschwächte lebende Viren enthält. Bei der Impfung mit abgetöteten Viren erfolgen drei Injektionen. Nach der ersten Injektion folgt die zweite einen Monat später, die dritte im Abstand von 7 bis 24 Monaten. Eine Wiederauffrischungsimpfung ist 4 Jahre später angezeigt. In der Bundesrepublik Deutschland wird allerdings praktisch nur noch die Schluckimpfung durchgeführt, bei der der Lebendimpfstoff zur Anwendung kommt. Die Grundimmunisierung erfolgt durch die Gabe von drei Dosen im Abstand von je 2 Monaten. Wiederauffrischungsimpfungen sollten alle 10 Jahre erfolgen. Wer in Länder reist, die ein erhöhtes Poliomyelitisrisiko aufweisen, sollte eine erneute Immunisierung alle 5 Jahre durchführen lassen.

Tetanusimpfung

Die aktive Impfung gegen Tetanus (Wundstarrkrampf) geschieht durch ein abgeschwächtes Giftprodukt der Tetanusbakterien (Toxoid), das in Form von Tetanol gespritzt wird. Die Grundimmunisierung erfolgt durch drei Injektionen, wobei die zweite der ersten etwa im Abstand von einem Monat folgt. Die dritte Injektion wird 6—12 Monate später gegeben. Wiederauffrischungsimpfungen sind nach 10 Jahren erforderlich. Bei Kindern werden heute üblicherweise Mehrfachimpfungen durchgeführt, die alle auch die Wundstarrkrampfimpfung enthalten. Früher erfolgte dies oft in Form der Dreifachimpfung (Keuchhusten, Diphtherie und Wundstarrkrampf) oder als Vierfachimpfung, wobei zusätzlich Poliomyelitis enthalten war. Heute erfolgt eine solche Grundimmunisierung meist mit der Zweifachimpfung gegen Diphtherie und Wundstarrkrampf, wobei die Poliomyelitisimpfung als

Schluckimpfung durchgeführt wird, während die Keuchhustenimpfung meist keine Anwendung mehr findet. Wenn Kinder und besonders ihre Eltern nicht wissen, ob sie gegen Wundstarrkrampf geimpft worden sind, sollte man daher immer nach einer Mehrfachimpfung fragen. Auch bei Wehrpflichtigen erfolgen regelmäßig Impfungen gegen Tetanus. Bei einer Verletzung wird der Arzt, auch wenn ein ausreichender Schutz besteht, häufig die Gelegenheit benutzen, eine Auffrischimpfung durchzuführen. Besteht bei wundstarrkrampfgefährdeten Wunden keine genügende Sicherheit über einen ausreichenden Impfschutz, kann die passive Impfung durch ein Antiserum (Tetagam) erfolgen.

Der Wundstarrkrampf ist eine sehr gefährliche Erkrankung, die in einem hohen Prozentsatz zum Tode führt. Da Sportler oft von Verletzungen bedroht sind, sollten sie daher einen ausreichenden Impfschutz sicherstellen.

Diphtherieimpfung

Die Diphtherieimpfung entspricht der Tetanusimpfung. Auch hier wird ein abgeschwächtes bakterielles Giftprodukt (Toxoid) gespritzt, wobei zur vollständigen Immunisierung drei Injektionen erforderlich sind. Die zweite folgt der ersten im Abstand von etwa 2 Monaten, die dritte 6—12 Monate später. Wiederauffrischungsimpfungen sollten alle 10 Jahre erfolgen.

Typhusimpfung

Der Typhusimpfstoff besteht aus abgetöteten Bakterien, die in Kapselform (Typhoral) gegeben werden. Dabei müssen jeweils drei Kapseln am ersten, dritten und fünften Tag eingenommen werden. Der Schutz ist nur begrenzt. Eine Impfung wird im allgemeinen nur bei zu erwartenden hohen Risiken empfohlen, nicht also beispielsweise bei kurzfristigen Besuchen in gefährdeten Ländern, selbst dann, wenn Typhus dort tatsächlich vorkommt.

Hepatitisimpfung

Die infektiöse Gelbsucht (Hepatitis) wird durch zwei unterschiedliche Viren hervorgerufen. Die Übertragung der Hepatitis A erfolgt durch Nahrungsmittel. Die Ansteckungsgefahr ist besonders in den Ländern des Mittelmeerraums verhältnismäßig hoch. Die Hepatitis B wird dagegen durch Blut, Injektionskanülen etc. übertragen. Hepatitis B kommt daher vor allem auch bei Rauschgiftabhängigen vor, die ihre Injektionsnadeln nicht hinreichend sterilisieren. Besonders die Hepatitis B ist eine schwer verlaufende Erkrankung, die im allgemeinen Klinikbehandlung erforderlich macht und oft zu Folgeschädigungen wie chronische Leberleiden und sogar zum Tode führen kann.

Eine Vorbeugung ist daher besonders wichtig. Gegenüber der Hepatitis A existiert eine aktive Impfung, man benügt sich jedoch im allgemeinen mit der Injektion von Gammaglobulinen, die sofort nach der Injektion wirksam werden und einen guten Schutz für 4—6 Monate gewähren. Gegenüber der Hepatitis B schützen die üblichen Gammaglobulinpräparate im allgemeinen nicht. Hier steht ein spezifisches Gammaglobulinpräparat (Aunativ) zur Verfügung, das angereicherte Antikörper gegen Hepatitis B enthält. Es wird zur Vorbeugung und Frühbehandlung von Personen eingesetzt, bei denen der Kontakt mit Hepatitis-B-Erregern aller Wahrscheinlichkeit nach bereits stattgefunden hat. Auch für die aktive Impfung gegenüber der Hepatitis B wurde inzwischen ein Impfstoff entwickelt. Da die verfügbare Menge dieses Impfstoffs zur Zeit beschränkt und der Preis sehr hoch ist, bleibt dieser Schutz Personen mit einem hohen Risiko vorbehalten, vor allem also Menschen, die häufig mit Blut in Kontakt kommen wie Ärzte, sonstiges Klinikpersonal und Patienten, die häufig Blut benötigen (Bluterkranke, Dialysepatienten etc.).

Antiseren

Gegen eine Reihe von Infektionskrankheiten sind, wie dies bereits für Tetanus und Hepatitis B erwähnt wurde, Antiseren verfügbar, in denen spezifische Gammaglobuline (Immunglobuline) in angereicherter Form enthalten sind. Als Beispiel seien zusätzlich Röteln (Rubella) und Mumps (Parotitis) genannt. Die Verabreichung solcher Immunglobuline bleibt Personen vorbehalten, bei denen mit Sicherheit ein Kontakt anzunehmen ist bzw. die Krankheit bereits ausgebrochen ist und bei denen ein erhöhtes Risiko im Krankheitsverlauf abgesehen werden kann (beispielsweise bei Immunschwäche etc.).

Allgemeine Hinweise zur Infektionsprophylaxe

Im folgenden werden einige allgemeine Hinweise zu vorbeugenden (prophylaktischen) Maßnahmen bei Reisen in bestimmte Teile dieser Erde gegeben.

Mittelmeergebiet,
— Grundschutz gegen Polio, Diphtherie und Wundstarrkrampf.
— Gammaglobuline.
— Typhus- und Choleraimpfung nur bei bekannten Epidemien.
— Malariaprophylaxe (s. u.) vor allem bei Reisen nach Afrika, aber auch in die Türkei und nach Saudiarabien.

Afrika
— Grundschutz gegen Polio, Diphtherie und Wundstarrkrampf.
— Gammaglobuline.
— Gelbfieberimpfung (gilt vor allem bei Reisen nach Zentralafrika).
— Typhus- und Choleraimpfung nur bei bekannten Epidemien.
— Malariaprophylaxe.

Asien
— Grundschutz gegen Polio, Diphtherie und Wundstarrkrampf.
— Gammaglobuline.
— Gelbfieberimpfung und Malariaprophylaxe bei Reisen in einige spezielle asiatische Länder.

Mittel- und Südamerika
— Grundschutz gegen Polio, Diphtherie und Wundstarrkrampf.
— Gammaglobuline.
— Gelbfieberimpfung.
— Malariaprophylaxe.
— Typhusimpfung nur, wenn Epidemien bekannt sind.

Malariaprophylaxe

Die Malaria wird durch Stiche von Stechmücken übertragen. Sie kommt in West- und Zentralafrika, Südostasien, Südamerika und Ozeanien vor und ist nach wie vor eine schwer zu behandelnde Erkrankung. Bestimmte Formen haben inzwischen Resistenzen gegen zahlreiche der früher wirksamen Malariamittel entwickelt. Die Vorbeugung ist daher außerordentlich wichtig. Hierzu wird Erwachsenen die Einnahme von 2 x 2 Chloroquintabletten pro Woche empfohlen (im Handel als Resochin). Soweit in einigen Ländern Malariaformen vorkommen, die nicht mehr chloroquinempfindlich sind, wie Thailand, Vietnam, Malaysia, Laos u. a., sollte Fansidar eingenommen werden.

Medikamentöse Prophylaxe von Darminfektionen

Die typischen Durchfallserkrankungen, die den Reisenden häufig im Ausland treffen („Montezumas Rache"), werden durch zahlreiche Krankheitserreger hervorgerufen, wie Amöben, Flagellaten oder, besonders häufig, Bakterien. Das Infektionsrisiko ist von Land zu Land stark unterschiedlich. Man sollte vorher Experten fragen, welcher Erreger in welchem Land besonders gefährlich ist. Bekannt ist etwa, daß Infektionen mit Flagellaten (Giardiasis) gerade in Leningrad und Moskau häufig auftreten. Amöbeninfektionen sind vor allem in Asien, Afrika sowie in einigen südamerikanischen Ländern zu befürchten. In den Staaten des Mittelmeers, Zentral- und Südamerikas sowie in einer Reihe von afrikanischen und asiatischen Ländern dominieren Infektionen durch Bakterien, speziell Salmonellen, Dysenteriebakterien und eine Reihe pathogener Colikeime.

Die Vorbeugung gegen Infektionen mit Flagellaten und Amöben kann durch Metronidazol (Clont, Flagyl u. a.) bzw. durch Tinidazol (Simplotan) erfolgen. Bei der Einnahme entsprechender Präparate treten allerdings häufig Nebenwirkungen im Magen-Darm-Trakt in Form von Übelkeit und Durchfällen auf.

Soweit Darminfektionen durch die oben genannten Bakterien zu befürchten sind, können zur Vorbeugung Antibiotika eingenommen werden, beispielsweise Neomycin oder Tetrazyklin. Neomycin hat den Vorteil, daß es im Darm schlecht resorbiert wird, hierdurch bleibt die Wirkung lokal. Der Nachteil besteht allerdings darin, daß die normale Darmbesiedlung an Keimen durch diese Substanzen zerstört wird. Als Folge können sich andere Mikroorganismen ausbreiten, die gegen die genannten Antibiotika unempfindlich sind und die dann ihrerseits zu Durchfällen führen können.

Spezielle Aspekte zur Prophylaxe für den Sportler bei Auslandsreisen

Für den Athleten, der im Ausland sportliche Wettbewerbe durchführen will, sind Impfungen besonders wichtig, um sich seine Leistungsfähigkeit zu erhalten. Deshalb sollte rechtzeitig ein entsprechendes Impfprogramm geplant werden, zumal eine Reihe von Impfungen nicht gleichzeitig, sondern nur in genügenden zeitlichen Abständen durchgeführt werden können. Einige dieser Impfungen führen darüber hinaus zu vorübergehenden Nebenwirkungen, die die Trainingsintensität und damit auch das Leistungsvermögen herabsetzen. Genannt seien etwa örtliche Muskelreaktionen nach der Tetanusimpfung. Auch Wiederauffrischungsimpfungen sollten daher rechtzeitig vor der Abreise erfolgen. Bei der Anwendung von Gammaglobulinen sollte man großzügig verfahren. Selbstverständlich ist eine Malariaprophylaxe erforderlich, wenn Sportreisen in Länder erfolgen, in denen eine solche Erkrankung zu befürchten ist. Die Malariaprophylaxe beeinflußt das Leistungsvermögen nicht. Problematisch ist allerdings die Vorbeugung gegen Magen-Darm-Infektionen. Die Vorteile und Risiken müssen hier im Einzelfall sehr sorgfältig gegeneinander abgewogen werden, zumal man häufig nicht weiß, ob die eingesetzte Impfung gegen die zu erwartenden Keime überhaupt wirksam ist. Man sollte hier eher zurückhaltend sein und Vorbeugemaßnahmen nur gezielt, etwa bei bekannten Krankheitsepidemien oder vor ganz besonders wichtigen Wettkämpfen, einsetzen.

Allgemeine hygienische Ratschläge

In südlichen Ländern kommt man über Wasser und Nahrung mit einer ganz anderen als der gewohnten Bakterienflora in Kontakt. Die dort lebende Bevölkerung hat sich diesen Verhältnissen angepaßt. Bakterien, die bei ihr als normale Darmbesiedlung vorkommen, können dagegen bei Fremden Krankheitserscheinungen hervorrufen. Es dauert mindestens eine Woche, bis die Umstellung auf diese neue bakterielle Umgebung erfolgt ist.

Magen-Darm-Infektionen werden durch direkten körperlichen Kontakt, durch Nahrungsmittel und Trinkwasser übertragen. Eine besonders sorgfältige Hygiene ist daher absolut erforderlich. Selbstverständlich sind die Hände sorgfältig vor den Mahlzeiten und nach einem Toilettenbesuch zu reinigen. Man sollte nichtabgekochtes Leitungswasser in jeder Form meiden. Als Getränke empfehlen sich in Dosen oder Flaschen abgefüllte Mineralwässer oder andere Getränke. In vielen Ländern werden Erfrischungsgetränke aus Automaten verkauft, die so konstruiert sind, daß einem Getränkepulver Leitungswasser beigemischt wird. Da man dies einem solchen Automaten nicht ansieht, sollte man solche Einrichtungen gleichfalls meiden. Oft wird auch nicht berücksichtigt, daß Gefrieren Krankheitserreger nicht abtötet. Auch Eiswürfel aus Leitungswasser zur Kühlung von Getränken sind eine häufige Infektionsquelle. Frischgemüse und Früchte werden

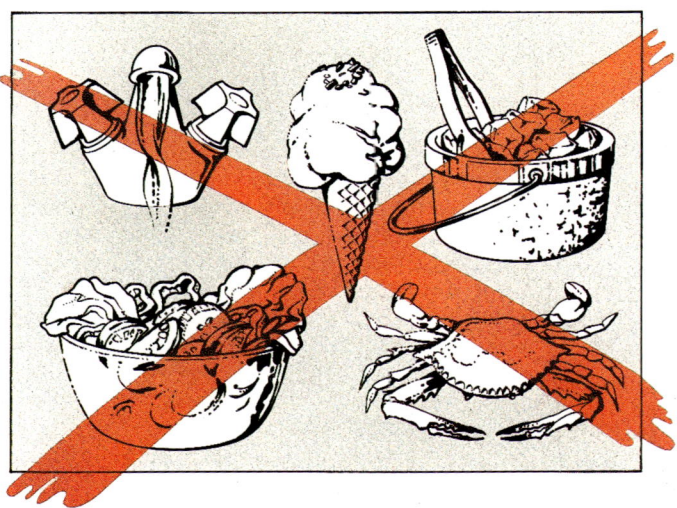

Beispiele für Nahrungsmittel, auf die man bei Reisen in südliche Länder besser verzichten sollte

372

mit Leitungswasser gereinigt, auch sie sind daher zu meiden. Man sollte nur solches Obst essen, das man selbst schälen kann.

Weitere häufige Ursachen für Magen-Darm-Infektionen sind Speiseeis, speziell Softeis, Schalentiere und Nahrungsmittel, die nicht hinreichend durchgekocht bzw. durchgebraten sind. Vorsichtig sein sollte man weiterhin mit Backwaren, kalten Soßen, Cremes, Salaten und Brotaufschnitt. Im Gegensatz zu einem häufigen Irrglauben tötet ein Glas Whisky am Morgen Darminfektionserreger nicht ab. Dies gilt dagegen für die Salzsäure des Magens, die einen relativen Schutz gegen bakterielle Infektionen darstellt. Personen mit geringer Salzsäureproduktion sind daher für Darminfektionen anfälliger. Auch bei normaler Salzsäureproduktion kann man diesen Säureschutz durch allzu große Trinkmengen verdünnen. Man sollte es daher vermeiden, vor den Mahlzeiten reichlich Mineralwasser zu trinken. Während des Essens bestehen gegen hinreichend sterilisierte Getränke keine Bedenken.

Bezüglich der Behandlung einmal ausgebrochener Darminfektionen wird auf Seite 149 verwiesen.

Im Verlauf einer solchen Infektion kommt es zu einem erheblichen Wasser- und Salzverlust. Das Leistungsvermögen wird hierdurch herabgesetzt. Darüber hinaus ist die Ansteckungsgefahr innerhalb einer Sportlergruppe zu berücksichtigen. Aus diesem Grund sind gerade beim Sportler prophylaktische Maßnahmen in dieser Richtung von besonderer Bedeutung. Sie stellen eine der wichtigsten Aufgaben des Gruppenleiters bzw. des eventuell begleitenden Sportarztes dar. Von ganz besonderer Bedeutung ist hier Aufklärung, denn viele Athleten sind sich des Risikos nicht hinreichend bewußt. Es ist sicherzustellen, daß der Sportler jederzeit hinreichende Mengen an geeigneten, in Dosen oder Flaschen abgefüllten Getränken verfügbar hat, sei dies im Training, beim Wettkampf oder auch im Hotel.

Man sollte hier auch an die Vernunft und Loyalität der Athleten appellieren. Es passiert immer wieder, daß einzelne Sportler ihren Wettkampf bereits in den ersten Tagen absolvieren und dann glauben, jetzt könnten sie sich gehen lassen. Ein solches Verhalten kann eine Versuchung für die anderen Sportler darstellen, die ihren Wettkampf noch vor sich haben und sollte daher unterbleiben. Eine hohe Verantwortung kommt der Gruppenleitung und dem Sportarzt auch bei der Auswahl der geeigneten Restaurants zu, in denen die Sportler essen. Vor wichtigen Wettkämpfen sollte man daher in Frage kommende Lokale besichtigen und auch den Blick in die Küche nicht vergessen.

42 Die medizinische Notfall- ausrüstung beim Sport

In Abhängigkeit von der Sportart kann es bei jedem Sport immer wieder zu mehr oder weniger schweren Verletzungen oder chronischen Schäden kommen. Als Grundregel gilt hier, daß der Schaden um so geringer gehalten werden kann und daß die Wiedergenesungszeit um so kürzer ist, je eher eine fachgerechte Behandlung einsetzt. Eine solche frühzeitige und richtige Behandlung setzt voraus, daß überall dort, wo Training und Wettkampf betrieben wird, eine entsprechende Notfallausrüstung verfügbar ist. Selbstverständlich ist dies nur dann sinnvoll, wenn es auch jemanden gibt, der über hinreichende medizinische Kenntnisse verfügt und diese Ausrüstung sinnvoll anzuwenden in der Lage ist.

Der Inhalt einer solchen Erste-Hilfe-Ausrüstung kann sehr unterschiedlich sein, in Abhängigkeit von der jeweiligen Sportart, der Intensität des Trainings sowie des Alters und des Gesundheitszustandes der Athleten. Jeder Notfallkoffer ist daher den individuellen Bedürfnissen anzupassen. Die folgende Auflistung kann deshalb nur als Vorschlag für eine Grundausrüstung verstanden werden.

Wir geben zunächst den Inhalt eines Erste-Hilfe-Koffers wieder, wie er ganz allgemein in Sportanlagen, Vereinen oder Schulen verfügbar sein sollte. Anschließend wird der empfohlene Inhalt der Notfalltasche eines Sportarztes beschrieben.

Im Sport wird reichlich Verbandmaterial verbraucht. *Photo: Joachim Flodin*

Beispiel für den Inhalt einer ärztlichen Notfalltasche. *Photo: Ole Roos*

1. Erste-Hilfe-Ausrüstung in einem Sportverein

— Waschutensilien wie Seife und Schwamm.
— Lösungen zur Wundreinigung, beispielsweise sterile physiologische Kochsalzlösung in Einmalbeuteln, Wund- und Augenduschen.
— Nierenschalen zur einmaligen Verwendung.
— Verbandmaterial.
— Sterile Kompressen.
— Mullbinden.
— Watte.
— Elastische Binden und Elastoplastverbände.
— Elastisches und unelastisches Tapematerial.
— Leukoplast und Hansaplast.
— Schaumgummimaterial und Filz zum Abpolstern.
— Einmalhandschuhe, Schere, Pinzetten, Sicherheitsnadeln.
— Fieberthermometer, Taschenlampen, Kältepackungen.
— Einmaltrinkgefäße.

Medikamente — Schmerztabletten, z. B. Acetylsalicylsäure (Aspirin), Paracetamolpräparate (z. B. ben-u-ron, s. S. 232 ff.).
— Nasentropfen in Einmalpipetten (z. B. Nasivinetten) (s. S. 97).
— Lutschtabletten gegen Halsschmerzen, beispielsweise benzocainhaltige Präparate wie Anaesthesintabletten.
— Hustenmittel, wie Noscapin (z. B. Lyobex).
— bei Auslandsreisen: Durchfallmittel, beispielsweise Imodium und trinkbare Lösungen zum Flüssigkeits- und Salzersatz.

— Salben wie wasserabstoßende silikonhaltige Salben für wundgeriebene Stellen. Kortisonsalben zur Behandlung von Insektenstichen und Sonnenschutzmitteln.
— Traubenzucker.

Die Erweiterung dieser Liste durch rezeptpflichtige Medikamente sollte im Einverständnis mit dem betreuenden Sportarzt geschehen (siehe Abschnitt III).

Selbstverständlich sollte der Inhalt der Notfalltasche vernünftig benutzt werden. Soweit Unsicherheit hinsichtlich der notwendigen Behandlung besteht, ist ein Arzt aufzusuchen.

2. Sonstige erforderliche Ausrüstung

Außer der beschriebenen Notfalltasche sollte an allen größeren Sportplätzen und Schulen noch folgende Ausrüstung verfügbar sein:
— Schienen oder anderes Material zur Ruhigstellung bei Verdacht auf Brüche.
— Gehhilfen mit verstellbarer Länge.
— Trage mit Decke.
— Sandsäcke zur Stützung, beispielsweise bei Verdacht auf Wirbelsäulenbruch.

3. Die Notfalltasche des Arztes

Der Inhalt der Arzttasche kann sehr unterschiedlich sein. Er richtet sich nach der jeweiligen Sportart und den persönlichen Erfahrungen des Arztes. Die folgende Liste kann daher nur als Empfehlung gelten.
— Verbandmaterial entsprechend den Angaben und Punkt I.
— Desinfektionsmittel wie Alkohol und Merfenlösung.
— Nahtmaterial, speziell zum Einmalgebrauch.
— Einwegspritzen und -kanülen.
— Chirurgische Skalpelle und Skalpellhalter.
— Nadelhalter, Pinzette, Scheren und Gefäßklemmen.
— Fremdkörper-Zangen.
— Sterile Handschuhe.
— Sterile Tücher.
— Stethoskop.
— Blutdruckmeßgerät.
— Augen- bzw. Ohrenspiegel.
— Mundspatel.
— Gummikeil zum Offenhalten des Mundes bei Krampfzuständen.
— Taschenlampe.

Medikamente, die speziell in die Hand des Arztes gehören, zusätzlich zu den unter 1. genannten

— Antiphlogistika, also Medikamente, die schmerzstillend und entzündungshemmend wirken, wie Voltaren, Amuno, Brufen, die als Tabletten bzw. bei schweren Schmerzzuständen auch als Injektionen verfügbar sein sollten (s. S. 232 ff.).
— Für schwere Schmerzzustände ferner Medikamente wie Tramal, Develin und im Bedarfsfall Morphiumpräparate (s. S. 237 f.).
— Injizierbare örtliche Betäubungsmittel wie Xylocain, Novocain mit und ohne Adrenalinzusatz (s. S. 204).
— Lokalbetäubende Augentropfen wie Conjuncain, Tetracain (s. S. 201).
— Medikamente gegen Hämorrhoidenbeschwerden wie Xyloproct, Scheriproct N (s. S. 157).
— Medikamente gegen Infektionen, speziell Antibiotika (s. S. 78 ff.).

- Beruhigungs- und Schlafmittel wie Valium, Nitrazepam, Adumbran (s. S. 275 f.).
- Medikamente gegen Reisekrankheiten, die kurzwirksam sind, wie Rodavan, oder lang wirkende, wie scopolaminhaltige Pflaster (s. S. 271 f.).
- Antiallergisch und abschwellend wirkende Medikamente.
- Medikamente gegen epileptische Krampfzustände, z. B. injizierbare Barbiturate (s. S. 263 f.).
- Medikamente gegen Durchfall, speziell Imodium, Kohlenhydrat- und Salzlösungen (s. S. 149).
- Medikamente gegen Magenschleimhautentzündung, beispielsweise Gelusil-lac, Masigel (s. S. 146).
- Medikamente gegen Darmverstopfung wie Dulcolax oder Microklist (s. S. 154 f.).
- Chloramphenicol-Augensalbe (s. S. 116 f.).
- Ohrensalbe, beispielsweise Terracortrilsalbe, mit Polymyxin B (s. S. 114).
- harntreibende Medikamente (Diuretika) gegen akute Schwellungen, beispielsweise Lasix (s. S. 365).
- Medikamente gegen Asthmaanfälle und sonstige allergische Zustände, beispielsweise Bricanyl- oder Auxilosonspray (s. S. 67 f.).
- Medikamente gegen Herzrhythmusstörungen (z. B. Rytmonorm).
- Adrenalin als Injektionslösung und als Spray (s. S. 131 f.).
- Medikamente gegen Herzneurosen, beispielsweise adrenerge Betablocker (s. S. 360 ff.).

Spezielle Ausrüstung für akute Herz-Kreislauf-Notfälle
- Atembeutel (Rubensbeutel).
- Laryngoskop mit Lichtquelle.
- Endotrachealtuben verschiedener Größen.
- Kleinere Tuben für Mund und Nasenwege (Guedeltubus).
- Große Spritze (50 ml) mit Katheter zum Absaugen.
- Verweilkanülen.
- Große Kanülen.
- Einmal-Dreiwegehähne.
- Ringerlösung, 500 ml.

Je größer die Erfahrung mit sportmedizinischen Problemfällen ist, um so umfangreicher wird die Ausrüstung sein, die man im ärztlichen wie im nichtärztlichen Bereich für erforderlich hält. Die Beschaffung der notwendigen Medikamente stellt auch ein finanzielles Problem dar, da diese nicht über die Krankenkasse abgerechnet werden können.

Eine gute Kenntnis des Gesundheitszustandes der Sportler erleichtert die Arbeit des betreuenden Arztes. Durch Wissen um eventuelle Vorschäden, Krankheiten und eingenommenen Medikamenten kann der Arzt in vielen Fällen Schäden vorbeugen und eine eventuelle Behandlungszeit verkürzen. Regelmäßige sportmedizinische Voruntersuchungen zu Beginn der Saison und Kontrollen im Saisonverlauf sind daher von großer Bedeutung.

Tabelle der Normalwerte

Die im folgenden angegebenen Normalwerte beziehen sich auf einen 40 Jahre alten Menschen von ca. 60 kg Gewicht und 175 cm Länge. Die Werte können nicht bedingungslos für jüngere oder ältere Menschen übernommen werden, da hier Unterschiede bestehen können. Soweit geschlechtsspezifische Unterschiede vorhanden sind, ist dies im einzelnen angegeben.

Wichtige physiologische Parameter

Parameter	Volumenbezogene Größen	Internationale Standardeinheiten (SI)
Blut pH	7,35 – 7,45	7,35 – 7,45
Basen-Überschuß (BE)	− 2,3 – + 2,3 mE/l	+ 2,5 mmol/l
Kohlendioxiddruck (PCO_2)	35 – 46 mmHg	4,5 – 6,0 kPa
Sauerstoffdruck (PO_2)	75 – 90 mmHg	> 10 kPa
Arteriovenöse Sauerstoffdiff. ($AVDO_2$)	35 – 45 ml/l	15,6 – 20,1 mmol/l
Herzminutenvolumen (HMV)	4,5 – 7,4 l/min.	4,5 – 7,4 l/min
Herzfrequenz (HF)	50 – 90 Schläge/min	50 – 90 Schläge/min 0,83 – 1,50 Hz
Sauerstoffaufnahme (VO_2)	212 ml/min	94 mmol/min
Gesamthämoglobinmenge	600 – 720 g	600 – 720 g
Blutvolumen	4,5 – 5,1 l	4,5 – 5,1 l
Systolischer Blutdruck (P_s)	110 – 140 mmHg	14,7 – 18,9 kPa
Diastolischer Blutdruck (P_d)	70 – 95 mmHg	9,3 – 12,7 kPa
Atemminutenvolumen (V_E, AMV)	6,1 – 9,2 l BTPS	6,1 – 9,2 l BTPS
Atemfrequenz (AF)	12 – 18 l/min	12 – 18 l/min
Atemzugvolumen (AV)	0,40 – 0,80 l BTPS	0,40 – 0,80 l BTPS
Vitalkapazität (VK)	4,75 – 5,85 l BTPS	4,75 – 5,85 l BTPS

Klinisch wichtige Blutwerte

Parameter	Volumenbezogene Größen	Internationale Standardeinheiten (SI)
Hämoglobin (Hb)	14 – 18 g%	♀ 120 – 150 g/l ♂ 140 – 170 g/l
Serumeisen (Fe)	80 – 180 µg %	11 – 32 µmol/l
Eisenbindungskapazität (TBC)	150 – 400 µg%	45 – 70 µmol/l
Leukozyten (weiße Blutkörperchen)	3500 – 10 000/µl	4 – 9 10^9/l
Thrombozyten (Blutplättchen)	150 000 µl	150 – 450 10^9/l
Cholesterin	150 – 250 mg%	3,6 – 8,0 mmol/l
Triglyzeride (TG)	< 175 mg%	0,6 – 2,2 mmol/l
Glukose	55 – 100 mg%	3,0 – 6,0 mmol/l
Bilirubin	0,2 – 1,2 mg%	4 – 22 µmol/l
Kreatinin	0,6 – 1,2 mg%	♀ < 100 µmol/l ♂ < 110 µmol/l
Harnstoff	10 – 25 mg%	3,0 – 8,0 mmol/l
Albumin	3,8 – 5,5 mg%	37 – 52 g/l
Kalzium (Ca)	4,3 – 5,3 mE/l	2,2 – 2,6 mmol/l
Phosphat	2,7 – 4,5 mg%	0,6 – 1,6 mmol/l
Natrium (Na)	135 – 145 mE/l	133 – 147 mmol/l
Kalium (K)	3,5 – 5,0 mE/l	3,5 – 5,2 mmol/l
Chlorid (Cl)	95-105 mE/l	95 – 110 mmol/l
SGOT (Serum-Glutamat-Oxalat-Transaminase) Leberfunktion	10 – 45 U/l 37°	< 0,70 µkat/l
SGPT (Serum-Glutamat-Pyrivat-Transaminase) Leberfunktion	10 – 45 U/l 37°	< 0,70 µkat/l

Fortsetzung S. 380

Parameter	Volumenbezogene Größen	Internationale Standardeinheiten (SI)
LDH (Laktatdehydrogenase)	110 – 330 U/l 37°	3,9 – 8,0 µkat/l
CK (Kreatinkinase)	< 100 U/l 37°	♀ < 2,4 µkat/l ♂ < 2,9 µkat/l

Literaturverzeichnis

Leistungsphysiologie und Trainingslehre

AGNEVIK, G., FORSBERG, A., LUNDIN, A.: Fysiologi, 1—2 Sveriges Riksidrottsförbund, Stockholm 1978

DE MARÉES, H. S.: Sportphysiologie, Troponwerke, Köln 1981

ENGSTRÖM, L. M., FORSBERG, A. (Hrsg.): Vuxnas motionsvanor. Idrottens forskningsråd, Sveriges Riksidrottsförbund, Stockholm 1983

FORSBERG, A., SALTIN, B. (Hrsg.): Styrketräning. Idrottens forskningsråd, Sveriges Riksidrottsförbund, Stockholm 1985

HEDMAN, RUNE,: Idrottens fysiologi. Liber, Malmö 1977

HOLLMANN, W., T. HETTINGER: Sportmedizin, Arbeits- und Trainingsgrundlagen, Schattauer, Stuttgart 1976

JOHANSSON, J., OREDSSON, L., u. a.: Styrka och rörlighet. Sveriges Riksidrottsförbund, Utbildningsproduktion, Malmö 1980

KARLSSON, J.: Snabba och långsamma muskelfibrer. ICI-Pharma AB, Göteborg 1983 Rapporter i idrottsfysiologi Trygg-Hansa, Stockholm

STEGEMANN, J.: Leistungsphysiologie, Thieme Verlag, Stuttgart 1971

SHEPARD, R. J.: Physiology and Biochemistry of Exercise. Praeger, New York 1982.

ÅSTRAND, P.-O., RODAHL, K.: Textbook of Work Physiology. McGraw-Hill, New York 1970

Sportmedizin und Sportverletzungen

Clinics in Sports Medicine, Skiing Injuries. W. B. Saunders, Philadelphia, Juli 1982
— Ankle and Foot Problems in the Athlete. W. B. Saunders, Philadelphia, März 1982

EHRICHT, H.-G.: Die Wirbelsäule in der Sportmedizin. J. A. Barth, Leipzig 1978

EKBLOM, B., u. a.: „Rapport från RF:s kostgrupp". Sveriges Riksidrottsförbund, Stockholm 1983

EKSTRAND, J.: Soccer Injuries and Their Prevention. Linköpings universitet 1982

ENGSTRÖM, L.-M., FORSBERG, A. (Hrsg.), Barn — ungdom — idrott. Idrottens forskningsråd, Sveriges Riksidrottsförbund, Stockholm 1982

ERIKSSON, B., u. a.: „Idrottsmedicin". Läkartidningen Nr. 5, 1975

FRANKE, KURT: Traumatologie des Sports. Georg Thieme Verlag, Stuttgart 1980

FURU, M., ENGSTRÖM, L. M., LINDGÄRDE, F.: Kost, motion, hälsa. En undersökning bland medelålders män i Malmö. Forskningsgruppen för idrottspedagogik, Stockholm und Malmö 1978

„Fysisk aktivitet for helse og trivsel". *Tidskrift for Den norske lægeforening* 4B/1985

HALKIER, KARIN, INGE, HENRIKSEN, FRODE,: Idrættsskader. J. Fr. Clausens Forlag, Köpenhamn 1973

HEIPERTZ, W.: Sportmedizin. Georg Thieme Verlag, Stuttgart 1976

HEISS, FROHWALT: Unfallverhütung und Nothilfe beim Sport. Verlag Karl Hofmann, Schorndorf 1977

JACKSON, W. DOUGLAS, PESCAR, C. SUSAN: The Young Athlete's Health Handbook. Everest House, New York 1981

Kost och fysisk aktivitet i barnaåldern. Socialstyrelsen redovisar 33/1973

Kost och motion. Socialstyrelsen redovisar 19/1971

KREJCI, VLADIMIR, KOCH, PETER: Muskelverletzungen und Tendopatien der Sportler. Georg Thieme Verlag, Stuttgart 1976

MANGI, RICHARD, JOKL, PETER, DAYTON, O. WILLIAM: The Runner's Complete Medical Guide. Summit Books, New York 1979

MATSEN, A. FREDERICK: Compartmental Syndroms. Grune & Stratton, New York 1980

MIRKIN, GABE, HOFFMAN, MARSHALL: Sportmedicin. Liber Läromedel, Malmö 1981

MOREHOUSE, L. E., RASCH, P. J.: Sports Medicine for Trainers. W. B. Saunders, Philadelphia 1963

Pařízková, J., Rogozkin, V. A.: Nutrition, Physical Fitness, and Health. University Park Press, Baltimore 1978

Peterson, L., Renström, P.: Verletzungen im Sport. 2. Auflage. Deutscher Ärzte-Verlag, Köln 1987

Peterson, L., Renström, P. u. a.: „Idrottsmedicin". Läkartidningen Nr. 41, 1980

Pförringer, W., Rosemeyer, B., Bär, H.-W.: Sporttraumatologie. Sportartentypische Schäden und Verletzungen. Beiersdorf Medical Bibliothek, Erlangen 1981

Schmidt, H.: Orthopädie in Sport. Untersuchung, Behandlung, Beurteilung. J. A. Barth, Leipzig

Schwerdtner, H. P., Fohler, N.: Sportverletzungen. Verlag Dr. med. D. Straube, Erlangen 1976

Smith, N. J.: Food for Sport. Bull Publishing Co., Palo Alto 1976

Southmayd, William, Hoffman, Marshall: Sports Health. The Complete Book of Athletic Injuries. Quick Fox, New York & London 1981

Williams, J. G. P.: A Colour Atlas of Injury in Sport. Wolfe Medical Publications Ltd., London 1980

Williams, J. G. P., Sperryn, P. N.: Sports Medicine. Arnold, London 1976

Vinger, F. Paul, Hoerner, F. Earl: Sport Injuries. The Unthwarted Epidemic. PSG, Thittleton, Massachusetts 1981

Arzneimittelverzeichnis

Rote Liste 1987, Editio Cantor, Aulendorf/Württ. 1987

Innere Medizin und infektiöse Erkrankungen

Anemier. Diagnostik och behandling inom primärvården. Hässle, Göteborg.

Hollmann, W.: Zentrale Themen der Sportmedizin, Springer Verlag, Berlin, Heidelberg, New York, 2. Aufl. 1977

Jokl, E., McClellan, J. T.: Exercise and Cardiac Death. Karger 1971

Magnusson, B.: „Järntabletter äts ofta i onödan". Idrottens blå bok 1981, Stockholm 1982

Matell, G., Reichard, H.: Akutmedicin. Studentlitteratur, Lund 1973

Oseid, S., Edwards, A. M. (Hrsg.): The Asthmatic Child in Play and Sport. Pitman Press, Bath 1983

Rost, R.: Herz und Sport, Perimed Verlag, Erlangen 1984

Ström, J.: Akuta infektionssjukdomar. CWK Gleerup, Lund 1978

Werkö, L., Hallberg, L., Lindholm, B.: Invärtesmedicin, 1—11. Almqvist & Wiksell, Uppsala 1978

Psychologie

Railo, Willi: Tränings- och tävlingspsykologi. Sveriges Riksidrottsförbund, Utbildningssektionen, Stockholm 1976

Anatomie

Hjortsjö, C. H.: Anatomiska aspekter på idrottsliga topprestationer. CEWE, Bjästa 1976

Sonesson, B.: Människans anatomi. Almqvist & Wiksell, Uppsala 1973

Weineck, J.: Sportanatomie. Perimed Fachbuch Verlagsgesellschaft mbH, Erlangen 1981

Wirhed, Rolf: Anatomi och röreselära inom idrotten. Samspråk Förlags AB, Örebro 1982

Massage

Ekenberger, K.: Massagebok för alla. AWE/Gebers, Stockholm 1967

Ravald, Bertil: Massage. En handbok för alla. Berghs förlag AB, Malmö 1982

Taping

Cerny, J. V.: The Complete Book of Athletic and Taping Techniques. Prentice-Hall, Englewood Cliffs, New Jersey 1972

Dixon, D.: The Dictionary of Athletic Training (3. Aufl.), 1973
Dolan, J., Holladay, L.: Treatment and Prevention of Athletic Injuries.
Johnson & Johnson, Athletic Uses of Adhesive Tape. 1973
Nilsson, B., Ravald, B., Westlin, N.: Sportskador. Förband och tejpning. Ortosport AB, Malmö 1983
Rawlinson, K.: Modern Athletic Training. Prentice-Hall, Englewood Cliffs, New Jersey 1961
Tobell, E.: Tejpningens grunder, 1—11. Medema, Stockholm 1973

Doping

Donike, M., S. Rauth: Dopingkontrollen, Bundesinstitut für Sportwissenschaften, Köln, Verlag Karl Hofmann, Schorndorf 1987
„Doping. Ett medicinskt och etiskt problem", Symposium. Läkartidningen 79 (1982): 13
Idrott och stimulerande medel — doping. Norges Idrættsforbund, ämneshäfte Nr. 3, 1980
Ärlig kamp. Studiehäfte mot doping. Sveriges Riksidrottsförbund, Stockholm 1984

Behindertensport

Adams, Ronald, u. a.: Games, Sports, and Exercises for the Physically. Handicapped. Lea & Febiger, Philadelphia 1972
Nygren, Alf: Handikappidrott. Forum, Stockholm 1973

Physiotherapie und Krankengymnastik

Cotta, H., W. Heipertz, A. Hüter-Becker, G. Rompe: Krankengymnastik, Taschenlehrbuch in 10 Bänden, Thieme Verlag, 1982
Cyriax, J.: Textbook of Orthopedic Medicine. London 1974
Janda, V.: Muskelfunktionsdiagnostik. Studentlitteratur, Lund 1975

Zeitschriften

American Journal of Sports Medicine
Australian Journal of Sports Medicine
British Journal of Sports Medicine
Deutsche Zeitschrift für Sportmedizin
Idrottsmedicin
International Journal of Sports Medicine
Italian Journal of Sports Traumatology
Journal of Orthopædic and Sports Physical Therapy
Journal of Sports Medicine and Physical Fitness
Medicine and Science in Sports and Exercise
Medizin und Sport
Physician and Sports Medicine
Schweizerische Zeitschrift für Sportmedizin

Glossar

Absence kurzdauernde Bewußtseinstrübung.

Absorption Aufnahme von Substanzen durch eine Barriere, beispielsweise die Aufnahme von Medikamenten über die Darmwand ins Blut.

Abszeß geschlossene Eiteransammlung mit Gewebseinschmelzung.

Acetylcholin Überträgerstoff von Nervenimpulsen von einer Nervenzelle auf die andere oder auf das Erfolgsorgan im Bereich des parasympathischen (cholinergen) Nervensystems bzw. im Bereich der Skelettmuskulatur.

Adenoid drüsenähnliches Gewebe, insbesondere am Übergang von der Nase zum Rachenraum („Rachenmandeln").

adenoide Vegetation „Nasenpolypen", Vergrößerung der Rachenmandeln.

Adhärenz Verwachsungen verschiedener Gewebe.

Adrenalin „Streßhormon" aus dem Nebennierenmark, beeinflußt zahlreiche Körperfunktionen und ist gleichzeitig auch Überträgerstoff des sympathischen Nervensystems.

Adrenergika Medikamente, die eine gleichartige Wirkung ausüben wie Adrenalin (siehe auch Sympathikomimetika).

Aerophagie Luftschlucken.

Akkomodation Fähigkeit des Auges, seine Sehschärfe auf unterschiedliche Entfernungen einzustellen, besonders wichtig für das Nahsehen.

Aldosteron Hormon der Nebennierenrinde, das den Salzhaushalt des Organismus reguliert.

Allergen Fremdstoff, vor allem Eiweiß, der Überempfindlichkeitsreaktionen durch Antikörperbildung hervorruft.

Alveole Lungenbläschen am Ende der Luftwege, in dem der Gasaustausch zum Blut geschieht.

Amenorrhöe Fehlen der monatlichen Regelblutung.

Aminosäure Grundbaustein der Eiweißstoffe (Proteine).

Amöbe einzelliges Kleinstlebewesen.

Ampulle geschlossener Glasbehälter zur Aufbewahrung steriler, zur Injektion bestimmter Lösungen.

Amylase Enzym, das Kohlenhydrate im Speichel und Darm abbaut.

anaboler Prozeß gewebsaufbauender Vorgang.

Anämie Blutarmut.

analgetisch schmerzstillend.

anaphylaktische Reaktion akute allergische Überempfindlichkeitsreaktion.

Androgene männliche Sexualhormone.

Anlaufzeit Zeit zwischen Zufuhr und Wirkungseintritt eines Medikamentes.

Antazida Medikamente zur Neutralisierung der Salzsäure im Magen.

Antibiotika Medikamente mit abtötender oder wachstumshemmender Wirkung auf krankheitserzeugende Bakterien.

Anticholinergika Medikamente, die hemmend auf das parasympathische (cholinerge) Nervensystem durch Blockierung des Überträgerstoffes Acetylcholin wirken.

Antiemetika Medikamente zur Behandlung von Übelkeit und Brechreiz.

Antigen Fremdstoff, der von der Immunabwehr des Organismus angegriffen wird.

Antihistaminika Medikamente, die das körpereigene Histamin hemmen.

Antikörper vom Körper gebildete Stoffe, die Fremdkörper angreifen.

antipyretisch fiebersenkend.

Anus After, Darmausgang.

Aorta große Körperschlagader.

Aortenklappenstenose Einengung der Ventilklappe am Beginn der großen Körperschlagader.

Apophyse kleiner Knochenfortsatz, der in der Regel zur Befestigung von Sehnen dient.

Appendix Wurmfortsatz des Blinddarms.

Arachidonsäure mehrfach ungesättigte Fettsäure, die überall im Körper zu finden ist und als Ausgangsprodukt für die Entstehung der Prostaglandine und Leukotriene dient.

Arteriosklerose Gefäßerkrankung, die durch eine Einengung der Arterien charakterisiert ist.

Arthritis Gelenkentzündung.

Arthroskop Instrument zur Besichtigung des Gelenks von innen.

Arrhythmie unregelmäßiger Herzrhythmus.

Ascorbinsäure Vitamin C.

Astigmatismus Sehfehler durch unregelmäßige Hornhautverkrümmung.

Atopie angeborene Neigung zu allergischen Erkrankungen.

Atrophie Rückbildung von Körpergeweben.

Autoimmunität Überempfindlichkeit gegenüber körpereigenem Gewebe.

autonomes Nervensystem derjenige Anteil des Nervensystems, der die Organe steuert und nicht dem Willen unterworfen ist (siehe auch vegetatives Nervensystem).

AV-Block Störung der Überleitung der elektrischen Erregung des Herzvorhofs (Atrium) auf die Herzkammer (Ventrikel). Die Überleitung kann verspätet sein oder völlig fehlen.

Barbiturate Medikamente mit stark beruhigender und schlaferzeugender Wirkung.

basophil Anfärbbarkeit mit basischen Farbstoffen. Der Begriff wird vor allem bei einer Gruppe weißer Blutkörperchen angewandt, deren Zellkerne sich typischerweise basophil anfärben.

betahämolysierende Streptokokken bestimmte Bakterien mit blutzellenzerstörenden Eigenschaften.

Blepharitis Entzündung der Augenlidränder.

Blutplasma Blutflüssigkeit ohne Blutkörperchen.

Blutserum Blutflüssigkeit ohne Blutkörperchen und Gerinnungseiweiß (Fibrinogen).

Boosterdosis Verabreichung einer Wiederauffrischungsdosis, vor allem bei Impfungen, um die Abwehrkörperbildung erneut anzuregen.

Bradykardie langsamer Herzschlag.

Bronchien Atemwege zwischen Luftröhre und Lungenbläschen.

Bronchiektasen meist sackförmige Erweiterung der Bronchien.

Bries siehe Thymus

Bursa Schleimbeutel, flüssigkeitsgefüllter Hohlraum zur Abpolsterung gegenüber mechanischen Reizungen, oft im Gelenkbereich oder zwischen Haut und Knochen bzw. Sehnen und Knochen.

Bursitis Schleimbeutelentzündung.

Caecum Blinddarm, erster Anteil des Dickdarms (siehe auch Appendix)

Calcitonin Hormon der Nebenschilddrüse, das eine wichtige Rolle bei der Regelung der Kalziumkonzentration im Serum spielt.

Cardia Mageneingang.

Cervicitis Entzündung des Gebärmutterhalses.

Cervix Gebärmutterhals.

chemotaktisch chemische Stoffe, die bewegliche Mikroorganismen anlocken.

Chemotherapeutika chemisch synthetisierte Stoffe zur Behandlung von Infektionen.

cholinerg Eigenschaft von Stoffen, die gleichsinnig wie das körpereigene Acetylcholin (sie-

he auch parasympathikomimetisch) wirken.

chronisch längerdauernd.

Chylomikronen Fetttröpfchen
im Blut.

Clavicula Schlüsselbein.

Colibakterien Bakterien, die
normalerweise im Dickdarm
vorkommen.

Colon Dickdarm.

Commotio Gehirnerschütterung.

Computertomographie Anferti-
gung von Röntgenschichtauf-
nahmen unter Ausnutzung der
Computertechnik.

Corium Lederhaut.

Cornea Hornhaut des Auges.

Cyanocobalamin Vitamin B_{12}.

Degeneration Rückbildung.

Depotpräparate Arzneimittel,
die die wirksame Substanz verzögert an den Körper abgeben.

Diaphragma Zwerchfell, querer
Muskel zwischen Brust- und
Bauchhöhle.

diastolischer Blutdruck Blutdruck in den Gefäßen während
der Erschlaffungsphase des Herzens.

Dilatation Erweiterung.

Discus Zwischenscheibe, Bandscheibe.

Diuretika Medikamente, die die
Wasser- und Salzausscheidung
der Niere erhöhen (siehe auch
Saluretika).

Divertikel kleinere oder größere
Ausbuchtungen der Wände von
Hohlorganen, beispielsweise
Speiseröhre, Magen oder Darm.

Divertikulitis Entzündung eines
Divertikels.

Dopamin Überträgersubstanz im
Nervensystem des Körpers (do-
paminerges System).

drainieren Abfluß schaffen, beispielsweise aus einer Wundhöh-
le.

Dreifachimpfung Impfung gegen Wundstarrkrampf, Diphtherie und Keuchhusten.

Duodenum Zwölffingerdarm.

Dysmenorrhöe Schmerzen während der monatlichen Regel.

**Elektroenzephalographie
(EEG)** Registrierung der elektrischen Gehirnaktivitäten.

Elektrokonversion Normalisierung von schweren Herzrhythmusstörungen durch einen elektrischen Stromstoß.

Elektrolytstörung Veränderung
der Mengenverhältnisse verschiedener Salze im Blut.

Embolie abgeleitet von grie-
chisch Embolus (= Pfropf).
Krankhafter Zustand, bei dem
ein Blutgerinnsel mit dem Blut
fortgeschwemmt wird, an einer
anderen Stelle das Gefäß ver-
schließt und die Durchblutung
des nachfolgenden Gewebes ab-
blockt.

Embolus siehe unter Embolie.

Embryogenese Entwicklung der
verschiedenen Organe während
des ersten Drittels der Schwangerschaft.

Emphysem Lungenerkrankung
mit erheblicher Erweiterung der
Lungenbläschen.

endogen körpereigen.

Endorphine Gruppe körpereigener schmerzstillender Stoffe, die
die Schmerzleitungsbahnen im
Gehirn und Rückenmark beeinflussen.

endotracheal im Inneren der
Luftröhre gelegen.

Enzephaline eine den Endorphinen verwandte Wirkgruppe, siehe dort.

Enzephalitis Hirnentzündung

Enzyme Biokatalysatoren, die
chemische Prozesse im Stoffwechsel beschleunigen, ohne an
ihrem Endprodukt beteiligt zu
sein.

Ephedrin Medikament mit
adrenerger Wirkung, vorwiegend in Hustenmitteln.

Epidermis äußere Hautschicht.

Ergometer Gerät zur Bestimmung der Leistungsfähigkeit.

Erythrozyten rote Blutkörperchen.

Erythropoetin ein von den Nieren gebildeter Stoff, der das
Knochenmark zu vermehrter

Bildung roter Blutkörperchen anregt.

essentiell bei Aminosäuren: lebensnotwendig; im Zusammenhang mit Blutdruck, auch: ohne erkennbare Ursache (essentieller Hochdruck).

Euphorie gehobene Stimmungslage.

exogen von außen kommende Beeinflussung.

Exophthalmus vorstehende Augen.

Exostose nicht normaler Knochenvorsprung.

Expektoranzien Medikamente zur Schleimlösung im Bereich der Atemwege.

Exsudat Flüssigkeitsabsonderung, beispielsweise im Bereich von Entzündungen.

extern äußerlich.

Fadenpilz Erreger von Hautpilzerkrankungen, speziell von Fußpilz oder Nagelpilzerkrankungen.

Faszie feste Bindegewebshaut, die Muskulatur, Blutgefäße oder Organe umgibt.

Ferritin Eisenspeicher, bestehend aus einem Komplex aus Eiweiß und Eisen.

Fertilität Fruchtbarkeit.

Fettsäuren, mehrfach ungesättigte Fettsäuren mit Doppelbindung zwischen mehreren Kohlenstoffatomen. Sie können vom Organismus selbst, im Gegensatz zu den gesättigten Fettsäuren, nicht aufgebaut werden. Ihnen kommt eine Schutzfunktion gegenüber der Arteriosklerose zu.

Fibrin Gerinnungseiweiß, das im Verlauf der Blutgerinnung durch Ausfällung der Vorstufe, des Fibrinogens, entsteht.

Fissur Riß der Haut oder der Schleimhaut.

Flagellat Geißeltierchen. Die Bezeichnung stammt von einer Geißel, die der Fortbewegung dient.

Flimmerhaare Zilien; feine haarähnliche Gebilde auf Zellen von Schleimhäuten. Die rhythmische Bewegung dieser Flimmerhaare dient dem Abtransport von Schleim und Fremdkörpern.

Fluor a) Ausfluß aus der Scheide; b) chemisches Element, das für den Aufbau von Knochen und Zahnschmelz bedeutsam ist. Besonders die Biegsamkeit des Knochens hängt von einem hinreichenden Fluorgehalt ab.

Folsäure Vitamin aus der Gruppe der B-Vitamine.

Fotosensibilisierung Überempfindlichkeitsreaktion, die unter der Einwirkung von Medikamenten, Chemikalien, Pflanzensäften etc. durch Licht ausgelöst wird.

Fototoxizität schädliche Wirkung von Substanzen unter Einfluß von Licht.

freie Säureradikale stark gewebsreizende Stoffwechselprodukte, die beispielsweise im Verlauf von Entzündungsvorgängen entstehen.

Fruktose Fruchtzucker.

Furunkel Hauteiterung, die von einem Haarbalg ausgeht.

Gammaglobulin Eiweißfraktion im Blut, in der die Antikörper enthalten sind.

Ganglion Ansammlung von Nervenzellen außerhalb des Zentralnervensystems.

Gangrän Absterben von Körpergewebe.

Gastritis Magenschleimhautentzündung.

Gastroenteritis Magen-Darm-Entzündung.

Gastroskop Gerät zur Besichtigung der Mageninnenseite.

Gel zähe Flüssigkeit.

Generika chemische Kurzbezeichnung von Arzneimitteln.

gesättigte Fettsäuren Fettsäuren ohne Doppelbindungen.

Glandula parotis Ohrspeicheldrüse.

glatte Muskulatur Muskulatur der Eingeweideorgane und Blutgefäße ohne Querstreifung, die nicht dem Willen unterworfen ist.

Glukagon Hormon aus der Bauchspeicheldrüse, Gegenspieler des Insulins.

Gluten im Mehl enthaltener Eiweißstoff.

Glukosurie Ausscheidung von Traubenzucker im Urin.

Glykogen Speicherform der Kohlenhydrate.

Glykogenolyse Abbau des Glykogens.

Gonokokken Erreger der Gonorrhöe.

Granulationsgewebe Neubildung von Bindegewebe im Heilungsprozeß von Wunden.

Granulozyten spezielle Form der weißen Blutkörperchen.

Granulozytopenie krankhafter Mangel an Granulozyten.

Gynäkomastie Entwicklung einer Brustdrüse bei Männern.

Hämatom Bluterguß, blauer Fleck.

Häm-Eisen im Hämoglobin gebundenes Eisen.

Hämoglobin roter Blutfarbstoff, der den Sauerstoff bindet.

Hämolyse Abbau von roten Blutkörperchen.

Hämosiderin eisenhaltiges, im Gewebe abgelagertes Pigment.

Haptoglobin Trägereiweiß im Blut, das Hämoglobin aus abgebauten roten Blutkörperchen bindet.

Hb-Wert Konzentration des Hämoglobins im Blut.

Hepar Leber.

Heparin Medikament, das die Blutgerinnungsfähigkeit herabsetzt.

Hernie Eingeweidebruch, Ausbuchtung des Bauchfells und innerer Organe im Bereich von schwachen Stellen der Bauchwand.

Herniographie Röntgenuntersuchung von Eingeweidebrüchen nach Injektion von Röntgenkontrastmitteln.

Herzfrequenz Schlagfrequenz des Herzens.

Herzminutenvolumen die pro Minute vom Herzen gepumpte Blutmenge.

Hexosen Einfachzucker, bestehend aus sechs Kohlenstoffatomen.

Histamin körpereigene Substanz, die im Rahmen von allergischen Reaktionen aktiviert wird.

Hydronephrose Erweiterung des Nierenbeckens.

Hydrops Flüssigkeitsansammlung im Gewebe

Hyperglykämie erhöhte Blutzuckerkonzentration.

Hyperopie Weitsichtigkeit.

Hyperreaktivität verstärkte Reaktion auf niedrige Konzentrationen einer Reizsubstanz.

Hypertonie Bluthochdruck.

Hypoglykämie erniedrigte Blutzuckerkonzentration.

Hypophyse Hirnanhangsdrüse, die zahlreiche übergeordnete Steuerungshormone produziert.

Hyposensibilisierung Verfahren zur Herabsetzung der Empfindlichkeit gegenüber allergieauslösenden Stoffen.

Hypotonie zu niedriger Blutdruck.

Ikterus Gelbsucht.

Ileosakralgelenk Gelenk zwischen Hüftbein und Kreuzbein.

Ileum letzter Abschnitt des Dünndarms.

Immobilisierung Ruhigstellung eines Körperteils oder vollständige Ruhigstellung des Patienten.

Immunglobuline Eiweiße im Blut, die für die Abwehr zuständig sind.

Immunogene Fremdstoffe, die das körpereigene Immunsystem stimulieren.

immunologische Erkrankung Krankheit, die auf Veränderungen des Immunsystems des Körpers beruht.

Indikation Grund zur Anwendung bestimmter medikamentöser oder chirurgischer Behandlungsverfahren.

Inhalation Zuführung von Medikamenten durch Einatmung.

Inkubationszeit Zeit zwischen Ansteckung und Krankheitsausbruch.

Insuffizienz unzureichende Funktion.

Insulin Hormon, das die Blutzuckerkonzentration reguliert.

intermuskulär zwischen den Muskeln gelegen.

intramuskulär a) in einem Muskel gelegen; b) Injektion in einen Muskel zur Verabreichung von Medikamenten.

intranasale Zufuhr Verabreichung von Medikamenten über die Nasenschleimhaut.

intravenöse Zufuhr Verabreichung von Medikamenten direkt in die Blutbahn.

Iritis Entzündung der Regenbogenhaut des Auges.

irreponible Hernie Eingeweidebruch, den man nicht wieder einfach in die Bauchhöhle zurückdrücken (reponieren) kann.

Jejunum mittlerer Teil des Dünndarms zwischen Zwölffingerdarm (Duodenum) und Krummdarm (Ileum).

Kanüle Injektionsnadel.

Karbamid chemischer Stoff mit wasserbindenden Eigenschaften, häufiger Bestandteil von Hautcremes.

kardial das Herz betreffend.

Karditis Herzentzündung.

Karpaltunnelsyndrom enger Tunnel am Handgelenk, durch den Sehnen und Nerven zur Handinnenfläche verlaufen.

Keratitis Hornhautentzündung.

klinischer Befund Ergebnis der körperlichen Untersuchung eines Patienten durch den Arzt.

Klysma Medikamentenverabreichung als Einlauf in den Darm.

Koagulation Blutgerinnung.

Kolik krampfartige Schmerzen, ausgehend von inneren Organen wie Magen, Galle oder Nieren.

Kollaps plötzlicher Kreislaufzusammenbruch mit Bewußtseinsverlust.

Koma tiefe Bewußtlosigkeit.

Kombinationspräparat Medikament, das mehr als einen Wirkstoff enthält.

Kompressionsverband Verband, durch den Druck auf das Gewebe ausgeübt werden soll.

Konjunktiven Bindehäute der Augen.

Konjunktivitis Bindehautentzündung.

Konstriktion Einengung durch Narbenzug etc.

Kontraindikation krankhafter Zustand, der einen Grund *gegen* die Durchführung bestimmter Behandlungsmaßnahmen darstellt.

Kontraktion Zusammenziehen.

Konvektion Abtransport von Wärme durch Luftbewegung.

Koronararterien Herzkranzschlagadern.

Kortison Hormon aus der Nebenniere, dem eine wichtige Bedeutung in der Regelung des Zuckerstoffwechsels und bei Abwehrvorgängen zukommt.

Krepitation a) knisterndes Geräusch beim Abhören der Lunge unter krankhaften Bedingungen; b) knirschendes Gefühl bei der Bewegung erkrankter Gelenke, Muskeln und Sehnen.

Kyphose Biegung der Wirbelsäule nach vorn.

Laktose Milchzucker.

Laryngoskop Gerät zur Inspektion des Kehlkopfes.

Läsion Verletzung.

Leukozyten weiße Blutkörperchen.

Leukotriene körpereigene Stoffe, denen eine wichtige Rolle im Entzündungsvorgang zukommt.

Ligament Band.

Liquor Gehirnflüssigkeit, Flüssigkeit, die das Rückenmark und Gehirn umgibt bzw. sich in den Hirnkammern befindet.

Linolsäure hochungesättigte Fettsäure.

Lipid Fett.

Lipolyse Fettabbau.

Lipoprotein Fett-Eiweißkomplex

Lymphozyten bestimmte Untergruppe der weißen Blutkörperchen.

Makrophagen Zellen mit der Fähigkeit, andere Zellen oder Stoffe aufzunehmen.

Malabsorption Aufnahmestörung bestimmter Stoffe im Darm.

Mastzellen Zellen, die vorwiegend in Schleimhäuten zu finden sind und bioaktive Amine (Histamine etc.) enthalten.

Medianusnerv einer der drei wichtigen, den Arm und die Hand versorgenden Nerven.

Mediator Vermittlersubstanz.

Megakariozyten Zellen, die im Knochenmark zu finden sind und aus denen die Blutplättchen (Thrombozyten) entstehen.

mehrfach ungesättigte Fettsäuren Fettsäuren mit zahlreichen Doppelbindungen, die vom Körper nicht selbst hergestellt werden können.

Melaena durch Blutbeimischungen schwarzer Stuhlgang.

Melanin körpereigener Farbstoff in den Pigmenten der Haut.

Menarche erste monatliche Regelblutung eines Mädchens.

Meningitis Hirnhautentzündung.

Meningokokken Bakterien, die die epidemische Hirnhautentzündung hervorrufen.

Meniskus Knorpelscheibe in Gelenken, speziell im Kniegelenk.

Menorrhagie verstärkte monatliche Regelblutung.

Mesenterium Darmgekröse; Bindegewebe, in dem der Darm an der Bauchrückwand aufgehängt ist.

Metrorrhagie unregelmäßige Blutung aus der Gebärmutter.

Mikroorganismen mikroskopisch nachweisbare einzellige Lebewesen wie Bakterien, Pilze etc.

Minutenvolumen Menge einer Flüssigkeit oder eines Gases, z. B. Blut oder Luft, die pro Minute transportiert wird.

Monozyten Untertyp der weißen Blutkörperchen.

Motorik Steuerung der Muskulatur.

mukoziliärer Transport Schleimtransport mit Hilfe von Zilien (siehe dort).

Muskelbiopsie Entnahme einer kleinen Muskelprobe durch eine Biopsienadel oder während einer Operation.

Mycoplasmen krankheitserzeugende Mikroorganismen.

Myelographie Röntgenkontrastuntersuchung des Rückenmarkkanals.

Myoglobin eisenhaltiger Farbstoff der Muskulatur.

Myokarditis Herzmuskelentzündung.

Nävus Muttermal.

Nephritis Nierenentzündung.

Nekrose Gewebstod.

Neurose psychische Störung durch Fehlverarbeitung von Erlebnissen.

Noduli kleine Gewebsknoten.

Non-Häm-Eisen nicht an Hämoglobin gebundenes Eisen.

Noradrenalin im Nebennierenmark gebildetes „Streßhormon", gleichzeitig Überträgerstoff im sympathischen Nervensystem, zusammen mit Adrenalin (siehe dort).

Nystagmus schnelle Augenbewegung.

Ödem Flüssigkeitsansammlung im Gewebe.

Östrogen weibliches Sexualhormon.

Ösophagoskop Instrument zur Inspektion der Speiseröhre.

Ösophagus Speiseröhre.

Obstipation Verstopfung.

Orchitis Hodenentzündung.

orthostatisch Schwierigkeit bei der Aufrechterhaltung des Blutdrucks in aufrechter Körperstellung.

Osmolarität Maß für den Druck gelöster Teilchen in einer Flüssigkeit (osmotischer Druck).

Osmose Konzentrationsausgleich zwischen zwei Lösungen unterschiedlicher Konzentration, die durch eine nur einseitige durchlässige Membran (semipermeable Membran) voneinander getrennt sind.

osmotischer Druck Druck, der durch gelöste Stoffe in einer Flüssigkeit ausgeübt wird.

Osteophyt Knochenauswuchs.

Osteoporose Knochenentkalkung.

Otitis Ohrenentzündung.

Ovarien Eierstöcke

Palpation Untersuchung durch Abtasten.

Palpitation Symptom des „Herzklopfens" als subjektive Angabe des Patienten.

Pankreas Bauchspeicheldrüse.

Pankreatitis Bauchspeicheldrüsenentzündung.

Pannus verdickte Gelenkkapsel im Übergangsbereich zur knorpeligen Gelenkfläche.

parasympathikomimetisch siehe cholinerg.

parasympathisches (cholinerges) Nervensystem Teil des vegetativen Nervensystems (siehe dort), dessen Impulse durch Acetylcholin vermittelt werden.

Parazentese Durchstechung des Trommelfells.

parenterale Zufuhr Zufuhr von Medikamenten und anderen Stoffen unter Umgehung des Magen-Darm-Kanals, im allgemeinen durch Injektion.

pathogen krankheitserregend.

Peang spezielle Gefäßklemme, nach dem Franzosen J. Peang genannt, zum Abklemmen von Blutgefäßen.

Peitschenschlagsyndrom Schädigung der Halswirbelsäule durch schnelle, plötzlich abgebremste Vorwärtsbewegung, meist bei Autounfällen, aber auch beim Sport.

Pelvis renalis Nierenbecken.

Penicillase von „penicillinresistenten" Bakterien gebildetes Enzym, das Penicillin abbaut.

Pepsin eiweißabbauendes Enzym im Magensaft.

Peptid Verbindung einer kleineren Anzahl von Aminosäuren, Baustein von Proteinen.

Perforation Durchbruch.

Perineum Damm, das Gebiet zwischen After und Hodensack bzw. Scheide.

Periost Knochenhaut.

Peristaltik Darmbewegung.

Peritoneum Bauchfell.

perniziöse Anämie Sonderform der Blutarmut, hervorgerufen durch Vitamin B_{12}-Mangel, charakterisiert durch besonders große Erythrozyten.

peroral durch den Mund zugeführt.

Peroxide komplexe, säurehaltige, gewebsreizende Moleküle.

Peroxidasen Enzyme mit der Fähigkeit, Peroxide abzubauen.

Petechien kleine Blutungen im Bereich von Haut und Schleimhäuten.

pH-Wert Maß für den Säuregrad eines Stoffes oder einer Flüssigkeit.

Phospholipide komplexe Moleküle aus Phosphaten und Fetten, wichtiger Bestandteil der Zellwand.

physiologisch normal bzw. natürlich; häufig wird der Begriff als Gegensatz zu pathologisch bzw. krankhaft benutzt.

Placebo „Medikamente" ohne wirksamen pharmakologischen Inhaltsstoff.

Plasma siehe Blutplasma.

Pleura Lungen- bzw. Rippenfell.

Pleuritis Entzündung der Pleura.

Pneumonie Lungenentzündung.

Polyp kleine gestielte Geschwulst im Bereich von Haut oder Schleimhaut.

Presbyopie Alterssichtigkeit, Verschlechterung des Nah-Sehvermögens im Alter.

Prophylaxe Vorbeugung.

Progesteron Gelbkörperhormon, weibliche Sexualhormone aus den Eierstöcken.

Prolaps Vorfall von Gewebe, beispielsweise der Gebärmutter oder von Teilen des Enddarms.

Prostaglandine Sammelbezeichnung für eine Reihe chemisch verwandter Substanzen mit verschiedener Funktion.

Prostata Vorsteherdrüse.

Protein Eiweiß, Riesenmolekül, besteht aus zahlreichen Aminosäuren.

Pruritus Juckreiz.

psychogen psychisch bedingt, im allgemeinen bezogen auf Beschwerden infolge seelischer Störungen.

pulmonal die Lunge betreffend.

Pulmones die Lungen.

Pylorus Magenausgang.

Pyridoxin Vitamin B_6

Rectum Enddarm.

rektal durch den Enddarm.

Relaxation Entspannung.

Ren Niere.

reponibler Eingeweidebruch Bruch (siehe Hernie), dessen Inhalt in die Bauchhöhle zurückgedrückt werden kann (siehe auch irreponibler Bruch).

resistent widerstandsfähig.

Retinol Vitamin A.

Rezeptor Empfänger, speziell Empfänger für nervöse Überträgerstoffe.

Rezidiv Rückfall einer Erkrankung.

Rhinitis Schnupfen.

Rubens-Beutel Gummibeutel zur Durchführung künstlicher Beatmung.

Saccharose Rohrzucker.

Saluretika siehe auch Diuretika, Medikamente, die die Wasser- und Salzausscheidung durch die Niere erhöhen.

Schlagvolumen die pro Herzschlag aus einer der Herzkammern ausgeworfene Blutmenge.

Schock Sammelbezeichnung für akut eintretende, lebensbedrohliche Zustände, beispielsweise durch Kreislaufstörungen (Kreislaufschock), Infektionen (infektiös-toxischer Schock) oder Allergien (anaphylaktischer Schock).

Schub Intensitätszunahme einer chronischen Erkrankung.

Scrotum Hodensack.

Sedativa Beruhigungsmittel.

sedieren beruhigen.

Sekret von Drüsen ausgeschiedene Flüssigkeit.

Sekretion Abgabe eines Sekrets.

Sekundärinfektion Infektion einer zunächst nicht infizierten Wunde, speziell einer Operationswunde.

selektiv ausgewählt, spezifisch.

Sensibilitätsstörung Empfindungsstörung.

Sepsis Blutvergiftung.

serös serumartige Flüssigkeit.

Serum siehe Blutserum.

Serumeisen das im Serum enthaltene Eisen.

Siebbein flacher Knochen hinter der Nasenwurzel, Teil der Schädelbasis.

Sigmoid Teil des Dickdarms.

Signalsubstanz Transmittersubstanz; Stoff mit der Fähigkeit, Informationen von Nervenbahnen auf andere Nervenzellen oder Erfolgsorgane zu übertragen.

Sklerose Verhärtung.

Sonde Untersuchungsinstrument zur Einführung in Körperhöhlen.

spasmolytisch krampflösend.

Spermiogenese Samenzellproduktion.

Sphinkter ringförmiger Muskel am Ausgang von Hohlorganen mit Ventilfunktion.

Spirochäten schraubenförmige Bakterien, die Krankheiten hervorrufen, speziell die Syphilis.

spontan aus sich selbst heraus entstehend.

Spurenelemente Substanzen, meist Metalle, die nur in sehr kleinen Mengen für die Ernährung gebraucht werden.

Staphylokokken rundliche Bakterien, die vor allem für die Eitererregung verantwortlich sind.

Stase Strömungsstillstand als Folge einer Abflußbehinderung von Körperflüssigkeiten.

Sternum Brustbein.

Steroide chemische Bezeichnung für eine große Gruppe von Substanzen, denen eine bestimmte Molekularstruktur zugrunde liegt, beispielsweise Cholesterin, Sexualhormone, Kortison etc.

Stoma Mund, Öffnung, auch operativ künstlich angelegte Darmöffnung in der Bauchhaut.

Stomatitis Entzündung der Mundschleimhaut.

Streptokokken rundliche, in Ketten angeordnete Bakterien, die für zahlreiche Erkrankungen verantwortlich sind.

Streßfraktur Ermüdungsbruch.

Striktur Einengung, meist narbig bedingt.

Struma Kropf, krankhafte Vergrößerung der Schilddrüse.

Strumektomie operative Entfernung der Schilddrüse oder von Teilen der Schilddrüse.

subkutane Zufuhr Zufuhr von Medikamenten durch Injektion unter die Haut.

sublinguale Zufuhr Zufuhr von Medikamenten in Form von Tabletten, die sich unter der Zunge auflösen.

Suppositorium Zäpfchen zur Einbringung von Medikamenten über den Enddarm.

Sutur chirurgische Naht.

Sympathikolytika Medikamente, die die Sympathikuswirkung hemmen.

Sympathikomimetika Medikamente, die die Sympathikuswirkung nachahmen.

Sympathikuswirkung über das sympathische Nervensystem vermittelte Effekte.

sympathisches (adrenerges) Nervensystem Teil des vegetativen (autonomen) Nervensystems, dessen Impulse über Adrenalin bzw. Noradrenalin vermittelt werden.

symptomatische Behandlung Behandlung nur der Symptome, nicht der Ursachen einer Erkrankung.

Syndrom Gruppe von Symptomen, die zusammen ein Krankheitsbild darstellen.

Synkope kurzfristige Bewußtlosigkeit.

Synovialflüssigkeit Gelenkflüssigkeit, auch „Gelenkschmiere".

Synovialis Gelenkinnenhaut.

systolischer Blutdruck der während der Kontraktion (siehe Systole) des Herzens herrschende Druck in den Schlagadern.

Tachykardie überhöhte Herzfrequenz.

Tamponade Druckerhöhung in einem Hohlorgan durch Einbringung von Material von außen (Nasentamponade) oder durch Flüssigkeitsansammlung (z. B. Herzbeuteltamponade).

Tendovaginitis Sehnenscheidenentzündung.

Tenoperiostitits Sehnen- und Knochenhautentzündung.

Therapie Behandlung.

Testosteron männliches Geschlechtshormon.

Thymektomie Entfernung der Thymusdrüse.

Thymus im Deutschen als Bries bezeichnete, in der Halsgrube gelegene Drüse, in der Antikörper und Zellen für die Immunabwehr des Organismus produziert werden.

Thyreostatika Medikamente, die die Schilddrüsenhormonproduktion hemmen.

Tokopherol Vitamin A, siehe auch Retinol.

Tomographie Schichtaufnahmen bei der Röntgenuntersuchung.

Tonsillen Gaumenmandeln, am Eingang zum Rachen liegende Ansammlung von Lymphozyten mit Abwehraufgaben.

Tonsillitis Mandelentzündung.

Tophi kleine harte Knoten, meist an Fingern oder Ohren zu

finden, die Harnsäure oder aus-
kristallisierte Salze enthalten.

Toxin giftiges Protein, gebildet
von Bakterien, Tumoren, Tieren
etc.

Toxoid künstlich abgeschwächtes Toxin, das den Körper zur
Bildung von Abwehrkörpern gegen das entsprechende Toxin
anregt und zur Impfung benutzt
wird.

Trachea Luftröhre.

Tracheotomie Luftröhrenschnitt,
Eröffnung der Luftröhre an der
Vorderseite des Halses.

Traktion Zug.

Transferrin (TIBC) Transport-
protein für Eisen im Blutserum.

transkutane Nervenstimulation
(TNS) Verfahren zur lokalen
Schmerzbekämpfung.

Trauma Verletzung.

Traumatologie Lehre von den
Verletzungen.

Tremor Zittern.

Thrombus Blutgerinnsel innerhalb eines Gefäßes.

Thrombose Ausbildung eines
Thrombus.

Thromboxan bioaktive Substanz
aus den Thrombozyten, die bei
der Blutgerinnung eine Rolle
spielen.

Thrombozyten Blutplättchen.

Tröpfcheninfektion Krankheits-
übertragung auf dem Wege kleiner Wassertröpfchen in der
Atemluft.

Tube a) Eileiter; b) Ohrtrompete.

Unterbindung Verschluß eines
Blutgefäßes.

Ureter Harnleiter.

Urethra Harnröhre.

Urethritis Harnröhrenentzündung.

Urosepsis Blutvergiftung, ausgehend vom Harnwegssystem.

Uterus Gebärmutter.

Uveitis Entzündung der Regenbogenhaut des Auges.

Vagitorium Medikament zur
Einbringung in die Scheide.

varikös krampfaderartig verändert.

vasomotorisch die Weite der
Blutgefäße verändernd.

Vasospasmus krampfartige Einengung eines Blutgefäßes.

vegetatives Nervensystem siehe
autonomes Nervensystem.

venerische Krankheiten Geschlechtskrankheiten, Erkrankungen, die durch Sexualkon-
takte übertragen werden.

Ventrikel Kammer, beispielsweise im Herzen, im Gehirn
oder auch der Magen.

Vesica urinaria Harnblase.

Vesicula seminalis Samenblase.

Vestibularapparat Gleichgewichtsorgan im Labyrinth des
Innenohrs.

virilisierend vermännlichend.

Virulenz krankheitserzeugende
Potenz.

Viskosität Maß für die Fließei-
genschaften einer Flüssigkeit.

Volvulus Darmverschlingung.

Vulva äußeres weibliches Ge-
schlechtsorgan.

Vulvitis Entzündung der Vulva.

Widerstandsgefäße kleinere und
mittlere Gefäße, deren Widerstand hauptsächlich für die Blut-
druckregelung verantwortlich
ist.

WPW-Syndrom typische Veränderungen im EKG (Präexzita-
tion), in deren Verlauf häufig
anfallsweises Herzjagen (paroxysmale Tachykardie) auftritt.

Zäpfchen siehe Suppositorium.

Zilien siehe Flimmerhaare.

Zweifachimpfung Impfung gegen Diphtherie und Tetanus.

zyanotisch bläuliche Verfärbung
von Haut und Schleimhäuten
aufgrund einer Sauerstoffunter-
sättigung des Blutes.

Zyste blasenförmiger, normalerweise nicht vorhandener, meist
mit Flüssigkeit ausgefüllter
Hohlraum in Geweben oder Organen.

Sachverzeichnis

Mit „T" angegebene Hinweise beziehen sich auf Tabellen.

A

ACE-Hemmer (Angiotensin-Converting-Enzym-Hemmer) 137
Acebutolol T₇, 350
Acetazolamid 350
Acetylcholin 264 f., 353, 385
Acetylcholinrezeptoren 264, 357
Acetylcystein 108
Acetylin T₂, 233
Acetylsalicylsäure T₂, 36, 47, 73, 103, 231 ff., 269, 375
Achromycin 199
Adalat 125, 137, 269
Adams-Stokes-Anfall 39
Addison-Krankheit 238 f., 317, 385
Adenoide Vegetationen (Nasenpolypen) 99, 100
Adrenalin 68, 99, 324, 342, 353, 385
Adrenalin
– Injektionslösung 377
– Spray 73, 377
Adrenerge Alpharezeptoren 353, 357
Adrenerge Alpharezeptorenblocker 136, 358
Adrenerge Alphastimulanzien 68, 91, 97, 108, 138, 358 f.
Adrenerge Betarezeptoren 353, 357
Adrenerge Betarezeptorenblocker 124, 128, 131, 136, 269, 289, 292, 294, 339 f., 347 f., 350 f., 357 f., 360 ff., 377
Adrenerge Beta₂-Rezeptorenstimulanzien 68, 339, 342
Adrenerge Rezeptorenstimulanzien 66, 68, 358
Adrenerge Synapsenblocker 358
Adrenerges Nervensystem, siehe sympathisches Nervensystem
Adumbran 274 f., 328, 340, 377
Ätherische Öle 337
Äthylmorphin 160, 350
AIDS 61

Akineton 264, 358
Aknefug 196
Akne vulgaris 80, 196
Akupunktur 223 f.
Aldactone 136
Aldosteron 136
Aldosteronantagonisten 136
Algesal T₅
Alka-Seltzer T₂, 233
Alkohol T₅, 47, 181, 238, 276, 289, 321 ff., 340, 351
– Arzneimittel und 323, 328
Allergie 56, 62
– Typ I 62
– Typ II 63
– Typ III 63
– Typ IV 64
Allergische Bindehautentzündung 62, 66, 71
Allergische Konjunktivitis, siehe allergische Bindehautentzündung
Allergische Rhinitis, siehe Heuschnupfen
Allergischer Schock, siehe anaphylaktischer Schock
Allo-300 255
Allopurinol 255
Aloe 154
Alphaadrenerge Rezeptorstimulanzien, siehe adrenerge Alpharezeptoren-Stimulanzien
Alpharezeptorenblocker, siehe adrenerge Alpharezeptorenblocker
Alphaprodin 350
Alphason T₃
Alprenolol T₇, 350
Aludrox 146
Alupent 68
Amantidin 265
Ambenon 265
Amblosin 79, 198
Amenorrhöe, siehe Ausbleiben der Regelblutung
Amfepramon 349
Amfetamilil 349

Forapin T_5
Formalin 219
Fortral 237
Fossyol 187
Fotosensibilisierung 189, 199
Franzbranntwein T_5
Freie Säureradikale 224, 325
Fucidine 205
Furadantin 82, 174
Furfenorex 349
Furo-Puren T_8
Furosemid T_8
Furunkel 118
Fusid T_8
Fußpilz 208

G

Gallenblasenentzündung (Cholezystitis) 159
Gallensteinleiden (Cholelithiasis)
159
Gammaglobulin 50, 85, 86, 90,
340, 367 f.
Gastritis, siehe Magenschleim-
hautentzündung
Gastroenteritis, siehe Magen-
Darm-Infektion
Gefäßerweiternde Medikamente
136
Gehörgangsentzündung (Otitis
externa) 113
Gelbsucht (Ikterus) 159, 349
– infektiöse (Hepatitis) 369
Gelenkbeteiligung bei Schuppen-
flechte (Psoriasis-Arthritis) 254
Gelenkentzündung 253 ff.
– bei Colitis ulcerosa 254
– eitrige 254
– im Zusammenhang mit Infek-
tionen anderer Organe 253
– infektiöse 253
Gelenkrheumatismus 226, 247 f.,
303
Gelenkverschleiß 243
Gelonida 231, 235, 237
Gelusil 146, 377
Gentamycin 81
Gerstenkorn am Augenlid 118
Geschlechtskrankheiten 78, 189
Giardiasis, siehe Flagellateninfek-
tion
Gicht 255
Ginseng 334
Ginsenoide, siehe Saponine

Glomerulonephritis, siehe Nie-
renentzündung, akute
Glukokortikoide 66
Glutenintoleranz 151
Glykosurie 288
Goldpräparate 250
Gonorrhoe 189, 254
Grand mal, siehe Epilepsie
Granulozytopenie 280
Griseofulvin 208 f., 324
Growth hormone, siehe Wachs-
tumshormon
Gürtelrose (Herpes zoster) 88, 212

H

Hämoglobin 280
Hämoglobinwert (Hb-Wert) 280
Hämolytische Anämie, siehe An-
ämie
Hämorrhoiden 156 f.
Halcinonid T_3
Halog T_3
Halswirbelsäule
– ausstrahlende Schmerzen 260
– Brachialgie 260
Halswirbelsäulensyndrom 260
Harnleiterstein 172
Harnröhrenentzündungen 174
Harntreibende Medikamente, sie-
he Diuretika
Harnwegsinfektion (Urethritis)
77, 253
Haschisch 326, 348
Hautfett 194 f., 196
Hb-Wert, siehe Hämoglobinwert
Heparin T_5, 140, 229
Hepatitis, siehe Gelbsucht, infek-
tiöse
Hernia, siehe Bruch
– epigastrische, siehe Bauchdek-
kenbruch
– femoralis, siehe Schenkelbruch
– in cicatricem, siehe Narben-
bruch
– inguinalis, siehe Leistenbruch
– umbilicalis, siehe Nabelbruch
Herpes
– genitalis 191
– simplex 102, 213
Heroin 47, 326, 344
Herzbeschwerden, nervöse, siehe
Herzneurose
Herzbeutelentzündung 127
Herzfehler 128 f.

Oxymesteron 350
Oxymetholon 350
Oxyphenbutazon T_2, 236
Oxyuriasis, siehe Madenwurmbefall

P

Pankreatitis, siehe Bauchspeicheldrüsenentzündung
Panoral 81
Panzerherz 127
Pantothensäure 315
Paracetamol T_2, 36, 103, 146, 231 ff., 234 f., 375
Paraffinöl 155
Parasympathikolytika 358
Parasympathikomimetika 358
Parasympathisches (cholinerges) Nervensystem 356 f.
Paratyphus 150
Paraxin 80, 358
Parkinson-Krankheit 264 f.
Parotitis epidemica, siehe Mumps
Paroxysmale Tachykardie, siehe Herzrasen
Passives Rauchen 325
Pelvospondylitis ossificans, siehe Bechterew-Krankheit
Pemolin 349
Penglobe 79, 189
Penicillinamin 250
Penicillin 44, 78 f.
– Amidino-Penicillin 79
– „einfaches" (Phenoximethylpenicillin) 78
– penicillinasefestes („Staphylokokken"-Penicillin) 79 f.
Pentazocin 237
Pentetrazol 349
Peptide 307
Peremesin 271
Perikarditis, siehe Herzbeutelentzündung
Perikursal 185
Peritonitis, siehe Bauchfellentzündung
Peritonsillitis, siehe Rachenabszeß
Perniziöse Anämie, siehe Anämie, perniziöse
Pertussis, siehe Keuchhusten
Pessar 183
Pethidin 237, 350
Petit mal, siehe Epilepsie

Pevaryl 187, 210
Pfeiffer-Drüsenfieber (Mononukleose) 92
Pharyngitis, siehe Rachenkatarrh
Phenazon T_2, 231, 236
Phendimetrazin 349
Phenhydan 264
Phenobarbital 264
Phenothiazine 199
Phenoxymethylpenicillin, siehe Penicillin, „einfaches"
Phentermin 349
Phenylbutazon T_2, 141, 236
Phenylessigsäurederivate 235
Phenylpropanolamin 97, 176, 349
Phenytoin 264
Phosphalugel 146
Pilzinfektion 210
– Haare 210
– Haut und Schleimhäute 210
Pindolol T_7
Pipradol 349
Piroxicam 231, 236, 269
Pivampicillin 79
PK Merz 265
Placeboeffekte im Sport 331 f.
Placebopräparate, siehe Scheinmedikamente
Pneumonie, siehe Lungenentzündung
Polyarteriitis nodosa 256
Polymyalgia arteriitica (Polymyalgia rheumatica) 256
Polymyxin B 377
Polysaccharidsulfosäure T_5
Postinfektiöse Arthritis, siehe Gelenkentzündung im Zusammenhang mit Infektionen anderer Organe
Pravidel 265
Praxiten 274 f., 328, 340
Prazosin 136
Prednisolon T_3, 69, 239
Prelis T_7
Prent T_7, 339
Presinol 134
Priatan 334
Primidon 264
Primolut-Nor 184 f.
Probenecid 351
Procain 351
Progesteron 178, 179
Prolintan 349
Prolixana T_2, 236
Pro-Pecton 339

VERLETZUNGEN IM SPORT

HANDBUCH DER SPORTVERLETZUNGEN UND SPORTSCHÄDEN FÜR SPORTLER, ÜBUNGSLEITER UND ÄRZTE

VON LARS PETERSON / PER RENSTRÖM

DEUTSCHE ÜBERSETZUNG VON GERTRUD UND RICHARD ROST

2. VÖLLIG NEU BEARBEITETE AUFLAGE 1987, 488 SEITEN, ÜBER 370 MEIST FARBIGE ABBILDUNGEN, GEBUNDEN   ISBN 3-7691-0135-9

„Die schwedische sportmedizinische Schule zählt zu den führenden in der Welt. Die Autoren dieses Buches sind international angesehene Orthopäden der Universität Göteborg. Ihnen ist mit dem vorliegenden Buch ein großartiger Wurf gelungen in der Kombination einer breitbasigen Darstellung mit einer wissenschaftlich exakt knappen Ausführung entsprechend dem heutigen Stande des Wissens. Die Abbildungen bestechen durch die Einfachheit und Übersichtlichkeit der Darstellung. Die Differenzierung nach altersbezogenen Verletzungen setzt spezielle pädiatrische und geriatrische Schwerpunkte. Die Gratulation gilt aber nicht nur den Autoren, sondern auch den Übersetzern."

W. Hollmann, Köln

Das vorliegende Handbuch der Sportverletzungen und Sportschäden für Sportlerübungsleiter und Ärzte von Lars Peterson/ Per Renström in der 2. völlig neu bearbeiteten Auflage bietet dem Sportler, dem Übungsleiter, aber auch dem behandelnden Arzt eine gute Information über allgemeine Grundsätze bei Sportschäden, jedoch auch Erste Hilfe Maßnahmen, Behandlungsmethoden sowie auch eine Anleitung für Bewegungsübungen für verschiedene Körperbereiche. – Das Buch ist didaktisch sehr gut gegliedert. Es zeigt sehr übersichtlich auch die Verbandstechniken. Ausführliche Kapitel zur Prävention und Rehabilitaion sind angeschlossen.

G. Rupf
Aktuelle Traumatologie 1/88

DEUTSCHER
ÄRZTE-VERLAG
KÖLN

OLYMPIA BUCH DER SPORTMEDIZIN

EINE VERÖFFENTLICHUNG DES IOC
IN ZUSAMMENARBEIT MIT DER FIMS

HERAUSGEGEBEN VON
A. DIRIX, H. G. KNUTTGEN UND K. TITTEL
DEUTSCHE ÜBERSETZUNG UND BEARBEITUNG
VON K. TITTEL

1989, CA. 600 SEITEN, 226 FARB. ABB., 68 TAB.,
GEBUNDEN   ISBN 3-7691-0188-X

Das Spektrum sportmedizinischer Tätigkeit reicht von der Aufrechterhaltung und Vervollkommnung der körperlichen Fitness bei Menschen aller Altersgruppen über die Prävention, Therapie und Rehabilitation von Sportverletzungen und Überlastungsschäden, über die Mitarbeit bei der Auswahl und Förderung talentierter Sportler bis zu wissenschaftlichen Untersuchungen über die biotischen Mechanismen des sportlichen Leistungsvermögens.

Dieses Werk gibt erstmals einen umfassenden Überblick nicht nur über medizinisch-klinische Aspekte aus internistischer und orthopädisch-sporttraumatologischer Sicht, sondern auch über die physiologischen, funktionell-anatomischen, anthropologischen und biomechanischen Aspekte des Leistungs- und des Breitensports. Über 50 international anerkannte Wissenschaftler werten neue Ergebnisse der sportmedizinisch-biologischen Forschung aus und geben praktische Empfehlungen u.a. zur Bestimmung der körperlichen Leistungsfähigkeit, zur methodischen Entwicklung konditioneller und koordinativer Fähigkeiten, zur Prävention, Therapie und Rehabilitation von Sportverletzungen, zum Einfluß von Umweltfaktoren auf die körperliche Leistungsfähigkeit, zum Training bei Kindern, Jugendlichen, Erwachsenen und alten Menschen sowie zum Einsatz der Mittel und Methoden des Sports und der Bewegungstherapie bei Krankheiten.

DEUTSCHER
ÄRZTE-VERLAG
KÖLN